人的发展经济学研究（第一辑）：促进人的全面发展

李实　方晋　徐慧◎主编

中国财富出版社有限公司

图书在版编目（CIP）数据

人的发展经济学研究．第一辑，促进人的全面发展 / 李实，方晋，徐慧主编．北京 ：中国财富出版社有限公司，2024. 11. -- ISBN 978-7-5047-8256-4

Ⅰ. F061.3

中国国家版本馆 CIP 数据核字第 2024J9K101 号

策划编辑	张彩霞	**责任编辑**	贾紫轩　宋水秀　陆　叙	**版权编辑**	武　玥
责任印制	尚立业	**责任校对**	庞冰心	**责任发行**	杨恩磊

出版发行	中国财富出版社有限公司		
社　　址	北京市丰台区南四环西路 188 号 5 区 20 楼	**邮政编码**	100070
电　　话	010 – 52227588 转 2098（发行部）		010 – 52227588 转 321（总编室）
	010 – 52227566（24 小时读者服务）		010 – 52227588 转 305（质检部）
网　　址	http://www. cfpress. com. cn	**排　　版**	宝蕾元
经　　销	新华书店	**印　　刷**	宝蕾元仁浩（天津）印刷有限公司
书　　号	ISBN 978 – 7 – 5047 – 8256 – 4/F · 3811		
开　　本	787mm×1092mm　1/16	**版　　次**	2025 年 8 月第 1 版
印　　张	32. 5	**印　　次**	2025 年 8 月第 1 次印刷
字　　数	673 千字	**定　　价**	158. 00 元

绪 言

在探讨社会发展的终极目标时，“人的发展”始终是贯穿其中的核心命题。这一命题涉及个体从婴幼儿到老年全生命周期的多维发展过程，包括身心健康的演变规律、教育成效的获得机制、能力养成的实现路径、劳动市场的参与特征、生育决策的行为模式、老年福祉的保障机制等。这些研究议题不仅是学术探索的前沿，同时也为政策设计提供了理论基础——其核心在于人民至上，通过扩展人的实质自由使经济社会发展成果惠及每个个体。

由北京师范大学与中国发展研究基金会联合设立的“人的发展经济学研究中心”（China Center for the Economics of Human Development，CCEHD），自 2017 年成立以来，立足学科交叉前沿，依托年度资助项目，汇聚国内相关领域优秀学者，致力于在中国发展语境下开展“人的发展”议题的本土化研究。中心秉持“学术贡献”与“政策价值”双重导向：一方面，通过科学规范的研究方法，系统探索人的行为决策机制；另一方面，以“人的发展”为核心关切，为科学制定促进人的全面发展的公共政策提供理论支撑，推动基于中国实践的“人的发展经济学”的自主知识体系建设。

呈现在读者面前的《人的发展经济学研究（第一辑）：促进人的全面发展》，是该领域探索的阶段性成果。本书精选 2018 年至 2019 年间中心第一、二期资助项目中的二十二项代表性研究成果，从全生命周期视角系统考察了中国情境下人的发展问题：在研究对象上，覆盖婴幼儿、学龄儿童、青少年、成年人和老年人等关键发展阶段；在研究内容上，涉及儿童早期发展、身心健康、认知与非认知能力、教育成效、亲社会行为、性别平等、社会融入、生育决策及老年人福祉等核心维度；在分析视角上，综合考量家庭背景、环境因素、政策制度等多重影响机制，旨在揭示中国经济社会转型过程中个体发展的规律，为促进人的全面发展提供理论依据和实践指引。

本书依据人的生命周期不同年龄阶段的发展特征及其内在规律，将研究成果系统整合为五个有机组成部分，其核心内容架构如下：

第一篇：婴幼儿与学龄前儿童的早期发展。婴幼儿及学龄前阶段在个体终身发展进程中占据着基础性与关键性地位，大脑与认知在此时期飞速发展。本部分所收录的三项研究，从儿童营养、健康、环境、教育、习惯养成以及动作发展等多个维度对儿童早期发展展开了深入探究。核心价值在于为构建科学、全面的儿童早期发展支持体系提供科学依据。

南开大学周云波研究团队开展的《中国农村地区儿童早期（0~35 月龄）多维贫困测量体系研究》，构建了涵盖健康、教育、家庭环境和社会环境 4 个维度、共 48 项指标的 0~35 月龄儿童多维贫困测量体系。团队结合中国家庭追踪调查数据（CFPS 2010—2016），对儿童剥夺状况进行了测算，对主要致贫因子进行了分解，并对不同群体多维贫困的异质性特征展开分析。研究取得的重要发现包括：第一，中国农村地区 0~35 月龄儿童多维贫困在教育、家庭环境、健康三个维度表现最为突出。其中，教育维度主要体现为 0~35 月龄儿童的早期教育供给不足；家庭环境维度主要反映在儿童所处家庭的生存环境欠佳；健康维度主要表现为母乳喂养足月率偏低、儿童医疗保险覆盖率不足。第二，2010—2016 年间，儿童多维贫困发生率显著下降，但贫困深度的改善进程较为缓慢。第三，西部地区、留守儿童、父母务农家庭、低收入及多人口家庭的儿童贫困发生率更高，而性别差异并不显著。基于上述发现，研究团队提出了改善中国农村 0~35 月龄儿童多维贫困状况的政策建议，包括加强 0~35 月龄儿童的教育扶贫工作，改善儿童生存环境，强化儿童营养健康保障及社会保障体系，拓宽农村居民增收渠道以增强其风险抵御能力等。

北京大学石慧峰《水、环境及个人卫生与儿童营养和发展的关系》的研究探讨了中国农村地区水、环境和个人卫生（看护人及儿童手卫生）对 0~5 岁儿童早期营养与发展的影响。基于中国健康与营养调查（CHNS）、联合国儿童基金会儿童早期发展综合干预项目（IECD）和国家卫生计生委（现国家卫生健康委员会）与联合国儿童基金会开展的“农村留守儿童健康和发展促进项目”（RLBCHD）等多个数据库分析，研究揭示了水卫生条件差（如院外取水）和家庭环境污染是农村儿童营养不足的重要诱因，而看护人与儿童的手卫生行为（如肥皂洗手）能显著改善发育结果。该研究成果为提升农村儿童健康的干预方向提供了科学依据，强调综合卫生措施的必要性。在未来儿童早期发展促进项目中，可尝试增加水、环境和个人卫生相关的干预措施促进儿童健康成长。

中国人民大学吴升扣《3~6 岁幼儿动作发展与认知能力发展关系的研究》以北京市某幼儿园 90 名幼儿为研究对象，探讨了 3~6 岁幼儿动作发展（精细动作、粗大动作、平衡能力）与认知能力（言语理解、视觉空间、流体推理等）的关系。研究主要有以下几点发现：首先，从动作发展的年龄特征上看，精细动作、粗大动作和平衡能力均随年龄显著提升，3~6 岁是敏感期，但性别差异不显著（仅平衡能力女童略优）。其次，从动作与认知的相关性上看，精细动作与认知能力相关性最强；平衡能力对低龄组工作记忆、高龄组流体推理有积极影响；粗大动作与认知无显著关联。最后，从年龄差异上看，低龄组（3~4 岁）平衡能力对认知影响更大，高龄组（5~6 岁）精细动作作用更显著。幼儿阶段是人类动作发展的关键时期，而其中精细动作发展、平衡能力发展对幼儿认知能力影响最大。据此，幼儿阶段，应该开展丰富的体育活动和手工活动，尤其是关注幼儿的精细动作能力以及平衡能力，全面促进幼儿发展。

第二篇：学龄儿童与青少年发展。本书第二篇收录了五项关于学龄儿童与青少年发展的实证研究成果。研究聚焦父母社会经济地位影响机制、城乡儿童贫困状况、儿童互联网使用行为及睡眠时间管理。这些基于科学、严谨的实证分析而得出的研究结论为促进教育公平、缩小数字鸿沟、优化儿童时间分配提供了理论依据，对个人决策和公共政策具有重要参考价值。

北京师范大学徐慧研究团队《父母社会经济地位与子女认知能力》的研究基于中国家庭追踪调查（CFPS 2010、2014、2018）数据，探讨了父母社会经济地位（SES）对 10~15 岁儿童认知能力发展的影响及其机制。研究发现，父母（尤其是母亲）教育水平与子女语言和数学认知能力显著正相关，而父母收入的影响不显著。这凸现了教育在代际传递中的关键作用。进一步的机制分析表明，父母教育水平通过影响育儿时间与物质投入、教育信念传递与期望差异，进而作用于子女认知发展。此外，研究发现高低社会经济地位家庭的育儿投入产出效率无显著差异，说明当前子女认知差异主要由投入“量”而非“质”导致。最后，研究发现父母背景对子女的认知影响在农村地区尤为突出。从政策角度看，研究证实提升父母教育水平是提升子女认知能力的重要途径。由于农村教育资源稀缺会放大家庭背景的影响，因此需重点关注农村教育公平，这是打破教育贫困代际传递的关键。

河海大学亓迪《中国儿童多维贫困的分析与启示——基于 CFPS 的实证研究》基于中国家庭追踪调查（CFPS 2018）数据，采用收入贫困和多维贫困两种方法系统分析中国儿童（16 岁以下）的贫困状况。研究发现收入法下城乡儿童贫困率相近（农村 19.5% VS 城市 20.1%），但多维贫困测度显示农村儿童在营养、照料、教育、居住等维度的匮乏率显著更高（如身高不足比例农村 35.2% VS 城市 19.3%）。农村儿童面临多重匮乏叠加，79.7%的农村儿童至少 2 个维度贫困，显著高于城市（49.1%），营养不足、缺乏照料（白天无人看管 13.5%）、早期教育缺失（9.8%未上幼儿园）等问题突出。研究提醒收入单一指标无法捕捉儿童发展的多维需求，如农村儿童虽收入接近城市，但营养、教育、照料等实际困境显著更严峻。这项研究的多维贫困分析为儿童扶贫政策提供新视角：需突破收入单一维度，把“隐性贫困”（如甘肃多维贫困率 75.1% VS 收入贫困率 21.1%）纳入政策识别体系，通过“营养+教育+照料+居住”的综合干预破解贫困代际传递，尤其需要关注中西部农村儿童多维弱势。

互联网在社会不平等中扮演着何种角色？北京师范大学李汪洋研究团队关于《互

联网与社会不平等》的研究基于中国家庭追踪调查（CFPS2010、2014）数据，探讨了互联网在10~18岁青少年群体中的双重作用：一方面，互联网的使用显著提升了青少年的认知功能（尤其是语言能力）；另一方面，互联网的接入和使用存在显著的社会经济地位差异，高社会经济地位家庭的青少年更可能接触互联网并用于学习活动（“资本提高型”使用），而低社会经济地位家庭的孩子不仅面临数字接入壁垒，且更多用于娱乐。这种差异导致互联网可能加剧而非缓解社会不平等。该研究揭示了互联网作为“双刃剑”的角色，建议公共政策可通过网络基础设施建设和针对性干预（如数字技能培训）缩小数字鸿沟，避免技术进步加剧社会分化。

上网娱乐对儿童认知能力会产生什么影响？首都经济贸易大学毛宇飞研究团队《互联网应用与儿童发展——上网娱乐是否降低了儿童认知能力》的研究基于中国教育追踪调查（CEPS 2013—2014）13~15岁初中儿童群体的研究发现，儿童是否上网娱乐整体上对认知能力无显著影响，但分时段分析显示仅周末上网的儿童与认知能力正相关，而周内周末均上网的儿童与认知能力负相关。上网娱乐的影响效应在不同家庭环境的儿童中存在异质性：高学历、父母关系很好、居住地为城市的家庭中的儿童从周末上网中获益更多，而低学历、父母关系不好、居住在农村的家庭中的儿童更容易受周内周末均上网带来的负向影响。进一步研究发现，上网娱乐主要通过影响儿童的时间配置、认知努力、学习及生活态度等方面对其认知能力产生影响，例如周内上网挤占学习时间，而仅周末上网的儿童有积极的认知努力态度和强烈的学习动机，认为生活更有意义，较少有悲伤等负面情绪。该研究意味着家庭、学校和社会更应该关注如何引导儿童形成良好的上网习惯，单纯禁止并非良策。

儿童应该“睡多久”？北京师范大学周金燕《中国儿童睡眠时间投入的成本—效益分析：以六个省市调查数据为基础》的研究开创性地将儿童睡眠时间决策纳入经济学分析框架，通过构建睡眠时间分配的成本—效益模型，并基于2017年中国六省市（东中西部）2616名五年级学生（10~11岁）的问卷调查数据进行实际测算，探讨了睡眠时间对儿童认知与非认知能力的影响。研究发现睡眠对任务型能力（如开放性、尽责性）呈现倒U型影响（最优睡眠8.5~10.5小时），而对情绪稳定性、学业成绩等有线性正向影响（越长越好）。增加睡眠会牺牲其他活动（如阅读、运动）的效益，但同时减少低效休闲（如上网、看电视）能提升净效益。最后，研究结合综合成本效益分析后建议10~11岁儿童的最优睡眠时间为8.4~11小时，与国际建议9~11小时基本一致。该研究的创新在于突破了该领域传统医学、生理学或心理学的研究范式局限，引入经济学视角，强调睡眠决策需权衡“多睡的直接收益”与“放弃其他活动的机会成本”，为儿童时间管理提供了重要的科学参考。

第三篇：家庭照料与儿童发展。家庭照料如何影响儿童（特别是留守儿童）的发展问题，一直是学术研究和公共政策关注的焦点。本篇汇编的五项研究成果均致力于分析家庭照料方式对儿童发展的影响。其中，前三项研究主要探讨留守儿童的营养健康状况和社会偏好行为的发展问题，后两项研究则聚焦于一般性家庭照料对儿童多维度发展的影响。这些研究为决策者优化儿童照料模式、拓展儿童实质发展自由提供了重要的学术参考。

东南大学吴一超的这项研究基于中国家庭追踪调查（CFPS 2010—2016）和中国健康与营养调查（CHNS 1991—2011）数据，分析了我国农村留守儿童的营养健康现状、演变及其关键影响因素。研究发现：其一，尽管全国儿童营养健康整体改善（矮小率从 37.3% 降至 27.6%），但留守儿童的营养问题更严重，矮小率和消瘦率显著高于非留守儿童，且母亲离家的负面影响尤为突出；其二，留守儿童主要营养摄入量（如蛋白质）不足问题在 2004 年后持续加剧，蛋白质等关键营养素摄入量低于非留守儿童，且膳食结构失衡现象普遍。研究进一步发现儿童年龄、性别（女童更易消瘦）、父母教育水平（父亲教育对改善儿童营养作用更大）、家庭收入与环境（清洁燃料和饮用水显著降低营养不良率）是主要的影响因素。研究建议通过强化母亲照料支持、完善学校供餐计划、改善家庭环境等综合措施提升留守儿童营养健康水平。

北京师范大学周晔馨研究团队的《父母外出务工是否阻碍了留守儿童合作偏好的发展？——来自中国大型实地实验的证据》的研究通过在四川省都江堰、三台和北川三个县开展的实地实验，分析了父母外出务工对农村留守儿童合作偏好发展的影响。该研究以 1632 名 6~16 岁农村学生为研究对象，采用公共品博弈实验方法，获得以下重要发现：首先，非留守儿童的合作水平随年龄增长呈现显著提升趋势，而留守儿童群体（特别是仅父亲外出的儿童）这一发展趋势明显减弱，这表明父亲缺位会抑制儿童合作能力的社会化发展。其次，父母角色影响存在明显不对称性：仅父亲外出会显著降低儿童合作水平，而仅母亲外出或双亲外出的影响均不显著。这一结果提示父亲在儿童社会性发展中扮演着独特而不可替代的角色。再次，研究考察了不同惩罚机制的作用：外生惩罚（如强制性规则）不仅能有效提升整体合作水平，还能抵消父亲外出的负面影响；相比之下，内生惩罚（如民主投票）仅对初中生产生效果，且作用较为有限。这项研究的创新之处在于将实验经济学方法引入对留守儿童社会行为问题的研究，深化了对留守儿童的行为发展机制的认识。研究结论既强调了父亲陪伴对儿童社会化能力发展的重要性，也发现合理的制度补偿（如学校纪律规范）可在一定程度上弥补家庭监护缺位的不足。这些研究发现对建立更加精准的留守儿童关怀机制提供了科学依据。

复旦大学左雪静《留守青少年公平观、利他偏好的发展：来自初中生田野实验的证据》的研究是基于对我国西南山区一所初中的 1579 名 12~17 岁学生（其中留守学生占比 35.8%）开展的实地行为实验，探究农村地区留守青少年社会偏好发展的影响因素。研究发现，仅父亲外出务工的情况会显著削弱留守青少年的利他行为（表现为分享行为减少）和公平观念（倾向接受不平等分配），而母亲单独外出或双亲共同外出则无此影响，这一结论证实了父亲在青少年人格塑造中的关键作用。进一步，作者还基于学校通过随机抽签招生的自然实验（学生随机分到该学校以及学校随机分班和分宿舍）研究了同伴效应，发现低年级（12~14 岁）留守学生的行为受同伴影响更大：非留守同伴既能正向提升其利他行为，也可能导致公平观念弱化。该研究为改善留守青少年社会偏好行为指明了关键干预方向，例如学校层面可以通过配备男性辅导教师以弥补父亲外出的留守儿童父职缺位带来的影响；再如考虑优化班级和宿舍生态结构，在留守学生占比较高的班级和宿舍中适当增加非留守学生比重，同时针对低年级开展公平观念教育等举措。

浙江大学张川川研究团队的《隔代照料与儿童发展》研究基于中国家庭追踪调查（CFPS 2010—2014）数据，系统考察了城乡隔代照料对 0~15 岁儿童多维发展的影响。研究发现，与父母照料相比，隔代照料总体上对儿童发展存在显著负面影响。研究发现的核心负面影响主要体现在：第一，健康维度上，城市儿童的患病率增加 5.5%，农村儿童的体重异常风险显著上升；第二，教育表现方面，整体样本入学时间平均推迟 1.6 年，且农村儿童语文和数学成绩优良率降低 7~8 个百分点；第三，人格发展层面，儿童形成了“矛盾特征组合”，即情绪稳定性增强但利他行为减少。值得关注的是，研究揭示当祖父母受教育水平较高的时候总体负面影响减弱，这一发现有力验证了“照料者教育程度比照料者身份更重要”的论点。不过需要强调的是，由于照料方式选择存在的内生性问题，研究更多揭示的是相关性而非因果关系。鉴于我国隔代照料的普遍现状，建议优先为教育水平较低的祖父母（尤其是农村地区群体）开展科学育儿培训，以提升照料质量。同时，对于低龄儿童，应加快推进普惠性托育服务体系建设，为家庭提供更多的照护选择，缓解对隔代照料的依赖问题。

内蒙古大学杜凤莲研究团队《金钱能买来时间吗？照料投入对儿童发展的影响》的研究，基于 2017 年中国时间利用调查（CTUS）和中国家庭金融调查（CHFS）数据，系统分析了我国城镇家庭中父母照料投入与儿童发展的关系。研究发现呈现出三个主要特征：首先，研究揭示了显著的家庭资源分配差异。高学历和高收入家庭在儿童照料时间和课外辅导费用上的投入明显更多，这种双重投入优势导致教育资源配置呈现明显的“教育梯度”和“收入梯度”现象。其次，研究发现父母照料对儿童发展的影响具有差异性。母亲照料能显著提升儿童的学习成绩、身体健康水平和主观幸福感，呈现出全面的促进作用；而父亲照料虽然对学业成绩和身体健康的影响不显著，但在提升儿童主观幸福感方面效果尤为突出。最后，研究警示教育政策的外溢效应。随着

“减负”政策的实施，部分教育责任转向家庭，这使得低学历、低收入家庭由于教育能力有限而面临更大压力，客观上加剧了教育不公平。基于这些发现，研究提出了针对性的政策建议：一方面要加强对低收入、低学历家庭的教育支持，通过科学引导提升其家庭教育质量；另一方面要警惕“减负”政策可能带来的教育责任转嫁，避免出现新的教育不公平。这些结论为完善家庭教育支持体系、阻断贫困代际传递提供了重要的实证依据。

第四篇：公共政策与儿童发展。在本篇中，我们汇编了五篇围绕公共政策与儿童发展的研究，涵盖学前教育、生命早期无条件现金转移及计划生育政策等领域。这些研究进一步印证，早期干预对个体发展及差距缩小具有重要意义，尤其针对农村、低收入等弱势群体的有效干预能产生更为显著的积极影响。

中国人民大学赵丽秋研究团队在《幼儿园和儿童认知与非认知发展：来自中国学前教育普及项目的证据》中以 2010 年学前教育普及政策推动的幼儿园扩张为准自然实验，基于中国家庭追踪调查（CFPS 2016）数据，运用双重差分法（DID）深入分析学前教育对儿童认知与非认知能力的影响。研究表明，幼儿园数量每增加 10%，儿童入园率显著提升 3.2 个百分点，农村及低收入家庭儿童受惠尤为突出。从认知和非认知能力来说，数列成绩提高 0.33 个标准差，但字词记忆成绩与非认知能力（教育期望、人际交往、领导力等）未呈现显著改善。此外，政策对农村及低社会阶层家庭儿童的认知提升效果更为显著，凸显学前教育在缩小阶层差距方面的潜在价值。基于此，研究提出应加大学前教育资源向农村和低收入群体的倾斜力度，改变我国学前教育区域不均衡发展的现状。

首都经济贸易大学茹玉《学前教育对城乡儿童学业成就的影响、机理及提升路径》的研究基于中国家庭追踪调查（CFPS 2010）数据，发现学前教育经历显著提高了城乡儿童的学业成绩，尤其对农村儿童的边际影响更大，有助于缩小城乡教育差距。研究进一步揭示学前教育通过四条路径提升学业表现：一是培养儿童良好的行为习惯，如专注力、学习计划性等；二是提高家庭对教育的重视度，具体体现在亲子互动、作业辅导等方面；三是改善儿童的非认知能力，包括社交能力、抗挫力等；四是提升家庭教育期望，即家长对子女的长期教育规划。此外，研究还发现，学前教育经历对弱势群体（中西部地区儿童、低收入家庭儿童、农村儿童、留守儿童等）的积极影响更显著，印证了学前教育在缓解地区差异、缩小城乡差距，进而阻断贫困代际传递过程中的重要作用。

中国发展研究基金会赵晨研究团队《教育精准扶贫：“一村一园”计划对农村儿童学业成绩的长效影响研究》基于在国家级贫困区青海省海东市乐都区 70 所小学 1962 名一年级、三年级和五年级学生的追踪数据而开展的研究。团队对比了由中国发展研究基金会发起的3~6岁农村儿童免费学前教育机会的“一村一园”项目的受益儿童与非受益儿童，系统评估了该项目对儿童小学阶段学业成绩的中长期影响。研究结果显示，曾参与“一村一园”项目的儿童，其学业成绩不仅显著优于未接受任何学前教育的儿童，也明显高于除城区公立幼儿园外的其他幼儿园儿童。尽管与资源更为优质的城区公立幼儿园儿童相比，“一村一园”受益儿童的分数尚有差距，但其学业成绩提升的速度更为突出。这项研究为我们理解学前教育经历对儿童长期学业成绩的影响提供了重要依据，也充分证实了该研究为中国贫困农村儿童构建低成本、高质量的学前教育，具有长效的人力资本价值。

中国人民大学赵丽秋在《生命早期无条件现金转移支付和儿童认知发展》一文中，深入探究了生命早期接触无条件现金转移对青少年认知能力的影响。该研究以中国农村规模最大的社会保障项目——农村低保项目的实施为识别策略，结合2010年中国家庭追踪调查（CFPS）数据而展开实证分析。研究发现，青少年在生命早期（孕育期和幼儿期）多享受一年农村低保，其10至15岁时的认知测试成绩可提升0.038个标准差；且这一效应在教育水平较低的家庭中更为明显。此外，研究还剖析了影响青少年认知发展的潜在作用机制，结果表明，农村低保项目不仅改善了低社会经济地位家庭母亲的精神健康状况，还促使家庭增加食物支出。研究支持儿童早期环境对个体发展产生长期影响的重要规律，也表明贫困救助计划不仅能提升家庭资源，亦能改善儿童早期的家庭环境，进而可能对个体和社会福祉产生长远影响。

北京师范大学朱梦冰在《计划生育政策与性别教育平等化趋势》中，基于2013年中国居民收入调查项目（CHIP）数据，剖析了计划生育政策通过约束生育数量，改变家庭规模以及人力资本投资行为，从而缩小性别教育差距的内在机制。研究显示，同胞数量对个体教育机会存在显著挤出效应，兄弟姐妹每增加一人，个人受教育年限约减少0.367年，其中女性受兄弟姐妹数量的负面影响更大。同时，研究发现这一影响贯穿个体的各个教育阶段，且随着教育程度提升，女性教育机会受挤占现象愈发明显。值得注意的是，独生子女家庭中独生女的受教育水平和高等教育入学率均显著高于独生子。此外，研究发现，农村因计划生育政策宽松、性别偏好强，女性受同胞数量的影响教育受挤占现象更严重；而家庭收入提升则能削弱这种负面影响。由此可见，发展农村经济、提高居民收入，可减少家庭教育资源稀释与性别歧视对女性教育的阻碍；同时，全社会倡导男女教育平等、增加女性教育资助，对推动性别教育平等化意义深远。

第五篇：成人发展与老年人福祉。本书末篇围绕成年人发展与老年人福祉这一核心议题，精心汇编了四项针对性研究。这些研究分别聚焦女性生育、流动人口城市融入、退休人员适应状况以及农村老年人的贫困与健康问题，覆盖了不同群体的福祉关切。四项研究成果均具有鲜明的现实意义，不仅为理解相关社会问题开辟了新视角，更为政策制定提供了扎实的科学依据与可行的参考方向，充分彰显了学术研究服务社会实际需求的重要价值。

中国人民大学赵忠研究团队《女性教育与生育：来自义务教育法的证据》的这项研究利用1986年中国义务教育法实施作为外生政策冲击，基于中国家庭追踪调查（CFPS 2010—2018）数据，探究了女性教育水平提升对生育行为的因果效应。研究发现，女性受教育年限每增加一年，生育数量减少0.09个，首次生育年龄推迟0.7年，第一胎为女孩时生育二胎概率降低0.18。与过往文献单纯将生育率下降归因于女性教育提升带来的收入机会成本变化不同，该研究证实女性教育引发的价值观念转变对生育率下降同样具有关键作用，如受教育程度更高的女性更重视孩子质量而非数量，更注重闲暇价值，且不再将家庭与子女视为生活的全部重心。这些发现为中国低生育率困境提供了新的解释视角，意味着促进生育率，政策需同步关注价值观的变化。同时，完善儿童养育支持体系、营造家庭友好型社会文化环境，亦是提升生育率的重要举措。

北京师范大学李亚男研究团队《教育如何影响流动人口的社会融入——基于义务教育法实施的自然实验》的研究基于2017年全国流动人口动态监测调查数据，以1986年义务教育法实施作为外生政策冲击的识别策略，系统考察教育对流动人口社会融入的因果效应。研究发现随着流动人口受教育年限的增加，其社会融入度更高。如果将学历从初中提升至高中（3年的教育增量），融入水平可以提高9%。机制分析表明，教育通过提升收入水平、改善职业声望、促进家属随迁及延长居留时间等渠道发挥作用。该研究从人力资本视角为破解我国城市化进程中流动人口融入问题提供了新的解决方案：一方面，需强化教育源头赋能干预，通过加大农村及欠发达地区教育投入提升劳动力初始人力资本；另一方面，需推进流入地配套制度，降低流入地落户门槛，建立流动人口及其随迁子女与本地居民均等化的教育医疗保障机制。

北京师范大学王大华研究团队《退休适应问卷中文版的初步试用》基于Wells等编制的退休适应问卷，修订成适合我国实际情境的退休适应中文版问卷。在此基础上，团队对某国有企业407名离退休员工开展问卷调查，检验了影响我国退休员工退休适应的主要因素，尤其探究了退休员工个人特征以及社会关系对退休适应的影响。研究发现个体收入水平高、主观健康良好和婚姻满意度高的退休员工有更多的退休享受感；个体受教育水平高、社会关系中的婚姻满意度低的退休员工有更多的退休失落感；但个体特征和社会关系对工作怀念感影响不显著。退休是多数人成年后期的重要转折，而我国对退休人员退休适应的研究刚起步，编制修订适合我国实际的测量工具是亟待解决的问题。此项研究对帮助了解人们适应晚年生活的挑战，从而采取积极的预防措施、提高退休后生活质量有重要的借鉴意义，也为我国科学的退休政策制定提供科学的研究依据。但需要注意的是，在问卷的适用性问题上，与国有企业相比，事业单位与私营企业退休员工在养老待遇上有很大差距，问卷能否具有普适性仍需检验。

北京大学黄炜研究团队《社会养老金的力量：中国新型农村养老金计划的证据》基于中国家庭追踪调查（CFPS）、中国健康与养老追踪调查（CHARLS）以及中国老年健康调查（CLHLS）数据，系统评估了自 2009 年启动以来到 2012 年全国县级行政区全覆盖的中国新型农村社会养老保险（新农保）对农村老年人的影响。研究发现，新农保覆盖后，符合年龄条件的农村人口（≥60 岁）领取养老金的概率提高了 25 个百分点。养老金显著提高适龄人群的家庭收入和食品支出，同时减少农业劳动供给，但未挤占子女赡养等私人转移支付。养老金改善了老年人的健康指标，并通过减少农业劳动和增加食物消费降低 12%的死亡率。此外，研究还发现对于非适龄人群（<60 岁），虽未直接受益于养老金，但参保预期促使他们从农业转向非农工作。新农保作为全球规模最大的社会养老金计划，每月向 60 岁及以上农村居民发放 55 元养老金（约占家庭月收入的 27. 5%）。该研究通过严谨的实证分析为新农保对中国农村老年人福利的积极影响提供了强有力的证据，凸显社会养老金在缓解农村老年贫困与健康风险中的关键作用，其结论不仅具有学术价值，更为我国应对老龄化、设计普惠性的社会保障制度提供了重要的学术参考。

本书作为研究中心前两期项目的成果集萃，充分展现了经济学、教育学、心理学、公共卫生等多学科交叉融合的学术特质，凝聚了跨学科研究团队的集体智慧。书中研究成果多以大规模、全国代表性的微观调查数据为基础，综合运用严谨的实证分析方法，部分研究巧妙借助政策实施所形成的外生冲击，构建准自然实验，以科学识别变量间的因果关系；亦有研究基于原创性的一手调查数据，或通过精心设计的实地实验，深入剖析个体行为决策背后的内在机制。这些研究成果不仅深化了人的发展经济学理论，更在学术研究与政策实践间搭建起成果转化的桥梁，为公共政策的科学制定与优化完善提供了可靠的理论依据和实证支撑。

作为本书主编，我们期望通过成果汇编与出版，推动“人的发展经济学”在中国语境下的深入探索，助力构建具有本土适应性的理论知识体系。本书所收录的跨学科研究成果，旨在激发学术界、政策制定者及社会公众对人的全面发展议题的深度思考与广泛关注，促进学术研究、政策实践与公共讨论之间的有效对话，从而共同推动“投资于人”的发展理念在中国情境中的实践创新，为实现更加包容、公平与可持续的社会发展模式提供学术支持。

李实　方晋　徐慧

2025 年 7 月

目　录

第四篇　公共政策与儿童发展

第五篇　成人发展与老年人福祉

第一篇　婴幼儿与学龄前儿童的早期发展

中国农村地区儿童早期（0~35 月龄）多维贫困测量体系研究[①]

南开大学经济学院　周云波
天津财经大学经济学院　黄　云
南开大学经济学院　王浩泽
浙江开放大学教学中心　杨家奇

摘　要：依据儿童多维贫困内涵、现有的研究成果、各项政策文件以及 0~35 月龄儿童发展的人口学特征，利用 CFPS 的微观调查数据，本研究报告构建了健康、教育、家庭环境和社会环境 4 个维度 48 个指标的 0~35 月龄儿童多维贫困测量体系。根据目前构建的 0~35 月龄儿童多维贫困指标体系并结合现有可用的微观数据，最终选取中国家庭追踪调查数据（CFPS）进行测算。结果表明，中国农村地区 0~35 月龄儿童多维贫困在教育、家庭环境、健康三个维度最为突出。在教育维度主要表现为对 0~35 月龄儿童的早期教育不足；家庭环境维度主要表现在儿童所在家庭的生存环境较差；健康维度主要表现在母乳喂养足月率不高、儿童医疗保险覆盖率不足。按照不同特征分解之后，从区域分布看，西部地区 0~35 月龄儿童的多维贫困程度高于其他地区；留守儿童更容易陷入多维贫困境地；0~35 月龄儿童多维贫困的性别差异不明显；父母职业状况、家庭收入状况、家庭人口规模不同，0~35 月龄儿童的多维贫困发生率也存在一定差异。最后根据目前测算的结果提出了改善中国农村 0~35 月龄儿童多维贫困状况的政策建议。

关键词：0~35 月龄儿童　多维贫困　Alike-Foster 方法　农村地区

1　本课题的研究背景

儿童是人类社会发展的未来，儿童的发展状况已经成为衡量社会公平和进步的重

---

① 本论文受人的发展经济学研究中心资金资助完成。

要指标。目前各国贫困儿童的生存状况并不乐观，2019 年全球多维贫困人口中有一半是儿童，各个指标中，儿童的贫困程度也都高于成年人。① 在中国，尤其是农村地区更是如此 。高发的贫困率背后，是早期贫困儿童持续高危的生存状态。虽然我国农村的绝对贫困已被消除，但另外标准的贫困问题仍会存在。随着中国经济发展和转型、社会主要矛盾的变化，贫困问题将呈现出新特征，贫困的表现形式更加多元化，教育、健康等问题会逐步凸显，而测度这些因素的影响需要新的标准，其中多维贫困理论与方法就是恰当的新视角（陈宗胜等，2020）。儿童比其他群体更易陷入贫困状态，儿童面临的贫困问题依然严峻，并且农村地区儿童的贫困状态比城镇地区更为严重（Wang and Zhou，2015；Wu and Qi，2016）。儿童作为家庭成员的重要组成部分，在家庭中脆弱性最强，儿童阶段的贫困削弱了未来的发展机会，使得贫困发生代际转移，形成“贫困陷阱”，暂时性贫困转换成持久性贫困。消除儿童贫困不仅是打破贫困代际传递链条的关键环节，还有利于更好地实现稳定与持续脱贫。

儿童时期经历贫困将会影响其今后的健康发展，发达国家对儿童贫困问题的研究较为集中，而在国内，对儿童贫困的关注和努力仍处于起步阶段，无论是政府还是学界，都更多地把注意力集中在了整个贫困群体身上，对贫困儿童群体的专门关注还比较少（宋亚萍和张克云，2014）。政府也还未建立完善的儿童救助制度体系，已有的救助政策都分散在各类政策当中。对儿童贫困的解释、识别和测量都未形成统一的标准。更重要的是，儿童的 0~35 月龄阶段是个人成长发展的重要时期，对其今后一生的发展影响重大，同时还与其家庭的未来、国家的发展息息相关（Attree，2010）。

中国农村地区 0~35 月龄儿童贫困在成因和影响方面都不同于成人。贫困代际传递使得儿童贫困问题的研究更为复杂，国内在对这一问题的研究起步较晚，再者单一维度的贫困指标存在很多局限，要彻底消除贫困，从多维角度分析是一个必然趋势。0~35 月龄是儿童早期发展的关键期，目前我国对 0~35 月龄儿童早期发展还未形成明确的政策体系，在制度建设、政策手段和服务体系方面都有待完善，基于上述背景，本课题我们所做的工作包括：（1）根据相关理论标准以及儿童多维贫困的内涵来确定测量时应该包含哪些指标。（2）构建 0~35 月龄儿童多维贫困测量指标体系，结合现有可得数据测算 0~35 月龄儿童群体被剥夺情况；分解主要致贫因子，分析不同组 0~35 月龄儿童多维贫困异质性表现。

2 相关研究文献回顾与评述

随着阿玛蒂亚·森将贫困界定为“可行能力理念 ”的匮乏，学者们对儿童贫困的

① 具体参见：https：//mppn. org/infographic-2019-global-mpi/。

界定开始逐渐由一维转向多维。多维贫困测量方法的种类繁多，Alkire and Foster（2007，2011）创建的 AF 多维贫困测量方法在全球多维贫困测量中使用最为普遍，该方法除了建立了一个可以进行国际比较的全球多维贫困指数（MPI）外，还有一些学者基于 AF 方法测度世界各地的儿童多维贫困（如：Roelen et al.，2010；Chzhen and Ferrone，2017；Roelen，2014，2017；Kim，2019）。还有学者对比了单一维度的货币贫困以及多维贫困测度下儿童贫困状况，发现二者的重叠程度是有限的（Roelen et al.，2012；Roelen，2017）。

除了国外学者，国内也有学者致力于儿童多维贫困的分析。例如，王小林和尚晓援（2011）从生存、健康、保护、发展、参与五个维度分析了山西、河南、四川、云南、新疆五个省区 12 个县的儿童多维贫困状况。冯贺霞等（2017）以及张赟（2018）等在尚晓援和王小林的分析框架基础上，增加了表示儿童心理状况的指标，运用 AF 法，利用中国国际扶贫中心 2013 年“集中连片特困地区调查”数据从生存、健康、教育、发展、参与五个维度 19 个指标测量了贫困地区 0~18 岁儿童的多维贫困状况。李晓明和杨文建（2018）采用 AF 法探寻了我国 6~16 岁儿童的多维贫困程度、特征和致贫机理，研究发现农村地区儿童多维贫困问题比城市更加严重，欠发达地区的儿童贫困状况最为严重，营养、医疗保障以及文化贫困是儿童多维贫困的主要表现。Qi 和 Wu（2019）采用 CFPS2014 年数据从健康、营养、教育、保护、获得五个维度 20 个指标分析了中国城乡儿童的多维贫困状况并与生活在最低生活保障家庭的收入贫困儿童进行了对比分析，研究发现儿童的多维贫困程度比收入贫困更为严重，农村儿童更是如此。

越来越多的研究显示，儿童不同于其他群体，贫困对儿童存在暂时和持久性双重影响（Hjelm et al.，2016；Chzhen and Ferrone，2017；Kim，2019），因此，儿童贫困是一个复杂和多维度的现象，以收入或者消费为核心的单维度测量方法虽然很简单，却无法体现儿童可能经历的其他方面的匮乏。同时，以贫困线为标准的扶贫方式并不能保证家庭中收入分配的平等性，儿童的生存和发展需求不仅和家庭收入有关，还受制于公共服务供给，因此传统的收入或者消费贫困标准并不完全适用于学龄前儿童群体，辉煌的减贫绩效和高发的儿童贫困相悖也印证了这一点。其次，众多关于儿童多维贫困测量及致贫因素的研究都主要集中于 0~16 岁全部儿童群体，尚未单独对学龄前儿童多维贫困状况进行分析，但从现有研究来看，目前农村地区学龄前儿童的生存状况并不乐观，他们在早期发展、营养状况（魏学燕等，2013）、健康（陈在余，2009）、家庭照料（吴帆和王琳，2017；Qi and Wu，2019）等多方面都面临着挑战。基于上述分析可知对学龄前儿童的多维贫困状况分析十分迫切且很有必要。

本课题的主要目的之一就是构建一套适合中国农村儿童早期（0~35 月龄）多维贫困状况的测量指标体系，并利用家户的微观调查数据，测量中国农村儿童早期的多维贫困状况，并检验指标体系的适用性。

3 中国农村0~35月龄儿童多维贫困测量体系构建

儿童不同于其他群体，尤其是0~35月龄儿童。构建0~35月龄儿童多维贫困指标体系需要结合该阶段儿童的具体特征进行适当调整。参考现有研究中儿童多维贫困指标的设定本研究将儿童面临的剥夺情况归结为四个方面：教育、健康、家庭环境、社会环境。我们的指标体系也主要设定为这四个维度。下面具体说明这种分类的依据和原因。

（1）教育维度。包括0~3岁儿童的早期教育、父母受教育水平。

无论是早期儿童福利指数，还是国际组织和研究机构定义的儿童贫困，或是现有研究中所构建的指标体系，教育都是一个不可或缺的维度。0~35月龄是人生的起步阶段，早期教育和早期干预尤为重要。很多学者从医学、心理学、社会学等各方面对此做过详细分析，指出儿童早期教育的可获得性对其未来发展的影响（孙艳艳，2015；杨晨晨和刘云艳，2017；Tegoum and Hevi，2016）。在一些政策文件中也明确提出0~35月龄儿童早期教育的重要性。0~35月龄婴幼儿的早期教育是终生教育体系的开端，而与儿童早期教育息息相关的就是父母的受教育程度。已有研究表明，父母的受教育程度会直接影响其抚育孩子的能力，包括早期教育能力以及早期喂养能力、自信能力和情绪控制能力（王爱君和肖晓荣，2009；陈云凡，2009；Currie，2011）。因此，在教育维度我们主要考察了儿童本身及其父母的受教育情况。

（2）健康维度。包括0~35月龄儿童自身健康状况、享受的医疗保障以及父母的健康水平。

已有研究表明儿童营养不良与儿童死亡率以及日后的身体健康和智商是相关的（何青和袁燕，2014）。同时，在儿童的医疗保障体系尚不完善的背景下，缺少医疗保险是重要的儿童致贫因素（彭晓博和王天宇，2017）。最后，对于母乳喂养、母亲孕期健康状况、健康行为以及父母的健康状况指标设定主要是从遗传学和0~35月龄儿童的成长环境角度出发设定的（刘漪等，2006；曾嵘等，2009；李蕴微和王丹华，2018）。因此，在健康维度我们不仅考察了儿童本身的健康状况和医疗保障情况，还加入了父母的健康水平。

（3）家庭环境维度。包括早期养育、生存条件和家庭关系三个方面。

对于0~35月龄儿童而言，良好的生长环境离不开家庭，家庭为其提供了基本的生存保障。比如安全的饮用水、清洁的能源，另外，学龄前儿童由其父母直接养育，会通过积极反馈、给予充分关爱帮助，帮助爬、站、走等动作与运动，提供丰富的感官刺激与联系，从小建立密切的情感交流，对儿童未来的成长非常重要（Roelen et al.，2012；王俊，2015）。除了家庭生存环境，早期养育和家庭关系也是导致儿童贫困的重要因素（Roelen et al.，2012）。因此，在家庭环境维度我们从早期养育、生存条件和家庭关系三个方面考察儿童的贫困情况。

（4）社会环境维度。该维度涵盖儿童所处的外界环境以及父母社会关系网络、社会保护三方面的情况。

早期儿童完全是贫困的被动接受者，儿童权利的实现需要社会和家庭来承担。已有研究证明，儿童对其所处的社区环境非常敏感，尤其是早期阶段的身体发育。同时，基本卫生医疗服务（孕产服务、基本药物、预防免疫等）的普及极大地提高了 0~35 月龄儿童的健康状况。儿童阶段在接受医疗保健和教育方面的机会不平等限制了儿童的未来发展，参考 Vaaltein and Schiller（2017）设定的儿童多维贫困测度体系，我们在社会环境维度中还加入了儿童父母社会关系网络及社会保护。赵延东和胡乔宪（2013）研究发现新生儿父母社会网络关系越好越可能在儿童成长早期为母亲提供实际帮助和支持，从而有助于儿童健康发展。因此，在社会环境维度，我们从外界环境、父母社会关系网络和社会保护三个方面考察儿童的贫困情况。

综合上述分析，本文构建的中国农村地区 0~35 月龄儿童多维贫困指标体系各维度及其具体指标如表 1 所示。

表 1　　中国农村 0~35 月龄儿童多维贫困测量指标体系

维度	二级指标	三级指标
教育	父母教育水平	父母的受教育程度
	儿童教育情况	早期教育、胎前教育
健康	父母健康	自评健康、心理健康、慢性病、身体残疾、因病住院、母亲孕期健康状况、健康行为
	儿童健康	儿童营养不良、贫血率、母乳喂养情况、情绪障碍、行为障碍、接种免疫疫苗、患病情况、死亡率、健康行为、言语发展
	儿童医疗保障	儿童医疗保险覆盖率
家庭环境	早期养育	儿童照料、家庭暴力、生活习惯
	生存条件	所在家庭饮用水、做饭燃料、卫生设施、家庭资产、生活空间、住房条件
	家庭关系	和睦与否、重组家庭、单亲家庭、亲子关系质量

续　表

维度	二级指标	三级指标
社会环境	外界环境	儿童所在小区公共设施状况、周边环境状况、卫生服务可及性、距离学校距离
	父母社会关系网络	小区邻里关系、亲友关系、邻居帮助、人情礼支出
	社会保护	食品安全、交通安全、法律保护、儿童参与、社会暴力、意外事故

注：表中尽可能列举了各维度下可能涉及的指标，具体测算时可根据数据所涵盖的指标情况从中选取。

资料来源：结合现有研究、儿童贫困定义以及各项政策文件整理所得。

表 1 是我们综合现有研究成果，并结合 0~35 个月儿童的实际情况设计的该年龄段我国农村儿童的多维贫困测度指标体系，在实际应用中，我们还需要考虑数据的可得性等因素，对一些具体指标略作调整。在下文的实际测算中，我们就根据数据具体情况调整了测度指标。

4　中国农村 0~35 月龄儿童多维贫困测量方法及数据来源

4.1　Alkire-Foster 测量方法简介

Alkire and Foster（2007）提出的双界限法是计数方法的典型代表，简称为 AF 方法，AF 法是将 FGT 指数从一维扩展到多维空间，具备一系列良好特性，目前被广泛应用于多维贫困的测量中。AF 法的具体测算和分解如下：

（1）儿童贫困的识别（identification）。首先，建立福利矩阵 $\boldsymbol{X}$ 表示儿童的特征指标集合。其中 $x_{ij} \in \boldsymbol{X}(i=1，2，\cdots，d)$，表示第 i 个儿童在维度 j 上的福利水平。

$$\boldsymbol{X}=\begin{pmatrix} x_{11} & \cdots & x_{1d} \\ \vdots & & \vdots \\ x_{n1} & \cdots & x_{nd} \end{pmatrix} \tag{1}$$

其次，针对每个维度 j，设定剥夺阈值（deprivation cut-off）$z_j(j=1，2，\cdots，d)$。同时，定义一个剥夺矩阵 $\boldsymbol{G}^0$ 表示儿童在各个维度被剥夺状况的集合，其中，$g_{ij}^0 \in \boldsymbol{G}^0$(i $=1，2，\cdots，n$；j$=1，2，\cdots，d$)。当 $x_{ij}<z_j$ 时，$g_{ij}^0=1$，$x_{ij}<z_j$ 表示儿童 i 在维度 j 上被剥夺；反之，$g_{ij}^0=0$。

$$\boldsymbol{G}^0=\begin{pmatrix} g_{11}^0 & \cdots & g_{1d}^0 \\ \vdots & & \vdots \\ g_{n1}^0 & \cdots & g_{nd}^0 \end{pmatrix} \tag{2}$$

再次，设定各维度对应的权重 $w_j(j=1, 2, \cdots, d)$，且权重之和为 1，即 $\sum_{j=1}^{d} w_j = 1$。依据设定的权重，建立加权剥夺矩阵 $\tilde{\boldsymbol{G}}^0$。

$$\tilde{\boldsymbol{G}}^0 = \begin{pmatrix} w_1 g_{11}^0 & \cdots & w_d g_{1d}^0 \\ \vdots & \ddots & \vdots \\ w_1 g_{n1}^0 & \cdots & w_d g_{nd}^0 \end{pmatrix} \tag{3}$$

最后，按公式（4）计算儿童被剥夺分数 $c_i \geqslant K(i=1, 2, \cdots, n)$。设定贫困阈值（poverty cut-off）$K$，即为多维贫困线。若 $c_i \geqslant K$，即儿童被识别为贫困儿童，则定义识别函数 $\rho_k(x_{i.}; z)=1$；反之，即儿童被识别为非贫困儿童，识别函数 $\rho_k(x_{i.}; z)=0$。定义删减后的被剥夺分数 $c_i(k)=c_i \times \rho_k(x_{i.}; z)$。同时，若识别函数 $\rho_k(x_{i.}; z)=1$，则该儿童各维度的被剥夺状态保持不变；反之，若为非贫困儿童，则儿童的所有剥夺状态值都改为 0。

$$c_i = \sum_{j=1}^{d} w_j g_{ij}^0 \tag{4}$$

（2）儿童贫困指标的加总（aggregation）。首先，按照公式（5）计算多维贫困发生率 H。其中，q 表示被识别为多维贫困的儿童数量，n 表示儿童的总体数量。

$$H = q/n \tag{5}$$

其次，按照公式（6）计算多维贫困的平均强度 A。其中，A 表示被剥夺项的加权平均值。

$$A = \frac{1}{q} \times \sum_{i=1}^{q} c_i(K) \tag{6}$$

最后，计算前两项指标的乘积，即为多维贫困指数 M_0。此外，M_0 还可以表示为删减后的被剥夺分数的均值。

$$M_0 = H \times A = \frac{q}{n} \times \frac{1}{q} \times \sum_{i=1}^{q} c_i(K) = \frac{1}{n} \times \sum_{i=1}^{q} c_i(K) \tag{7}$$

（3）儿童贫困指数的分解（decomposition）。依据 AF 方法计算出来的多维贫困指数可从子群和子维度等不同角度进行分解。一方面，按照不同特征将全体样本儿童分为不同子群，即按子群分解，分解公式如公式（8）所示。其中，m 表示子群数量，X_i 为第 i 个子群，n_i 表示子群 i 中儿童数量。

$$M_0(X) = \sum_{i=1}^{m} \left[\frac{n_i}{n} \times M_0(X_i)\right] \tag{8}$$

由公式（8）可知，多维贫困指数 M_0 为各个子群多维贫困指数的加权平均值。子群 i 对全体样本的贡献率为：

$$C_i = [\frac{n_i}{n} \times M_0(X_i)]/M_0(X) \tag{9}$$

另一方面，按照不同维度对多维贫困指数 M_0 进行分解，即按维度分解，分解公式如公式（10）所示。其中，h_j 为维度 j 被剥夺的儿童数量与总样本中儿童数量之比，而维度 j 删减后的贫困发生率 $h_j(K) = h_j \times \rho_k(x_{i.}; z)$。

$$M_0(X) = \sum_{j=1}^{d} [w_j \times h_j(K)] \tag{10}$$

由公式（10）可知，多维贫困指数 M_0 为各个子维度多维贫困指数的加权平均值。维度 j 对全体样本的贡献率为：

$$C_i = [w_j \times h_j(K)]/M_0(X) \tag{11}$$

4.2 数据来源

根据目前构建的0~35月龄儿童多维贫困指标体系，我们详细考察了国内现有的可用的微观调查数据库，最终选取中国家庭追踪调查数据（CFPS）进行测算。之所以选取CFPS进行测算，是由于该数据库中涉及的指标范围最为广泛。包含诸如家庭背景、社会网络、教育、职业、收入等维度的信息，能够有效地把父母同子女联系起来，且与其他家户数据相比更适合做贫困方面的研究。

5 中国农村0~35月龄儿童多维贫困的测算结果

在本节中，我们将采用CFPS（2010、2012、2014、2016）四期数据，利用上述多维贫困测量方法对中国农村0~35月龄儿童多维贫困状况进行测算。由于各期数据并不完全对称，各维度下的具体指标存在部分差异，因此在不同年份中，我们采用的具体测量指标有所差别，现在我们分别介绍不同年份的测算结果。

5.1 2010年中国农村0~35月龄儿童多维贫困测量结果

5.1.1 维度、指标、权重设定

根据构建的指标体系并结合2010年CFPS数据的情况，2010年各维度具体指标及其定义、阈值和权重设定如表2所示。

表 2　　2010 年中国农村 0~35 月龄儿童多维贫困维度、指标、阈值设定

维度	指标	指标名	阈值与赋值	权重
教育	父母受教育水平	pedu	父母平均学历在小学以下赋值为 1	1/8
	学前教育	fetusedu	给孩子讲故事、识数、辨认颜色、识字少于一周数次，买书、出游少于每月两三次，满足上述条件之一就赋值为 1	1/8
健康	父母自评健康水平	psrh	当父母的平均自评健康水平为不健康时赋值为 1	1/16
	儿童营养	nutrition	儿童存在发育迟缓（HAZ < -2）、低体重（WAZ<-2）、消瘦（WHZ<-2）其中一种情形赋值为 1	1/16
	儿童参保	cinsu	没有参加任何保险赋值为 1	1/16
	母乳喂养	mfed	母乳喂养不足 6 个月赋值为 1	1/16
家庭环境	父母照料	pcare	不是由父母照料赋值为 1	1/24
	做饭用水	water	家庭做饭用水不是自来水、桶装水、过滤水或纯净水，赋值为 1	1/24
	做饭燃料	fuel	家庭做饭燃料使用柴草、煤炭等非清洁能源，赋值为 1	1/24
	通电	elect	儿童所在家庭没有通电或者经常断电赋值为 1	1/24
	卫生间类型	toilet	家庭使用公厕或者非冲水厕所赋值为 1	1/24
	垃圾倾倒	rubbish	家庭垃圾处理不是通过公共垃圾桶/箱、楼房垃圾道或有专人收集，赋值为 1	1/24
社会环境	小区公共设施状况	cfacility	所在村没有幼儿园、医院卫生院诊所、药店、儿童游乐场其中一种设施则赋值为 1	1/16
	小区周边环境状况	cenviro	儿童居住的村有高污企业赋值为 1	1/16
	亲友关系	crelati	儿童父母和亲友没有任何交往赋值为 1	1/16
	邻居帮助	chelp	儿童父母和邻居之前没有交往赋值为 1	1/16

资料来源：参数设定参考现有研究整理所得。

5.1.2　单维贫困测量结果

我们首先分析上述 16 个指标的贫困发生率，如图 1 所示。

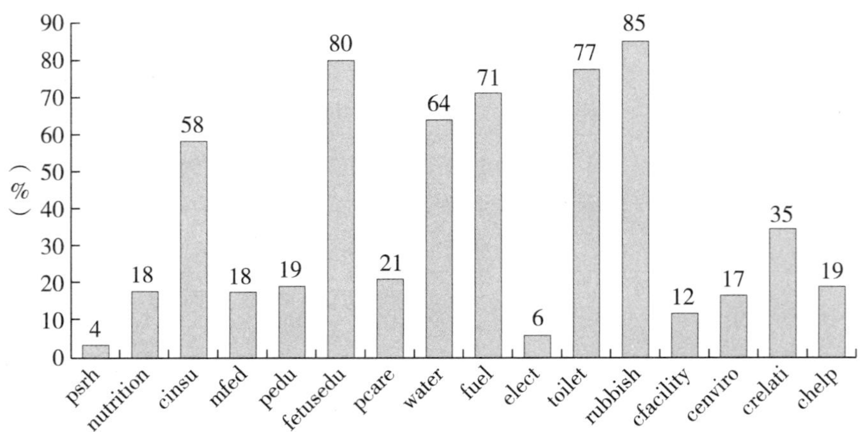

图 1　2010 年中国农村 0~35 月龄儿童各指标的单维贫困发生率

资料来源：根据 CFPS2010 数据测算所得。

上述 16 项指标的测算结果显示：单维贫困发生率较高的指标主要集中在家庭环境维度中，其中 0~35 月龄儿童所在家庭的垃圾处理方式、厕所类型、做饭燃料、做饭用水的单维贫困发生率均在 60%以上；在教育维度中，0~35 月龄儿童早期教育的贫困发生率高达 80%；在健康维度中，0~35 月龄儿童参保的比例超过 50%；社会环境维度的指标贫困率发生较低，只有亲友关系指标的贫困率较高，为 35%。

5.1.3　多维贫困估计结果

对 2010 年中国农村 0~35 月龄儿童多维贫困的估计结果见表 3。其中 H 表示多维贫困发生率，A 表示多维贫困平均被剥夺深度，M^0 表示多维贫困指数，K 为多维贫困维度阈值，即多维贫困的贫困线。

表 3　2010 年中国农村 0~35 月龄儿童多维贫困测量结果

阈值 K	样本量	多维贫困发生率（H）	多维贫困平均剥夺深度（A）	多维贫困指数（M^0）
10%剥夺水平	511	99. 42%	37. 35%	0. 3713
20%剥夺水平	473	92. 02%	39. 11%	0. 3599
30%剥夺水平	366	71. 21%	43. 08%	0. 3067
40%剥夺水平	201	39. 11%	49. 62%	0. 1940
50%剥夺水平	82	15. 95%	57. 09%	0. 0911
60%剥夺水平	33	6. 42%	63. 13%	0. 0405
70%剥夺水平	3	0. 58%	75. 00%	0. 0044
80%剥夺水平	0	0	—	—

续 表

阈值 K	样本量	多维贫困发生率（H）	多维贫困平均剥夺深度（A）	多维贫困指数（M^0）
90%剥夺水平	0	0	—	—
100%剥夺水平	0	0	—	—

资料来源：根据 CFPS2010 数据测算所得。

由表 3 可知，总体上看，2010 年，中国农村 0~35 月龄儿童多维贫困情况较为严重，在 $K=30\%$ 水平下，有 71.21%的儿童处于多维贫困状态，多维贫困剥夺份额为 43.08%。在 $K=10\%$ 和 $K=20\%$ 水平上，虽然贫困率变化很大，但是贫困剥夺份额相差不大。从 $K=30\%$ 开始，贫困深度随着阈值改变呈线性增加。《人类发展报告》中所公布的全球 MPI 指数中，多数国家根据 $K=33.3\%$ 进行贫困识别，因此本文选取 $K=30\%$ 水平对 0~35 月龄儿童多维贫困情况进行分解。表 4 描述了各维度、各指标对 0~35 月龄儿童多维贫困指数的贡献率以及分别按照指标贡献率和维度贡献率的排序情况。

表 4　2010 年 30%水平各维度和指标对中国农村 0~35 月龄儿童多维贫困指数的贡献率

维度	指标	指标对多维贫困贡献（%）	维度对多维贫困贡献（%）	排序 1	排序 2
健康	psrh	0.63	16.04	16	3
	nutrition	3.13		10	
	cinsu	9.39		2	
	mfed	2.89		11	
教育	pedu	7.85	35.12	6	1
	fetusedu	27.27		1	
家庭环境	pcare	2.11	34.28	14	2
	water	6.95		7	
	fuel	7.88		5	
	elect	0.74		15	
	toilet	7.80		4	
	rubbish	8.80		3	
社会环境	cfacility	2.26	14.55	13	4
	cenviro	2.54		12	
	crelati	6.14		8	
	chelp	3.61		9	

资料来源：根据 CFPS2010 数据测算所得。

由表 4 可知，教育维度整体上对中国农村 0~35 月龄儿童多维贫困贡献率最高，超过了35%，其中，学前教育的贡献率高达27.27%，在所有指标中贡献率最高。家庭环境维度的贡献率次之，整体达到了34.28%，其中，各指标对0~35月龄儿童多维贫困贡献率由高到低依次为：垃圾倾倒、做饭燃料、厕所类型、做饭用水、父母照料、用电。排在第三位的是健康维度，各指标中，儿童参保指标的贡献率最高。社会环境维度的贡献率偏低。

5.2 2012年中国农村0~35月龄儿童多维贫困测量结果

5.2.1 维度、指标、权重设定

根据构建的指标体系并结合2012年CFPS数据的情况，各维度具体指标的定义、阈值和权重设定见表5。

表5 2012年中国农村0~35月龄儿童多维贫困维度、指标、阈值设定

维度	指标	指标名	阈值与赋值	权重
教育	父母受教育水平	pedu	父母平均学历在小学以下赋值为1	1/8
	学前教育	fetusedu	给孩子讲故事、识数、辨认颜色、识字少于一周数次，买书、出游少于每月两三次，满足上述条件之一就赋值为1	1/8
健康	父母自评健康水平	psrh	当父母的平均自评健康水平为不健康时赋值为1	1/16
	儿童参保	cinsu	没有参加任何保险赋值为1	1/16
	母乳喂养	mfed	母乳喂养不足6个月赋值为1	1/16
	儿童营养	nutrition	儿童存在发育迟缓（HAZ<-2）、低体重（WAZ<-2）、消瘦（WHZ<-2）其中一种情形赋值为1	1/16
家庭环境	父母照料	pcare	不是由父母照料赋值为1	1/32
	做饭用水	water	家庭做饭用水不是自来水、桶装水、过滤水或纯净水，赋值为1	1/32
	做饭燃料	fuel	家做饭燃料使用柴草、煤炭等非清洁能源，赋值为1	1/32
	通电	elect	儿童所在家庭没有通电或者经常断电赋值为1	1/32
	卫生间类型	toilet	家庭使用公厕或者非冲水厕所	1/32
	垃圾倾倒	rubbish	家庭垃圾处理不是通过公共垃圾桶/箱、楼房垃圾道或有专人收集，取值1	1/32

续 表

维度	指标	指标名	阈值与赋值	权重
家庭环境	住房困难	house	家庭存在以下情况之一：2 岁以上的子女与父母同住一室/老少三代同住一室/12 岁以上的异性子女同住一室/有的床晚上架起白天拆掉，视为住房困难，赋值为 1	1/32
	家庭资产	asset	家庭没有汽车或拖拉机，并至多有摩托车、电视机中的一种，取值 1	1/32
社会环境	儿童参与	cparticipate	儿童没有户口赋值为 1	1/8
	卫生服务可及性	cenviro	家庭距离最近的医疗机构的距离在 5 公里及以上，赋值为 1	1/8

资料来源：参数设定参考现有研究整理所得。

5.2.2 单维贫困测量结果

首先，分析 16 个指标的贫困发生率，具体如图 2 所示。

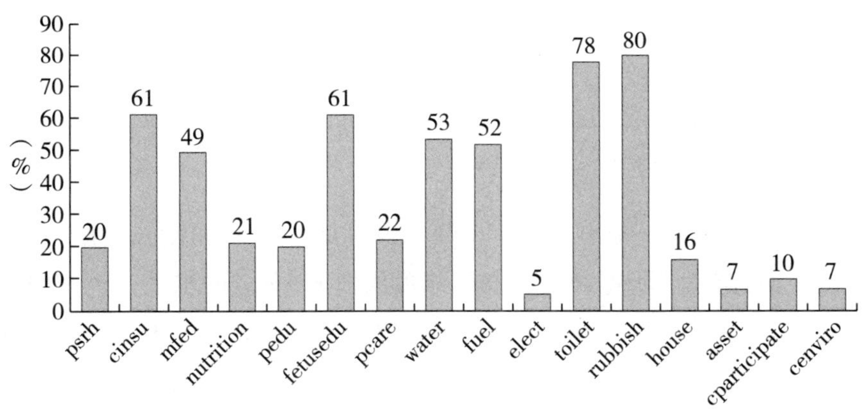

图 2 2012 年中国农村 0~35 月龄儿童各指标的单维贫困发生率

图片来源：根据 CFPS2012 数据测算所得。

在 16 项指标中，在健康维度中，儿童参保率和母乳喂养的贫困程度比较高，分别达到了 61%和 49%；在教育维度中，学前教育维度的贫困率较高，达到了 61%；在家庭环境维度中，垃圾处理方式和卫生间类型的贫困程度比较高，前者达到了 80%，后者达到了 78%，同时，家庭做饭用水、燃料使用的贫困率也相对较高，分别为 53%和 52%；在社会环境维度中的两个指标的贫困率均比较低，不再赘述。总体上看，单维贫困发生率位居前列的指标分别是儿童所在家庭的卫生间类型及垃圾倾倒，这些指标的单位贫困发生率均在70%以上。其次，家庭早期教育及儿童参保的贫困发生率也高达61%。

5.2.3 多维贫困估计结果

对儿童多维贫困的估计结果见表6。其中 H 表示多维贫困发生率，A 表示平均被剥夺深度，M^0 表示多维贫困指数，K 表示多维贫困维度阈值。

表6　2012年中国农村0~35月龄儿童多维贫困测量结果

阈值（K）	样本量	多维贫困发生率（H）	多维贫困平均被剥夺深度（A）	多维贫困指数（M^0）
10%剥夺水平	642	94.13%	33.02%	0.3109
20%剥夺水平	511	74.93%	37.48%	0.2808
30%剥夺水平	373	54.69%	42.19%	0.2308
40%剥夺水平	188	27.57%	49.88%	0.1375
50%剥夺水平	95	13.93%	56.28%	0.0784
60%剥夺水平	21	3.08%	65.48%	0.0202
70%剥夺水平	1	0.15%	71.88%	0.0011
80%剥夺水平	0	0	—	—
90%剥夺水平	0	0	—	—
100%剥夺水平	0	0	—	—

资料来源：根据CFPS2012数据测算所得。

由表6可知，尽管指标略有差异，2012年中国农村0~35月龄儿童整体多维贫困情况相比2010年而言有所缓解，在多维贫困维度阈值 $K=30\%$ 的水平，54.69%的儿童处于多维贫困状态，多维贫困剥夺份额高达42.19%，均比2010年有所下降，而贫困率下降得更为显著。表7描述了 $K=30\%$ 时各维度、指标对多维贫困指数的贡献率以及分别按照指标贡献率和维度贡献率的排序情况。

表7　2012年30%水平各维度和指标对中国农村0~35月龄儿童多维贫困指数的贡献率

维度	指标	指标对多维贫困贡献率（%）	维度对多维贫困贡献率（%）	排序1	排序2
健康	psrh	3.77	28.63	11	2
	cinsu	11.48		2	
	mfed	9.29		4	
	nutrition	4.09		10	

续 表

维度	指标	指标对多维贫困贡献率（%）	维度对多维贫困贡献率（%）	排序 1	排序 2
教育	pedu	9. 85	35. 98	3	1
	fetusedu	26. 13		1	
家庭环境	pcare	1. 57	26. 81	14	3
	water	4. 65		9	
	fuel	4. 69		8	
	elect	0. 54		16	
	toilet	6. 31		6	
	rubbish	6. 67		5	
	house	1. 59		13	
	asset	0. 79		15	
社会环境	cparticipate	5. 16	8. 58	7	4
	cenviro	3. 42		12	

资料来源：根据 CFPS2012 数据测算所得。

由表 7 可知，同 2010 年测算结果在维度上有略微变化。教育维度对总体多维贫困状况的贡献依然排在第 1 位，贡献率依然超过了 35%，其中学前教育指标的贡献率最高，贡献率高达 26. 13%；健康维度的贡献率排在第 2 位，接近 29%，该维度下各指标的贡献率排序从高到低依次为儿童参保、母乳喂养、儿童营养和父母平均健康水平，贡献率分别为 11. 48%、9. 29%、4. 09%和 3. 8%；家庭环境维度的贡献率位居第三，为 26. 81%，其中，垃圾处理方式、卫生间类型、家庭做饭用水、燃料使用这 4 个指标的贡献率比较高，6. 67%、6. 31%、4. 65%和 4. 69%；社会环境维度的贡献率依然是最低的，总体不足 9%。

5. 3　2014 年中国农村 0~35 月龄儿童多维贫困测量结果

5. 3. 1　维度、指标、权重设定

根据构建的指标体系并结合 CFPS2014 数据情况，各维度、指标具体定义和权重设定见表 8。

表 8　　2014 年中国农村 0~35 月龄儿童多维贫困维度、指标、阈值设定

维度	指标	指标名	阈值与赋值	权重
健康	父母自评健康水平	psrh	当父母的平均自评健康水平为不健康时赋值为 1	1/16
	儿童参保	cinsu	没有参加任何保险赋值为 1	1/16
	母乳喂养	mfed	母乳喂养不足 6 个月赋值为 1	1/16
	儿童营养	nutrition	儿童存在发育迟缓（HAZ<-2）、低体重（WAZ<-2）、消瘦（WHZ<-2）其中一种情形赋值为 1	1/16
教育	父母受教育水平	pedu	父母平均学历在小学以下赋值为 1	1/8
	学前教育	fetusedu	给孩子讲故事、识数、辨认颜色、识字少于一周数次，买书、出游少于每月两三次，满足上述条件之一就赋值为 1	1/8
家庭环境	父母照料	pcare	不是由父母照料赋值为 1	1/32
	做饭用水	water	家庭做饭用水不是自来水、桶装水、过滤水或纯净水，赋值为 1	1/32
	做饭燃料	fuel	家庭做饭燃料使用柴草、煤炭等非清洁能源，赋值为 1	1/32
	通电	elect	儿童所在家庭没有通电或者经常断电赋值为 1	1/32
	卫生间类型	toilet	家庭使用公厕或者非冲水厕所赋值为 1	1/32
	垃圾倾倒	rubbish	家庭垃圾处理不是通过公共垃圾桶/箱、楼房垃圾道或有专人收集，取值为 1	1/32
	住房困难	house	家庭存在以下情况之一：2 岁以上的子女与父母同住一室/老少三代同住一室/12 岁以上的异性子女同住一室/有的床晚上架起白天拆掉，视为住房困难，赋值为 1	1/32
	家庭资产	asset	家庭没有汽车或拖拉机，并至多有摩托车、电视机中的一种，取值为 1	1/32
社会环境	小区公共设施状况	cfacility	设施较差、很差赋值为 1	1/20
	小区周边环境状况	cenviro	环境较差、很差赋值为 1	1/20
	小区邻里关系	crelati	关系紧张、很紧张赋值为 1	1/20
	邻居帮助	chelp	可能没有、一定没有邻居帮助取值为 1	1/20
	人情礼支出	cpay	每年的人情礼支出不足 100 元赋值为 1	1/20

资料来源：参数设定参考现有研究整理所得。

5.3.2 单维贫困测量结果

在测算中国农村 0~35 月龄儿童多维贫困之前首先分别测算了 19 个指标的单维贫困发生率，如图 3 所示。

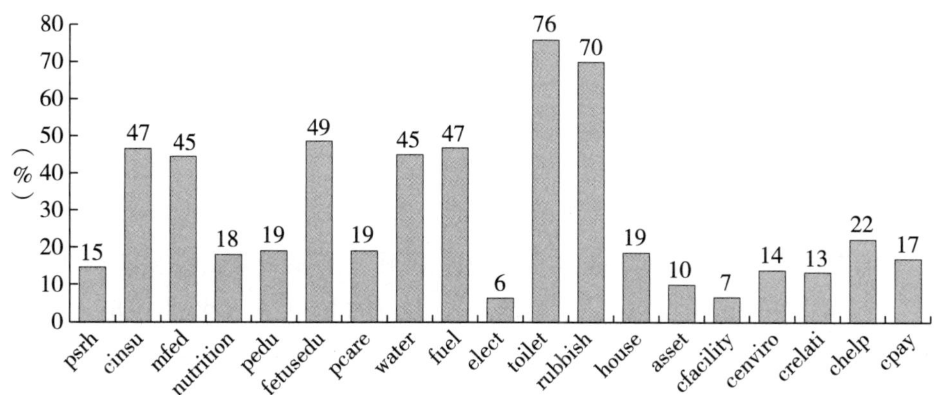

图 3　2014 年中国农村 0~35 月龄儿童各指标的单维贫困发生率

图片来源：根据 CFPS2014 数据测算所得。

在 19 个指标中，健康维度中的儿童参保和母乳喂养的贫困率依然最高，分别为 47%和 45%；在教育维度中 0~35 月龄儿童学前教育的贫困发生率最高，接近 50%；在家庭环境维度中，卫生间类型、垃圾处理方式这两个指标的单位贫困发生率分别高达 76%和 70%，其次，家庭燃料使用、家庭做饭用水的单维剥夺也较为严重，贫困发生率在 50%左右；在社会环境维度，邻里帮助维度的剥夺较为严重，贫困发生率超过了 20%。

5.3.3 多维贫困估计结果

对中国农村 0~35 月龄儿童多维贫困的估计结果见表 9。其中 H 表示多维贫困发生率，A 表示多维贫困平均被剥夺深度，M^0 表示多维贫困指数。K 表示多维贫困维度阈值。

表 9　　2014 年中国农村 0~35 月龄儿童多维贫困测量结果

阈值（K）	样本量	多维贫困发生率（H）	多维贫困平均被剥夺深度（A）	多维贫困指数（M^0）
10%剥夺水平	364	92.23%	30.92%	0.2852
20%剥夺水平	283	71.50%	35.44%	0.2534
30%剥夺水平	197	48.70%	40.72%	0.1983
40%剥夺水平	90	21.76%	49.05%	0.1067
50%剥夺水平	34	8.29%	56.02%	0.0464

续 表

阈值（K）	样本量	多维贫困发生率（H）	多维贫困平均被剥夺深度（A）	多维贫困指数（M^0）
60%剥夺水平	8	1.55%	65.94%	0.0102
70%剥夺水平	1	0.26%	72.50%	0.0019
80%剥夺水平	0	0	—	—
90%剥夺水平	0	0	—	—
100%剥夺水平	0	0	—	—

资料来源：根据 CFPS2014 数据测算所得。

由表 9 可知，尽管指标上略有差异，但是，总体上看，与 2010 年和 2012 年相比，2014 年中国农村 0～35 月龄儿童的多维贫困程度还是有所减缓。在多维贫困阈值 K=30%水平下，48.70%的 0～35 月龄儿童处于多维贫困状态，多维贫困剥夺份额为 40.72%，多维贫困发生率下降得比较明显，但是贫困深度改善缓慢。类似地，我们在 K=30%水平下对 0～35 月龄儿童多维贫困情况进行分解。表 10 描述了 K=30%时各维度、指标对 0～35 月龄儿童多维贫困指数的贡献率以及分别按照指标贡献率和维度贡献率的排序情况。

表 10　2014 年 30%水平各维度和指标对中国农村 0～35 月龄儿童多维贫困指数的贡献率

维度	指标	指标对多维贫困贡献率（%）	维度对多维贫困贡献率（%）	排序 1	排序 2
健康	psrh	3.27	26.20	12	2
	cinsu	9.55		3	
	mfed	9.55		4	
	nutrition	3.84		8	
教育	pedu	11.43	36.90	2	1
	fetusedu	25.47		1	
家庭环境	pcare	1.18	25.80	17	3
	water	3.76		9	
	fuel	4.53		7	
	elect	0.78		19	
	toilet	6.29		5	
	rubbish	6.16		6	
	house	1.84		15	
	asset	1.27		11	

续 表

维度	指标	指标对多维贫困贡献率（%）	维度对多维贫困贡献率（%）	排序 1	排序 2
社会环境	cfacility	1. 31	11. 10	18	4
	cenviro	1. 57		16	
	crelati	2. 16		14	
	chelp	3. 59		10	
	cpay	2. 48		13	

资料来源：根据 CFPS2014 数据测算所得。

由表 10 可知，各维度贡献率排序情况同 2012 年基本上一致。教育维度对 0~35 月龄儿童多维贫困的贡献率最高，达到了 36. 90%，其中学前教育是儿童多维贫困的重要致因，贡献率超过了 25. 47%，父母的受教育水平的贡献率超过 10%；其次，健康维度对 0~35 月龄儿童多维贫困的贡献率也高达 26. 20%，在各个指标中，儿童参保和母乳喂养对 0~35 月龄儿童多维贫困的贡献率都接近 10%；家庭环境维度对儿童整体多维贫困的贡献率排在第 3 位，超过了 25%，各个具体指标中，厕所类型、垃圾处理方式这两个指标的贡献率都超过了 6%；社会环境维度中各个指标中对 0~35 月龄儿童多维贫困的贡献率并不突出。

5. 4　2016 年中国农村 0~35 月龄儿童多维贫困测量结果

5. 4. 1　维度、指标、权重设定

根据构建的指标体系并结合 CFPS2016 数据情况，各指标具体定义、阈值和权重设定见表 11。

表 11　　2016 年中国农村 0~35 月龄儿童多维贫困维度、指标、阈值设定

维度	指标	指标名	阈值与赋值	权重
教育	父母教育水平	pedu	父母平均学历在小学以下赋值为 1	1/8
	学前教育	fetusedu	给孩子讲故事、识数、辨认颜色、识字少于一周数次，买书、出游少于每月两三次，满足上述条件之一就赋值为 1	1/8
健康	父母自评健康水平	psrh	当父母的平均自评健康水平为不健康时赋值为 1	1/16
	儿童参保	cinsu	没有参加任何保险赋值为 1	1/16
	母乳喂养	mfed	母乳喂养不足 6 个月赋值为 1	1/16

续　表

维度	指标	指标名	阈值与赋值	权重
健康	儿童营养	nutrition	儿童存在发育迟缓（HAZ<-2）、低体重（WAZ<-2）、消瘦（WHZ<-2）其中一种情形赋值为 1	1/16
家庭环境	父母照料	pcare	不是由父母照料赋值为 1	1/12
	做饭用水	water	家庭做饭用水不是自来水、桶装水、过滤水或纯净水赋值为 1	1/12
	做饭燃料	fuel	家做饭燃料使用柴草、煤炭等非清洁能源赋值为 1	1/12
社会环境	小区公共设施状况	cfacility	儿童所在小区设施较差、很差赋值为 1	1/20
	小区周边环境状况	cenviro	儿童所在小区环境较差、很差赋值为 1	1/20
	小区邻里关系	crelati	儿童父母和邻里的关系紧张、很紧张赋值为 1	1/20
	邻居帮助	chelp	儿童父母可能没有、一定没有邻居帮助取值为 1	1/20
	人情礼支出	cpay	儿童父母每年的人情礼支出不足 100 元赋值为 1	1/20

资料来源：参数设定参考现有研究整理所得。

5.4.2　单维贫困测量结果

在测算中国农村 0~35 月龄儿童多维贫困之前首先分别测算了 14 个指标的贫困发生率，如图 4 所示。

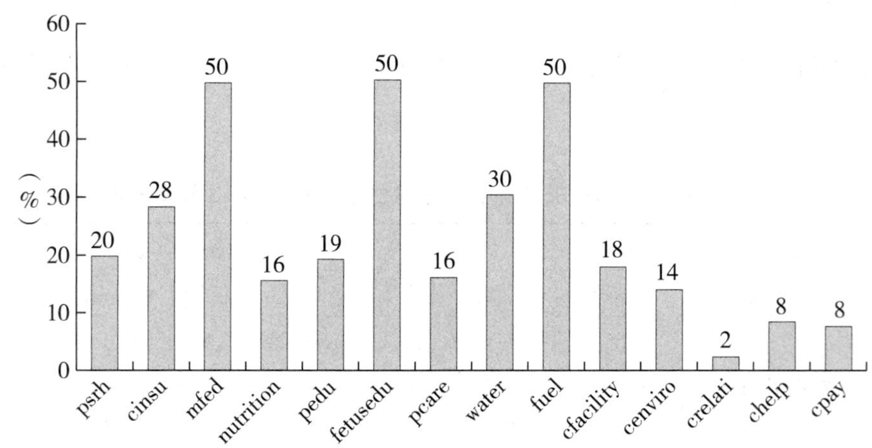

图 4　2016 年中国农村 0~35 月龄儿童各指标的单维贫困发生率

图片来源：根据 CFPS2016 数据测算所得。

在 14 个指标中，在健康维度中 0~35 月龄母乳喂养和儿童参保率的单维贫困发生率依然最高，分别为 50%和 28%，父母健康水平的单维贫困发生率在 20%左右；在教育维度中，0~35 月龄儿童学前教育的贫困发生率最高，达到了 50%，父母受教育程度的贫困发生率在 20%左右；在家庭环境维度中，做饭燃料使用的贫困发生率较高，达到了 50%，家庭做饭用水的单维贫困率也较为严重，达到了 30%；在社会环境维度，小区周边环境状况的指标的剥夺较为严重，贫困发生率达到了 14%，另外，有 18%的 0~35 月龄儿童其所在小区的公共设施较差。

由于数据本身限制，不同年份在具体维度下的指标选取存在一定差异，主要体现在家庭环境和社会环境维度方面。整体而言 0~35 月龄儿童的单维贫困情况呈现递减趋势。

5.4.3 多维贫困估计结果

对中国农村 0~35 月龄儿童多维贫困的估计结果见表 12。其中 H 表示多维贫困发生率，A 表示多维贫困平均被剥夺深度，M^0 表示多维贫困指数，K 表示多维贫困维度阈值。

表 12　　2016 年中国农村 0~35 月龄儿童多维贫困测量结果

阈值（K）	样本量	多维贫困发生率（H）	多维贫困平均被剥夺深度（A）	多维贫困指数（M^0）
10%剥夺水平	330	87. 30%	29. 57%	0. 2582
20%剥夺水平	245	64. 81%	34. 39%	0. 2229
30%剥夺水平	153	40. 48%	40. 14%	0. 1625
40%剥夺水平	64	16. 93%	47. 42%	0. 0803
50%剥夺水平	18	4. 76%	54. 49%	0. 0259
60%剥夺水平	1	0. 26%	60. 83%	0. 0016
70%剥夺水平	0	0	—	—
80%剥夺水平	0	0	—	—
90%剥夺水平	0	0	—	—
100%剥夺水平	0	0	—	—

资料来源：根据 CFPS2016 数据测算所得。

由表 12 可知，在 $K=30\%$ 水平下，40. 48%的 0~35 月龄儿童处于多维贫困状态，多维贫困深度 40. 14%。总体上看，与 2010 年、2012 年和 2014 年相比，2016 年 0~35 月龄儿童的多维贫困程度有所减缓。同样，多维贫困发生率下降得比较明显，但是贫困深度改善缓慢。类似地，我们在 $K=30\%$ 水平下对儿童多维贫困情况进行分解。表 13 描述了 $K=30\%$ 时各维度、指标对多维贫困指数的贡献率以及分别按照指标贡献率和维度贡献率的排序情况。

表 13　　2016 年 30%水平各维度和指标对中国农村 0~35 月龄儿童多维贫困指数的贡献率

维度	指标	指标对多维贫困贡献率（%）	维度对多维贫困贡献率（%）	排序 1	排序 2
健康	psrh	4. 17	24. 43	7	3
	cinsu	6. 72		6	
	mfed	9. 87		4	
	nutrition	3. 66		9	
教育	pedu	12. 42	39. 29	3	1
	fetusedu	26. 87		1	
家庭环境	pcare	3. 94	26. 60	8	2
	water	8. 82		5	
	fuel	13. 84		2	
社会环境	cfacility	3. 66	9. 69	10	4
	cenviro	2. 69		11	
	crelati	0. 49		14	
	chelp	1. 47		12	
	cpay	1. 38		13	

资料来源：根据 CFPS2016 数据测算所得。

由表 13 可知，各维度贡献率排序情况同 2012 年一致。教育维度对 0~35 月龄儿童的多维贫困贡献率最高，总体上接近 40%，其中，学前教育指标的贡献率最高，高达 26. 87%；家庭环境维度对 0~35 月龄儿童多维贫困的贡献率次之，为 26. 60%，该维度下各指标对 0~35 月龄儿童多维贫困贡献率由高到低依次为：做饭燃料、做饭用水、父母照料，贡献率分别为 13. 84%、8. 82%和 3. 94%；健康维度对 0~35 月龄儿童多维贫困的贡献率排在第 3 位，为 24. 43%，该维度各指标中母乳喂养的贡献率最高，接近 10%。社会环境维度的贡献率偏低，总体不足 10%，不再赘述。

5. 5　中国农村 0 ~35 月龄儿童多维贫困的分解分析

为了进一步了解中国农村 0~35 月龄儿童的多维贫困特征，以最近一期 CFPS2016 为例，对测得的儿童多维贫困结果在贫困阈值 $K=30\%$ 水平下，按区域、留守情况、性别、父母职业状况、家庭收入情况、家庭人口规模六个方面进行了分解。

5.5.1 按地区分解

按照国家统计局公布的四大经济区域划分标准，将样本划分为四个地区对中国农村 0~35 月龄儿童的多维贫困指数进行分解，具体参见表 14。

表 14　K=30%水平不同地区 0~35 月龄儿童多维贫困指数分解

区域	儿童多维贫困发生率（H）	多维贫困平均被剥夺深度（A）	多维贫困指数（M^0）
东北	23. 53%	37. 15%	0. 0874
东部	21. 12%	36. 97%	0. 0781
中部	24. 57%	36. 59%	0. 0899
西部	48. 70%	40. 56%	0. 1975

资料来源：根据 CFPS2016 数据测算所得。

由表 14 可以看出西部地区的农村 0~35 月龄儿童多维贫困指数是 0. 1975，多维贫困发生率远高于其他地区，平均被剥夺程度也最深。其次是中部地区。东北和东部地区情况较好。可见，中国农村 0~35 月龄儿童多维贫困的地区差异比较明显，西部农村地区是 0~35 月龄儿童多维贫困的高发地。

5.5.2 按留守情况进行分解

近年来随着城市化进程的加快，农村剩余劳动力不断向城市涌入。在劳动力转移背后，留守儿童现象愈发严重，而留守 0~35 月龄儿童的贫困状况也值得我们重点关注，参照已有研究中关于留守儿童的界定，我们将父母离开 0~35 月龄儿童超过 6 个月以上定义为留守，按照留守与否对中国农村 0~35 月龄儿童多维贫困指数进行分解，具体见表 15。

表 15　K=30%水平不同留守情况下中国农村 0~35 月龄儿童多维贫困指数分解

留守情况	多维贫困发生率（H）	多维贫困平均被剥夺深度（A）	多维贫困指数（M^0）
留守	45. 02%	38. 61%	0. 1738
非留守	36. 68%	38. 84%	0. 1425

资料来源：根据 CFPS2016 数据测算所得。

由表 15 可知，有留守经历 6 个月以上的 0~35 月龄儿童的多维贫困发生率和多维贫困指数均高于非留守儿童，留守时间越长，贫困发生率越高。但目前的减贫政策更侧重整体和区域，针对儿童尤其是留守儿童的关注还较少，留守儿童的健康、教育、生存的家庭环境、社会环境维度方面的贫困程度均高于非留守儿童。

5.5.3 按性别进行分解

表 16　K=30%水平不同性别进行的中国农村 0~35 月龄儿童多维贫困指数分解

性别	多维贫困发生率（H）	多维贫困平均被剥夺深度（A）	多维贫困指数（M^0）
男童	38.49%	38.75%	0.1491
女童	38.80%	38.81%	0.1506

资料来源：根据 CFPS2016 数据测算所得。

由表 16 可知，按照性别分解的结果显示，女童多维贫困指数程度（0.1506）略高于男童（0.1491），但差异不明显。

5.5.4 按父母职业状况进行分解

表 17　K=30%水平按父母职业状况不同进行的中国农村 0~35 月龄儿童多维贫困指数分解

职业状况	多维贫困发生率（H）	多维贫困平均被剥夺深度（A）	多维贫困指数（M^0）
务农	41.09%	40.55%	0.16666
非农	26.65%	36.92%	0.0984

资料来源：根据 CFPS2016 数据测算所得。

由表 17 可知，父母务农的 0~35 月龄儿童的多维贫困发生率、贫困深度和多维贫困指数均高于父母从事非农就业的早期儿童。

5.5.5 按家庭收入状况进行分解

选取绝对贫困线和相对贫困线衡量家庭贫困状况，其中，绝对贫困线以 2015 年农村贫困线 3000 元每人每年为标准，相对贫困线以家庭人均收入 50%的中位数为标准，低于上述标准的家庭为绝对贫困家庭和相对贫困家庭。具体分解结果见表 18。

表 18　K=30%水平按家庭收入状况进行的中国农村 0~35 月龄儿童多维贫困指数分解

家庭收入状况	多维贫困发生率（H）	多维贫困平均被剥夺深度（A）	多维贫困指数（M^0）
家庭人均收入 50%以下	44.09%	39.23%	0.1730
家庭人均收入 50%以上	23.16%	36.31%	0.0841
家庭贫困（绝对收入标准）	69.27%	41.08%	0.2846
非贫困家庭（绝对收入标准）	33.80%	38.03%	0.1285

资料来源：根据 CFPS2016 数据测算所得。

由表 18 可知，按照家庭收入状况对中国农村 0~35 月龄儿童多维贫困指数进行分解，家庭收入贫困的 0~35 月龄儿童的多维贫困发生率、多维贫困平均被剥夺深度和多维贫困指数均高于收入非贫困家庭的 0~35 月龄儿童。

5.5.6 按家庭人口规模进行分解

家庭特征与多维贫困状况密切相关，受传统观念的影响，相较于城市地区，我国农村诸多家庭规模庞大，而随着家庭人口数的增多，家庭资源可分配给每个儿童的部分将会减少，容易引发儿童贫困（杜凤莲、孙婧芳，2011）。因此，我们按照人口规模进行分解分析，以了解儿童贫困和家庭人口规模之间的关系，分解结果见表 19。

表 19　K=30%水平按家庭人口规模进行的中国农村 0~35 月龄儿童多维贫困指数分解

家庭人口规模	多维贫困发生率（H）	多维贫困平均被剥夺深度（A）	多维贫困指数（M^0）
人口规模小于 7	33. 30%	38. 48%	0. 1281
人口规模 7 人以上	48. 58%	39. 16%	0. 1902

资料来源：根据 CFPS2016 数据测算所得。

由表 19 可知，0~35 月龄儿童所在家庭人口越多，其多维贫困发生率、多维贫困平均被剥夺深度和多维贫困指数越高。

5.6 稳健性检验

上述多维贫困测量的结果是基于等权重方法估算而得，虽然等权重方法在多维贫困测算中被广泛采用，但也有学者质疑这种设置方式，认为等权重法的随意性太大。为此，我们以 2016 年为例，采用了主成分分析法计算各指标的权重，并将测算结果与采用等权重设置方法的测算结果进行对比，以考察测量结果的稳健性。表 20 给出了两种权重的对比，权重 1 表示前文中使用的等权重，权重 2 表示主成分分析法测得的权重。

表 20　等权重与主成分分析法计算的权重

维度	指标名	权重 1	权重 2
健康	psrh	1/20	0. 0489
	cinsu	1/20	0. 0591
	mfed	1/20	0. 0782
	nutrition	1/20	0. 0764

续 表

维度	指标名	权重 1	权重 2
教育	pedu	1/8	0. 1417
	fetusedu	1/8	0. 1247
家庭环境	pcare	1/8	0. 1005
	water	1/8	0. 1279
	fuel	1/8	0. 1059
社会环境	cfacility	1/20	0. 0765
	cenviro	1/20	0. 0392
	crelati	1/20	0. 0079
	chelp	1/20	0. 0086
	cpay	1/20	0. 0045

资料来源：根据 CFPS2016 数据测算所得。

通过对两种权重的相关性分析和不同权重下各指标贡献率对比分析检验测算结果是否稳健。表 21 显示了两种权重方法计算的多维贫困指标之间的 Person 相关系数、Spearman 分析以及 Kendall 分析三种方法的检验结果。这三种相关分析方法的原假设均为相关系数为 0，即两种多维贫困结果之间不相关。检验结果显示，三种相关系数均在 1%的显著性水平下拒绝原假设，并且三种系数的数值均大于 0. 8，这意味着两种权重方法计算的结果在统计上存在较大的正相关性，并无显著的区别。

表 21　　两组权重结果之间的相关系数

分析方法	数值
Pearson	0. 9953 ***
Spearman	0. 9684 ***
Kendall	0. 9637 ***

资料来源：根据 CFPS2016 数据测算所得。

表 22 列举了两种权重方法计算的多维贫困各指标贡献率的排名情况。

表 22　　两种权重方法测算的各指标贡献率排名对比

指标名	主成分贡献率	等权重贡献率	等权重指标贡献率排序	主成分分析权重各指标贡献率排序	排序变化
父母自评健康水平	4. 5719	4. 1729	7	9	-2

续 表

指标名	主成分贡献率	等权重贡献率	等权重指标贡献率排序	主成分分析权重各指标贡献率排序	排序变化
儿童参保	6.8106	6.7173	6	6	0
母乳喂养	11.4575	9.8724	4	5	-1
儿童营养	4.0183	3.6640	9	10	-1
父母教育水平	12.0664	12.4169	3	4	-1
学前教育	22.4868	26.8693	1	1	0
父母照料	4.6566	3.9354	8	8	0
做饭用水	13.9344	8.8207	5	3	2
做饭燃料	14.2400	13.8418	2	2	0
小区公共设施状况	4.7899	3.6640	10	7	3
小区周边环境状况	1.6199	2.6869	11	11	0
小区邻里关系	0.2693	0.4885	14	14	0
邻居帮助	1.1939	1.4656	12	12	0
人情礼支出	1.0845	1.3842	13	13	0

资料来源：根据 CFPS2016 数据测算所得。

从表 22 的两种权重计算的各指标贡献率排名变化来看，由不同权重测算的多维贫困结果在一定范围内仍然保持一致。

从上面两种稳健性的分析结果来看，尽管权重设定方法有所改变，但是多维贫困指数的变化并不显著。因此，本文估算的多维贫困结果对于权重设定而言是稳健的。

6 结论与建议

6.1 主要结论

本课题综合现有的研究结果构建了由健康、教育、家庭环境、社会环境四个维度构成的中国农村 0～35 月龄儿童多维贫困测量体系。结合中国家庭追踪调查数据库（CFPS）中指标涵盖的实际情况，分别测算了 2010 年、2012 年、2014 年和 2016 年中国农村地区 0～35 月龄儿童的多维贫困情况，测算结果表明：

1. 从单维角度来看，2010 年各指标中单维贡献率位居前三的是垃圾倾倒、学前教育、卫生间类型，其中垃圾倾倒的贫困发生率高达 85%；2012 年各指标中单维贡献率位居前三的是垃圾倾倒、卫生间类型、儿童参保和学前教育（并列）；2014 年各指标中单维贡献率位居前三的是卫生间类型、垃圾倾倒、学前教育；2016 年各指标中单维贡献率位居前三的是母乳喂养、家庭做饭燃料使用情况、学前教育。其中在不同年份中垃圾倾倒和儿童学前教育指标的贫困发生率逐年下降。上述结果意味着，在中国农村地区，首先，0~35 月龄儿童的家庭环境，如卫生间类型、垃圾处理方式、燃料使用情况等需要关注；其次，教育维度中学前教育对 0~35 月龄儿童而言很重要，健康维度中的母乳喂养和 0~35 月龄儿童参保情况也值得关注。

2. 从多维贫困角度来看，比较四年的测量结果发现，教育维度对 0~35 月龄儿童多维贫困的贡献率最高，其中儿童学前教育指标在所有指标中贡献率最高，而父母受教育程度的贡献率也有逐年上升的趋势。

3. 对中国农村地区 0~35 月龄儿童多维贫困贡献率排在后两位的是家庭环境与健康，由于具体指标上略有不同，这两个维度在不同年份的贡献度的排序略有变化。在健康维度中，儿童参保和母乳喂养对早期儿童多维贫困的贡献率较高；在家庭环境维度中，垃圾处理、卫生间类型、燃料的使用和做饭用水四个指标对多维贫困的贡献率较高。社会环境维度的整体贡献率不高，在 10%左右。

4. 从动态角度来看，虽然各个年份的具体指标略有差别，但总体而言，中国农村 0~35 月龄儿童多维贫困的程度还是在逐年下降，其中，多维贫困率下降的速度比较明显，但是贫困深度改善却较为缓慢。在多维贫困线 K=30%水平下，2010 年有 71. 21%的 0~35 月龄儿童处于多维贫困状态，多维贫困深度为 43. 08%；2012 年 54. 69%的 0~35 月龄儿童处于多维贫困状态，多维贫困深度高达 42. 19%；2014 年 48. 70%的 0~35 月龄儿童处于多维贫困状态，多维贫困深度为 40. 72%；2016 年 40. 48%的 0~35 月龄儿童处于多维贫困状态，多维贫困深度为 40. 14%。

5. 按照不同特征分解之后的结果显示：从区域分布看，西部农村地区 0~35 月龄儿童的多维贫困程度高于其他地区；与非留守的 0~35 月龄儿童相比，留守的 0~35 月龄儿童更容易陷入多维贫困境地；0~35 月龄儿童多维贫困的性别差异不明显；父母务农的 0~35 月龄儿童多维贫困程度远远高于父母非务农的 0~35 月龄儿童；家庭人口规模越大，0~35 月龄儿童越容易陷入多维贫困；收入贫困的家庭，无论是相对标准还是绝对标准，0~35 月龄儿童越容易陷入多维贫困境地。

6.2 政策建议

根据上述的测算结果，本课题提出以下政策建议。

1. 加强 0~35 月龄儿童的教育扶贫工作。构建系统的家庭教育指导服务体系，全面培养家长的早期教育能力，如提供育婴服务、早教服务、心理与教育咨询服务以及亲子关系诊断，全面强化 0~35 月龄儿童的早期教育。

2. 进一步改善 0~35 月龄儿童的生存环境。首先，需要进一步推进农村地区清洁能源和环保设施的使用和推广。其次，需要着力改善农村家庭的卫生设施，结合《中国农村扶贫开发纲要（2011—2020）》提出的“改水、改厨、改厕、改圈和秸秆综合利用”等扶贫要求，改变农村地区家庭的基础设施和生活面貌，这将对儿童健康维度的改善起到积极的促进作用。

3. 扩宽农村居民的增收渠道，以增加农村居民的资本积累能力，降低儿童的脆弱性，从而增强其对重大灾害、意外风险的抵御能力。同时，进一步完善城乡居民最低生活保障制度，通过分类施保，尽可能提高贫困家庭的收入水平，从而保障儿童生活水平不降低。

4. 社会层面需要加强对儿童保护和参与等权利的社会意识和共识。具体包括增加对 0~35 月龄儿童早期教育公共资源的投资，建立贫困儿童的评估体系，多个部门协调运作，共同完成 0~35 月龄儿童的扶贫和脱贫目标。

5. 加强 0~35 月龄儿童营养及健康相关服务和管理。加强儿童疾病防治，扩大国家免疫规划范围，加强疫苗冷链系统建设和维护，规范预防接种行为；同时推进 0~35 月龄儿童医疗保健科室标准化建设，开展新生儿保健、生长发育监测、营养与喂养指导、早期综合发展、心理行为发育评估与指导等服务。改善儿童营养状况，加强爱婴医院建设管理，完善和落实支持母乳喂养的相关政策，积极推行母乳喂养；开展科学喂养、合理膳食与营养素补充指导，提高婴幼儿家长科学喂养知识水平。

6. 扩大 0~35 月龄儿童福利范围，推动 0~35 月龄儿童福利由补缺型向适度普惠型的转变，在现有社会保障政策框架下进一步增加针对 0~35 月龄儿童的相关保障性政策。例如，在城镇居民基本医疗保险和新型农村合作医疗制度框架内完善 0~35 月龄儿童基本医疗保障，逐步提高 0~35 月龄儿童医疗保障水平，减轻患病儿童家庭医疗费用负担。同时探索对 0~35 月龄儿童实施针对性贫困干预和补助的方法，改善 0~35 月龄儿童受剥夺状况。

参考资料

[1] Alkire S, Foster J. Counting and multidimensional poverty measurement [J]. Journal of Public Economics, 2007, 95 (7): 476-487.

[2] Alkire S, Foster J. Understandings and misunderstandings of multidimensional poverty measurement [J]. Journal of Economic Inequality, 2011, 9 (2): 289-314.

[3] Apablaza M. Decomposing multidimensional poverty dynamics [R]. Young Lives Working Paper, 2013.

[4] Attree P. The Social Costs of Child Poverty: A Systematic Review of the Qualitative Evidence [J]. Children & Society, 2010, 20 (1): 54-66.

［5］ Bradshaw J，Hoelscher P，Richardson D. An Index of Child Well-Being in the European Union ［J］. Social Indicators Research，2007，80（1）：133-177.

［6］ Currie J. Inequality at Birth：Some Causes and Consequences ［J］. American Economic Review，2011，101（3）：1-22.

［7］ Gordon D，Nandy S，Pantazis C. The distribution of child poverty in the developing world ［R］. 2003.

［8］ Land K C，Lamb V L，Mustillo S K. Child and Youth Well-Being in the United States，1975-1998：Some Findings from a New Index ［J］. Social Indicators Research，2001，56（3）：241-320.

［9］ Roelen K，Gassmann F，Neubourg C D. False positives or hidden dimensions：What can monetary and multidimensional measurement tell us about child poverty in Vietnam? ［J］. International Journal of Social Welfare，2012，21（4）：393-407.

［10］ Tegoum P N，Hevi K D. Child Poverty and Household Poverty in Cameroon：A Multidimensional Approach ［M］ //Poverty and Well-Being in East Africa. Springer International Publishing，2016.

［11］ Trani J F，Biggeri M，Mauro V. The Multidimensionality of Child Poverty：Evidence from Afghanistan ［J］. Social Indicators Research，2013，112（2）：391-416.

［12］ Vaaltein S，Schiller U. Addressing multi-dimensional child poverty：The experiences of caregivers in the Eastern Cape，South Africa ［J］. Children & Youth Services Review，2017，76.

［13］ Wang X，Zhou L，Shang X. Child Poverty in Rural China：Multidimensional Perspective ［J］. Asian Social Work & Policy Review，2015，9（2）：109-124.

［14］ Wu Y，Qi D. The breadth and depth of multidimensional child poverty in China ［J］. International Journal of Social Welfare，2016，25（4）：373-387.

［15］ 陈宗胜，黄云，周云波．多维贫困理论及测度方法在中国的应用研究与治理实践［J］．国外社会科学，2020（6）：15-34.

［16］ 曾嵘，付楚慧，罗家有，等．先天性心脏病患儿母亲孕早期心理状况及影响因素［J］．中国临床心理学杂志，2009，17（4）：509-511.

［17］ 陈云凡．中国未成年人贫困影响因素分析［J］．中国人口科学，2009（4）：71-80.

［18］ 杜凤莲，孙婧芳．贫困影响因素与贫困敏感性的实证分析——基于1991—2009的面板数据［J］．经济科学，2011，33（3）：57-67.

［19］ 冯贺霞，高睿，韦轲．贫困地区儿童多维贫困分析——以内蒙古、新疆、甘肃、

广西、四川五省区为例［J］．山西农业大学学报（社会科学版），2017，16（6）：42-48.
［20］高雅静，赵春霞，张敬旭，等．父母外出务工对0~3岁留守儿童早期发展的影响［J］．中国生育健康杂志，2018，29（4）：301-306.
［21］葛岩，吴海霞，陈利斯．儿童长期多维贫困、动态性与致贫因素［J］．财贸经济，2018，39（7）：18-33.
［22］何青，袁燕．儿童时期健康与营养状况的跨期收入效应［J］．经济评论，2014（2）：52-64.
［23］黄宏琳，黄育坤，林淑斌．儿童先天性心脏病相关环境因素探析［J］．中西医结合心血管病电子杂志，2016（29）：59.
［24］李晓明，杨文健．儿童多维贫困测度与致贫机理分析——基于CFPS数据库［J］．西北人口，2018，39（1）：95-103.
［25］李蕴微，王丹华．母乳喂养儿铁缺乏的影响因素及预防策略［J］．中国儿童保健杂志，2018，26（6）：630-633.
［26］刘漪，杜亚松，赵志民，等．孤独症患儿家长心理健康状况调查［J］．中国临床心理学杂志，2006，14（6）：602-603.
［27］彭晓博，王天宇．社会医疗保险缓解了未成年人健康不平等吗［J］．中国工业经济，2017（12）：59-77.
［28］尚晓援，王小林．中国儿童福利前沿（2013）［M］．社会科学文献出版社，2012.
［29］宋亚萍，张克云．儿童贫困界定和测度研究综述［J］．北京青年研究，2014，23（2）：71-78.
［30］孙艳艳．0~3岁儿童早期发展家庭政策与公共服务探索［J］．社会科学，2015（10）：65-72.
［31］王俊．联合国儿童基金会：早期儿童发展合作项目成效显著［J］．世界教育信息，2015（23）：73-73.
［32］魏乾伟，王晓莉，郝波，等．山西和贵州贫困地区儿童多维贫困测量及现状分析［J］．中国公共卫生，2018（2）：204-209.
［33］杨晨晨，刘云艳．可行能力理论视域下早期儿童教育扶贫实践路径建构［J］．内蒙古社会科学（汉文版），2017，38（6）：188-193.
［34］张赟．多维视角下的贫困群体的实证分析——以贫困儿童和流动妇女为样本［J］．经济问题，2018（6）：64-69.
［35］赵延东，胡乔宪．社会网络对健康行为的影响：以西部地区新生儿母乳喂养为例［J］．社会，2013，33（5）：144-158.

水、环境及个人卫生与儿童营养和发展的关系

北京大学第三医院　石慧峰

摘　要：研究旨在探究水、环境卫生和看护人及儿童手卫生与儿童早期营养和发展的关系。研究主要采用了横断面数据。在控制儿童和看护人的社会人口学特征、家庭经济状况、儿童喂养、早期刺激和养育行为等混杂因素后，结果显示儿童 0~5 岁时使用院外水源和家庭居室周围粪便污染与儿童更高的生长迟缓风险显著相关。看护人在四个关键时刻（吃饭前、喂孩子前、便后和处理儿童粪便后）洗手和 3 岁以下儿童生长迟缓率、低体重率和 ASQ 所测量的可疑发育迟缓率的降低相关。洗手时使用肥皂可进一步降低可疑发育迟缓风险。儿童玩耍后使用肥皂洗手也与较低的儿童发育迟缓风险显著相关。研究结果提示未来的儿童早期发展项目可增加水、环境卫生和个人卫生的干预措施，以进一步促进儿童营养和发展状况。

关键词：儿童早期发展　营养不足　水　环境卫生　个人卫生

Abstract: This study aimed to explore the impact of water, sanitation, and hygiene on early childhood nutrition and development among children in China, particularly in poor rural areas. Cross-sectional data were mainly used. After controlling for children and caregivers' sociodemographic characteristics, family economics, child feeding practices, early stimulation, and parenting behaviours, results show that an out-yard water source and fecal contamination around houses at an age of 0-5 years were associated with the increased risk of stunting among children. Caregivers' handwashing practices at four critical moments (before eating, before feeding their children, after defecation, and after dealing with children's faeces) were associated with decreased risk of stunting, underweight, and suspected developmental delay among children under 3 years old. Use of soap in handwashing of caregivers was also significantly associated with the decreased risk of suspected developmental delay among children. Further, the results suggest that handwashing and soap use of children under 3 years old after playing were significantly associated with the decreased risk of their suspected developmental delay. Our results suggest that interventions improving convenience of water use, environmental sanitation, and caregivers and children's handwashing practices may benefit children nutrition and development.

Keywords: early childhood development; undernutrition; water; sanitation; hygiene

1 引言

1.1 儿童成长：从生存到发展

如果在30年前讨论儿童成长，可能更多的还是养活的话题。1990年，全球5岁以下儿童死亡率为93‰，意味着将近10个儿童里面就有1个会在5岁前不幸夭折。在情况最严重的撒哈拉以南非洲地区，5岁以下儿童死亡率高达182‰。中国的情况也不乐观，在1990年，中国5岁以下儿童死亡率为54‰，在全球纳入统计的195个国家中排第108位，属于中等偏高的死亡率水平。儿童死亡问题是如此严峻，以致WHO多年以来一直将5岁以下儿童死亡率和新生儿死亡率作为卫生发展的重要评价指标。

这30年来，儿童的生存状况得到了很大改善。在全球，5岁以下死亡率降到了39‰，与1990年相比下降了58%。中国的成就令人瞩目，从1990年到2017年，中国的5岁以下儿童死亡率下降了83%，降到了9‰，在纳入统计的195个国家中排行66位。5岁以下儿童死亡率在各地区和国家之间存在差异，全球死亡率最高的撒哈拉以南非洲地区，直至2017年，每13名儿童里面仍然有1名在5岁前死亡。

随着儿童死亡率的降低，儿童营养、生长和发展得到越来越多的重视。营养相关因素对5岁以下儿童死亡的贡献率达到约45%。营养不良的三个重要指标，生长迟缓、低体重和消瘦，分别定义为年龄别身高、年龄别体重和身高别体重Z评分值小于-2。2011年，全球约有1.65亿（25.7%）5岁以下儿童生长迟缓，约1亿（15.7%）5岁以下儿童低体重，5000万（8.0%）5岁以下儿童处于消瘦的营养状态。大量证据显示，除会增加儿童死亡风险外，婴幼儿期生长迟缓和低体重还会导致成年期低身高，女性不良妊娠结局和子代生长迟缓，低体重和消瘦还可能会增加2型糖尿病和心血管疾病的发病风险。

营养不良的另一个重要影响是和不充足、不恰当的刺激等一起，导致儿童早期发展落后。儿童早期发展是指儿童早期感知觉、动作、语言、认知、社会情感和自我调控能力的动态发展过程。根据柳叶刀的统计，在2010年，中低收入国家约有2.5亿（43%）5岁以下儿童无法实现其发展潜能，其中中国约有1700万。在中国贫困农村地区，3个儿童中可能就有1个面临发育迟缓的风险。

儿童早期发展之所以值得重视有两个方面的原因。

一是全球目前面临发育迟缓的儿童数量巨大，而一旦儿童早期处于落后的发展状态，其影响是长远的。儿童早期发展和早期的营养状况一起，奠定了个体一生健康、成就和幸福的基础。随访研究发现，婴幼儿期生长迟缓和发育迟缓对成人健康和人力资本都会产生不良影响，包括慢性疾病、受教育程度、收入和财富，这种影响还可能在下一代中持续存在，导致人力资本损失和贫困代际传递的恶性循环。实证研究表明，儿童早期发展干预措施可以低成本地整合到现有的健康服务平台上，但如果不采取行动，个人、家庭和整个社会的代价都是巨大的。

二是生命早期的1000天为个体一生发展的关键，也是脆弱和敏感的时期。这一阶段，大脑快速增重并发育，神经元以每秒100万个的速度建立新联结，在3岁时，大脑的重量已经增加到成人重量的80%。个体多系统功能快速发育的窗口期也多出现在0~3岁阶段。此时的大脑可塑性很强，遗传和环境因素共同塑造着大脑的结构和功能，之后便更多的是用进废退、删繁就简的修剪工程。因此这一阶段的发展对环境刺激也十分敏感，儿童不良的早期经历都可能会使该发育过程处于迟滞状态。如果错过了大脑最佳发育时期，发育落后或异常的状况未能及时补救，远期干预将需更高成本，而且远没有生命早期干预效果显著。

1.2 儿童早期发展促进：从影响因素到干预

造成人类发展潜能缺口的原因大致包括两个方面：从个人和家庭方面，未能采取合理的儿童养育照护行为和搭建有效的支持环境；在社会层面，以政府部门为核心的相关组织，未能在儿童早期发展的关键时期提供充足的服务、资源和保障。养育照护指为儿童提供稳定的环境，及时察觉儿童健康和营养需求，保护儿童免受威胁，为他们提供早期学习的机会，并经常与之进行回应性的、情感支持性的、发展适宜性的和刺激性的互动。从实践角度，柳叶刀将儿童养育照护分为健康（疾病防治，预防接种，水、环境和个人卫生）、营养、安全（减少负性体验，包括虐待、忽视和暴力，社会保障）、回应性照料和早期学习五个方面。

养育照护的后四个方面已经有大量研究提供了有力的证据，如Shonkoff教授在哈佛大学开展的一系列有关忽视和虐待等早期负性经历影响大脑发育的研究，Grantham-McGregor et al. 在牙买加，Yousafzai et al. 在巴基斯坦开展的儿童早期发展相关的营养和刺激干预研究。相对来说，健康方面的研究反而少得多。

大多数儿童早期发展项目干预重点是儿童刺激和营养，结合不同的传递方式和干预技巧的实施，干预效果各异。Aboud and Yousafzai 对2000年至2013年发表的儿童刺激和营养干预的研究做了综述，结果发现，早期刺激对儿童认知和语言发展的干预效应大小分别为 0.420 和 0.468，而营养干预对心理发育的效应大小仅为 0.086，营养干预的效果要不如意得多。

营养对儿童早期发展很重要，但营养干预效果却不尽人意，以致研究者和实践者皆受困扰。研究者们探索了许多宏量营养素、微量营养素、维生素和矿物质的搭配，喂养指导的组合和不同阶段的干预，最终发现锌、碘、铁、母乳中长链不饱和脂肪酸的补充具有显著的促进发展的效应，而干预时间则从儿童早期往前推到孕期，甚至认为孕期都算较晚，孕前就该保证营养物质的充足摄入。但是，这样的干预原则仍然不是最佳的结果，研究认为，即使给儿童生长迟缓率高达 90%的 36 个国家的 99%的儿童给予当前可能的所有营养干预，也仅能降低 3 岁以下儿童 36%的生长迟缓。营养干预亟需突破当前的瓶颈。

1.3 水、环境和个人卫生及肠道健康作为落后地区儿童早期发展干预的内容

水、环境和个人卫生（Water，Sanitation and Hygiene，WASH）虽列入养育照护，但其与儿童生长发育关系的研究并不多。目前发表的研究，大多来自热带地区，如印度、孟加拉国、坦桑尼亚等国家，在这些国家的落后地区，恶劣的水、环境和卫生条件威胁包括儿童在内的所有人的健康。

暴露于较差的水、环境和卫生条件下，最常发生的疾病是腹泻。肠道是机体消化和吸收营养物质的主要部位，一旦肠道发生病变，可能会引起儿童营养缺乏。但是，研究并未发现降低腹泻对儿童生长发育具有促进作用。为数不多的呈现儿童腹泻和生长发育的研究，大多数都只报告了水处理和手卫生对腹泻发生的降低作用，但并没有发现这种降低影响了儿童生长发育。而一些随访研究发现，慢性的、反复发生的腹泻而非偶发性腹泻，才可能会对儿童生长发育产生不利影响。

另一种隐性的肠道病变，环境性肠病（Environmental Enteropathy，EE），或许比腹泻更能解释儿童生长迟缓的发生。环境性肠病一般无外在临床表现，其特征是部分绒毛萎缩，中度至重度隐窝增生，吸收能力降低，小肠通透性增加，炎性细胞浸润明显。在冈比亚的一项队列研究中，922 名 2 岁以下儿童中，腹泻报告率为 7.3%，而以肠通透性异常为指征的环境性肠病患病率高达 76%。环境性肠病损伤的肠通透性、炎症反应（血浆免疫球蛋白浓度和 lgG 抗内毒素滴度）和消化乳糖能力下降一起可解释婴儿 64%的生长迟缓。环境性肠病导致儿童生长迟缓的结论同样得到了孟加拉国、美国、赞比亚、秘鲁和马拉维等其他地区队列研究的支持。在孟加拉国、印度、尼泊尔、巴基斯坦、巴西、秘鲁、南非和坦桑尼亚八个国家开展的 MAL-ED 研究发现，在 2092 名儿童的粪便样本中，27.5%肠凝聚性大肠杆菌检测阳性，但其感染并非因为儿童腹泻，而是与肠道炎症标志物存在较低但显著的相关关系，并且与儿童 2 岁时的身高呈负相关。

环境性肠病导致儿童营养缺乏的机制还在探索当中。既往研究提示环境性肠病的病理变化可能影响营养物质的摄入、消化、吸收和代谢：一是绒毛萎缩和上皮细胞受损会影响糖类、脂肪和蛋白质的吸收；二是肠道感染过程中，细胞活素水平的升高可以导致血液中抑制食物摄取的食欲调节激素瘦素的浓度增加，从而减少食欲，降低营养摄入；三是肠道通透性增加，允许细菌和大分子通过肠屏障进入体内引起系统免疫激活，导致机体摄入和储备的氨基酸转移到用于活跃的免疫系统，并会降低氨基酸、维生素 A、锌和铁等营养物质在生长发育和其他方面的利用程度。

结合上述讨论的结果，再次分析营养干预效果不佳的原因，除了营养素搭配、行为改变技巧和干预窗口期的问题，另一个可能被忽视的因素是过分重视营养补充，却忽略了营养物质的消化、吸收和利用，而后者的关键在于肠道健康。因此，在未来的干预中，一方面注重营养物质的补充，另一方面消除有害环境因素的暴露，采取措施改善肠道功能，可能会取得更好的干预效果。

但是环境性肠病的研究目前还有很多不足之处。第一，虽然已经有研究指出这种隐性肠功能障碍的发生与气候没有必然联系，在环境卫生条件落后的任何地区都可能会发生，但就目前来看，相关的研究还主要是在热带地区。第二，虽然有研究提示环境性肠病会影响儿童营养和生长，但并没有直接的证据表明它跟儿童早期发展的落后相关。在缺乏直接证据的情况下，我们很难排除它可能会存在和生长迟缓一样的状况，即同是儿童早期发展的危险因素，但针对其的干预却较难实现促进儿童早期发展的效果。

在中国落后的农村地区，水、环境卫生和个人卫生行为仍可能威胁儿童生长发育，而中国有 50%以上的儿童居住在农村地区。中国儿童早期发展服务才开始在全国推广，即使在城市地区也尚不完善，农村地区儿童更无法获得基础性的发展促进服务。儿童早期发展的相关研究也较为缺乏，有关水、环境卫生和个人卫生是否威胁农村地区儿童早期发展的研究几乎为零。因此，探究农村地区水、环境卫生和个人卫生与儿童早期发展的关系，会为农村地区儿童早期发展项目的实施提供新的干预视角，最终有利于人力资本和社会发展。

2 研究目的

分析家庭水、环境卫生、看护人和儿童手卫生行为与儿童早期营养和发展的关系。

3 研究方法

3.1 数据来源

本研究主要用到四个数据库实现上述研究目标。

3.1.1 CHNS 数据

中国健康与营养调查（China Health and Nutrition Survey，CHNS）是由美国北卡大学和中国疾病预防控制中心合作在中国开展的队列研究，研究调查收集了社区、家庭和个人三个层面的数据，包括社区组织和项目、家庭经济、儿童和成人社会人口学特征及营养与健康状况等。CHNS 于 1989 年开始第一次调查，之后分别于 1991 年、1993 年、1997 年、2000 年、2004 年、2006 年、2009 年和 2011 年随访调查，已在全国 15 个省调查约 7200 户家庭，共约 30000 人。有关 CHNS 研究设计、实施和数据更详细的介绍可见网站 http：//www. cpc. unc. edu/projects/china。

本研究主要使用 CHNS 数据 0~17 岁儿童样本的队列数据，以分析家庭水、环境和卫生与儿童营养的关系。构成数据库的个案和变量如下。

①主要变量

社会人口特征及家庭经济情况：包括儿童性别、年龄、民族、父母文化程度和家庭收入等社会人口和经济特征。其中家庭收入是九方面潜在收入来源（减去支出）的总和：商业，农业，渔业，园艺，牲畜，非退休金，退休收入，补贴和其他收入。用家庭收入除以家庭成员获得家庭人均收入，并全部换算为 2011 年货币价值。

水和环境卫生：家庭用水主要通过问卷访谈获得，包括饮用水类型和取水点位置。家庭环境污染主要为居室周围粪便污染情况，通过调查员观察获得。根据联合国儿童基金会（UNICEF）多指标聚类调查（MICS6）指标体系对水源的分类，将自来水、受保护的井水、泉水等归为改善的水源，其他未受保护的地表水源如江河湖水、沟塘渠水等归为未改善水源。将室内和院内水源统一归为院内水源，院外水源则定义为院外水源。居室周围粪便污染程度分“没有或很少”和“有些或很多”两个程度。

儿童营养：儿童身高和体重由卫生人员测量得到。根据 2006 年 WHO 儿童生长发育标准，年龄别身高 Z 评分值（HAZ）、年龄别体重 Z 评分值（WAZ）和身高别体重 Z 评分值（WHZ）小于-2 的分别定义为生长迟缓、低体重和消瘦。

②样本构成

所有 1989—2011 年纳入的 0~17 岁具有完整身高测量结果的儿童和青少年。调整数据结构，将儿童年龄分为 0~2 岁、3~5 岁、6~8 岁、9~11 岁、12~14 岁和 15~17

岁六个年龄段，每个年龄段变量信息取首次调查数据，若首次调查家庭水、环境卫生和儿童体检数据缺失，则取第二次随访数据，依次直至最后一次随访。定义随访率为随访时身高数据完整的儿童占首次调查时儿童人数的比例。最终儿童及其随访情况如图 1 所示。

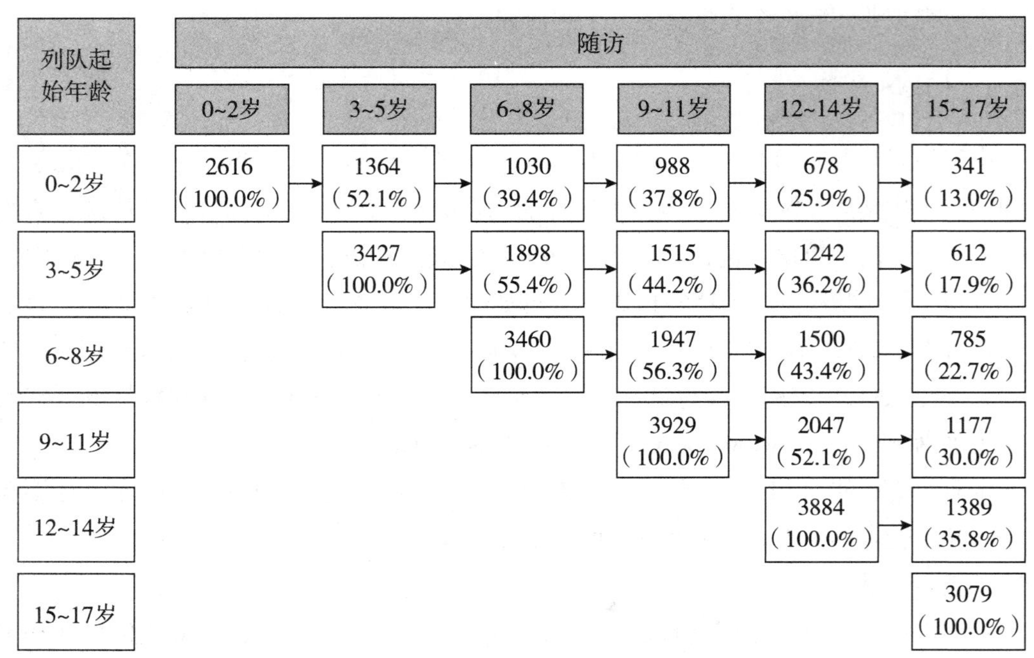

图 1　本研究所纳入 CHNS 样本儿童及其随访情况

3.1.2　IECD 基线和中期数据

UNICEF 儿童早期发展综合干预项目（Integrated Early Childhood Development, IECD）始于 2014 年，这一项目在山西省临县、汾西县和贵州省松桃县、黎平县四个贫困县开展，基线调查则在每个省又另外加入了一个县作为对照，山西为方山县，贵州为盘县。2013 年 7—9 月，北京大学项目评估组在上述 6 县通过整群抽样选取了 26 个乡中 83 个村开展了干预前的基线调查。2016 年 7—9 月，在相同地区开展了约两年的中期调查。两次调查的对象均为样本村内 3 岁以下儿童及其看护人。在本次分析时，不纳入单亲、孤儿、双胎、宫内或出生后患有对生长发育有严重影响的疾病，以及残疾儿童。

因 IECD 基线调查对与 WASH 的调查只询问了家庭用水状况，故仅用于分析家庭是否使用改善的水源对儿童营养和发展的影响。IECD 中期数据又增加了看护人的手卫生行为的调查，因此除再次验证家庭用水状况与儿童营养和发展的关系外，进一步检验看护人的手卫生行为与儿童营养和发展的关系。

数据库包含变量及其测量方法如下：

儿童、看护人及家庭基本情况：包括调查地区、儿童性别、月龄、低出生体重，儿童与父母分离情况，看护人与儿童关系，看护人性别、年龄、民族、文化程度，家庭是否为低保户，和由家用电器和交通工具（基线为手机、电视、洗衣机、冰箱，中期为电视、洗衣机、冰箱、电动车/摩托车/三轮车、汽车）拥有数量表征的家庭经济状况。

看护人抑郁症状：看护人抑郁症状采用抑郁自评量表（Zung Self-rating Depression Scale，ZSDS）测量。ZSDS 涵盖与抑郁相关的情感，心理和躯体症状共 20 个条目，条目得分相加即为总分，再乘以 1.25 后取整数得到标准得分。标准分≥50 分即判断为有抑郁症状。在该调查中，考虑到看护人文化程度差异，采用自评和访谈结合的方式实施测量。

儿童喂养、刺激和积极养育：采用 WHO 婴幼儿喂养行为指标体系问卷测量儿童母乳喂养和辅食添加情况，并计算 Ruel 和 Menon 提出的喂养指数综合评价 3 岁以下留守儿童喂养情况。采用 MICS5 中 5 岁以下儿童指标问卷测量，包括儿童是否拥有图书、玩具，暴力管教和早期刺激及回应性照料四个指标来反映儿童养育照护情况。

家庭饮用水和个人行为：基线调查询问了家庭水源情况，中期调查增加了询问看护人手卫生行为。改善水源和未改善水源的定义同 CHNS，自来水和受保护的井水、泉水等为改善水源，其他为未改善水源。看护人手卫生行为包括是否在关键时刻（饭前、喂孩子前、便后和处理儿童粪便后）洗手，以及是否使用肥皂。

营养指标：儿童身长和体重由经过统一培训的体检人员采用统一配置的婴幼儿身长仪和体重计测量。测量仪器在使用前校正，身长测量采用卧式测量，测量前脱帽和鞋；体重测量在儿童脱去鞋和厚重衣物后实施。根据 2006 年 WHO 儿童生长发育标准计算 HAZ、WAZ 和 WHZ，并判断是否发生生长迟缓、低体重和消瘦。

儿童早期发展测评结果：采用年龄与发育进程问卷中文版（ASQ-C）测量儿童心理行为发育水平。ASQ 是由父母参与完成的儿童发育测量系统，由一系列月龄适宜性问卷组成，可用于 1~66 月龄儿童沟通、粗大动作、精细动作、解决问题和个人—社会可疑发育迟缓的早期识别。ASQ 广泛用于儿童发育迟缓的筛查，被美国儿科协会推荐为儿童早期发育筛查的标准工具。中文版 ASQ 由卞晓燕团队修订，具有良好的测量学性能，并已建立中国常模。测量由经过培训的当地调查员通过询问看护人和观察儿童表现完成。某一能区 ASQ 得分低于中国常模均值 2SD 即为该能区可疑发育迟缓，任一能区可疑发育迟缓即为总可疑发育迟缓。

3.1.3 RLBCHD 数据

2018 年，国家卫生和计划生育委员会、联合国儿童基金会开展“农村留守儿童健康和发展促进项目”（Rurod Left-Behind Children's Hecuth and Development，RLBCHD），以探索适合中国农村地区留守儿童早期健康与发展的干预模式。项目在河北省平山县、河南省卢氏县、江西省于都县、贵州省三穗县和四川省通江县 5 个贫困县开展试点，每个县 1~3 个乡镇作为项目乡镇。基线调查于 2018 年 5~7 月开展，共纳入 5 个县，27 个乡镇，113 个村为样本村，村内所有 3 岁以下留守儿童及其看护人为调查对象，留守儿童为父亲或母亲与之分离外出工作至少一周的儿童。本次分析时，不纳入单亲、孤儿、双胎、宫内或出生后患有对生长发育有严重影响疾病者及残疾儿童。

RLBCHD 在 WASH 方面只询问了儿童在玩耍后是否洗手，以及是否使用肥皂，因此，本研究仅使用 RLBCHD 数据分析儿童手卫生与儿童早期营养和发展的作用。

RLBCHD 数据库和 IECD 数据相似，主要包括儿童、看护人及家庭基本情况，看护人抑郁，儿童喂养情况，儿童早期刺激和积极养育情况，体格生长和发展的测量结果。不同的是，本研究只对儿童本人的手卫生情况做了直接测量，即儿童玩耍后是否洗手及使用肥皂。另外，研究采用了婴儿/学步儿家庭环境观察评价量表（IT-HOME），以综合评价儿童家庭养育环境。HOME 量表由 Bettye M. Caldwell 和 Robert H. Bradley 编制，包括反应性、接纳性、组织性、学习材料、卷入性和多样性共 6 个维度 45 个条目，可通过访谈和家庭观察的方式，评价家庭环境中儿童可获得的有助于社交、情感和认知发展的支持情况，已被证实具有良好的测量学性能。

3.2 统计分析

WASH 与儿童早期营养和发展的关系的检验是本部分数据分析的重点。我们采用不同的数据库逐次检验家庭饮用水状况、看护人和儿童手卫生对儿童营养和发展的作用。

3.2.1 家庭饮用水源改善与儿童早期营养和发展的关系

在 CHNS 数据库，我们仅选择生长迟缓作为主要结局分析。因 CHNS 从儿童 0~2 岁一直随访到 15~17 岁，因此采用独立窗口期多重回归的方法分析不同年龄段家庭水供应对儿童生长的长期影响。具体分析方法为不同年龄段时家庭饮用水源类型和取水点位置为自变量，同年龄段及更高年龄时儿童生长迟缓为因变量，同时控制儿童所在队列、地区（农村或城市）、性别、年龄、民族、是否在校，父母文化程度、家庭人均收入和居室周围粪便污染状况。

家庭饮用水状况与儿童营养的关系的检验主要采用 IECD 基线和中期数据及 CHNS 数据。基于 IECD 数据库，建立 Logistic 回归模型，以生长迟缓、低体重和消瘦为因变量，以饮用水源类型为自变量，控制调查地区、儿童性别、月龄、是否早产，看护人与儿童关系、看护人性别、年龄、民族、文化程度，家庭经济状况（是否拥有电话、电视、冰箱、洗衣机）和儿童喂养指数，以分析饮用水源改善与儿童生长的关系。在分析 IECD 中期数据时，我们同时控制了 IECD 干预相关的变量。家庭水源的改善与儿童 ASQ 测量的可疑发育迟缓的关系同样采用 Logistic 回归。在控制的因素中，增加拥有儿童图书、玩具、暴力管教、早期刺激和回应性照料四个儿童刺激和养育相关的指标。

3.2.2 家庭环境卫生与儿童早期营养和发展的关系

只有 CHNS 询问了居室周围粪便污染情况，因此用来作为家庭环境卫生的指标，分析其与儿童生长发育的关系。分析方法同 CHNS 家庭用水影响儿童营养的分析。

3.2.3 看护人和儿童手卫生与儿童早期营养和发展的关系

IECD 中期数据用于探究看护人手卫生与儿童营养和发展的关系。各时刻手卫生行为均受看护人卫生观念的影响，存在强相关性，无法相互控制以分析每个时刻洗手的影响，因此为看护人在吃饭前、喂孩子前、便后和处理儿童粪便后四个关键时刻是否洗手计分，是为 1 分，否为 0 分，然后计算总分。因只有很少比例的看护人得分 0 分、1 分或 2 分，因此将看护人得分 0~2 分的儿童合并为一组，分别与得 3 分和 4 分的看护人照看的儿童进行比较。另外，比较洗手时不使用和使用肥皂是否对儿童生长发育也有不同的作用。采用 Logistic 回归模型，以生长迟缓、低体重、消瘦和可疑发育迟缓为因变量，看护人手卫生得分分组和是否使用肥皂为自变量，控制儿童和看护人的社会人口学特征、家庭经济、儿童喂养、刺激和养育行为，以及干预利用和家庭饮用水状况等混杂因素。

用 RLBCHD 数据进一步分析儿童手卫生行为与其营养和发展的关系。采用 Logistic 回归模型，因变量同上，自变量为儿童玩耍后不洗手、洗手但不用肥皂、洗手且用肥皂这一三分类变量，控制调查地区、儿童性别、月龄、是否早产，看护人与儿童关系、看护人性别、年龄、民族、文化程度，家庭经济状况（是否拥有电话、电视、冰箱、洗衣机），儿童喂养指数和 HOME 测量得分。

4 研究结果

4.1 样本人群基本情况

4.1.1 CHNS 儿童样本人群

研究共纳入 18 岁以下 CHNS 儿童 9795 人，各年龄段儿童基本情况如表 1 所示。

表 1　　本研究所纳入 CHNS 儿童基本情况，n（%）

	0~2 岁（n=2616）	3~5 岁（n=3427）	6~8 岁（n=2460）	9~11 岁（n=3929）	12~14 岁（n=3884）	15~17 岁（n=3079）
调查年份						
1989	769（27.7）	669（18.9）	180（5.2）		3（0.1）	6（0.2）
1991	286（10.9）	576（16.8）	522（15.1）	719（18.3）	656（16.9）	689（22.4）
1993	213（8.1）	430（12.5）	570（16.5）	447（11.4）	457（11.8）	385（12.5）
1997	245（9.4）	306（8.9）	571（16.5）	778（19.8）	616（15.9）	476（15.5）
2000	196（7.5）	320（9.3）	392（11.3）	653（16.6）	846（21.8）	457（14.9）
2004	216（8.3）	250（7.3）	324（9.4）	363（9.2）	448（11.5）	422（13.7）
2006	160（6.1）	195（5.7）	219（6.3）	270（6.9）	223（5.7）	221（7.2）
2009	185（7.1）	292（8.5）	284（8.2）	316（8.0）	331（8.5）	180（5.8）
2011	372（14.2）	409（11.9）	390（11.3）	380（9.7）	302（7.8）	241（7.8）
儿童性别						
男	1437（54.9）	1858（54.2）	1852（53.5）	2073（52.8）	1995（51.4）	1642（53.3）
女	1179（45.1）	1569（45.8）	1608（46.5）	1856（47.2）	1889（48.6）	1437（46.7）
儿童月龄，Med（$25^{th}-75^{th}$）	19.3（11.2，26.8）	51.9（44.4，60.1）	87.4（79.9，95.8）	125.2（117.3，133.9）	160.4（152.1，169.1）	195.0（187.6，203.8）
儿童民族						
汉族	2112（80.7）	2844（83.0）	2910（84.1）	3338（85.0）	3286（84.6）	2578（83.7）
少数民族	405（15.5）	501（14.6）	516（14.9）	563（14.3）	572（14.7）	467（15.2）
未知	99（3.8）	82（2.4）	34（1.0）	28（0.7）	26（0.7）	34（1.1）
儿童上学						
未在读	358（13.7）	770（22.5）	412（11.9）	88（2.2）	225（5.8）	993（32.3）
在读	7（0.3）	126（3.7）	2676（77.3）	3562（90.7）	3463（89.2）	1908（62.0）
未知	2251（86.0）	2531（73.9）	372（10.8）	279（7.1）	196（5.0）	178（5.8）
父亲学历						
完全不能读写及小学	511（19.5）	782（22.8）	826（23.9）	1083（27.6）	1224（31.5）	1194（38.8）
初中	759（29.0）	1096（32.0）	1301（37.6）	1458（37.1）	1369（35.2）	925（30.0）
高中及以上	423（16.2）	672（19.6）	831（24.0）	964（24.5）	913（23.5）	695（22.6）
未知	923（35.3）	877（25.6）	502（14.5）	424（10.8）	378（9.7）	265（8.6）
母亲学历						
完全不能读写及小学	849（32.5）	1223（35.7）	1309（37.8）	1674（42.6）	1871（48.2）	1694（55.0）
初中	703（26.9）	988（28.8）	1116（32.3）	1224（31.2）	1063（27.4）	695（22.6）

续　表

	0~2岁 (n=2616)	3~5岁 (n=3427)	6~8岁 (n=2460)	9~11岁 (n=3929)	12~14岁 (n=3884)	15~17岁 (n=3079)
高中及以上	369 (14.1)	534 (15.6)	620 (17.9)	722 (18.4)	673 (17.3)	501 (16.3)
未知	695 (26.6)	682 (19.9)	415 (12.0)	309 (7.9)	277 (7.1)	189 (6.1)
家庭人均收入(千元), Med ($25^{th}-75^{th}$)	3.0 (1.5, 5.7)	3.1 (1.5, 5.8)	3.1 (1.6, 5.9)	3.3 (1.7, 6.1)	3.4 (1.8, 6.3)	3.4 (1.8, 6.4)

所纳入 CHNS 儿童家庭的水供应和环境卫生状况如表 2 所示。

表 2　本研究所纳入 CHNS 儿童家庭水供应和环境卫生状况，*n*（%）

	0~2岁	3~5岁	6~8岁	9~11岁	12~14岁	15~17岁
取水点位置						
室内或院内	2222 (85.0)	2984 (87.1)	3126 (90.5)	3567 (90.9)	3565 (91.9)	2778 (90.4)
院外	393 (15.0)	440 (12.9)	330 (9.5)	358 (9.1)	314 (8.1)	296 (9.6)
水源类型						
保护水源	2081 (79.9)	2774 (81.4)	2874 (83.4)	3267 (83.5)	3206 (83.0)	2591 (84.5)
未保护水源	524 (20.1)	632 (18.6)	571 (16.6)	645 (16.5)	655 (17.0)	474 (15.5)
居室周围粪便污染						
没有或很少	2121 (81.5)	2766 (81.3)	2808 (81.6)	3281 (83.9)	3257 (84.4)	2579 (84.2)
有一些或很多	482 (18.5)	636 (18.7)	633 (18.4)	629 (16.1)	602 (15.6)	485 (15.8)

4.1.2　IECD 基线调查样本人群

表 3 为本研究纳入的 IECD 基线调查样本人群基本情况。研究共纳入 3 岁以下正常儿童 2590 人。受调查的看护人以儿童父母为主，占总儿童看护人数的 87.0%。受调查的儿童家庭中，使用改善的饮用水源的家庭比例为 88.0%，使用未改善水源的比例为 12.0%。

表 3　IECD 基线和中期调查对象基本情况，*n*（%）

特征	基线调查 (n=2590)	中期调查 (n=2558)
所在县		
临县	354 (13.7)	298 (11.6)
汾西县	447 (17.3)	470 (18.4)

续 表

特征	基线调查（n=2590）	中期调查（n=2558）
方山县	437（16.9）	366（14.3）
松桃县	220（8.5）	189（7.4）
黎平县	337（13.0）	333（13.0）
盘县	795（30.7）	902（35.3）
儿童性别		
男	1448（55.9）	1395（54.5）
女	1142（44.1）	1163（45.5）
儿童月龄，Med（$25^{th}-75^{th}$）	18.0（10.0，26.0）	19.0（10.0，27.0）
早产	61（2.4）	128（5.0）
看护人与儿童关系		
父母	2254（87.0）	2101（82.1）
非父母	336（13.0）	457（17.9）
看护人性别		
男	409（15.8）	301（11.8）
女	2181（84.2）	2257（88.2）
看护人年龄，Med（$25^{th}-75^{th}$）	27.0（24.0，32.0）	28.0（25.0，35.0）
看护人民族		
汉族	1673（64.6）	1633（63.8）
少数民族	917（35.4）	925（36.2）
看护人文化程度		
高中及以上	331（12.8）	454（17.7）
初中	1366（52.7）	1271（49.7）
小学	633（24.4）	577（22.6）
完全不能读写	260（10.0）	256（10.0）
家庭为低保户	245（9.5）	135（5.3）
家庭有电话	2497（96.4）	
家庭有洗衣机	2237（86.4）	
家庭有冰箱	1773（68.5）	
家庭有电视	2452（94.7）	
家庭拥有电器和交通工具数量		
≤2 件		389（15.2）
3 或 4 件		1697（66.3）

续 表

特征	基线调查 (n=2590)	中期调查 (n=2558)
≥5 件		472（18.5）
家庭饮用水源		
改善的家庭饮用水源	2278（88.0）	
未改善的家庭饮用水源	312（12.0）	

4.1.3 IECD 中期调查样本人群

IECD 中期数据共纳入 2558 名 3 岁以下儿童，男孩和女孩占比分别为 54.5%和 45.5%，月龄中位数（25th 百分位数，75th 百分位数）为 19.0（10.0，27.0）个月。儿童看护人 82.1%为儿童父母，88.2%为女性。看护人中以初中文化程度者居多，占比 49.7%，其次为小学，为 22.6%，文化程度为高中及以上或完全不能读写的比例分别为 17.7%和 10.0%。儿童所在家庭为低保户的比例为 5.3%（表 3）。

83.6%的家庭使用改善的饮用水源，仅 16.4%使用未改善的饮用水源。看护人在吃饭前、喂孩子前、便后和处理儿童粪便后洗手的比例占到 90%或更高。计算看护人手卫生得分，得分 0 分、1 分、2 分、3 分和 4 分的比例分别为 1.3%、2.0%、6.6%、11.1%和 79.0%，其中使用肥皂洗手的比例为 66.5%（表 4）。

表 4　　IECD 中期调查儿童家庭饮用水状况和看护人手卫生行为，*n*（%）

家庭用水和看护人手卫生行为	频数（比例）
家庭饮用水源	
未改善的饮用水源	419（16.4）
改善的饮用水源	2139（83.6）
吃饭前洗手	
否	238（9.3）
是	2320（90.7）
喂孩子前洗手	
否	262（10.2）
是	2296（89.8）
便后洗手	
否	174（6.8）
是	2384（93.2）

续 表

家庭用水和看护人手卫生行为	频数（比例）
处理儿童粪便后洗手	
否	227（8.9）
是	2331（91.1）
看护人手卫生得分	
0分	32（1.3）
1分	50（2.0）
2分	169（6.6）
3分	285（11.1）
4分	2022（79.0）
看护人洗手使用肥皂	
否	857（33.5）
是	1701（66.5）

4.1.4 RLBCHD 样本人群

表 5 展示了 875 名 RLBCHD 项目留守儿童的基本情况。其中男孩和女孩比例分别为 53.7%和 46.3%，月龄中位数（25th 百分位数，75th 百分位数）为 20.3（13.6，28.1）个月。留守儿童看护人以儿童祖辈为主，占比 65.5%，33.7%的儿童为单亲留守儿童，其主要看护人为儿童父亲或母亲。

表 5　　RLBCHD 项目调查对象基本情况，*n*（%）

特征	频数（比例）
所在县	
于都县	257（29.4）
卢氏县	80（9.1）
平山县	58（6.6）
三穗县	302（34.5）
通江县	178（20.3）
儿童性别	
男	470（53.7）
女	405（46.3）
儿童月龄，Med（25th–75th）	20.3（13.6，28.1）

续 表

特征	频数（比例）
早产儿	51（5.9）
低出生体重	43（5.0）
看护人与儿童关系	
父亲或母亲	295（33.7）
祖辈	573（65.5）
其他人	7（0.8）
看护人性别	
女	785（89.7）
男	90（10.3）
看护人年龄，Med（$25^{th}-75^{th}$）	50.0（31.0，55.0）
看护人民族	
汉族	678（77.5）
少数民族	197（22.5）
看护人文化程度	
高中及以上	117（13.4）
初中	309（35.3）
小学	328（37.5）
完全不能读写	121（13.8）
拥有家用电器或交通工具数量	
拥有 4 件或更少	718（82.1）
拥有 5 件及以上	157（17.9）

受调查的留守儿童家庭使用改善的饮用水源的比例为 89.9%，使用未改善的饮用水源的比例为 10.1%。20.8%受调查的留守儿童玩耍后经常不洗手，36.2%洗手但不使用肥皂，43.0%洗手且使用肥皂（表 6）。

表 6　　RLBCHD 项目调查留守儿童手卫生行为，*n*（%）

儿童玩耍后洗手和使用肥皂	频数（比例）
洗手-　肥皂-	182（20.8）
洗手+　肥皂-	317（36.2）
洗手+　肥皂+	376（43.0）

4.2 儿童营养和发展状况

4.2.1 CHNS 儿童营养状况

研究所纳入 CHNS 0~2 岁、3~5 岁、6~8 岁、9~11 岁、12~14 岁和 15~17 岁儿童生长迟缓率分别为 25.2%（658/2616）、24.9%（854/3427）、17.9%（619/2460）、17.8%（698/3929）、17.6%（685/3884）和 14.3%（441/3079）。

4.2.2 IECD 和 RLBCHD 儿童生长发育状况

2013 年 IECD 基线样本 3 岁以下儿童生长迟缓率、低体重率和消瘦率分别为 15.7%、8.2%和 3.8%，沟通、粗大动作、精细动作、解决问题、个人社会可疑发育迟缓率和总可疑发育迟缓率分别为 15.3%、12.6%、15.6%、15.1%、12.1%和 33.1%。2016 年 IECD 中期样本 3 岁以下儿童生长迟缓、低体重和消瘦以及营养不良患病率分别为 11.2%、3.7%和 1.4%，沟通、粗大动作、精细动作、解决问题、个人社会可疑发育迟缓率和总可疑发育迟缓率分别为 7.5%、5.9%、6.2%、6.7%、4.4%和 19.0%（表 7）。

2018 年 RLBCHD 所调查的贫困农村地区 3 岁以下留守儿童生长迟缓、低体重、消瘦和营养不良患病率分别为 12.8%、4.5%和 1.8%，沟通、粗大动作、精细动作、解决问题、个人社会和总可疑发育迟缓率分别为 12.6%、9.6%、13.6%、13.9%、11.6%和 32.5%（表 7）。

表 7　IECD 和 RLBCHD 受调查儿童生长发育状况，*n*（%）

生长发育指标	IECD 基线	IECD 中期	RLBCHD
营养不良			
生长迟缓	385（15.7）	282（11.2）	108（12.8）
低体重	204（8.2）	94（3.7）	38（4.5）
消瘦	94（3.8）	36（1.4）	15（1.8）
发育迟缓			
沟通	395（15.3）	191（7.5）	110（12.6）
粗大动作	326（12.6）	150（5.9）	84（9.6）
精细动作	403（15.6）	158（6.2）	118（13.6）
解决问题	389（15.1）	172（6.7）	120（13.9）
个人社会	312（12.1）	113（4.4）	101（11.6）
总可疑发育迟缓	857（33.1）	486（19.0）	284（32.5）

4.3　家庭用水与儿童早期营养和发展的关系

IECD 基线调查未发现家庭水源改善与儿童营养和发展存在显著相关关系。单因素分析显示，家庭使用改善饮用水源的儿童生长迟缓率和可疑发育迟缓率显著低于家庭使用未改善饮用水源的儿童（14.8% vs. 22.2%，$p=0.001$；32.4% vs. 38.5%，$p=0.032$），但在控制混杂因素后，差异无统计学意义。只有低体重率在家庭使用改善和未改善的饮用水源的儿童间差异是显著的，前者为7.8%，后者为10.7%，在控制其他因素后前者仍显著低于后者（$OR=0.65$，95%CI：0.43-0.99，$p<0.05$）（见图2；附表1）。

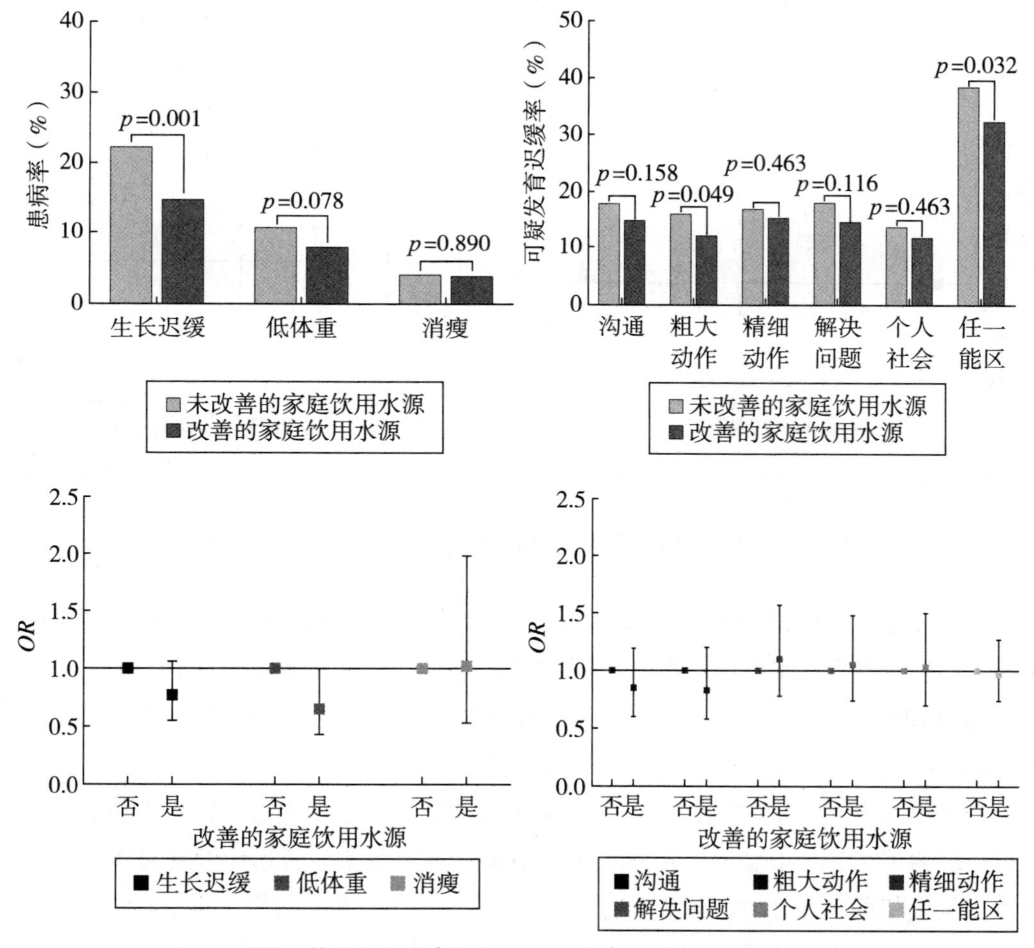

图2　IECD 基线调查家庭饮用水源改善与儿童营养和发展的关系

和基线数据相似，IECD 中期调查显示家庭使用改善饮用水源的儿童在营养和发展各指标上的表现略好于家庭使用未改善的饮用水源的儿童，但是这些差异在控制儿童和看护人特征，及儿童喂养、刺激和积极养育情况等混杂因素后，均无统计学意义（见图3；附表1）。

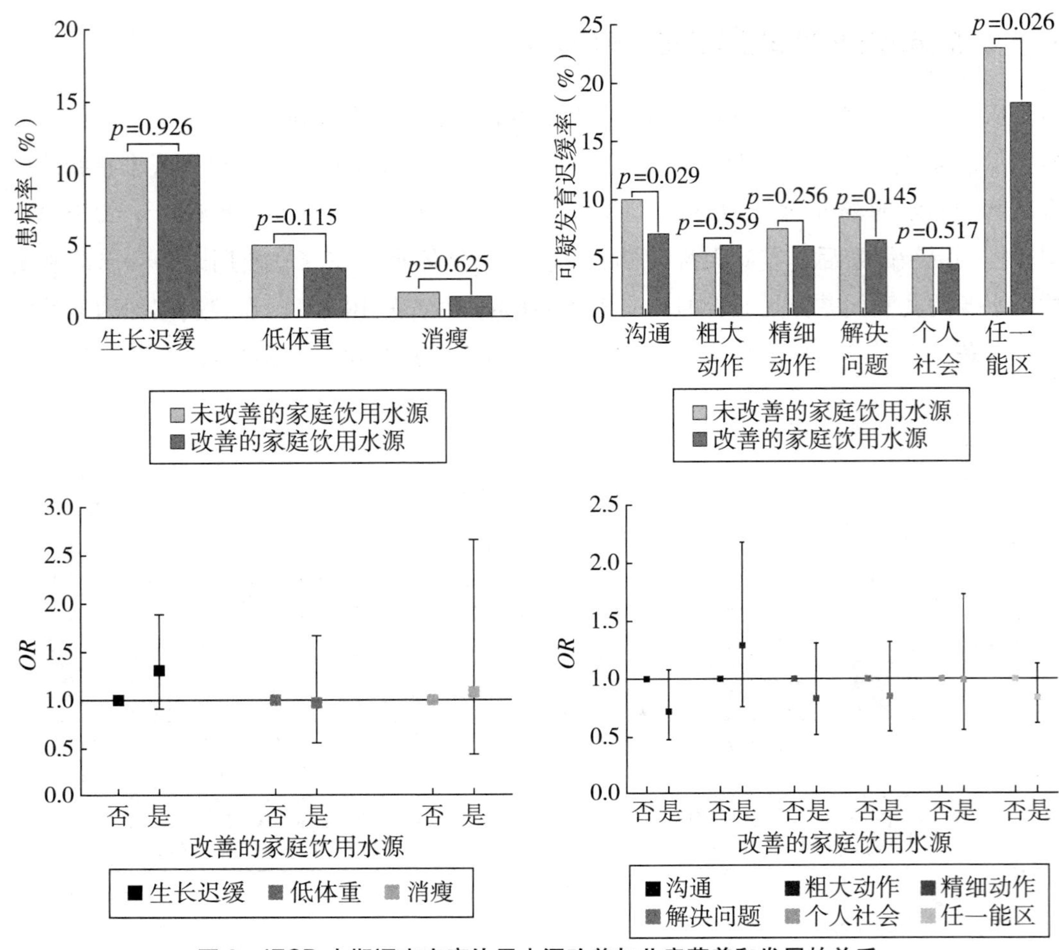

图 3　IECD 中期调查家庭饮用水源改善与儿童营养和发展的关系

IECD 两次调查仅限于饮用水源类型，得到与儿童营养和发展无显著相关关系的初步结论。但对于家庭水供应情况，仅用饮用水源类型显然是无法完全概括的。因此我们又利用 CHNS 的数据对这一假设再一次做了检验。在这一数据库里，我们将家庭水供应的状况细分为两个方面，即水源类型和取水点位置。

表 8 和附表 2、附表 3 展示了 CHNS 数据中家庭用水水源类型、取水点位置和儿童生长迟缓的关系。结果显示，家庭水源类型未发现与儿童生长迟缓存在显著关系，但取水点位置却可以部分地解释儿童生长迟缓。在 0~11 岁各年龄段，家庭取水点位于院外或家门外的儿童生长迟缓率都显著高于取水点在院内或室内的同年龄段儿童。0~5 岁阶段家庭取水点对体格生长的影响最为显著和长远，0~2 岁和 3~5 岁时暴露于较远的取水点位置，不仅与同年龄段高生长迟缓率相关，还预示在成长后期 6~8 岁和 9~11 岁时有更高的生长迟缓风险。而 6 岁以后家庭取水点的远近则未发现与儿童生长迟缓相关。

表 8　CHNS 儿童样本各年龄段家庭水供应与儿童生长迟缓关系的 Logistic 回归分析

家庭水供应	0~2 岁				3~5 岁				6~8 岁				9~11 岁				12~14 岁				15~17 岁			
	OR	95%CI		*p* 值	*OR*	95%CI		*p* 值	*OR*	95%CI		*p* 值	*OR*	95%CI		*p* 值	*OR*	95%CI		*p* 值	*OR*	95%CI		*p* 值
		下限	上限			下限	上限			下限	上限			下限	上限			下限	上限			下限	上限	
0~2 岁																								
院外取水点	1.48	1.12	1.96	0.006	1.76	1.19	2.59	0.005	1.56	0.93	2.60	0.093	1.71	1.05	2.77	0.030	1.49	0.82	2.70	0.188	0.99	0.36	2.69	0.985
未改善的水源	1.10	0.85	1.40	0.475	1.24	0.85	1.79	0.259	1.43	0.90	2.29	0.129	0.77	0.48	1.23	0.279	1.19	0.67	2.12	0.553	1.81	0.71	4.63	0.216
3~5 岁																								
院外取水点					1.59	1.24	2.04	0.000	1.75	1.18	2.57	0.005	1.54	1.03	2.31	0.037	1.47	0.92	2.32	0.105	1.79	0.84	3.81	0.131
未改善的水源					1.20	0.96	1.49	0.103	0.86	0.60	1.23	0.415	0.83	0.57	1.21	0.326	1.07	0.69	1.65	0.774	1.00	0.48	2.09	0.998
6~8 岁																								
院外取水点									1.19	0.88	1.61	0.267	1.13	0.72	1.77	0.598	0.84	0.51	1.40	0.501	0.70	0.31	1.58	0.393
未改善的水源									1.13	0.88	1.46	0.325	1.16	0.78	1.71	0.472	1.19	0.78	1.82	0.414	1.84	0.94	3.60	0.074
9~11 岁																								
院外取水点													1.14	0.86	1.51	0.350	1.02	0.66	1.59	0.921	1.12	0.62	2.02	0.714
未改善的水源													1.16	0.92	1.46	0.203	1.33	0.92	1.91	0.129	1.41	0.87	2.31	0.166
12~14 岁																								
院外取水点																	1.19	0.89	1.59	0.251	0.59	0.29	1.19	0.143
未改善的水源																	1.36	1.09	1.70	0.006	1.07	0.63	1.80	0.805
15~17 岁																								
院外取水点																					0.97	0.69	1.37	0.882
未改善的水源																					1.28	0.96	1.71	0.087

4.4 家庭环境卫生与儿童营养和发展的关系

如表9和附表4所示，在几乎每个年龄段，家庭环境卫生都与儿童生长迟缓有着显著关系，居室周围粪便污染“有些或很多”的家庭，其儿童生长迟缓率显著低于居室周围“没有或很少”粪便污染的儿童。但不同于家庭取水点位置，以居室周围粪便污染程度代表的家庭环境卫生并没有长期的影响。

4.5 看护人及儿童手卫生与儿童早期营养和发展的关系

IECD中期调查显示，看护人手卫生得分为0~2分、3分和4分的儿童生长迟缓率分别为14.1%、10.0%和11.0%。在控制儿童和看护人社会人口学特征和儿童喂养情况后，看护人手卫生得分4分的儿童生长迟缓率显著低于看护人手卫生得分为0~2分的儿童（$OR=0.63$，95%CI 0.41-0.96，$p=0.032$）。看护人手卫生得分为0~2分、3分或4分的儿童低体重率分别为5.7%、3.2%和3.5%；在控制混杂因素后，看护人手卫生得分4分的儿童低体重率显著低于看护人手卫生得分为0~2分的儿童（$OR=0.51$，95%CI 0.27-0.97，$p=0.041$）（图4；附表5）。

儿童发育状况呈现与看护人手卫生得分显著的正相关关系。看护人手卫生得分为0~2分、3分和4分的儿童ASQ测量的可疑发育迟缓率分别为31.5%、20.7%和17.2%，看护人手卫生得分越高，儿童ASQ筛查的可疑发育迟缓率越低，单因素分析显示差异具有统计学意义。在控制混杂因素后，看护人手卫生得分为3分和4分的儿童可疑发育迟缓率仍显著低于看护人手卫生得分低于3分的儿童（$OR=0.59$，95%CI 0.38-0.90，$p=0.014$；$OR=0.56$，95%CI 0.41-0.79，$p=0.001$）。在各个维度上，看护人手卫生得分与儿童发育存在相似的正相关关系（图4；附表5）。

洗手时不使用和使用肥皂的看护人，其照看的儿童，生长迟缓率分别为15.0%和9.3%，单因素分析差异显著；但在控制混杂因素后差异无统计学意义。洗手时不使用和使用肥皂的看护人照看的儿童低体重率分别为4.2%和3.4%，差异无统计学意义。洗手时不使用和使用肥皂的看护人照看的儿童可疑发育迟缓率分别为25.6%和15.7%，后者显著低于前者，即使在控制儿童和看护人社会人口特征、儿童喂养和养育行为，及看护人手卫生得分后差异仍然有统计学意义（$OR=0.739$，95%CI 0.58-0.94，$p=0.015$）（图5；附表6）。

表 9　CHNS 儿童样本各年龄段家庭居室周围粪便污染与儿童生长迟缓关系的 Logistic 回归分析

居室周围粪便污染	0~2 岁				3~5 岁				6~8 岁				9~11 岁				12~14 岁				15~17 岁			
	OR	95%CI		*p* 值	*OR*	95%CI		*p* 值	*OR*	95%CI		*p* 值	*OR*	95%CI		*p* 值	*OR*	95%CI		*p* 值	*OR*	95%CI		*p* 值
		下限	上限			下限	上限			下限	上限			下限	上限			下限	上限			下限	上限	
0~2 岁	1.19	0.94	1.50	0.142	0.72	0.51	1.02	0.067	1.09	0.70	1.70	0.695	1.31	0.87	1.97	0.200	1.70	1.04	2.78	0.034	0.86	0.34	2.16	0.743
3~5 岁					1.26	1.03	1.55	0.027	1.01	0.73	1.41	0.931	0.89	0.63	1.27	0.526	1.54	1.03	2.30	0.036	1.66	0.85	3.25	0.135
6~8 岁									1.32	1.06	1.65	0.014	1.41	1.00	1.99	0.048	1.18	0.81	1.71	0.392	0.86	0.45	1.61	0.633
9~11 岁													1.69	1.37	2.09	0.000	1.57	1.13	2.19	0.008	1.24	0.78	1.99	0.367
12~14 岁																	1.66	1.34	2.06	0.000	1.39	0.86	2.25	0.173
15~17 岁																					1.62	1.25	2.10	0.000

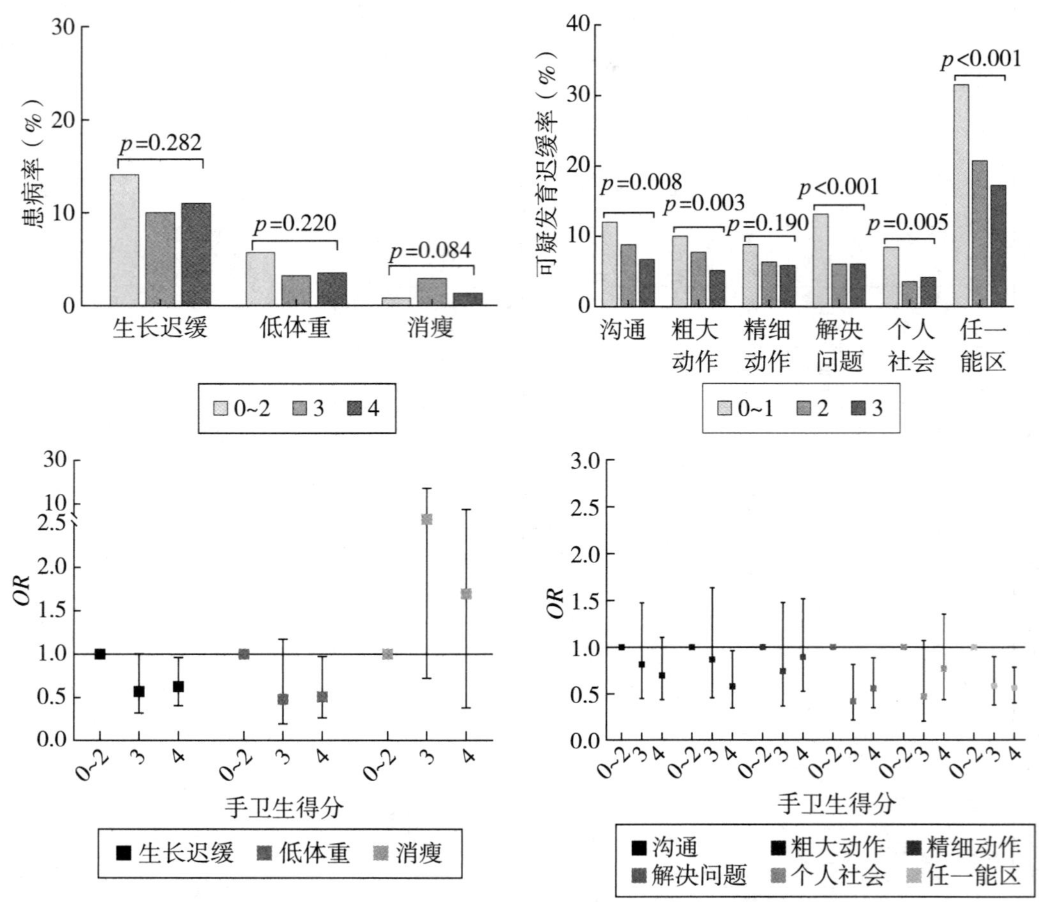

图 4 IECD 中期调查看护人手卫生行为与儿童营养和发展的关系

RLBCHD 数据库进一步检验了留守儿童手卫生行为与其营养和发展的关系。玩耍后洗手的留守儿童比不洗手的儿童生长迟缓、低体重和消瘦的风险更低，而玩耍后洗手时使用肥皂的儿童生长迟缓的风险则比洗手但不使用肥皂的儿童更低，虽然这些差异都无统计学意义（图 6；附表 7）。

玩耍后不洗手、洗手但不用肥皂、洗手且使用肥皂的留守儿童可疑发育迟缓率分别为 44. 0%、31. 9%和 27. 4%，呈现逐渐降低的趋势。分维度观察时，三组呈现相似的相关趋势。在控制儿童和看护人社会人口学特征、儿童喂养、刺激和养育环境后，玩耍后洗手且使用肥皂的儿童可疑发育迟缓率仍显著低于不洗手的儿童（OR = 0. 58，95%CI 0. 39−0. 88，p = 0. 009）（图 6；附表 7）。

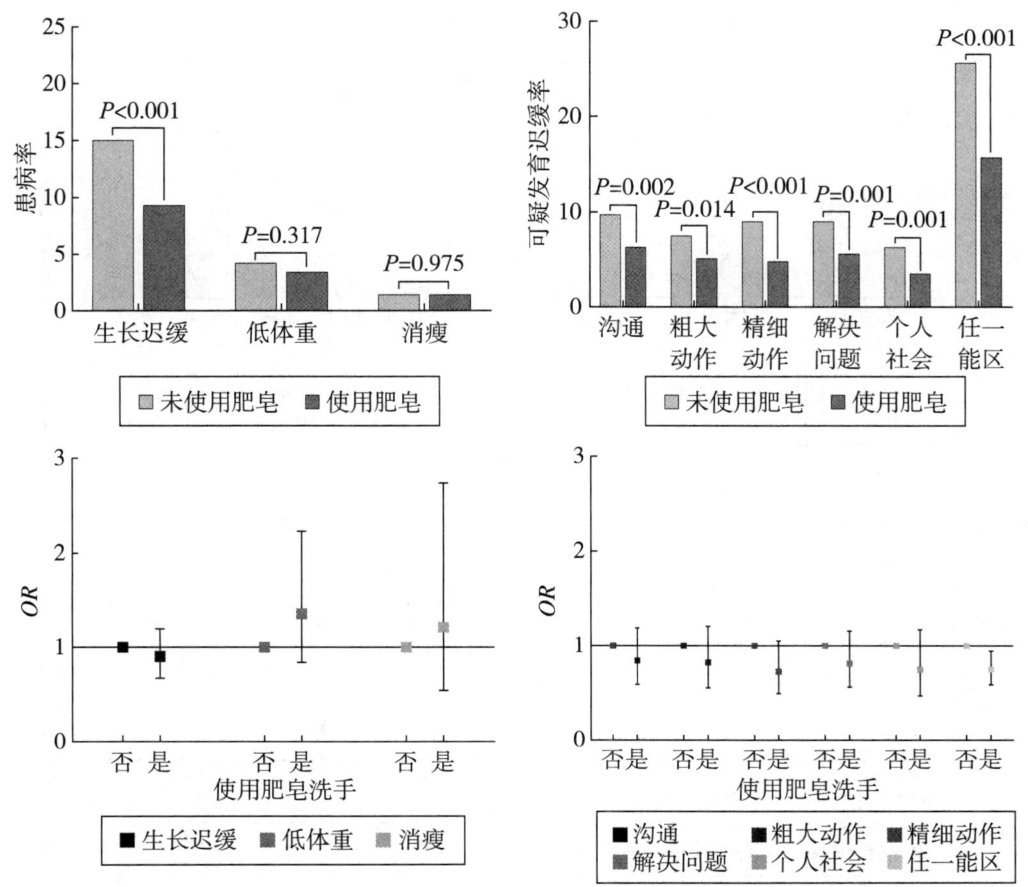

图 5　IECD 中期调查看护人洗手使用肥皂与儿童营养和发展的关系

5　讨论

本研究分析了 WASH 与儿童营养和发展的关系。家庭水利用的便利性对儿童生长发展的影响显著。看护人手卫生与儿童营养和发展显著相关，看护人越能在关键时刻洗手，儿童生长迟缓、低体重和发育迟缓的风险越低，洗手时使用肥皂可进一步降低发育迟缓的风险。儿童本人在玩耍后用肥皂洗手也可显著降低儿童发育迟缓的风险。

5.1　家庭水供应与儿童早期营养和发展的关系

家庭水供应大致考虑两个方面。一是水质，化学物质如重金属、农药等的污染和病原微生物污染是研究最为关注的影响水质进而影响人群健康的因素。水质改善与儿童营养和发展的关系尚无定论。在卢旺达、坦桑尼亚等非洲国家和中低收入国家开展的大型横断面研究显示，改善的、安全的或自来水对儿童营养有着显著的积极作用；

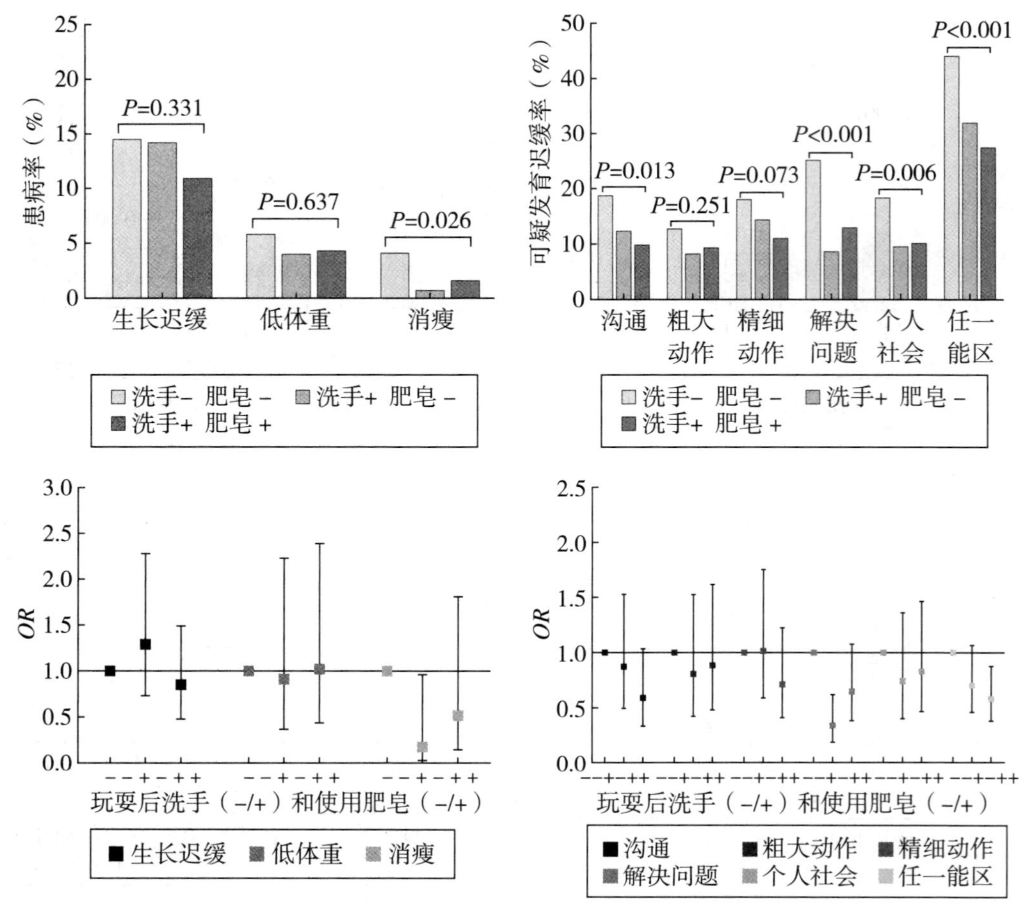

图6　RLBCHD 调查儿童手卫生行为与营养和发展的关系

2017 年在柳叶刀发表的有关巴勒斯坦全国代表性调查的文献也报道称未改善的水供应与儿童落后的发展状况相关。但是，同样有几项很严谨的研究，如在孟加拉国和肯尼亚开展的随机对照试验发现，对家庭饮用水进行氯化消毒处理，并没有显著促进儿童 2 岁时的线性生长；甚至在两项研究中，水处理都未能像手卫生干预那样降低儿童腹泻患病率。不同研究得到的结论不同可能与水源类型影响儿童生长发育的边际效应有关。在热带地区或中低收入国家之所以能观察到显著的结果，可能跟本来就较差的水质有关；而在国内，至少在本研究所涉及的调查地区，即使是未改善的饮用水源，水质也跟改善的水源没太大差别，加上饮用前一般还会有煮沸等处理措施，水质的影响更进一步被降低。

另一个需要考虑的是用水便利性。本研究显示取水点的远近就比水源类型对儿童生长的影响要大得多，这和一些有关用水便利性的健康效应的研究结果类似。一项在撒哈拉以南非洲地区的 26 个国家约 20 万人的汇总分析显示，取水点离家的距离显著影响 5 岁以下儿童的健康和生长。距取水点步行时间缩短 15 分钟意味着腹泻患病率下降 41%，HAZ 上升 0.3。

缓解取水不便的办法之一是用水缸等储水，而这种方式又会增加水微生物污染的概率。但一些随机对照试验发现，对储存水进行消毒杀菌处理，也未发现对儿童健康和生长有保护作用。在布基纳法索的一项研究报道，那些院子里有自来水的母亲，要比那些从家门外水井中取水的母亲个人卫生行为多 3 倍。因此我们认为，取水点离家的距离更可能是通过限制水相关的卫生行为，而非无法满足人体对水的生理需求，或者因为水质问题，对人体健康产生影响。在后面两种相对良好的情况下，水相关的卫生行为受到限制的边际健康效应可能要更大。

取水不便对儿童生长发育产生负面影响的另一个可能的原因是，如果水源较远，看护人可能需要花费更多时间和精力用来取水，这增加了看护人受伤害和疲劳的风险，反过来也减少了养育照护儿童的时间和精力。当水源距离过远时，还可能需要投入货币成本用于取水，这种直接成本和取水时间成本的增加，都可能会导致可用于儿童营养、健康和发展相关的投资的减少。

5.2 家庭环境卫生与儿童早期营养和发展的关系

家庭环境卫生被视为影响健康的重要因素之一，但家庭环境卫生对儿童营养和发展影响的研究并不多见。本研究发现，家庭居室周围粪便污染程度越严重，儿童早期发生生长迟缓的风险更高。在孟加拉国农村地区的研究发现，来自环境卫生良好的家庭的儿童（4 岁以下），比来自不卫生家庭的儿童 HAZ 要高 0.54 个标准差。于 2010、2014 年在埃塞俄比亚、孟加拉国和越南三个国家开展的 Alive and Thrive 研究发现，动物粪便污染在三个国家 38~42%的调查家庭中可见，并且与母亲和儿童的干净程度负相关。在埃塞俄比亚，家庭动物粪便污染与 6~24 月龄儿童更低的 HAZ 相关。

粪便污染是环境污染中危害最大的类型之一，许多流行疾病和微生物感染通过粪口传播引起。在本研究看护人手卫生与儿童营养和发展的关系分析中，看护人便后或处理儿童粪便后不洗手的儿童表现出最高的营养和发展不足的风险，也一定程度上提示了粪便污染的危害性。儿童在早期开始探索世界，通过运动来扩大探索范围，并通过摸、捏、咬等行为来了解事物的特征，但同时也增加了儿童接触污染物质的概率。如果不采取有效的保护行为，儿童营养不足和发展落后的风险可能会增加。

5.3 看护人和儿童手卫生与儿童早期营养和发展的关系

本研究是国内首次关注看护人和手卫生行为对儿童营养和发展的影响。在全球范围内，有关手卫生与儿童腹泻等肠道疾病关系的研究较多，与儿童营养和生长关系的研究相对少些，有关手卫生与儿童早期发展的研究则屈指可数。从地域分布来看，这些研究主要集中在热带地区，在非热带地区相对较少。

洗手的重要作用是减少病原微生物的传播，而使用肥皂会进一步增强除菌效果。一项在毛里求斯的研究发现，每日洗手超过 6 次的妇女的手表面大肠杆菌检出率只有洗手少于等于 6 次的妇女的一半。实验研究发现，如果仅用水洗手，手表面细菌生长减少的概率为 8%，而如果用肥皂，则可减少 52%。如果使用抗微生物肥皂，除菌或抑菌效果可能会更好。

不洗手对婴幼儿的看护人来说是一种健康危险行为，对其所照看的儿童也是一种健康威胁。已经有较多的研究证实，看护人和儿童手卫生可以降低儿童腹泻患病风险。一些在印度的横断面研究发现，看护人和儿童洗手与降低儿童生长迟缓相关。在孟加拉国的整群随机对照试验研究中，相比对照组儿童，受到 WASH 结合营养干预的儿童有着更高的身高。

有关看护人和儿童手卫生与儿童早期发展关系的研究极少。2003 年，巴基斯坦开展了一项随机对照试验，在该随机对照试验中，两个干预组分别收到手卫生促进、手卫生促进结合饮用水处理两种干预；此外，干预家庭连续 9 个月收到免费的肥皂和每周的手卫生促进干预。Bowen 等人在 2009 年对参加了该研究的对象进行了一次追踪，使用 Battelle Developmental Inventory II 测量了 5~7 岁儿童的心理行为发育情况。在控制了儿童和看护人特征，及儿童接受的各种早期刺激和教育后，结果显示，在出生后头 30 个月内接收了手卫生干预的儿童总体发育商平均为 104.4（95%CI 101.9-107.0），显著高于对照组儿童，后者为 98.3（95%CI 93.1-103.4）（$p=0.04$）。在肯尼亚 2012—2014 年的一项整群随机对照试验也显示，在干预一年后，收到手卫生干预和 WASH 结合营养干预的两组儿童都比对照组儿童有着更好的发育水平。在这两项热带地区开展的研究的基础上，本研究的结果进一步提示，即使在非热带的落后地区，看护人和儿童手卫生同样可能是儿童营养和发展的促进因素。

5.4 家庭水、环境卫生和个人卫生如何影响儿童早期营养和发展

本研究讨论了家庭经济、看护人文化程度和养育观念可能是家庭水供应、环境卫生和个人卫生行为与儿童生长发育关系分析时重要的混杂，甚至指出 WASH 或为家庭经济、看护人文化程度和养育观念代理变量的可能性。为将这种混杂效应剥离，我们在分析时将这些因素做了控制。最终的结果显示，家庭水供应、环境卫生以及看护人和儿童手卫生确实与儿童早期营养和发展存在显著的相关关系。另外，我们推测家庭水供应对儿童生长的作用也可能部分地归因于对水相关卫生行为的影响。

WASH 究竟如何影响儿童早期营养和发展，我们在引言部分做了较详细的推测，

其中最核心的解释便是较差的水、环境卫生和个人卫生行为引起了肠道功能的损伤，进而导致营养物质的摄入、消化、吸收和利用出现障碍。在孟加拉国农村地区，Luby等人发现，不清洁的家庭环境既与儿童环境性肠病的患病有关，还通过后者影响儿童体格生长。相比家庭环境清洁的儿童，来自不清洁家庭的儿童尿乳果糖甘露醇比（肠道渗透性的指标，越高表示渗透性越大，肠道损伤越严重）要高 0.32 个标准差，而在调整性别、月龄后，1 单位乳果糖甘露醇比的增加与 0.33 标准差年龄别身高 z 评分的降低相关。同样在孟加拉国农村地区，George 等人的一项观察研究发现，在调查的 216 名儿童中，18%的五岁以下儿童观察到食土行为，28%五岁以下儿童据看护人报告在过去一周有过食土的行为，而几乎所有（97%）家庭都在土壤中检测出了大肠杆菌，14%检测出致泻性大肠杆菌。看护人报告具有食土行为的儿童有着显著较高的环境性肠病得分，并在 9 个月后的随访中发现发育迟缓率几乎为无食土行为儿童的两倍。在 George 团队的另一篇著作中，他们报告看护人较差的手卫生状况也跟儿童环境性肠病症状相关。

更多环境性肠病导致儿童营养不良的例证和可能机制在引言中已表述清楚，此处不再赘述。在中国农村，尤其是贫困地区，帮助改善水、环境卫生和个人卫生，仍不失为改善儿童营养和发展状况的重要措施。同时，进一步探究肠道功能在其中所起的作用，对于儿童营养和发展干预措施的制订具有参考价值。

5.5 本研究的创新性与局限性

本研究是国内首次对家庭水供应、环境卫生、看护人和儿童手卫生与儿童营养和发展关系的系统性研究，虽然之前有少数研究探究了家庭水供应与儿童营养的关系，但尚无研究涉及看护人和儿童手卫生，及儿童心理行为发展。鉴于目前全球对 WASH 与儿童早期发展关系的研究不足，本研究无疑为此增添了一例来自非热带中低收入国家的证据。我们在分析中控制了家庭经济状况和看护人文化程度，以及可能影响儿童生长发育的喂养、刺激和养育因素，这使得研究更能捕捉为了更准确地分析家庭水供应、看护人和儿童手卫生对儿童营养和发展的独立影响。另外，为了保证论证的可靠程度，对部分论点，我们同时采用不同的数据库进行验证。我们使用了 IECD 基线和中期调查，及 CHNS 三个数据库来检验家庭水供应与儿童营养和发展的关系；使用了 IECD 中期和 RLBCHD 数据来分别检验看护人和儿童手卫生与儿童营养和发展的关系，虽然手卫生的测量对象不同，但考虑到儿童手卫生行为和看护人手卫生行为密切相关，两次分析一定程度上可以相互验证。

研究也有一定的局限性。CHNS 儿童随访失访率很高，0~2 岁儿童在随访至 12 岁时，已经有接近四分之三的儿童失访。IECD 和 RLBCHD 关注的家庭水供应、看护人和儿童手卫生行为均通过调查员面对面访谈看护人获得，家庭水供应的报告一般符合事实；但出于社会期许心理，手卫生行为方面，看护人可能会倾向于报告自己和儿童在关键时刻会采用适宜的洗手行为，这导致洗手和使用肥皂一组则混入了较多实际上不洗手和不使用肥皂者。如果适宜的手卫生确有利于儿童生长发育，这种错分则会过低估计看护人和儿童手卫生与儿童生长发育的相关关系。另外，儿童体格生长由体检人员测量，但儿童心理行为发展测量则由实施 WASH 调查的调查员观察儿童行为和询问看护人完成，这种非盲法的测量也可能会使结果出现偏倚。最后，本研究在分析时虽然尽可能地控制了可能的混杂因素，但对于家庭水供应、环境卫生、看护人和儿童的个人卫生行为的测量仍然不全面，也无法实现因素之间相互控制。

尽管存在上述局限，研究结果仍提示，提高用水便利性，保护清洁的家庭环境，看护人和儿童保持良好的手卫生，都可能会促进儿童营养和发展的状况。在未来儿童早期发展促进项目中，可尝试增加水、环境和个人卫生相关的干预措施，形成和营养、刺激等干预相结合的综合干预策略。另外，在未来研究中，还需进一步探究水、环境卫生和个人卫生影响儿童营养和发展的机制。

参考资料

[1] Aiga H, Umenai T. Impact of improvement of water supply on household economy in a squatter area of Manila. Soc Sci Med 2002; 55 (4): 627-41.

[2] Arndt MB, Richardson BA, Ahmed T, et al. Fecal Markers of Environmental Enteropathy and Subsequent Growth in Bangladeshi Children. Am J Trop Med Hyg 2016; 95 (3): 694-701.

[3] Bauza V, Guest JS. The effect of young children's faeces disposal practices on child growth: evidence from 34 countries. Trop Med Int Health 2017; 22 (10): 1233-48.

[4] Bhutta ZA, Ahmed T, Black RE, et al. What works? Interventions for maternal and child undernutrition and survival. Lancet 2008; 371 (9610): 417-40.

[5] Black MM, Walker SP, Fernald LCH, et al. Early childhood development coming of age: science through the life course. Lancet 2017; 389 (10064): 77-90.

[6] Black RE, Victora CG, Walker SP, et al. Maternal and child undernutrition and overweight in low-income and middle-income countries. Lancet 2013; 382 (9890): 427-51.

[7] Bomela NJ. Social, economic, health and environmental determinants of child nutritional status in three Central Asian Republics. Public health nutrition 2009; 12 (10): 1871-7.

[8] Bowen A, Agboatwalla M, Luby S, et al. Association Between Intensive Handwashing Promotion and Child Development in Karachi, Pakistan: A Cluster Randomized Controlled Trial. Archives of Pediatrics & Adolescent Medicine 2012; 166 (11): 1037.

[9] Britto PR, Lye SJ, Proulx K, et al. Nurturing care: promoting early childhood development. Lancet 2017; 389 (10064): 91-102.

[10] Brown KH, Khatun M, Ahmed G. Relationship of the xylose absorption status of children in Bangladesh to their absorption of macronutrients from local diets. Am J Clin Nutr 1981; 34 (8): 1540-47.

[11] Brown KH, Peerson JM, Lopez de Romana G, et al. Validity and epidemiology of reported poor appetite among Peruvian infants from a low-income, periurban community. Am J Clin Nutr 1995; 61 (1): 26-32.

[12] Calder PC, Albers R, Antoine JM, et al. Inflammatory disease processes and interactions with nutrition. Br J Nutr 2009; 101 Suppl 1: S1-45.

[13] Campbell DI, Elia M, Lunn PG. Growth faltering in rural Gambian infants is associated with impaired small intestinal barrier function, leading to endotoxemia and systemic inflammation. J Nutr 2003; 133 (5): 1332-8.

[14] Checkley W, Buckley G, Gilman RH, et al. Multi-country analysis of the effects of diarrhoea on childhood stunting. Int J Epidemiol 2008; 37 (4): 816-30.

[15] Chirande L, Charwe D, Mbwana H, et al. Determinants of stunting and severe stunting among under-fives in Tanzania: evidence from the 2010 cross-sectional household survey. BMC Pediatr 2015; 15: 165.

[16] Curtis V, Kanki B, Mertens T, et al. Potties, pits and pipes-explaining hygiene behavior in burkina-faso. Soc Sci Med 1995; 41 (3): 383-93.

[17] Daelmans B, Darmstadt GL, Lombardi J, et al. Early childhood development: the foundation of sustainable development. Lancet 2017; 389 (10064): 9-11.

[18] Demirchyan A, Petrosyan V, Sargsyan V, et al. Predictors of Stunting Among Children Ages 0 to 59 Months in a Rural Region of Armenia. J Pediatr Gastroenterol Nutr 2016; 62 (1): 150-6.

[19] Dewey KG, Mayers DR. Early child growth: how do nutrition and infection interact? Matern Child Nutr 2011; 7: 129-42.

[20] du Preez M, Conroy RM, Ligondo S, et al. Randomized intervention study of solar disinfection of drinking water in the prevention of dysentery in Kenyan children aged under 5 years. Environ Sci Technol 2011; 45 (21): 9315-23.

[21] El Samani EFZ, Willett WC, Ware JH. Association of malnutrition and diarrhea in children aged under 5 years. A prospective follow-up study in a rural sudanese community. Am J Epidemiol 1988; 128 (1): 93-105.

[22] NICEF, WHO, World Bank Group and United Nations. Levels & Trends in Child Mortality Report 2018: Estimates developed by the United Nations Inter-agency Group for Child Mortality Estimation. New York: United Nations Children's Fund, 2018.

[23] Fagundes-Neto U, Viaro T, Wehba J, et al. Tropical enteropathy (environmental enteropathy) in early childhood: a syndrome caused by contaminated environment. J Trop Pediatr 1984; 30 (4): 204-9.

[24] Faubion WA, Camilleri M, Murray JA, et al. Improving the detection of environmental enteric dysfunction: a lactulose, rhamnose assay of intestinal permeability in children aged under 5 years exposed to poor sanitation and hygiene. BMJ Glob Health 2016; 1 (1).

[25] Ferdous J, Sultana R, Rashid RB, et al. A Comparative Analysis of Vibrio cholerae Contamination in Point-of-Drinking and Source Water in a Low-Income Urban Community, Bangladesh. Front Microbiol 2018; 9.

[26] Fink G, Guenther I, Hill K. The effect of water and sanitation on child health: evidence from the demographic and health surveys 1986-2007. Int J Epidemiol 2011; 40 (5): 1196-204.

[27] Fuller JA, Villamor E, Cevallos W, et al. I get height with a little help from my friends: herd protection from sanitation on child growth in rural Ecuador. Int J Epidemiol 2016; 45 (2): 460-69.

[28] Geere JL, Mokoena MM, Jagals P, et al. How do children perceive health to be affected by domestic water carrying? Qualitative findings from a mixed methods study in rural South Africa. Child Care Health Dev2010; 36 (6): 818-26.

[29] George CM, Oldja L, Biswas S, et al. Geophagy Is Associated with Environmental Enteropathy and Stunting in Children in Rural Bangladesh. Am J Trop Med Hyg 2015; 92 (6): 1117-24.

[30] George CM, Oldja L, Biswas SK, et al. Fecal Markers of Environmental Enteropathy Are Associated with Animal Exposure and Caregiver Hygiene in Bangladesh. Am J Trop Med Hyg 2015; 93 (2): 269-75.

[31] Gertler P, Heckman J, Pinto R, et al. Labor market returns to an early childhoods timulation intervention in Jamaica. Science 2014; 344 (6187): 998-1001.

[32] Godana W, Mengistie B. Determinants of acute diarrhoea among children under five years of age in Derashe District, Southern Ethiopia. Rural Remote Health 2013; 13 (3).

[33] Hashi A, Kumie A, Gasana J. Hand washing with soap and WASH educational intervention reduces under-five childhood diarrhoea incidence in Jigjiga District, Eastern Ethiopia: A community-based cluster randomized controlled trial. Prev Med Rep 2017; 6: 361-68.

[34] Headey D, Nguyen P, Kim S, et al. Is Exposure to Animal Feces Harmful to Child Nutrition and Health Outcomes? A Multicountry Observational Analysis. Am J Trop Med Hyg 2017; 96 (4): 961-69.

[35] Kamm KB, Feikin DR, Bigogo GM, et al. Associations between presence of handwashing stations and soap in the home and diarrhoea and respiratory illness, in children less than five years old in rural western Kenya. Trop Med Int Health 2014; 19 (4): 398-406.

[36] Knudsen EI, Heckman JJ, Cameron JL, et al. Economic, neurobiological, and behavioral perspectives on building America's future workforce. Proc Natl Acad Sci U S A 2006; 103 (27): 10155-10162.

[37] Kremer M, Leino J, Miguel E, et al. Spring cleaning: a randomized evaluation of source water quality improvement. Q JEcon 2006

[38] Kurpad AV, Regan MM, Nazareth D, et al. Intestinal parasites increase the dietary lysine requirement in chronically undernourished Indian men. Am J Clin Nutr 2003; 78 (6): 1145-51.

[39] Lin A, Arnold BF, Afreen S, et al. Household environmental conditions are associated with enteropathy and impaired growth in rural Bangladesh. Am J Trop Med Hyg 2013; 89 (1): 130-137.

[40] Luby SP, Agboatwalla M, Painter J, et al. Effect of intensive handwashing promotion on childhood diarrhea in high-risk communities in Pakistan: a randomized controlled trial. JAMA 2004; 291 (21): 2547-54.

[41] Luby SP, Rahman M, Arnold BF, et al. Effects of water quality, sanitation, handwashing, and nutritional interventions on diarrhoea and child growth in rural Bangladesh: a cluster randomised controlled trial. Lancet Glob health 2018; 6 (3): e302-e315.

[42] Lunn PG, Northrop-Clewes CA, Downes RM. Intestinal permeability, mucosal injury, and growth falteringin Gambian infants. Lancet 1991; 338 (8772): 907-10.

[43] Lutter CK, Mora JO, Habicht JP, et al. Nutritional supplementation-effects on child stunting because of diarrhea. Am J Clin Nutr 1989; 50 (1): 1-8.

[44] McKay S, Gaudier E, Campbell DI, et al. Environmental enteropathy: new targets for nutritional interventions. Int Health 2010; 2 (3): 172-80.

[45] Mills K, Golden J, Bilinski A, et al. Bacterial contamination of reusable bottled drinking water in Ecuador. J Water Sanit Hyg De 2018; 8 (1): 81-89.

[46] Moore SR, Lima AAM, Schorling JB, et al. Early childhood diarrhea and helminthiases associated with long-term stunting. Am J Trop Med Hyg 1999; 61 (3 SUPPL.): 385-85.

[47] Mustard JF. Early child development and the brain-the base for health, learning, and behavior throughout life. Washington, D. C.: The World Bank 2002.

[48] Null C, Stewart CP, Pickering AJ, et al. Effects of water quality, sanitati on, handwashing, and nutritional interventions on diarrhoea and child growth in rural Kenya: a cluster-randomised controlled trial. The Lancet Glob health 2018; 6 (3): e316-e329.

[49] Nygren BL, O'Reilly CE, Rajasingham A, et al. The Relationship between Distance to Water Source and Moderate-to-Severe Diarrhea in the Global Enterics Multi-Center Study in Kenya, 2008-2011. Am J Trop Med Hyg 2016; 94 (5): 1143-49.

[50] Oloruntoba EO, Folarin TB, Ayede AI. Hygiene and sanitation risk factors of diarrhoeal disease among under-five children in Ibadan, Nigeria. Afr Health Sci 2014; 14 (4): 1001-11.

[51] Ordiz MI, Shaikh N, Trehan I, et al. Environmental Enteric Dysfunction Is Associated With Poor Linear Growth and Can Be Identified by Host Fecal mRNAs. J Pediatr Gastroenterol Nutr 2016; 63 (5): 453-59.

[52] Perez-Garza J, Garcia S, Heredia N. Removal of Escherichia coli and Enterococcus faecalis after Hand Washing with Antimicrobial and Nonantimicrobial Soap and Persistence of These Bacteria inRinsates. J Food Prot 2017; 80 (10): 1670-75.

[53] Pickering AJ, Davis J. Freshwater Availability and Water Fetching Distance Affect Child Health in Sub-Saharan Africa. Environ Sci Technol 2012; 46 (4): 2391-97.

[54] Powell C, Baker-Henningham H, Walker S, et al. Feasibility of integrating early stimulation into primary care for undernourished Jamaican children: cluster randomised controlled trial. Br Med J 2004; 329 (7457): 89-91.

[55] Rah JH, Cronin AA, Badgaiyan B, et al. Household sanitation and personal hygiene practices are associated with child stunting in rural India: a cross-sectional analysis of

surveys. BMJ Open 2015; 5 (2).

[56] Reeds PJ, Jahoor F. The amino acid requirements of disease. Clinical Nutrition 2001; 20 (6): 15-22.

[57] Richter LM, Daelmans B, Lombardi J, et al. Investing in the foundation of sustainable development: pathways to scale up for early childhood development. Lancet2017; 389 (10064): 103-18.

[58] Rogawski ET, Guerrant RL, Havt A, et al. Epidemiology of enteroaggregative Escherichia coli infections and associated outcomes in the MAL-ED birth cohort. Plos Neglected Tropical Diseases 2017; 11 (7).

[59] Rona RJ, Mahabir D, Rocke B, et al. Social inequalities and children's height in Trinidad and Tobago. Eur J Clin Nutr 2003; 57 (1): 143-50.

[60] Ruel MT, Menon P. Child feeding practicesare associated with child nutritional status in Latin America: Innovative uses of the Demographic and Health Surveys. J Nutr 2002; 132 (6): 1180-87.

[61] Sameroff A (Ed). The transactional model of development: how children and contexts shape each other. New York: Wiley 2009.

[62] Saxton J, Rath S, Nair N, et al. Handwashing, sanitation and family planning practices are the strongest underlying determinants of child stunting in rural indigenous communities of Jharkhand and Odisha, Eastern India: a cross-sectional study. Matern Child Nutr 2016; 12 (4): 869-84.

[63] Shakhshir GN. Association between water supply and early childhood development in Palestine: a descriptive analysis of demographic and health survey data. Lancet 2017; 390: 25-25.

[64] Shonkoff JP, Garner AS, Siegel BS, et al. The lifelong effects of early childhood adversity and toxic stress. Pediatrics 2012; 129 (1): e232-e46.

[65] Shonkoff JP. Leveraging the biology of adversity to address the roots of disparities in health and development. Proc Natl Acad Sci U S A 2012; 109: 17302-07.

[66] Shonkoff JP. Protecting Brains, Not Simply Stimulating Minds. Science 2011; 333 (6045): 982-83.

[67] Sinharoy SS, Schmidt WP, Cox K, et al. Child diarrhoea and nutritional status in rural Rwanda: a cross-sectional study to explore contributing environmental anddemographic factors. Trop Med Int Health 2016; 21 (8): 956-64.

[68] Somech R, Reif S, Golander A, et al. Leptin and C-reactive protein levels correlate

during minor infection in children. Israel Medical Association journal: IMAJ 2007; 9 (2): 76-8.

[69] Squires J, Bricker D. Ages & Stages Questionnaires [R], Third Edition (ASQ-3 [TM]): A Parent-Completed Child-Monitoring System: Brookes Publishing Company 2009.

[70] Stewart CP, Kariger P, Fernald L, et al. Effects of water quality, sanitation, handwashing, and nutritional interventions on child development in rural Kenya (WASH Benefits Kenya): a cluster-randomised controlled trial. The Lancet Child & Adolesent Health 2018; 2 (4): 269-80.

[71] Thompson RA, Nelson CA. Developmental science and the media-Early brain development. Am Psychol 2001; 56 (1): 5-15.

[72] Ubheeram J, Biranjia-Hurdoyal SD. Effectiveness of hand hygiene education among a random sample of women from the community. J Prev Med Hyg 2017; 58 (1): E53-E55.

[73] UNICEF. Multiple Indicator Cluster Surveys. Available from: http://mics.unicef.org/ accessed 9-25 2017.

[74] Victora CG, Adair L, Fall C, et al. Maternal and child undernutrition: consequences for adult health and human capital. Lancet 2008; 371 (9609): 340-57.

[75] Walker SP, Chang SM, Powell CA, et al. Effects of early childhood psychosocial stimulation and nutritional supplementation on cognition and education in growth-stunted Jamaican children: prospective cohort study. Lancet 2005; 366 (9499): 1804-7.

[76] Walker SP, Wachs TD, Gardner JM, et al. Child development: risk factors for adverse outcomes indeveloping countries. Lancet 2007; 369 (9556): 145-57.

[77] Walker SP, Wachs TD, Grantham-McGregor S, et al. Child Development 1 Inequality in early childhood: risk and protective factors for early child development. Lancet 2011; 378 (9799): 1325-38.

[78] Wang X, Hunter PR. Short Report: A Systematic Review and Meta-Analysis of the Association between Self-Reported Diarrheal Disease and Distance from Home to Water Source. Am J Trop Med Hyg 2010; 83 (3): 582-84.

[79] Wei M, Bian X, Squires J, et al. Studies of the norm and psychometrical properties of the ages and stages questionnaires, third edition, with a Chinese national sample. Chinese journal of pediatrics 2015; 53 (12): 913-8.

[80] Wei QW, Zhang JX, Scherpbier RW, et al. High prevalence of developmental delay among children under three years of age in poverty-stricken areas of China. Public Health

2015; 129 (12): 1610-17.

[81] WHO. WHO Child Growth Standards: Length/height-for-age, weight-for-age, weight-for-length, weight-for-height and body mass index-for-age: Methods and development. Geneva: World Health Organization, 2006.

[82] Wright J, Gundry S, Conroy R. Household drinking water in developing countries: a systematic review of microbiological contamination between source and point-of-use. Trop Med Int Health 2004; 9 (1): 106-17.

[83] Yousafzai AK, Obradovic J, Rasheed MA, et al. Effects of responsive stimulation and nutrition interventions on children's development and growth at age 4 years in a disadvantaged population in Pakistan: a longitudinal follow-up of a cluster-randomised factorial effectiveness trial. Lancet Glob Health 2016; 4 (8): e548-58.

[84] Yousafzai AK, Rasheed MA, Rizvi A, et al. Effect of integrated responsive stimulation and nutrition interventions in the Lady Health Worker programme in Pakistan on child development, growth, and health outcomes: a cluster-randomised factorial effectiveness trial. Lancet 2014; 384 (9950): 1282-93.

[85] Zubair M, Zafar A, Yaqoob A, et al. Comparison of Different Hand Washing Techniques to Control Transmission of Microorgenisms. Pakistan Journal of Medical & Health Sciences 2017; 11 (3): 1118-20.

[86] Zung WW. A self-rating depression scale. Arch Gen Psychiatry 1965; 12 (1): 63-70.

附表

附表 1　IECD 基线调查家庭饮用水源改善与儿童营养和发展的关系

	IECD 2013 年基线调查					IECD 2016 年中期调查				
	未改善的家庭饮用水源	改善的家庭饮用水源	p 值[a]	OR（95% CI）	p 值[b]	未改善的家庭饮用水源	改善的家庭饮用水源	p 值[a]	OR（95% CI）	p 值[b]
营养不良										
生长迟缓	66（22.2%）	319（14.8%）	0.001	0.77（0.55，1.06）	0.107	46（11.1%）	236（11.3%）	0.928	1.31（0.91，1.89）	0.146
低体重	33（10.7%）	171（7.8%）	0.078	0.65（0.43，1.00）	0.048	21（5.0%）	73（3.4%）	0.115	0.97（0.56，1.67）	0.904
消瘦	12（4.0%）	82（3.8%）	0.89	1.02（0.53，1.98）	0.945	7（1.7%）	29（1.4%）	0.625	1.08（0.44，2.66）	0.862
可疑发育迟缓										
沟通	56（17.9%）	339（14.9%）	0.158	0.85（0.60，1.19）	0.348	42（10.0%）	149（7.0%）	0.029	0.72（0.48，1.08）	0.113
粗大动作	50（16.1%）	276（12.1%）	0.049	0.83（0.58，1.20）	0.318	22（5.3%）	128（6.0%）	0.559	1.29（0.76，2.18）	0.34
精细动作	53（17.0%）	350（15.4%）	0.463	1.10（0.78，1.57）	0.579	31（7.4%）	127（5.9%）	0.256	0.83（0.52，1.31）	0.418
解决问题	56（18.1%）	333（14.7%）	0.116	1.05（0.74，1.48）	0.784	35（8.4%）	137（6.4%）	0.145	0.85（0.55，1.32）	0.467
个人社会	43（13.8%）	269（11.8%）	0.321	1.03（0.70，1.50）	0.898	21（5.0%）	92（4.3%）	0.517	0.99（0.56，1.73）	0.961
总可疑发育迟缓	120（38.5%）	737（32.4%）	0.032	0.97（0.74，1.27）	0.808	96（22.9%）	390（18.2%）	0.026	0.84（0.62，1.13）	0.244

注：[a] 单因素检验所得 p 值；[b] 多因素 logistic 回归所得 p 值。

附表 2　CHNS 儿童样本家庭取水点位置与儿童生长迟缓关系的单因素分析

取水点位置	各年龄段生长迟缓人数，n（%）					
	0~2 岁	3~5 岁	6~8 岁	9~11 岁	12~14 岁	15~17 岁
0~2 岁						
室内或院内	503（22.6）*	267（18.3）*	141（12.6）*	131（13.2）*	75（11.0）*	31（9.3）*
院外或家门外	155（39.4）	138（42.5）	68（27.9）	75（25.0）	50（25.1）	16（17.0）
3~5 岁						
室内或院内		647（21.7）*	291（15.2）*	226（14.9）*	160（13.5）*	56（9.1）*
院外或家门外		205（46.6）	133（36.3）	90（30.7）	80（27.5）	28（23.0）
6~8 岁						
室内或院内			514（16.4）*	357（16.0）*	247（15.5）*	102（11.0）*
院外或家门外			103（31.2）	129（34.3）	72（29.3）	39（21.9）
9~11 岁						
室内或院内				579（16.2）*	366（15.7）*	133（10.6）*
院外或家门外				119（33.2）	132（37.2）	50（25.9）
12~14 岁						
室内或院内					578（16.2）*	225（12.7）*
院外或家门外					107（34.1）	83（27.9）
15~17 岁						
室内或院内						358（12.9）*
院外或家门外						82（27.7）

注：* $p<0.05$。

附表 3　CHNS 儿童样本家庭水源类型与儿童生长迟缓关系的单因素分析

水源类型	各年龄段生长迟缓人数，n（%）					
	0~2 岁	3~5 岁	6~8 岁	9~11 岁	12~14 岁	15~17 岁
0~2 岁						
改善水源	480（23.1）*	263（19.2）*	130（12.8）*	135（14.5）*	83（12.7）*	30（9.0）*
未改善水源	176（33.6）	141（34.3）	79（23.3）	71（19.9）	42（18.8）	17（18.5）
3~5 岁						
改善水源		610（22.0）*	291（16.4）*	224（16.1）*	162（14.6）*	61（10.4）
未改善水源		237（37.5）	133（26.6）	91（22.1）	78（22.0）	24（16.1）
6~8 岁						
改善水源			470（16.4）*	346（16.6）*	223（15.3）*	90（10.2）*

续 表

水源类型	各年龄段生长迟缓人数，n（%）					
	0~2 岁	3~5 岁	6~8 岁	9~11 岁	12~14 岁	15~17 岁
未改善水源			146（25.6）	140（27.2）	97（25.6）	50（22.7）
9~11 岁						
改善水源				525（16.1）*	334（15.5）*	119（10.2）*
未改善水源				172（26.7）	163（31.3）	64（23.0）
12~14 岁						
改善水源					493（15.4）*	210（12.8）*
未改善水源					187（28.5）	98（23.4）
15~17 岁						
改善水源						329（12.7）*
未改善水源						112（23.6）

注：* $p<0.05$。

附表 4　CHNS 儿童样本家庭居室周围粪便污染与儿童生长迟缓关系的单因素分析

居室周围粪便污染	各年龄段生长迟缓人数，n（%）					
	0~2 岁	3~5 岁	6~8 岁	9~11 岁	12~14 岁	15~17 岁
0~2 岁						
没有或很少	493（23.2）*	292（21.1）*	149（14.2）*	133（13.9）*	73（11.5）*	34（10.7）
有一些或很多	161（33.4）	110（28.1）	58（19.0）	71（22.0）	51（21.5）	12（11.4）
3~5 岁						
没有或很少		616（22.3）*	287（16.3）*	218（15.7）*	148（13.2）*	53（9.3）*
有一些或很多		227（35.7）	131（25.8）	95（23.5）	91（26.8）	30（18.4）
6~8 岁						
没有或很少			448（16.0）*	336（16.4）*	212（14.8）*	100（11.5）*
有一些或很多			169（26.7）	151（27.7）	107（26.3）	42（18.3）
9~11 岁						
没有或很少				501（15.3）*	329（15.2）*	130（11.0）*
有一些或很多				195（31.0）	165（32.5）	52（20.0）
12~14 岁						
没有或很少					492（15.1）*	201（12.1）*
有一些或很多					189（31.4）	104（26.8）
15~17 岁						

续 表

居室周围粪便污染	各年龄段生长迟缓人数，n（%）					
	0~2 岁	3~5 岁	6~8 岁	9~11 岁	12~14 岁	15~17 岁
没有或很少						313（12.1）*
有一些或很多						128（26.4）

注：* $p<0.05$。

附表 5　IECD 中期调查看护人手卫生行为与儿童营养和发展的关系

	单因素分析		Logistic 回归			
	N（%）	p 值	OR	95%CI 下限	95%CI 上限	p 值
生长迟缓						
0~2 分	35（14.1）	0.282	1.00			
3 分	28（10.0）		0.57	0.32	1.01	0.052
4 分	219（11.0）		0.63	0.41	0.96	0.032
低体重						
0~2 分	14（5.7）	0.220	1.00			
3 分	9（3.2）		0.48	0.20	1.17	0.108
4 分	71（3.5）		0.51	0.27	0.97	0.041
消瘦						
0~2 分	2（0.8）	0.084	1.00			
3 分	8（2.9）		3.53	0.72	17.19	0.119
4 分	26（1.3）		1.70	0.38	7.49	0.487
沟通可疑发育迟缓						
0~2 分	30（12.0）	0.008	1.00			
3 分	25（8.8）		0.82	0.45	1.47	0.500
4 分	136（6.7）		0.70	0.44	1.11	0.125
粗大动作可疑发育迟缓						
0~2 分	25（10.0）	0.003	1.00			
3 分	22（7.7）		0.87	0.46	1.64	0.659
4 分	103（5.1）		0.58	0.35	0.96	0.035
精细动作可疑发育迟缓						
0~2 分	22（8.8）	0.190	1.00			
3 分	18（6.3）		0.74	0.37	1.48	0.393

续 表

	单因素分析		Logistic 回归			
	N（%）	p 值	OR	95%CI 下限	95%CI 上限	p 值
4 分	118（5.8）		0.89	0.53	1.52	0.679
解决问题可疑发育迟缓						
0~2 分	33（13.1）	<0.001	1.00			
3 分	17（6.0）		0.42	0.22	0.81	0.010
4 分	122（6.0）		0.56	0.35	0.88	0.013
个人社会可疑发育迟缓						
0~2 分	21（8.4）	0.005	1.00			
3 分	10（3.5）		0.47	0.21	1.07	0.072
4 分	82（4.1）		0.77	0.44	1.35	0.364
总可疑发育迟缓						
0~2 分	79（31.5）	<0.001	1.00			
3 分	59（20.7）		0.59	0.38	0.90	0.014
4 分	348（17.2）		0.56	0.41	0.79	0.001

附表 6　IECD 中期调查看护人洗手使用肥皂与儿童营养和发展的关系

	单因素分析			Logistic 回归			
	不使用肥皂（%）	使用肥皂（%）	p 值	OR	95%CI 下限	95%CI 上限	p 值
营养不良							
生长迟缓	126（15.0）	156（9.3）	<0.001	0.90	0.67	1.20	0.476
低体重	36（4.2）	58（3.4）	0.317	1.37	0.84	2.23	0.213
消瘦	12（1.4）	24（1.4）	0.975	1.22	0.54	2.74	0.630
可疑发育迟缓							
沟通	83（9.7）	108（6.3）	0.002	0.84	0.59	1.20	0.329
粗大动作	64（7.5）	86（5.1）	0.014	0.82	0.55	1.21	0.317
精细动作	77（9.0）	81（4.8）	<0.001	0.72	0.49	1.05	0.091
解决问题	77（9.0）	95（5.6）	0.001	0.80	0.56	1.16	0.246
个人社会	54（6.3）	59（3.5）	0.001	0.74	0.47	1.18	0.204
总可疑发育迟缓	219（25.6）	267（15.7）	<0.001	0.74	0.58	0.94	0.015

附表 7　　RLBCDH 调查儿童手卫生行为与营养和发展的关系

	单因素分析		Logistic 回归			
	N（%）	*p* 值	*OR*	95%CI		*p* 值
				下限	上限	
生长迟缓						
洗手-　肥皂-	25（14.5）	0.331				
洗手+　肥皂-	43（14.2）		1.34	0.75	2.41	0.327
洗手+　肥皂+	40（10.9）		0.87	0.49	1.54	0.629
低体重						
洗手-　肥皂-	10（5.8）	0.637				
洗手+　肥皂-	12（4.0）		0.92	0.37	2.28	0.853
洗手+　肥皂+	16（4.3）		1.03	0.44	2.40	0.949
消瘦						
洗手-　肥皂-	7（4.1）	0.026				
洗手+　肥皂-	2（0.7）		0.17	0.03	0.91	0.039
洗手+　肥皂+	6（1.6）		0.53	0.15	1.81	0.309
沟通能区可疑发育迟缓						
洗手-　肥皂-	34（18.7）	0.013				
洗手+　肥皂-	39（12.3）		0.87	0.50	1.53	0.629
洗手+　肥皂+	37（9.8）		0.59	0.34	1.03	0.065
粗大动作能区可疑发育迟缓						
洗手-　肥皂-	23（12.7）	0.251				
洗手+　肥皂-	26（8.2）		0.81	0.43	1.53	0.506
洗手+　肥皂+	35（9.3）		0.88	0.48	1.62	0.687
精细动作能区可疑发育迟缓						
洗手-　肥皂-	32（18.0）	0.073				
洗手+　肥皂-	45（14.3）		1.02	0.59	1.75	0.953
洗手+　肥皂+	41（11.0）		0.71	0.41	1.23	0.219
解决问题能区可疑发育迟缓						
洗手-　肥皂-	45（25.1）	<0.001				
洗手+　肥皂-	27（8.6）		0.35	0.19	0.62	0.000
洗手+　肥皂+	48（12.9）		0.65	0.39	1.08	0.095
个人社会能区可疑发育迟缓						
洗手-　肥皂-	33（18.3）	0.006				

续 表

	单因素分析		Logistic 回归			
	N（%）	*p* 值	*OR*	95%CI 下限	95%CI 上限	*p* 值
洗手+　肥皂-	30（9.5）		0.74	0.41	1.36	0.336
洗手+　肥皂+	38（10.1）		0.83	0.47	1.46	0.518
总可疑发育迟缓						
洗手-　肥皂-	80（44.0）	<0.001				
洗手+　肥皂-	101（31.9）		0.70	0.46	1.07	0.098
洗手+　肥皂+	103（27.4）		0.58	0.39	0.88	0.009

3~6岁幼儿动作发展与认知能力发展关系的研究

中国人民大学体育部　吴升扣

摘　要：人在童年的早期至中期形成多种基本的动作技能，这一时期被称为人类动作发展的关键时期，此阶段若科学地促进动作发展将使儿童终身受益。动作发展与个体的认知、情感、社会性发展息息相关，为个体其他方面的发展提供支架。本研究选择北京市某幼儿园大、中、小班共90名幼儿为研究对象，对其动作发展和认知发展进行测量，比较动作发展多个维度与认知发展多个维度之间的相关性，分析动作发展对认知发展的影响。结论：（1）3~6岁幼儿精细动作、粗大动作发展和平衡能力都存在显著的年龄组间差异，均随着年龄的增长而迅速提高，3~6岁是幼儿动作发展的敏感时期。精细动作、粗大动作发展均未体现显著的性别间差异，平衡能力女童表现出优于男童的趋势，但总体显著性水平仍不显著。（2）幼儿动作发展与认知发展存在显著的相关性，动作发展的多个维度都对认知发展起到积极的影响作用。（3）精细动作能力的发展与认知发展的关系更加紧密，精细动作能够促进认知能力的发展，本研究未发现粗大动作与认知发展的显著相关性。平衡能力对幼儿的认知能力、工作记忆、流体推理都有积极影响，未发现言语理解能力与动作发展之间的相关性。（4）动作发展对认知发展的影响存在一定的年龄差异，低龄组的平衡能力对认知能力发展影响更大，而高龄组的精细动作发展对认知发展影响更大。结论：幼儿动作发展与认知发展紧密相关，动作发展越好的儿童其认知能力发展得越好。动作发展中精细动作发展、平衡能力发展对幼儿认知能力影响最大，尤其是对其视觉空间、加工速度、流体推理能力的影响最为明显。幼儿阶段，应该开展丰富的体育活动和手工活动，提高幼儿的精细动作能力、粗大动作能力以及平衡能力，全面促进幼儿的动作发展。

关键词：动作发展　认知能力　精细动作　粗大动作　平衡能力

Abstract: People develop a variety of basic motor skills in the early stages of childhood, which is called the key period of human motor development. Motor development is closely related to the cognitive, emotional and social development of the individual, providing a framework for the development of other aspects of the individual. In this study, 90 children from a kindergarten in Beijing were selected as research objects, and their motor development and cognitive development level were measured. The correlation between dimensions of motor development and dimensions of cognitive development was compared, and the influence of motor development on cognitive development was analyzed. Conclusions: (1) There are significant differences among age groups in the development of fine movement, gross motor skills and balance ability, 3-6 years is a sensitive period of children's motor development. There was no significant gender difference in the development of fine and gross movements between girls and boys. (2) There is a significant correlation between children's motor development and cognitive development, and dimensions of motor development play a positive role in cognitive development. (3) There is a closer relationship between the development of fine motor skills and cognitive development. Fine motor skills can promote the development of cognitive abilities. This study did not find a significant correlation between gross motor skills and cognitive development. Balance ability has positive effects on children's cognitive ability, working memory and fluid intelligence. No correlation between speech comprehension ability and motor development was found. (4) The age difference in the impact of motor development on cognitive development was found. The balance ability of the younger group has a greater impact on cognitive development, while the fine motor development of the older group has a greater impact on cognitive development. Conclusion: children's motor development is closely related to their cognitive development, and the better their motor development is, the better their cognitive ability is. The development of fine motor skills and balance ability has the greatest influence on children's cognitive ability, especially on their visual space, processing speed and fluid intelligence. In early childhood, sports activities and manual activities should be carried out to improve children's fine motor development, gross motor development and balance ability.

Keywords: Motor development; Cognitive development; Gross motor skills; Fine motor skills; Balance ability

动作是人类最重要的一种基本能力，是儿童早期最基本的发展领域之一，人在童年的早期至中期，即大约 3~8 岁期间，形成多种基本的动作技能。因此，这个阶段被称为人类动作发展的关键时期，此阶段若科学地促进动作发展将使儿童终身受益。动作研究的两位先驱格塞尔和麦克格雷都把运动看作是促进儿童各方面（如认知、社会和情感等）发展的共同通路。动作是婴幼儿认知结构的基石，动作使得婴幼儿的认知结构不断改组和重建。皮亚杰认为认知发展依赖于运动功能，高级认知是由感觉运动经验产生的，儿童的运动技能会增加探索和理解环境的可能性，适应环境的过程中产生了新的认知概念。反过来，要想成功地掌握复杂的运动任务，就需要一定程度的认知发展（例如知觉、注意力、记忆力等）。Diamond 指出人类运动功能和认知功能使用的是相同的脑部结构，这些相同的脑结构如果发生功能障碍，通常都会伴随动作与认知的双重问题。由此可见，运动和认知这两个领域在人的发展过程中是相互关联的。

虽然认知理论和神经生理学有相互作用的可能，也有研究证明其相关性，但目前国内相关的实证研究很少，且研究对象主要为成人以及非正常儿童，专门针对 3~6 岁幼儿的研究寥寥无几。那么 3~6 岁幼儿认知发展状况与动作发展状况如何，二者的相互关系究竟是怎样的呢？本研究试图探究 3~6 岁幼儿动作发展的多个维度与认知能力的多个维度之间的相互关系，期望通过两者间关系的确定为相关学前教育提供理论和实证依据。

1　儿童早期动作发展影响儿童认知能力发展的文献综述

1.1　幼儿粗大动作发展影响儿童认知能力

体育学的大量研究都试图证明儿童的粗大动作和体力活动对认知能力的积极影响。全明辉的研究结果显示，在学龄前儿童阶段，日常体力活动水平高者通常拥有更高的认知能力。Shephard 认为在学校内增加体力活动能够延长集中注意力的时间，从而改善学业表现。Abdelkarim 等人的研究证明在小学阶段保持孩子的身体健康可以增强与学习成绩相关的运动和认知学习能力。Dwyer 等人发现，身体活跃的学生更有可能在学术上获得动力、警觉和成功。张涵彬从父母体力活动对学龄前儿童体力活动及认知的影响角度探讨发现中低强度的体力活动与儿童认知水平的发展密切相关。

而在心理学领域，研究内容则更专注于里程碑式的动作发展对儿童认知能力以及其他方面发展的影响，例如爬行便是被研究得最多的里程碑式动作。Adolph 等对 15 名婴儿进行了纵向追踪研究，发现婴儿最初的动作不受主观意识的控制，婴儿需要大量的爬行和行走经验才能对环境的变化做出适应性的反应。同时随着动作的不断发展，学习对新环境的适应，从而促进认知的发展。陶沙等对爬行经验在婴儿迂回行为和客体永久性方面的作用作了详细的研究。研究者认为，爬行动作的获得与婴儿迂回行为的发展可能有功能上的联系，即爬行通过向婴儿提供大量的相关经验，从而促进婴儿认知能力的发展。

Lepecq 等发现早期认知发展来自于感知觉，并且由于儿童动作发展不成熟，早期的认知发展是基于感知觉能力的。Bertenthal 等也证实了动作与知觉的交互作用。杨静等总结了年龄在 4 个月到 144 个月之间的 1029 个儿童的空间探索模式。发现年龄越大，动作对空间搜索行为的影响越大，对儿童进行动作训练可以显著地提高儿童的空间搜索能力，可见早期动作发展与感知觉的紧密联系。Eppler 等研究发现当物体的听觉和视觉信息能指导婴儿的行为时，婴儿会增加对这些信息的注意。婴儿通过爬行获得了自由移动的能力，并获取大量经验信息，这些信息促进了感知觉的发展，从而提高了儿童的认知能力。

综上所述，体育学将一般的身体活动和体育运动总结为粗大动作，研究粗大动作与认知发展之间的关系。但在认知方面，体育学对认知的理解不够全面，目前的研究多针对认知发展中的某一个维度或指标进行分析，如注意力、工作记忆等，未从多个认知维度对比认知与动作发展的关系。而心理学、医学等领域则恰好相反，对动作发展的认识不够全面，研究较多针对儿童的精细动作，很少涉及粗大动作以及平衡能力发展对认知的影响。但必须承认的是，神经生理学、认知心理学方面的成果为本研究提供了坚实的理论基础。

1.2　幼儿精细动作影响儿童认知能力

儿童精细动作发展似乎与认知能力发展关系更为密切，在许多儿童认知能力测试中，手部灵活性不但会影响测试的顺利进行，甚至本身就是认知测试的一个部分，如韦氏幼儿智力量表测试中加工速度便是主要的得分指数之一。儿童的精细动作是从抓握开始的，因此关于儿童抓握对认知的影响的研究也最多。儿童用手抓握物体使手成为一个主要的认知器官，对于物体的许多属性，诸如冷暖、软硬、轻重、质地等都是通过抓握、触摸物体才能获得的感知觉经验。儿童在众多物体中抓握某一物体并摆弄它时，就使这一物体从当前的背景中区分出来，作为一个感知的对象，这就可能实现从个别刺激的感觉过渡到对一个对象物的整体知觉。儿童在抓握、摆弄物体时，“够不够得着”的判断经验是他们理解近距离空间、发展空间知觉的基本条件。随着儿童年龄增长，周围的环境也越来越复杂，儿童通过实践获得的感知觉锻炼就更加丰富了，此时更加需要动作发挥媒介的作用。

国内关于儿童动作发展的研究最早多来自于心理学、神经科学和医学专业，因此关于幼儿精细动作发展的研究也早于粗大动作发展的研究，主要的研究范式为研究某一个精细动作的发展特征，并对比此动作与心理发展的关系，如抓握、描画等。董奇等对儿童的精细动作能力进行了研究，描述了中国儿童使用筷子的动作能力特征，分析了使用筷子的技能与儿童线条填画能力、图形临摹技能之间的关系，并发现学业成绩好的儿童精细动作发展得更好。

2 研究对象与方法

2.1 研究对象

选择北京市东城区东棉花幼儿园为实验园，在实验园内按照年龄和性别随机抽取 90 名幼儿，大、中、小班各 30 名，男生和女生各 45 名，参加本研究的动作发展测试与认知能力测试。测试前让受试者家长或合法监护人签署知情同意书。研究对象的排除条件为：（1）主要身体脏器有严重的疾病，不适合参加运动的幼儿；（2）身体发育异常或身体残缺畸形者；（3）由于感冒发高烧或患其他急性病，体力尚未恢复者；（4）肢体发生损伤，无法完成本研究测试者；（5）具有明显特征的发展障碍者。

2.2 动作发展测试

本研究动作发展测试使用的工具为《动作发展测试量表（Movemen-ABC）》。该量表是可以专门用于评估 3~6 岁儿童动作发展状况的工具，目前在国内被广泛使用且具有良好的信度、效度。它由粗大动作、精细动作以及平衡能力 3 个维度组成。粗大动作维度的分测验包括双手接袋和单手投袋（计算成功次数，单位为次）；精细动作维度的分测验包括惯用手投币、非惯用手投币、穿珠子（计算完成任务的用时，单位为秒），描画轨迹（计算错误次数，单位为次）；平衡能力维度分测验包括习惯腿单腿站立、非习惯腿单腿站立（计算坚持时间，单位为秒）、双脚跳格子、踮脚走路（成功次数，单位为次）。各维度可以根据原始测验成绩换算出原始分、标准分和动作发展总得分。测试人员均通过了测试资格认证，并均为体育教育训练学专业的博士生，具有丰富的测试经验。

2.3 认知能力测试

本研究认知能力测试使用的工具为《韦氏幼儿智力调查量表第 4 版（WISC-Ⅳ）》，该量表是专门评估 2 岁 6 个月至 6 岁 11 个月的儿童认知能力的工具。韦氏幼儿智力量表第四版是目前国内使用的韦氏智力测试的最新版本，它对智力的维度和测验进行了更加合理的分类，并且重新调整了分测验及其测试内容。低龄组幼儿（2 岁 6 个月至 3 岁 11 个月）测试包括 7 个分测验，可以获得总智商分数与三个主要指数，分别为言语理解、视觉空间和工作记忆维度，以及三个辅助指数，分别为言语接受、非言语和一般能力维度。高组幼儿（4 岁至 6 岁 11 个月）测试包括 11 个分测验，可以获得总智商分数和 5 个主要指数，分别为言语理解、视觉空间、工作记忆、流体推理和加工速度维度，以及4个辅助指数，分别为言语接受、非言语、一般能力和认知效率维度。本研究将认知能力测试工作委托于北京京美心理测量公司，该公司是“韦氏智力量表”国内主试资格的认证单位，因此测试人员均通过了韦氏智力测试资格认证，具有丰富的测试经验，可以保证测试的准确与客观。

2.4 数据处理与检验方法

使用SPSS22.0对所得各项测试指标数据进行基本的描述性统计，用单因素方差分析比较年龄组间指标数据的差异，显著性标准为$p<0.05$；用独立样本T检验比较性别组间指标数据的差异，显著性标准为$p<0.05$；用皮尔逊相关性检验动作发展与认知发展各指标的相关性，用线性回归检验动作发展各维度对认知能力发展的影响，显著性标准为$p<0.05$。

3 研究结果

3.1 3~6岁幼儿动作发展特征

3.1.1 3~6岁幼儿精细动作发展特征

由表1可知，随着年龄的增加，惯用手投币、非惯用手投币、穿珠的用时逐渐减少，描画轨迹的错误次数逐渐降低。由此可以看出，3~6岁幼儿手部精细动作随着年龄的增加逐渐完善。

5岁组与3岁组男生在惯用手投币上有非常显著的差异（$p<0.01$），非惯用手投币也有显著差异（$p<0.05$）。3岁组与4岁组、4岁组与5岁组差异不显著。而女生的惯用手投币在4岁组与3岁组相比时就已经呈现显著差异（$p<0.05$），5岁组与3岁组相比呈现出非常显著的差异（$p<0.01$）。女生的非惯用手投币中4岁组与3岁组、5岁组与3岁组均呈现非常显著的差异（$p<0.01$）。

穿珠这一项目中，男生的4岁组与3岁组、5岁组与3岁组均呈现非常显著的差异（$p<0.01$），5岁组与4岁组（$p<0.05$）有显著差异。女生的4岁组与3岁组、5岁组与3岁组均呈现非常显著的差异（$p<0.01$），5岁组与4岁组（$p<0.05$）有显著差异。

男生在描画轨迹时4岁组与3岁组有非常显著差异（$p<0.01$），女生在描画轨迹时4岁组与3岁组，5岁组与3岁组均有非常显著差异（$p<0.01$）。

表 1　　不同年龄幼儿精细动作发展水平比较（n=90）

测试内容	男生组手部精细动作（n=45）			女生组手部精细动作（n=45）		
	3 岁组（n=15）	4 岁组（n=14）	5 岁组（n=16）	3 岁组（n=15）	4 岁组（n=16）	5 岁组（n=14）
惯用手投币	10.6±1.4$^{\#\#}$	9.57±2.34	8.78±1.31	11.26±2.78$^{*\#\#}$	9.56±1.41	9.17±1.20
非惯用手投币	12.26±2.76$^{\#}$	11.64±2.56	10.03±1.53	12.8±2.65$^{**\#\#}$	10.62±1.45	9.92±1.42
穿珠	44.26±14.8$^{**\#\#}$	32.78±11.59$^{☆}$	23.09±6.17	36.8±5.85$^{**\#\#}$	27.25±7.68$^{☆}$	21.96±5.05
描画轨迹	4±3.27$^{**\#\#}$	1.21±1.62	0.81±1.04	3.66±2.63$^{**\#\#}$	0.88±1.31	0.5±0.94

注：*表示 4 岁组与 3 岁组相比显著性水平 $p<0.05$，**表示 4 岁组与 3 岁组相比 $p<0.01$；$^{\#}$表示 5 岁组与 3 岁组相比 $p<0.05$，$^{\#\#}$表示 5 岁组与 3 岁组相比 $p<0.01$；$^{☆}$表示 5 岁组与 4 岁组相比 $p<0.05$。惯用手投币、非惯用手投币、穿珠计算时间，以（s）为单位；描画轨迹记错误次数，以（次）为单位。

独立样本 T 检验的结果显示，男女童精细动作发展水平整体没有表现出显著的差异，如图 1 所示，男生组和女生组在惯用手投币和非惯用手投币时均不存在显著差异。由图 2 可以看出，在穿珠游戏中，男生组用时较女生组多，但不存在显著差异。由图 3 可以看出，描画轨迹这一项目中，男生组的平均错误次数较女生组多，但也不显著。可见，幼儿精细动作发展不存在显著的性别间差异。

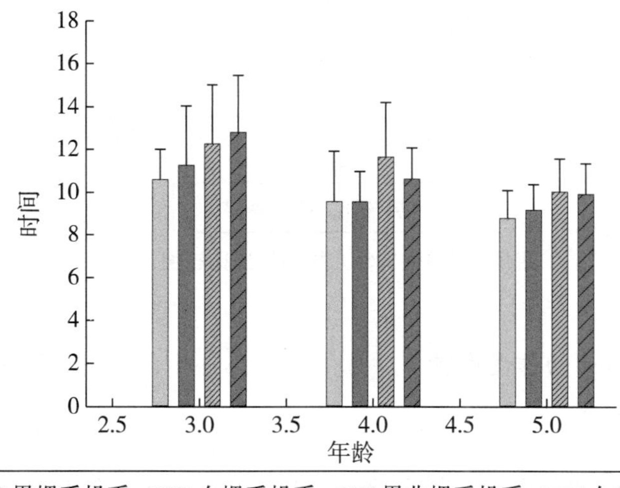

图 1　不同性别幼儿惯手、非惯手投币比较图

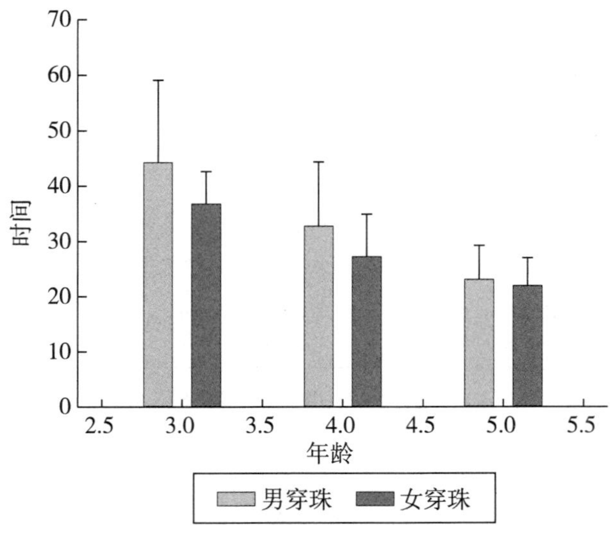

图 2　不同性别幼儿穿珠比较图

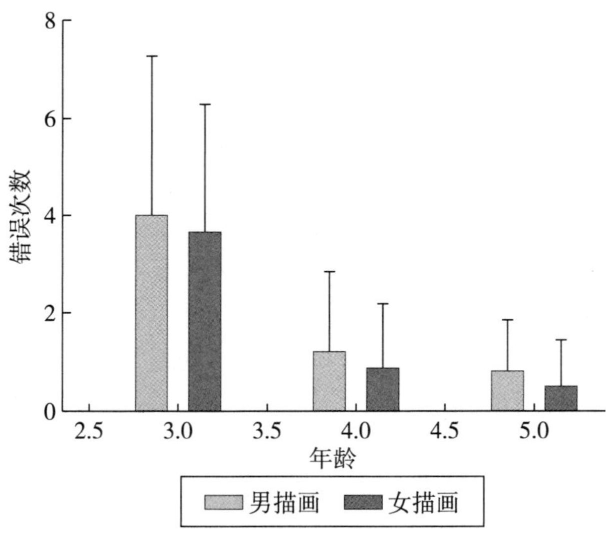

图 3　不同性别幼儿描画轨迹比较图

3.1.2　3~6 岁幼儿粗大动作发展特征

由表 2 可以看出，随着年龄的增长，3~6 岁幼儿双手接袋与单手投袋的成功次数逐渐增加。其中 3~6 岁男生的双手接袋成功次数无显著差异，5 岁组与 3 岁组的女生呈现出显著差异（$p<0.05$）。单手投袋时，5 岁组与 3 岁组男生、女生，5 岁组与 4 岁组男生、女生均呈现出非常显著的差异（$p<0.01$）。

表 2　　不同年龄幼儿粗大动作发展水平比较（n=90）

	男生组粗大动作			女生组粗大动作		
测试内容	3 岁组	4 岁组	5 岁组	3 岁组	4 岁组	5 岁组
双手接袋	6. 46±1. 59	7. 21±1. 96	7. 68±1. 62	7. 06±1. 62[#]	7. 37±1. 62	8. 35±1. 21
单手投袋	3. 73±1. 86[##]	4. 07±2. 3[☆☆]	6. 12±1. 92	3. 66±1. 71[##]	4. 06±2. 14[☆☆]	6. 07±1. 59

注：* 表示 4 岁组与 3 岁组相比显著性水平 p<0. 05，** 表示 4 岁组与 3 岁组相比 p<0. 01；# 表示 5 岁组与 3 岁组相比 p<0. 05，## 表示 5 岁组与 3 岁组相比 p<0. 01；☆☆ 表示 5 岁组与 4 岁组相比 p<0. 01。

独立样本 T 检验的结果显示，男女童粗大动作发展水平整体没有表现出显著的差异，如图 4 所示，在双手接袋的项目中，女生的成功次数略高于男生，但不存在显著差异，而在单手投袋的项目中男女生几乎同步发展。可见，幼儿粗大动作发展不存在显著的性别间差异。

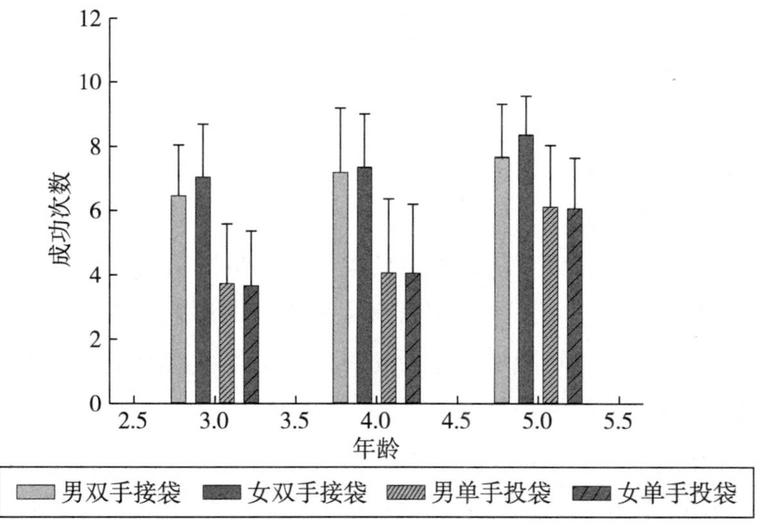

图 4　不同性别幼儿定位与抓取比较图

3. 1. 3　3~6 岁幼儿平衡能力特征

由表 3 可知，随着年龄的增长，3~6 岁幼儿平衡能力逐渐提高。单腿平衡惯用腿测试中，男生的 5 岁组与 3 岁组、5 岁组与 4 岁组均有非常显著的差异（p<0. 01）。女生 4 岁组与 3 岁组、5 岁组与 3 岁组均有非常显著的差异（p<0. 01）。

单腿平衡非惯用腿测试中，男生的 5 岁组与 3 岁组、5 岁组与 4 岁组均有非常显著的差异（p<0. 01）。女生的 4 岁组与 3 岁组、5 岁组与 3 岁组、5 岁组与 4 岁组均有非常显著的差异（p<0. 01）。

踮脚走路的项目中，男生（p<0. 05）、女生（p<0. 05）5 岁组能力均显著高于 3 岁

组。而双腿跳格的测试结果在不同年龄中均无差异。

表 3　　不同年龄幼儿平衡能力发展水平比较（n=90）

测试内容	男生组身体平衡（n=45）			女生组身体平衡（n=45）		
	3 岁组（n=15）	4 岁组（n=14）	5 岁组（n=16）	3 岁组（n=15）	4 岁组（n=16）	5 岁组（n=14）
单腿平衡惯用腿	5. 6±4. 59##	10. 35±6☆☆	23. 5±8. 13	9. 2±7. 03**##	18. 37±7. 99	23. 5±9. 49
单腿平衡非惯用腿	2. 13±1. 06##	6±3. 44☆☆	17. 06±10. 66	4. 06±2. 4**##	14. 5±10☆☆	23. 64±9. 66
踮脚走路	8. 53±5. 96#	10. 07±5. 1	13. 13±3. 77	11±4. 88#	13. 12±2. 77	14. 14±2. 21
双腿跳格	4. 66±0. 89	4. 92±0. 26	5±0	5±0	5±0	5±0

注：** 表示 4 岁组与 3 岁组相比 $p<0.01$；# 表示 5 岁组与 3 岁组相比 $p<0.05$，## 表示 5 岁组与 3 岁组相比 $p<0.01$；☆☆ 表示 5 岁组与 4 岁组相比 $p<0.01$。单腿平衡以（s）为单位。

独立样本 T 检验的结果显示，3~6 岁儿童的平衡能力整体上也不存在显著的性别间差异，在个别的指标上女童表现出优于男童的表现，如 3 岁组女童的非惯用腿平衡与男生相比有显著的差异；5 岁组女童的非惯用腿平衡有优于男童的趋势，但差异不显著，女童的踮脚走路的成功步数优于男童，但也不存在显著差异。可见，在幼儿平衡能力上不存在显著的性别间差异。

学龄前期是个体生长发育和动作发展的关键期，精细动作能力作为儿童运动能力的重要基础，对其未来的学习、生活都具有十分重要的影响。本研究结果显示：3~6 岁幼儿手部精细动作随着年龄的增加逐渐完善，男女童精细动作发展水平整体没有表现出显著的差异。证明了精细动作的发展随着年龄的增长而不断发展，生理上的成熟为幼儿动作发展奠定了基础。惯用手投币的时间较非惯用手投币的时间短，原因可能是日常生活中惯用手操作工具的时间以及次数较非惯用手多，所以更加灵活。女生的手部精细动作与男生相比，虽未表现出显著的差异，但同样的情境下惯用手投币、非惯用手投币以及穿珠时女生用时更少，描画轨迹的过程中女生的错误次数更少。这一研究结果与李蓓蕾、曾祥钱等人的研究结果一致。

随着年龄的增长，3~6 岁幼儿粗大动作水平逐渐提高。本研究中双手接袋与单手投袋考验的是幼儿定位与抓取的能力，体现了幼儿粗大动作的发展，同时考验了幼儿的手眼协调能力。男女童粗大动作发展水平整体没有表现出显著的差异。单手投袋比双手接袋的要求更高，因此成功的次数相对更少。

平衡能力是维持人身体姿态稳定的能力。随着年龄的增长，3~6 岁幼儿平衡能力逐渐提高。与男生相比，女生的平衡能力可能发展得更快一些，但并未表现出显著性的差异。吴升扣等关于幼儿平衡能力与动作发展的研究也显示了平衡能力与动作发展的高度相关性，且女童的平衡能力确实有优于男童的趋势。平衡能力是幼儿动作学习与发展的基础，此阶段应注意选择适宜的手段促进其平衡能力的发展。

3.2 3~6 岁幼儿动作发展与认知发展的相关性研究

动作发展测试可以得到动作发展总分，以及精细动作能力、粗大动作能力与平衡能力三个维度的分数。认知发展测试可以得到认知总得分，以及言语理解、视觉空间、流体推理、动作记忆和加工速度维度的分数。言语理解指数反映了儿童的语言概念形成、口语推理、语文学习、语言发展处理，以及在文化环境中习得的知识，偏向于晶体智力，可能的影响因素包括动机、兴趣、文化机会、长期记忆、注意广度等。视觉空间指数反映儿童的视觉空间信息处理、整合部分和整体关系的能力，专注于视觉细节、非语言的概念形成，以及视觉-动作的协调，其他可能的影响因素包括动机、兴趣、文化机会、长期记忆、注意广度等。流体推理指数测量儿童的流体智力，归纳推理能力、广泛的视觉智慧、同时性加工、概念思维和分类的能力。工作记忆指数是对视觉工作记忆，视觉-空间工作记忆，以及对前摄抑制干扰的抵抗能力，测量中涉及注意力、集中精力控制、推理能力。其他可能的影响因素包括动机、兴趣、文化机会、长期记忆、注意广度、焦虑、听觉信息处理等。加工速度指数反映的是儿童快速、正确地进行视觉扫描的能力，或者辨别简单的视觉资讯的能力。可以测量儿童的短时视觉记忆，视觉-动作协调，认知的灵活性，视觉辨别，专注以及完成测验任务的速度。其他可能的影响因素包括动机、短时记忆、视觉处理能力、注意广度等。对幼儿的动作发展得分与认知测试得分进行相关性检验，结果如表 4 所示：

表 4　　高龄组幼儿动作发展与认知发展相关情况

	精细动作	粗大动作	平衡能力	动作全量表	言语理解	视觉空间	流体推理	工作记忆	加工速度	总智商
精细动作	1									
粗大动作	0.414**	1								
平衡能力	0.295*	0.225	1							
动作全量表	0.680**	0.619**	0.621**	1						
言语理解	0.114	0.169	0.109	0.195	1					
视觉空间	0.384**	0.090	0.243	0.378**	0.536**	1				
流体推理	0.472**	0.079	0.339**	0.445**	0.584**	0.712**	1			
工作记忆	0.237	0.148	0.178	0.252	0.377**	0.441**	0.443**	1		
加工速度	0.357**	0.174	0.242	0.479**	0.336**	0.496**	0.517**	0.330**	1	

续 表

	精细动作	粗大动作	平衡能力	动作全量表	言语理解	视觉空间	流体推理	工作记忆	加工速度	总智商
总智商	0.360**	0.210	0.229	0.420**	0.817**	0.760**	0.779**	0.666**	0.578**	1

注：* 表示 $p<0.05$，** 表示 $p<0.01$。

由表 4 可见，高龄组动作发展测试得分与认知能力测试得分存在非常显著的正相关关系（$p<0.01$），动作发展的 3 个维度与认知发展的 5 个维度得分也有不同程度的正相关。其中，精细动作分测验得分、动作发展总得分均与视觉空间维度存在非常显著的正相关关系（$p<0.01$），精细动作分测验得分、平衡能力分测验得分以及动作发展总得分均与流体推理维度存在非常显著的正相关关系（$p<0.01$），精细动作分测验得分、动作发展总得分均与加工速度维度存在非常显著的正相关关系（$p<0.01$），精细动作分测验得分、动作发展总得分均与总智商存在非常显著的正相关关系（$p<0.01$）。

由表 5 可见，低龄组动作发展测试得分与认知能力测试得分也存在非常显著的正相关关系，动作发展的 3 个维度与认知发展的 3 个维度得分也有不同程度的正相关关系（$p<0.05$），但在具体维度上的关系与高龄组幼儿存在一定差异。其中，精细动作分测验得分与视觉空间维度、总智商指数存在显著的正相关关系（$p<0.05$），与言语理解维度存在非常显著的正相关关系（$p<0.01$）；平衡能力分测验得分与工作记忆维度存在显著的正相关关系（$p<0.05$），与言语理解总智商指数之间存在非常显著的正相关关系（$p<0.01$）；动作发展总得分与总智商指数存在非常显著的正相关关系（$p<0.01$），与认知的各维度也表现出显著的正相关关系。总体上，相关性检验结果显示了 3~6 岁幼儿动作发展与认知能力之间显著的相关性。

表 5　　低龄组幼儿动作发展与认知发展相关情况

	精细动作	粗大动作	平衡能力	动作全量表	言语理解	视觉空间	工作记忆	总智商
精细动作	1							
粗大动作	0.534**	1						
平衡能力	0.674**	0.652**	1					
动作全量表	0.805**	0.813**	0.935**	1				
言语理解	0.399**	0.072	0.415**	0.400**	1			
视觉空间	0.413*	0.358	0.357	0.417*	0.194	1		
工作记忆	0.230	0.204	0.467*	0.419*	0.581**	0.380*	1	

续表

	精细动作	粗大动作	平衡能力	动作全量表	言语理解	视觉空间	工作记忆	总智商
总智商	0.468*	0.276	0.556**	0.551**	0.845**	0.588**	0.814**	1

注：* 表示 $p<0.05$，** 表示 $p<0.01$。

3.3 3~6 岁幼儿动作发展与认知发展得分的回归分析

已有的文献从不同方面论证了动作发展对认知发展的影响，本研究相关性检验结果也显示了动作发展多个维度与认知多个维度显著的相关性。因此，本研究继续对儿童动作发展得分与认知发展得分进行了线性回归分析，试图了解幼儿动作发展对认知发展的影响，所得结果如表 6~表 13 所示：

表 6　高龄组幼儿动作发展与认知发展总得分的回归分析

	B	标准误	Beta	t	p
（常数）	86.482	8.893		9.724	0.000**
精细动作	1.464	0.681	0.299	2.148	0.036*
粗大动作	0.286	0.681	0.057	0.420	0.676
平衡能力	0.619	0.628	0.128	0.986	0.328
$R^2=0.149$			F=3.242*		

注：* 表示 $p<0.05$，** 表示 $p<0.01$。

如表 6 所见，在高龄组幼儿中，精细动作发展对幼儿的认知发展总得分影响最显著（$p<0.05$），而粗大动作、平衡能力对认知发展总得分影响不大。

表 7　高龄组幼儿动作发展与视觉空间维度的回归分析

	B	标准误	Beta	t	p
（常数）	85.327	9.914		8.606	0.000***
精细动作	2.112	0.760	0.381	2.781	0.007**
粗大动作	−0.579	0.759	−0.102	−0.763	0.449
平衡能力	0.843	0.700	0.154	1.204	0.234
$R^2=0.174$			F=3.946*		

注：* 表示 $p<0.05$，** 表示 $p<0.01$。

如表 7 所见，在高龄组幼儿中，精细动作发展对幼儿的视觉空间维度影响最显著（$p<0.01$），而粗大动作、平衡能力对视觉空间能力影响不大。

表 8　　高龄组幼儿动作发展与流体推理维度的回归分析

	B	标准误	Beta	t	p
（常数）	78. 289	7. 915		9. 891	0. 000**
精细动作	2. 254	0. 606	0. 472	3. 717	0. 000***
粗大动作	−0. 826	0. 606	−0. 170	−1. 362	0. 179
平衡能力	1. 121	0. 559	0. 238	2. 006	0. 050*
R^2 = 0. 290			F = 7. 631***		

注：* 表示 $p<0.05$，** 表示 $p<0.01$。

如表 8 所见，高龄组幼儿中，精细动作发展对幼儿的视觉空间维度影响最显著（$p<0.01$），平衡能力对流体推理能力也有显著的影响（$p<0.05$）。

表 9　　高龄组幼儿动作发展与工作记忆维度的回归分析

	B	标准误	Beta	t	p
（常数）	84. 230	9. 062		9. 295	0. 000**
精细动作	0. 880	0. 694	0. 184	1. 267	0. 210
粗大动作	0. 227	0. 694	0. 047	0. 327	0. 745
平衡能力	0. 536	0. 640	0. 114	0. 837	0. 406
R^2 = 0. 071			F = 1. 422		

注：* 表示 $p<0.05$，** 表示 $p<0.01$。

如表 9 所见，高龄组幼儿中，动作发展未体现出对幼儿工作记忆能力的影响，这与二者的相关性结果是吻合的。

表 10　　高龄组幼儿动作发展与加工速度维度的回归分析

	B	标准误	Beta	t	p
（常数）	80. 717	9. 355		8. 629	0. 000**
精细动作	1. 583	0. 717	0. 307	2. 209	0. 031*
粗大动作	0. 070	0. 716	0. 013	0. 097	0. 923
平衡能力	0. 756	0. 661	0. 149	1. 144	0. 258
R^2 = 0. 148			F = 3. 242*		

注：* 表示 $p<0.05$，** 表示 $p<0.01$。

如表 10 所见，高龄组幼儿中，精细动作发展对幼儿加工速度能力的影响最显著（$p<0.05$），而粗大动作与平衡能力对加工速度能力影响不大。

表 11　　低龄组幼儿动作发展与认知发展总得分的回归分析

	B	标准误	Beta	t	p
(常数)	92.575	11.196		8.268	0.000***
精细动作	1.104	1.212	0.203	0.911	0.371
粗大动作	-0.702	0.829	-0.184	-0.847	0.405
平衡能力	1.701	0.784	0.539	2.172	0.040*
$R^2=0.44$			F=4.361*		

注：* 表示显著性水平 $p<0.05$，** 表示显著性水平 $p<0.01$。

如表 11 所见，低龄组幼儿中，平衡能力对幼儿的认知发展总得分影响最显著（$p<0.05$），而粗大动作与平衡能力对认知发展的影响不大。

表 12　　低龄组幼儿动作发展与视觉空间维度的回归分析

	B	标准误	Beta	t	p
(常数)	83.787	11.146		7.517	0.000***
精细动作	1.405	1.206	0.286	1.165	0.255
粗大动作	0.585	0.826	0.170	0.709	0.485
平衡能力	0.152	0.780	0.053	0.195	0.847
$R^2=.198$			F=2.060		

注：* 表示显著性水平 $p<0.05$，** 表示显著性水平 $p<0.01$。

如表 12 所见，低龄组幼儿中，动作发展尚未体现出对幼儿视觉空间能力的影响，而在相关性检验中，精细动作与视觉空间是正相关的。

表 13　　低龄组幼儿动作发展与工作记忆维度的回归分析

	B	标准误	Beta	t	p
(常数)	100.526	12.840		7.828	0.000***
精细动作	-0.750	1.389	-0.128	-0.54	0.593
粗大动作	-0.627	0.951	-0.153	-0.660	0.516
平衡能力	2.209	0.899	0.654	2.457	0.021*
$R^2=0.245$			F=2.67		

注：* 表示显著性水平 $p<0.05$，** 表示显著性水平 $p<0.01$。

如表 13 所见，低龄组幼儿中，平衡能力对幼儿工作记忆能力影响最显著（$p<0.01$），而粗大动作与精细对工作记忆能力影响不大。

4 讨论

4.1 幼儿粗大动作发展与认知能力发展的关系

根据参与动作的肌肉多少，人类动作可以分为粗大动作和精细动作。粗大动作是指由身体的大肌肉或肌肉群产生的动作，包括行走、奔跑、跳跃等。本研究结果显示，无论在高龄组还是低龄组，幼儿的粗大动作发展得分与认知发展得分均未出现显著的相关性。虽然国内外有研究显示体力活动或体育运动可以改善运动后即刻的短期记忆能力、改善中小学生的执行功能等，但尚未有研究证明幼儿的粗大动作发展水平与认知发展水平之间存在稳定的正相关关系。国内学者任园春的研究也显示了6~10岁儿童粗大动作发展水平与儿童的认知能力之间没有显著的相关性，本研究的结果与国内外大多数研究的结果是相吻合的。然而，我们仍需谨慎地看待此结果，因为幼儿粗大动作与认知多个维度都表现出了正相关的趋势，而由于认知能力测试的复杂性，本次研究的样本量并不十分充足，建议在条件允许的情况下，尽量增加测试的样本量。另外，幼儿粗大动作虽然在当下与其认知发展间的相关性尚不明显，但其中介作用，或其后续是否影响认知能力发展却未可知。国外的跟踪研究发现，婴幼儿大肌肉动作发展水平可预测学龄期乃至成人的动作技能和认知表现；两项大规模横断面研究也证实5~10岁儿童大肌肉动作发展与认知水平之间的关系，表现为大肌肉动作发展水平越低，其视觉运动整合能力和工作记忆越差。另外，粗大动作对于儿童其他方面的发展有着积极影响，如体质健康、情绪发展以及社会性发展的影响，而情绪以及社会性发展也是与认知能力紧密相关的。

4.2 幼儿精细的动作发展与认知能力发展的关系

精细动作是指有小肌肉或小肌肉群运动产生的动作，主要包括手部和足部的动作，尤其体现在对物体的操控过程中，如绘画、使用乐器、写字等。本研究结果显示，无论在高龄组还是低龄组，幼儿的精细动作发展得分与认知发展得分均出现了显著的正相关关系，高龄组表现出了非常显著的相关性（$p<0.01$）。国内外大量的研究显示了儿童精细动作与认知的紧密联系。如国内董奇等描述了中国儿童使用筷子的动作能力特征，发现儿童使用筷子的技能与图形临摹技能之间的关系更显著，而与儿童线条填画能力关系不大，并发现学业成绩好的儿童精细动作发展得更好。

在低龄组幼儿中，精细动作发展水平主要与视觉空间能力水平存在显著的相关性。在高龄组幼儿中，这种相关性更加显著（$p<0.01$），可见精细动作对个体视觉空间能力的促进。在完成精细任务的时候，儿童必须具备分析空间位置、距离和视觉-动作协调

的能力，因此必然会锻炼到视觉空间的能力。在高龄组中，精细动作与流体推理，加工速度之间表现出非常显著的相关性（$p<0.01$），回归分析的结果也显示了精细动作对上述两个维度的显著影响。低龄组幼儿并没有关于流体推理和加工速度维度的测试，只有进入较高年龄的儿童才增加了相关的分测验，这是与儿童认知发展规律有关的，因为低龄组幼儿上述两种认知能力还未发展或者刚刚开始发展，无法完成测试。流体推理指数反映的是儿童的流体智力，归纳推理能力、广泛的视觉智慧，同时性加工，概念思维和分类的能力，属于高级认知能力。幼儿的思维以形象思维为主要特征，凭借事物的具体形象或者表象，而不是凭借对事物的内在本质与关系的理解，即凭借概念、判断和推理进行。一般情况下，幼儿 4 岁以后才开始出现抽象思维的萌芽，5 岁幼儿大部分可以进行推理活动，6~7 岁幼儿全部可以进行推理活动 。儿童的精细动作是从抓握开始的，因此儿童抓握对认知的影响也最多。儿童用手抓握物体使手成为一个主要的认识器官，物体的许多属性，诸如冷暖、软硬、轻重、质地等都是只有通过抓握、触摸物体才能获得的感知觉经验。儿童在众多物体中抓握某一物体并摆弄它时，就使这一物体从当前的背景中区分出来，作为一个感知的对象，这就可能实现从个别刺激的感觉过渡到对一个对象物的整体知觉。儿童在抓握摆弄物体时，够不够得着，这样的实践经验是他们理解近距离空间，发展空间知觉的基本条件。随着儿童年龄的增长，周围的环境也越来越复杂。新的环境对儿童手的动作提出了更高的要求，与此相适应，手的动作也具有了新的意义，并不局限于完成某种操作，而是具备了某种意义，即成了一种符号。这就形成了各种手势，这些手势在儿童掌握各种抽象思维的发展过程中发挥着非常重要的中介作用。

加工速度指数测量的是儿童快速、正确地进行视觉扫描的能力，或者辨别简单的视觉资讯的能力。加工速度与精细动作之间存在显著的相关性是比较容易理解的，在执行任务的时候离不开手部动作的精细操控。精细动作发展得越好，在规定的时间内完成的动作任务也就越多，工作效率自然就更高了。视觉-动作协调是精细动作发展和提高加工速度的共同影响因素。可以说加强视觉和动作的协调是发展幼儿精细动作能力的主要任务，人体中枢系统要不断辨识视觉、空间信息，通过动作程序加工，最终做出动作输出，调动人体的肌肉，完成动作任务。这种从视觉信息到动作输出的重复是实现精细动作发展的主要途径。加工速度是个人提高高级认知能力的基础能力，与认知效率紧密联系，个体在发展的过程中不仅需要一般的认知能力，而且需要在有限的时间内完成认知任务，提高认知效率。

4.3 幼儿平衡能力发展与认知发展的关系

低龄组幼儿的平衡能力与认知全量表得分存在非常显著的相关性，其中与工作记忆的相关性水平也具有显著性，回归分析结果也显示了平衡能力对工作维度和认知总得分的显著影响（$p<0.01$）。幼儿记忆能力的发展，与婴儿期相比，幼儿信息储备的容量相应增大，对资讯的接受和编码方式也在不断改进，初步形成记忆的策略。低龄组幼儿的形象记忆占主要地位，对感兴趣的、印象鲜明强烈的事物记得更容易，让记忆服从一定的目标还有难度。而在高龄组中，幼儿的平衡能力与流体推理能力呈现出非常显著的相关性，回归分析也显示了平衡能力与流体推理能力的显著影响（$p<0.05$）。

平衡功能的维持是一个复杂的反馈调节体系，涉及人体的中枢神经系统与运动系统之间的紧密联系。一直以来，小脑被认为是维持身体平衡并协调随意运动的调控中枢，但是近年来的研究表明，大脑的高级功能及认知与情感功能在平衡的维持过程中有着非常重要的作用。大量研究结果表明，在不同年龄的人群中平衡与认知功能之间存在重要的联系，平衡功能的下降与认知功能下降相关，反之亦然。例如，在老年人中的研究表明，随着年龄增长平衡功能下降，同时伴随着认知功能下降。因损伤导致的平衡功能下降也会导致认知功能下降。健康成年人的运动行为特征会影响平衡功能并影响相应的认知功能。相关的干预研究表明，提高老年人平衡能力或认知能力有利于防止跌倒损伤。目前，相关研究的对象多为阿尔茨海默病患者或者有发展障碍的儿童，对于正常幼儿平衡能力与认知功能之间的相关性研究不多，已有研究显示儿童平衡能力训练、感觉统合训练有助于提高儿童的注意力、执行功能和工作记忆能力。

本研究结果显示的低龄组的平衡能力与幼儿认知能力的相关性明显更高些。平衡的主要感知系统是前庭系统，他与视觉、触觉等感觉一起合作完成平衡的工作。在发展早期，前庭器官开始给正在发展的大脑发送脉冲，然后在脑中枢形成投影，来控制姿势、身体运动、眼球运动和感觉统合。神经纤维的“髓鞘化”是大脑发育、提高工作效果的重要途径和表现，而平衡机制便是大脑最先髓鞘化的纤维束，并且在出生以前比任何其他感觉系统都要成熟，在人类发展的早期，平衡能力发展是非常快的（7 岁之前），直到青少年期间完全成熟。4～11 岁儿童能够把注意力专注于姿势的控制上，儿童自动控制姿势用以提高姿势稳定性的能力从 4 岁开始显著提高。在 12 岁时，儿童在对于本体感觉体系统、前庭系统和视觉系统的信息整合方面表现出与成年人相似的方式，但其姿势晃动仍然比成年人大很多。大约在 15 岁时，平衡能力才与成年人基本持平。大量的研究证明了儿童与成人间平衡能力的差异，但是很少有生理变化方面的证据来说明这种平衡能力的变化，因为儿童的视觉、前庭觉早在平衡能力成人化之前就成熟了。例如，婴儿刚出生下来其前庭系统就与成人几乎相同成熟了，而视觉系统的发展在 4 岁前就已基本成熟。平衡的快速发展可能导致低龄组幼儿平衡能力与认知能力相关性表现得更明显。

前庭功能不成熟的儿童会有一些特殊的学习困难，如朗读困难、注意力不集中、阅读障碍，甚至情绪问题。3~6 岁幼儿处在平衡发展的关键时期，平衡系统根据年龄的增长不断成熟，类似于成年人的姿势平衡方式在儿童 7 岁时便已经出现。基于平衡与认知的相关性，以及二者均处在发展的高峰期，因此，可以期待通过平衡的练习来提高幼儿的认知功能。平衡能力可以通过多种类型的运动来训练，比如上下运动（蹦蹦床、滑梯），来回运动（摆荡、急停急起）、离心游戏（旋转木马）、转身运动等（旋转、舞蹈、体操）。

4.4 幼儿动作发展影响认知发展的理论解释

目前存在两种理论假设来解释为何儿童早期动作发展能够促进儿童认知发展。早在 1953 年，皮亚杰就提出感知运动是高级认知能力发展的基础，早期的动作技能作为适应的重要手段在认知发展中扮演重要角色。因此，以皮亚杰、格赛尔等先驱为代表，他们认为人类的动作发展为其他方面的发展起到了支架的作用。动作的发展解放了儿童，使其有可能与外界产生互动，在这种与外部环境以及与他人的互动中发展其他能力。他们不仅认为动作发展可以促进儿童的认知发展，同时还认为情感、情绪、社会性发展都离不开动作发展。高级认知是由感觉运动经验产生的，儿童的运动技能会增加探索和理解环境的可能性，适应环境的过程中产生了新的认知概念。Campos 认为粗大动作练习对个体将来的认知、社会、情感发展都有积极的影响。Bushnell 等指出运动能力的获得与练习，是其他功能，如感觉、认知以及社会性发展的前提。正如皮亚杰所指出的：智力实际上在语言之前就出现了，这种智力是以玩弄客体为基础的一种完全实践性的智力，动作使儿童的认知结构不断复杂化、高级化。布鲁纳等指出，主体对客体的动作是婴儿心理的丰富来源和必备工具，动作可以为个体提供认知经验，丰富认知对象，使个体有更多的机会从事物的外在表现中鉴别出本质的特征，进而获得对事物本质的认识。同时动作也是儿童认识世界的工具。随着动作的不断复杂化，儿童对于世界的认识也越来越清晰。

第二种理论假设是基于现代医学，尤其是神经心理学为代表的学派，他们从神经生理方面为动作发展促进儿童认知发展提供了证据。神经生理学和神经成像证据表明，前额叶皮层、小脑和连接结构（包括基底神经节）在某些认知和运动任务中被共同激活，小脑对认知和运动功能都很重要。国内李斐等研究表明：早期精细运动技能的顺利发育和有效发展可能利于早期脑结构和功能的成熟，进而促进认知系统发展。当认知发展受到干扰时，运动发展常常会受到不利的影响：例如阅读障碍、特殊语言障碍或孤独症的儿童除了有明显的认知障碍，似乎还伴随着运动问题。认知障碍、运动协调问题在多动症儿童中很常见，至少有一半的多动症儿童有不良的运动协调和发展协调障碍的诊断。

5 结论

1. 3~6 岁幼儿精细动作、粗大动作发展和平衡能力都存在显著的年龄组间差异，均随着年龄的增长迅速提高，3~6 岁是幼儿动作发展的敏感时期。精细动作、粗大动作发展均未体现显著的性别间差异，平衡能力女童表现出优于男童的趋势，但总体显著性水平仍不显著。

2. 幼儿动作发展与认知发展存在显著的相关性，动作发展的多个维度都对认知发展起到积极的作用。

3. 精细动作能力的发展与认知发展的关系更加紧密，精细动作能够促进认知能力的发展，本研究未发现粗大动作与认知发展的显著相关性。平衡能力对幼儿的认知能力，工作记忆、流体推理都有积极影响，未发现言语理解能力与动作发展之间的相关性。

4. 动作发展对认知发展的影响存在一定的年龄差异，低龄组的平衡能力对认知能力发展影响更大，而高龄组的精细动作发展对认知各维度的发展影响更大。

参考资料

[1] Adolph, Karen E, Eppler. Development of visually guided locomotion [J]. Ecological-sychology, 1998, 10 (3-4): 303-321.

[2] Bertenthal, Bennett I, Boker, Steven M. New paradigms and new issues: A comment on emerging themes in the study of motor development [J]. Monographs of the Society for Research in Child Development, 1997, 62 (3): 141-151.

[3] Borel L, Alescio-Lautier B. Posture and cognition in the elderly: interaction and contribution to the rehabilitation strategies [J]. Clin Neurophysiol, 2014, 44 (1): 95-107.

[4] Bushnell John, Ogle JA. The appeal of emotional intelligence [J]. Medical education, 2014, 48 (5): 458-460.

[5] Diamond A. Close interrelation of motor development and cognitive development and of the cerebellum and prefrontal cortex [J]. Child Development, 2000, 46 (7): 44-56.

[6] Eppler, Marion A. Development of manipulatory skills and the development of attention [J]. Infant behavior & Development, 1995, 18 (4): 391-405.

[7] Goulding A, Jones IE, Taylor RW, et al. Dynamic and static tests of balance and postural sway in boys: effects of previous wrist bone fracture and high adiposity [J]. Gait & Posture, 2003, 17 (2): 136-141.

[8] Graham, Theresa A. The role of gesture in children's learning to count [J]. Journal of Experimental Child Psychology, 1999, 74 (4): 333-355.

[9] Granacher U, Gollhofer A, Hortobágyi T, et al. The importance of trunk muscle strength for balance, functional performance and fall prevention in seniors: a systematic review [J]. Sports Medicine, 2013, 43 (7): 627-641.

[10] Greg Payne, Larry D Issacs. Human motor development-a lifespan approach [M]. New York: McGraw-Hill, 2012.

[11] Lepecq, Jean-Claude, Jouen, Francois, Gapenne, Olivier. Sensorimotor organization and cognition in infancy: Some francophone contributions [J]. Current Psychology of Cognition, 1995, 14 (2): 121-150.

[12] Montero M, Verghese J, Beauchet, et al. Gait and Cognition: a complementary approach to understanding brain function and the risk of falling [J]. Journal of the American Geriatrics Society Pubmed Clinical Trials, 2012, 60 (11): 2127-2136.

[13] Rule, Stewart. Effects of practical life materials on kindergartners' fine motor skills [J]. Early Childhood Education Journal, 2002, 30 (1): 9-13.

[14] Zemková E. Sport-specific balance [J]. Sports Medicine, 2014, 44 (5): 579-590.

[15] Greg Payne, 耿培新．人类动作发展概论 [M]. 北京：人民教育出版社, 2007.

[16] 曾祥钱, 徐冬青, 李庆雯, 等．天津 8-10 岁肥胖男童精细动作发展特点分析 [J]. 中国学校卫生, 2016, 37 (5): 644-646.

[17] 陈爱国, 殷恒婵, 颜军．让孩子赢在体育课: 脑科学研究对体育的启示 [J]. 全国教育展望, 2013, 42 (2): 93-99.

[18] 程嘉, 王玉凤, 张浩波．平衡仪治疗前后注意缺陷多动障碍患儿认知功能改善的初步观察 [J]. 中华精神科杂志, 2003, 36 (3): 156-160.

[19] 丁仲元．身体活动对儿童认知能力的影响-基于神经电测量视角 [J]. 体育研究与教育, 2016, 31 (2): 99-103.

[20] 董进霞, 姜桂萍, 布鲁斯·维科斯乐．大脑可塑性和儿童认知能力研究进展对我国学校体育改革的启示 [J]. 体育与科学, 2014, 35 (6): 101-104.

[21] 董奇, 陶沙, 曾琦, Campos JJ. 论动作在个体发展早期心理发展中的作用 [J]. 北京师范大学学报 (哲学社会版), 1997, 142 (4): 48-55.

[22] 郭佳伟．皮亚杰发生认识论研究 [D]. 河北: 河北大学, 2011.

[23] 李蓓蕾, 林磊, 董奇, 等．儿童精细动作能力的发展及与其学业成绩的关系 [J]. 心理学报, 2002, 34 (5): 494-499.

[24] 李蓓蕾, 林磊, 董奇, 等．儿童筷子使用技能特性的发展及其与学业成绩的关系

[J]. 心理科学，2003，26（1）：87-89.

[25] 李斐，颜崇淮，沈晓明. 早期精细动作技能发育促进脑认知发展的研究进展 [J]. 中华医学杂志，2005，85（30）：2157-2159.

[26] 李红，何磊. 儿童早期的动作发展对认知发展的作用 [J]. 心理科学进展，2003，11（3）：315-320.

[27] 林崇德. 发展心理学. 北京：人民教育出版社，1995：150-156.

[28] 罗苏群. 智力落后儿童的精细动作训练 [J]. 中国康复理论与实践，2009，15（3）：291-292.

[29] 全明辉，陈佩杰，王茹，等. 体力活动对认知能力影响及其机制研究 [J]. 体育科学，2014，34（9）：56-65.

[30] 任园春. 不同大肌肉动作发展水平儿童体质、行为及认知功能特点 [J]. 北京体育大学学报，2013，42（3）：167-171.

[31] 萨利戈达德著. 平衡发展的孩子-运动和幼儿早期学习 [M]，于淑芬译. 北京：民主与建设出版社，2011.

[32] 吴升扣，姜桂萍，张首文，等. 3~6 岁幼儿静态平衡能力特征及粗大动作发展水平研究 [J]. 中国运动医学杂志，2014，33（7）：651-657.

本文于 2023 年 8 月发表于《中国运动医学杂志》，2023，42（08）：606-614.

第二篇　学龄儿童与青少年发展

父母社会经济地位与子女认知能力

北京师范大学经济与工商管理学院　徐　慧
首都经济贸易大学财政税务学院　张哲元
中国人民大学劳动人事学院　赵　忠

摘　要：人们普遍认为，代际传递是造成社会持续不平等的主要原因之一。本文利用具有全国代表性的调查——中国家庭追踪调查——首次全面研究了中国父母的社会经济地位与子女的认知能力之间的关系。我们的研究通过考虑认知能力的直接代际传递和探究各种可能的机制来超越现有的研究。我们的研究结果表明，父母的教育程度而非收入与子女的认知能力呈正相关。机制分析表明，教育差距扩大了父母投入的差距，也扩大了父母对子女教育的信念和期望的差距。然而，我们并未发现育儿生产力方面的差异。此外，我们发现这种影响在教育资源更为有限的农村地区更为显著。我们进行了各种检验来证明我们结果的稳健性。

关键词：社会经济地位　认知能力　父母投入　育儿生产力　信念

1　引言

研究发现，认知能力与学习成绩（Almlund et al., 2011；Reynolds et al., 2010）和劳动力市场的表现（如教育程度、工资、犯罪等）密切相关（Currie & Thomas, 2001；Heckman et al., 2006）。父母在子女认知能力的形成过程中扮演着重要角色，导致儿童在早期阶段就会呈现出持续性的发展差距（Heckman et al., 2006）。父母的社会经济地位会影响父母的教养方式和行为，从而进一步导致子女认知能力的差异，造成后代的不平等。正如 List et al.（2021）所指出的，社会经济地位的差距以及与之相关的父母对子女投入的差异，在儿童成长早期就已显现。如《我们的孩子：危机中的美国梦》（Putnam, 2016）一书中所记录的，目前美国上层社会和下层社会形成尖锐对比，“机会差距”依然在扩大中。

自 20 世纪 70 年代末改革开放以来，中国在经济快速增长的同时，收入不平等也在不断扩大。基尼系数从1980年的0.30上升到2012年的0.55，远高于美国0.45的基尼系数（Xie and Zhou，2014）①，且机会不平等在收入不平等中占了很大比重（Shi，2022）。那么这种不平等如何传递到子女的认知发展上？发展心理学家（Bradley and Corwyn，2002）和经济学家们（Cunha and Heckman，2008；Falk et al.，2021；Heckman，2006）对相关问题进行了大量的研究。这些研究表明，不平等会从父母持续传递给子女②。作为最大的发展中国家之一，中国的这种传递模式与其他国家有何不同？基于中国在经济转型过程中社会不平等不断加剧，这无疑是一个重要的研究问题，但很少有对中国这些问题的系统性研究。因此，本研究对通过促进代际流动来减少社会不平等具有重要的政策意义。

本文使用具有全国代表性的中国家庭追踪调查（以下简称CFPS）数据系统地研究了父母的社会经济地位对子女认知能力的影响，并探讨了其背后的机制。除了广泛涵盖父母和家庭特征的信息外，该数据的一个重要优势是对父母和子女的认知能力都进行了评估，这使我们能够将认知能力的代际传递因素考虑进来，这很可能是主要的内生混淆因素。与其他有关社会经济地位的研究一致，我们使用父母的教育程度和收入来衡量父母社会经济地位（Falk et al.，2021；Khanam and Nghiem，2016）。

在有关收入和教育代际传递的文献中，父母背景的内生性是一个普遍存在的问题。研究人员采用各种方法来确定因果效应并分离出“自然”影响的部分。自然实验和工具变量是识别父母收入和教育的外生变化最常用的方法（Currie and Almond，2011；Black et al.，2005）。为减少遗传因素的影响，其他方法包括使用双胞胎样本（Behrman and Rosenzweig，2002；Bingley et al.，2009）和被收养者样本（Björklund et al.，2006；Plug，2004）。在本研究中，我们采用了一种不同的方法来解决内生性问题。我们使用父亲和母亲的认知测试分数作为遗传基因的代理，因为CFPS对儿童和对每个成年人进行相同的认知测试，使我们能够将父母的认知能力与子女的认知能力进行匹配。

本文的主要研究结果表明，父母的教育水平与子女的语言和数学认知能力呈正相关。然而，就父母收入而言，这种关联并不显著。控制了认知的代际传递因素以后，结果保持一致。

我们进一步探究了影响机制。首先，文献表明，父母对子女的投资是子女技能发展的关键投入之一（Aiyagari et al.，2002；Cunha and Heckman，2006，2007，2007），并

① 中国国家统计局公布的基尼系数略小，在2008年和2009年达到峰值0.49，之后维持在0.46~0.48之间。

② 早期的经济学研究更多地关注父母特征对子女劳动力市场结果的影响，如教育和收入。请参见Solon（1999）和Black and Devereux（2011）的综述。

且证据表明，这种对子女的投资和父母社会经济地位紧密相关（Hoff，2003；Huttenlocher et al.，2010；List et al.，2021）。与上述文献一致，我们发现，无论是物质还是时间，社会经济地位较高的父母对子女的投入更多。

我们研究的第二个机制是父母投入的生产力，即在父母时间和物质投入相同的情况下，社会经济地位不同的父母的子女的认知结果。正如理论模型所指出的那样，拥有不同技能的父母在父母投资方面可能具有不同水平的生产力（Heckman and Mosso，2014）。我们的研究发现，在不同社会经济地位群体中，父母投入的生产力并无明显差异。结合第一种机制的发现，这一结果意味着，在中国目前的发展阶段，投资的数量而非质量对子女不同认知结果的驱动更为重要。生产力效应具有重要的政策含义，因为如果社会经济地位较高的父母在父母投入方面更具生产力，就会扩大儿童认知发展的差距。我们的研究是首批量化中国父母社会经济地位对子女认知生产力效应的研究之一。

另一个渠道是父母对教育的信念和父母对子女的期望。信念往往能满足个人重要的心理和功能需求。我们研究了不同社会经济地位的父母对教育的理念以及对子女可能达到的最高教育水平的期望。与现有研究结果一致，我们的研究也表明，社会经济地位较高的父母更重视教育和努力工作，他们对子女的教育也有更高的期望。此外，高社会经济地位家庭的子女对自己的教育期望也更高。

最后，由于中国城乡的巨大差异，我们考察了父母社会经济地位对子女认知发展的影响在农村和城市有何不同。我们发现，农村地区低社会经济地位和高社会经济地位父母的子女之间的认知能力差距比城市地区更为明显。这意味着农村地区由于教育相对欠发达，农村子女受家庭资源的影响更大。因此，旨在提高社会流动性和减少不平等的公共政策应更多地关注农村地区。

总之，我们的论文主要从以下几个方面对文献做出贡献。首先，家庭社会经济地位对子女认知的影响部分反映了认知能力通过遗传或环境产生代际传递（Anger and Heineck，2010）。现有的少数关于中国这方面的研究的一个重要局限是没有考虑父母的认知能力，这可能会导致内生性问题（Liu et al.，2020；Zhang，2021）。CFPS 数据包含父母双方认知测试的详细信息，这使我们能够控制这一重要的混淆因素。

其次，推断父母特征对子女影响的因果效应往往依赖于政策实验，但其中因果影响仅限于依从政策的人群（Imbens and Angrist，1994）。与这些使用政策实验的研究不同（Cui et al.，2019；Zhou et al.，2020），研究家庭社会经济地位的影响可以更全面地了解更多儿童中认知能力的分布和不平等情况。社会经济地位包含与家庭社会和经济地位相关的多个维度，而政策效应通常只关注一个维度——教育或收入。将它们整合到同一框架中更全面地分析至关重要。

最后，我们的研究仔细考察了潜在的内在机制。我们不仅研究了文献中经常讨论的父母投资机制，还分析了高社会经济地位家庭和低社会经济地位家庭之间父母生产力的差距。在已有研究的基础上，我们还进一步扩展研究了父母的信念和父母对子女的期望。这两点已被证明是预测子女结果的因素（Favara，2017；Foley et al.，2014；Jacob and Linkow，2011；Kottelenberg and Lehrer，2019；Murayama et al.，2016；Yamamoto and Holloway，2010）。

本文其余部分安排如下：第二部分简要回顾了以往的文献。第三部分介绍数据、样本和实证研究设计。第四部分介绍主要结果和内在机制。第五部分介绍稳健性检验结果。第六部分为本文的结论。

2 文献述评

父母在子女认知发展中扮演着关键角色。已有不少代际传递的实证研究基于不同国家的依据，例如 Anger 和 Heineck（2010）对德国的研究以及 Black et al.（2009）对挪威的研究。Anger 和 Heineck（2010）确定了认知能力代际传递的两个主要途径，即先天和后天。前者是通过基因的遗传来实现的，属于生物学范畴（Plomin et al.，199），而后者则是父母行为的积极结果（Ermisch，2008）。然而，正如 Cunha 和 Heckman（2007）所指出的那样，区分先天因素和后天因素已经过时，因为二者背后存在着更为复杂的互动机制。父母社会经济地位对子女认知代际影响部分通过遗传传递，部分通过环境影响（Anger and Heineck，2010）。以下我们将简要回顾相关研究。

2.1 父母社会经济地位的影响

大量研究表明，父母的社会经济地位与子女的认知能力密切相关。不同背景儿童的认知能力差异其实在儿童发展早期就已显现。Hart 和 Risley（1995）的研究发现，高社会经济地位家庭的儿童每周能听到 215000 个单词，中产阶级家庭的儿童每周能听到 125000 个单词，而低社会经济地位家庭的儿童每周只能听到 62000 个单词。Khanam 和 Nghiem（2016）基于澳大利亚儿童的数据，证明作为社会经济地位指标的父母收入和教育水平与儿童的认知能力密切相关。Duncan 和 Magnuson（2005）发现，家庭社会经济资源的差异大约可以解释儿童成绩标准差的一半。Dahl 和 Lochner（2012）还发现，收入每增加 1000 美元，儿童的阅读和数学成绩在近期内可能会提高 6% 的标准差，且对弱势儿童的影响更大。就中国而言，Zhang（2021）发现家庭社会经济地位不仅与父母的育儿投资正相关，也与青少年的认知能力积极相关。Liu 等人（2020）还指出，与来自低社会经济地位家庭的三岁及以下儿童相比，来自高社会经济地位家庭的同龄儿童具有较高的认知能力。

2.1.1 父母收入的影响

在收入方面，以下两种理论解释了父母社会经济地位对子女发展的影响（Khanam and Nghiem，2016）：投资理论（Becker and Tomes，1986；Becker，1981）和家庭焦虑理论（Smith and Brooks-Gunn，1997；Yeung et al.）。投资理论认为父母在子女身上投入金钱和时间是为了实现自身效用的最大化。家庭收入的增加使他们能够改善子女的学习环境，选择更好的社区，获得更好的医疗保健，以及将子女送入更好的学前教育机构（Dahl 和 Lochner，2012）。根据家庭焦虑理论，收入会影响父母抚养子女的能力，因为经济困难会对父母的心理健康产生负面影响。贫困往往伴随着父母的焦虑、抑郁和健康状况不佳，所有这些都会对子女的后天环境和成长产生负面影响（McLoyd，1990）。例如，Parker 等人（1999）发现，低收入父母与子女的关系不融洽，他们的子女更容易在语言发展方面遇到障碍，在课堂上难以集中注意力，并对其他学生表现出敌对情绪。在加拿大和美国进行的两项研究表明，家庭获得转移收入可以改善家庭的情绪福利（Milligan and Stabile，2011；Evans and Garthwaite，2014）。心理焦虑的父母不太可能促进家庭功能和子女的发展（Smith and Brooks-Gunn，1997；Yamauchi，2010；Yeung，2002）。此外，父母的社会经济地位也会影响他们对居住社区的选择（Khanam and Nghiem，2016），从而对子女的发展产生影响。一些实证研究表明生活在贫困社区的儿童在学业上表现较差，并且有更多的行为和健康问题（Contoyannis and Li，2011；Pebley and Sastry，2004）。就关于中国的研究而言，Zhou 等人（2020）的研究表明，现金转移对儿童的认知成就没有显著影响。

2.1.2 父母教育的影响

父母受教育程度较高的子女通常比父母受教育程度较低的子女在认知和学业上取得更大的成就（Duncan and Magnuson，2005）。父母更高的教育水平也能带来收入效应（这个与上面提到的父母收入效应兼容）；此外，受教育程度较高的父母有可能掌握更多的科学育儿知识和技能，这使他们能够选择更有效的育儿方法，可以表现在时间投入和育儿质量上。例如，Doepke 等（2019）的研究表明，在美国和荷兰，拥有大学学历的父母在子女身上投入的时间明显多于只有高中学历的父母。20 世纪 70 年代，美国受教育程度高和受教育程度低的父母在子女身上投入的时间差别不大；但如今，受教育程度较高的父母每周在子女身上投入的时间比受教育程度较低的父母多三个小时。

长期以来，学者们对于父母教育对子女教育的因果效应，也就是对教育的代际传递的研究一直使用工具变量（Black et al.，2005）、儿童收养（Björklund et al.，2006）

和双胞胎父母（Behrman and Rosenzweig，2002）① 等方法。最近的一些研究更多地关注父母教育对子女其他方面的因果效应，例如认知和非认知技能。Lundborg 等（2014）发现，母亲的教育对男孩的认知技能有积极影响。Carneiro 等（2013）和 Sutin 等（2017）认为，父母教育在子女的非认知发展中起到一定作用。在中国背景下，Cui 等（2019）以中国义务教育法的实施为工具变量，发现母亲教育对儿童认知能力有正向因果效应。Leight 和 Liu（2020）以及 Wang 等（2020）探究了父母教育与子女非认知能力之间的关系。总之，文献发现父母教育对子女的各种结果通常都有积极影响。相比之下，把父母教育因素考虑进来以后，父母收入与子女认知之间的关系相对较为复杂（Heckman and Mosso，2014）。

2.2 父母的社会经济地位为何影响子女的认知能力

2.2.1 父母社会经济地位、父母投资和生产力

早期的经济学研究已经指出父母特征和对子女的人力资本投资及其结果之间的联系（Aiyagari et al.，2002；Becker and Tomes，1986；Mayer，1997）。基本上，父母能力越强，在养育子女方面投入越多，子女的技能发展就越好（Heckman et al.，2006）。基于经济学理论，发展心理学家们开发了一个家庭投资模型的研究框架，用以描述父母社会经济地位、父母投资和子女认知能力之间的关系（例如，Conger and Dogan，2007；Conger and Donnellan，2007）。Heckman 及其同事最近的研究是最早使用动态结构模型来描述儿童认知发展过程和预测因素的研究之一（Cunha and Heckman，2006，2007，2007）。所有这些研究都表明，父母投资对来自不同社会经济背景儿童的认知发展差异发挥了作用。实证研究结果也是一致的。例如，研究发现，在英国，父母投资和养育方式对千禧一代的发展非常重要（Hernandez-Alava and Popli，2017；Ermisch，2008）；在美国，不同家庭社会经济地位的父母对子女投资不同，导致儿童的不同结果（List et al.，2021）

生产力衡量的是相同数量的父母投资对儿童认知结果的影响，这可能会因父母社会经济地位的不同而不同；例如，高教育背景的父母能够对子女进行更多投资，如为他们提供高质量的陪伴或选择高质量的学习材料。如上所述，早期的结构模型通常假设家长育儿质量和投资在不同社会经济地位群体中具有相同的生产函数。然而，Heckman 和 Mosso（2014）开发的结构模型允许父母投资的回报可以随着父母技能的不同而有所不同，而 Falk 等（2021）最近的一项研究关注不同社会经济地位家庭父母投资的

---

① 详细综述请参见 Black 和 Devereux（2011）以及 Holmlund et al.（2011）。

成产函数的异质性，并使用美国数据实证检验了生产力的差异。在中国这样的发展中国家，父母投资的生产力可能会有不同的模式，但人们对此知之甚少。

2.2.2 父母社会经济地位、父母信念和期望

尽管父母社会经济地位和投资对子女影响的研究较为成熟，但很少有研究关注父母信念和期望的重要性，因为这些方面很难测量（Kottelenberg and Lehrer，2019）。最近的经济学和发展心理学研究探讨了父母的教育观（Foley et al.，2014；Jacob and Linkow，2011；Kottelenberg and Lehrer，2019）以及父母对子女的期望（Favara，2017；Murayama et al.，2016；Yamamoto and Holloway，2010）在子女的学业表现和教育成就中的作用。利用美国的数据，List 等（2021）表明不同社会经济地位的父母对人力资本投资持有不同的信念。他们的实地实验证明，可以通过干预改变这种信念，从而改变家长的行为和子女的预期结果。在中国家庭中进行的研究也证明了父母的信念和期望对子女成长的重要性（Phillipson and Phillipson，2017；Zhong et al.，2020）。然而，对于父母的信念和期望如何因家庭背景而异，从而导致儿童之间的成绩差距，尤其是认知发展方面的差距研究甚少。

3 数据与方法

3.1 数据来源

我们的主要数据集来自三轮中国家庭追踪调查（China Family Panel Studies，CFPS）：2010 年、2014 年和 2018 年。CFPS 是由北京大学中国社会科学调查中心于 2010 年启动的针对中国社区、家庭和个人的具有全国代表性的一项追踪调查。

在全国范围内进行的 2010 年的 CFPS 基线调查成功采访了 25 个指定省份的 635 个社区的 14798 个家庭，包括 33600 名成人和 8990 名儿童，应答率约为 81%，2010 年全国 CFPS 基线调查成功采访了来自 635 个社区的 14798 个家庭，包括 33600 名成年人和 8990 名儿童，覆盖了 25 个指定省份，应答率约为 81%，未应答的大部分是由于无法联系到被调查对象（Xu and Xie，2015）。分层多阶段抽样策略确保了 CFPS 样本在 2010 年代表了 95% 的总人口（Xie，2012）。为了扩大样本量，我们将 CFPS 的三个轮次（2010 年、2014 年和 2018 年）合并成为混合横截面数据，因为这三年的调查中使用了相同的问题来评估 10~15 岁儿童的认知能力。然后，我们将子女数据与父母数据进行匹配，剔除相关变量缺失的样本。CFPS 调查了所有家庭成员，因此，父母和子女可以完全匹配。最终，我们得到了一个由 5207 名年龄在 10~15 岁之间、具有完整家庭和父母信息的儿童样本。在样本儿童中，其中 814 人在 2010 年和 2014 年都有观测数据，

644 人在 2014 年和 2018 年都有观测数据，其余的只有一次观测数据。①

3.2 主要变量

3.2.1 认知能力测量：语言和数学

CFPS 2010 年、2014 年和 2018 年有两个测试来衡量认知能力，即语言测试和数学测试。为成人和 10~15 岁儿童设计的这两个测试的规则和问题相同。三个调查年份的测试题目和分数具有可比性。

语言测试衡量的是对文字的识别和普通话发音能力，由八页问题组成，每页有 34 个词语或句子。数学测试评估数学认知能力和逻辑分析能力。数学测试包括四套题，每套题有 24 道题。在估计中，我们使用的是语文和数学测试的标准化分数，而不是原始分数。②

3.2.2 父母社会经济地位的衡量指标

根据常见的分类方法（Falk et al.，2021），我们使用父母的收入和教育程度来衡量社会经济地位。为了分别捕捉父亲和母亲的异质性影响，我们根据父亲和母亲的收入和教育来构建代表父母社会经济地位的四个虚拟指标。具体而言，收入的虚拟变量表示父亲/母亲的收入是否高于每个调查年父亲/母亲整个样本的收入中位数。同样，教育变量表明父亲/母亲是否至少完成了初中学业。在稳健性检验中，我们还构建了父母双方收入/教育的综合测量指标，以及父亲/母亲收入和各自受教育年限的连续变量。

3.2.3 父母育儿投入的衡量指标

我们使用三个变量来衡量父母育儿投入。其中，“父母陪伴”衡量父母花时间陪伴和关心子女的频率。“教育支出”衡量家庭在子女教育方面的支出。最后，“课外班”表示孩子是否参加课外班。所有这些变量都来自 CFPS 儿童调查中的问题，基于对孩子情况更为了解的家长的回答。

3.3 描述性统计

表 1 展示了用于实证估计的主要变量的描述性统计。在样本中，语言测试的最高

---

① 作为稳健性检验，我们去掉了被观测两次的样本中的第二次观测数据，结果保持不变。

② 具体来说，个人的标准化语言测试得分等于个人的原始语言测试得分减去样本的平均语言测试得分，再除以样本语言测试得分的标准差。计算标准化数学测验分数也采用同样的方法。

分数是 34 分，数学测试的最高分数是 24 分，我们样本中儿童的平均语言测试分数为 21.58 分，平均数学测试分数为 11.14 分。总体上，父亲的教育水平和收入都比母亲高。在儿童特征方面，样本中儿童的平均年龄为 12 岁，其中男孩占比为 52%。样本中有 21%的儿童持有城市户口，大多数（88%）是汉族。在样本中，约有 25%的儿童是独生子女。在父母的认知能力方面，父亲的语言和数学上的认知能力水平通常高于母亲。此外，平均而言，父母在语言和数学方面的得分都低于他们的子女。

表 1　主要变量的描述性统计

变量	观测值	均值	标准差	最小值	中位值	最大值
认知能力						
语言测试	5207	21.58	7.95	0.00	23.00	34.00
数学测试	5053	11.14	4.45	0.00	11.00	24.00
父母社会经济地位						
母亲教育水平						
完全不能读写	5207	0.28	0.45	0.00	0.00	1.00
小学	5207	0.27	0.44	0.00	0.00	1.00
初中	5207	0.30	0.46	0.00	0.00	1.00
高中及以上	5207	0.15	0.36	0.00	0.00	1.00
父亲教育水平						
完全不能读写	5207	0.16	0.36	0.00	0.00	1.00
小学	5207	0.27	0.44	0.00	0.00	1.00
初中	5207	0.37	0.48	0.00	0.00	1.00
高中及以上	5207	0.20	0.40	0.00	0.00	1.00
母亲收入（年收入，单位/千元）	5207	8.90	20.76	0.00	0.30	800.00
父亲收入（年收入，单位/千元）	5207	18.95	27.23	0.00	10.00	581.00
子女特点						
男性	5207	0.52	0.50	0.00	1.00	1.00
年龄	5207	12.49	1.73	10.00	12.00	15.00
城市户口	5207	0.21	0.41	0.00	0.00	1.00
民族（汉族=1）	5207	0.88	0.33	0.00	1.00	1.00
体重/千克	5207	81.14	23.51	5.00	80.00	200.00

续 表

变量	观测值	均值	标准差	最小值	中位值	最大值
身高/厘米	5207	148.70	16.18	50.00	150.00	186.00
无学校教育	5207	0.00	0.05	0.00	0.00	1.00
小学	5207	0.58	0.49	0.00	1.00	1.00
初中及以上	5207	0.42	0.49	0.00	0.00	1.00
独生子女	5207	0.25	0.43	0.00	0.00	1.00
父母和家庭特征						
母亲的语言测试	5105	16.46	10.98	0.00	20.00	34.00
母亲的数学测试	4889	9.10	6.02	0.00	9.00	24.00
父亲的语言测试	5020	18.61	10.05	0.00	21.00	34.00
父亲的数学测试	4693	11.18	5.36	0.00	12.00	24.00
母亲的年龄	5207	39.08	4.95	23.00	39.00	76.00
父亲的年龄	5207	40.92	5.16	27.00	40.00	80.00
家庭规模	5207	4.86	1.65	2.00	5.00	17.00

表2对不同（高低）父母社会经济地位群体的关键变量进行了均值比较，并对父亲和母亲的教育程度和收入进行了区分。总体而言，结果显示高低组之间的差距是一致的。高社会经济地位父母（高学历/高收入）的子女在语言和数学测试中的得分显著更高。此外，高社会经济地位的父母花在子女身上的时间明显更多，在教育资料上的投资也更多，子女参加课外班的可能性也更大。

表2　　子女认知和父母育儿投入：根据父母社会经济地位

	父亲的收入		母亲的收入		父母的收入	
	低	高	低	高	低	高
语言测试	21.4	23.2***	21.6	23.0***	20.7	23.3***
数学测试	10.8	11.8***	10.8	11.8***	10.4	11.9***
父母陪伴	3.2	3.3***	3.2	3.3***	3.0	3.4***
教育支出	6.6	7.1***	6.7	7.0***	6.4	7.1***
课外班	0.16	0.25***	0.16	0.25***	0.10	0.27***
观测数	2578	1994	2586	1986	1965	2607

续　表

	父亲教育水平		母亲教育水平		父母教育水平	
	低	高	低	高	低	高
语言测试	20.7	23.3***	20.9	23.8***	20.9	23.8***
数学测试	10.4	11.9***	10.4	12.2***	10.4	12.2***
陪伴	3.0	3.4***	3.0	3.5***	3.0	3.5***
教育支出	6.4	7.1***	6.4	7.4***	6.4	7.3***
课外班	0.10	0.27***	0.10	0.32***	0.10	0.32***
观测值	1965	2607	2530	2042	2530	2042

注：如果父亲（或母亲）的收入超过样本中位数，则父亲（或母亲）的收入为高收入。如果父亲和母亲的收入均超过样本中位数，则父母的收入为高收入。如果父亲（或母亲）完成初中及以上教育，则父亲（或母亲）的教育水平为高教育。如果父亲和母亲都具有初中及以上学历，则父母的教育水平为高教育。语言测试和数学测试是子女认知测试的原始分数。父母陪伴为陪伴频率，数值从 1（从不）到 5（总是）。教育支出是对子女教育年度总支出取的对数。课外班是孩子是否参与课外班的一个虚拟变量。* 表示 $p<0.1$；** 表示 $p<0.05$；*** 表示 $p<0.01$。

此外，根据 Falk 等（2021）的方法，我们综合父亲和母亲的收入以及教育水平构建家庭经济地位指数，并将儿童分为高社会经济地位家庭和非高社会经济地位家庭两组。图 1 表明，高社会经济地位家庭的孩子在认知能力和父母育儿投入（父母陪伴、教育支出、课外班）方面明显高于低社会经济地位家庭的孩子。

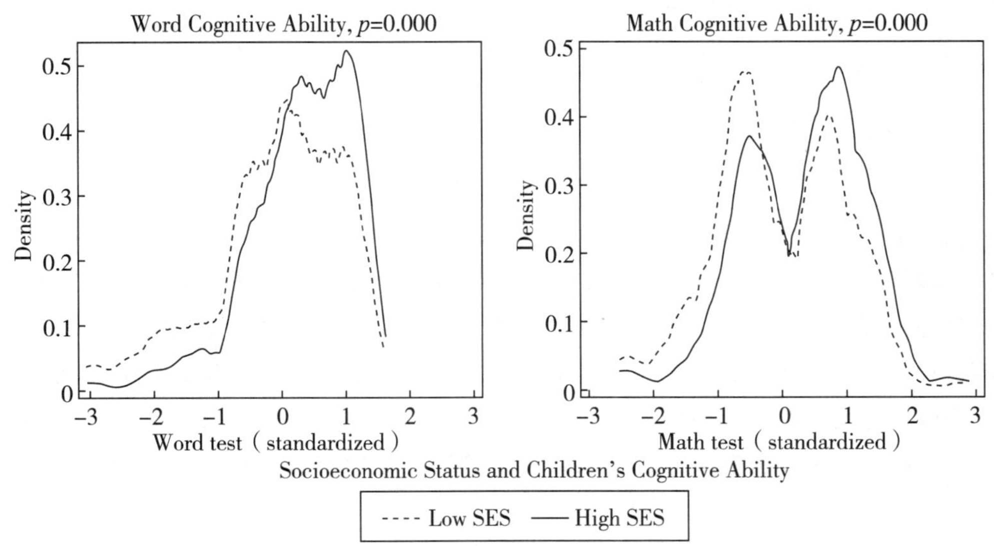

图 1　社会经济地位、子女认知能力和父母育儿投入

4 实证结果

4.1 实证方法

我们的主要研究问题是父母的社会经济地位对子女认知能力的影响。因此，我们估计了以下普通最小二乘模型：

$$y_i = \alpha + \beta SES_i + \delta Cognition_i^P + \gamma x_i + Province_i + Survey\_year_i + \varepsilon_i \quad (1)$$

其中，y_i 是以语言和数学测试成绩来衡量的子女的认知能力。SES_i 是指子女 i 父母的社会经济地位，我们使用四个虚拟变量来分别衡量父亲或母亲的收入或教育水平。$Cognition_i^P$ 是指子女 i 父母的认知能力，因此 δ 是代际认知能力传递的估计值，是我们的主要关注点之一。幸运的是，在 CFPS 数据中，父母被要求完成与子女一样的语言和数学认知测试，这使得我们有能衡量父母认知能力的数据。这一点非常重要，因为父母的认知能力很可能与他们自身的社会经济地位有关，而且它还可能捕捉到一些不可观测的家庭特征，因此忽略这个变量可能会导致严重的内生性问题。我们根据教育水平对父亲和母亲的语言和数学测试分数进行标准化。x_i 是子女 i 的个人、家庭和父母特征的一系列变量，包括子女的性别、教育程度、年龄、身高、体重、民族、户口状况、是否是独生子女、所在家庭规模和家庭收入，父亲和母亲的年龄，以及职业虚拟变量。最后，我们还控制了省份固定效应和调查年份虚拟变量，以控制省份特征和调查年份特征带来的不可观测因素的影响。ε_i 表示误差项。

4.2 基准结果

表 3 列出了主要研究发现①。我们首先在不控制父母认知能力的情况下，分析父母社会经济地位对子女语言和数学认知测试成绩的影响，结果见第（1）和第（2）列。第（3）列和第（4）列是在考虑了父亲和母亲的语言和数学认知测验成绩后的影响估计值。如结果所示，无论是父亲还是母亲的教育水平都对子女的认知能力产生显著影响。具体来说，与父亲拥有较低教育水平的子女相比，父亲拥有较高教育水平的子女的语言和数学成绩均要高出 7.6 个标准差。同样，母亲教育水平较高的子女比母亲教育水平较低的子女在语言和数学认知测试上的成绩分别高出 7.4%和 11.2%的标准差。父母教育程度对子女数学能力的影响略大于父母教育程度对子女语言能力的影响。在

① 在稳健性检验中，我们还使用了父母收入、受教育年限的连续变量，以及用父母收入和教育程度构建的父母社会经济地位的虚拟变量，结果是一致的。

收入方面，我们没有发现高收入和低收入父母的子女在语言和数学能力上存在显著差异①。父母收入对子女认知能力的无显著影响与 Heckman 和 Mosso（2014）的理论分析一致。该理论分析表明，在控制父母教育和母亲能力的情况下，家庭收入对子女结果的影响基本被消除。以往的实证研究也表明，在考虑到混淆因素后，收入对子女的影响不太明确（Carneiro and Heckman，2002；Duncan et al.，1998；Løken，2010）。就中国的情况而言，Zhou 等（2020）基于在中国农村开展的现金转移项目的研究也表明，收入增加对子女认知的影响并不显著。另外，与预测一致的是，父母的语言测试分数与子女的语言和数学认知能力显著相关，而父母的数学测试分数只与子女的数学能力相关。

表 3　　父母社会经济地位对子女认知能力影响的 OLS 估计结果

自变量	因变量			
	(1) 语言测试	(2) 数学测试	(3) 语言测试	(4) 数学测试
父母社会经济地位				
母亲高教育水平	0.067** (0.030)	0.111*** (0.027)	0.075*** (0.027)	0.114*** (0.028)
父亲高教育水平	0.071** (0.033)	0.088*** (0.029)	0.076** (0.030)	0.077*** (0.029)
母亲高收入	0.020 (0.034)	0.019 (0.028)	0.004 (0.030)	0.008 (0.029)
父亲高收入	0.031 (0.027)	0.018 (0.024)	0.032 (0.025)	-0.010 (0.025)
父母认知能力				
母亲的语言测试			0.128*** (0.020)	0.104*** (0.019)
母亲的数学测试			0.014 (0.016)	0.058*** (0.014)
父亲的语言测试			0.150*** (0.026)	0.099*** (0.025)
父亲的数学测试			-0.009 (0.013)	0.024* (0.014)

① 我们尝试在回归中加入父母的收入和收入平方，以及使用收入的五分位数进行检验，结果是相似的。

续 表

自变量	因变量			
	(1) 语言测试	(2) 数学测试	(3) 语言测试	(4) 数学测试
控制变量	是	是	是	是
观测值	5207	5053	4591	4569
R^2	0.263	0.467	0.387	0.498

注：括号内为访员层面聚类标准误。语言和数学测试分数分别进行了标准化。控制变量包括：（1）孩子的信息，即性别、年龄、年龄的平方、户口、民族、体重、身高、教育程度和是否为独生子女；（2）家庭和父母的信息，即父亲和母亲年龄和职业虚拟变量以及家庭规模；（3）省份虚拟变量和调查年份虚拟变量。* 表示 $p<0.1$；** 表示 $p<0.05$；*** 表示 $p<0.01$。

4.3 机制

我们从以下几个方面探讨了父母社会经济地位影响子女认知结果的潜在机制。首先，我们考虑了父母社会经济地位影响子女认知结果的三个潜在机制，包括父母育儿投入（水平效应）、育儿生产力（效率效应）以及信念与期望。考虑到中国城乡的地区差异，我们还对城乡异质性进行了研究。

4.3.1 社会经济地位与父母育儿投入

以往的文献表明，除了先天因素的影响（遗传）外，父母的收入和教育也会通过诸如金融投资和育儿等后天环境对子女产生影响（Black and Devereux，2011）。通过估计以下方程，我们研究了父母的社会经济地位对父母育儿投入的影响，这也是父母社会经济地位影响子女认知结果的潜在机制之一：

$$z_i = \alpha + \beta SES_i + \delta Cognition_i^P + \gamma x_i + Province_i + Survey\_year_i + \varepsilon_i \quad (2)$$

其中，z_i 表示子女 i 的父母育儿投入。如文献所述，父母的育儿投入可以是时间投入，也可以是物质投资。在我们的研究中，我们有父母陪伴孩子频率的信息，可以作为父母时间投入的代理变量。父母陪伴频率取值范围从 1 到 5，其中 1 表示“从不”，5 表示“总是”。

在物质投资方面，我们有教育支出变量，我们用子女教育年总支出的对数来衡量。此外，我们还有关于孩子是否在课后参加课外班的信息。我们构建是否参加的一个虚拟变量来表示。这个课外班变量既可以被视为父母的时间投入，也可以被视为物质投资，因为课外班通常在正常上学时间之外，父母需要花额外时间带孩子去上课，参加这些课外班也需要支付额外的费用。结果如表 4 所示，无论是母亲收入还是父亲收入对这几个因变量没有影响，这表明父母收入与父母育儿投入之间没有关联。在教育方面，与低教育水平的母亲/父亲相比，高教育水平的母亲或父亲更有可能在子女身上进行时间或物质投资。具体而言，高教育水平的母亲和父亲往往会花更多的时间陪伴子女，对于母亲来说，这种效应更加显著。他们还更有可能让孩子参加课外活动。此外，高教育水平的父亲在子女教育方面的支出也更多。

表 4　　父母社会经济地位对父母育儿投入影响的 OLS 估计结果

自变量	因变量		
	(1) 父母陪伴	(2) 教育支出	(3) 课外班
父母社会经济地位			
母亲高教育水平	0.322*** (0.045)	0.123* (0.064)	0.053*** (0.014)
父亲高教育水平	0.066 (0.044)	0.148** (0.060)	0.027** (0.012)
母亲高收入	0.021 (0.045)	0.050 (0.073)	0.014 (0.014)
父亲高收入	-0.026 (0.043)	0.154** (0.062)	0.014 (0.014)
父母认知能力	是	是	是
控制变量	是	是	是
观测值	4515	4577	4585
R^2	0.104	0.307	0.223

注：括号内为访员层面聚类标准误。语言和数学测试分数分别进行了标准化。控制变量包括：(1) 孩子的信息，即性别、年龄、年龄的平方、户口、民族、体重、身高、教育程度和是否为独生子女；(2) 家庭和父母的信息，即父亲和母亲的语言测试分数、数学测试分数、年龄、职业虚拟变量和家庭规模；(3) 省份虚拟变量和调查年份虚拟变量。* $p<0.1$；** $p<0.05$；*** $p<0.01$。

4.3.2　社会经济地位与养育效率

以往的研究表明，不同社会经济地位的父母在育儿生产力方面可能存在差异（Falk et al.，2021；Heckman and Mosso，2014）。也就是说，在对子女投入相同时间和物质的情况下，高社会经济地位家庭的子女在认知能力上可能发展更好。我们通过以下方程研究不同社会经济地位的父母是否以及如何导致不同的育儿效率：

$$y_i = \alpha + \beta_1 SES_i * z_i + \beta_2 SES_i + \beta_3 z_i + \delta Cognition_i^P + \gamma x_i + Province_i + Survey\_year_i + \varepsilon_i \quad (3)$$

其中 z_i 表示对孩子 i 的父母投资。因此，交互项 $SES_i * z_i$ 表示社会经济地位高和社会经济地位低的父母在父母投资产出上的差异，即育儿效率的差异。为了简化估计，我们计算了父亲和母亲的 SES_i 的单一指标。如果父亲/母亲属于高收入和高学历类别，该指标等于1，否则等于0①。表5呈现了研究结果。有趣的是，所有的交互项都不显著，这意味着父母对子女的投资产出（育儿效率）对儿童认知结果的影响不会随着父母社会经济地位的不同而不同。结合上述第一个机制的结果，这一发现表明，不同社会经济地位的父母对其子女的影响只通过投资数量（水平效应）而非生产力（效率效应）产生影响。

表5　父母社会经济地位对育儿生产力影响的OLS估计结果

自变量	因变量	
	（1） 语言测试	（2） 数学测试
父母社会经济地位		
母亲高社会经济地位＊父母陪伴	0.004 （0.029）	0.007 （0.023）
父亲高社会经济地位＊父母陪伴	−0.017 （0.026）	−0.029 （0.024）
母亲高社会经济地位＊教育支出	0.007 （0.019）	0.015 （0.014）
父亲高社会经济地位＊教育支出	−0.009 （0.017）	−0.010 （0.015）
母亲高社会经济地位＊课外班	−0.029 （0.062）	0.003 （0.059）
父亲高社会经济地位＊课外班	0.014 （0.058）	−0.056 （0.061）
父母认知能力	是	是
控制变量	是	是
观测值	4509	4487

① 如果我们使用父亲/母亲收入或教育程度构建的四个虚拟变量进行检验，结果与基线分析一致。

续 表

自变量	因变量	
	(1) 语言测试	(2) 数学测试
R^2	0. 392	0. 507

注：括号内为访员层面聚类标准误。语言和数学考试成绩分别进行了标准化。控制变量包括：(1) 父亲高社会经济地位、母亲高社会经济地位、父母陪伴、教育支出、课外班；(2) 孩子的信息，即性别、年龄、年龄的平方、户口（不包括第 3 列至第 6 列）、民族、体重、身高、教育程度和是否为独生子女；(3) 家庭和父母信息，即父亲和母亲的语言测试分数、数学测试分数、年龄、职业虚拟变量和家庭规模；(4) 省份虚拟变量和调查年份虚拟变量。

4. 3. 3 信念和期望

最后，我们研究了信念和期望机制。已有研究表明，父母对教育价值的认可程度（Foley et al. , 2014；Jacob and Linkow, 2011；Kottelenberg and Lehrer, 2019）以及父母对子女的期望（Favara, 2017；Murayama et al. , 2016；Yamamoto and Holloway, 2010）均会影响子女的人力资本结果和学校表现。不同社会经济地位的家长对教育重要性的认可程度可能不同，对子女的教育期望也不同。不同社会经济地位家庭的子女对自己的教育期望也可能不同。因此，在本节中，我们研究以下问题：就家长而言，我们研究了不同社会经济地位的家长就子女教育对未来成就重要性是否有不同的看法，以及他们如何看待努力在成就中的作用；我们还研究了他们是否对子女的教育抱有不同的期望。就子女而言，我们研究了不同社会经济地位家庭的子女对自我的教育期望是否不同。

表 6 展示了研究发现。结果显示受教育程度较高的母亲更重视教育对成就取得的重要性以及努力对成就的作用。表 7 表明，受教育程度较高的父亲和母亲对子女的教育期望明显更高。此外，父母受教育程度较高，子女对自我的教育程度也抱有更高的期望。

表 6　　父母社会经济地位对父母信念影响的 OLS 估计结果

自变量	因变量	
	(1) 子女教育的重要性	(2) 子女努力的重要性
父母社会经济地位		
母亲高教育水平	0. 276* (0. 142)	0. 433*** (0. 153)

续　表

自变量	因变量	
	(1) 子女教育的重要性	(2) 子女努力的重要性
父亲高教育水平	-0.038 (0.130)	-0.033 (0.146)
母亲高收入	-0.218 (0.152)	-0.172 (0.167)
父亲高收入	0.153 (0.155)	0.102 (0.166)
父母认知能力	是	是
控制变量	是	是
观测值	1230	1226
R^2	0.108	0.078

注：括号内为访员层面聚类标准误。语言和数学测试分数分别进行了标准化。控制变量包括：（1）孩子的信息，即性别、年龄、年龄的平方、户口、民族、体重、身高、教育程度和是否为独生子女；（2）家庭和父母的信息，即父亲和母亲的语言测试分数、数学测试分数、年龄、职业虚拟变量和家庭规模；（3）省份虚拟变量和调查年份虚拟变量。* 表示 p<0.1，*** 表示 p<0.01。

表 7　　　　父母社会经济地位对教育期望影响的 OLS 估计结果

自变量	因变量	
	(1) 父母对子女的教育期望	(2) 子女自我教育期望
父母社会经济地位		
母亲高教育水平	0.085* (0.045)	0.253*** (0.050)
父亲尬拍教育水平	0.207*** (0.041)	0.189*** (0.049)
母亲高收入	0.041 (0.059)	-0.036 (0.053)
父亲高收入	0.026 (0.046)	0.013 (0.048)
父母认知能力	是	是
控制变量	是	是

续 表

自变量	因变量	
	(1) 父母对子女的教育期望	(2) 子女自我教育期望
观测值	3936	4800
R^2	0.106	0.141

注：括号内为访员层面聚类标准误。语言和数学测试分数分别进行了标准化。控制变量包括：(1) 孩子的信息，即性别、年龄、年龄的平方、户口、民族、体重、身高、教育程度和是否为独生子女；(2) 家庭和父母的信息，即父亲和母亲的语言测试分数、数学测试分数、年龄、职业虚拟变量和家庭规模；(3) 省份虚拟变量和调查年份虚拟变量。* $p<0.1$；*** $p<0.01$。

4.3.4 城乡差距

鉴于中国城乡之间的发展差距，我们进一步将将样本分为农村样本和城市样本，研究父母社会经济地位的影响在两个地区之间可能存在的不同。表 8 显示了城乡之间的异质性影响。有趣的是，父母教育程度的影响在农村地区更为突出。具体来说，在农村地区，父母的教育水平较高，子女更有可能在语言和数学测试中获得较高分数。而在城市地区，只有母亲的教育程度对孩子的语言测试得分有积极影响。一个可能的解释是，中国农村地区的公共教育不如城市地区发达，因此，农村地区儿童的认知发展更可能依赖于家庭背景。另一个潜在原因是，与城市地区相比，农村地区与教育相关信息也更有限。但是农村地区有更高教育水平的父母可能更容易通过互联网或其他渠道获得有效的教育信息或育儿知识。这种差异会进一步扩大农村地区高、低学历父母之间的差距，而在城市地区，信息的传播更为广泛，不同社会经济地位的父母在获取教育和育儿知识方面可能不会有太大的差异。

在收入方面，农村地区父亲的收入对其子女的语言和数学能力有积极影响，但在城市地区则有消极影响。这表明农村地区的收入效应更为重要，因为父亲收入较高的家庭面临的财务限制较少。然而，在城市地区，替代效应似乎更为重要，为了工作和赚更多的钱，父亲可能会面临时间限制，从而影响他们陪伴孩子的能力。① 这一结果与 Han 和 Fox（2011）的研究发现一致，他们发现上夜班的父母的子女阅读和数学能力较低。研究结果也与在中国背景下关于父母迁移和留守儿童的相关研究发现启示意义相同（Liu et al.，2021）。

---

① 与这一论点一致，我们发现在城市地区，高收入父母陪伴子女的时间较少，尽管在统计上并不显著；而在农村地区，低收入和高收入父母陪伴子女的时间差异很小。这些结果没有报告，但可应要求提供。

表 8　父母社会经济地位对子女认知能力影响的 OLS 估计结果：分城乡

自变量	农村		城市	
	因变量			
	（1） 语言测试	（2） 数学测试	（3） 语言测试	（4） 数学测试
父母社会经济地位				
母亲高教育水平	0.066**	0.132***	0.137**	0.028
	（0.030）	（0.030）	（0.070）	（0.065）
父亲高教育水平	0.076**	0.066**	0.067	0.124
	（0.033）	（0.031）	（0.059）	（0.080）
母亲高收入	−0.003	0.012	−0.002	−0.026
	（0.033）	（0.032）	（0.058）	（0.063）
父亲高收入	0.045	0.029	−0.032	−0.106**
	（0.028）	（0.030）	（0.050）	（0.051）
母亲的语言测试	0.129***	0.098***	0.114***	0.154***
	（0.022）	（0.021）	（0.037）	（0.042）
母亲的数学测试	0.013	0.058***	0.022	0.056**
	（0.020）	（0.016）	（0.022）	（0.025）
父亲的语言测试	0.151***	0.097***	0.119***	0.074*
	（0.030）	（0.028）	（0.034）	（0.043）
父亲的数学测试	−0.012	0.028*	−0.004	0.022
	（0.016）	（0.016）	（0.022）	（0.023）
控制变量	是	是	是	是
观测值	3583	3561	1008	1008
R^2	0.359	0.476	0.426	0.548

注：括号内为访员层面聚类标准误。语言和数学测试分数分别进行了标准化。控制变量包括：（1）孩子的信息，即性别、年龄、年龄的平方、户口、民族、体重、身高、教育程度和是否为独生子女；（2）家庭和父母的信息，即父亲和母亲的年龄、职业虚拟变量和家庭规模；（3）省份虚拟变量和调查年份虚拟变量。* 表示 $p<0.1$；** $p<0.05$；*** 表示 $p<0.01$。

5　稳健性检验

5.1　衡量社会经济地位的其他方法

在基线分析上，我们分别使用父亲和母亲的收入和教育水平来衡量社会经济地位。

为了进行稳健性检验，我们采用了另外两种方法来构建社会经济地位指标。首先，我们把父母收入或教育水平合并起来，构建高收入家庭和低收入家庭以及高教育程度家庭和低教育程度家庭作为社会经济地位的两个虚拟变量。例如，如果父母双方都属于高收入组，则家庭收入属于高社会经济地位组（收入标准）；如果父母双方都属于高教育程度组，则家庭教育程度属于高社会经济地位组（教育标准）。因此，我们在稳健性检验中只使用了两个虚拟变量，而不是基线分析中的四个虚拟变量。其次，我们使用收入（精确到对数形式）和教育（受教育年限）的连续变量替换基线中的虚拟变量。

结果见表9和表10。从表中可以看出，结果与基线分析基本一致。也就是说，只有父母的教育水平会影响子女的认知能力。

表9　　　　稳健性检验：父母社会经济地位合并

自变量	因变量	
	(1) 语言测试	(2) 数学测试
父母社会经济地位		
父母高教育水平	0.117***	0.132***
	(0.028)	(0.030)
父母高收入	0.014	−0.032
	(0.030)	(0.028)
父母认知能力测试	是	是
控制变量	是	是
观测值	4591	4569
R^2	0.386	0.496

注：括号内为访员层面聚类标准误。语言和数学测试分数分别进行了标准化。控制变量包括：（1）孩子的信息，即性别、年龄、年龄的平方、户口、民族、体重、身高、教育程度和是否为独生子女；（2）家庭和父母的信息，即父亲和母亲的语言测试分数、数学测试分数、年龄、职业虚拟变量和家庭规模；（3）省份虚拟变量和调查年份虚拟变量。*** $p<0.01$。

表10　　　　稳健性检验：连续变量作为社会经济地位的衡量指标

自变量	因变量	
	(1) 语言测试	(2) 数学测试
父母社会经济地位		

续 表

自变量	因变量	
	(1) 语言测试	(2) 数学测试
母亲的受教育年限	0.010**	0.009**
	(0.004)	(0.004)
父亲的受教育年限	0.021***	0.020***
	(0.004)	(0.004)
母亲的收入（对数化）	-0.003	0.001
	(0.003)	(0.003)
父亲的收入（对数化）	0.003	-0.002
	(0.003)	(0.004)
父母认知能力测试	是	是
控制变量	是	是
观测值	4591	4569
R^2	0.393	0.500

注：括号里为访员层面聚类标准误；父母社会经济地位通过父母的受教育年限和收入的对数进行测量；语言和数学测试分数分别进行了标准化。控制变量包括：（1）孩子的信息，即性别、年龄、年龄的平方、户口、民族、体重、身高、教育程度和是否为独生子女；（2）家庭和父母的信息，即父亲和母亲的语言测试分数、数学测试分数、年龄、人均家庭收入和家庭规模；（3）省份虚拟变量和调查年份虚拟变量。** $p<0.05$；*** $p<0.01$。

5.2 控制有关父母对财富态度的这一潜在遗漏变量

父母对财富的态度可能会影响他们追求更高社会经济地位的努力，并可能同时影响子女的认知结果。如果遗漏这个控制变量，可能会导致内生性问题。问卷通过三个具体问题记录了父母对财富的态度，即询问他们对财富的价值观、对财富反映个人成就这一说法的认同程度以及对努力工作会得到回报这一说法的认同程度。因此，我们可以通过进一步控制这些变量来检验研究结果的稳健性。如表 11 所示，当考虑到父母对财富的态度时，主要研究结果保持不变。

此外，父母的非认知技能也可能是被遗漏的变量，因为它们可能影响到孩子的认知发展。作为稳健性检验，我们对父亲和母亲的非认知能力进行了控制，结果相似。由于篇幅原因，我们没有把结果列出来。

表 11　　稳健性检验：控制父母的财富价值观

自变量	因变量	
	（1） 语言测试	（2） 数学测试
父母社会经济地位		
母亲高教育水平	0.064**	0.110***
	（0.027）	（0.029）
父亲高教育水平	0.087***	0.069**
	（0.030）	（0.029）
母亲高收入	0.002	0.016
	（0.031）	（0.030）
父亲高收入	0.020	-0.016
	（0.024）	（0.026）
父母财富价值观	是	是
父母认知能力测试	是	是
控制变量	是	是
观测值	4280	4258
R^2	0.384	0.506

注：括号内为访员层面聚类标准误。语言和数学测试分数分别进行了标准化。控制变量包括：（1）孩子的信息，即性别、年龄、年龄的平方、户口、民族、体重、身高、教育程度和是否为独生子女；（2）家庭和父母的信息，即父亲和母亲的语言测试分数、数学测试分数、年龄、职业虚拟变量和家庭规模；（3）省份虚拟变量和调查年份虚拟变量。** 表示 $p<0.05$；*** 表示 $p<0.01$。

5.3　对公共福利和公共政策的控制

作为最后一项稳健性检验，我们考虑了公共福利和公共政策。由于我们有三轮调查，最长时间间隔为八年，因此样本中的父母可能经历过不同的公共政策，这些公共政策可能是影响父母社会经济地位作用于子女认知结果的混淆因素。例如，受义务教育法影响的这一代父母很可能从这项政策中受益，这些积极影响也可能影响他们子女的教育结果。

我们考虑了三个被证明对认知能力有显著促进作用的公共福利和政策因素（Cheng et al.，2018；Cui et al.，2019）：父母参与公共医疗保险和公共养老金，以及 1986 年的义务教育法。表 12 的结果显示，控制这些因素并不会改变主要结果，这进一步证实了我们研究结果的稳健性。

表 12　　稳健性检验：控制公共福利和公共政策

自变量	因变量			
	（1） 语言测试	（2） 数学测试	（3） 语言测试	（4） 数学测试
父母社会经济地位				
母亲高教育水平	0.075***	0.114***	0.076***	0.115***
	（0.027）	（0.028）	（0.027）	（0.028）
父亲高教育水平	0.075**	0.076***	0.078***	0.077***
	（0.030）	（0.029）	（0.030）	（0.029）
母亲高收入	0.005	0.009	0.001	0.008
	（0.030）	（0.029）	（0.030）	（0.029）
父亲高收入	0.031	-0.010	0.031	-0.010
	（0.025）	（0.025）	（0.025）	（0.025）
父亲有公共健康保险	是	是		
母亲有公共健康保险	是	是		
父亲有公共养老金	是	是		
母亲有公共养老金	是	是		
父亲受义务教育影响			是	是
母亲受义务教育影响			是	是
父母认知能力测试	是	是	是	是
控制变量	是	是	是	是
观测值	4591	4569	4591	4569
R^2	0.387	0.498	0.388	0.498

注：括号内为访员层面聚类标准误。语言和数学测试分数分别进行了标准化。控制变量包括：（1）孩子的信息，即性别、年龄、年龄的平方、户口、民族、体重、身高、教育程度和是否为独生子女；（2）家庭和父母的信息，即父亲和母亲的语言测试分数、数学测试分数、年龄、职业虚拟变量和家庭规模；（3）省份虚拟变量和调查年份虚拟变量。** $p<0.05$；*** $p<0.01$。

6　结论

近年来，中国社会各方面的不平等现象依然严重。不平等对下一代的认知发展有何影响？本文利用三轮具有全国代表性的 CFPS 数据（2010 年、2014 年和 2018 年），首次对中国父母的社会经济地位和子女认知技能之间的关系进行了全面考察。我们将父母认知技能作为遗传的代理变量，并在同一框架内考察了各种新的机制，从而拓展了已有研究。在控制了由认知能力的代际传递导致的潜在内生性问题后，我们的研究发现父母的教育水平而非收入水平与子女的认知能力呈正相关。主要机制如下：高社会经济地位的父母（特别是受过较高教育的父母）在时间和物质方面对子女的投资更多，他们更认可子女教育对未来能取得的成就的影响，更看重努力对成功的意义，并对子女抱有更高的教育期望。此外，高社会经济地位的子女对自我的教育期望也更高。也就是说，高社会经济地位家庭与低社会经济地位家庭相比，在人力资本的价值和教育投资方面都表现出不同的信念。令人惊讶的是，与已有文献不同的是，我们没有发现低社会经济地位家庭和高社会经济地位家庭在育儿效率方面存在显著差异，这表明在中国目前的发展阶段，育儿投入数量比质量对儿童发展更为重要。最后，异质性分析表明，社会经济地位效应在农村地区比城市地区更为突出，这证实了欠发达地区在教育资源上的制约。

本文的研究结果有助于更好地理解中国儿童认知发展的不平等模式，并为制定有效的公共政策以减少社会和经济不平等提供了实证证据。我们的研究得出的政策启示之一是，父母的教育对于减少代际不平等，克服代际贫困陷阱极为重要。另一个教训是，发展人力资本至关重要，尤其是现阶段的中国农村，因为信息等教育资源比城市地区更为有限。

由于数据的可获得性，我们的研究只关注 10~15 岁的儿童。由于儿童的认知能力是在早期形成和发展的（Cunha and Heckman，2007），未来的研究可以侧重于年龄较小的儿童，以全面了解社会经济地位对不同年龄段儿童认知能力的影响。此外，虽然我们主要关注儿童的认知能力，但事实证明，单一技能不足以预测人生成就（Almlund et al.，2011；Heckman and Kautz，2013）。进一步的研究可以扩展到对儿童非认知能力、学业成就和长期劳动力市场表现的影响。

资金来源：

本研究得到了国家自然科学基金（批准号 72273014）、教育部人文社会科学基金（批准号 22YJA790070）、人的发展经济学研究中心项目、中央高校基本科研业务费、中国人民大学研究基金（批准号 21XNLG03）以及“中国收入分配主题研究项目“ 的支持。

参考资料

［1］ Aiyagari，S. R.，Greenwood，J.，& Seshadri，A，2002. Efficient investment in children. *Journal of economic theory*，102（2），290-321.

[2] Almlund, M. , Duckworth, A. L. , Heckman, J. , & Kautz, T. , 2011. Personality psychology and economics. In*Handbook of the Economics of Education* (Vol. 4, pp. 1−181). Elsevier.

[3] Alwin, D. F. , & Thornton, A. , 1984. Family Origins and the Schooling Process: Early Versus Late Influence of Parental Characteristics, *American Sociological Review*, 49: 794−802.

[4] Anger, S. , & Heineck, G. , 2010. Do Smart Parents Raise Smart Children? The Intergenerational Transmission of Cognitive Abilities. *Journal of Population Economics*, 23 (3), 1105−1132.

[5] Becker, G. S. , 1981. A Treatise on the Family, Cambridge, MA: Harvard University Press.

[6] Becker, G. S. , & Tomes, N. , 1986. Human Capital and the Rise and Fall of Families, *Journal of Labor Economics*, 4, S1−S39.

[7] Behrman, J. R. , & Rosenzweig, M. R. , 2002. Does increasing women's schooling raise the schooling of the next generation? . *American economic review*, 92 (1), 323−334.

[8] Bénabou, R. , & Tirole, J, 2016. Mindful Economics: The Production Consumption, and Value of Beliefs. *Journal of Economic Perspectives*, 30 (3), 141−164.

[9] Bingley, P. , Christensen, K. , & Jensen, V. M. (2009). Parental schooling and child development: Learning from twin parents. The Danish National Centre for Social Research Working Paper, 7, 2009.

[10] Björklund, A. , Lindahl, M. , & Plug, E. , 2006. The origins of intergenerational associations: Lessons from Swedish adoption data. *The Quarterly Journal of Economics*, 121 (3), 999−1028.

[11] Black, S. E. , & Devereux, P. J. , 2011. Recent Developments in Intergenerational Mobility. *Handbook of Labor Economics*, 4, 1487−1541.

[12] Black, S. E. , Devereux, P. J. , & Salvanes, K. G. , 2009. Like Father, Like Son? A Note on the Intergenerational Transmission of IQ Scores. *Economics Letters*, 105 (1), 138−140.

[13] Black, S. E. , Devereux, P. J. , & Salvanes, K. G. , 2005. Why the apple doesn't fall far: Understanding intergenerational transmission of human capital. *American economic review*, 95 (1), 437−449.

[14] Bradley, R. H. , & Corwyn, R. F. , 2002. Socioeconomic status and child development. *Annual review of psychology*, 53 (1), 371−399.

[15] Carneiro, P., & Heckman, J. J., 2002. The evidence on credit constraints in post-secondary schooling. *The Economic Journal*, 112 (482), 705-734.

[16] Carneiro, P., Meghir, C., & Parey, M., 2013. Maternal education, home environments, and the development of children and adolescents. *Journal of the European Economic Association*, 11 (suppl_1), 123-160.

[17] Cheng, L., Liu, H., Zhang, Y., & Zhao, Z., 2018. The health implications of social pensions: Evidencefrom China's new rural pension scheme. *Journal of Comparative Economics*, 46 (1), 53-77.

[18] Conger, R. D., & Dogan, S. J., 2007. Social Class and Socialization in Families. In J. E. Grusec & P. D. Hastings (Eds.), *Handbook of socialization: Theory and research.* (pp. 433-460). The Guilford Press.

[19] Conger, R. D., & Donnellan, M. B., 2007. An interactionist perspective on the socioeconomic context of human development. *Annual Review of Psychology*, 58, 175-199.

[20] Contoyannis, P., & Li, J., 2011. The Evolution of Health Outcomes from Childhood to Adolescence, *Journal of Health Economics*, 30, 11-32.

[21] Cui, Y., Liu, H., & Zhao, L., 2019. Mother's education and child development: Evidence from the compulsory school reform in China. *Journal of Comparative Economics*, 47 (3), 669-692.

[22] Cunha, F., & Heckman, J., 2007. The Technology of Skill Formation. *American Economic Review*, 97 (2), 31-47.

[23] Cunha, F., & Heckman, J. J. (2008). Formulating, identifying and estimating the technology of cognitive and noncognitive skill formation. *Journal of human resources*, 43 (4), 738-782.

[24] Currie, J., & Thomas, D., 2001. Early Test Scores, Socioeconomic Status, School Quality and Future Outcomes. *Research in Labor Economics*, 20: 103-132.

[25] Currie, J., & Almond, D. (2011). Human capital development before age five. In Handbook of labor economics (Vol. 4, pp. 1315-1486). Elsevier.

[26] Dahl, G. B., & Lochner, L., 2012. The Impact of Family Income on Child Achievement: Evidence from the Earned Income Tax Credit. *American Economic Review*, 102, pp. 1927-1956.

[27] Doepke, M., Sorrenti, G., & Zilibotti, F., 2019. The Economics of Parenting, *Annual Review of Economics*, 11: 55-84.

[28] Duncan, G. J., Yeung, W. J., Brooks-Gunn, J., & Smith, J. R., 1998. How much

does childhood poverty affect the life chances of children? . *American sociological review*, 406-423.

[29] Duncan, G. J., & Magnuson, K. A., 2005. Can Family Socioeconomic Resources Account for Racial and Ethnic Test Score Gaps? *The Future of Children*, 15 (1): 35-54.

[30] Ermisch, J., 2008. Origins of Social Immobility and Inequality: Parenting and Early Child Development. *National Institute Economic Review*, 205, 62-71.

[31] Evans, W. N., & Garthwaite, C. L., 2014. Giving mom a break: The impact of higher EITC payments on maternal health. *American Economic Journal: Economic Policy*, 6 (2), 258-90.

[32] Falk, A., Kosse, F., Pinger, P., Schildberg-Hörisch, H., & Deckers, T., 2021. Socioeconomic status and inequalities in children's IQ and economic preferences. *Journal of Political Economy*, 129 (9), 2504-2545.

[33] Favara, M., 2017. Do dreams come true? Aspirations and educational attainments of Ethiopian boys and girls. *Journal of African Economies*, 26 (5), 561-583.

[34] Fletcher J. M., & Wolfe, B., 2016. The Importance of Family Income in the Formation and Evolution of Non-Cognitive Skills in Childhood, *Economics of Education Review*, 54: 143-154.

[35] Foley, K., Gallipoli, G., & Green, D. A., 2014. Ability, parental valuation of education, and the high school dropout decision. *Journal of Human Resources*, 49 (4), 906-944.

[36] Han, W. J., & Fox, L. E., 2011. Parental work schedules and children's cognitive trajectories. *Journal of Marriage and Family*, 73 (5), 962-980.

[37] Hart, B., & Risley, T. R., 1995. Meaningful differences in the everyday experience of young American children. Paul H Brookes Publishing.

[38] Hernandez-Alava, M., & Popli, G., 2017. Children's Development and Parental Input: Evidence from the UK Millennium Cohort Study. *Demography*, 54 (2), 485-511.

[39] Heckman, J. J., 2006. Skill formation and the economics of investing in disadvantaged children. *Science*, 312 (5782), 1900-1902.

[40] Heckman, J. J., 2007. The economics, technology, and neuroscience of human capability formation. *Proceedings of the national Academy of Sciences*, 104 (33), 13250-13255.

[41] Heckman J. J., & Rubinstein Y., 2001. The Importance of Noncognitive Skills: Lessons from the GED Testing Program, *American Economic Review*, 91 (2): 145-149.

[42] Heckman, J. J. , Stixrud, J. , & Sergio Urzua, S. , 2006. The Effects of Cognitive and Noncognitive Abilities on Labor Market Outcomes and Social Behavior, *Journal of Labor Economics*, 24, 411-482.

[43] Heckman, J. J. , & Kautz, T. , 2013. Fostering and Measuring Skills: Interventions that Improve Character and Cognition. *NBER Working Paper*, (w19656).

[44] Heckman, J. J. , & Mosso, S. , 2014. The Economics of Human Development and Social Mobility. *Annual review of economics*, 6, 689-733.

[45] Hoff, E. , 2003. The specificity of environmental influence: Socioeconomic status affects early vocabulary development via maternal speech. *Child development*, 74 (5), 1368-1378.

[46] Holmlund, H. , Lindahl, M. , & Plug, E. , 2011. The causal effect of parents' schooling on children's schooling: a comparison of estimation methods. *Journal of Economic Literature*, 49 (3), 615-651.

[47] Huttenlocher, J. , Waterfall, H. , Vasilyeva, M. , Vevea, J. , & Hedges, L. V. , 2010. Sources of variability in children's language growth. *Cognitive psychology*, 61 (4), 343-365.

[48] Imbens, G. W. , & Angrist, J. D. , 1994. Identification and Estimation of Local Average Treatment Effects. *Econometrica*, 62 (2), 467-475.

[49] Jacob, B. A. , & Linkow, T. W. , 2011. Educational Expectations and Attainment. In*Whither Opportunity?: Rising Inequality, Schools, and Children's Life Chances*, 133.

[50] Khanam R. , & Nghiem, S. , 2016. Family Income and Child Cognitive and Non-Cognitive Development in Australia: Does Money Matter? *Demography*, 53 (3): 597-621.

[51] Kottelenberg, M. J. , & Lehrer, S. F. , 2019. How skills and parental valuation of education influence human capital acquisition and early labor market return to human capital in Canada. *Journal of Labor Economics*, 37 (S2), S735-S778.

[52] Leight, J. , & Liu, E. M. , 2020. Maternal Education, Parental Investment, and Noncognitive Characteristics in Rural China. *Economic Development and Cultural Change*, 69 (1), 213-251.

[53] List, J. A. , Pernaudet, J. , & Suskind, D. L. , 2021. Shifting Parental Beliefs about Child Development to Foster Parental Investments and Improve School Readiness Outcomes. *Nature Communication* 12, 5765.

[54] Liu, H. , Chang, F. , Corn, H. , Zhang, Y. , & Shi, Y. , 2021. The impact of paren-

tal migration on non-cognitive abilities of left behind children in northwestern China. *Journal of Asian Economics*, 72, 101261.

[55] Liu, T., Zhang, X., & Jiang, Y., 2020. Family socioeconomic status and the cognitive competence of very young children from migrant and non-migrant Chinese families: The mediating role of parenting self-efficacy and parental involvement. *Early Childhood Research Quarterly*, 51, 229-241.

[56] Løken, K. V., 2010. Family Income and Children's Education: Using the Norwegian Oil Boom as a Natural Experiment, *Labor Economics* 17 (1): 118-29.

[57] Lundborg, P., Nilsson, A., & Rooth, D. O., 2014. Parental education and offspring outcomes: evidence from the Swedish compulsory School Reform. *American Economic Journal: Applied Economics*, 6 (1), 253-78.

[58] Mayer, S. E., 1997. *What money can't buy: Family income and children's life chances*. Cambridge and London: Harvard University Press.

[59] McLoyd, V. C., 1990. The Impact of Economic Hardship on Black Families and Children: Psychological Distress, Parenting and Socioemotional Development, *Child Development*, 61 (2): 311-46.

[60] Milligan, K., & Stabile, M., 2011. Do Child Tax Benefits Affect the Well-Being of Children? Evidence from Canadian Child Benefit Expansions, *American Economic Journal: Economic Policy*, 3 (3): 175-205.

[61] Murayama, K., Pekrun, R., Suzuki, M., Marsh, H. W., & Lichtenfeld, S., 2016. Don't aim too high for your kids: Parental overaspiration undermines students' learning in mathematics. *Journal of Personality and Social Psychology*, 111 (5), 766.

[62] Parker, F. L., Boak, A. Y., Griffin, K. W., Ripple, C., & Peay, L., 1999. Parent-child relationship, home learning environment, and school readiness. *School Psychology Review*, 28 (3), 413-425.

[63] Pebley, A. R., & Sastry, N., 2004. Neighborhoods, Poverty, and Children's Well-being. In K. M. Neckerman (Ed.), Social inequality (pp. 119-145). New York, NY: Russell Sage Foundation.

[64] Phillipson, S., & Phillipson, S. N., 2017. Generalizability in the mediation effects of parental expectations on children's cognitive ability and self-concept. *Journal of Child and Family Studies*, 26 (12), 3388-3400.

[65] Plomin, R., Owen, M. J., & Mcguffin, P., 1994. The Genetic Basis of Complex Human Behaviors. *Science*, 264 (5166), 1733-1739.

[66] Plug, E. (2004). Estimating the effect of mother's schooling on children's schooling using a sample of adoptees. American Economic Review, 94 (1), 358-368.

[67] Putnam, R. D., 2016. *Our kids: The American dream in crisis*. Simon and Schuster.

[68] Reynolds, A. J., Temple, J. A., & Ou, S. R., 2010. Preschool education, educational attainment, and crime prevention: Contributions of cognitive and non-cognitive skills. *Children and Youth Services Review*, 32 (8), 1054-1063.

[69] Shi, X., 2022. Inequality of Opportunity in Earnings in Rural China. *Journal of Asian Economics*, 101498.

[70] Smith, J. R., & Brooks-Gunn, J., 1997. Correlates and Consequences of Harsh Discipline for Young Children, *Archives of Pediatrics and Adolescent Medicine*, 151, 777-786.

[71] Solon, G., 1999. Intergenerational mobility in the labor market. In *Handbook of labor economics* (Vol. 3, pp. 1761-1800). Elsevier.

[72] Sutin, A. R., Luchetti, M., Stephan, Y., Robins, R. W., & Terracciano, A., 2017. Parental educational attainment and adult offspring personality: An intergenerational life span approach to the origin of adult personality traits. *Journal of personality and social psychology*, 113 (1), 144.

[73] Wang, W., Dong, Y., Liu, X., Bai, Y., & Zhang, L., 2020. The effect of parents' education on the academic and non-cognitive outcomes of their children: Evidence from China. *Children and Youth Services Review*, 117, 105307.

[74] Williams, E., & Garthwaite, C., 2010. Giving Mom a Break: The Impact of Higher EITC Payments on Maternal Health. National Bureau of Economic Research Working Paper 16296.

[75] Xie, Y., 2012. The User's Guide of the China Family Panel Studies (2010). Beijing: Institute of Social Science Survey, Peking University.

[76] Xie Y., & Zhou, X., 2014. Income inequality in today's China, *Proceedings of the National Academy of Sciences*, 111 (19): 6928.

[77] Xu, H., & Xie, Y., 2015. The causal effects of rural-to-urban migration on children's well-being in China. *European sociological review*, 31 (4), 502-519.

[78] Yamamoto, Y., & Holloway, S. D., 2010. Parental expectations and children's academic performance in sociocultural context. *Educational Psychology Review*, 22 (3), 189-214.

[79] Yamauchi, C., 2010. Parental Investment in Children: Deferential Pathways of Parental

Education and Mental Health, *Economic Record*, 86, 210-226.

[80] Yeung, W. J., Linver, M. R., & Brooks-Gunn, J., 2002. How Money Matters for Young Children's Development: Parental Investment and Family Processes, *Child Development*, 73, 1861-1879.

[81] Zhang, Y., 2021. The role of socioeconomic status and parental investment in adolescent outcomes. *Children and Youth Services Review*, 129, 106186.

[82] Zhong, J., Gao, J., Wang, T., He, Y., Liu, C., & Luo, R., 2020. Interrelationships of parental belief, parental investments, and child development: A cross-sectional study in rural China. *Children and Youth Services Review*, 118, 105423.

[83] Zhou, L., Jiang, B., & Wang, J., 2020. Do cash transfers have impacts on student Academic, cognitive, and enrollment outcomes? Evidence from rural China. *Children and Youth Services Review*, 116, 105158.

本文于2023年2月发表于《亚洲经济学杂志》(《*Journal of Asian Economics*》, 84, 101579)

中国儿童多维贫困的分析与启示——基于 CFPS 的实证研究

河海大学公共管理学院　亓　迪

摘　要： 儿童是生命的起始阶段，物质与社会资源匮乏严重影响儿童身心发展，阻碍儿童和社会人力资本的积累，而投资儿童的发展是消除贫困、打破贫困代际传递的重要途径，也是实现社会公平与正义的重要手段。本项目使用了 CFPS 数据对我国儿童贫困的程度、范围、分布等问题进行了系统分析论证，并对比分析了多维度贫困测量方法与传统的收入测量方法在我国儿童贫困识别结果上的异同。结果显示收入贫困线下农村与城市儿童贫困发生率较为接近，没有显著差别，而多维测度方法测度下发现差异明显。突出表现为农村儿童营养不良比例较高、发育迟滞现象严重、缺乏父母或成人照料看护的儿童比例偏高、获得社会保障的水平不足、早期教育有待提高等问题。项目研究表明通过家庭收入的现金转移支付办法无法有效保障儿童发展，儿童贫困难题的解决需要多层次综合型保障。项目的实证测量方法也具有一定启示意义，回应儿童多维贫困问题从识别方法上需要注重多元识别，引入儿童发展的多维度面向识别指标，才能从根源上识别好、解决好儿童的贫困和发展问题。

关键词： 儿童贫困　多维贫困　多重匮乏

Abstract: Based on China Family and Panel Study Survey (CFPS) conducted in the year of 2014, this paper adopts the income and the multidimensional deprivation approach to empirically analyse the extent and levels of child poverty in China. The results show, there is almost no significant difference in the child income poverty rate between rural and urban areas, whereas the multidimensional poverty rate of rural and urban children has significant disparities as measured using the multidimensional deprivation approach, no matter their performance in the single deprivation indicator or the aggregated deprivation index. The estimated results at the provincial level also indicate that the income approach could not accurately measure the extent and levels of child poverty. The results using the multidimensional poverty measures show that the disparities among children in China existed in a variety of areas including nutritional status, the early educational levels, the extent of care and protection from parents and caregivers, the social protection levelsas well as the access to early education. To achieve the goal of minimizing the gaps between poor and non-poor children and helping poor children out of poverty, the government should consider measuring child poverty using the multidimensional deprivation approach and regularly monitoring the extent and levels of child poverty as well as the progress in child poverty reduction. In addition, a comprehensive strategy of social assistance and security alongside the multiple measurement of child poverty can address poverty and developmental issues faced by children.

Keywords: Child Poverty; Multidimensional Poverty; Multiple Deprivation

1 背景及前言

自 1990 年儿童发展纲要颁布和实施以来，我国儿童的生存、发展和受保护的权利得到更多保障，在诸多指标上提前实现了联合国的千年发展目标。《中国实施千年发展目标报告 2000—2015》报告显示，我国 5 岁以下儿童死亡率从 1991 年的 6.1%下降到 2013 年 1.2%，平均每年降幅达 7%。5 岁以下儿童低体重率由 1990 年的 19.1%下降至 2010 年的 3.6%，5 岁以下儿童生长迟缓率由 1990 年的 33.4%下降至 2010 年的 9.9%，下降幅度分别为 81.2%和 70.4%（UN，2015）。但是，各地区经济发展不平衡导致贫困儿童的生存和发展还面临诸多方面的挑战。根据《Children in China: An Atlas of Social Indicators》报告，五岁以下儿童死亡率东西部差距依然较为明显。根据测算，2013 年北京地区 5 岁以下儿童死亡率已经降至 0.4%以下，然而新疆和西藏地区 5 岁以下儿童死亡率依然高达 2.5%（UNICEF，2014）。2015 年，我国出台的《国家贫困地区儿童发展规划纲要》明确提出重点提高集中连片特殊困难地区儿童发展的整体水平。纲要的颁布表明我国各区域儿童发展水平还很不平衡，贫困地区儿童发展的任务依然艰巨。

儿童是生命的起始阶段，物质与社会资源匮乏严重影响儿童身心发展，阻碍儿童和社会人力资本的积累，而投资儿童的发展是消除贫困、打破贫困代际传递的重要途径，也是实现社会公平与正义的重要手段（中国发展研究基金会，2013）。近年来，我国政府将精准扶贫作为一项重要的国家战略，对贫困儿童的关注逐渐增多，相继出台了《中国儿童发展纲要 2011—2020》《国家贫困地区儿童发展规划纲要 2014—2020》《关于加强困境儿童保障工作意见》等政策文件，文件的出台标志着政府的扶贫重心逐渐转移到儿童身上，力图优先解决贫困儿童发展面临的突出问题，最大限度促进儿童的发展潜能。

另外，我国儿童群体规模庞大，截至 2013 年，我国 0~17 岁儿童规模达 2.74 亿人，总人口规模为 13.61 亿人，儿童占总人口比例达 20.13%。儿童比例占总人口的比例超过五分之一（UNICEF，2014）。儿童贫困和发展的问题更加不能忽视，要引起广泛关注。已有研究较少对儿童贫困的程度进行科学严谨的测量。当前乃至今后一段时间，着力促进贫困地区儿童发展进而实现精准扶贫的国家战略，要首先解决贫困地区儿童贫困的程度及规模等基础问题。本研究将聚焦我国儿童多维度贫困的基本状况，对比基于收入方法与多维度方法测算所得儿童贫困率的差异。

2 文献述评

已有研究较多以家庭收入情况判断儿童贫困状况，具体做法是考察家庭收入相较于贫困线的高低甄别贫困的儿童，以此计算贫困儿童的比例（Batana et al.，2013；Evans and Palacios，2015，Watkins and Quattri，2016；Newhouse，et al.，2016）。但基于收入方法识别贫困儿童受到越来越多的质疑（Minujin et al，2005；Roelen et al.，2009；Minujin and Nandy，2012）。第一，儿童的成长与发展是多维度的，儿童需要基础教育、足够营养和适当的照顾，基础需求的满足不仅靠家庭获得经济来源的能力，还需要外部环境和社会服务的完善。如 1995 年哥本哈根宣言中提到，贫困是人类需求严重匮乏的一种情形，包括食物、饮用水、卫生设施、健康、居住条件、教育和信息的匮乏，它不仅仅依赖于收入，而且还依赖于是否有机会获得社会服务（UN，1995）。第二，收入测度方法无法将基本生活处境依然艰难的贫困儿童纳入进来，其识别的效度和精度受到质疑。另外，尤其对于贫困儿童来说，收入方法的基本假定是父母（或家庭）对于收入支配的能力是相同的，但事实情况并非如此。家庭收入支配的能力不尽相同，导致儿童所能获得的基本生活不尽相同。因而，越来越多的研究者转向采用多维度测度的方法对儿童的贫困程度及其生活水平进行直接的分析和测算（Barrientos and DeJong，2006；Boyden，Hardgrove，and Knowles，2012；Chzhen，et al.，2014；De Milliano and Plavgo，2014；de Neubourg et al.，2012；Gordon，et al. 2003；Roelen et al.，2009；Alkire and Roche，2011）。

相较于其他国家儿童贫困领域已有的大量实证分析研究，我国研究者针对儿童贫困程度进行专门测度的研究还较少。虽然个别研究关注儿童贫困问题，也试图测算儿童贫困的规模和程度，但已知的研究尚未采用多维度方法对儿童贫困问题展开系统研究，而是沿用传统的收入视角分析和研究儿童贫困问题（王作宝，2014；张时飞，2009；World Bank，2009）。基于此，本文通过中国家庭跟踪调查 CFPS2014 年的数据，首先通过多维度方法分析农村儿童贫困发生率，再与收入方法测度儿童贫困的结果进行对比，以期填补我国儿童贫困领域实证研究的不足。

3 方法介绍

3.1 维度和指标选取

1989 年，联合国儿童权利公约明确提出儿童享有生存权、发展权、参与权和被保护的权利（UNCRC，1989），贫困儿童是指在营养、水、卫生设施、健康、住房、教育、参与和社会保护等基本生活条件处于匮乏状态下的儿童（UNGA，2006）。基于联合国儿童权利公约对儿童贫困状态的界定，本文将 16 岁以下儿童作为研究对象，选取以上八个维度反映和测算我国儿童贫困的基本情况，包括营养、水、卫生条件、住所、健康、教育、信息和社会保护。每个维度我们又选取了具体的测量指标，请见表 3-1。值得注意的是指标的具体选择受限于数据的已知信息。除此之外，多维度贫困测度的指标还同时考虑了以下几方面的特性：

（1）指标的效度问题。过往多维贫困的研究中，较少对指标的效度进行检验，即所选择的指指标选取需要依据既定原则以外，指标的效度也需要被检验。效度是指构建的测量指标是否能如实反映或准确测算儿童贫困。为了检测每个指标的效度或准确度，本文采用的效度检验方式是准则效度法和结构效度法，即通过贫困的其他指标来检验多维贫困指标的准确性。第四章将呈现效度统计检验的分析结果。

（2）指标的客观性。指标主要用于反映儿童的贫困状况和水平，选取指标需要能够反映儿童生活水平或质量的客观指标而非主观评判指标。

（3）指标的适用性。为测度全国范围内儿童贫困状况，多维度贫困指标应尽可能考虑在全国的适用性和代表性，具有地方特殊性的指标可在国家儿童指标体系基础上相应增加。

（4）指标的时效性。贫困指标反映的是某一段时间内儿童的基本生活水平，未来需要根据国家社会经济的变化情况进行适时的调整。

表 1　　儿童多维度贫困指标的选择及依据

儿童健康	贫困的临界值定义
1. 生病后处理情况	生病（发热、腹泻）后既不找医生看病且家人也不买药赋值为 1
2. 疾病状况	过去一个月生过病赋值为 1
3. 社会或商业医保	现在没有任何社会或商业医保赋值为 1
4. 医院诊所设施	居住地所在区域没有任何医院/卫生院/诊所赋值为 1
儿童营养	

续 表

儿童健康	贫困的临界值定义
5. 低体重	儿童体重低于世界卫生组织公布的对应年龄儿童体重标准的 2 个标准差以下（<2SD）（适用于 10 岁以下儿童）
6. 身高不足	儿童身高低于世界卫生组织公布的对应年龄儿童身高标准的 2 个标准差以下（<2SD）（适用于全体儿童）
儿童照顾与保护	
7. 白天照管情况	白天没有得到以下任何一方的照管，包括托儿所/幼儿园，保姆、孩子的爸爸或妈妈、爷爷或奶奶、外公或外婆则赋值为 1
8. 晚上照管情况	晚上没有得到以下任何一方的照管，包括托儿所/幼儿园，保姆、孩子的爸爸或妈妈、爷爷或奶奶、外公或外婆则赋值为 1
9. 与父亲分离情况	过去 12 个月与父亲几乎没有在一起居住的时间，即一年到头几乎见不到父亲则赋值为 1
10. 与母亲分离情况	过去 12 个月与母亲几乎没有在一起居住的时间，即一年到头几乎见不到母亲则赋值为 1
11. 户口情况	没有户口（指在中国没有落户也没有其他国籍）赋值为 1
儿童教育	
12. 小学初中教育状况	6 岁以上 16 岁以下没有在上学赋值为 1
13 幼儿园教育状况	2 岁以上 6 岁以下没有上幼儿园或托儿所赋值为 1
14. 上学距离	从住地到学校/幼儿园/托儿所的距离大于或等于 5 公里赋值为 1
15. 上学时间	上学/上幼儿园/学前班/托儿所的单程需要花费超过 60 分钟赋值为 1
家庭情况	
16. 安全用水	家庭做饭用水最主要的水源非自来水/桶装水/纯净水/过滤水/井水则赋值为 1
17. 卫生厕所状况	家庭最常用卫生间/厕所的类型非室内冲水厕所/室外冲水厕所/冲水公厕则赋值为 1
18. 做饭燃料	家庭做饭最主要燃料非灌装煤气/液化气/天然气/管道煤气/电则赋值为 1
19. 用电情况	家里通电情况为经常断电或没有通电赋值为 1
20. 住房困难状况	家里有以下住房困难情况赋值为 1，包括 12 岁以上子女与父母同住一室/老少三代同住一室/12 岁以上异姓子女同住一室/有的床晚上架起白天拆掉/客厅里也架起睡觉的床

3.2 测度方法的介绍

多维度重叠匮乏分析法作为儿童贫困的分析工具，不仅计算出儿童单维度和多维度的贫困率（H），还测量了贫困儿童在多个维度上的平均匮乏率（A）以及调整后的儿童贫困率（$M_0=H\times A$）。儿童贫困率（H）反映了儿童贫困的广度或范围，而平均匮乏率（A）则能够反映出儿童贫困程度的加深或减少对整体贫困率的影响，因此调整后的儿童贫困率或贫困指数（M_0）则是兼顾了儿童贫困的广度与深度（de Neubourg et al.，2012a，2012b）。本文应用兼顾儿童贫困程度和深度的计算方法，对单维和多维儿童贫困率进行计算。

首先，儿童在单个维度下的贫困率可以根据下面列出的公式进行计算：

$$H_i = \frac{n_i}{N} \tag{1}$$

其中 n_i 代表在单个维度 i 上面临匮乏的儿童数量（i 的取值范围是 1 到 8），N 为全体儿童数，因此 H_i 也可表达为在维度 i 上的贫困儿童数量百分比。

其次，儿童在八个维度经历贫困的程度不同，部分儿童在其中一个维度中出现了贫困或者困境的状态，部分儿童在其中两个或者更多维度中处于贫困，我们需要设定一个多维度的贫困线，以此为基准计算贫困儿童的比例。本文根据方差分析法（ANOVA）和 Logistic 回归分析法的结果，筛选出合理的贫困分界值 K，用来界定在多维度重叠交叉作用下的贫困儿童，即在 K 个及以上维度处于贫困，则被界定为贫困儿童。具体结果将在第 4.3 节呈现。儿童在多个维度下的贫困率计算公式如下：

$$H = \frac{n_k}{N} \tag{2}$$

其中 n_k 代表在 K 个及以上维度面临匮乏的儿童人数，N 代表全体儿童人数，因此 H 可表达为该定义下的贫困儿童占全体儿童的人口比例。过往的儿童贫困研究较多观察多维儿童贫困发生率，但经历多维贫困的儿童所经历的贫困程度又有所不同，只要被界定的贫困儿童人数（n_k）没有改变，儿童贫困率 H 就不会有变化。但事实情况是，多维贫困的儿童所面临的贫困情况会有所改变，其中部分儿童会面临增加多维贫困程度的风险，例如其中个别维度或指标上由不贫困变为贫困的状态，但整体的多维贫困率并未改变，由此造成仅仅计算多维贫困发生率无法有效甄别儿童贫困程度的加深，使得该贫困率对于儿童贫困程度发生变化的敏感度不够。为此，我们通过引入匮乏程度的计算，来捕捉儿童多维贫困深浅度的变化。具体用 A 表示，计算公式如下：

$$A = \frac{\sum_{i=1}^{n_k} C_{ik}}{n_k \times d} \tag{3}$$

其中 C_{ik} 代表在 K 作为贫困维度临界值时每个贫困儿童 i 面临匮乏的维度数量（取值为 K 到 8），d 代表维度总数（在此研究中为 8 个维度）。因此，当贫困儿童在更多维度面临匮乏（即 C 增加），即使贫困儿童人数没有改变（即 n_k 不变），平均匮乏率也会增加。相反，贫困儿童面临匮乏维度数量减少时，即使贫困儿童人数不变，平均匮乏率（或匮乏程度）也会下降。通过引入匮乏率，我们可以更好地捕捉儿童贫困深度的变化情况。最终，我们会将贫困率与匮乏率进行相乘，得出调整过后的多维贫困率 M_0，计算公式如下：

$$M_0 = H \times A = \frac{n_k}{N} \times \frac{\sum_{i=1}^{n_k} C_{ik}}{n_k \times d} = \frac{\sum_{i=1}^{n_k} C_{ik}}{N \times d} \tag{4}$$

调整后的儿童贫困率 M_0 即为传统的儿童贫困率与平均匮乏率的乘积，它同时考察了贫困儿童的相对比例和贫困儿童面临的匮乏程度。儿童贫困人数的变化或者面临匮乏维度数的变化都有可能影响 M_0。调整后的儿童多维贫困率可以依据地区、家庭或者儿童个体的特征变量属性进行分解，总体的 M_0 可以被分解为若干子样本的 M_0 所构成的加权平均数，并进而计算各组对于整体贫困的贡献率。而此加权平均数的权重即为该子样本的人口比例。这在以省份对总体 M_0 来分解时很有意义，例如某些省份的多维儿童贫困率 M_0 很大，但其人口比例却很少，那么该省的儿童贫困情况对全国儿童贫困率的贡献就相对减小。对总体 M_0 进行分解的数学表达式如下

$$M_0 = \sum_{s=1}^{t} \frac{n_k}{N} M_0(s) \tag{5}$$

4 数据和结果

4.1 数据

本研究采用中国家庭追踪调查 CFPS 数据测算中国农村儿童贫困状况。CFPS 数据是由北京大学中国社会科学调查中心实施收集，通过跟踪调查个人，家庭和社区三个层面的相关数据，旨在为学术研究提供中国经济、社会、人口、教育和健康等相关数据。CFPS 数据是一项全国性、大规模的社会跟踪调查项目，抽样过程中通过多阶段区域层次上的隐含分层抽取入选的样本村/居，在村/居层面上按照随机起点循环等距抽样方式抽取家户样本。CFPS 抽取的样本覆盖 25 个省/市/自治区，人口覆盖中国总人口数的 94.5%，由于覆盖范围比较广泛，同时抽样采用多阶段的分层随机抽样方法，能够保证样本对于研究总体的代表性，保证我们通过样本计算所得儿童贫困率的结果能够推广到全国，或者说我们针对儿童贫困问题的分析具有全国的代表性。

4.2 多维度贫困指标效度检验

表 2 呈现的是多维度贫困指标效度检验的分析结果。本研究采纳两种外在指标测度：家庭收入和儿童自我评价的健康状况。从回归分析的结果可以看出，构建的 20 个多维度指标中，有 14 个指标与家庭收入有显著关联且关联性符合预期假设。例如，在涉及儿童健康的指标中，家庭收入与儿童是否享有社会或商业医疗保险有显著关联，家庭收入越高，儿童没有保险的概率越低；在营养维度中，低体重与身高不足两个指标都与家庭收入有显著关系，且家庭收入越高，儿童越不容易出现低体重或身高不足的问题。教育方面，家庭收入的增加会显著提高儿童接受义务教育和上幼儿园的概率。家庭维度方面的各项指标也均与家庭收入有显著关联。家庭收入的提高会显著改善儿童的基本生存条件，例如减少不干净用水、不洁净厕所和燃料的使用等。

另外，有 4 个指标与儿童自评健康状况有显著关联且关联性符合预期。在照顾维度中，儿童白天或夜晚是否有人照顾这两个指标与儿童对自身的健康评价状况有显著关联。儿童白天没有人照顾，自评健康状况为“差”的概率将会增加至 4.8 倍；儿童晚上没有人照顾，自评健康状况为“差”的概率将会增至 4.9 倍。这说明有人照顾对于儿童的健康评价或自我感受会有较大的影响。然而这两个指标与家庭收入却没有显著关联。这个结果也说明，家庭收入并不能完全决定儿童的生活质量或福祉水平，儿童的福祉水平（或贫困与否）十分有赖于被他人照顾或照料的程度。是否接受义务教育也与自评健康显著相关。儿童没有接受义务教育，其对自己健康状况的评价为“差”的概率增至 4.2 倍。这说明，对儿童来说，教育的重要性不仅体现在积累知识或培养智力，获得教育也能够提高儿童对自我的评价。家庭住房是否有困难也显著影响儿童自我健康评价。家庭住房有困难情况的儿童，自我健康评价为“差”的概率增至 1.37 倍。这反映出住房质量差会显著影响儿童对自我健康状况的评价。

表 2　　多维度贫困指标与外在指标 Logistic 回归效度检验结果

贫困指标/变量	样本量	效度检验系数 1	效度检验系数 2
1. 生病后处理情况	7883	1.08（0.36）	1.25（0.71）
2. 疾病状况	7884	1.01（0.71）	0.93（0.66）
3. 社会或商业医保	7488	0.84（0.00）***	0.80（0.22）
4. 医院诊所设施	7129	0.96（0.15）	0.66（0.14）
5. 低体重	5071	0.79（0.00）***	1.12（0.87）
6. 身高不足	7215	0.76（0.00）***	0.74（0.1）
7. 白天照管情况	7880	0.97（0.35）	4.84（0.00）***

续　表

贫困指标/变量	样本量	效度检验系数 1	效度检验系数 2
8. 晚上照管情况	7879	0.96（0.18）	4.90（0.00）***
9. 与父亲分离情况	7883	0.91（0.00）***	1.37（0.23）
10. 与母亲分离情况	7885	0.89（0.00）***	1.16（0.61）
11. 户口情况	7890	0.82（0.00）***	n/a
12. 小学初中教育状况	7883	0.76（0.00）***	4.2（0.00）***
13 幼儿园教育状况	7883	0.85（0.00）***	n/a
14. 上学距离	7562	1.13（0.01）***	1.22（0.54）
15. 上学时间	7893	0.77（0.00）***	1.71（0.36）
16. 做饭用水	7878	0.78（0.00）***	0.78（0.29）
17. 卫生厕所状况	7657	0.59（0.00）***	1.06（0.69）
18. 做饭燃料	7893	0.58（0.00）***	1.13（0.38）
19. 用电情况	7893	0.71（0.00）***	1.01（0.98）
20. 住房困难状况	7893	0.77（0.00）***	1.37（0.05）**

注：* $p<0.1$，** $p<0.05$，*** $p<0.01$，（*、**、*** 分别代表在 10%、5%和 1%统计水平上显著，未标星号代表不显著）。

4.3　儿童单维度匮乏状况分析

根据效度评价标准，共有 16 个指标通过效度检验。多维度贫困测度方法测算下我国儿童贫困水平如何？收入测度方法下的儿童贫困状况如何？两种测度方法下的儿童贫困状况是否存在差异？这一部分将重点就两种不同测度方法下的儿童贫困状况进行比较分析。图表 1 呈现的是通过有效性检验的贫困指标和低保收入贫困线以下全国儿童贫困水平。采用收入法测度得出有 19.6%的儿童所在家庭人均收入水平低于贫困线，但低保线下儿童实际的生活水平如何却无从得知。但是多维度贫困测度方法可以呈现儿童生活水平和发展状况的丰富信息。从单个多维度指标儿童贫困发生率来看，儿童在涉及健康、营养状况、照顾与看护情况以及家庭维度的指标中表现较差。例如，26.2%的儿童缺乏基本的医疗保险，28.9%的儿童身高不足，约有 13%的儿童白天或晚上得不到成人的陪伴和照顾，55%的儿童家庭所在卫生条件较差，43%的儿童家庭使用不清洁燃料做饭，21%的儿童所在家庭有住房困难情况。另外，6.4%和 5.5%的儿童长期无法与父母亲见面，8.7%的适龄儿童没有接受早期教育。这表明，我国儿童发展面临的突出问题表现在营养状况不良，获得父母或其他成人的照料看护不足，社会保障水平不足，家庭物资匮乏较为严重以及早期教育情况不容乐观。

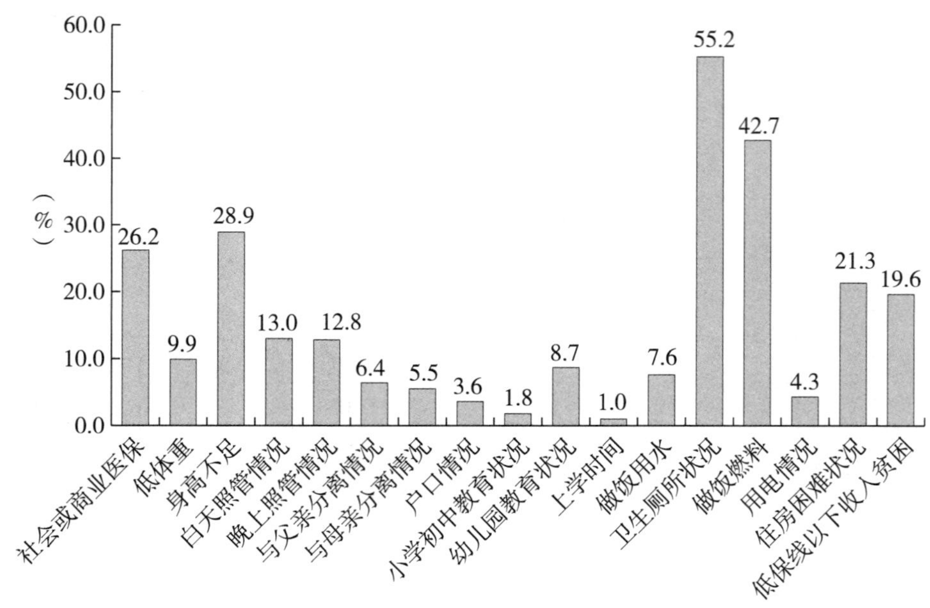

图 1　收入指标和有效性贫困指标上儿童贫困水平

4.4　城乡儿童单维度匮乏状况分析

表 3 首先呈现的是不同测度方法下我国农村与城市儿童贫困的水平差距及显著性检验统计值。农村儿童的实际生活水平或生活质量在 14 项单维度贫困指标上都显著低于城市儿童，且在某些指标上还存在较大差距。例如，在反映儿童营养水平的两项重要指标上，农村儿童的低体重和身高不足比例高达 11.8% 和 35.2%，均显著高于城市儿童。相较于城市儿童，有更高比例的农村儿童缺乏足够的成人照顾，一年内几乎见不到父亲或母亲的比例也显著更高。另外，虽然接受义务教育的农村儿童比例已经趋近于城市，但是没有上幼儿园的农村儿童比例却显著高于城市。这都突显农村儿童的营养及身体发育、被照料状况以及接受早期教育等方面依然较为薄弱。

从家庭层面的多维度贫困指标测算结果来看，农村儿童的贫困水平显著要高于城市儿童且差距较大。依然有 10.8%的农村儿童无法获得干净的饮用水，这一比例显著高于城市儿童在这一指标的发生比例 2.2%。拥有可冲水的厕所的农村儿童比例明显低于城市。做饭燃料使用不清洁能源的比例在农村儿童中高达 56.7%，显著高于城市儿童在这一指标上的贫困发生率 19.9%。

其次，将 16 项贫困指标累加后所得儿童贫困指数的测算结果来看，农村儿童处于多维度贫困的比例也均显著高于城市儿童。例如，高达 79.7%的农村儿童在至少 2 个及以上贫困指标上处于贫困状态，而这一比例显著高于同等情况下的城市儿童的多维贫困发生率 49.1%。3 个及以上指标上处于贫困的儿童比例高达 57.1%，而这一比例的城市儿童仅有 25.9%。这都反映出，农村儿童的实际生活水平或生活质量相较于城市儿童还存在显著差距。然而这些差距通过低保收入贫困线测度方法却未能被甄别出来，表明收入法无法反映出儿童真实的生活水平和贫困状况。因而，要保证扶贫对象识别和帮扶的精准，亟待需要通过多维度贫困方法对贫困对象进行精确的识别和测度。

表 3 的分析结果还发现，以收入法测量儿童贫困情况的结果城乡之间差异较小，农村儿童贫困发生率为 19.5%，而城市儿童贫困率为 20.1%，显著性检验所得两者差距不显著。

表 3　不同测度方法下我国农村和城市儿童贫困水平的差距及显著性水平检验

儿童贫困指标及指数	全国水平/%	农村贫困水平/%	城市贫困水平/%	显著性水平
社会或商业医保	26.2	28.7	22.1	0.000***
低体重	9.9	11.8	6.9	0.000***
身高不足	28.9	35.2	19.3	0.000***
白天照管情况	13.0	13.5	12.3	0.11
晚上照管情况	12.8	13.3	11.9	0.063*
与父亲分离情况	6.4	7.2	5.0	0.000***
与母亲分离情况	5.5	6.5	3.8	0.000***
户口情况	3.6	4.2	2.7	0.000***
小学初中教育状况	1.8	2.1	1.4	0.02**
幼儿园教育状况	8.7	9.8	6.9	0.000***
上学时间	1.0	1.4	0.4	0.000***
做饭用水	7.6	10.8	2.2	0.000***
卫生厕所状况	55.2	70.6	30.9	0.000***
做饭燃料	42.7	56.7	19.9	0.000***
用电情况	4.3	5.5	2.4	0.000***
住房困难状况	21.3	21.6	20.5	0.25
累加后贫困指数≥2	67.6	79.7	49.1	0.000***
累加后贫困指数≥3	44.8	57.1	25.90	0.000***
累加后贫困指数≥4	24.8	33.6	11.30	0.000***
累加后贫困指数≥5	11.1	16.0	3.60	0.000***
累加后贫困指数≥6	4.2	6.3	0.90	0.000***
低保线下收入贫困率	19.6	19.5	20.1	0.54

注：* $p<0.1$，** $p<0.05$，*** $p<0.01$（*、**、*** 分别代表在 10%、5% 和 1%统计水平上显著，未标星号代表不显著）。

4.5 不同省份儿童多维贫困现状分析

表4呈现的是基于CFPS2014年调查数据测算所得不同测度方法下各省儿童贫困率以及数据中回应收到政府救助的儿童比例。数据测算结果提供了以下几个有意义的结论。

表4　不同测度方法下各省份儿童贫困状况

省份	平均匮乏值数	多维贫困指数≥2	多维贫困指数≥3	多维贫困指数≥4	低保线下儿童贫困发生率	获得政府救助儿童比例	应保未保儿童比例
全国水平	2.4	67.6	44.8	24.8	19.6	12.0	7.7
北京市	1.1	28.1	3.1	3.1	6.1	7.9	-1.8
天津市	1.2	31.8	15.9	4.6	4.7	14.9	-10.2
河北省	2.3	68.0	40.8	17.1	21.6	5.2	16.3
山西省	2.7	72.7	51.0	30.2	27.1	8.8	18.3
辽宁省	2.4	73.0	46.4	21.7	12.1	5.5	6.6
吉林省	2.5	68.9	47.8	27.8	17.1	9.5	7.6
黑龙江省	2.1	62.3	34.3	20.6	13.3	8.4	4.9
上海市	0.9	25.0	7.3	0.8	4.8	4.8	0.0
江苏省	1.2	29.9	13.2	5.6	11.4	3.2	8.2
浙江省	1.5	48.5	20.4	7.8	6.9	2.7	4.2
安徽省	2.4	65.7	43.8	27.0	20.2	6.1	14.0
福建省	1.9	58.5	28.5	13.1	23.3	7.8	15.5
江西省	1.9	54.1	29.0	12.6	17.3	5.8	11.4
山东省	2.0	62.0	34.7	12.8	16.5	5.9	10.6
河南省	2.2	64.3	38.0	18.0	12.6	10.9	1.7
湖北省	1.9	54.0	31.0	17.2	9.5	7.9	1.7
湖南省	1.9	55.4	35.3	17.4	12.1	7.6	4.6
广东省	2.1	60.5	36.3	18.3	26.1	4.4	21.7
广西壮族自治区	2.5	69.0	48.3	28.5	24.6	11.2	13.4
重庆市	2.0	60.3	30.9	14.7	18.8	9.3	9.5
四川省	3.6	83.4	68.5	51.4	37.1	36.2	0.9
贵州省	3.1	79.3	63.5	40.3	36.5	30.8	5.7
云南省	2.9	83.7	60.3	31.9	22.9	13.5	9.4
陕西省	2.5	74.3	45.6	24.0	14.2	10.5	3.7
甘肃省	3.5	91.8	75.1	49.4	21.1	20.5	0.5
显著检验	0.00***	0.00***	0.00***	0.00***	0.00***	0.00***	n/a

注：* $p<0.1$，** $p<0.05$，*** $p<0.01$ 上显著，未标星号代表不显著。

首先，除北京和天津外，低保线下儿童贫困发生率显著高于收到政府救助的儿童比例。除北京天津外，其余 23 个省份都存在或多或少比例的儿童“应保未保”，即家庭人均收入符合最低生活保障地标准但事实上却并未获得低保或其他形式的社会救助。图 2 更清晰地呈现了全国及各个省份儿童“应保未保”状况。在全国范围内，有 19. 6%的儿童家庭收入低于最低保障线，但实际上真正获得社会救助的儿童比例不足 12%，有大约 7. 7%的漏保儿童。从各省份分析情况来看，部分省份例如河北、山西、安徽、福建、江西、山东、广东以及广西应保未保的儿童比例甚至超过 10%，表明我国多数省份漏保的儿童比例偏高。结果表明，低保等社会救助项目存在一定程度的漏保现象。

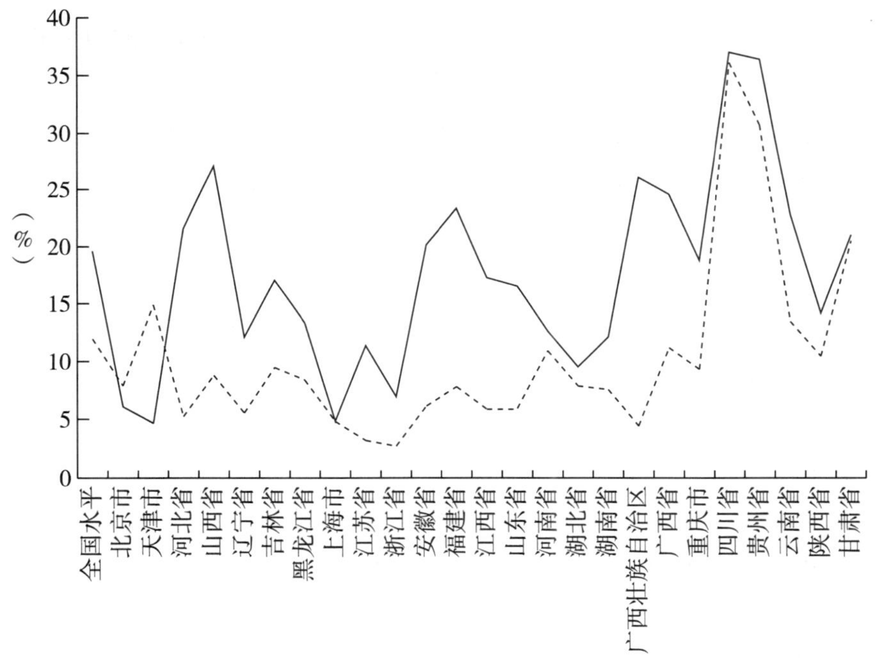

图 2　全国及各省份低保线下儿童贫困发生率及实际获得救助的儿童比例

其次，比较两种方法下儿童贫困的测算结果可以发现，越是较为贫穷的省份和地区，儿童多维度贫困发生率越高，而对应的儿童收入贫困率却较低。例如，低保收入线测度下甘肃省和四川省的儿童贫困率为 21. 1%和 37. 1%，然而叠加 16 项具有效度的贫困指标后，当多维度贫困指数超过 3 个、4 个及以上指标的情况下，即同时在多重指标上处于贫困临界值以下，甘肃省儿童多维度贫困率高达 75. 1%和 49. 4%，四川省则高达 68. 5%和 51. 4%。

平均匮乏指数结果也显示，甘肃和四川两省平均匮乏指数最高分别为 3. 6 和 3. 5 分，这表明两个省份多数儿童实际的生活水平较差，在多项贫困指标上处于贫困状态。除此之外，同样位于西部的贵州省、云南省和陕西省平均匮乏指数和不同临界值下的多维度贫困发生率也都较高，明显高于江苏和浙江等东部省份，东西部省份儿童贫困水平差异较大。仍然有较高比例的儿童按照现行各地公布的低保贫困线标准不符合被救助的要求，但其实际的生活水平较差，仍然需要获得政府和社会的救助或帮扶。

图 3 呈现的是两种测度方法下儿童贫困发生率的不匹配差距值。依据多维度贫困指数较为严格的标准，例如以 4 个及以上指标贫困取值情况进行计算，儿童在至少 4 个及以上的有效贫困指标中处于缺失或匮乏状态，两者测度的儿童贫困比例在全国范围内仍然相差 5.2%。也就是说，5.2%的儿童面临多维度的匮乏和缺失，属于贫困状态较为严重的群体，但依据收入测度方法却未能被识别为贫困儿童。这反映出两种方法测度结果的不匹配情况。各省份测度结果显示，经济较为不发达的西部省份例如四川省和甘肃省在两种方法测度下的儿童贫困率不匹配差距比例高达 14.3% 和 28.3%。这说明相当比例的儿童依据低保线标准不属于贫困儿童，但其实际的生活水平较差，面临多重贫困和匮乏，应当尽快被纳入社会救助和保障的范围。

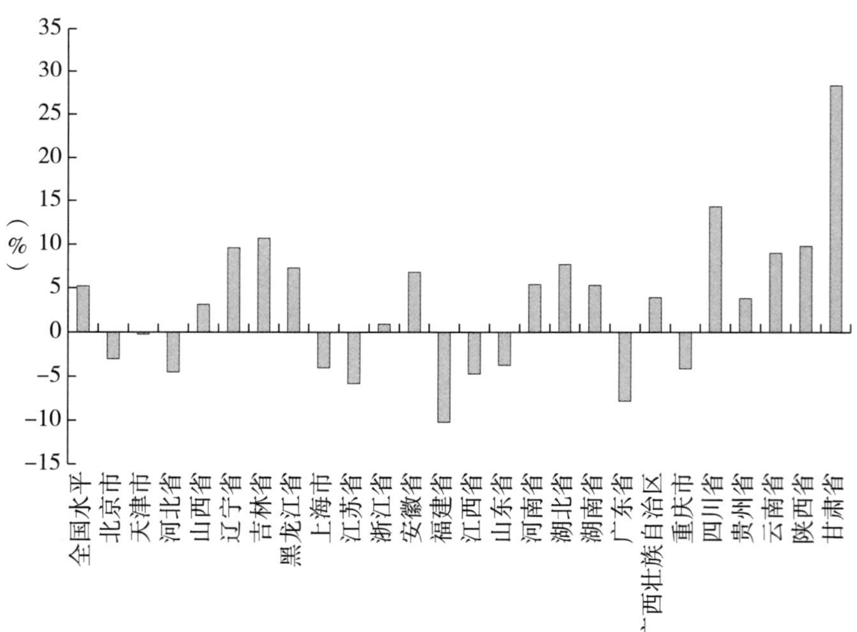

图 3　多维度贫困测度下儿童贫困发生率（贫困指数大于 4）与收入测度下儿童贫困发生率的差值比较

5 讨论与建议

基于中国家庭追踪调查数据，本文采用不同测度方法对儿童贫困的水平及程度进行实证分析和比较。农村及西部省份儿童的多维匮乏及贫困状况更加严重，突出表现为营养不良导致的发育迟滞比例偏高，缺乏父母或成人照料看护的儿童比例偏高，儿童获得社会保障的水平不足，家庭物资匮乏较为严重的儿童比例较高以及儿童受早期教育的程度有待提高。另外，收入法测度下农村与城市儿童贫困率比较接近没有显著差别，然而多维度方法的测度显示，指标贫困水平和叠加贫困方面，农村儿童相较于城市儿童都存在明显的差距。农村地区，儿童多维贫困发生率远高于收入贫困率，相当比例的儿童即使收入高于农村低保线，处境依然不利，在多维贫困指标中处于明显劣势。各省份测度结果也表明，收入方法测度下儿童贫困的程度偏低，特别是经济不发达的西部省份，儿童多维度贫困发生率较高，两种方法的测度结果不匹配，尤其中西部落后省份的多维贫困比例远高于收入贫困率。研究结果表明，多维贫困方法能够较好地识别贫困落后地区儿童所处多维度困境。研究结果还发现，存在一定比例儿童没有获得基本保障，属于应保未保范畴，表明低保对贫困人口的精准识别和保障金的精准发放等方面还要提高。

由此可见，针对儿童贫困的定期监测不仅能够引发广泛讨论，且能促进本国儿童减贫和发展相关政策和项目的制定，帮助国家尽快采取消除儿童贫困的各项行动。不论是发达国家还是发展中国家，各国政府已经意识到并开始积极实践多维度贫困的测量方法，并积极将这一方法的分析结果更好地服务于本国儿童减贫的政策制定和行动中。多维度贫困测量方法能够将儿童面临的突出问题、困难和挑战以更加直观的方式呈现出来，直接指向现有社会政策和公共服务领域的薄弱环节，促进政府和实践工作者更全面地了解到现有政策和服务中的不同，并促进各项政策和制度的改进和完善。建议我国也将多维度测量方法纳入实际儿童贫困的识别中来，加强贫困儿童的多维度监测，有效捕捉制约儿童发展的多方因素，有效引导儿童减贫和发展的政策实践。

参考资料

[1] Alkire, S. & Foster, J. (2011) Counting and multidimensional poverty measurement. *Journal of Public Economics*, 95, 476-487.

[2] Alkire, S., & Roche, J. M (2011) Beyond Headcount: Measures that reflect the breadth and components of child poverty, *OPHI working paper No.* 45. University of Ox-

ford: Oxford Poverty & Human Development Initiative.

[3] Alkire, S. , & Housseini, B. (2014). Multidimensional Poverty in Sub-Saharan Africa: Levels and Trends*OPHI Working Paper No*. 81. University of Oxford: Oxford Poverty & Human Development Initiative (OPHI).

[4] Batana, Yélé, Bussolo, M. and Cockburn. J. (2013) Global extreme poverty rates for children, adults and the elderly. *Economics Letters*, 120 (3): 405-407.

[5] Barrientos, A. , & DeJong, J. (2006) Reducing child poverty with cash transfers: A sure Thing? *Development Policy Review*, 24 (5), 537-552.

[6] Boyden, J. , Hardgrove, A. , & Knowles, C. (2012) Continuity and change in poor children's lives: evidence from Young Lives. In S. Nandy & A. Minujin (Eds.), *Global child poverty and wellbeing: measurement, concepts, policy and action*. Bristol: The Policy Press.

[7] Bradshaw, J. , & Richardson, D. (2008) Does Child Income Poverty Measure Child Well-Being Internationally? *Social Policy and Society*, 7 (4), 521-536.

[8] Bradshaw, J. , Chzhen, Y. , Main, G. , Martorano, B. , Menchini, L. , & de Neubourg, C. (2012). Relative Income Poverty among Children in Rich Countries. *Innocenti Working Paper*, *No*. 2012-01, Florence: UNICEF Innocenti Research Centre.

[9] Chzhen, Y. , de Neubourg, C. , Plavgo, I. , & de Milliano, M. (2014) Understanding Child Deprivation in the European Union: The Multiple Overlapping Deprivation Analysis Approach, *Innocenti Working Paper No*. 2014-18. Florence: UNICEF Office of Research.

[10] Chzhen, Y. & de Neubourg, C. (2014) *Multiple overlapping deprivation analysis for the European Union (EU-MODA): Technical Note*. Florence: UNICEF Innocenti Research Centre.

[11] De Milliano, M. & Plavgo, I. (2014) *Analysing child poverty and deprivation in sub-Saharan Africa: CC-MODA-Cross Country Multiple Overlapping Deprivation Analysis*. Florence: UNICEF Innocenti Research Centre.

[12] De Neubourg, C. , Cai, J. , Q. , De Milliano, M. , Plavgo, I. & Wei, Z. , R. (2012a) *Cross-country MODA Study: Multiple Overlapping Deprivation Analysis (MODA)-Technical note*. Florence: UNICEF Innocenti Research Centre.

[13] De Neubourg, C. , Cai, J. , Q. , De Milliano, M. , Plavgo, I. & Wei, Z. , R. (2012b) *Step-by-Step Guidelines to the Multiple Overlapping Deprivation Analysis (MODA)*. Florence: UNICEF Innocenti Research Centre.

[14] Evans, B. & Palacios. R. (2015) Who is poorer? Poverty by Age in the Developing

World. *Social Protection and Labor Policy Note No*. 106888. New York: World Bank.

[15] Gordon, D., Nandy, S., Pantazis, C., Pemberton, S. A. & Townsend, P. (2003) *Child Poverty in the Developing World*. Bristol: The Policy Press.

[16] Gordon, D., & Nandy, S. (2012). Measuring child poverty and deprivation. In A. Minujin & S. Nandy (Eds.), *Global Child Poverty and Wellbeing-Measurement, concepts, policy and action*. The Policy Press.

[17] Jalan, J. & Ravallion, M. (2003). Does piped water reduce diarrhea for children in rural India? *Journal of Econometrics*, 112, 153-173.

[18] Luo, R. F., Zhang, L. X., Liu, C. F., Zhao, Q. R., Shi, Y. J, Miller, G. Yu, E., Sharbono, B., Medina, A., Rozelle, S. and Martorell, R. (2011). Anaemia among Students of Rural China's Elementary Schools: Prevalence and Correlates in Ningxia and Qinghai's Poor Counties. *Journal of Health, Population and Nutrition*, 29 (5), 471-485.

[19] Mangyo, E. (2008). The effect of water accessibility on child health in China. *Journal of Health Economics*, 27 (5), 1343-1356.

[20] Minujin, A., Delamonica, E., Gonzalez, E. D. & Davidziuk, A. (2005) *Children Living in Poverty: A Review of Child Poverty Definitions, Measurements, and Policies*. New York: New School University.

[21] Minujin, A. & Nandy, S. (2012) *Global child poverty and well-being: Measurement, Concepts, Policy and Action*. Bristol: The Policy Press.

[22] Newhouse, David Locke; Suarez Becerra, Pablo; Evans, Martin C. (2016) New estimates of extreme poverty for children. *Policy Research working paper; No. WPS* 7845. Washington, D. C.: World Bank Group.

[23] OECD. (2009). *What are equivalence scales?* . Retrieved from http://www.oecd.org/eco/growth/OECD-Note-EquivalenceScales.pdf website

[24] Pantazis, C., Gordon, D., & Levitas, R. (2006). *Poverty and Social Exclusion in Britain: The millennium survey*. Bristol: The Policy Press.

[25] Roelen, K., Gassmann, F. & de Neubourg, C. (2009) The importance of choice and definition for the measurement of child Poverty: The case of Vietnam. *Child Indicators Research*, 2 (3), 245-263.

[26] Santos, M. E., Villatoro, P., Mancero, X., & Gerstenfeld, P. (2015). A Multidimensional Poverty Index for Latin America*OPHI Working Paper No*. 79. University of Oxford: Oxford Poverty & Human Development Initiative (OPHI).

[27] UN-Habitat (2009) *Urban Indicators Guidelines, Better Information, Better Cities, Monitoring the Habitat Agenda and the Millennium Development Goals-Slums Target*. Kenya: United Nations Centre for Human Settlements.

[28] UN (2003) *Indicators for monitoring the Millennium Development Goals, Definitions, Rationale, Concepts and Sources*. New York: United Nations.

[29] UN (1995). The Copenhagen Declaration and Programme of Action: World Summit for Social Development 6-12 March 1995. New York: United Nations Department of Publications.

[30] UNCRC (1989) *Convention on the Rights of the Child*. New York: United Nations Department of Publications. Retrieved from http://www.unicef.org.uk/UNICEFs-Work/Our-mission/UN-Convention/.

[31] UNGA (United Nations General Assembly) (2006) *Promotion and protection of the rights of children: Report of the Third Committee*. New York: United Nations.

[32] UNICEF & WHO (2009) *WHO child growth standards and the identification of severe acute malnutrition in infants and children*. New York: WHO and UNICEF.

[33] UNICEF (2014) *Children in China: An Atlas of Social Indicators*, Beijing: United Nations Children's Fund.

[34] UN (2015) 中国实施千年发展目标报告（2000-2015）Report on China's Implementation of the Millennium Development Goals (2000-2015). Beijing: Ministry of Foreign Affairs People's Republic of China and United Nations System in China.

[35] Watkins K and Quattri M (2016) *Child poverty, inequality and demography: why Sub-Saharan Africa matters for the Sustainable Development Goals*, London: Overseas Development Institute.

[36] WHO (2002) *Better Health for Poor children. WHO/World Bank Working Group on Child Health and Poverty*. Geneva: World Health Organization.

[37] WHO (2013) *Guideline: Updates on the management of severe acute malnutrition in infants and children*. Geneva: World Health Organization.

[38] Willows, N. D., Barbarich, B. N., Wang, L. C. H., Olstad, D. L., & Clandinin, M. T. (2011). Dietary inadequacy is associated with anemia and suboptimal growth among preschool-aged children in Yunnan Province, China. *Nutrition Research*, 31 (2), 88-96.

本文于2023年2月发表于《亚洲经济学杂志》(*Journal of Asian Economics*, 84, 101579)

互联网与社会不平等[①]

北京师范大学社会学院　李汪洋

普林斯顿大学当代中国研究中心　北京大学光华管理学院社会研究中心　谢　宇

摘　要：互联网在社会不平等中扮演着怎样的角色？这是在信息时代全面认识不平等的一个关键问题。本文利用中国家庭追踪调查2010年和2014年两期数据，深入探索10~18岁青少年群体的互联网使用及其影响，并据此探讨互联网在社会不平等再生产中的双重作用。一方面，互联网应用行为有效地推动了青少年的认知功能。另一方面，青少年的互联网使用行为深受家庭社会经济地位的制约，贫困和弱势人群不仅更难接触到互联网，也更少利用互联网开展资本提高型活动。这给我们的启示是，尽管互联网可以带来均等化的影响，但由于互联网使用受限于社会经济资源，反而起到了延续甚至加大不平等的后果。

关键词：互联网双重作用　社会不平等　青少年发展

我们正处在信息革命之中。自20世纪90年代以来，以互联网为代表的信息通信技术进入飞速发展的阶段。全球互联网用户的数量持续增长，2017年已占到全球总人口的48%，而15~24岁之间互联网用户的比例超过70%（ITU，2017）。互联网的发展不只是一场技术革命，更重要的是，它是一股强有力的社会、经济和文化力量，根本性地改变了我们的日常生活和社会关系。

在互联网飞速发展的同时，世界很多国家和地区，社会不平等程度也有所增加。自1980年以来，贫富差距在全球范围内呈快速上升趋势。1980年世界收入前1%人群的收入份额为16%，2016年这一比例增长至20%，而最富有的1%的人群占有的财产份额从1980年的28%上升至2016年的33%（Alvaredo et al.，2018）。同样，在中国，收入不平等的比例在过去的四十年间大幅度增加（Xie and Zhou，2014）。2014年中国排名在顶端1%的精英阶层拥有全国三分之一以上的财产，排名在顶端5%的家庭拥有全国一半以上的财产（Xie and Jin，2015）。

---

① 该研究由人的发展经济学研究中心资助完成。

互联网的普及与应用究竟在社会不平等中扮演着怎样的角色？一种可能是，互联网可以减少不平等，因为它能够突破物质资源和地理空间上的瓶颈，创造更多的机会。另一种可能是，即使互联网可以带来均等化的影响，但是互联网的使用本身取决于社会经济资源的多寡，从而在很大程度上延续或加剧不平等。因此，互联网对于社会不平等可以说是一把双刃剑，具有双重作用。互联网与社会不平等之间的关系受到了全世界的共同关注。

在中国，尤其是进入21世纪以来，互联网使用的差距开始受到研究者和政策制定者的重视。中国在1994年首次实现与国际互联网的连接，早已成为互联网用户人数最多的国家和全球最大的电子信息产品生产基地。然而，迄今为止，系统探讨我国互联网和社会不平等之间关系的研究为数不多。很重要的一个原因是量化数据的缺乏。从社会不平等的重构和再生产的研究视角出发，我们不仅要有个人的互联网使用行为的数据，还要掌握其经济活动、教育成果、家庭关系与家庭动态等诸多信息。目前国内绝大多数社会调查都很难满足这一点。

中国家庭追踪调查（China Family Panel Studies，CFPS）是一项全国性、大规模、多学科的社会追踪调查项目，收集了个体、家庭、社区三个层次的数据，反映出中国社会、经济、人口、教育和健康的变迁（谢宇等，2014）。CFPS对受访者的互联网使用行为、家庭背景、教育获得等研究主题均收集了详细的信息。本文旨在通过使用CFPS这一项有全国代表性的调查数据分析互联网与社会不平等之间的关系。我们的研究，一方面有助于加强对我国互联网不平等的深刻认识，另一方面——更重要的是——进一步检验了互联网在社会不平等再生产中的双重作用。

1 文献与研究设计

1.1 互联网的双重作用

互联网与社会不平等之间的关系是在当今信息时代全面认识不平等的一个不容忽视的问题。近年来，互联网不平等逐渐成为社会分层和社会不平等研究领域的重要内容。为了更好地理解互联网与社会不平等之间的关系，我们提出互联网双重作用的理论模型加以讨论。如图1所示，互联网的双重作用具体表现在：一方面，互联网可以成为一种让机会均等的新力量。新技术使用差异带来的直接后果是，不管家庭背景如何，人人都可以在社会经济上受益，互联网使用能够带来好的社会经济影响，从而改变现有的社会关系、资源和结构，成为降低不平等的有效途径（路径b）。但另一方面，因为家庭背景影响到互联网使用的获取，互联网还可能延续甚至加剧社会不平等的格局。也就是说，即便互联网使用可以促进社会公平，但它本身仍受到社会经济资源的制约，因此，在社会阶层再生产和代际资源传递的过程中，现有的社会经济地位不仅发挥了直接影响（路径 c），还可能通过互联网使用起到中介作用（路径 a→b），巩固并产生了新的不平等。

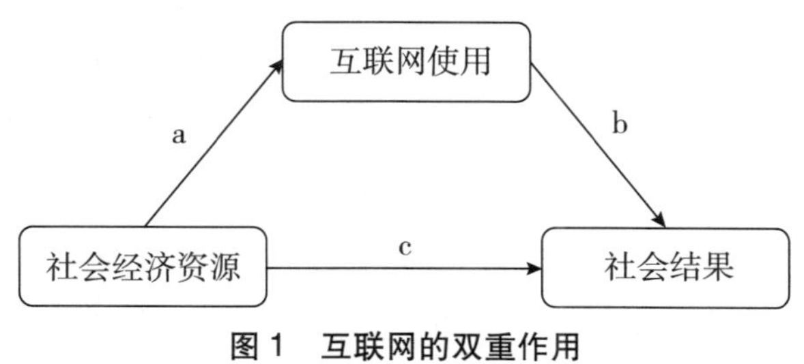

图 1　互联网的双重作用

综观以往的研究，互联网促进经济增长、带来更多机会并改善服务供给的实例很多，包括：更快捷的沟通，更丰富的休闲活动，更有效的信息获取，更好的教育和职业，寻找配偶的新途径，扩大社会参与，等等（Bakker and De Vreese，2011；Berger et al.，2005；DiMaggio and Bonikowski，2008；Fountain，2005；Rosenfeld and Thomas，2012；Wellman et al.，1996）。更重要的是，改善沟通与信息获取为贫困及弱势人口提供了许多以前无法企及的机会。比如，互联网的普及和应用降低了信息搜索的成本，增加了经济活动时间和空间的灵活性，为穷人、女性和边远居民创造了更多的就业机会（Aker and Mbiti，2010；Chen，2004）。互联网由此增加了弱势人群在劳动力市场中的机会和回报，促进向上社会流动（Anderson et al.，1995）。再比如，人们越来越认识到互联网教育的重要性，认为电脑和互联网能够突破传统学习时间和空间的局限性，扩展了获取优质教育资源的渠道，有助于抹平在教育质量和水平上的差距。一项针对低收入家庭 10~18 岁青少年的追踪调查证实，经常上网的孩子在 6 个月、1 年、16 个月后的阅读测试成绩和绩点（GPA）都明显高于不常上网的孩子（Jackson et al.，2006）。

尽管互联网使用可能带来均等化的结果，但当它本身受限于拥有社会经济资源的多寡，将延续甚至加剧不平等。实际上，互联网使用的不平等是一个在全球范围内普遍存在的现象。在 20 世纪 90 年代中后期，美国国家电信和信息管理局（NTIA）发布了互联网使用的系列报告，数字鸿沟（Digital Divide）自此成为世界瞩目的焦点问题（NITA，1999）。数字鸿沟指不同人群、家庭、部门和地区因社会经济水平而异，在接入和使用互联网技术上存在明显的差距（OECD，2001）。早期的学术研究聚焦于互联网的可及性，即“有”和“没有”之间的差异。一方面，尽管互联网技术在全世界大部分地区迅速推广，但是国家和地区之间、发达国家与发展中国家，尤其与最不发达国家之间存在巨大的鸿沟（ITU，2017）。国家和地区间社会经济发展水平的差异是最重要的决定因素（Guillén and Suárez，2005；Hargittai，1999；Ragnedda and Muschert，2013）。另一方面，在同一国家内部的数字鸿沟可能与各国之间的差距一样大。通常来讲，家庭经济状况更好、居住在城市地区、受教育程度更高、更年轻的白人男性更有可能使用互联网（Jung et al.，2005；Wilson et al.，2003；Witte and Mannon，2010）。在中国，互联网应用也呈现出类似的特征（李汪洋和谢宇，2017）。

随着互联网的普及和推广，关于数字鸿沟的讨论从互联网的可及性延伸到其他维度，并进一步扩展为对数字不平等的讨论。主要包括：互联网使用技能和应用，分别被称为“第二道数字鸿沟”“第三道数字鸿沟”（DiMaggio et al.，2004）。换句话说，我们不仅关注谁在线，还要讨论其中的使用差异。相较于是否接入互联网，这些对加深不平等的认识与理解具有更重要的参考意义。最主要的研究结论是，高社会经济地位的互联网用户会更多地进行信息搜索、教育培训等“资本提高型”（capital-enhancing）活动；相反，低社会经济地位者的上网活动以休闲娱乐为主（DiMaggio et al.，2001；Hargittai and Hinnant，2008；Ono and Zavodny；2007；Zillien and Hargittai，2009）。而且，随着越来越多的人加入信息社会，不同人群之间对互联网的可及性差异不断缩小，使用技能和应用上的社会经济差距持续拉大（Van Deursen and Van Dijk，2014；Van Dijk and Hacker，2003）。

1.2 互联网使用与儿童发展

在既有文献的基础上，我们认为互联网双重作用的理论模型具有普遍的适用性。如何检验互联网使用的双重作用？儿童群体的互联网使用是检验这个一般理论的一个十分恰当的例子。主要基于如下几点考虑：首先，以往的很多研究都使用成人样本，着眼于个人的社会经济地位对互联网使用的影响，而家庭背景作为衡量社会经济地位最常用的指标，更能反映出资源在代际间的传递过程。其次，成人的互联网使用往往受到更多外部因素的影响。例如特定职业对互联网使用的基本要求，这使得当我们以成人作为分析对象时，很难辨析社会经济资源与互联网使用之间的因果关系，所得到的可能是混合效应的结果。相比之下，儿童的互联网使用更大程度上依赖家庭资源，同时对互联网的使用需求更普遍、动机更强烈。因此，本文将围绕儿童群体的互联网使用及其影响。

事实上，儿童的互联网使用一直以来都是社会大众和政策制定者关注的焦点。他们通常被称为“数字世代”，几乎从出生之日起就生活在新的信息通信技术的风险与机遇之下。近年来，儿童网民数量更是呈几何级增长。信息通信技术对儿童发展带来了怎样的影响？这是社会科学、特别是心理学领域一个重要的研究问题。西方学者从20世纪40年代起就开始关注看电视对孩子成长的影响，近年来逐渐将目光转向电脑和互联网的使用对儿童的在校表现、学业成绩、心理特质、人际技能、健康、越轨或反社会行为等诸多方面的影响（Attewell et al.，2003；Fiorini，2010；Gross，2004；Hofferth，2010；Kraut et al.，1998；Subrahmanyam et al.，2001）。

为什么信息通讯技术能够影响儿童的成长和发展？在以往的研究中，有三种常被提及的解释机制：首先，根据社会学习理论，一旦社会媒体能够成为新的信息源或激发学习动力的手段，将有助于孩子的认知发展（Bandura，2002）。其次，涵化理论（Cultivation Theory）强调社会媒体的内容可能影响孩子对世界的看法，并最终改变他们的行为（Gerbner et al.，2002）。也就是说，当孩子上网主要是娱乐或消遣，电脑和互联网就没有积极的作用，甚至产生负面的影响，而上网学习活动对认知功能具有正面的效应。最后涉及时间分配，即每个人的时间都是有限的，在电脑和互联网上花费的时间越多，可用于其他活动的时间就越少。如果使用电脑和互联网的时间取代了其他有益的社会或教育活动，无论上网干什么，都很可能对孩子的成长带来负面的影响。

但是，这些研究并未形成统一的结论：一种是电脑和互联网可能取代了一些传统的学习活动，不利于孩子的健康发展；另一种是益智类游戏和信息搜索等上网活动促进了孩子的认知发展；第三种是电脑和互联网的使用与儿童发展之间没有显著的关系。为什么出现了截然不同的观点？一个很重要的原因是，以往的研究大多使用截面数据或传统的回归方法，没有很好地研究父母特征和互联网使用前的家庭特征对子女初始状态的影响。这也就意味着，研究难以辨析互联网使用和儿童发展的因果机制，或许是那些学习和表现更好的孩子更容易上网进行学习和教育活动，而不是反过来，上网导致孩子成绩和表现变得更好。

回到中国社会，关于互联网的使用与青少年发展的研究大致有如下几个特点：第一，聚焦儿童群体互联网使用差异的经验研究为数不多（黄佩等，2008；赵联飞，2015；李汪洋和谢宇，2017）。第二，大都强调互联网使用的影响，特别是有一大批心理学的研究讨论了互联网成瘾的负面问题（雷雳等，2006；雷雳和郭菲，2008；Wang et al.，2013；Yang et al.，2014）。在早些年，我国主流社会舆论对中小学生使用互联网基本上持否定态度，关于“网瘾”问题的新闻报道屡见不鲜。但必须认识到，自20世纪中后期以来，人类社会进入到一个科技高速发展的时期，产业结构的转型和升级对劳动力素质提出了更高要求。根据一些经济学家的估算，美国使用电脑和互联网的群体，在经济上的回报率大约在15%上下浮动（Krueger，1993；Goss and Phillips，2002）。在中国，互联网使用者的平均工资收入是非使用者的1.38倍（庄家炽等，2016）。因此，熟练掌握电脑和互联网已被看作人力资本的一项重要内容。国内最新几项研究证实了青少年的互联网使用的积极效应（陈纯槿和顾小清，2017；顾和军，2013）。

总的来说，以往的研究首先在数据上存在较多的局限，样本规模太小，代表性不足，因此有必要使用抽样更为严格的数据，更全面地评估我国青少年的互联网使用及其影响。其次，青少年的互联网使用在当今中国社会具有十分重要的意义。这是因为，相比于许多欧美发达国家，在中国，互联网技术仍处在一个不断普及和扩展的阶段。再加上，中国社会与西方社会存在重大的文化差异，这使得来自西方社会的经验研究证据不能够充分体现中国的实际情况。这些都为我们研究互联网使用不平等的程度及其产生的原因和后果提供了一个恰当的社会历史环境，并将拓展和深化我们对于中国社会不平等现状的认识和理解。

1.3 研究问题

本文使用一项有全国代表性的追踪调查数据来分析我国青少年的互联网使用情况。主要有两个研究问题：第一，互联网的使用如何影响青少年的认知功能？第二，青少年的互联网使用行为是否有社会经济地位上的差异？之所以关注认知功能，是因为它与人们的教育成就、经济活动、健康、生活质量等都有很大的关系（Rindermann and Thompson，2013）。前者是通过互联网使用对青少年认知功能的影响来把握互联网的社会经济影响，后者则是为了揭示互联网不平等的决定因素。由此，我们得以检验互联网使用的双重作用，审视社会经济资源在代际间的传递过程。

2 数据与方法

本文的数据来自 2010 年和 2014 年两期中国家庭追踪调查（CFPS）。该调查由北京大学中国社会科学调查中心实施，采用多阶段、内隐分层、与人口规模成比例的抽样方法，覆盖全国 25 个省/市/自治区中的家庭户和样本家庭户中的所有家庭成员。2010 年基线调查共完成了 14960 户家庭的访问，界定出 57155 位基因成员，包括 33600 位 16 岁及 16 岁以上的成人和 8990 名 15 岁及 15 岁以下的少儿。这些基因成员及其直系后代将作为 CFPS 的永久追踪对象。自 2012 年起，CFPS 开展两年一次的全样本追踪调查，迄今已积累了 3 期追踪调查数据。CFPS 搜集了 10 岁及以上人口的互联网使用行为。根据 2014 年 CFPS 全国代表性样本，全国 10 岁及以上人口的互联网普及率是 31.2%，其中 10~18 岁青少年的互联网普及率是 57.7%①。由于我们关注的是青少年互

① 根据中国互联网络信息中心（CNNIC）2015 年 2 月发布的《2015 年中国青少年上网行为研究报告》显示，截至 2014 年 12 月，中国青少年互联网用户规模达到 2.77 亿，占中国青少年人口总体 79.6%。我们的结果比这一估计低了约 22 个百分点。一个原因是，CNNIC 的调查对象是中国有住宅固定电话（家庭电话、小灵通、宿舍电话）或手机的 6~24 岁常住居民。然而，在固定电话和手机覆盖人群中抽样得到的样本，很有可能导致网民群体的过度抽样，从而高估了互联网普及率。

联网使用的差异及其影响，10~18 岁的受访者为本文的分析对象。

我们首先要回答的研究问题是：互联网使用对我国青少年的认知功能有哪些影响？CFPS 在每一轮调查中都设计了单独的认知测试，包括两套问卷，共计四组题目，隔轮交替使用。2010 年和 2014 年共用一套问卷，包括字词测试和数学测试两组题目。在字词测试中，由访员向受访者提问由易到难的 34 个中文汉字，连续答错三题，则测试终止。在数学测试中，受访者依次回答由易到难的 24 道数学题目，连续答错三题，则测试终止。字词测试和数学测试的原始得分取值范围分别是 0-34、0-24。为了提高测试的效率，字词测试和数学测试依据受访者教育水平设置不同的起点，教育水平越高，起点的难度越高（谢宇等，2014）。因此，为克服已有研究的局限，我们使用 2010 年和 2014 年两期 CFPS 追踪数据，分析互联网使用对调查期间青少年认知测试结果变化的影响，由此探索互联网对青少年发展的历时性效应。这一部分考察的结果变量是青少年在 2014 年的字词测试得分、数学测试得分。同时，将 2010 年的字词测试得分、数学测试得分作为控制变量纳入回归模型，以控制青少年已具有的认知功能所带来的影响。

其次，尽可能控制潜在的影响因素。考虑到有一些因素可能同时影响互联网使用和认知测试，将其纳入可在一定程度上减少选择性偏误（Selection Bias）。CFPS 所包含的丰富信息提供了大量的数据支持。具体而言，（1）家庭背景是同时影响互联网使用与青少年发展的一个关键变量。本文采用两个测量指标：父母的教育、家庭收入。父母的教育是父母二人最高的受教育年限。家庭收入是过去 12 个月家庭人均纯收入。本文取家庭人均纯收入的对数。为了控制极端值的影响，我们对家庭收入进行了顶端编码（Top-coded）和底端编码（Bottom-coded）。我们还采用多重替代法（Multiple Imputation）进行插补。（2）青少年的社会人口特征：性别、年龄、兄弟姐妹数和教育。性别是虚拟变量（女=1，男=0）。在本文中，男女比例各一半，年龄平均值为 13.55 岁。之所以纳入兄弟姐妹数，原因是根据资源稀释模型来看，家庭的资源总量是有限的，兄弟姐妹越多，资源的稀释程度就越大，子女的教育获得也越差（Blake，1989）。此外，由于一个人的认知能力在很大程度上受其教育水平的影响，我们纳入了青少年的受教育年限作为控制变量，以减少教育对认知功能的混淆效应。（3）户口和区县：与西方社会不同，中国社会经济发展深刻地受到结构性因素的影响。一个是户籍制度，相较于农村居民，城市居民享有更好的教育资源和机会（Hannum，1999）。另一个结构性因素是不同地区的社会经济发展水平（Xie and Hannum，1996）。户口作为虚拟变量纳入分析（非农=1，农业=0），非农户口占 21%。同时，使用区县固定效应回归模型作为主要方法来控制区域差异。所有控制变量都来自 2010 年调查。

最后，区分互联网使用的不同类型。根据 2010 年和 2014 年的情况，受访者可分为

4类：从未上网（2010年、2014年均不上网），持续上网（2010年、2014年均上网），新近上网（2010年未上网、2014年上网），不再上网（2010年上网、2014年不上网），将从未上网者作为参照组。也就是说，第一部分的主要内容是分析相比于从未上网的青少年，持续上网、新近上网、不再上网的人在2010年至2014年间的相对认知功能。

表1　青少年互联网使用与认知测试的描述性分析

	从未上网		持续上网		新近上网		不再上网		显著性水平
	均值	SD	均值	SD	均值	SD	均值	SD	
2014年数学测试得分	12. 16	5. 95	16. 82	4. 86	14. 94	5. 56	13. 97	5. 85	***
2014年字词测试得分	22. 90	8. 70	28. 15	5. 26	27. 19	5. 90	24. 84	7. 78	***
父母最高受教育年限	6. 36	4. 09	9. 73	3. 28	7. 98	3. 47	9. 15	3. 41	***
家庭人均纯收入（千元）	4. 00	3. 85	9. 85	10. 13	5. 98	6. 66	7. 10	6. 44	***
女孩	0. 54	0. 50	0. 46	0. 50	0. 52	0. 50	0. 40	0. 49	
年龄	12. 29	2. 22	14. 79	2. 43	13. 09	2. 28	14. 78	2. 41	+
兄弟姐妹数	1. 37	0. 94	0. 73	0. 80	1. 07	0. 85	1. 10	1. 00	***
非农户口	0. 05	0. 22	0. 38	0. 49	0. 16	0. 36	0. 26	0. 44	***
受教育年限	5. 20	2. 33	8. 42	2. 33	6. 57	2. 31	7. 98	2. 31	
2010年数学测试得分	9. 04	4. 64	15. 01	4. 53	11. 93	4. 73	13. 39	4. 56	***
2010年字词测试得分	18. 10	8. 23	26. 39	5. 38	22. 77	6. 67	24. 45	5. 91	
样本量	541		894		1147		87		

注：（1）在全部样本中，家庭收入的缺失值比例为5. 0%，采用多重替代法（multiple imputation）进行插补；（2）描述性结果未加权；（3）除特别注明，变量均来自2010年调查；（4）$^{+}p<0.1$ $^{*}p<0.05$ $^{**}p<0.01$ $^{***}p<0.001$（双尾检验）。

表1报告的是2010—2014年间上述四类青少年互联网用户的个人特征、家庭背景和认知测试结果。互联网用户是青少年样本的主体，从未上网、持续上网、新近上网、不再上网的青少年比例分别为20. 27%、33. 50%、42. 97%、3. 26%。而且，这四类人群在家庭背景和认知测试上表现出较大的差异。平均而言，无论是父母的教育水平、家庭收入，还是认知测试结果，这四类群体从高到低的排序基本上都是持续上网、新近上网、不再上网、从未上网。例如，2014年青少年字词测试得分的平均值是26. 57，而持续上网、新近上网、不再上网、从未上网者的平均值依次是28. 15、27. 19、24. 84、22. 90。值得注意的一点是，在分析样本中，不再上网的青少年仅有87名，其分析结果的稳健性很可能受到样本量过小的影响，有必要慎重看待这一人群的结果。

我们接下来要回答的研究问题是：我国青少年的互联网使用如何受家庭社会经济地位的影响？这一部分将使用2014年CFPS截面数据。如前文所述，互联网使用不仅表现在“有”和“没有”之间的差异，还涉及互联网使用技能和应用。因此，衡量互联网的使用情况将采用 3 个指标：是否上网、上网时长、上网学习情况。互联网普及率，即某一人群中使用互联网的比例，常用来反映互联网渗透到社会大众日常生活的程度，以及一个国家或地区的信息化发达程度。在 CFPS 中，上网时长指的是互联网用户在一般情况下每周业余时间的上网小时数；上网学习情况是互联网用户上网搜索学习资料、上网学习课程等活动的频率，共有 7 个选项：从不、几个月一次、一月一次、一月 2~3 次、一周 1~2 次、一周 3~4 次、几乎每天。上网学习是一项重要的“资本提高型”活动，反映出互联网用户进行人力资本积累的偏好。在分析样本中，10~18 岁青少年的互联网普及率超过 55%，互联网用户每周业余时间上网大约 9 小时，上网学习的频率最常见的情况是“一月 2~3 次”。

调查中显示，最主要的解释变量是受访青少年的家庭社会经济地位，包括：父母的教育、家庭收入。在全部样本中，家庭人均纯收入的均值为 11500 元左右；在互联网用户中，家庭人均纯收入更高一些，大致为 14200 元。除了取家庭人均纯收入的对数，我们还使用了绝对值作为替代性的测量指标，研究发现这种方式十分稳健。① 父母的教育是父母最高的受教育程度，采用分类变量，即小学及以下、初中、高中及以上 3 个类别，以便于展现出社会经济资源多寡所带来的作用大小。互联网用户的父母教育水平高于非互联网用户的平均水平，互联网用户的父母为高中及以上学历占 30%，而非互联网用户的这一比例不到 15%。除了家庭背景，互联网使用还受到个人因素的影响。因此，本文首先纳入了青少年的性别（女性=1，男=0）、年龄作为控制变量。同时，考虑到地区的经济发展水平是影响互联网普及的重要因素，本文还纳入了青少年的户籍类型（非农=1，农业=0），并使用区县固定效应回归模型（County Fixed-Effect Model）作为主要统计方法，从而控制了地区差异。

在数据分析上，本文将建立多元回归模型分别来看（1）在控制了子女、父母和家庭特征后四类互联网使用行为在认知测试上的差异，以及（2）在控制了个人特征后父母和家庭特征对子女互联网使用行为的影响。根据解释变量的测量层次，我们对连续变量的指标采用（Ordinary Least Square，OLS）回归模型，对二分变量的指标采用 Binary Logistic 回归模型。所有模型都控制了区县固定效应。

3 数据分析结果

根据之前的设计，本研究的多元回归分析包括两部分，第一部分是在控制家庭背

① 回归模型统计结果参见附表 3。

景和子女特征的情况下，分析不再上网、持续上网、新近上网、从未上网四类青少年在认知表现上的差异。第二部分是在控制一系列因素后，分析家庭社会经济地位对青少年互联网使用行为的净影响。

3.1 互联网使用与青少年认知测试

3.1.1 字词测试

我们首先报告 2014 年青少年标准化字词测试得分的回归模型。[①] 表 2 的前三列回归模型比较了从未上网、持续上网、新近上网和不再上网这四类青少年 2010—2014 年间字词测试得分的变化，参照组是 2010 年和 2014 年间从未上网的青少年。这些模型中的控制变量均在表中省去。[②] 模型 1 是在控制了青少年的个人特征（年龄、性别、户口、兄弟姐妹数、受教育年限）和区县固定效应后互联网使用类型对其字词测试得分的效应。结果显示，相比从不上网的情况，其他三类互联网使用的青少年在字词测试得分上具有显著不同，影响最大的是持续上网者，其次是新近上网和不再上网两类。模型 2 增加了家庭背景的控制变量，包括：父母的教育和家庭收入。在控制了家庭背景后，持续上网、新近上网对青少年字词测试得分的正效应分别减少了 9%、6%，不再使用这一类的影响变得不再显著。在模型 3 中，我们加入了 2010 年字词测试得分，减少了持续上网和新近上网两类分别 23%和 21%的效应。也就是说，在控制了个人特征、家庭背景和 2010 年的字词测试得分后，2010 年和 2014 年均上网的青少年仍然比那些从未上过网的青少年标准化字词测试得分高了 0.23 个标准差，2010 年不上网、2014 年新近上网的青少年大约高了 0.21 个标准差，这些在统计上都是显著的（$p<0.001$）。

根据模型 1-3 的结果，我们可以得到以下几点认识：首先，使用互联网要比不使用互联网的青少年在字词测试中表现更好。即便在控制了一系列潜在的影响因素后，互联网使用依然对青少年字词测试产生了显著的作用。如前文所述，互联网是信息时代获取学习资源的重要渠道，再加上丰富多样的、开放式的在线教育活动，很容易打破地理、身份上的限制，使不同地区、不同人群共享优质教育资源成了一种可能。这也是互联网促进青少年认知发展的一个重要机制。事实上，根据教育部发布的《2017 年中国互联网学习白皮书》，我国在线教育用户规模已达到 1.44 亿，手机在线教育用

① 字词测试得分和数学测试得分采用 z-score 标准化，即根据原始数据的均值和标准差进行数据的标准化。

② 控制变量的回归模型统计结果参见附表 1。

户规模则为 1.2 亿。慕课、微课堂等在线教育活动已经走进人们的日常生活和学习。也正是因为如此，数据结果支持了互联网用户的字词水平在一定时期内的提高，这要远远大于那些不使用互联网的人。其次，不是所有类型的互联网用户都能够获得同样的益处。比如，不再使用互联网的人将很难从过去的使用经历中收益。基于既有的理论解释，我们的预期是那些新近使用互联网的人，其字词水平的上升程度要明显快于那些从未使用过互联网的人，但要慢于一直上网的人；目前不再使用互联网的人，其字词水平的提高程度要优先于那些从未使用过互联网的人，但也落后于使用互联网的人。这同样得到了回归模型结果的支持，尽管不再使用互联网这一类的正效应在控制了家庭背景和 2010 年字词测试后变得不再显著（$p>0.1$）。总的来说，青少年使用互联网的技能和经验积累十分重要，有助于发挥其互联网对提高字词能力的积极作用。

3.1.2 数学测试

互联网使用能显著提高青少年的数学测试得分吗？为了回答这个问题，我们采用和字词测试同样的测量和统计方法检验了四类青少年互联网使用行为对其 2010—2014 年间数学测试得分变化的影响，数据结果可见表 2 的后三列。其中，模型 4 仅仅控制了青少年的个人特征和区县固定效应；模型 5 和模型 6 分别增加了家庭背景和 2010 年数学测试得分。结果显示，在控制了个人、家庭和区县效应后，2010—2014 年间持续上网、新近上网的青少年的数学测试得分要显著高于从未上网的青少年，其标准化得分分别提高了大约 0.09 和 0.12 个标准差。不过，在纳入 2010 年数学测试得分作为控制变量后，持续上网对青少年数学测试得分的正效应减少了 50%，且变得不再显著；新近上网的作用也仅在 0.1 水平上显著，效应减少了近 40%。

我们还可以从表 2 看出，与字词测试不同，互联网使用对青少年数学测试的影响要更小一些。以往的研究表明，数学能力的提升更受益于学校教育，语言能力则与课堂之外的日常练习密切相关（Downey et al.，2004）。在 CFPS 中，字词测试题目针对的是一个人的识字水平，而数学测试题目是根据小学一年级到高中三年级的教学大纲编制而成的（吴琼，2017）。再加上，互联网的使用技能主要与一个人的文本理解、图像识别功能有关（Anderson et al.，2007）。因此，互联网使用的积极作用主要体现在青少年的词汇和语言能力发展上，与其数学和逻辑推理能力的关系并不大。

3.2 互联网使用的不平等

由上可知，互联网确实促进了青少年的认知功能发展，可以成为一股均等化的社会力量。接下来的一个问题是：互联网使用是否有社会经济地位上的差异？前文提到，互联网时代的数字鸿沟不仅体现在不同国家和地区之间，也体现在一个国家内部不同

表 2　互联网使用对青少年认知测试的区县固定回归模型

	标准化字词测试得分			标准化数学测试得分		
	模型 1	模型 2	模型 3	模型 4	模型 5	模型 6
互联网使用（参照组：从未上网）						
持续上网	0.326 *** (0.039)	0.295 *** (0.039)	0.227 *** (0.037)	0.142 ** (0.053)	0.089 + (0.053)	0.044 (0.051)
新近上网	0.286 *** (0.031)	0.270 *** (0.031)	0.213 *** (0.030)	0.149 *** (0.043)	0.121 ** (0.042)	0.076 + (0.040)
不再上网	0.123 + (0.068)	0.091 (0.068)	0.053 (0.064)	−0.102 (0.093)	−0.155 + (0.093)	−0.127 (0.088)
家庭社会经济地位						
父母最高受教育年限		0.018 *** (0.004)	0.012 *** (0.003)		0.034 *** (0.005)	0.025 *** (0.005)
家庭人均纯收入（取对数）		0.002 (0.016)	−0.003 (0.015)		−0.013 (0.019)	−0.018 (0.018)
2010 年认知测试得分			0.329 *** (0.020)			0.451 *** (0.027)
控制变量	√	√	√	√	√	√
区县固定效应	√	√	√	√	√	√
样本量	2699	2699	2699	2699	2699	2699

注：（1）每一个模型中的控制变量均为 2010 年青少年的性别、年龄、户口、兄弟姐妹数、受教育年限，控制变量的系数在此省去；（2）2010 年认知测试得分同样采取 Z-score 标准化，字词测试回归模型中控制变量为 2010 年字词测试得分，数学测试回归模型中控制变量为 2010 年数学测试得分；（3）括号中的数字为标准误，$^{+}p<0.1$　$^{*}p<0.05$　$^{**}p<0.01$　$^{***}p<0.001$（双尾检验）。

地区、不同社会群体之间。这一部分讨论的是我国互联网使用在社会经济地位上的不平等。衡量互联网使用情况的 3 项指标分别是互联网可及性、上网时长、上网学习活动。前一项指标针对的是全样本，后两项是网民样本。回归模型结果详见表 3。

表 3　　家庭社会经济地位对青少年互联网使用的区县固定效应回归模型

	全样本	互联网用户	
	是否上网 （是=1/否=0）	上网时长 （0-126 小时/周）	上网学习 （频率：1-7）
父母最高受教育程度（参照组：小学及以下）			
初中	0.370*** （0.101）	-0.149 （0.687）	0.254* （0.111）
高中及以上	0.578*** （0.137）	-1.509+ （0.822）	0.476*** （0.136）
家庭人均纯收入（取对数）	0.138** （0.044）	0.021 （0.266）	-0.029 （0.051）
控制变量			
女孩	-0.324*** （0.085）	-2.143*** （0.521）	0.430*** （0.087）
年龄	0.926*** （0.207）	-0.936 （1.314）	0.494* （0.219）
年龄的平方	-0.019* （0.007）	0.071 （0.046）	-0.018* （0.008）
非农户口	0.820*** （0.154）	0.410 （0.784）	0.184 （0.131）
区县固定效应	√	√	√
样本量	3531	2029	2029

注：（1）模型 1 是 Binary Logistic 回归模型，模型 2-3 是 Ordinary Least Square（OLS）回归模型；（2）括号中的数字为标准误，$^{+}p<0.1$　$^{*}p<0.05$　$^{**}p<0.01$　$^{***}p<0.001$（双尾检验）。

互联网不平等的首要表现是“有”和“没有”之间的差异。模型 1 展示的是家庭背景对青少年是否上网的影响。我们可以看到，首先，父母的教育水平对青少年上网具有显著的正效应。参照组是小学及以下学历。具体来说，在控制了其他因素后，相比于小学及以下学历的父母，父母为初中学历的青少年上网的发生率（*odds*）提高了 44.8%，当父母为高中及以上学历时，其上网发生率增加了 78.2%。其次，家庭人均纯收入每增加 1000 元，青少年上网的发生率将上升 2.2%。这些效应在统计上都是显著的（$p<0.001$）。此外，在控制变量中，女孩使用互联网的可能性要明显低于男孩。不同年龄段的互联网使用情况呈倒 U 型的变化趋势，在 14 岁左右出现了一个小幅度的回落。一个可能的原因是，这个年龄段的孩子大多刚进入高中，家长或学校考虑到课业任务加重，从而增加了对青少年上网行为的限制。当然，在 CFPS 2014 截面数据中，我们无法区分年龄和世代的真正影响。拥有非农户口的青少年上网的概率要明显高于农业户口的人。从整体上看，家庭社会经济地位越高，青少年越有可能接触到互联网，而父母教育水平低、家庭收入低、农村地区的孩子更有可能被排斥在互联网之外。

互联网的接入只是第一步，仅仅拥有互联网接入的能力远远不够，如何充分利用信息技术才是关键。上网时长在一定程度上展现出一个人利用互联网技术的程度。CFPS 2014 询问了受访青少年在业余时间的每周上网小时数，模型 2 报告的是青少年业余上网时间的影响因素。一个最主要的趋势是，随着父母教育水平的提高，青少年业余上网时间逐渐减少。在控制了其他因素的情况下，父母的最高受教育程度为小学及以下、初中、高中及以上的青少年，每周业余时间上网时长依次减少。不过，只有当父母的最高受教育程度为高中及以上时，这一效应在 0.1 水平上是显著的。作为家庭背景的另一个测量指标，家庭收入对青少年上网时长没有产生显著的影响。另外，在个人特征中，只有性别对青少年的上网时长具有显著的影响，平均而言，男孩业余时间每周上网比女孩多了 2 个小时。

除了上网时长，我们还关注人们应用互联网来改变工作、学习和生活方面的情况，这也是第三道数字鸿沟的主要内容。在 CFPS2014 中，受访的互联网用户被提问了在一般情况下使用互联网进行学习的频率有多高。模型 3 汇报的是家庭社会经济地位作为关键自变量对青少年上网学习活动频率因变量的影响。根据前文的讨论，教育、收入等社会经济因素可以有效地促进互联网使用者利用进行信息搜索、教育培训等所谓“资本提高型”活动（DiMaggio and Hargittai，2001）。数据结果符合上述预期。一个突出的表现就是，随着父母教育水平的提高，孩子上网学习的频率呈不断提高的趋势。根据上网时长和上网学习活动的数据结果可知，社会经济地位高的家庭对青少年的上网行为管束得更加严格，这些孩子不仅在课堂之外的上网时间更少，也更多利用互联网的学习功能。

由上可知，我国青少年在互联网使用的各个维度上都存在家庭社会经济地位的差距，即互联网使用的社会不平等。如创新扩散模型所示，高社会经济地位的人更愿意、更早接受变革，只有当技术变革在这一人群逐渐饱和后，才扩散到社会经济地位低的人群，并且在这一阶段技术变革以相对快速的方式被采用（Rogers，1962）。在过去二十年间，尽管我国互联网的普及和应用有了很大幅度的提高，但基本上遵循了创新扩散的特征。

4　进一步的分析

如前文所述，一个人的认知功能在很大程度上与受教育程度密切相关。互联网使用对青少年认知功能的影响可能存在两种机制：一是通过作用于青少年的教育水平间接地提高了他们的认知功能，二是直接促进青少年的认知功能。我们的分析样本显示，在控制了个人、家庭和区县效应后，相比那些从未上网的青少年，2010—2014 年间持续上网、新近上网的青少年的教育水平分别增加了 0. 60 年和 0. 53 年，且在统计上是显著的（$p<0.001$）。① 可见，互联网使用能够有效地促进青少年的教育获得。因此，我们有必要进一步检验互联网使用对青少年的认知功能是否存在直接效应。

对此，我们将分析对象限定为已离校的青少年，既包括青少年毕业未继续升学的情况，也包括青少年中途辍学的情况。这是因为，对这些已离校的青少年来说，我们在控制了他们的最高学历后，得到的就是互联网使用对青少年认知功能的直接作用。在我们的分析样本中，2014 年已离校的青少年共计 718 人，其中，2010—2014 年间从未上网、持续上网、新近上网和不再上网的比例依次为 15. 74%、42. 20%、35. 38%、6. 69%。具体做法是，我们以 2014 年调查时已离校的青少年的认知测试得分作为因变量，核心自变量还是 2010—2014 年间互联网使用情况，同时控制了他们离校后的最高学历及其他影响因素。数据结果如表 4 所示，这些模型中的控制变量均在表中省去。②

由表 4 可知，互联网使用依然显著地提高了离校青少年的词汇和语言表达能力。在已离校的青少年中，相比于从未使用过互联网的情况，持续上网、新近上网、不再上网的青少年字词测试得分都要更高一些，其标准化得分提高了 0. 27 ~ 0. 45 个标准差，且在统计上显著。然而，互联网使用对离校青少年的数学测试得分几乎没有影响。这一点与之前的发现基本一致，即互联网使用的积极作用更多地体现在青少年的语言能力上，因为算术能力更需要来自学校教育的系统学习和训练，而语言能力主要与课堂之外的练习有关。相应地，我们也看到，这些离校青少年的教育水平对数学测试的影响更大。离校青少年的受教育水平每增加 1 年，其标准化数学测试得分提高了 0. 11 个

---

① 采用区县固定回归模型，因变量是受访者 2014 年的受教育年限（年），自变量是 2010—2014 年间互联网使用情况（从未上网、持续上网、新近上网、不再上网），控制变量是受访者的性别（女 = 1，男 = 0），年龄（岁），兄弟姐妹数（个），户口（非农 = 1，农业 = 0），在校（是 = 1，否 = 0），父母最高受教育年限（年），家庭人均纯收入（取对数）。所有控制变量都来自 2010 年调查。回归模型统计结果参见附表 2。

② 控制变量的回归结果参见附表 4。

标准差，是字词测试得分的 2 倍（0.06 个标准差）。综上可知，互联网使用对认知功能的积极效应不仅通过作用于他们的教育获得，更重要的是，它具有直接的正效应。而且，在这些离校青少年人群中，认知测试表现最佳的依然是持续上网的人，其次是新近上网的人。

表 4　互联网使用对已离校青少年认知测试的区县固定回归模型

	标准化 字词测试	标准化 数学测试
互联网使用（参照组：从未上网）		
持续上网	0.452*** （0.082）	−0.032 （0.080）
新近上网	0.378*** （0.072）	0.002 （0.070）
不再上网	0.270* （0.113）	−0.155 （0.111）
2014 年受教育年限	0.064*** （0.011）	0.112*** （0.012）
控制变量	√	√
区县固定效应	√	√
样本量	718	718

注：（1）每一个模型中的控制变量均为 2010 年青少年的性别、年龄、户口、兄弟姐妹数、在校状况和认知测试得分，以及父母最高受教育年限、家庭人均纯收入，控制变量的系数在此省去；（2）2010 年认知测试得分同样采取 z-score 标准化，字词测试回归模型中控制变量为 2010 年字词测试得分，数学测试回归模型中控制变量为 2010 年数学测试得分；（3）括号中的数字为标准误，$^{+}p<0.1$　$^{*}p<0.05$　$^{**}p<0.01$　$^{***}p<0.001$（双尾检验）。

5　结论与讨论

本研究使用一项全国代表性调查数据，以我国青少年群体的互联网使用为例，检验了互联网双重作用的理论模型。数据结果表明：第一，使用互联网对青少年的认知测试（主要是字词测试）结果具有积极的作用，尤其是在 2010 年和 2014 年两个调查年份均上网的人表现最佳。第二，互联网的使用行为深受当前社会经济资源的制约，那些家庭社会经济地位更高的孩子不仅更容易接触到互联网，而且更可能充分利用互联网的学习功能。

由此，我们可以认识到，一方面，互联网的确可以给很多人带来社会经济上的收益。互联网极大地提升了信息的开放性和获取的便捷性，可以跨越性别、年龄、种族、阶层、地域，全球信息正在快速地共享和平等化。这无疑是对世界改变有利的一个方面。例如，在教育领域，高质量教育资源匮乏一直是不发达地区、贫困及弱势群体面对的难题，而到了信息时代，通过互联网进行教育资源共享，从而打破教育资源的不均等分布，被视为解决教育不平等的一个切入点。正如在本文中，互联网使用有效地推动了青少年认知功能的发展。另一方面，人们利用新技术和获取信息的能力是不同的，家庭社会经济地位是造成互联网不平等的主要因素，而互联网不平等又进一步拉大了人与人之间的差距。换句话说，那些家庭富裕的人更善于利用新技术，并从互联网获得更多优势。比如，他们具备利用互联网进行学习的偏好，加速了人力资本的积累。本研究的结果表明，家庭社会经济地位对青少年认知功能的影响，一部分是直接的作用（图 1：c），一部分是间接通过互联网使用这一中介来实现的（图 1：a×b）。但总的来说，互联网使用可以被视作家庭背景作用于社会结果的中介变量，在社会不平等和代际资源传递中起到了不容忽视的影响。

回到最初的问题：互联网使社会更平等还是更不平等？尽管互联网成为社会经济发展的重要力量，但互联网应用的正面效应在全人群中的分布是不均衡的。很多情况下，互联网普及所带来的好处向更加富有、更高教育水平、更有影响力的人群倾斜，其他那些被排斥在数字机遇之外的人往往面临更加严峻的经济、社会、种族、健康等问题，也因此带来了信息资源配置的不平衡，强化了不同社会群体之间的分化程度，乃至影响到一个国家和地区的经济和文化发展（DiMaggio et al.，2004；World Bank，2016）。可见，由互联网使用带来的数字红利与社会不平等之间形成同构关系，互联网时代的数字鸿沟反而进一步加剧了社会的不平等。在信息时代，弥合互联网时代的数字鸿沟具有十分重要的学术价值和现实意义，值得未来更多、更深入的学术研究和讨论。

参考资料

[1] 陈纯槿、顾小清，2017，《互联网是否扩大了教育结果不平等——基于 PISA 上海数据的实证研究》，《北京大学教育评论》第 1 期 .

[2] 顾和军，2013，《信息技术、性别平等与中国农村孩童教育——来自中国营养健康调查的证据》，《人口与发展》第 5 期 .

[3] 黄佩、杨伯溆、仝海威，2008，《数字鸿沟中社会结构因素的作用探讨——以学生家庭背景与互联网使用行为的关系为例》，《青年研究》第 7 期 .

[4] 雷雳、郭菲，2008，《青少年的分离-个体化与其互联网娱乐偏好和病理互联网使用的关系》，《心理学报》第 9 期 .

[5] 雷雳、杨洋、柳铭心，2006，《青少年神经质人格、互联网服务偏好与网络成瘾的

关系》，《心理学报》第 3 期 .

［6］李丹、周志宏、朱丹，2007，《电脑游戏与青少年问题行为、家庭各因素的关系研究》，《心理科学》第 2 期 .

［7］李汪洋、谢宇，2017，《互联网不平等》，《中国民生发展报告 2016》（谢宇、张晓波、涂平、任强编），北京：北京大学出版社 .

［8］吴琼，2017，《认知功能的发展》，《中国民生发展报告 2016》（谢宇、张晓波、涂平、任强编），北京：北京大学出版社 .

［9］谢宇、胡婧炜、张春泥，2014，《中国家庭追踪调查：理念与实践》，《社会》第 2 期 .

［10］赵联飞，2015，《中国大学生中的三道互联网鸿沟——基于全国 12 所高校调查数据的分析》，《社会学研究》第 6 期 .

［11］庄家炽、刘爱玉、孙超，2016，《网络空间性别不平等的再生产：互联网工资溢价效应的性别差异——以第三期妇女地位调查为例》.《社会》第 5 期 .

［12］Aker, J. C., & Mbiti, I. M. 2010. "Mobile Phones and Economic Development in Africa." *Journal of Economic Perspectives*, 24 (3), 207-32.

［13］Alvaredo, F., Chancel, L., Piketty, T., Saez, E. & Zucman G. 2018. "*World Inequality Report* 2018". (http://wir2018.wid.world/).

［14］Anderson, C. A., Gentile, D. A., & Buckley, K. E. 2007. "*Violent Video Game Effects on Children and Adolescents.*" New York: Oxford University Press.

［15］Anderson, R. H., Bikson, T. K., Law, S. A., & Mitchell B. M. 1995. *Universal Access to E-Mail: Feasibility and Societal Implications*. Santa Monica, CA: RAND.

［16］Attewell, P., Battle, J., & Suazo-Garcia, B. 2003. "Computers and Young Children: Social Benefit or Social Problem?" *Social Forces*, 82 (1), 277-296.

［17］Bakker, T. P., & De Vreese, C. H. 2011. "Good News for the Future? Young People, Internet Use, and Political Participation." *Communication Research*, 38 (4), 451-470.

［18］Bandura, A. 2002. "Social Cognitive Theory of Mass Communication." pp. 121-153 in J. Bryant & D. Zillmann (Eds.), *Media Effects: Advances in Theory and Research* (2nd ed.). Mahwah, NJ: Erlbaum.

［19］Berger, M., Wagner, T. H., & Baker, L. C. 2005. "Internet Use and Stigmatized Illness." *Social Science & Medicine*, 61 (8), 1821-1827.

［20］Blake, J. 1989. *Family Size and Achievement*. Berkeley: University of California Press.

［21］Chen, D. H. C. 2004. "Gender Equality and Economic Development: The Role for Information and Communication Technologies." *World Bank Policy Research Working Pa-*

per No. 3285.

[22] DiMaggio, P., & Bonikowski, B. 2008. "Make Money Surfing the Web? The Impact of Internet Use on the Earnings of U. S. Workers." *American Sociological Review*, 73 (2), 227-250.

[23] DiMaggio, P., Hargittai, E., Celeste, C., & Shafer, S. 2004. "Digital Inequality: From Unequal Access to Differentiated Use." pp. 355-400 in Kathryn Neckerman, ed., *Social Inequality*. New York: Russell Sage Foundation.

[24] DiMaggio, P., Hargittai, E., Neuman, W. R., & Robinson, J. P. 2001. "Social Implications of the Internet." *Annual Review of Sociology*, 27 (1), 307-336.

[25] Downey, D. B., P. T. von Hippel, & B. A. Broh. 2004. "Are Schools the Great Equalizer? Cognitive Inequality during the Summer Months and the School Year." *American Sociological Review*, 69 (5): 613-35.

[26] Fiorini, M. 2010. "The Effect of Home Computer Use on Children's Cognitive and Non-cognitive Skills." *Economics of Education Review*, 29 (1), 55-72.

[27] Fountain, C. 2005. "Finding a Job in the Internet Age." *Social Forces*, 83 (3), 1235-1262.

[28] Gerbner, G., Gross, L., Morgan, M., Signorielli, N., & Shanahan, J. 2002. "Growing Up with Television: Cultivation Processes." pp. 43-67 in J. Bryant & D. Zillmann (Eds.), *Media Effects: Advances in Theory and Research* (2nd ed.). Mahwah, NJ: Erlbaum.

[29] Goss, E. P., & Phillips, J. M. 2002. "How Information Technology Affects Wages: Evidence Using Internet Usage as a Proxy for IT Skills." *Journal of Labor Research*, 23 (3), 463-474.

[30] Guillén, M. F., & Suárez, S. L. 2005. "Explaining the Global Digital Divide: Economic, Political and Sociological Drivers of Cross-national Internet Use." *Social Forces*, 84 (2), 681-708.

[31] Hannum, E. 1999. "Political Change and the Urban-rural Gap in Basic Education in China, 1949-1990." *Comparative Education Review*, 43 (2), 193-211.

[32] Hargittai, E. 1999. "Weaving the Western Web: Explaining Differences in Internet Connectivity among OECD Countries." *Telecommunications Policy*, 23 (10-11), 701-718.

[33] Hargittai, E., & Hinnant, A. 2008. "Digital Inequality: Differences in Young Adults' Use of the Internet." *Communication Research*, 35 (5), 602-621.

[34] Hofferth, S. L. 2010. "Home Media and Children's Achievement and Behavior." *Child Development*, 81 (5), 1598-1619.

[35] International Telecommunication Union (ITU). 2017. "*Measuring the Information Society Report* 2017." Geneva, Switzerland, Retrieved from https: //www. itu. int/en/ITU-D/Statistics/Pages/publications/mis2017. aspx.

[36] Jackson, L. A., Von Eye, A., Biocca, F. A., Barbatsis, G., Zhao, Y., & Fitzgerald, H. E. 2006. "Does Home Internet Use Influence the Academic Performance of Low-income Children?" *Developmental Psychology*, 42 (3), 429-435.

[37] Jung, J. Y., Kim, Y. C., Lin, W. Y., & Cheong, P. H. 2005. "The Influence of Social Environment on Internet Connectedness of Adolescents in Seoul, Singapore and Taipei." *New Media & Society*, 7 (1), 64-88.

[38] Kraut, R., Patterson, M., Lundmark, V., Kiesler, S., Mukophadhyay, T., & Scherlis, W. 1998. "Internet Paradox: A Social Technology that Reduces Social Involvement and Psychological Well-being?" *American Psychologist*, 53 (9), 1017-1031.

[39] Krueger, A. B. 1993. "How Computers Have Changed the Wage Structure: Evidence from Microdata, 1984-1989." *The Quarterly Journal of Economics*, 108 (1), 33-60.

[40] Li, S., Jin, X., Wu, S., Jiang, F., Yan, C., & Shen, X. 2007. "The Impact of Media Use on Sleep Patterns and Sleep Disorders among School-aged Children in China." *Sleep*, 30 (3), 361-367.

[41] National Telecommunications & Information Administration, U. S. Department of Commerce (NITA). (1999). *Falling through the Net: Defining the Digital Divide.* Washington, D. C. Retrieved from http: //www. ntia. doc. gov/report/1999/falling-through-net-defining-digital-divide.

[42] Ono, H., & Zavodny, M. 2007. "Digital inequality: A five Country Comparison Using Microdata." *Social Science Research*, 36 (3), 1135-1155.

[43] Organization for Economic Co-operation and Development (OECD), 2001, *Understanding the Digital Divide.* Paris, France. Retrieved from http: //www. oecd. org/sti/1888451. pdf.

[44] Ragnedda, M, & Muschert, G. W. 2013. *The Digital Divide: The Internet and Social Inequality in International Perspective.* New York: Routledge, 2013.

[45] Rindermann, H., & Thompson, J., 2013. "Ability Rise in NAEP and Narrowing Ethnic Gaps?" *Intelligence*, 41 (6), 821-831.

[46] Rogers, E. M. 1962. *Diffusion of Innovations* (3rd ed.). New York: The Free Press.

[47] Rosenfeld, M. J. , & Thomas, R. J. 2012. "Searching for a Mate: The Rise of the Internet as a Social Intermediary." *American Sociological Review*, 77 (4), 523-547.

[48] Subrahmanyam, K. , Greenfield, P. , Kraut, R. , & Gross, E. 2001. "The Impact of Computer Use on Children's and Adolescents' Development." *Journal of Applied Developmental Psychology*, 22 (1), 7-30.

[49] Van Dijk, J. , & Hacker, K. 2003. "The Digital Divide as a Complex and Dynamic Phenomenon." *The Information Society*, 19 (4), 315-326.

[50] Wang, L. , Luo, J. , Bai, Y. , Kong, J. , Luo, J. , Gao, W. , & Sun, X. 2013. "Internet Addiction of Adolescents in China: Prevalence, Predictors, and Association with Well-being." *Addiction Research & Theory*, 21 (1), 62-69.

[51] Wellman, B. , Salaff, J. , Dimitrova, D. , Garton, L. , Gulia, M. , & Haythornthwaite, C. 1996. "Computer Networks as Social Networks: Collaborative Work, Telework, and Virtual Community." *Annual Review of Sociology*, 22 (1), 213-238.

[52] Wilson, K. R. , Wallin, J. S. , & Reiser, C. 2003. "Social Stratification and the Digital Divide." *Social Science Computer Review*, 21 (2), 133-143.

[53] Witte, J. C. , & Mannon, S. E. 2010. *The Internet and Social Inequalities*. New York: Routledge.

[54] World Bank. 2016. *World Development Report* 2016: *Digital Dividends*. Washington D. C. (http://www.worldbank.org/en/publication/wdr2016).

[55] Xie, Y. , & Jin, Y. 2015. "Household Wealth in China." *Chinese Sociological Review*, 47 (3), 203-229.

[56] Xie, Y. , & Zhou, X. 2014. "Income Inequality in Today's China." *Proceedings of the National Academy of Sciences*, 111 (19), 6928-6933.

[57] Yang, L. , Sun, L. , Zhang, Z. , Sun, Y. , Wu, H. , & Ye, D. 2014. "Internet Addiction, Adolescent Depression, and the Mediating Role of Life Events: Finding from a Sample of Chinese Adolescents." *International Journal of Psychology*, 49 (5), 342-347.

[58] Zillien, N. , & Hargittai, E. 2009. "Digital Distinction: Status-specific Types of Internet Usage." *Social Science Quarterly*, 90 (2), 274-291.

附表 1　互联网使用对青少年认知测试的区县固定回归模型

	标准化字词测试			标准化数学测试		
	模型 1	模型 2	模型 3	模型 4	模型 5	模型 6
互联网使用（参照组：从未上网）						
持续上网	0. 326***	0. 295***	0. 227***	0. 142**	0. 089+	0. 044
	（0. 039）	（0. 039）	（0. 037）	（0. 053）	（0. 053）	（0. 051）
新近上网	0. 286***	0. 270***	0. 213***	0. 149***	0. 121**	0. 076+
	（0. 031）	（0. 031）	（0. 030）	（0. 043）	（0. 042）	（0. 040）
不再上网	0. 123+	0. 091	0. 053	−0. 102	−0. 155+	−0. 127
	（0. 068）	（0. 068）	（0. 064）	（0. 093）	（0. 093）	（0. 088）
家庭社会经济地位						
父母最高受教育年限		0. 018***	0. 012***		0. 034***	0. 025***
		（0. 004）	（0. 003）		（0. 005）	（0. 005）
家庭人均纯收入（取对数）		0. 002	−0. 003		−0. 013	−0. 018
		（0. 016）	（0. 015）		（0. 019）	（0. 018）
2010 年认知测试得分			0. 329***			0. 451***
			（0. 020）			（0. 027）
控制变量						
女孩	0. 127***	0. 126***	0. 086***	0. 065**	0. 061*	0. 054+
	（0. 022）	（0. 022）	（0. 021）	（0. 030）	（0. 030）	（0. 028）
年龄	−0. 067***	−0. 061***	−0. 068***	−0. 049***	−0. 037***	−0. 065***
	（0. 008）	（0. 008）	（0. 007）	（0. 010）	（0. 010）	（0. 010）
兄弟姐妹数	−0. 037*	−0. 033*	−0. 022	−0. 045*	−0. 039+	−0. 027

续 表

	标准化字词测试			标准化数学测试		
	模型 1	模型 2	模型 3	模型 4	模型 5	模型 6
	(0.016)	(0.016)	(0.015)	(0.022)	(0.022)	(0.021)
非农户口	0.064^{+}	0.020	0.015	0.254^{***}	0.175^{***}	0.149^{**}
	(0.036)	(0.037)	(0.035)	(0.049)	(0.050)	(0.048)
受教育年限	0.087^{***}	0.082^{***}	0.048^{***}	0.151^{***}	0.142^{***}	0.070^{***}
	(0.008)	(0.008)	(0.007)	(0.010)	(0.010)	(0.011)
区县固定效应	√	√	√	√	√	√
样本量	2699	2699	2699	2699	2699	2699

注：（1）除互联网使用，其余自变量和全部控制变量均来自 2010 年调查；（2）2010 年认知测试得分同样采取 Z-score 标准化，字词测试回归模型中控制变量为 2010 年字词测试得分，数学测试回归模型中控制变量为 2010 年数学测试得分；（3）括号中的数字为标准误，$^{+}p<0.1$ $^{*}p<0.05$ $^{**}p<0.01$ $^{***}p<0.001$（双尾检验）。

附表 2　　互联网使用对青少年教育获得的区县固定回归模型

互联网使用（参照组：从未上网）	
持续上网	0.596*** (0.114)
新近上网	0.529*** (0.091)
不再上网	0.096 (0.199)
家庭社会经济地位	
父母最高受教育年限	0.082*** (0.010)
家庭人均纯收入（取对数）	0.019 (0.043)
控制变量	
女孩	0.252*** (0.064)
年龄	0.745*** (0.015)
兄弟姐妹数	−0.204*** (0.048)
非农户口	0.282** (0.107)
在校	3.881*** (0.137)
区县固定效应	√
样本量	2669

注：（1）除互联网使用，其余自变量和控制变量均来自 2010 年调查；（2）括号中的数字为标准误，+ $p<0.1$ * $p<0.05$ ** $p<0.01$ *** $p<0.001$（双尾检验）。

附表 3　家庭社会经济地位对青少年互联网使用的区县固定效应回归模型

	全部样本		互联网用户			
	是否上网（是=1/否=0）		上网时长（0-126 小时/周）		上网学习（频率：1-7）	
	模型 1	模型 2	模型 3	模型 4	模型 5	模型 6
父母最高受教育程度（参照组：小学及以下）						
初中	0.370***	0.364***	-0.149	-0.141	0.254*	0.253*
	(0.101)	(0.101)	(0.687)	(0.686)	(0.111)	(0.111)
高中及以上	0.578***	0.546***	-1.509+	-1.473+	0.476***	0.477***
	(0.137)	(0.138)	(0.822)	(0.822)	(0.136)	(0.137)
家庭人均纯收入（取对数）	0.138**		0.021		-0.029	
	(0.044)		(0.266)		(0.051)	
家庭人均纯收入（1000 元）		0.022***		-0.005		-0.002
		(0.005)		(0.014)		(0.002)
女孩	-0.324***	-0.320***	-2.143***	-2.151***	0.430***	0.432***
	(0.085)	(0.085)	(0.521)	(0.520)	(0.087)	(0.087)
年龄	0.926***	0.908***	-0.936	-0.920	0.494*	0.497*
	(0.207)	(0.208)	(1.314)	(1.314)	(0.219)	(0.219)
年龄的平方	-0.019*	-0.018*	0.071	0.070	-0.018*	-0.018*
	(0.007)	(0.007)	(0.046)	(0.046)	(0.008)	(0.008)
非农户口	0.820***	0.806***	0.410	0.419	0.184	0.179
	(0.154)	(0.154)	(0.784)	(0.782)	(0.131)	(0.130)
区县固定效应	√	√	√	√	√	√
样本量	3531	3531	2029	2029	2029	2029

注：（1）模型 1-2 是 Binary Logistic 回归模型，模型 3-6 是 Ordinary Least Square（OLS）回归模型；（2）括号中的数字为标准误，$^{+}p<0.1$ $^{*}p<0.05$ $^{**}p<0.01$ $^{***}p<0.001$（双尾检验）。

附表 4　互联网使用对离校青少年认知测试的区县固定回归模型

	标准化 字词测试	标准化 数学测试
互联网使用（参照组：从未上网）		
持续上网	0.452*** (0.082)	-0.032 (0.080)
新近上网	0.378*** (0.072)	0.002 (0.070)
不再上网	0.270* (0.113)	-0.155 (0.111)
2014 年受教育年限	0.064*** (0.011)	0.112*** (0.012)
父母最高受教育年限	0.004 (0.007)	0.005 (0.007)
家庭人均纯收入（取对数）	0.028 (0.030)	-0.020 (0.029)
2010 年认知测试得分	0.330*** (0.043)	0.287*** (0.039)
女孩	0.080+ (0.046)	-0.003 (0.045)
年龄	-0.023 (0.015)	0.061*** (0.015)
兄弟姐妹数	0.036 (0.031)	-0.006 (0.031)
非农户口	-0.131 (0.098)	0.132 (0.097)
在校	0.055 (0.071)	0.183** (0.070)
区县固定效应	√	√
样本量	718	718

注：（1）除互联网使用、受教育年限，其余变量均来自 2010 年调查；（2）2010 年认知测试得分同样采取 Z-score 标准化，字词测试回归模型中控制变量为 2010 年字词测试得分，数学测试回归模型中控制变量为 2010 年数学测试得分；（3）括号中的数字为标准误，$^{+}p<0.1$ $^{*}p<0.05$ $^{**}p<0.01$ $^{***}p<0.001$（双尾检验）。

互联网应用与儿童发展

——上网娱乐是否降低了儿童认知能力

首都经济贸易大学劳动经济学院　毛宇飞
北京石油化工学院经济管理学院　胡文馨

摘　要：随着网络应用呈现出低龄化趋势，上网娱乐对儿童发展带来的风险和益处一直备受争议。本文基于中国教育追踪调查（CEPS）数据，实证检验了上网娱乐对儿童认知能力的影响作用及机制。结果表明：儿童是否上网娱乐对其认知能力影响并不显著，但不同时段上网娱乐的影响却有所差异，与未上网儿童相比，仅周末上网对认知能力有正向影响，而周内周末均上网却对认知能力有负向影响。上网娱乐的影响效应在不同家庭网络环境、家庭教育、父母关系以及居住地区等方面存在异质性。上网娱乐主要通过影响儿童的时间配置、认知努力、学习及生活态度等渠道，对其认知能力产生影响。本文建议，家长应正视网络娱乐带来的益处，加强对儿童健康上网的教导；学校和社会要加强教育宣传和强化监管，限制儿童使用与其年龄不符的网络娱乐应用；儿童自身要养成良好习惯，严格控制上网娱乐时段和时长，使其成为放松身心和拓宽视野的有效方式。

关键词：上网娱乐　分时段上网　认知能力　家庭环境　非认知能力

Abstract: With the trend of younger age in online applications, the risks and benefits of online entertainment for children's development have always been controversial. This article empirically tests the impact and mechanism of online entertainment on children's cognitive abilities based on data from the China Education Tracking Survey (CEPS). The results indicate that whether children engage in online entertainment does not have a significant impact on their cognitive ability, but the impact of online entertainment varies at different time periods. Compared with children who do not engage in online activities, only weekend online activities have a positive impact on cognitive ability, while weekly weekend online activities have a negative impact on cognitive ability. The impact of online entertainment has heterogeneity in different family network environments, family education, parental relationships, and residential areas. Online entertainment mainly affects children's cognitive abilities through channels such as time allocation, cognitive effort, learning and life attitudes. This article suggests that parents should face the benefits of online entertainment and strengthen their education on children's healthy internet use; schools and society should strengthen education, publicity, and supervision, and restrict children from using online entertainment applications that do not match their age; children should develop good habits and strictly control the time and duration of online entertainment, making it an effective way to relax their body and mind and broaden their horizons.

Keywords: Internet Entertainment; Online in Different Time Periods; Cognitive Ability; Family Environment; Non-cognitive Ability

1 引言

互联网技术作为现代教育的重要组成部分，已逐渐被世界各国政府纳入到未成年儿童的教育体系中（Barrow et al.，2009）。然而从现实来看，儿童网络使用率增加带来的益处和风险却一直以来饱受争议（Malamud and Pop-Eleches，2011）。一方面，网络技术衍生出的信息获取、网络文学及在线教育等应用，有助于儿童拓宽视野，能够减缓因偏远和贫困等造成的滞后局面（曹丹丹等）；另一方面，网络应用对未成年儿童有较大的吸引力，儿童因沉迷于网络而影响学习，甚至对身心健康造成巨大危害，在公共舆论中颇为常见（Genevieve，2010）。近年来，伴随着全国网民规模的日趋增长，也带来了网络使用低龄化的趋势。由于未成年儿童学习任务繁重，身心尚未健全，部分群体自控能力较差，很容易因一时沉迷网络而无法自拔。为此，2019 年 11 月，我国国家新闻出版署专门印发了《关于防止未成年人沉迷网络游戏的通知》，从时间管理、实名制及网络消费等方面都做出具体的规定。如何引导儿童正确使用网络娱乐功能，防止其网络成瘾，成为当前学界和社会各界关注的焦点。

认知能力是衡量儿童发展的重要指标，对其未来社会经济结果和行为有重要影响（郑磊等，2019）。已有研究主要从早期健康、父母参与、学前教育及家庭经济等方面，探讨了儿童认知能力的影响因素（Akee et al.，2018；方光宝和侯艺，2019）。随着学校开展计算机教育和家庭互联网的普及，学者也开始关注到互联网对儿童发展的影响。从相关文献来看，国外研究要早于国内，但结论存在争议。已有研究主要从教育信息化角度进行论述，认为儿童使用互联网与数学和阅读成绩、科技和学术兴趣有着积极的关系（Jackson et al.，2006；Barrow et al.，2009），尤其对于偏远贫困地区的儿童，能够从中获益更多（曹丹丹等，2018）。但也有研究认为儿童使用互联网并不会带来认知能力的提高或学习成绩的改善，反而会对其认知能力产生负向影响，并且导致视力下降、睡眠质量变差和社会参与程度降低，还会带来网络成瘾、暴力倾向及心理抑郁等潜在危害（Malamud and Pop-Eleches，2011）。事实上，由于互联网代表了如此多用途的技术，评估其潜在风险和益处，很大程度上取决于实际的网络应用及使用时间（Malamud and Pop-Eleches，2011；Kalenkoski and Pabilonia，2012；Blum-Ross and Livingstone，2016）。对于未成年儿童而言，更倾向于网络的娱乐类应用，而其在周内或周末不同时段的上网偏好，对认知能力的影响效果可能大相径庭。

目前不少学者针对儿童互联网使用状况、城乡差异及其学业表现等展开了讨论，但针对上网娱乐应用研究较少，本文聚焦于探讨上网娱乐应用对儿童认知能力的影响。有别于已有研究，本文边际贡献在于：一是已有关于儿童上网娱乐的研究以心理学和教育学文献居多，运用案例分析、文献综述和理论分析等质性方法，本文按照经济学分析范式分析了儿童上网娱乐对其认知能力的影响效应；二是以往研究将儿童视为同质性群体，由于其家庭网络环境、教育资源和居住地区的不同，可能造成上网娱乐对儿童认知能力的影响效果存在差异，本文探讨了儿童上网娱乐与认知能力关系的异质性，并对时间替代效应，认知努力及生活态度等方面进行了机制解释。

2 文献综述与研究假设

2.1 上网娱乐对儿童认知能力的影响

新人力资本理论将认知能力的开发与形成视为一个动态过程，并认为其在生命早期阶段具有较高的可塑性（Heckman，2007；李晓曼和曾湘泉，2012）。因此，如何促进儿童时期认知能力发展，成为当下研究的热点话题。关于上网娱乐如何影响儿童的认知能力，对此，不同学科给出的解释各有侧重（Vigdor and Ladd，2010）。心理学研究主要从认知学习理论与唤醒理论等视角，来解释儿童上网娱乐带来的影响。认知努力与被动性假设认为，上网娱乐可能会产生儿童的认知惰性效应，阻碍认知能力的发展（Ophir et al.，2009）。注意力与唤醒假设认为，儿童过度上网娱乐会导致其分心及产生情绪干扰效应（Beuermann et al.，2015），由于接收的信息更为海量，速度更为及时，这种高唤醒性和快速呈现的特点，会降低儿童的注意力和持续的学习投入。从时间分配来看，每个人的时间是有限的，上网娱乐对于儿童的学习和课外活动有替代效应（Beuermann et al.，2015），若用于上网娱乐的时间增多，那么就会减少其他课外活动时间作为补偿。然而，网络娱乐本身对认知能力也有积极作用。经验研究表明，以电子游戏为主的网络娱乐，能够提高儿童的视觉空间感和解决问题的技能，并且对其数学成绩和团队合作能力有积极的影响（Algan and Fortin，2016）。另外，还有一些益智类游戏、网络视频及网络音乐等娱乐应用，也有助于儿童调节生活、缓解压力和放松心情（Green and Bavelier，2012）。此外，儿童通过上网娱乐能够较早地接触到新技术，会促进其计算机技能的提升，从而在成年之后带来更好的劳动力市场表现（Bulman and Fairlie，2016）。由此来看，上网娱乐并不一定总会对儿童认知能力产生负面影响，并且在一定条件下，还成为促进儿童思维活跃和能力拓展的有效工具。结合现实来看，一些儿童有良好的上网习惯，将其作为周末的一种娱乐方式；而另外一些儿童则自控能力较差，无论周内或周末均有上网娱乐习惯，这种不同时段上网对认知能力的影响会有所区别。鉴于此，本文提出假设：

假设1：儿童仅周末上网娱乐，有利于其认知能力发展；但周内和周末均上网，则对认知能力有负向影响。

2.2 不同家庭环境下儿童上网娱乐影响的异质性

家庭是儿童成长的重要场所，大量研究表明，构成家庭环境的要素，不仅对儿童学业成绩和身心健康发展有影响，而且也会影响儿童的上网娱乐行为（邹红等，2014；Akee et al.，2018）。在家庭上网环境方面，首先，家里是否有网络会对儿童上网娱乐行为产生直接影响。与未接入网络家庭相比，家中有网络降低了儿童接入网络的成本，会让儿童更早地掌握信息技术技能，使得在家中上网更加便利（方超等，2019）。但对于自控能力较差的儿童来说，这也意味着增加了他们过度上网娱乐的可能，占据了其他更有价值的课外活动时间（邓林园等，2013）。其次，家长使用网络的习惯会对儿童上网行为产生示范效应。有上网习惯的父母更能分辨网络上的不良信息，从而正确引导儿童选择有益的网络内容，降低上网娱乐给儿童带来的负向影响。此外，家长对于子女上网进行严格监管，为其制定上网规则的同时能够有效督促其合理安排上网时间；而对于家长监管不严格的儿童，更容易沉迷于网络娱乐，进而加剧了对儿童认知能力的负向影响（Mathiesen，2013；Vaala and Bleakley，2015）。在家庭教育方面，父母学历较高或文化资本较高的家庭中，会更加重视早期的教育投资以及儿童能力素质的全面提升，会通过让儿童使用网络，较早地掌握网络信息技术技能（杨春华，2006）。在家庭关系方面，关系较好家庭为儿童提供了和睦的成长环境，父母与子女进行充分交流，更有利于控制其上网娱乐时间；反之，儿童更倾向于从网络娱乐中寻找快乐，从而可能导致网络成瘾的不良行为（黄亮，2016；刘丹霓和李董平，2017）。在家庭经济方面，由于城乡"数字鸿沟"长期存在，居住在城市的儿童接触网络机会较多，加之学校及家长多方位教育，因此受上网娱乐的负向影响程度可能较低；但对农村儿童而言，由于整体网络普及率不高，加之学校及家长的监管不足，使其对于上网娱乐的新鲜感和好奇心更强，更有可能受到诱惑。鉴于此，本文提出假设：

假设 2：不同家庭环境下儿童上网娱乐对儿童认知能力的影响效应存在异质性，对于家庭上网氛围良好，父母学历较高、关系融洽及城市地区的儿童群体，上网娱乐的正向效应更明显。

3 数据来源、模型设定与描述统计

3.1 数据来源

本文使用的数据来自中国教育追踪调查（CEPS）数据，该数据采用多阶段概率与规模成比例（PPS）抽样方法，分别从县（区）、学校、班级进行分层随机抽样，在以往关于儿童发展的研究中也经常用到，具有权威性和代表性。该数据调查样本为初中在校生，这些儿童正处于认知能力发展的重要时期，对于互联网已具备了使用和自控的能力。问卷中有涉及儿童上网娱乐的相关变量，并且囊括了个人特征、认知与非认知能力、家庭特征及学校特征等方面的信息。此外，该数据共有 2013～2014 年和 2014～2015 年两期，鉴于基期数据样本量大、信息全面等特点，本文在分析中主要使用基期数据。选取变量及说明如表 1 所示。

关于被解释变量认知能力，是指人脑加工、储存和提取信息的能力，主要涉及抽象思维、逻辑推演和记忆能力等（方超等，2019）。CEPS 项目采用国际通用的标准化试卷，从语言、图形与空间、计算与逻辑三个维度对初中学生进行了认知能力测试。本文选取了基于 3PL 模型的认知能力标准化得分来衡量儿童认知能力。

关于核心解释变量上网娱乐，本文利用学生问卷中“周一到周五平均每天上网、玩游戏时间”和“周末平均每天上网、玩游戏时间”两个题目，来衡量儿童上网娱乐情况。除了使用上网时间变量之外，本文还据此构造了儿童是否上网娱乐和上网娱乐时段两个变量。其中，是否上网娱乐反映了儿童整体上网情况，用二值变量来度量，若在周内或周末有过上网娱乐行为则取值为 1，否则取值为 0；上网娱乐时段为分类变量，反映了儿童在一周内不同时段的上网情况，未上网为 0，仅周末上网为 1，周内周末均上网为 2。

本文在分析过程中，主要家庭网络、家庭教育、家庭关系、家庭经济等方面综合考虑了家庭环境因素。与此同时，本文还尽可能多地控制了影响儿童上网娱乐和认知能力的其他因素，包括儿童性别、年龄、民族、户口、独生子女、所在年级、健康状况等人口统计特征，以及开放性、尽责性、宜人性等非认知能力特征。此外，本文还控制了学校性质和学校排名等办学质量因素以及区县固定效应。

表 1　　主要研究变量说明

维度	变量	变量说明
认知能力	认知能力得分	认知能力测试标准化得分（使用 3PL 模型）
上网娱乐	是否上网娱乐	在周内或周末是否上网娱乐（是=1，否=0）
	上网娱乐时段	未上网=0，仅周末上网=1，周内周末均上网=2
	上网娱乐时间	周内或周末平均每天上网娱乐时间（单位：小时）
家庭网络	家中有网络	家里是否有网络（有网络=1，无网络=0）
	家长上网习惯	家长工作之余是否有上网的习惯（是=1，否=0）
	家长上网监管	家长对儿童上网时间是否管得很严（是=1，否=0）
家庭教育	父亲学历	父亲最高学历对应的受教育年限（单位：年）
	母亲学历	母亲最高学历对应的受教育年限（单位：年）
	家里书籍数量	很少=1，比较少=2，一般=3，比较多=4，很多=5
	家长阅读习惯	家长工作之余有读书看报/杂志等习惯（是=1，否=0）
家庭关系	父母陪伴	儿童是否与父母同住（是=1，否=0）
	父母关系	父母是否关系很好（是=1，否=0）
家庭经济	家庭收入	非常困难=1，比较困难=2，中等=3，比较富裕=4，很富裕=5
	居住地区	中心及边缘城区=1，乡镇农村=0
人口统计特征	性别	男=1，女=0
	年龄	按调查年份计算的实际年龄（单位：年）
	民族	汉族=1，其他=0
	户口	非农户口=1，农业户口=0
	独生子女	是=1，否=0
	所在年级	九年级=1，七年级=0
	健康状况	BMI 指数是否正常（正常=1，偏瘦或偏胖=0）
非认知能力	开放性	反应能力迅速，能快速学会新知识，对新鲜事物好奇（4 级量表）
	尽责性	坚持去上学，能够尽全力完成功课（4 级量表）
	宜人性	所在班级班风良好，与同学亲近，对周围人友好（4 级量表）
学校特征	学校性质	是否为公立学校（是=1，民办及其他=0）
	学校排名	较差=1，中下=2，中间=3，中上=4，最好=5

3.2　计量模型设定

为了探究上网娱乐对儿童认知能力影响的净效应，在分析策略上，本文借鉴并拓展已有研究的做法（Biagi 和 Loi，2013），构建计量模型如下：

$$Cognitive_i = \alpha + \beta IU_i + \gamma Family_i + \delta X_i + \mu_i + \varepsilon_i \qquad (1)$$

上式（1）中，被解释变量 *Cognitive* 表示儿童认知能力，核心解释变量 IU_i 为二值变量是否上网娱乐，系数 β 表示上网娱乐的边际效应。控制变量方面，$Family_i$ 表示家庭环境变量；X_i 表示儿童人口特征、非认知能力及学校特征等变量；μ_i 表示区县固定效应，ε_i 表示随机扰动项。

为了进一步区分不同上网时段的影响效应，式（2）在基准模型中引入上网娱乐时段的虚拟变量。其中，*Weekend* 表示仅在周末（即周六和周日）上网，*Allweek* 表示周内周末（即上学日、周六及周日）均上网。系数 β_1 和 β_2 分别表示与未上网者相比，仅周末上网、周内周末均上网两种不同上网情况对儿童认知能力的影响。在实证分析中，本文还按照家庭特征进行分样本回归，以检验不同家庭环境下影响效应的异质性。

$$Cognitive_i = \alpha + \beta_1 Weekend_i + \beta_2 Allweek_i + \gamma Family_i + \delta X_i + \mu_i + \varepsilon_i \qquad (2)$$

为了验证上网娱乐的时间替代效应，本文首先用上网娱乐时间（IUtimei）替换基准模型中的是否上网娱乐变量，并在分析中区分了每周上网时间、周内或周末每天上网时间的影响效应，如式（3）所示。事实上，与周内周末均上网的儿童相比，仅周末上网者对于上网时间控制更好，网络对其影响的积极效应可能更明显，因此，在分析中有必要区分上网时段的异质性。因此，本文在式（1）基础上加入仅周末上网变量（*Weekend*），并分别将认知努力、持续学习和生活态度三个维度的代理变量（Y_i）作为被解释变量进行回归，如式（4）所示。其中，β_2 表示仅周末上网对认知努力等变量的影响，而 β_1 则表示在控制了仅周末上网之后，其他上网娱乐情况的影响效应。

$$Cognitive_i = \alpha + \beta IUtime_i + \gamma Family_i + \delta X_i + \mu_i + \varepsilon_i \qquad (3)$$

$$Y_i = \alpha + \beta_1 IU_i + \beta_2 Weekend_i + \gamma Family_i + \delta X_i + \mu_i + \varepsilon_i \qquad (4)$$

3.3 描述性统计

本文研究样本主要为年龄在 13~15 岁的初中阶段儿童，在剔除缺失关键变量的样本之后，得到最终样本 10934 个。其中，有上网娱乐行为的样本为 7447 个，占 68.1%。表 2 报告了全样本、上网样本、未上网样本的主要特征变量描述统计结果。从认知能力来看，上网儿童的认知能力得分更高，要显著高于未上网儿童。从家庭特征来看，上网儿童所在家庭中网络普及率更高、经济条件更富裕、居住在城市比例更多，并且家长学历较高、与子女同住比例更多，工作之余有经常上网及阅读的习惯；而未上网儿童的家庭中父母关系更好，家长对儿童上网监管也更为严格。从儿童个体特征来看，与未上网者相比，上网儿童中男性更多、非农户口和独生子女的比例更高，并且多为低年级学生，在开放性和宜人性非认知能力方面得分较高，而在尽责性方面得分较低。

表 2　　主要变量的描述性统计

变量	全样本		上网样本		未上网样本		T 检验
	均值	标准差	均值	标准差	均值	标准差	
认知能力得分	0.124	0.837	0.160	0.836	0.045	0.832	-0.115***
家中有网络	0.663	0.473	0.792	0.406	0.387	0.487	-0.405***
家长上网习惯	0.624	0.484	0.704	0.457	0.456	0.498	-0.248***
家长上网监管	0.652	0.476	0.597	0.491	0.769	0.422	0.171***
父亲学历	10.65	3.152	10.89	3.126	10.14	3.146	-0.753***
母亲学历	9.948	3.495	10.29	3.375	9.225	3.635	-1.061***
家里书籍数量	3.304	1.178	3.398	1.135	3.102	1.241	-0.295***
家长阅读习惯	0.749	0.434	0.783	0.413	0.677	0.468	-0.106***
父母陪伴	0.871	0.335	0.881	0.324	0.851	0.357	-0.030***
父母关系	0.85	0.357	0.844	0.363	0.863	0.344	0.019**
家庭收入	3.029	0.522	3.088	0.493	2.902	0.557	-0.186***
居住地区	0.564	0.496	0.617	0.486	0.450	0.498	-0.167***
性别	0.488	0.500	0.512	0.500	0.434	0.496	-0.078***
户口	0.479	0.500	0.518	0.500	0.395	0.489	-0.123***
独生子女	0.479	0.500	0.513	0.500	0.407	0.491	-0.107***
所在年级	0.496	0.500	0.486	0.500	0.519	0.500	0.033***
开放性	3.195	0.596	3.211	0.599	3.163	0.589	-0.047***
尽责性	3.345	0.655	3.307	0.665	3.425	0.626	0.117***
宜人性	3.185	0.681	3.193	0.674	3.167	0.695	-0.026*
观测值	10934		7447		3487		—

注：***、**、* 分别表示 p 小于 1%、5%、10%

资料来源：本文整理。

4　上网娱乐影响儿童认知能力的实证分析

4.1　基准回归

根据前文分析策略，表 3 中报告了上网娱乐对儿童认知能力影响效应的估计结果。具体来看，方程（1）仅控制了儿童个体特征、学校特征和区县固定效应之后，是否上网的系数为 0.028，且在 10%水平下显著，表明在排除儿童个体差异等因素之后，与未上网者相比，儿童上网娱乐对其认知能力有显著的正向影响。方程（2）进一步加入可能影响儿童认知能力的家庭环境等因素，得到是否上网的系数下降为 0.002 且不显著，表明在考虑家庭特征之后，儿童是否上网娱乐对其认知能力并没有显著的影响。以上结果意味着，儿童上网娱乐行为本身对认知能力并没有影响。造成这一结果的可能原因有二：一是已有研究未全面考虑家庭环境的作用，本文在控制一系列儿童个人及家庭的特征变量之后，得到了上网娱乐的净效应；二是儿童上网娱乐时段而非网络娱乐本身的影响可能更大。一些儿童有良好的上网习惯，将其作为周末的一种娱乐方式；而其他儿童则自控能力较差，无论周内或周末均有上网娱乐习惯，这种不同上网情况的差异使得整体上网娱乐影响不明显。方程（3）（4）为不同时段上网变量对儿童认知能力的影响，在使用区县固定效应模型，并控制个体特征、学校特征及家庭环境等变量之后，结果显示，仅周末上网和周内周末均上网的系数分别为 0.059 和-0.048，两者在 1%和 5%水平下显著，表明在考虑一系列控制变量后，与未上网者相比，周内周末均上网会显著降低儿童的认知能力，而仅周末上网会正向影响儿童的认知能力。

表 3　上网娱乐影响认知能力的回归结果

变量	（1）	（2）	（3）	（4）
是否上网	0.028* （0.016）	0.002（0.017）		
仅周末上网			0.089*** （0.019）	0.059*** （0.02）
周内周末均上网			-0.024（0.018）	-0.048** （0.019）
控制变量	是	是	是	是
县区固定效应	是	是	是	是
调整后 R^2	0.198	0.210	0.201	0.212
观测值	10934	10934	10934	10934

注：***、**、* 分别表示 p 小于 1%、5%、10%；括号内为区县水平聚类稳健标准误，回归中加入个体特征、家庭特征、学校特征等控制变量，下表同。

资料来源：本文整理。

4.2　异质性分析

表 4 中 Panel A 为不同家庭网络下的异质性，方程（1）~（3）分别按照家庭有无网络、家长有无上网习惯及家长网络监管是否严格进行分样本回归。结果显示，仅周末上网对于不同家庭网络情境下儿童的认知能力均有显著正向影响；而周内周末均上网对家中有网络、家长无上网习惯及上网监管不严的儿童认知能力负向影响更明显，但在家中无网络、家长有上网习惯及上网监管严格的情境下影响并不显著。Panel B 为不同家庭特征下的异质性，方程（1）~（3）分别按照家长学历、父母关系和居住地区进行分组回归。其中，家长学历变量是将父母双方中至少有一人为大专以上学历的视为

高学历家庭，其余为低学历家庭。结果显示，在高学历、父母关系很好、居住地为城市的家庭中，儿童仅周末上网带来的正向影响会更大；而在低学历、父母关系不好、居住在农村的家庭中，儿童周内周末均上网带来的负向影响会更明显。以上结论表明，对于不同家庭环境下的儿童，上网娱乐对其认知能力的影响存在明显异质性。

表 4　上网娱乐影响效应的异质性分析

Panel A：不同家庭网络下的异质性

变量	（1）家中有网络		（2）家长上网习惯		（3）家长网络监管	
	有网络	无网络	有上网习惯	无上网习惯	监管很严	监管不严
仅周末上网	0.063** (0.025)	0.069** (0.034)	0.063** (0.025)	0.073** (0.032)	0.049** (0.023)	0.073** (0.037)
周内周末均上网	−0.043* (0.026)	−0.032 (0.031)	−0.033 (0.025)	−0.057* (0.03)	−0.027 (0.023)	−0.083** (0.036)
调整后 R^2	0.186	0.161	0.179	0.191	0.197	0.240
观测值	7246	3688	6828	4106	7127	3807

Panel B：不同家庭特征下的异质性

变量	（1）家长学历		（2）父母关系		（3）居住地区	
	高学历家庭	低学历家庭	关系很好	关系不好	城市	乡镇农村
仅周末上网	0.116*** (0.041)	0.045** (0.022)	0.085*** (0.021)	−0.101** (0.05)	0.071*** (0.026)	0.063** (0.03)
周内周末均上网	−0.006 (0.043)	−0.056*** (0.022)	−0.031 (0.021)	−0.151*** (0.049)	−0.037 (0.026)	−0.049* (0.028)
调整后 R^2	0.146	0.190	0.211	0.224	0.201	0.158
观测值	2400	8534	9295	1639	6167	4767

注：***、**、* 分别表示 p 小于 1%、5%、10%；括号内为区县水平聚类稳健标准误。
资料来源：本文整理。

4.3　稳健性分析

1. 利用学习成绩进行稳健性检验。学习成绩被认为是预测儿童认知能力的重要指标，为检验上网娱乐对认知能力的影响是否具有稳健性，表 5 中利用学习成绩作为代理变量进行了检验。方程（1）中将利用 5 级量表测得的学生自评成绩作为被解释变量，方程（2）~（4）中分别将期中考试的语文、数学和英语标准化成绩作为被解释变量。回归结果显示，在各方程中，仅周末上网的系数显著为正，而周内周末均上网的系数显著为负，这与前文结论相一致。由此表明，与未上网者相比，仅周末上网不仅提高了儿童的认知能力，而且这种正向效应反映在学习成绩上也同样适用。

表 5　　　　上网娱乐对学习成绩的影响

变量	（1）自评成绩	（2）语文成绩	（3）数学成绩	（4）英语成绩
仅周末上网	0.047* （0.027）	0.477** （0.222）	0.751*** （0.232）	0.490** （0.23）
周内周末均上网	−0.136*** （0.027）	−1.027*** （0.224）	−1.384*** （0.235）	−1.078*** （0.225）
调整后 R^2	0.045	0.133	0.056	0.131
观测值	10198	10934	10934	10934

注：***、**、*分别表示 p 小于 1%、5%、10%；括号内为区县水平聚类稳健标准误。

资料来源：本文整理。

2. 利用面板数据进行稳健性检验。CEPS 数据中对 2013～2014 年基线调查中七年级学生进行了追踪调查，表 6 中为使用两期匹配数据进行稳健性检验的结果。方程（1）（2）中分别利用基期和后期匹配样本数据进行 OLS 估计；方程（3）（4）中控制年份固定效应，分别利用两期数据进行混合截面模型和面板数据模型的估计；方程（5）中将儿童基期的上网娱乐作为解释变量，将后期的认知能力作为被解释变量，得到上网娱乐对认知能力的跨期效应。以上结果表明，尽管各方程中仅周末上网、周内周末均上网变量的系数值有所差异，但较为一致的是，与未上网者相比，仅周末上网娱乐促进了儿童认知能力发展，而周内周末均上网降低儿童的认知能力，证实了前文结论具有稳健性。

表 6　　　　两期匹配数据的稳健性检验

变量	（1） 基期匹配样本	（2） 后期匹配样本	（3） 两期混合截面	（4） 两期面板数据	（5） 跨期效应
仅周末上网	0.083*** （0.031）	0.132*** （0.031）	0.104*** （0.022）	0.073*** （0.022）	0.113*** （0.026）
周内周末均上网	−0.050* （0.03）	−0.059** （0.029）	−0.058*** （0.021）	−0.036* （0.02）	−0.098*** （0.026）
年份固定效应	否	否	是	是	否
调整后 R^2	4783	4783	9566	9566	4783
观测值	0.190	0.238	0.229	0.2312	0.240

注：***、**、*分别表示 p 小于 1%、5%、10%；括号内为区县水平聚类稳健标准误。

资料来源：本文整理。

5 进一步讨论：上网娱乐对认知能力的影响机制

前文分析表明，儿童是否上网娱乐对其认知能力影响并不明显。但从分时段上网情况来看，周内周末均上网会降低其认知能力，而仅周末上网却促进了其认知能力发展。为何不同时段上网会造成影响结果的差异？本文试图结合相关理论对其影响机制进行解释。表 7 中报告了上网时间对认知能力的影响。结果显示，方程（1）中每周平均上网时间系数为-0.009，且在 1%水平下显著为负，表明随着儿童每周上网娱乐时间的增加，会对认知能力产生负向影响，符合时间替代理论的假说。方程（2）~（4）中估计了儿童在周内和周末每天上网时间对认知能力的影响，结果显示：在其他条件不变的情况下，儿童增加周内上网时间，会对认知能力产生负向影响；而儿童增加周末上网时间，与认知能力之间呈“倒 U”型关系，即随着周末上网时间增加，儿童认知能力呈先增加后减小的趋势。

表 7　　上网娱乐时间对认知能力的影响

变量	（1）	（2）	（3）	（4）
每周平均上网时间	-0.009*** （0.001）			
周内每天上网时间		-0.061*** （0.006）	-0.061*** （0.007）	-0.060*** （0.007）
周末每天上网时间			0.0003 （0.005）	0.028** （0.011）
周末每天上网时间平方/100				-0.444*** （0.162）
调整后 R^2	0.216	0.217	0.217	0.218
观测值	10934	10934	10934	10934

注：***、** 分别表示 p 小于 1%、5%；括号内为区县水平聚类稳健标准误。

资料来源：本文整理。

表 8 中进一步检验了上网娱乐对认知能力的影响机制。Panel A 中通过学生问卷中“希望自己读到什么程度”和“数学、语文和英语对我的未来很有帮助”等题目来反映儿童的认知努力态度。结果显示，仅周末上网对期望有高学历、数学有帮助和语文有帮助的影响系数显著为正；而控制仅周末上网之后，其他上网情况对期望有高学历、数学有帮助和英语有帮助的影响系数显著为负。Panel B 中通过问卷中“我经常迟到、经常上课”两个题目来反映儿童的持续学习行为，通过“感觉生活没意思、悲伤”来反映其生

活态度。结果显示，仅周末上网的儿童上课迟到概率较低，并且认为生活有意义，较少有悲伤等负面情绪；而其他上网情况的儿童，出现上课迟到、逃课等不良行为的概率更大，并且容易出现生活无意义感和悲伤等负面情绪。由此可见，周末适度上网娱乐，并不会诱发儿童不良行为，反而会增加生活乐趣，避免负向情绪出现；而周内周末过度上网，则不利于儿童持续学习习惯的形成，并且对其生活态度产生负面影响，进而阻碍了认知能力发展。

表 8　　上网娱乐影响效应的机制解释

Panel A：认知努力				
变量	（1）期望有高学历	（2）数学有帮助	（3）语文有帮助	（4）英语有帮助
是否上网	−0.294*** (0.038)	−0.074*** (0.020)	−0.021 (0.019)	−0.046** (0.021)
仅周末上网	0.189*** (0.034)	0.084*** (0.019)	0.039** (0.017)	0.012 (0.019)
调整后 R^2	0.185	0.139	0.106	0.157
观测值	10603	10926	10926	10914
Panel B：持续学习与生活态度				
变量	（1）经常迟到	（2）经常逃课	（3）生活没意思	（4）感到悲伤
是否上网	0.080*** (0.015)	0.018* (0.010)	0.087*** (0.026)	0.045* (0.026)
仅周末上网	−0.046*** (0.014)	−0.012 (0.008)	−0.061** (0.024)	−0.066*** (0.023)
调整后 R^2	0.052	0.020	0.084	0.075
观测值	10929	10925	10934	10934

注：***、**、* 分别表示 p 小于 1%、5%、10%；括号内为区县水平聚类稳健标准误。
资料来源：本文整理。

6　研究结论与启示

近年来，随着未成年儿童互联网普及率的上升，网络娱乐应用也呈现出低龄化的趋势。本文从儿童实际网络使用情况出发，重点分析了一周内不同时段上网娱乐对其认知能力的影响效应。研究表明：第一，儿童是否上网娱乐对其认知能力影响并不显著，但不同时段上网的影响却有所差异。与未上网者相比，仅周末上网对其认知能力有正向影响，而周内周末均上网对认知能力有负向影响。这种正向效应在认知能力较低及中高水平儿童群体中更明显，而负向效应在认知能力中低水平儿童群体中更明显。

第二，不同家庭环境下上网娱乐对儿童认知能力的影响效应存在异质性。仅周末上网对高学历、父母关系较好和城市家庭的儿童的正向影响更大，而周内周末均上网对家中有网络、家长无上网习惯和上网监管不严，以及低学历、父母关系不好和农村家庭的儿童的负向影响更大。第三，不同时段上网娱乐主要通过影响儿童的课外时间配置、学习及生活态度等方面对其认知能力产生影响。儿童周内增加上网娱乐时间会降低其认知能力，而周末适度上网能提高其认知能力。仅周末上网的儿童有积极的认知努力态度和强烈的学习动机，认为生活更有意义，较少有悲伤等负面情绪。

在现实生活中，大部分家长提及未成年子女上网娱乐经常是“谈虎色变”，为了防止儿童沉迷于网络，采取禁止上网的方式将儿童与网络“隔离”。本文结论提供了一种新的观点，即儿童上网娱乐行为本身并不意味着认知能力的降低，反而适时适度上网娱乐能够促进认知能力的增加。鉴于此，家庭、学校和社会更应该关注如何引导儿童形成良好的上网习惯，控制上网娱乐时间，仅通过禁止的方式未必能达到最优的效果。从家庭角度而言，家长要加强对儿童健康合理上网娱乐的教导，通过改变自身上网习惯树立榜样作用，引导其合理安排上网娱乐时间。同时，家长应正视网络娱乐带来的益处，可以将上网娱乐作为激励儿童的手段，形成和谐融洽的家庭上网氛围，进而促进其认知能力发展。从学校和社会角度来看，要加强教育宣传，帮助未成年儿童树立正确的上网娱乐习惯和消费观念，及时排查不良信息，并督促相关网络应用实行未成年儿童模式和实名注册制度，限制儿童使用与其年龄不符的网络娱乐服务。最后，从儿童自身角度来看，要养成自律的上网习惯，将上网娱乐作为周末放松身心的途径，并且要控制上网时段和时长，利用网络资源获取新知识和新信息。

需要说明的是，尽管本文用了面板数据模型验证了结论的稳健性，但由于调查数据限制，未来研究可尝试使用工具变量、断点回归及实验经济学等方法，来分析上网娱乐对儿童认知能力的影响。此外，本文仅探讨了儿童上网娱乐应用的影响，未来研究可进一步围绕儿童上网学习或社交应用带来的影响进行理论分析和实证检验，并针对网络应用对留守儿童、偏远地区儿童等特殊群体展开研究。

参考资料

[1] 曹丹丹，罗生全，杨晓萍，王文涛．基于互联网运用的城乡青少年认知能力发展［J］．中国电化教育，2018（11）：9-17.

[2] 邓林园，方晓义，伍明明，等．家庭环境、亲子依恋与青少年网络成瘾［J］．心理发展与教育，2013，29（3）：305-311.

[3] 方超，王顾学，黄斌．信息技术能促进学生认知能力发展吗？——基于教育增值测量的净效应估计［J］．开放教育研究，2019，25（4）：100-110.

[4] 方光宝，侯艺．家庭社会经济地位如何影响初中生认知能力的发展［J］．全球教育展望，2019，48（9）：68-76.

[5] 黄亮．家长参与学校教育对初中学生认知能力表现影响的实证研究——基于中国教育追踪调查基线数据的分析［J］．教育科学研究，2016（12）：53-59.

[6] 李晓曼，曾湘泉．新人力资本理论——基于能力的人力资本理论研究动态［J］．经济学动态，2012（11）：120-126.

[7] 刘丹霓，李董平．父母教养方式与青少年网络成瘾：自我弹性的中介和调节作用检验［J］．心理科学，2017，40（6）：1385-1391.

[8] 杨春华．教育期望中的社会阶层差异：父母的社会地位和子女教育期望的关系［J］．清华大学教育研究，2006（4）：71-76，83.

[9] 郑磊，翁秋怡，龚欣．学前教育与城乡初中学生的认知能力差距——基于 CEPS 数据的研究［J］．社会学研究，2019，34（3）：122-145，244.

[10] 邹红，金盛华，吴嵩．青少年家庭经济地位与网络成瘾的关系：人际关系的调节作用［J］．教育研究与实验，2014（2）：90-94.

[11] Akee R，Copeland W，Costello E J. How Does Household Income Affect Child Personality Traits and Behaviors?［J］. American Economic Review，2018，108（3）：775-827.

[12] Algan Y，Fortin N M. Computer Gaming and Test Scores：Cross-Country Gender Differences among Teenagers［R］. IZA Discussion Paper，2016，No. 10433.

[13] Barrow L，Markman L，Rouse C E. Technology's Edge：The Educational Benefits of Computer-Aided Instruction［J］. American Economic Journal：Economic Policy，2009，1（1）：52-74.

[14] Beuermann D，Cristia J，Cueto S，et al. One Laptop per Child at Home：Short-Term Impacts from a Randomized Experiment in Peru［J］. American Economic Journal：Applied Economics，2015，7（2）：53-80.

[15] Biagi F，Loi M. Measuring ICT Use and Learning Outcomes：Evidence from Recent Econometric Studies［J］. European Journal of Education，2013，48（1）：28-42.

[16] Blum-Ross A，Livingstone S. Families and Screen Time：Current Advice and Emerging Research［M］. London：Media Policy Project，London School of Economics and Political Science，2016.

[17] Bulman G，Fairlie R W. Technology and Education：Computers，Software，and the Internet［R］. NBER Working Paper，2016，No. 22237.

[18] Deci E L，Ryan R M，Williams G C. Need Satisfaction and the Self-Regulation of Learning［J］. Learning and Individual Differences，1996，8（3）：165-183.

[19] Johnson G M. Internet Use and Child Development: Validation of the Ecological Techno-Subsystem [J]. Educational Technology & Society, 2010, 13 (1): 176-185.

[20] Green C S, Bavelier D. Learning, Attentional Control, and Action Video Games [J]. Current Biology, 2012, 22 (6): 197-206.

[21] Heckman J J. The Economics, Technology, and Neuroscience of Human Capability Formation [J]. Proceedings of the National Academy of Sciences, 2007, 104 (33): 13250-13255.

[22] Jackson L A, Eye A V, Biocca F A, et al. Does Home Internet Use Influence the Academic Performance of Low-Income Children? [J]. Developmental Psychology, 2006, 42 (3): 429-435.

[23] Kalenkoski C M, Pabilonia S W. Time to Work or Time to Play: The Effect of Student Employment on Homework, Sleep, and Screen Time [J]. Labour Economics, 2012, 19 (2): 211-221.

[24] Malamud O, Pop-Eleches C. Home Computer Use and the Development of Human Capital [J]. The Quarterly Journal of Economics, 2011, 126 (2): 987-1027.

[25] Mathiesen K. The Internet, Children, and Privacy: The Case Against Parental Monitoring [J]. Ethics and Information Technology, 2013, 15 (4): 263-274.

[26] Ophir E, Nass C, Wagner A D. Cognitive Control in Media Multitaskers [J]. Proceedings of the National Academy of Sciences, 2009, 106 (37): 15583-15587.

[27] Vaala S E, Bleakley A. Monitoring, Mediating, and Modeling: Parental Influence on Adolescent Computer and Internet Use in the United States [J]. Journal of Children and Media, 2015, 9 (1): 40-57.

[28] Vigdor J L, Ladd H F. Scaling the Digital Divide: Home Computer Technology and Student Achievement [J]. Economic Inquiry, 2010, 52 (4): 1103-1119.

[29] Walsh J L, Fielder R L, Carey K B, et al. Female College Students' Media Use and Academic Outcomes: Results From a Longitudinal Cohort Study [J]. Emerging Adulthood, 2013, 1 (3): 219-232.

中国儿童睡眠时间投入的成本—效益分析：以六个省（市）调查数据为基础[①]

教育部普通高校人文社会科学重点研究基地
北京师范大学教师教育研究中心
周金燕

1 引言

儿童睡眠向来备受关注，尤其是在现代社会，电视、互联网、书籍等的刺激不仅加重了儿童的脑组织压力，还影响了其睡眠时间及模式。有研究对20个国家近70万名儿童睡眠时间研究的元分析发现，过去一个世纪，儿童的睡眠时间每年平均减少0.75分钟（Matricciani, Olds and Petkov, 2012）。这使人们担心儿童睡眠不足导致认知、行为和情绪上的不良后果（Matricciani, Olds and Williams, 2011），并引发了第一个问题，睡眠时间减少究竟会对儿童发展带来什么影响呢？

已有研究积累了一些证据。睡眠不足被发现会影响人们的食欲、身体活动或热调节，从而增加肥胖的风险（Patel and Hu, 2008; Chen, Beydoun and Wang, 2008; Cappuccio et al., 2008）；会损害人类的神经修复、生长和记忆巩固、恢复的过程，进而影响其学习能力和学业成绩（Curcio, Ferrara and Gennaro, 2006; Kopasz et al., 2010）。睡眠不足还和青少年儿童的情绪能力、酗酒、吸烟、吸毒、暴力/犯罪行为、交通冒险行为等显著相关（Short and Weber, 2018; Shochat, Cohen-Zion and Tzischinsky, 2014）。一项更综合的研究对141个研究的元分析也证实，睡眠时间与低肥胖指标、更好的情绪、更好的学习成绩以及生活质量都积极相关（Chaput et al., 2016）。还有研究指出，睡眠剥夺通过降低瘦素（一种抑制食欲的激素）水平，并增加一种增强食欲的胃饥饿素，从而对肥胖产生影响（Taheri et al., 2004）；睡眠不足通过限制前额叶皮层和杏仁核的连接，从而使负面情绪突出（Yoo et al., 2007）；睡眠和免疫系统功能还可能是一个循环关系，进而导致疾病的产生（Bryant, Trinder and Curtis, 2004）。

上述证据主要来自生理学、心理学以及医学领域，并多集中于情绪、肥胖、问题

① 基金资助：国家自然科学基金面上项目（项目编号：72374028）；人的发展经济学研究中心项目。

行为等方面，但很少有经济学家涉足该领域，并用经济学分析方法作出探讨。目前，能检索到的经济学领域的相关研究，只有 2012 年发表在经济学相关期刊上的一篇论文，对 10~19 岁学生睡眠时间与认知表现关系的探讨，但也只是展现了计量关系，没有展开经济学视角的分析（Eide and Showalter，2012）。

第二个问题是儿童应该睡多少时间才够？早在 19 世纪末，人们就提出了“睡眠建议”，以对“睡多久”加以指导。“睡眠建议”旨在反映“睡眠需求”或是“最优睡眠持续时间”（Matricciani et al.，2012）。目前最常引用美国国家睡眠基金会（National Sleep Foundation，简称 NSF）和美国睡眠医学学会（American Academy of Sleep Medicine，AASM）提出的睡眠建议。NSF 建议 6~13 岁儿童的睡眠持续时间是 9~11 个小时（Hirshkowitzet al.，2015）；与之相似，AASM 建议 6~12 岁儿童的睡眠持续时间是 9~12 个小时（Paruthi et al.，2016）。

这些睡眠建议多来自专家的主观判断，而非实际睡眠数据的支持。例如 NSF 的建议就是通过征集 18 名来自多学科专家的意见形成的（Hirshkowitz et al.，2015）。在 Matriccian 等对 1897—2009 年间 32 套睡眠建议的分析中，发现其中只有 1 套提供了数据支持，并且睡眠建议时间的下降速度几乎与儿童实际睡眠时间的下降速度相同，并始终多 37 分钟（Matricciani et al.，2012）。这反映了睡眠建议的主观特征，即无论儿童睡多少时间，人们似乎总认为他们需要更多睡眠。因此，睡眠建议虽然被广泛采用，但缺乏实证数据支持（Matricciani et al.，2013）。2017 年 12 月，中国教育部发布《义务教育学校管理标准》，也提出要保证小学生每天 10 个小时、初中生 9 个小时睡眠时间，但也未见有数据予以支持。

中国的相关研究比较少，并也同样集中于医学、生理学或心理学领域的探讨。例如，刘志远等从认知神经科学视角讨论了睡眠和学习记忆的关系（刘志远，李继利和王亚鹏，2015）；姜艳蕊等（姜艳蕊等，2011）、赵舒薇和李生慧（赵舒薇和李生慧，2012）、杨东玲等（杨东玲等，2018）等发表在心理学、医学期刊上的论文，探讨了青少年儿童睡眠时间和学业成绩的统计关系。刘坚等通过学校匹配的方式分析了高中生睡眠时间和学业成绩的关系，并指出“高成绩的取得，都不能以减少睡眠时间为代价”（刘坚等，2020）。

但实际上，人们总是面临一个如何分配时间的决策问题，而每一种分配模式都会产生相应的成本，并影响到最后效益。为此，本文将对儿童的睡眠时间分配开展成本-效益分析，为睡眠时间的最优决策提供证据，主要内容为：一是引入机会成本，建构了一个睡眠时间和儿童发展的成本—效益核算模型；二是应用中国东、中、西部六省市儿童调查数据，实际核算了儿童睡眠的机会成本、效益和最优睡眠量；三是分析了儿童其他活动时间配置作为机会成本对睡眠效益的影响。

本文以下安排是：第二部分是在对已有理论和方法回顾的基础上，介绍概念和模型；第三部分介绍数据和变量设计；第四部分是模型结果；第五部分是总结和讨论。

2 概念和模型

2.1 最优睡眠量

最优睡眠量（Optimal Sleep Duration）通常有两种定义：一种定义是“允许受试者完全清醒（即不困）并能够在白天维持正常状态的每日睡眠量”（Ferrara and Gennaro, 2001），或是“早上感觉精神焕发所需的睡眠量”（Engle-Friedman, Palencar and Riela, 2010）。按照这一定义的核算办法是去观察健康儿童的睡眠量。当他们报告想睡更多时，就增加“一点”睡眠时间；或给予不受限制的睡眠，最后所需时间被视为最优睡眠量（Matricciani et al., 2013；Carskadon, 1979）。但由于睡眠是一种讨人喜欢的行为，想要睡更多不一定是需要更多，因此可能只是反映了睡眠欲望而非真实需求（Harrison and Home, 1995；Blunden and Galland, 2014）。此外，这类研究通常在实验室中开展，环境的特殊性及小样本都限制了研究结论的可推广性。

另一种定义是“反映优化某些理想结果（如学习成绩）或精神、身体健康等所需的睡眠持续时间”（Blunden and Galland, 2014）。它类似于反映医学研究的剂量-反应（Dose-Response）关系，并可通过分析这一关系寻找最优值。如果存在睡眠最优量，那么睡眠和功能表现的关系应为倒 U 模式，峰值即为最优值。它假设睡得多不一定更好，小于或超过一定范围反而有害。这一假设被一些研究验证，研究者发现儿童的睡眠时间与行为问题、身体健康、次日情绪、标准化学业测试分数表现为倒 U 型关联（Eide and Showalter, 2012；James and Hale, 2017；Fuligni et al., 2019）。本文将以该定义去探索儿童的最优睡眠量，即“最大化儿童某种能力所需要的睡眠持续时间”。

2.2 睡眠投入的成本

睡眠的主要成本体现为机会成本。机会成本是指“为了得到某样东西需要放弃的东西”（Greenlaw and Shapiro, 2017）。睡眠的机会成本即是为了多睡一点而放弃用于其他活动时间可能带来的效益。与其他资源不同，时间具有常量特征。人类每天只有 24 个小时，选择多睡一点意味着要减少一点其他活动时间；反之亦然。因此，儿童每天都面临一个如何在睡眠和其他活动之间进行时间分配的问题，分配不同会影响到儿童人力资本的积累。举例来说，一个学生可以通过增加睡眠时间提高学习效率，但也同时减少了学习时间。又或者，一个运动员可以选择少睡多训练取得竞争优势，但同时也可能因睡眠不足增加肥胖和认知降低的风险。这表示多睡带来的效益，同时会被放弃其他活动带来的效益所抵消，后者构成了睡眠的机会成本。因此，核算睡眠的净效益应考虑扣除机会成本，为最优睡眠量的理性决策提供依据。

2.3 睡眠投入的效益

睡眠时间投入的效益是指儿童因多睡一点时间带来的认知或非认知能力上的发展，可能为正也可能为负。其中，认知能力常用学业成绩测量。近年来，非认知能力越来越多受到关注，它被认为对儿童的教育、未来工作和生活、健康和幸福都至关重要（Almlund et al.，2011；Jones and Kahn，2017）。非认知能力是指一种“应对不同情境和背景所表现出来的一种稳定的思想、感觉和行为模式”（Borghans et al.，2008），并常被经济学家用来描述那些“不能被智力测验或学业成绩测量的个人特征”（Kautz et al.，2015），或是“智商无关或弱相关的人格特质”（Brunello and Schlotter，2011）。借鉴 OECD 的框架（OECD，2015），本文将非认知能力分为任务型（Performance）、人际型（Interpersonal）和情绪型（Emotional），分别用来描述儿童处理学业、与人相处、与自己相处的能力，并在每一分类下，再确立具有高回报特征的关键能力，具体如表 1 所示。

表 1　非认知能力的测量框架

任务型	人际型	情绪型
开放性人格	宜人性人格	情绪稳定性
尽责性人格	外向性人格	自尊
坚韧性		
学校参与		

资料来源：开放性、尽责性、宜人性、外向性和情绪稳定性来自大五人格结构模型（Soldz and Vaillant，1999）。开放性包含想象力、审美、情感丰富、尝新、好奇和不断检验旧观念，它是“创新能力”的重要条件（Rogers，1954）。尽责性人格指自信、秩序、责任感、为成果努力、自律和慎重等特征，它被发现能稳定预测各类职业绩效（Barrick and Mount，1991；Salgado，1997；Barrick，Mount and Judge，2001）。宜人性是对个体在人际间适应能力的一种评估，包括信任、直率、利他、温顺、谦虚和慈悲。外向性包括热情、合群、果断、活跃、寻求刺激和积极情绪等特性。宜人性和外向性能有效预测需要较多人际交往的职业绩效，如经理、警察或销售等（Barrick and Mount，1991；Mount and Judge，2001），它们也能有效预测个人的健康（Goodwin and Friedman，2006）和工作满意度（Salgado，1997）。情绪稳定性的反向也被称神经质，包括焦虑、生气、沮丧、敏感、害羞、冲动和脆弱。高神经质者倾向于表现焦虑、敌意、绝望等负面情绪，低神经质具有自信、冷静、放松等特点。情绪稳定性能稳定地预测学业成就（Laidra，Pullmann and Allik，2007）、各行业工作绩效（Mount and Judge，2001；O'Boyle et al.，2011）、工作满足度（Judge and Bono，2001）、健康和幸福（Austin，Saklofske and Egan，2005；Vittersø，2001）等。本文选取 McGhee 编制的青少年儿童五因素人格量表（Five-Factor Personality Inventory-Children），该量表共计 75 个题目，每个维度 15 道题，每题提供两个意义相反的陈述，由被试按程度选择最贴近自己的陈述（McGhee，Ehrler and Buckhalt，2007）。

坚韧性（Grit）由心理学家 Duckworth 等提出，它指人们对长期目标的坚持和热情，被发现是一种影响儿童学业成就和未来成就的关键能力（Duckworth et al.，2007；Kelly，Matthews and Bartone，2014）。坚韧水平高者能更长久地保持兴趣、维持努力并面对工作中的挑战；坚韧性水平低者容易在面对挫折时放弃挑战。本文选取 Duckworth 和 Quinn 开发的坚韧性自评短表，共计 8 个题目，包含兴趣（Interest）的持续和努力（Effort）的维持等两个维度

(Duckworth and Quinn, 2009)，该量表在谷歌学术上已被引用1000多次。学校参与（School Engagement）指学生对学校学习、生活的兴趣和努力程度，包含情感参与（Emotional Engagement）和行为参与（Behavioral Engagement）。情感参与指学生对学习的兴趣及对学校的归属感；行为参与指学生参与学业和学校课外活动情况。学校参与被发现能有效提升儿童的学业成绩并预防学生辍学（Fredricks, Blumenfeld and Paris, 2004；Dotterer and Lowe, 2011；Hirschfield and Gasper, 2011）。本文选取Lam等开发的学校参与自评量表（Lam et al., 2012；Lam et al., 2014），该量表也已被多个国家使用。自尊指个体对自己价值的积极或消极的评价，它被发现和情绪稳定性密切相关（Bono and Judge, 2003），并能显著预测收入、工作满意度和心理健康等（Judge and Bono, 2001；Drago, 2011；Orth, Robins and Widaman, 2012）。本文选取已被广泛使用的Rosenberg自尊量表（Rosenberg, 1965）进行测量。该量表也被用于美国1979青少年追踪调查（The National Longitudinal Survey of Youth）。

2.4 成本—效益分析模型

本文通过建立睡眠的直接和间接效应模型，核算睡眠时间的成本和效益。具体思路如图1所示：首先，睡眠作为脑力和身体的功能恢复机制，对儿童影响的直接效应被视为睡眠的直接效益。其次，睡眠时间增减进而影响非睡眠活动产生的间接效应，即为睡眠的机会成本。

具体来说，在总时间为常量的约束条件下，儿童的睡眠时间和其他活动时间互为消长关系。当儿童增加睡眠时间时，将同时减少其他可能用来读书、运动、上网等的时间，后者的效益构成了睡眠的机会成本。以阅读为例，当儿童多睡一点从而减少阅读时间，这部分减少的阅读效益即构成了睡眠的机会成本。它将抵消睡眠的直接效益，扣除后结果即为睡眠的净效益。

当睡眠时间和儿童产出呈现为倒U型关系时，存在一个最优睡眠量，即最大化儿童人力资本积累所需的睡眠时间。

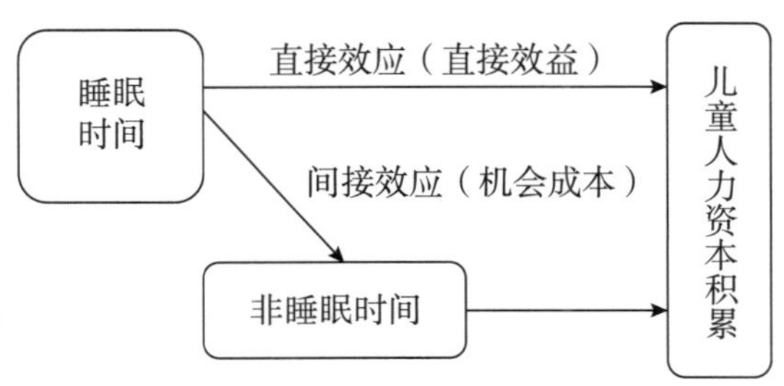

图1　睡眠的成本—效益分析思路

根据上述思路，睡眠的直接效益、机会成本及净效益的核算办法阐释如下：

2.4.1　睡眠的直接效益

儿童上学日的非睡眠时间可分为上学时间和放学后时间。令Y为儿童产出指标，T_s为儿童的睡眠时间，T_E表示上学时间，T_I为放学后各类活动时间（I=阅读、体育锻炼、家庭作业、上网、看电视、和朋友玩、参加课外兴趣或补习班），x_w 为控制变量，μ 为残差。假设睡眠效益服从边际递减规律，用二次函数拟合睡眠和产出的关系，建立睡眠的直接效应模型，得到：

$$Y = a + \varphi_1 T_s + \varphi_2 T_s^2 + \gamma_E T_E + \gamma_I T_I + x_w + \mu \tag{1}$$

其中，φ_1 和φ_2 为睡眠的直接效应系数，γ_E 和 γ_I 分别是上学时间和放学后活动时间对产出的影响系数。计算睡眠时间的边际直接效益，设为 MR_φ，得到：

$$MR_\varphi = \frac{\partial Y}{\partial T_s} = \varphi_1 + 2\varphi_2 T_s \tag{2}$$

当 $T_s = -\varphi_1/2\varphi_2$ 时，MR_φ 为 0，儿童产出达到峰值，即为最优睡眠量。

2.4.2 睡眠的成本和净效益

如上所述，睡眠的机会成本是指因增加睡眠时间放弃的效益，可通过非睡眠时间的间接效应予以核算。由于边际总效应是边际直接效应和非睡眠时间的边际间接效应之和，并且边际直接效应可通过上述公式（2）得到，因此只要计算出边际总效应，可得到边际间接效应。

首先，建立睡眠时间的总效应模型，β_1 和 β_2 是睡眠时间的总效应系数，得到：

$$Y = a + \beta_1 T_s + \beta_2 T_s^2 + x_w + \varepsilon \tag{3}$$

令 MR_T 为睡眠时间的边际总效应，得到：

$$MR_T = \frac{\partial Y}{\partial T_s} = \beta_1 + 2\beta_2 T_s \tag{4}$$

MR_T 也可视为每增加一个单位睡眠时间的净效益。当 $T_s = -\beta_1/2\beta_2$ 时，MR_T 为 0，达到产出峰值，即为最优睡眠量。令非睡眠时间的边际间接效应为 MR_I，得到：

$$\begin{aligned} MR_I &= MR_T - MR_\varphi \\ &= (\beta_1 + 2\beta_2 T_s) - (\varphi_1 + 2\varphi_2 T_s) \\ &= (\beta_1 - \varphi_1) + 2(\beta_2 - \varphi_2)T_s \end{aligned} \tag{5}$$

MR_I 即为睡眠时间的边际机会成本，它随睡眠时间 T_s 发生变化。按照这种方法，也可以对某类非睡眠活动时间的间接效应加以核算，它们构成了睡眠放弃的某具体活动时间的效益。

3 数据和变量

3.1 数据

课题组于 2017 年对中国东、中和西部经济水平不同的六省（市）儿童的学习生活、时间分配、学业和能力发展情况开展了调查。抽样设计采用了多阶段分层整群抽样。第一阶段抽取了经济发达地区的 3 个省市（广东省广州市、江苏省无锡市和直辖市北京市），以及经济较不发达中西部地区的 4 个省市（河南省安阳市、黑龙江省哈尔滨市、贵州省贵阳市、四川省德阳市）。第二阶段在每个城市分城区、县城和农村进一步抽样，选取城区优质校和普通校、县城普通校、乡村（镇）普通校各 1 所，共计 28 所公立小学。其中，优质校和普通校的信息，由熟悉当地教育的教育部门工作人员提供。第三阶段是对每所小学的五年级学生进行班级整群抽样，每校 2~3 个班，约 110 人。

具体调查过程是先由中国儿童中心派驻当地机构并熟悉当地教育的工作人员和调查校建立联系，并征得家长同意；再派经过统一培训的 32 名研究生到各地学校（每校 2 名）组织现场发放、测试和回收问卷，测试时间为 1~2 个小时。但在收集黑龙江省哈尔滨市的样本时，发现所选乡村校地区已城市化，背离原初设计，因而放弃了这部分样本。其他地区样本经反复核验，符合设计要求。经对填答不认真以及无效问卷的处理后，得到有效问卷 2616 份。样本基本结构的统计描述如表 2 所示：

表 2　　样本情况

	地区		学校所在地			学校类型		人口特征			合计
	发达	较不发达	城区	县城	乡村	优质	普通	女生	汉族	独生	
学校数量	12	12	12	6	6	6	18	na	na	na	24
学生数量	1350	1266	1235	701	680	772	1844	1324	2383	1002	2616
学生比例	51.6%	48.4%	47.2%	26.8%	26.0%	29.5%	70.5%	50.6%	91.1%	38.3%	100%

注：na 表示不适用。

3.2　时间变量描述

考虑到小学五年级（10~11 岁）学生通常已具备报告自己信息的能力，对时间分配的数据信息都是通过学生自填问卷的方式获得的，结果如表 3 所示。其中，睡眠信息来自向学生询问的问题："周一到周四，您一般每天晚上睡几个小时?"（取值 5~11.5 小时）。由于被调查学校都没有午睡安排，因此以晚上持续的睡眠时间能较好代表儿童一天的睡眠时间。调查发现，小学五年级儿童的平均睡眠时间为 8.63 个小时，标准差为 1.31 个小时。

儿童的非睡眠时间包括上学时间和放学后时间。上学时间是指上学日儿童在学校上学的持续时间。放学后时间是指儿童放学后花在各类活动上的时间，包括做家庭作业、和朋友玩、进行体育锻炼、看课外书、看电视、上网、上课外兴趣或补习班等。

由于放学后上课外班的平均时间比较难统计，因此以该学期的课外班门次代理。

表 3　儿童的时间分配

时间分配	睡眠时间（小时）	上学时间（小时）	放学后活动时间						
			阅读（小时）	体育锻炼（小时）	做作业（小时）	和朋友玩（小时）	上网（小时）	看电视（小时）	课外班（个）
均值	8.63	8.25	1.03	0.75	1.32	0.58	0.33	0.53	4.01
（标准差）	（1.31）	（0.61）	（0.82）	（0.76）	（0.80）	（0.85）	（0.63）	（0.73）	（1.85）

3.3　非认知能力量表修订

本部分对上述选取的测量工具进行了翻译、试测和内容修订。先由四位研究人员分别独立翻译，再邀请相关专业人士一起逐条比对和修改，形成中文量表初稿；再用该中文量表对北京市某小学的 50 名五年级学生进行试测和内容修订，形成正式施测量表；并用施测数据分半做探索性因子分析和验证性因子分析。当保持原量表题项时，尽责性、开放性、情绪稳定性、坚韧性、学校参与、合作和自尊等量表的克隆巴赫（Cronbach Alpha）内部一致性系数在 0.71~0.94 之间，并且各类结构效度指数也都在理想范围内（CFI>0.9、NNFI>0.9、RMSEA<0.1 和 SRMR<0.1）。宜人性和外向性量表的信效度表现略差，用探索性和验证性因子分析作题目删减后，得到克隆巴赫信度指数在 0.62~0.67 之间，各结构效度指数表现也较好。

本文对各项非认知能力的测量分值都进行了 Z-score 标准化，分睡眠时间的测量结果如表 4 所示。可以发现，当睡眠时间在 8.6~10.5 个小时之间时，学生的各项非认知及学业排名表现都为正，表示都在平均值以上；但睡眠时间低于 8.5 个小时及 10.5 个小时以上时，则出现负值，睡眠时间和儿童发展之间大致表现为倒 U 型关系趋势。

表 4　睡眠时间和非认知能力的关系统计

睡眠时间范围（小时）	任务型非认知				人际型非认知		情绪型非认知		学业成绩的班级排名	样本比例
	开放性	尽责性	坚韧性	学校参与	宜人性	外向性	情绪稳定性	自尊		
5~5.5	−0.071	−0.342	−0.236	−0.303	−0.169	0.041	−0.340	−0.285	−0.132	5.2%
5.5~6.5	−0.115	−0.299	−0.049	−0.054	−0.198	0.066	−0.353	−0.063	−0.135	18.3%
6.6~7.5	−0.165	−0.236	−0.020	0.003	−0.144	−0.131	−0.191	−0.028	−0.167	25.6%
7.6~8.5	0.047	0.013	0.033	0.020	0.024	−0.043	−0.039	0.047	−0.030	22.1%
8.6~9.5	0.036	0.119	0.098	0.120	0.055	0.050	0.109	0.111	0.065	17.2%

续 表

睡眠时间范围（小时）	任务型非认知				人际型非认知		情绪型非认知		学业成绩的班级排名	样本比例
	开放性	尽责性	坚韧性	学校参与	宜人性	外向性	情绪稳定性	自尊		
9. 6～10. 5	0. 035	0. 048	0. 088	0. 074	0. 063	0. 044	0. 101	0. 103	0. 082	9. 1%
10. 5～11. 5	−0. 171	−0. 182	−0. 162	−0. 240	−0. 150	−0. 129	−0. 106	−0. 078	−0. 111	2. 4%

4 模型与核算

本部分将报告儿童睡眠的成本和效益核算结果。除了非认知能力，本文还加入了学业成绩的班级排名作为产出效益变量，并同样进行了 Z 标准化处理。为了尽可能识别睡眠的因果效应，加入了多个控制变量，以控制其他因素的干扰。这些控制变量包含性别、民族、是否独生、家庭居住地（城、郊、镇、农村）、户口所在地（本地/外地）、父母受教育水平、家庭经济水平、由谁照顾（爸爸妈妈、爸爸、妈妈、其他）、学校类型（优质校和普通校）以及母亲生育年龄是否在 35 岁以上（控制儿童的先天健康因素）、省固定效应等 12 个变量。在睡眠时间对学业成绩班级排名的影响模型中，考虑到该指标在不同学校班级之间的不可比性，以班级固定效应代替了省固定效应。

4. 1 睡眠的影响效应

本文通过观察睡眠时间二次项系数（T^2）的显著性，确立睡眠时间 T 和产出的二次函数关系。如果不显著，即改为线性模型拟合，结果如表 5 所示。根据上文公式（1）和公式（2）核算睡眠的直接效益，得到结果如模型 1（栏 1）所示；根据公式（3）和公式（4）核算睡眠的净效益，结果如模型 2（栏 2）所示；再根据公式（5）核算睡眠的机会成本，结果如栏 3 所示：

第一，睡眠时间对儿童的学业成绩班级排名、情绪稳定性、自尊的直接影响效应表现为线性正向。即儿童睡得越多，其学业成绩的班级成绩排名、情绪稳定性以及自尊的表现越好。模型 2 放松了对非睡眠时间的控制，所得效应即为净效益，发现睡眠在提升情绪稳定、自尊和学业成绩等的净效益反而高于直接效益。这表明机会成本为负，睡眠放弃的效益不是抵消反而是增进了睡眠的净效益。这说明即使扣除了机会成本，增加睡眠时间仍然是提高儿童情绪稳定性和学业成绩更有效率的做法。

第二，睡眠时间对儿童任务型（开放性、尽责性、坚韧性、学校参与）和人际型非认知能力的直接效应呈现倒 U 型，即睡眠效益先为正，但随睡眠时间增加趋于递减。

表 5　影响效应模型及成本—效益分析

	任务型非认知				人际型非认知		情绪型非认知		学业成绩的班级排名
	开放性	尽责性	坚韧性	学校参与	宜人性	外向性	情绪稳定性	自尊	
模型 1：直接效益（栏 1）									
T_s	0.682*** (0.220)	0.746*** (0.229)	0.729*** (0.221)	0.672*** (0.216)	0.447** (0.216)	−0.003 (0.024)	0.083*** (0.024)	0.106*** (0.025)	0.037* (0.02)
T_s^2	−0.041*** (0.013)	−0.041*** (0.014)	−0.039*** (0.013)	−0.035*** (0.013)	−0.025** (0.013)	0	0	0	0
T_E、T_1	是	是	是	是	是	是	是	是	是
X_W	是	是	是	是	是	是	是	是	是
MP_φ	0.682− 0.082 T_s	0.746− 0.082 T_s	0.729− 0.078 T_s	0.672− 0.07 T_s	0.447− 0.05 T_s	-	0.083	0.106	0.037
最优睡眠量	8.32 (0.33)	9.10 (0.36)	9.35 (0.47)	9.6 (0.59)	8.94 (0.48)		11	11	11
模型 2：净效益（栏 2）									
T_s	0.438** (0.216)	0.525** (0.226)	0.683*** (0.207)	0.526** (0.213)	0.337* (0.198)	0.01 (0.023)	0.094*** (0.024)	0.117*** (0.24)	0.041** (0.02)
T_s^2	−0.026** (0.048)	−0.027** (0.014)	−0.035*** (0.012)	−0.025** (0.013)	−0.018* (0.10)	0	0	0	0
T_E、T_1	否	否	否	否	否	否	否	否	否
X_W	是	是	是	是	是	是	是	是	是
MR_T	0.438− 0.052 T_s	0.525− 0.054 T_s	0.683− 0.07 T_s	0.526− 0.05 T_s	0.337− 0.036 T_s	-	0.094	0.117	0.041

续 表

	任务型非认知				人际型非认知		情绪型非认知		学业成绩的班级排名
	开放性	尽责性	坚韧性	学校参与	宜人性	外向性	情绪稳定性	自尊	
最优睡眠量	8.42 (0.56)	9.72 (0.77)	9.76 (0.58)	10.52 (1.14)	9.36 (0.61)	–	11	11	11
机会成本（栏 3）									
MR_I	0.244− 0.03 T_s	0.221− 0.028 T_s	0.046− 0.008 T_s	0.146− 0.02 T_s	0.11− 0.014 T_s		−0.013	−0.011	−0.004

注：$^{*}p<0.1$，$^{**}p<0.05$，$^{***}p<0.01$。控制变量包含省固定效应、性别、民族、是否独生、家庭居住地（城、郊、镇、农村）、户口所在地（本地/外地）、父母受教育水平、家庭经济水平、由谁照顾（爸爸妈妈、爸爸、妈妈、其他）、学校（优质校和普通校）、是否寄宿、母亲生育年龄是否在 35 岁以上。

扣除机会成本后，净效益略有减少，机会成本发挥了抵消睡眠效益及其递减趋势的作用。这表示多睡一点的好处，被放弃的其他好处所抵消，睡眠时间和其他活动时间带来的效益表现为互为消长关系。

4.2 成本—效益的核算

在上述表 5 基础上，我们核算睡眠的边际效益及机会成本，结果如表 6 所示。

首先，睡眠对开放性、尽责性、坚韧性、学习参与和宜人性等的净效益先为正，并随睡眠时间增加而递减。以开放性效益为例，当睡眠时间从 6 个小时增加到 7 个小时，儿童人格的开放性水平增加 0.126 标准差。这一增加幅度包含了睡眠的直接效应为 0.19 标准差，以及扣除的机会成本 0.064 标准差，后者即为放弃的其他活动效益。由于净效益随睡眠时间递减，当睡眠时间为 10 个小时，再多睡 1 个小时的开放性效益反而为负，即-0.082 标准差，其中直接效益为-0.138 标准差，机会成本为-0.056 标准差，后者仍抵消了直接效益。另外，睡眠时间对坚韧性、学校参与和尽责性的边际效益基本高于开放性和宜人性。

其次，睡眠时间对情绪稳定性、自尊和学业成绩的边际效益为常数。扣除机会成本后，儿童每多睡 1 个小时，能增加情绪稳定性水平为 0.094 标准差，自尊水平为 0.117 标准差，学业成绩的班级排名为 0.041 标准差。

表 6　睡眠时间的成本—效益核算（单位：标准差）

睡眠时间	边际成本—效益	开放性	尽责性	坚韧性	学校参与	宜人性	情绪稳定	自尊	学业成绩的班级排名
$T_s=5$ 小时	边际净效益（MR_{φ}）	0.178	0.255	0.333	0.276	0.157	0.094	0.117	0.041
	边际直接效益（MR_T）	0.272	0.336	0.339	0.322	0.197	0.083	0.106	0.037
	边际机会成本（$-MR_I$）	0.094	0.081	0.006	0.046	0.04	-0.011	-0.011	-0.004
$T_s=6$ 小时	边际净效益（MR_{φ}）	0.126	0.201	0.263	0.226	0.121	0.094	0.117	0.041
	边际直接效益（MR_T）	0.19	0.254	0.261	0.252	0.147	0.083	0.106	0.037
	边际机会成本（$-MR_I$）	0.064	0.053	-0.002	0.026	0.026	-0.011	-0.011	-0.004

续 表

睡眠时间	边际成本—效益	开放性	尽责性	坚韧性	学校参与	宜人性	情绪稳定	自尊	学业成绩的班级排名
$T_s=7$ 小时	边际净效益（MR_φ）	0.074	0.147	0.193	0.176	0.085	0.094	0.117	0.041
	边际直接效益（MR_T）	0.108	0.172	0.183	0.182	0.097	0.083	0.106	0.037
	边际机会成本（$-MR_I$）	0.034	0.025	−0.01	0.006	0.012	−0.011	−0.011	−0.004
$T_s=8$ 小时	边际净效益（MR_φ）	0.022	0.093	0.123	0.126	0.049	0.094	0.117	0.041
	边际直接效益（MR_T）	0.026	0.09	0.105	0.112	0.047	0.083	0.106	0.037
	边际机会成本（$-MR_I$）	0.004	−0.003	−0.018	−0.014	−0.002	−0.011	−0.011	−0.004
$T_s=9$ 小时	边际净效益（MR_φ）	−0.03	0.039	0.053	0.076	0.013	0.094	0.117	0.041
	边际直接效益（MR_T）	−0.056	0.008	0.027	0.042	−0.003	0.083	0.106	0.037
	边际机会成本（$-MR_I$）	−0.026	−0.031	−0.026	−0.034	−0.016	−0.011	−0.011	−0.004
$T_s=$ 10 小时	边际净效益（MR_φ）	−0.082	−0.015	−0.017	0.026	−0.023	0.094	0.117	0.041
	边际直接效益（MR_T）	−0.138	−0.074	−0.051	−0.028	−0.053	0.083	0.106	0.037
	边际机会成本（$-MR_I$）	−0.056	−0.059	−0.034	−0.054	−0.03	−0.011	−0.011	−0.004

4.3 最优睡眠量

如上所述，最优睡眠量是指最大化儿童人力资本积累所需的睡眠持续时间。它是增加睡眠时间能否继续取得正向效益的转折点。按是否扣除机会成本，可以分别核算两个最优睡眠量：一是直接效益达到最高水平所需的睡眠时间；二是扣除机会成本后的净效益，达到最高水平所需的睡眠时间。前者代表儿童恢复体力和脑力等所需的最优睡眠量，它更接近于医学、生理学或心理学的核算；后者加入了成本考量，是一种更有效率配置睡眠时间的理性决策。

根据表 5 的边际效益公式核算最优睡眠量，结果如表 7 所示。可以看到，达到直接效益最高水平的最优睡眠量范围在 8. 32~9. 6 个小时；扣除机会成本后的净效益，最优睡眠量范围为 8. 42~10. 52 个小时。后者所需时间多于前者，这是由于睡眠的一部分直接效益被机会成本抵消了，因此需要更多睡眠时间达到效益最高水平。这五项指标中，达到学校参与最高水平的最优睡眠量最多，其次为坚韧性、尽责性、宜人性，并以开放性最低。此外，由于睡眠时间和学业成绩的班级排名、情绪类指标的关系为线性正向，即睡得越多，儿童的情绪稳定性、自尊水平以及学业成绩的班级排名也越好。鉴于睡眠数据取值为 5~11. 5 个小时，综上得出，中国 10~11 个岁儿童的最优睡眠量范围为 8. 42~11 个小时。

表 7　　最优睡眠量

	开放性	尽责性	坚韧性	学校参与	宜人性	情绪稳定性	自尊	学业成绩的班级排名
直接效益	8. 32 （0. 33）	9. 10 （0. 36）	9. 35 （0. 47）	9. 6 （0. 59）	8. 94 （0. 48）	11	11	11
净效益	8. 42 （0. 56）	9. 72 （0. 77）	9. 76 （0. 58）	10. 52 （1. 14）	9. 36 （0. 61）	11	11	11

注：括号内是用 Delta 方法估计的标准误。

4. 4　睡眠放弃的效益

如上所述，睡眠的机会成本是指因增加睡眠时间而放弃的其他活动时间带来的效益。因此，如果非睡眠时间的活动安排不同，相应放弃的效益也不同，进而影响睡眠的净效益。考虑到除了上学时间，儿童还常面临放学后时间分配策略的问题，本部分还具体核算了睡眠放弃的效益。其中，放学后时间的活动内容，我们将其分为两类：一是人力资本投资类；二是休闲娱乐类。核算方法同上，具体结果如表 8 所示：

第一，对于任务型（开放性、尽责性、坚韧性、学校参与）和人际型（宜人性）非认知效益来说，睡眠放弃的人力资本投资类活动（阅读、进行体育锻炼、做家庭作业和上课外兴趣或补习班）效益的方向与睡眠效益的方向相同，这表示睡眠放弃的效益正好抵消了睡眠的正向效益及递减趋势。其中，以体育锻炼的抵消作用最明显。

与之相反，睡眠放弃的休闲类活动（包括看电视、上网）效益的方向和睡眠效益的方向相反，这表示睡眠放弃的休闲类活动效益不是抵消而是加重了睡眠的净效益，但

表 8　儿童睡眠时间放弃的人力资本效益（单位：标准差）

	开放性	尽责性	坚韧性	学校参与	宜人性	情绪稳定性	自尊	学业成绩班级成绩
（1）放学后人力资本投资								
体育锻炼时间	0. 043−0. 004 T_s	0. 062−0. 008 T_s	0. 05−0. 004 T_s	0. 029	0. 012	−0. 003	−0. 003	0
阅读时间	0. 018−0. 002 T_s	0. 04−0. 004 T_s	0. 033−0. 004 T_s	0. 016−0. 002 T_s	0. 022−0. 004 T_s	−0. 002	−0. 003	−0. 003
做作业时间	0. 019−0. 002 T_s	0. 021−0. 002 T_s	0. 05−0. 006 T_s	0. 023−0. 002 T_s	−0. 003	−0. 001	−0. 002	0. 002
课外班时间	0. 027−0. 002 T_s	0. 02−0. 002 T_s	0. 02−0. 004 T_s	0. 031−0. 004 T_s	0. 022−0. 002 T_s	−0. 001	0	0. 001
（2）放学后休闲类								
和朋友玩时间	0. 017−0. 002 T_s	−0. 012+0. 002 T_s	−0. 006+0. 002 T_s	−0. 004+0. 002 T_s	−0. 016+0. 002 T_s	0	0	−0. 001
上网时间	−0. 001	−0. 004	0	−0. 004	−0. 006	−0. 003	0	0
看电视时间	−0. 005+0. 002 T_s	0	−0. 023+0. 002 T_s	−0. 018+0. 002 T_s	−0. 004	−0. 001	0	−0. 003

增加幅度趋于递减。这使考虑了机会成本的睡眠净效益反而高于直接效益，说明减少儿童上网和看电视活动时间以增加睡眠时间，对儿童的人力资本积累来说，是更有效的策略。此外，睡眠放弃的“和朋友玩的时间”的效益对于不同非认知效益来说不太一致。它表现为抵消睡眠的开放性效益，但增加尽责性、坚韧性、学校参与、宜人性等的睡眠效益。

第二，对情绪类非认知效益（情绪稳定性、自尊）来说，由于睡眠放弃的效益为负常量，因而睡眠的净效益反而增加。这说明，当考虑机会成本后，增加睡眠时间仍然是提升儿童情绪非认知水平更有效率的选择。

第三，对学业成绩的班级排名来说，睡眠放弃的休闲类活动（和朋友玩、看电视）效益为负常量，表示反而增加了睡眠净效益，即减少休闲类活动时间有助于提升儿童的学业成绩班级排名；但睡眠放弃的人力资本投资类活动（包括做作业和上课外班）效益为正，这些活动发挥了抵消睡眠效益的作用。

5　结论和不足

儿童应该“睡多久”，不仅是医学、生理学或心理学领域的问题，也是一个经济学的理性决策问题。本文的主要贡献是引入了成本—效益方法去分析儿童的最优睡眠时间决策，并用覆盖中国六省市的数据进行了实际核算，其主要发现包括：

第一，儿童的睡眠时间对任务型（开放性、尽责性、坚韧性、学校参与）和人际型（宜人性）非认知能力的影响效应为倒 U 型，其边际效应服从递减趋势；但对情绪型非认知能力（自尊、情绪稳定性）和学业成绩班级排名的影响效应为线性正向。在核算 10 项人力资本效益，并扣除机会成本后，10~11 岁儿童的最优睡眠量范围为 8.42~11 小时，和 NSF（2015）建议 6~13 岁儿童的睡眠时间为 9~11 个小时基本相似。

第二，以任务型（开放性、尽责性、坚韧性、学校参与）和人际型（宜人性）非认知能力的培养为产出效益，睡眠放弃的人力资本投资类活动（阅读、进行体育锻炼、做家庭作业和上课外兴趣或补习班）的效益为正，抵消了睡眠的效益及递减趋势；但与之相反，睡眠放弃的休闲类活动（包括看电视、上网）的效益为负，增加了睡眠的净效益。这说明多睡的好处会被其他人力资本投资活动（如阅读、体育锻炼、做作业、上课外兴趣或补习班）的好处抵消。但可能由于看电视、上网等活动不利于儿童发展，减少这些活动时间用于睡眠，反而更有利于儿童人力资本积累。这也说明牺牲睡觉时间去上网或看电视是一个更糟糕的选择；反之，少上网和看电视，多睡觉是有助于儿童人力资本积累的理性选择。

第三，对情绪型非认知能力和学业成绩产出来说，由于睡眠放弃的各项放学后活动效益都为负，这说明增加睡眠时间是提升儿童情绪稳定性以及学业成绩班级排名更有效率的选择。

总的来说，为了最大化儿童的人力资本积累，需要保持儿童睡眠和觉醒时间的适当平衡。增加儿童睡眠时间可能带来生理或医学意义上的好处，但同时也需要付出放弃其他活动（如读书、锻炼或社交）可能带来的好处。百年来，人工照明对人类活动的时间分配产生了重大影响，它允许儿童在夜晚不睡觉而去从事被认为更有意义的事情，这可能也是导致百年来儿童睡眠时间趋于缩短的原因（Iglowstein et al.，2003；Olds et al.，2010）。这说明，儿童的睡眠时间下降可能不是危害，而是反映了某种更有利的发展选择。

与仅从功能上去分析睡眠对儿童的重要性不同，更合理的分配儿童时间，还需考虑儿童睡眠时间的机会成本，进而开展利弊分析。即在决策应该“睡多久”时，除了从医学或生理学角度研究儿童恢复体力和脑力等所需的睡眠时间，还应从经济学视角分析其可能产生的机会成本以及效益，以在睡眠时间和活动时间之间找到一个最优分配方案。

需要说明的是，本文的数据、模型及核算方法仍有很多不足：一是仅考虑了上学日的睡眠时间，而对于睡眠质量以及周末睡眠时间未能加以控制。二是由于调查数据的横截面性质，也无法完美的处理模型内生性及一些互为因果的问题，只能通过尽可能地控制相关变量以减少偏估。但鉴于引入成本—效益分析方法的初次尝试，本文仍然为儿童的有效睡眠决策提供了一些分析策略和发现。

参考资料

[1] 姜艳蕊、陈文娟、孙莞绮等：《学龄儿童不同睡眠状况下的学业成绩表现》，《中国心理卫生杂志》，2011 年第 6 期。

[2] 刘坚、赵利曼、杜宵丰等：《高中生睡眠时间与高学业成绩的理想匹配模式探索及预警》，《华东师范大学学报（教育科学版）》，2020 年第 3 期。

[3] 刘志远、李继利、王亚鹏：《睡眠与学习的关系及其教育启示》，《全球教育展望》，2015 年第 11 期。

[4] 杨东玲、罗春燕、孙力菁等：《上海市高中生睡眠时间与学习成绩的相关性分析》，《上海预防医学》，2018 年第 3 期。

[5] 赵舒薇、李生慧：《青少年睡眠与学业成绩相关性的研究进展》，《中国儿童保健杂志》，2012 年第 9 期。

[6] Almlund，M.，Duckworth，A. L.，Heckman，J.，& Kautz，T.，2011，“Personality

psychology and economics. In Eric A. Hanushek, Stephen J. Machin, Ludger Woessmann (Eds.) *Handbook of the Economics of Education* (Vol. 4, pp. 1-181). Elsevier.

[7] Austin, E. J., Saklofske, D. H., Egan, V., 2005, "Personality, Well-being and Health Correlates of Trait Emotional Intelligence", *Personality and Individual differences*, 38 (3), 547-558.

[8] Barrick, M. R., Mount, M. K., 1991, "The Big Five Personality Dimensions and Job Performance: A meta-analysis", *Personnel Psychology*, 44 (1), 1-26.

[9] Barrick, M. R., Mount, M. K., Judge, T. A., 2001, "Personality and Performance at the Beginning of the New Millennium: What Do We Know and Where Do We Go Next?", *International Journal of Selection and Assessment*, 9 (1-2), 9-30.

[10] Blunden, S., Galland, B., 2014, "The Complexities of Defining Optimal Sleep: Empirical and Theoretical Considerations with a Special Emphasis on Children", *Sleep Medicine Reviews*, 18 (5), 371-378.

[11] Bono, J. E., Judge, T. A., 2003, "Core Self-evaluations: A Review of the Trait and its Role in Job Satisfaction and Job Performance", *European Journal of Personality*, 17 (S1), S5-S18.

[12] Borghans, L., Duckworth, A. L., Heckman, J. J., Ter Weel, B., 2008, "The Economics and Psychology of Personality Traits", *Journal of Human Resources*, 43 (4), 972-1059.

[13] Brunello, G., Schlotter, M., 2011, "Non-cognitive Skills and Personality Traits: Labour Market Relevance and Their Development in Education & Training Systems", *IZA Discussion Paper*, 5734.

[14] Bryant, P. A., Trinder, J., Curtis, N., 2004, "Sick and Tired: Does Sleep Have a Vital Role in the Immune System?", *Nature Reviews Immunology*, 4 (6), 457-467.

[15] Cappuccio, F. P., Taggart, F. M., Kandala, N. B., Currie, A., Peile, E., Stranges, S., Miller, M. A., 2008, "Meta-analysis of Short Sleep Duration and Obesity in Children and Adults", *Sleep*, 31 (5), 619-626.

[16] Chaput, J. P., Gray, C. E., Poitras, V. J., Carson, V., Gruber, R., Olds, T., Belanger, K. et al., 2016, "Systematic Review of the Relationships Between Sleep Duration and Health Indicators in School-aged Children and Youth", *Applied Physiology Nutrition, and Metabolism*, 41 (6), S266-S282.

[17] Chen, X., Beydoun, M. A., Wang, Y., 2008, "Is Sleep Duration Associated with Childhood Obesity? A Systematic Review and Meta-analysis", *Obesity*, 16 (2), 265-

274.

[18] Curcio, G., Ferrara, M., Gennaro, L. De., 2006, "Sleep Loss, Learning Capacity and Academic Performance", *Sleep Medicine Reviews*, 10 (5), 323–337.

[19] Dotterer, A. M., Lowe, K., 2011, "Classroom Context, School Engagement, and Academic Achievement in Early Adolescence", *Journal of Youth and Adolescence*, 40 (12), 1649–1660.

[20] Drago, F., 2011, "Self–esteem and Earnings", *Journal of Economic Psychology*, 32 (3), 480–488.

[21] Duckworth, A. L., Peterson, C., Matthews, M. D., Kelly, D. R., 2007, "Grit: Perseverance and Passion for Long–term Goals", *Journal of Personality and Social Psychology*, 92 (6), 1087–1101.

[22] Duckworth, A. L., Quinn, P. D., 2009, "Development and Validation of the Short Grit Scale (GRIT–S)", *Journal of Personality Assessment*, 91 (2), 166–174.

[23] Eide, E. R., Showalter, M. H., 2012, "Sleep and student achievement", *Eastern Economic Journal*, 38 (4), 512–524.

[24] Engle–Friedman, M., Palencar, V., Riela, S., 2010, "Sleep and effort in adolescent athletes", *Journal of Child Health Care*, 14 (2), 131–141.

[25] Ferrara, M., Gennaro, L. De., 2001, "How much sleep do we need?", *Sleep Medicine Reviews*, 5 (2), 155–179.

[26] Fuligni, A. J., Bai, S., Krull, J. L., Gonzales, N. A., 2019, "Individual differences in optimum sleep for daily mood during adolescence", *Journal of Clinical Child & Adolescent Psychology*, 48 (3), 469–479.

[27] Fredricks, J. A., Blumenfeld, P. C., & Paris, A. H., 2004, "School engagement: Potential of the concept, state of the evidence", *Review of Educational Research*, 74 (1), 59–109.

[28] Goodwin, R. D., Friedman, H. S., 2006, "Health status and the five–factor personality traits in a nationally representative sample", *Journal of Health Psychology*, 11 (5), 643–654.

[29] Greenlaw, S. A., Shapiro, D., 2017, *Principles of Economics* 2e, OpenStax.

[30] Harrison, Y., Home, J. A., 1995, "Should we be taking more sleep?", *Sleep*, 18 (10), 901–907.

[31] Hirschfield, P. J., Gasper, J., 2011, "The relationship between school engagement and delinquency in late childhood and early adolescence", *Journal of Youth and Ado-

lescence, 40 (1), 3-22.

[32] Hirshkowitz, M., Whiton, K., Albert, S. M., Alessi, C., Bruni, O., DonCarlos, L., et al. 2015, "National Sleep Foundation's sleep time duration recommendations: methodology and results summary", *Sleep Health*, 1 (1), 40-43.

[33] Iglowstein, I., Jenni, O. G., Molinari, L., Largo, R. H., 2003, "Sleep duration from infancy to adolescence: reference values and generational trends", *Pediatrics*, 111 (2), 302-307.

[34] James, S., Hale, L., 2017, "Sleep duration and child well-being: a nonlinear association", *Journal of Clinical Child & Adolescent Psychology*, 46 (2), 258-268.

[35] Jones, S. M., Kahn, J., 2017, "The evidence base for how we learn: Supporting students' social, emotional, and academic development", *The WERA Educational Journal*, 10 (1), 5-20.

[36] Judge, T. A., & Bono, J. E., 2001, "Relationship of core self-evaluations traits—self-esteem, generalized self-efficacy, locus of control, and emotional stability—with job satisfaction and job performance: A meta-analysis", *Journal of Applied Psychology*, 86 (1), 80-92.

[37] Kautz, T., Heckman, J. J., Diris, R., Ter Weel, B., Borghans, L., 2015, "Fostering and measuring skills: improving cognitive and non-cognitive skills to promote lifetime success", *OECD Publisher*.

[38] Kelly, D. R., Matthews, M. D., & Bartone, P. T., 2014, "Grit and hardiness as predictors of performance among West Point cadets", *Military Psychology*, 26 (4), 327-342.

[39] Kopasz, M., Loessl, B., Hornyak, M., Riemann, D., Nissen, C., Piosczyk, H., Voderholzer, U., 2010. "Sleep and memory in healthy children and adolescents-a critical review", *Sleep Medicine Reviews*, 14 (3), 167-177.

[40] Laidra, K., Pullmann, H., Allik, J., 2007, "Personality and intelligence as predictors of academic achievement: A cross-sectional study from elementary to secondary school", *Personality and Individual Differences*, 42 (3), 441-451.

[41] Lam, S. F., Jimerson, S., Kikas, E., Cefai, C., Veiga, F. H., Nelson, B., Farrell, P., 2012, "Do girls and boys perceive themselves as equally engaged in school? The results of an international study from 12 countries", *Journal of School Psychology*, 50 (1), 77-94.

[42] Lam, S. F., Jimerson, S., Wong, B. P., Kikas, E., Shin, H., Veiga, F. H., Stan-

culescu, E. , 2014, "Understanding and measuring student engagement in school: The results of an international study from 12 countries", *School Psychology Quarterly*, 29 (2), 213-232.

[43] Matricciani, L. , Blunden, S. , Rigney, G. , Williams, M. T. , Olds, T. S. , 2013, "Children's sleep needs: is there sufficient evidence to recommend optimal sleep for children?", *Sleep*, 36 (4), 527-534.

[44] Matricciani, L. , Olds, T. , Petkov, J. , 2012, "In Search of Lost Sleep: Secular Trends in the Sleep Time of School-aged Children and Adolescents", *Sleep Medicine Reviews*, 16 (3), 203-211.

[45] Matricciani, L. , Olds, T. , Williams, M. , 2011, "A review of evidence for the claim that children are sleeping less than in the past", *Sleep*, 34 (5), 651-659.

[46] McGhee, R. L. , Ehrler, D. J. , Buckhalt, J. A. , 2007, *FFPI-C: Five-factor Personality Inventory-Children*, Pro-Ed.

[47] OECD, 2015, *Skills for Social Progress: The Power of Social and Emotional Skills*, OECD Publishing.

[48] Olds, T. S. , Matricciani, L. , Blunden, S. , Rigney, G. , Williams, M. T. , 2013, "Children's sleep needs: is there sufficient evidence to recommend optimal sleep for children?", *Sleep*, 36 (4), 527-534.

[49] Olds, T. , Blunden, S. , Petkov, J. , Forchino, F. , 2010, "The relationships between sex, age, geography and time in bed in adolescents: a meta-analysis of data from 23 countries", *Sleep Medicine Reviews*, 14 (6), 371-378.

[50] Orth, U. , Robins, R. W. , Widaman, K. F. , 2012, "Life-span development of self-esteem and its effects on important life outcomes", *Journal of personality and social psychology*, 102 (6), 1271-1288.

[51] O' Boyle, E. H. , Jr. , Humphrey, R. H. , Pollack, J. M. , Hawver, T. H. , Story, P. A. , 2011, "The relation between emotional intelligence and job performance: A meta-analysis", *Journal of Organizational Behavior*, 32 (5), 788-818.

[52] Paruthi, S. , Brooks, L. J. , D' Ambrosio, C. , Hall, W. A. , Kotagal, S. , Lloyd, R. M. , Rosen, C. L. , 2016, "Recommended amount of sleep for pediatric populations: a consensus statement of the American Academy of Sleep Medicine", *Journal of Clinical Sleep Medicine*, 12 (6), 785-786.

[53] Patel, S. R. , Hu, F. B. , 2008, "Short sleep duration and weight gain: a systematic review", *Obesity*, 16 (3), 643-653.

[54] Rogers, C. R. , 1954, "Toward a theory of creativity", ETC: A review of general semantics, 249-260.

[55] Rosenberg, M. , 1965, "Society and the adolescent self-image", *Princeton university press*.

[56] Salgado, J. F. , 1997, "The five factor model of personality and job performance in the European community", *Journal of Applied Psychology*, 82 (1), 30-43.

[57] Short, M. A. , Weber, N. , 2018, "Sleep duration and risk-taking in adolescents: A systematic review and meta-analysis", *Sleep Medicine Reviews*, 41, 185-196.

[58] Shochat, T. , Cohen-Zion, M. , Tzischinsky, O. , 2014, "Functional consequences of inadequate sleep in adolescents: a systematic review", *Sleep Medicine Reviews*, 18 (1), 75-87.

[59] Soldz, S. , Vaillant, G. E. , 1999, "The Big Five personality traits and the life course: A 45-year longitudinal study", *Journal of Research in Personality*, 33 (2), 208-232.

[60] Taheri, S. , Lin, L. , Austin, D. , Young, T. , Mignot, E. , 2004, "Short sleep duration is associated with reduced leptin, elevated ghrelin, and increased body mass index", *PLoS Medicine*, 1 (3), 210-217.

[61] Vittersø, J. , 2001, "Personality traits and subjective well-being: Emotional stability, not extraversion, is probably the important predictor", *Personality and Individual Differences*, 31 (6), 903-914.

[62] Yoo, S. S. , Gujar, N. , Hu, P. , Jolesz, F. A. , Walker, M. P. , 2007, "The human emotional brain without sleep-a prefrontal amygdala disconnect", *Current Biology*, 17 (20), 877-878.

本文于2021年1月发表于《华中师范大学学报（人文社会科学版）》2021，60（01）：154-164.

第三篇　家庭照料与儿童发展

我国农村留守儿童营养健康现状与早期发展影响因素研究

东南大学经济管理学院　吴一超

摘　要： 留守儿童的生活水平和营养健康状况备受国家和社会各界的关注，探寻改善农村留守儿童营养健康的影响干预机制是学术界和政策研究者的迫切任务。本课题使用中国家庭追踪调查数据（CFPS）和中国健康与营养调查数据（CHNS），并结合世界卫生组织提供的儿童生长标准，构建了一系列反映留守儿童营养健康现状的指标，旨在回答如下的研究问题：目前中国农村地区留守儿童的营养健康现状如何？有怎样的发展变化规律？影响其营养健康水平的关键因素为何？经过实证测算、描述对比以及影响因素的回归分析，本课题得出了以下三点结论。第一，过去几十年间，我国儿童的营养健康状况得到了大幅改善，身材矮小率与消瘦率显著下降，营养膳食结构也有了较大调整。第二，留守儿童的身材矮小率与消瘦率都明显高于同期非留守儿童，其四项主要营养物质摄入量在2004年之后也均低于同期非留守儿童；同时，母亲离家以及双亲均离家的情况对于留守儿童的营养健康现状影响更大。第三，影响留守儿童营养健康现状的因素可能来自儿童自身、父母以及家庭环境。

关键词： 留守儿童　营养健康　影响因素

Abstract: The living standards and nutritional health status of left-behind children in rural China have attracted much attention, and it is an urgent task for academic and policy researchers to explore the intervention mechanism to improve their nutritional health. This study uses Chinese Family Panel Studies data and China Health and Nutrition Survey data, combined with the child growth standards provided by the World Health Organization, to construct a series of indicators reflecting the nutritional health status of left-behind children, including stunting, underweight, and average calorie/carbohydrate/fat/protein intake for three days. The aim of this paper is to examine the current status of nutritional health of children left behind in rural areas of China, the changing pattern, the regional and demographic heterogeneity, and the key factors affecting their nutritional health level. With empirical calculation and comparison, as well as the regression analysis of influencing factors, this analysis draws the following three conclusions. First, in the past few decades, the nutritional health status of children in China has been greatly improved, stunting and underweight rates have decreased significantly, and the nutritional dietary structure has been greatly adjusted. Second, stunting and underweight rates of left-behind children were significantly higher than those of non-left-behind children during the same period, and their intake of the four main nutrients was lower after 2004, in which the migration situation of mothers had a greater impact. Third, the factors affecting the nutritional health status of children left behind may come from children themselves, parents and the family environment.

Keywords: Left-behind Children; Nutritional Health; Influencing Factors

1 绪论

儿童营养健康一直是中国家庭健康问题研究的重点，儿童是否营养不良通常也被视为反映国民健康状况及生活水平的重要指标。一般而言，儿童时期的营养不良会导致其发育迟缓和消瘦，影响其学习知识和技能的效果，也有可能导致其成年后工作能力低下，并因此而收入微薄，进而将类似的循环传递给下一代。随着我国社会经济的快速发展以及城镇化进程的不断推进，政府和公众越来越重视儿童的营养、健康和教育，儿童营养不良发生率也在逐年递减；然而，大量的农村劳动力去往城镇寻找就业机会，却无力解决孩子进城读书的诸多现实问题，因此形成了“农村留守儿童”这一新的弱势群体，他们的营养健康面临着更多的不确定性：一方面，父母外出务工可能会获得更高的收入，有效促进留守儿童营养健康状况的改善；但另一方面，父母照料角色的缺失，会对留守儿童在营养膳食监护上产生负面影响。因此，探寻改善农村留守儿童营养健康的影响干预机制是学术界和政策研究者的迫切任务，也是切断贫困代际传递的重要手段。

国内学术界对留守儿童的研究始于 2004 年左右，主要关注留守儿童的生存状况、教育、健康以及心理等方面（吴霓，2004；段成荣和周福林，2005；叶敬忠等，2005；周宗奎等，2005；宋月萍，2007；胡枫和李善同，2009）。相对而言，关于留守儿童营养健康问题的文献较少，且实证结论并不一致。大部分实证研究发现，中国农村留守儿童的营养健康现状差于农村非留守儿童以及城市流动儿童，表现为营养不良、身材矮小、消瘦、营养物质摄入量低以及易患由于营养不良所导致的贫血等疾病（陈在余，2009；孙波等，2010；顾和军和刘云平，2012；王震，2013；崔嵩等，2015；郑东梅，

2015；苏华山等，2017；田旭等，2017），且不同留守儿童类型以及不同人群特征之间还存在异质性。但还有部分前人文献指出留守儿童家庭收入的提高抵消了照料缺失所引起的儿童营养健康问题，因此导致实证结果并不显著甚至结论相反（侍建波等，2007；陈玥和赵忠，2012；李钟帅和苏群，2014）。然而，现有研究存在诸多不足，除了上述实证结论存在明显分歧外，对于留守儿童营养健康影响机制的探讨更为缺乏。

因此，本课题建立在前人文献基础之上，旨在回答如下的研究问题：目前中国农村地区留守儿童的营养健康状况如何？有怎样的发展规律？影响其营养健康水平的关键因素又为何？

2 数据来源与变量选择

2.1 数据来源

本研究所使用的数据主要来自中国家庭追踪调查数据（China Family Panel Studies，CFPS）和中国健康与营养调查数据（China Health and Nutrition Survey，CHNS）。中国家庭追踪调查数据（CFPS）是由北京大学中国社会科学调查中心（Institute of Social Science Survey，ISSS）实施调研与整理，于2010年正式开展访问，并于2012年、2014年及2016年对基线调查所界定出来的CFPS基因成员进行追踪回访。数据样本覆盖25个省、区、市，样本规模超过16000户。而中国健康与营养调查数据（CHNS）则是由北卡罗来纳大学教堂山分校和美国国家健康营养研究所驻中国疾病预防控制中心共同调研整理，涵盖了九个省份及三个直辖市，并以1989年开展的初访作为基线调查，于之后的1991年、1993年、1997年、2000年、2004年、2009年及2011年进行集中回访与扩大采样，形成具有面板数据特征的追踪式调查，样本规模超过7200户。

2.2 变量选择

本课题的研究主题为我国留守儿童的营养健康现状及其影响干预机制，因此，研究的因变量为儿童的各项营养健康指标，而主要的自变量为儿童的留守状态与日常照料信息。

关于儿童的营养健康指标，本课题根据所使用的数据库，甄选了两类变量信息。第一，CFPS数据提供了儿童身高、体重等生理健康指标，本课题将结合世界卫生组织提供的最新的儿童生长标准（2013），来界定和构建儿童身材矮小和消瘦比率等指标。具体而言，世界卫生组织测算了世界各国0~18岁儿童的平均年龄别身长（身高）、年龄别体重等数据，并据此绘制了各项生长指标的百分位数曲线和Z-score曲线，如图1所示。本研究将依据这一标准中的身高和体重数据来确定中国儿童的身高和体重是否达标。第一，年龄别身高或身长的线性生长标准一部分以长度（年龄别身长，0~24 个月）为基础，另一部分以高度（年龄别身高，2~18 岁）为基础。世界卫生组织（World Trade Drganizotion，WHO）在区分性别的同时，将身高数据精确到月份。本研究将使用低于标准身高两个标准差的数值（即 Z-scores 小于-2）作为身材矮小的标准。其次，年龄别体重与身高类似，在区分性别的同时，主要区分为 0~5 岁、5~10 岁两个年龄段，同样将数据精确到月份的变化。由于 10 岁之后的儿童体重变化较大、不易控制，所以体重标准仅适用于 0~10 岁的儿童。本研究将使用低于标准体重两个标准差的数值（即 Z-scores 小于-2）作为消瘦的标准。第二，CHNS 数据针对儿童营养进行了更加深入的调查与测量，并提供了儿童日常营养物质的摄入信息，本研究将主要使用三日平均营养物质摄入量这一信息来构建指标，其中儿童摄入的营养物质包括卡路里（kcal）、碳水化合物（g）、脂肪（g）和蛋白质（g），且适用于全体 0~18 岁儿童。

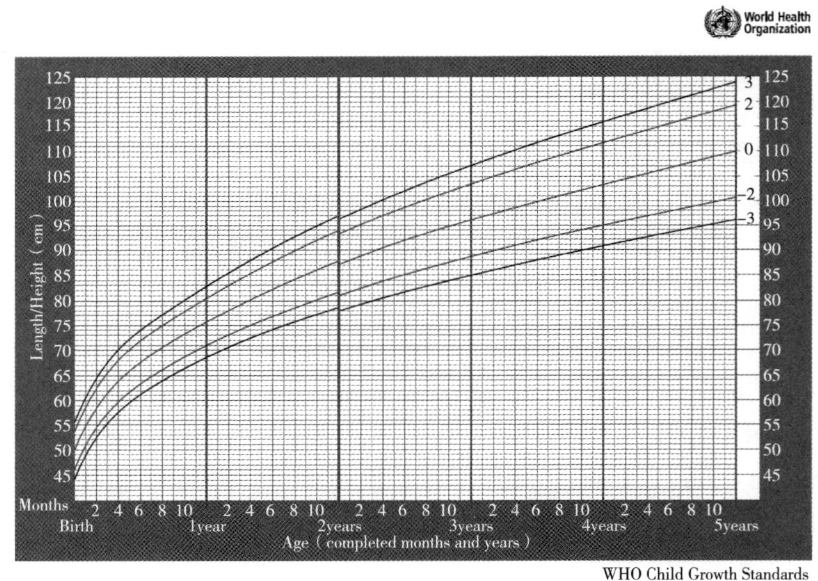

图 1　男童年龄别身长/身高 Z-score 曲线（0~5 岁）

图片来源：世界卫生组织（WHO）https：//www. who. int/childgrowth/standards/en/。

关于儿童的留守状态信息，综观现有文献，学术界对于留守儿童这一概念的界定并不统一，多数研究认为留守儿童是指父母一方或双方外出务工半年以上的 18 周岁以下儿童（叶敬忠等，2005；周福林和段成荣，2006；潘璐和叶敬忠，2009；陈昕苗和汪茵，2015；杨慧，2015），本课题也将遵循这一界定标准。CFPS 数据库提供了“过去 12 个月，孩子和父亲/母亲在一起居住的时间约有几个月”这一信息，据此构建了三种可能的儿童留守状况，即父亲离家六个月以上、母亲离家六个月以上、双亲离家六个月以上，以及非留守状况，即双亲都与孩子一起居住六个月以上。同时 CFPS 数据库还提供了“白天/晚上孩子由谁照管”这一有关照料人的信息，分别为托儿所/幼儿园、爷爷奶奶、外公外婆、爸爸、妈妈、保姆等，这有助于分析当儿童面临留守风险时，不同照料人对儿童营养健康的影响。与此相仿，CHNS 数据库也提供了父母是否在家居住，以及孩子在哪里被照看等信息，虽然相比 CFPS 数据所提供的信息较为粗略，例如未能准确提供父母离家的月份数，但依然能够据此构建出父亲离家、母亲离家、双亲离家、双亲在家等有关儿童留守现状的主要变量。

其他控制变量还涉及影响儿童营养健康状况的个人因素、父母因素、家庭因素及社区因素等，包括儿童性别、年龄、民族等，父母教育水平、身高、体重、就业状况等，家庭收入、成员规模、饮用水、厕所、做饭燃料等。这些变量信息分别来源于 CFPS 数据库的少儿问卷、成人问卷、家庭成员问卷和家庭经济问卷，以及 CHNS 数据库的营养健康调查、个人调查、家庭调查和社区调查。本课题最终的落脚点是探究留守儿童营养健康的影响干预机制，父母的陪伴与照料会通过饮食起居、疾病预防乃至生活习惯引导等途径对儿童的营养健康起到直接或间接的影响。而留守儿童父母抚养角色的缺失，尤其是母亲外出务工，势必会对儿童营养健康现状产生危害。

3 留守儿童营养健康现状及其异质性

3.1 留守儿童营养健康指标变化趋势

图 2 展示了全国各类留守儿童（包括父亲离家、母亲离家以及双亲离家）与非留守儿童身材矮小率与消瘦率自 2010—2016 年的变化趋势，其中，左图身材矮小曲线代表发育障碍身体短小的儿童（即低于世界卫生组织儿童标准身高两个标准差的身高）其比例的变化趋势，而右图消瘦曲线代表消瘦儿童（即低于世界卫生组织儿童标准体重两个标准差的体重）其比例的变化趋势。从图中可以看出这两项比例均呈现逐年递减的趋势，2010 年全国矮小儿童所占比例高达 37.3%，而 2016 年占比下降到 27.6%；2010 年全国消瘦儿童所占比例为 16.9%，而 2016 年占比下降到 9.7%。这表明，2010 年至 2016 年期间，我国儿童的营养健康状况得到了大幅改善。同时，图 2 还进一步比较了各类留守儿童与非留守儿童的营养健康现状，其中，各类留守儿童的身材矮小率与消瘦率都明显高于同期非留守儿童。对比三类留守儿童可以发现，母亲离家的留守儿童的身材矮小率与消瘦率都明显高于同期父亲离家的留守儿童，这表明母亲的日常照料对儿童营养健康状况的改善起到了重要影响。

图 3 展示了全国各类留守儿童与非留守儿童的四类主要营养物质日均摄入量自 1990 年至 2010 年的变化趋势。从图中可以看出，全体儿童的三日平均卡路里、碳水化合物以及蛋白质的摄入量均呈现整体递减的趋势，而三日平均脂肪摄入量则经历一定

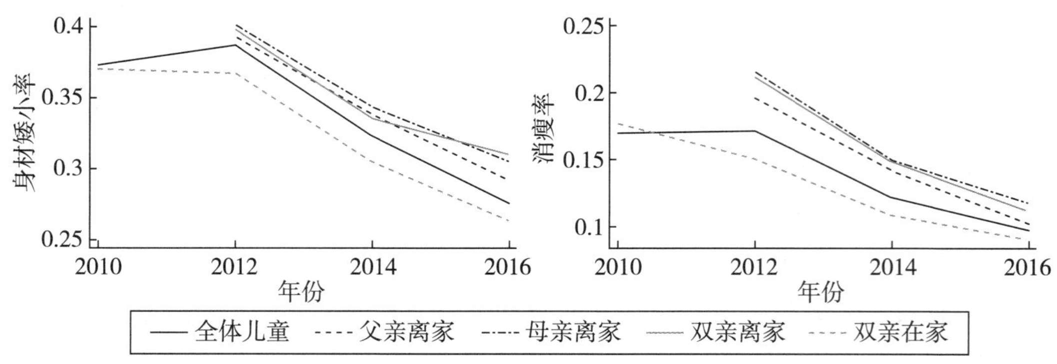

图 2　留守儿童身材矮小率与消瘦率变化趋势

波动并最终小幅上升，这反映出全国儿童营养膳食结构随年代的调整而受影响。同时，图 3 还进一步比较了各类留守儿童与非留守儿童的营养物质摄入量，其中，各类留守儿童四项营养物质摄入量的变化趋势虽有所不同，但其波动轨迹却大体相仿，并且与非留守儿童四项营养物质摄入量的变化趋势有着明显差异。进一步对比可以发现，各类留守儿童的四项营养物质摄入量在 2004 年之前相较于非留守儿童均较高，而在 2004 年之后均下降到非留守儿童摄入量之下，这样一致的转变结果可能由不同的原因造成，其中可能包括农村外出打工人员收入状况在 2004 年前后的变化。而具体到三类不同的留守儿童群体，双亲离家的留守儿童其四项营养物质的摄入量均是三者中最低的，反映了双亲都不在身边所导致的膳食不良。

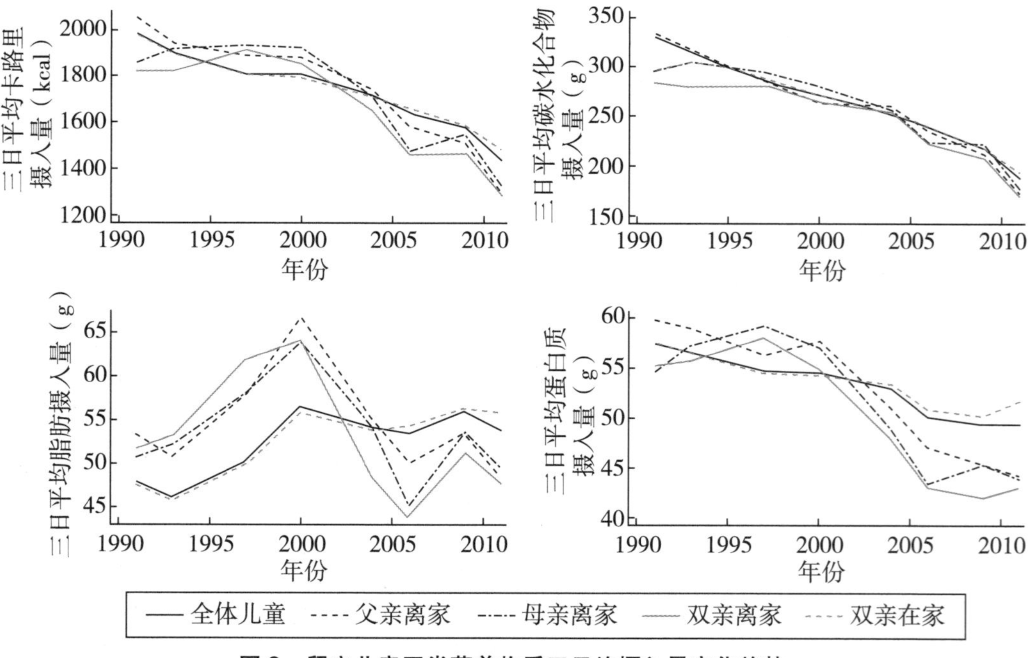

图 3　留守儿童四类营养物质三日均摄入量变化趋势

3.2 留守儿童营养健康指标年龄变化趋势

图 4 呈现了留守儿童与非留守儿童身材矮小率与消瘦率随年龄增加的变化趋势。从图中可以看出儿童身材矮小率随年龄增加而下降，相反消瘦率随年龄增加而波动性上升。同时，留守儿童的身材矮小率与消瘦率都高于同年龄的非留守儿童，其中身材矮小率的差异随年龄增加而逐渐消失，相反消瘦率的差异却随年龄增加而逐渐扩大。但由于消瘦指标仅界定 0~10 岁儿童，因此 10 岁以上儿童消瘦率的变化趋势是否也会进一步下降，以及留守儿童与非留守儿童间的差异是否也会逐渐消失，都无法从现有的数据与测量方法中给出答案。

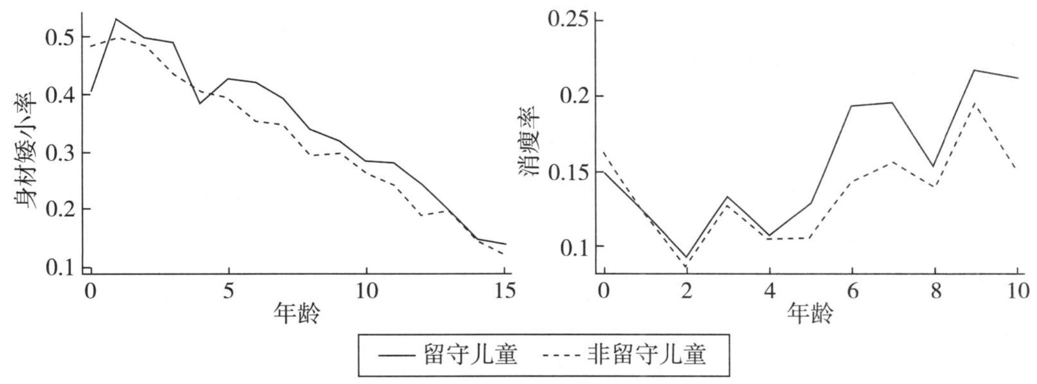

图 4 留守儿童身材矮小率与消瘦率随年龄变化趋势

图 5 呈现了留守儿童与非留守儿童的四类主要营养物质日均摄入量随年龄增加的变化趋势。从图中可以看出，四类主要营养物质的日均摄入量均随年龄增加而逐年递增，这反映出儿童对营养物质的生理需求随年龄增加而不断提高，也体现了其生长发育的自然规律。同时，留守儿童的三日平均卡路里、碳水化合物以及蛋白质的摄入量都低于同年龄的非留守儿童，相反，留守儿童的三日平均脂肪摄入量却高于同年龄的非留守儿童，这反映了留守儿童膳食营养结构与非留守儿童的显著区别。

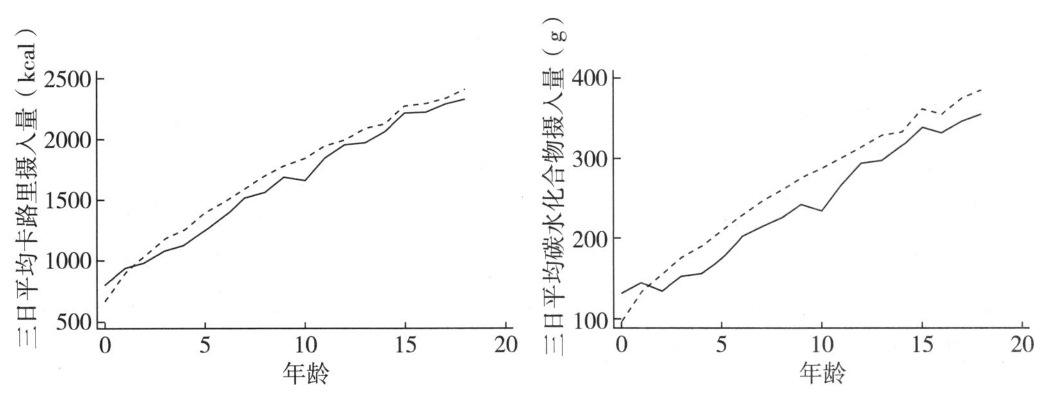

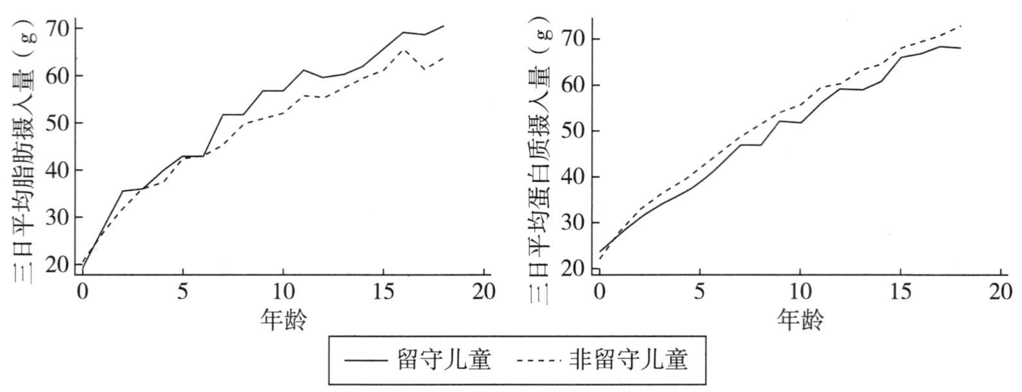

图5　留守儿童四类营养物质三日均摄入量随年龄增加变化趋势

3.3　留守儿童营养健康指标性别对比

图6对比了留守儿童与非留守儿童的身材矮小率与消瘦率在性别方面的差异。如图所示，平均来看，男女儿童的身材矮小率与消瘦率差异不大，身材矮小率均在33%左右，而消瘦率均在13%左右。进一步对比留守儿童与非留守儿童可以发现，无论男女，留守儿童的身材矮小率与消瘦率都较非留守儿童更高，且留守与否的经历对女童身材矮小率与消瘦率的影响更大。

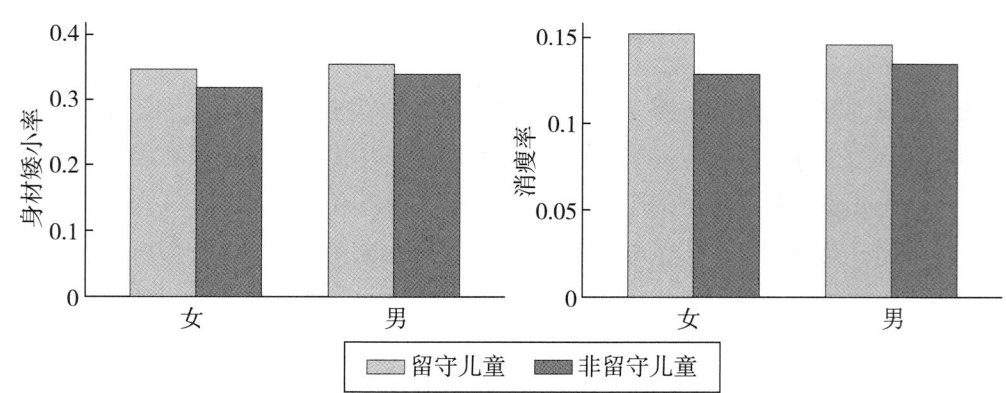

图6　留守儿童身材矮小率与消瘦率的性别对比

图7则对比了留守儿童与非留守儿童的四类主要营养物质三日均摄入量在性别方面的差异。如图所示，平均来看，男女儿童的各类营养物质摄入量差异不大，且均为男童摄入量较女童更高，这反映了性别差异所导致的营养物质消耗量上的差异。进一步对比留守儿童与非留守儿童可以发现，无论男女，留守儿童的三日平均卡路里、碳水化合物以及蛋白质摄入量都较非留守儿童更低，且留守与否的经历对女童这三类营养物质摄入量的影响更大；而非留守儿童的三日平均脂肪摄入量则较留守儿童更低，

且留守与否的经历对男童脂肪摄入量的影响更大。

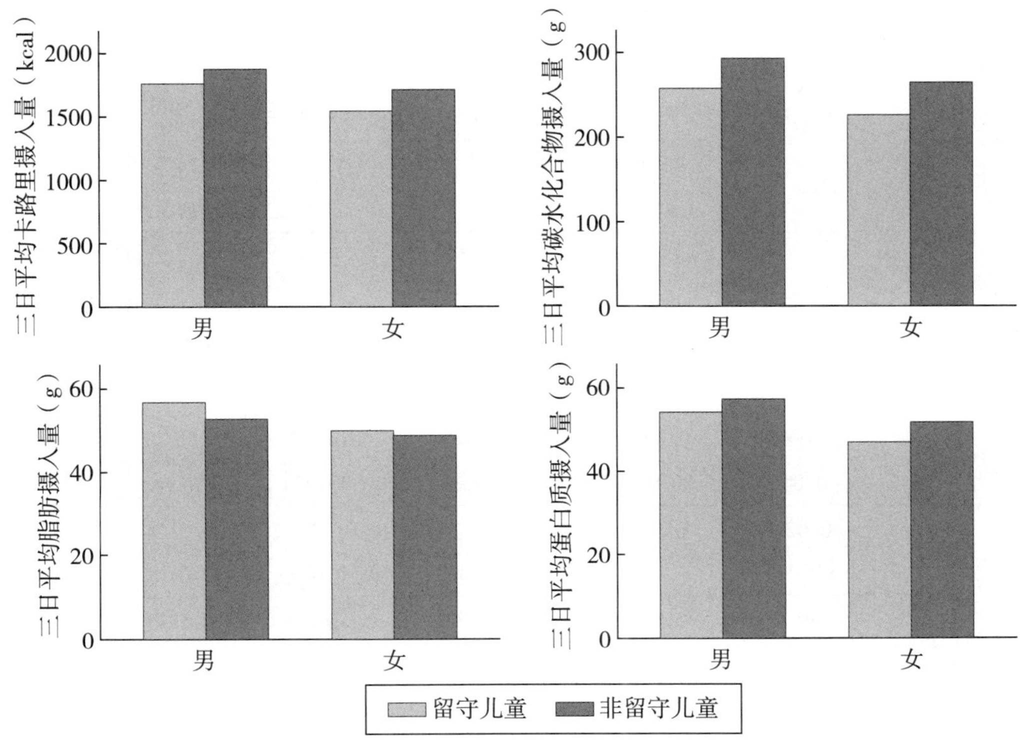

图 7　留守儿童四类营养三日均摄入量的性别对比

4　留守儿童营养健康的影响因素

本课题使用以下回归模型来考察留守儿童营养健康的各种影响因素。其中 Y_{ist} 代表儿童营养健康的各项指标，包括身材矮小率、消瘦率、三日平均卡路里、碳水化合物、脂肪以及蛋白质摄入量；X_{ist} 为本研究的主要自变量，即儿童的留守状态，共区分为三类，包括父亲离家六个月以上、母亲离家六个月以上、以及双亲均离家六个月以上所导致的儿童留守状态；而 β 则反映了这些留守经历对于儿童营养健康的影响关系；作为其它控制变量，Z_{ist} 表示可能影响留守儿童营养健康的个人、父母以及家庭等因素；η_s 及 λ_t 分别代表省份及年份的固定效应；下标 i、s、t 分别指代样本中每位儿童个体、儿童所在省份、以及儿童接受采访的年份。

$$Y_{ist} = \alpha + \beta X_{ist} + \gamma Z_{ist} + \eta_s + \lambda_t + \varepsilon_{ist}$$

表 1 根据 CFPS 数据的样本信息，呈现了留守儿童身材矮小率与消瘦率的影响因素回归结果。

表 1　　留守儿童身材矮小率与消瘦率的影响因素回归分析

		身材矮小率			消瘦率	
变量	(1)	(2)	(3)	(4)	(5)	(6)
父亲离家	-0.0133 (0.00949)			0.0122 (0.00873)		
母亲离家		-0.00964 (0.0113)			0.0224** (0.0110)	
双亲离家			-0.0160 (0.0117)			0.0233** (0.0114)
年龄	-0.0142*** (0.00381)	-0.0141*** (0.00382)	-0.0144*** (0.00382)	-0.00980* (0.00508)	-0.00921* (0.00510)	-0.00911* (0.00510)
年龄^2	-0.000878*** (0.000238)	-0.000885*** (0.000239)	-0.000863*** (0.000239)	0.00163*** (0.000492)	0.00158*** (0.000494)	0.00157*** (0.000494)
性别	0.0240*** (0.00848)	0.0241*** (0.00848)	0.0241*** (0.00848)	-0.0153** (0.00767)	-0.0157** (0.00767)	-0.0156** (0.00767)
医疗保险	-0.0131 (0.00913)	-0.0131 (0.00913)	-0.0132 (0.00913)	-0.0161* (0.00826)	-0.0157* (0.00826)	-0.0157* (0.00826)
父亲教育水平	-0.0216*** (0.00384)	-0.0215*** (0.00384)	-0.0215*** (0.00384)	-0.00936*** (0.00363)	-0.00942*** (0.00363)	-0.00944*** (0.00363)
父亲就业与否	-0.0292** (0.0138)	-0.0297** (0.0138)	-0.0296** (0.0138)	0.0216* (0.0125)	0.0220* (0.0124)	0.0220* (0.0124)
父亲身高（cm）	-0.00583*** (0.000878)	-0.00586*** (0.000878)	-0.00584*** (0.000878)	-0.00169** (0.000816)	-0.00168** (0.000816)	-0.00169** (0.000816)
父亲体重（kg）	-0.00123*** (0.000465)	-0.00121*** (0.000465)	-0.00122*** (0.000465)	-0.000904** (0.000412)	-0.000917** (0.000412)	-0.000916** (0.000412)
母亲教育水平	-0.00663** (0.00328)	-0.00653** (0.00328)	-0.00651** (0.00328)	0.00650** (0.00321)	0.00638** (0.00321)	0.00636** (0.00321)
母亲就业与否	0.0113 (0.0102)	0.0118 (0.0102)	0.0121 (0.0102)	0.000157 (0.00883)	-0.00135 (0.00885)	-0.00122 (0.00885)
母亲身高（cm）	-0.00192** (0.000857)	-0.00189** (0.000857)	-0.00188** (0.000857)	-0.000146 (0.000816)	-0.000192 (0.000815)	-0.000191 (0.000815)
母亲体重（kg）	-0.00178*** (0.000540)	-0.00178*** (0.000539)	-0.00177*** (0.000539)	-0.00248*** (0.000491)	-0.00248*** (0.000490)	-0.00249*** (0.000491)

续　表

		身材矮小率			消瘦率	
变量	(1)	(2)	(3)	(4)	(5)	(6)
取对数（家庭人均收入）	−0.00895** (0.00354)	−0.00922*** (0.00353)	−0.00919*** (0.00353)	−0.00650** (0.00323)	−0.00641** (0.00322)	−0.00638** (0.00322)
家庭成员数	0.0197*** (0.00243)	0.0197*** (0.00243)	0.0198*** (0.00243)	−0.00123 (0.00209)	−0.00134 (0.00210)	−0.00136 (0.00210)
饮用水	−0.0315*** (0.00954)	−0.0312*** (0.00954)	−0.0316*** (0.00954)	−0.00353 (0.00862)	−0.00326 (0.00862)	−0.00334 (0.00862)
做饭燃料	−0.0545*** (0.0100)	−0.0541*** (0.0100)	−0.0543*** (0.0100)	−0.0509*** (0.00908)	−0.0508*** (0.00907)	−0.0510*** (0.00906)
常数	2.001*** (0.180)	2.095*** (0.177)	2.091*** (0.178)	0.680*** (0.168)	0.687*** (0.168)	0.689*** (0.168)
样本量	9810	9811	9811	6607	6607	6607
R^2	0.117	0.117	0.117	0.027	0.027	0.027

注：*** $p<0.01$，** $p<0.05$，* $p<0.1$。

首先，儿童是否经历留守状态对儿童自身的身材矮小率并未产生显著性影响，而对其消瘦率的影响却表现出一定的异质性，其中父亲离家所导致的儿童留守对其消瘦率没有显著性影响，而母亲离家以及双亲离家所导致的儿童留守却显著提高了儿童的消瘦率。具体而言，母亲离家六个月以上将导致儿童的消瘦率显著提高2.2%，而双亲离家六个月以上则将导致儿童的消瘦率显著提高2.3%。这表明儿童的身高发育并不明显依赖父母的日常照料，但其体重发育却十分依赖父母的日常照料，尤其是母亲的日常饮食照料。

其次，儿童自身的个人特征对其身材矮小率与消瘦率也产生了显著性影响。从年龄上看，儿童每增长一岁，身材矮小率显著降低1.4%左右，且观察年龄二次项可知，其降幅逐年递减；而儿童每增长一岁，消瘦率显著降低0.9%左右，且观察年龄二次项可知，其降幅逐年递增。从性别上看，男童的身材矮小率显著高于女童2.4%左右，而女童的消瘦率显著高于男童1.5%左右。儿童个人的医疗保险对其消瘦率有一定程度的降低。

再次，儿童父母的个人身材特征对其子女身材矮小率与消瘦率也产生了显著性影响。从教育水平来看，父亲的教育水平每提升一级，其子女的身材矮小率显著降低2.2%左右，消瘦率显著降低0.9%左右；而母亲的教育水平每提升一级，其子女的身材矮小率显著降低0.7%左右，消瘦率却显著提高0.6%左右。这反映了父母的教育水平对儿童营养健康状况的改善产生了积极的影响，且父亲的影响效果更大；但同时结合上文结论中儿童的体重发育十分依赖母亲的日常饮食照料可知，母亲教育水平的提升可能伴随着对子女较少的日常饮食照料，因此呈现消极的影响。从就业状态来看，父亲在职促使其子女的身材矮小率显著降低 2.9%左右；而母亲就业与否并未显著影响其子女的营养健康。从身高体重来看，父亲身高每增加 1 厘米，其子女的身材矮小率显著降低 0.58%左右，消瘦率显著降低 0.17%左右；父亲体重每增加 1 公斤，其子女的身材矮小率显著降低 0.12%左右，消瘦率显著降低 0.09%左右；而母亲身高每增加 1 厘米，其子女的身材矮小率显著降低 0.19%左右，消瘦率则未受到显著影响；母亲体重每增加 1 公斤，其子女的身材矮小率显著降低 0.18%左右，消瘦率显著降低 0.25%左右。由此可见，父母自身的基因因素对其子女的身高体重具有显著性影响，且父亲的身高因素更重要，而母亲的体重因素则更重要。

最后，儿童所在的家庭特征对其身材矮小率与消瘦率也产生了显著性影响。从家庭人均收入来看，儿童的身材矮小率及消瘦率均与家庭收入呈显著负相关的关系。具体来看，家庭人均收入每上升 1%，儿童身材矮小率显著降低 0.9%左右，消瘦率显著降低 0.6%左右，这反映了家庭收入对于儿童营养健康状况的改善所起到的显著影响。从家庭规模来看，家庭成员每增加 1 人，儿童身材矮小率显著提高 2.0%左右，而消瘦率则未受到显著影响，这表明家庭规模增加所带来经济负担的加重，尤其是饮食营养负担的加重，会导致儿童营养健康的恶化。从家庭基础设施来看，拥有清洁的饮用水源促使儿童身材矮小率显著降低 3.1%左右，而对消瘦率则未有显著影响；拥有清洁的做饭燃料促使儿童身材矮小率显著降低 5.4%左右，同时促使儿童消瘦率显著降低 5.1%左右。这揭示了儿童的日常生活环境，尤其是与儿童饮食卫生等相关的家庭基础设施，对儿童营养健康现状所起到的显著性影响。

表 2 与表 3 则根据 CHNS 数据的样本信息，呈现了留守儿童三日平均卡路里、碳水化合物、脂肪以及蛋白质摄入量的影响因素回归结果。首先，儿童是否经历留守状态对除脂肪外的其他三类营养物质摄入量都具有显著性影响。具体而言，父亲离家六个月以上将导致儿童日均卡路里摄入量降低 78.7 大卡，碳水化合物摄入量降低 16.9 克，蛋白质摄入量降低 3.2 克；母亲离家六个月以上将导致儿童日均卡路里摄入量降低 76.4 大卡，碳水化合物摄入量降低 17.2 克，蛋白质摄入量降低 3.6 克；双亲离家六个月以上将导致儿童日均卡路里摄入量降低 100.4 大卡，碳水化合物摄入量降低 20.4 克，蛋白质摄入量降低 4.2 克。这表明儿童日常的营养物质摄入量十分依赖父母的日常照料，尤其是双亲均离家六个月以上将进一步降低儿童主要营养物质的摄入。

其次，儿童自身的个人特征对其四类营养物质的摄入量也产生了显著性影响。从年龄上看，儿童每增长一岁，日均卡路里摄入量增加 122 大卡，碳水化合物摄入量增加 20.8 克，脂肪摄入量增加 2.8 克，蛋白质摄入量增加 3.4 克；且观察年龄二次项可知，其增幅逐年递减。这反映了儿童对营养物质的生理需求随年龄增加而不断提高的生长发育规律。从性别上看，女童对四类营养物质摄入量显著低于男童，其中卡路里摄入量低 175 大卡，碳水化合物摄入量低 29.9 克，脂肪摄入量低 3.7 克，蛋白质摄入量低 5.4 克，这体现了性别差异所导致的营养物质消耗量上的差异。从民族上看，汉族儿童对碳水化合物的摄入量显著低于少数民族儿童，约 4.2 克；对蛋白质的摄入量却显著高于少数民族儿童，约 3.0 克；而在其他两项营养物质上并没有显著区别。这体现了民族差异及饮食差异所导致的儿童膳食结构上的不同。

最后，儿童所在的家庭特征对其四类营养物质的摄入量也产生了显著性影响。从家庭人均收入来看，家庭收入对儿童营养物质摄入量的影响具有显著的异质性。具体来看，家庭人均收入每上升 1%，儿童日均卡路里摄入量降低 22.5 大卡，碳水化合物摄入量降低 14.3 克，相反，脂肪摄入量提高 3.6 克，蛋白质摄入量提高 0.45 克。这表明家庭收入的提高对于儿童营养结构起到改善与调整作用。从家庭规模来看，家庭成员每增加 1 人，儿童日均碳水化合物摄入量提高 2.7 克，脂肪摄入量降低 1.8 克，而在其他两项营养物质上并没有显著区别，这表明了家庭规模增加所带来经济负担的加重，尤其是饮食营养负担的加重，会导致儿童营养结构的调整。从家庭基础设施来看，拥有清洁的饮用水源，儿童日均碳水化合物摄入量降低 14.1 克，脂肪摄入量提高 5.0 克，蛋白质摄入量提高 0.8 克；拥有清洁的厕所，儿童日均卡路里摄入量提高 48.7 大卡，碳水化合物摄入量降低 12.7 克，脂肪摄入量提高 9.7 克，蛋白质摄入量提高 3.2 克；拥有清洁的做饭燃料，儿童日均卡路里摄入量降低 122 大卡，碳水化合物摄入量降低 34.6 克，脂肪摄入量提高 2.5 克，蛋白质摄入量降低 1.8 克。这揭示了儿童的日常生活环境，尤其是与儿童饮食卫生等相关的家庭基础设施，对儿童营养结构的调整起到了重要的作用。

表 2　　留守儿童三日平均卡路里与碳水化合物摄入量的影响因素回归分析

	三日平均卡路里摄入量（kcal）			三日平均碳水化合物摄入量（g）		
变量	（1）	（2）	（3）	（4）	（5）	（6）
父亲离家	-78.66***			-16.92***		
	(16.05)			(2.845)		
母亲离家		-76.42***			-17.19***	
		(18.26)			(3.236)	
双亲离家			-100.4***			-20.36***

续 表

	三日平均卡路里摄入量（kcal）			三日平均碳水化合物摄入量（g）		
变量	(1)	(2)	(3)	(4)	(5)	(6)
			(22.63)			(4.012)
年龄	121.5***	122.0***	121.5***	20.73***	20.82***	20.75***
	(4.220)	(4.223)	(4.221)	(0.748)	(0.749)	(0.748)
年龄^2	-1.657***	-1.680***	-1.663***	-0.270***	-0.275***	-0.272***
	(0.212)	(0.212)	(0.212)	(0.0376)	(0.0376)	(0.0376)
性别	-174.9***	-175.0***	-175.1***	-29.84***	-29.87***	-29.88***
	(9.245)	(9.250)	(9.245)	(1.639)	(1.640)	(1.639)
民族	-14.46	-14.15	-13.57	-4.241*	-4.203*	-4.038*
	(12.67)	(12.68)	(12.67)	(2.247)	(2.248)	(2.246)
医疗保险	-103.6***	-105.2***	-105.6***	-26.74***	-27.05***	-27.26***
	(11.12)	(11.10)	(11.08)	(1.971)	(1.967)	(1.964)
上月生病与否	-29.24	-30.75	-30.78	-7.654**	-7.991**	-8.017**
	(19.80)	(19.79)	(19.79)	(3.509)	(3.508)	(3.509)
取对数（家庭人均收入）	-22.94***	-22.58***	-22.52***	-14.38***	-14.31***	-14.28***
	(5.242)	(5.247)	(5.240)	(0.929)	(0.930)	(0.929)
家庭成员数	-5.503	-5.472	-5.122	2.650***	2.650***	2.713***
	(3.431)	(3.434)	(3.435)	(0.608)	(0.609)	(0.609)
饮用水	-8.055	-8.592	-8.449	-14.03***	-14.17***	-14.15***
	(10.93)	(10.93)	(10.93)	(1.937)	(1.937)	(1.937)
厕所	48.77***	48.36***	48.87***	-12.75***	-12.76***	-12.72***
	(13.56)	(13.57)	(13.56)	(2.404)	(2.405)	(2.405)
做饭燃料	-121.8***	-122.7***	-123.0***	-34.39***	-34.60***	-34.68***
	(12.81)	(12.81)	(12.81)	(2.272)	(2.271)	(2.272)
常数	1328***	1321***	1321***	290.1***	289.1***	288.6***
	(52.11)	(52.14)	(52.08)	(9.238)	(9.243)	(9.234)
样本量	15199	15186	15206	15199	15186	15206
R^2	0.384	0.383	0.383	0.413	0.412	0.412

注：*** $p<0.01$，** $p<0.05$，* $p<0.1$。

表 3　　留守儿童三日平均脂肪与蛋白质摄入量的影响因素回归分析

	三日平均脂肪摄入量（g）			三日平均蛋白质摄入量（g）		
变量	(1)	(2)	(3)	(4)	(5)	(6)
父亲离家	0. 138 (0. 796)			-3. 214*** (0. 545)		
母亲离家		0. 704 (0. 905)			-3. 567*** (0. 619)	
双亲离家			-0. 256 (1. 122)			-4. 158*** (0. 768)
年龄	2. 818*** (0. 209)	2. 830*** (0. 209)	2. 812*** (0. 209)	3. 369*** (0. 143)	3. 379*** (0. 143)	3. 368*** (0. 143)
年龄^2	-0. 0476*** (0. 0105)	-0. 0480*** (0. 0105)	-0. 0473*** (0. 0105)	-0. 0420*** (0. 00719)	-0. 0425*** (0. 00720)	-0. 0422*** (0. 00719)
性别	-3. 723*** (0. 459)	-3. 717*** (0. 459)	-3. 718*** (0. 458)	-5. 395*** (0. 314)	-5. 400*** (0. 314)	-5. 405*** (0. 314)
民族	-0. 939 (0. 629)	-0. 920 (0. 629)	-0. 946 (0. 628)	3. 029*** (0. 430)	3. 029*** (0. 430)	3. 068*** (0. 430)
医疗保险	1. 182** (0. 552)	1. 166** (0. 550)	1. 222** (0. 549)	-1. 921*** (0. 377)	-1. 978*** (0. 377)	-2. 006*** (0. 376)
上月生病与否	0. 981 (0. 982)	0. 989 (0. 981)	0. 995 (0. 982)	-1. 920*** (0. 672)	-1. 983*** (0. 672)	-1. 983*** (0. 672)
取对数 （家庭人均收入）	3. 623*** (0. 260)	3. 627*** (0. 260)	3. 621*** (0. 260)	0. 435** (0. 178)	0. 457** (0. 178)	0. 453** (0. 178)
家庭成员数	-1. 806*** (0. 170)	-1. 799*** (0. 170)	-1. 798*** (0. 170)	0. 0625 (0. 116)	0. 0547 (0. 117)	0. 0765 (0. 117)
饮用水	4. 974*** (0. 542)	4. 997*** (0. 542)	4. 992*** (0. 542)	0. 846** (0. 371)	0. 798** (0. 371)	0. 824** (0. 371)
厕所	9. 719*** (0. 673)	9. 675*** (0. 673)	9. 710*** (0. 673)	3. 158*** (0. 460)	3. 156*** (0. 460)	3. 167*** (0. 460)
做饭燃料	2. 549*** (0. 636)	2. 562*** (0. 635)	2. 566*** (0. 635)	-1. 783*** (0. 435)	-1. 825*** (0. 435)	-1. 830*** (0. 435)
常数	6. 626** (2. 585)	6. 416** (2. 586)	6. 624** (2. 583)	26. 64*** (1. 768)	26. 47*** (1. 769)	26. 38*** (1. 767)
样本量	15199	15186	15206	15199	15186	15206
R^2	0. 177	0. 177	0. 177	0. 305	0. 305	0. 305

注：*** $p<0.01$，** $p<0.05$，* $p<0.1$。

5 结论与讨论

留守儿童的生活水平和健康状况备受国家和社会各界的关注，探寻改善农村留守儿童营养健康的影响干预机制是学术界和政策研究者的迫切任务。本课题使用中国家庭追踪调查数据（CFPS）和中国健康与营养调查数据（CHNS），并结合世界卫生组织提供的儿童生长标准，构建了一系列反映儿童营养健康现状的指标，并将其应用到中国农村留守儿童这一群体，旨在回答如下的研究问题：目前中国农村地区留守儿童的营养健康现状如何？有怎样的发展变化规律？影响其营养健康水平的关键因素为何？经过实证测算、描述对比以及影响因素的回归分析，本课题得出了以下三点结论。

首先，过去几十年间，我国儿童的营养健康状况得到了大幅改善，儿童的营养膳食结构也随年代有了较大调整。根据CFPS数据测算的结果，从2010年至2016年全国身材矮小的儿童所占比例从37.3%下降到27.6%，全国消瘦儿童所占比例从16.9%下降到9.7%。同时，根据CHNS数据测算的结果，从1991年至2011年全国儿童的三日平均卡路里、碳水化合物以及蛋白质的摄入量均呈现逐年递减的趋势，而三日平均脂肪摄入量则经历一定波动并最终呈小幅上升趋势。

其次，留守儿童群体的营养健康现状更加值得关注。留守儿童的身材矮小率与消瘦率都明显高于同期非留守儿童，留守儿童的四项主要营养物质摄入量在2004年之后也均低于同期非留守儿童。同时，母亲离家以及双亲均离家的情况对于留守儿童的营养健康现状影响更大。

最后，影响留守儿童营养健康现状的因素可能来自儿童自身、父母以及家庭环境。从儿童自身来看，随着年龄增长，身材矮小率显著下降，而消瘦率却显著上升，各类营养物质的摄入量也逐年增加；男童易遭遇身材矮小，而女童则面临消瘦，男童总体上对各类营养物质的摄入量均高于女童。从父母因素来看，父母的教育水平对儿童营养健康状况的改善起到了积极的作用，且父亲的影响效果更大；父母自身的基因因素对其子女的身高体重也具有深刻的影响，且父亲的身高因素更为重要，而母亲的体重因素则更关键。从家庭环境来看，家庭收入的提高有效降低了儿童身材矮小率与消瘦率，更对于儿童营养结构起到了改善与调整作用；家庭规模增加所带来经济负担的加重，尤其是饮食营养负担的加重，会导致儿童营养健康的恶化；相反，与儿童饮食卫生等相关的家庭基础设施则有效地改善了儿童营养健康现状。

针对上述实证结果与结论，本课题提出以下三点进一步的思考与讨论。

第一，关于本课题所构建的儿童营养健康指标，身材矮小与消瘦无疑是能够反映儿童营养不良的明确信号，然而随着时代的发展，不论是留守儿童抑或是非留守儿童，身材矮小率与消瘦率都已经显著下降，同时回归结果表明留守儿童与非留守儿童在身材矮小这一指标上已经不存在显著差异，甚至有些学者的文献已经逐渐关注儿童肥胖问题。由此可见，儿童营养健康问题是具有时代特征的。本课题所使用的数据横跨1991年至2016年，不同时期以及不同经济社会发展水平的区域都有其独特的儿童营养问题，因此身材矮小率与消瘦率并不一定能够准确反映所有时期和省份的留守儿童营养健康问题。另外，四类主要营养物质的摄入量指标为连续变量，但其摄入量是否有适宜的标准学术界并没有讨论，尤其是碳水化合物与脂肪的摄入量，并非摄入越多代表越健康。结合实证分析结果，部分留守儿童群体的脂肪摄入量反而比非留守儿童更多。因此，这四类主要营养物质摄入量指标仍需进一步验证与细化。

第二，关于本课题所界定的留守儿童人群，前人文献中的定义存在诸多不一致之处，具体到实证分析所使用的数据信息，也无法完全统一其标准，因此导致本课题在界定留守儿童群体时不免出现误差，而人群范围界定的误差则会进一步导致影响因素分析结果的不准确，对比两组数据所得出的回归结果时也难以相互佐证。而在两组数据内部，即使留守儿童界定标准统一，留守儿童人群内部也会随着年代的变迁存在结构上的异质性。例如上文对比留守儿童与非留守儿童在四项营养物质摄入量的年代变化趋势图中，留守儿童的四项营养物质摄入量在2004年之前相较于非留守儿童均较高，而在2004年之后均下降到非留守儿童摄入量之下，这样一致的转变结果不禁令人提出疑问：留守儿童的父母，即农村外出打工人员是否在2004年前后存在结构上的差异，其外出打工收入状况是否在2004年前后发生了变化，城市劳动需求结构是否在2004年前后发生了变化等。因此，有必要进一步解构留守儿童这一概念本身。

第三，留守儿童营养健康的影响机制是本课题研究的重点，儿童的身高与体重作为营养健康的最突出表征，究竟是由哪些因素决定或者影响的，而哪些因素相对于其他因素的影响效果更明显？学术界并未得出统一结论，但儿童的身高与体重主要取决于先天基因与后天养育，而后天养育又可区分为物质投入、家庭照料与儿童自身的运动发展。应用到本项目的研究主题，并结合实证分析结果来看，除儿童自身运动无法通过数据测量与检验，其他三类因素在回归结果中都影响显著。其中，先天基因主要来自父母的身高与体重，父母身高每增加1厘米，其子女的身材矮小率会显著降低，父母体重每增加1公斤，其子女的消瘦率也会显著降低，且父亲的身高因素更重要，而母亲的体重因素则更重要；物质投入主要来自家庭人均收入，收入每上升1%，儿童身材矮小率显著降低0.9%，消瘦率则显著降低0.6%；而家庭照料主要来自父母对子女的饮食起居照顾，尤其是母亲对子女的日常照料，这也得到了回归结果上的印证，父亲离家所导致的儿童留守对其消瘦率没有显著性影响，而母亲离家以及双亲离家（主要也是由于母亲离家）则导致儿童的消瘦率显著提高2.2%。然而三者的影响效果孰轻孰重，以及儿童日常的运动是否对其后天身高体重的发展更具影响，仍需要进一步的实证检验。

参考资料

[1] World Health Organization. WHO Guideline：Updates on the management of severe acute malnutrition in infants and children. Geneva，Switzerland，2013.

[2] 陈昕苗，汪茵．中国留守儿童研究综述．青少年研究与实践，2015（2）：1-5.

[3] 陈玥，赵忠．我国农村父母外出务工对留守儿童健康的影响．中国卫生政策研究，2012（11）：48-54.

[4] 陈在余．中国农村留守儿童营养与健康状况分析．中国人口科学，2009（5）：95-102，112.

[5] 崔嵩，周振，孔祥智．父母外出对留守儿童营养健康的影响研究——基于 PSM 的分析. 农村经济，2015（2）：103-108.

[6] 段成荣，周福林．我国留守儿童状况研究．人口研究，2005（1）：29-36.

[7] 顾和军，刘云平．母亲劳动供给行为与中国农村儿童健康．人口与经济，2012（3）：8-12.

[8] 胡枫，李善同．父母外出务工对农村留守儿童教育的影响——基于 5 城市农民工调查的实证分析．管理世界，2009（2）：67-74.

[9] 李钟帅，苏群．父母外出务工与留守儿童健康——来自中国农村的证据．人口与经济，2014（3）：51-58.

[10] 潘璐，叶敬忠．农村留守儿童研究综述．中国农业大学学报（社会科学版），2009（2）：5-17.

[11] 侍建波，唐蓓蕾，李中典．528 名留守儿童贫血患病情况及饮食行为调查．中国校医，2007（4）：386-387.

[12] 宋月萍．中国农村儿童健康：家庭及社区影响因素分析．中国农村经济，2007（10）：69-76.

[13] 苏华山，吕文慧，黄姗姗．父母外出对留守儿童健康的影响——来自中国家庭追踪调查的证据．经济科学，2017（6）：102-114.

[14] 孙波，葛恒明，李忠典，等．农村 0~5 岁留守儿童的膳食营养调查．中国妇幼保健，2010（9）：1237-1240.

[15] 田旭，黄莹莹，钟力，等．中国农村留守儿童营养状况分析．经济学（季刊），2018（1）：247-276.

[16] 王震．农村地区母亲就业对儿童营养状况的影响．中国人口科学，2013（1）：

118-128.

[17] 吴霓．农村留守儿童问题调研报告．教育研究，2004（10）：15-18，53.

[18] 杨慧．我国“留守儿童”研究综述．特区经济，2015（7）：89-92.

[19] 叶敬忠，王伊欢，张克云，等．对留守儿童问题的研究综述．农业经济问题，2005（10）：73-78.

[20] 郑东梅．留守儿童营养性缺铁贫血的健康体检状况及治疗研究．中国现代药物应用，2015（12）：271-272.

[21] 周福林，段成荣．留守儿童研究综述．人口学刊，2006（3）：60-65.

[22] 周宗奎，孙晓军，刘亚，等．农村留守儿童心理发展与教育问题．北京师范大学学报（社会科学版），2005（1）：71-79.

父母外出务工是否阻碍了留守儿童合作偏好的发展?

——来自中国大型实地实验的证据

北京师范大学经济与工商管理学院、创新发展研究中心(珠海校区) 周晔馨

北京大学现代农学院 陈思玮

浙江大学经济学院、浙江大学跨学科社会科学研究中心 陈叶烽

德国马尔堡大学商业和经济学院 Bjoern Vollan

摘 要:新人力资本理论框架下,非认知能力在个人和社会的发展中发挥着重要作用。父母外出务工可能会抑制儿童非认知能力的发展,但其对儿童合作偏好的影响尚不清晰。本文利用三个一次性公共品博弈考察了父母外出务工对儿童合作偏好发展的影响,以及引入惩罚机制是否能够加剧或抵消这种影响。基于1600多名6~16岁农村学生的大样本实地实验,本文发现:(1)非留守儿童的合作水平随着年龄的增长显著增加,留守儿童的合作水平随年龄增长的趋势不显著。具体来说,仅父亲外出务工显著降低了儿童的合作水平,而仅母亲外出务工或父母均外出务工的影响则不显著。(2)惩罚机制可以显著提高儿童合作水平,并抵消父亲外出务工的负面影响。外生惩罚机制适用于各个年龄段,而内生惩罚机制只适用于中学生。然而,随着儿童留守程度加深,惩罚机制的抵消效应逐渐减弱。

关键词:农民工 留守儿童 合作 实地实验 非认知能力

1 引言

早期人力资本积累对个体未来社会经济地位提升以及社会经济发展具有重要意义(Heckman et al., 2006)。传统人力资本理论在解释工资差异时将能力近似等同为认知

能力①，教育则被简单视为人力资本的代理变量（周金燕，2015）。但新的经验研究表明，在对个人职业发展乃至社会经济增长的影响因素中，儿童的非认知能力与认知能力起着同等重要的作用（Heckman et al.，2006），同样能够显著预测个体的工资收入表现（Heckman and Rubinstein，2001），由此揭示了传统人力资本理论的局限。因此，将能力内涵扩展到非认知能力的新人力资本理论近年来得到快速发展（李晓曼和曾湘泉，2012）。与认知能力相比，非认知能力在儿童后期发展过程中更具可塑性，应作为人力资本投资的重点（Heckman，2000；Kautz et al.，2014；OECD，2015）。对个体早期非认知能力的投资和干预，不仅能够在微观上促进个体在未来劳动力市场的表现，更有助于缓解我国结构性失业、贫困和犯罪等诸多宏观现实问题（李晓曼和曾湘泉，2012）。

作为非认知能力的重要组成，合作偏好及行为普遍存在于现实生活中，并已发展为现代社会运行过程中必不可少的社会规范（叶航等，2005）。合作偏好是儿童在社会化过程中逐渐形成的，家庭环境在引导儿童合作偏好发展上的作用不容忽视。父母双方与子女一起居住的核心家庭是最有利于青少年发展的家庭结构（吴愈晓等，2018），父母任何一方在孩子成长过程中的长期缺位可能对孩子的发展产生不良的影响。然而遗憾的是，现有文献尚未就父母缺位对儿童合作偏好的影响进行充分讨论。中国城镇化进程中较为独特的大量留守儿童（Left-Behind Children）现象，则为研究父母缺位给儿童合作偏好发展带来的影响提供了一条独一无二的途径。

中国数量庞大的留守儿童群体已经对农村人口发展和整个国家产生了深远影响。改革开放四十年以来，我国城乡二元结构、地区经济发展不平衡导致大量农民外出务工。受限于城市落户的高门槛，这些农民工在儿童教育、住房和医疗等福利保障方面无法获得与流入地市民同等的待遇，从而不得不将子女滞留在家乡，数量庞大的留守儿童群体由此产生。早在2010年，中国农村留守儿童数量就超过了6000万，超过了全国儿童总数的五分之一，其中处于义务教育阶段的有2948万②。大量研究表明，父母外出务工虽然可以带来家庭经济状况的改善，但留守儿童在家庭教育引导与身心健康监护上处于弱势地位（Bai et al.，2017；Lei et al.，2017；Zhao et al.，2016；Zhao et al.，2014）。弱势家庭儿童人力资本的发展相对落后，容易形成儿童长大后成为弱势群

① 认知能力指与智力相关的能力，通过IQ测试、瑞文测试（Raven Test）等标准化测试测量。非认知能力指不属于认知能力范畴的能力，如动机、毅力和自尊等（Heckman et al.，2006），通常用大五人格测试（Big Five）或经济偏好测量。

② 全国妇联课题组，《我国农村留守儿童、城乡流动儿童状况研究报告》，2013。由于不同机构对留守儿童的统计口径不同，故机构间的数字差异很大，但留守儿童数量巨大是不容否认的事实。

体的恶性循环，这不仅加剧了未来劳动力市场的城乡不平等，更因犯罪率上升对社会和谐产生深远影响（Zhang et al.，2021）。

虽然有大量实证研究探讨了父母外出务工对儿童发展成果的潜在影响，但关于父母外出务工如何影响儿童合作偏好的文献仍然不足。并且，这些经验研究大多采用调查问卷的形式，存在自述偏好与实际偏好之间的偏差，且多聚焦于学业成绩与身心健康，仅有为数不多基于真实激励的实验研究关注了留守现象对儿童非认知能力的影响。比如，最近一些利用价值激励措施进行的新兴实验研究探讨了父母外出务工对留守儿童的涉他偏好（Cadsby et al.，2020）、撒谎行为（Cadsby et al.，2019）和竞争偏好（董志强和赵俊，2019）等非认知能力的影响，但对合作偏好的影响仍待揭示。此外，现有大多数实验研究使用完整的家庭结构和小样本（Cipriani et al.，2013；Harbaugh and Krause，2000；Hermes et al.，2020），从而很难去推断父母外出务工对儿童非认知能力的影响。

本文采用实验经济学方法，以父母缺位对留守儿童合作偏好发展的影响为研究主题，按照层层递进的逻辑探讨以下四个重要问题：第一，中国农村地区儿童合作偏好发展的总体情况如何？第二，父母外出务工会影响儿童的合作偏好吗？第三，父亲和母亲的外出务工对留守儿童的合作偏好是否有不对称的影响？第四，如果父母缺位确实对留守儿童的合作偏好产生了影响，那么惩罚机制的引入是否可以抵消父母缺位的影响？我们在四川这一农民工劳务输出大省进行了涵盖1632名农村儿童的大样本实地实验，并对参与实验的儿童个体信息以及家庭背景进行问卷调查，从而对上述四个问题循序渐进地展开了具体研究。

与已有文献相比，本文的贡献在于以下四个方面：第一，我们利用经济学实验来探讨父母外出务工对儿童合作偏好的影响，为人力资本理论的实证研究提供了新视角。据我们所知，这是已有相关文献中样本量最大的一个实验研究。第二，我们分析了父亲和母亲外出务工对儿童合作偏好的不对称影响，并发现父亲陪伴的重要作用。第三，我们分析了惩罚对儿童合作行为的促进作用，并区分了其在留守儿童和非留守儿童之间的差异效果。第四，我们揭示了惩罚机制对父亲外出务工负面影响的抵消效应，为政策制定者引导留守儿童非认知能力发展提供了较为严格的实验与经验证据。

本文余下结构安排如下：第二部分回顾相关文献，并提出待检验假设；第三部分介绍实验设计和调查情况；第四部分进一步展示实验结果；第五部分总结主要发现并提出政策建议。

2 相关文献和假设

2.1 儿童合作偏好发展

开展儿童经济学实验对于探索和改进经济人假设以及为引导儿童发展的政策决策提供证据至关重要。理论上而言，传统的经济学实验研究了成年被试成形的稳定偏好，并发展了不平等厌恶（Fehr and Schmidt，1999）和互惠偏好（Rabin，1993）等社会偏好理论。然而，这些理论是否适用于成年之前、偏好如何在儿童时期形成和发展等问题仍需通过儿童作为受试者来回答（Sutter et al.，2019）。实践上来说，了解儿童发展是改善儿童福祉和其他长期结果的政策干预的先决条件（List et al.，2021）。近年来，一些实验研究已经聚焦在儿童经济偏好的发展，例如儿童的利他主义（Brocas et al.，2017；Fehr et al.，2013）、平等偏好（Fehr et al.，2013；Fehr et al.，2008）、互惠偏好（House et al.，2013）、信任与可信赖（Sutter and Kocher，2007）等。Sutter et al.（2019）从时间偏好、风险偏好、竞争性及合作等维度对儿童经济偏好的实验经济学研究进行了全面的综述。

作为重要的社会偏好之一，儿童合作发展及其决定因素已经受到越来越多的关注。用公共品实验对儿童合作问题较早进行研究的是 Harbaugh and Krause（2000）。他们发现，与成人类似，儿童也会在公共品实验中贡献一定数额，并且年龄较大的孩子在首轮公共品实验中表现得更加慷慨。随后的实验文献表明，儿童的合作可能受到道德教育（Fan，2000）、群体规模（Alencar et al.，2008）、性别（Cárdenas et al.，2014）、第三方惩罚（Lergetporer et al.，2014）以及群体差异（Angerer et al.，2016）等因素的影响。

大部分文献提供了年龄较大的儿童更可能合作的实验证据（Angerer et al.，2016；Fan，2000；Harbaugh and Krause，2000；Sutter et al.，2019），而互惠偏好、利他偏好与不平等厌恶的发展趋势也可为个体合作行为的发展提供重要解释和启示（Brocas et al.，2017；Fehr et al.，2008；Fehr et al.，2013；House et al.，2013）。Eisenberg and Fabes（1998）对 125 篇论文进行荟萃分析（meta-analysis），发现儿童的亲社会行为与年龄显著正相关。这种趋势可由发展心理学的认知发展理论或心智理论所解释（Piaget，1962；Kohlberg，1969；Wellman et al.，2001）。个体在幼儿时期以自我为中心，其心智随着年龄增长逐渐成熟，并在社会经验的积累中发展出能够考虑他人观点、推断他人信念的能力（Selman，1980）。而经济学实验已经证明，这种对他人的信念与个体合作水平显著相关（Dufwenberg et al.，2011；Lergetporer et al.，2014）。

合作是一种已经内部化且由理性、民主的现代司法制度加以维护的重要社会规范

（叶航等，2005），年龄大的儿童更善于理解和融入这种社会规范（Zarbatany et al.，1985；Dutra et al.，2018）。虽然上述关于儿童的研究均基于国外样本，和我国农村存在文化和教育等方面的差异，但这些差异可能不足以抵消社会规范的作用，故我们推测中国农村儿童的总体合作水平应随着年龄的增加而逐渐提升并提出假设：

假设 1：在一次性、无惩罚公共品实验中，中国农村儿童的合作水平随着年龄增长而逐渐提高。

2.2 父母缺位与儿童合作发展

大量实证文献探讨了父母外出务工对儿童不同发展结果的影响。父母缺位导致传统的双亲照顾转变为单亲或者祖父母照顾，而中国农村的大多数祖父母缺乏教育和良好的养育知识（Lei et al.，2017），因此相较于非留守儿童，留守儿童在教育监管和身心监护方面可能处于不利境况，从而影响其认知能力与非认知能力的发展。有证据表明，父母外出务工降低了儿童的受教育程度（Lu，2014；Wang，2014），并也会对留守儿童的学业成绩产生负面影响（Zhao et al.，2014）。此外，它还使孩子生病或患上慢性疾病的可能性更高（Li et al.，2015），并对留守儿童的身高和体重产生负面影响（Lei et al.，2018）。来自心理学的证据则表明，留守儿童在情感调节方面处于弱势地位（He et al.，2012；Sun et al.，2015）。

大多数实证研究都是基于问卷调查，但近期一些基于诱导价值理论的实验研究（Smith，1976）表明，留守儿童在经济偏好方面不同于非留守儿童。例如，留守儿童比非留守儿童更倾向于避免竞争（董志强和赵俊，2019）。Zhang（2019）通过对农民工服刑人员和普通农民工的实验研究发现，儿童时期的留守经历会提高其赌博等风险行为的发生概率，从而致使道德观念退化，并且与受教育机会更低等其他因素共同作用，导致犯罪概率增加。然而，一些其他研究并不支持留守必然会造成负面影响。Cadsby et al.（2020）发现，父母均外出务工的留守儿童的利他主义的发展最为明显。

已有文献在父母对儿童合作水平影响方面尚未达成共识。Cipriani et al.（2013）让儿童和家长进行标准的公共品博弈，并未发现代际合作水平之间的相关性①。然而，Ben-Ner et al.（2017）使用独裁者实验测量了 147 名 3～5 岁儿童的亲社会模仿行为，结果显示尽管儿童和父母最初的分享程度之间不相关，但父母的慷慨影响了儿童在后续实验中的分享程度。

据我们所知，很少有实验文献研究农村留守儿童和非留守儿童在合作偏好方面的发展差异。现有关于儿童合作的实验文献建立在完整的家庭结构基础上，难以区分母

---

① 然而，Cipriani et al.（2013）的样本规模非常小，只有 38 个，故对这一结论的解释需要谨慎。

亲和父亲的异质性作用。因此，我们的目的是通过以中国城市化进程中外出务工家长及其留守儿童子女为样本的实地实验，探讨父母外出务工对儿童合作水平的影响。

基于上述文献，我们的一个基本猜想是，亲子互动的缺失、家庭看护的削弱可能使得留守儿童与非留守儿童在合作偏好上存在差别，且其随年龄发展的规律也可能有所不同。此外，由于父母在孩子抚养过程担任的角色不同——母亲提供的是生理性抚育，父亲则承担着社会性教育的责任，我们推断外出务工导致的父亲缺位与母亲缺位对于留守儿童合作偏好的影响也有所区别，故提出如下两个假设：

假设 2：留守儿童和非留守儿童在合作偏好的发展轨迹上存在差异。

假设 3：父亲和母亲的外出务工对子女的合作偏好具有不对称的影响。

2.3 惩罚与儿童合作

如果父母缺位抑制了留守儿童合作偏好的发展，那么是否有一些因素或者制度安排可以抵消父母缺位所带来的不利冲击？许多研究已经表明，惩罚作为一种外部制度可以有效维持人们的合作水平（Chaudhuri，2011；Fehr and Gachter，2000）。儿童也会像成年人一样消极地评价和惩罚搭便车者（Alencar et al.，2008；Yang et al.，2018）。Lergetporer et al.（2014）以 1120 名 7~11 岁的学生为被试进行囚徒困境博弈，发现惩罚能够大幅提高儿童的合作比例。据我们所知，很少有文献将惩罚机制引入到儿童的公共品博弈中，并且尚未有证据表明留守儿童和非留守儿童在公共品实验中存在对惩罚的表现差异。因此，我们以农村学生为被试设计了实验，并提出如下假设。

假设 4：惩罚可以显著促进留守儿童和非留守儿童的合作水平。

根据惩罚产生方式的不同，惩罚机制进一步可分为外生惩罚与内生惩罚。外生惩罚定义为当小组内某成员未贡献规定数量禀赋时，由与小组利益无关的第三方统一扣除部分所得收益的惩罚制度。内生惩罚定义为小组成员投票决定惩罚规则是否实施，若两人及以上投票赞成惩罚规则实施，再由与小组利益无关的第三方统一扣除部分所得收益。由于内生性惩罚能够更好地传递合作方的合作信号（Dal Bó et al.，2010），内生惩罚可以增强个体的合作水平，甚至产生比外生惩罚规则下更高水平的合作（即内生溢价）。Vollan et al.（2017）发现内生溢价的产生具有群体异质性，它存在于大学生样本中，而在权威服从度较高的工人样本中则相反。在中国，由于中小学学校教育有着较为严格的规定，义务教育阶段学生往往具有遵守规则的特点，故我们猜测外生惩罚的抵消作用相比于内生惩罚要更好。基于此，我们提出如下假设：

假设 5：相比于内生惩罚，外生惩罚提升合作水平的效果更好。

我们关心的最后一个问题是惩罚和父母外出务工对儿童合作水平的综合效应。假设父母外出务工对儿童的合作偏好有负面影响，那么外部惩罚是否会加剧或者减轻这种负面影响？如果惩罚减轻了负面影响，外部制度规范可以对留守儿童的社会化行为起到一定的补偿作用。相反，如果惩罚加剧了这种负面影响，则留守可能会成为一个比较大的问题。由于文献未对此问题进行充分讨论，本文提出以下两个相互竞争的假设：

假设 6a：惩罚会加剧父母外出务工对儿童合作偏好的负面影响。

假设 6b：惩罚会减轻父母外出务工对儿童合作偏好的负面影响。

3 实验设计和调查

我们于 2018 年在中国四川省的三个县（都江堰、三台和北川）进行了实验，该省有大量由农村居民转换成的外来务工人员①。为了增强样本的代表性，每个县按照距离县城远、中、近分别选择学校（分别对应不同的经济发展状况）。经过试点调查，我们从每所学校的一年级、三年级、五年级和八年级各抽取 1 个留守儿童人数适中的班进行实验。对于个别人数较多的学校，我们在每个年级抽取 2 个班进行实验，但安排在不同地点同时进行，从而避免同年级不同班之间的交流。共有 11 所学校 38 个班级的 1632 名被试参加了实验。

实验以班级为单位。实验地点通常设置在大会议室、阶梯教室或大教室等较为宽敞的地方，座位进行了随机编排，被试间至少隔一个座位，并禁止相互之间的交流。实验的主试均为研究生，且都经过行为与实验经济学的培训及严格的实验过程模拟演练，同时避免使用影响被试选择的诱导性语言。

实验采用纸笔形式，被试需要在游戏手册中做出自己的决策。整场实验包括公共品游戏、风险偏好、时间和竞争偏好等游戏。在本文中，我们主要使用了公共品游戏的数据。这些游戏设计成卡通形式，以便小学生更容易理解。实验人员通过展示这些卡通幻灯片来详细解释游戏。如果被试不理解游戏说明或者未通过控制问题，助理会对其进行单独讲解。本文的公共品实验部分采用的是金钱激励，其他实验部分则主要采用实物激励，包括糖果和文具等。在每次实验前，主试会告知被试将从其参与的三个“游戏”里随机选择其一进行支付，以保证被试认真对待每一个实验。奖励在实验结束后现场发放给被试。一年级、三年级、五年级和八年级的被试整个实验（包括风险和竞争游戏等其他游戏）的平均回报分别为 9.8 元、10.6 元、11.2 元和 16.6 元人民币，这与各年级每周零花钱的均值大致相当。

---

① 四川省人力资源和社会保障厅（可在 http：//rst.sc.gov.cn 获取）的统计数据显示，截至 2018 年 9 月，全省农村劳动力输出总量为 25335600 人，其中省内转移 1425.49 万人，省外输出 1108.07 万人。

本文的公共品实验由三个一次性、匿名的实验组成，即标准的公共品自愿供给实验、带外生惩罚的公共品供给实验以及带内生惩罚的公共品供给实验。无惩罚公共品博弈用于检验假设 1~3，而外生惩罚公共品博弈和内生惩罚公共品博弈则设计用于检验假设 4~6。

实验 1：无惩罚、标准公共品自愿供给实验。实验主试告知被试，他（她）将与同班另外两名由电脑随机抽取的同学组成一组，进行一轮公共品自愿供给博弈（Voluntary Contributions Mechanism，VCM）。为了帮助孩子们更好地理解游戏，我们将公共品游戏称为“魔法变变变”。每个学生都拥有 10 个游戏币作为他们的初始禀赋，并决定要给魔术师多少游戏币。魔术师将收集到的每 2 个游戏币转化为 3 个，并平均分配给三个小组成员，即公共品贡献的边际回报率为 0.5。个体最终的回报等于剩余的游戏币（私人账户）加上从魔术师那里返还的游戏币（公共账户）。个体 i 的平均收益函数为：

$$\pi_i = 10 - g_i + 0.5\sum_{j=1}^{3} g_j \tag{1}$$

其中，π_i 代表被试 i 的收益，g_i 是被试 i 对公共账户的贡献，g_j 代表小组中成员 j 的贡献。为减轻低年级被试的计算负担，g_i 和 g_j 取值为 10 以内的偶数。考虑到年级间的零花钱水平差异（Harbaugh and Krause，2000），各年级的兑换比率分别为：一、三年级 0.2 元/个，五年级 0.3 元/个，八年级 0.4 元/个。被试投入 0 是个人利益最大化的占优策略，而投入 10 是集体收益最大化的选择。

实验 2：带外生惩罚的公共品供给实验。实验 2 在实验 1 的基础上增加了“减法规则”：如果个人向公共账户贡献的点数低于 10，则会被扣除 2 单位的最终收益。该惩罚比率参照 Tyran and Feld（2006）的温和惩罚（Mild Law）。被试 i 的收益如下：

$$\begin{cases} \pi_i = 10 - g_i + 0.5\sum_{j=1}^{3} g_j, & g_i = 10 \\ \pi_i = 8 - g_i + 0.5\sum_{j=1}^{3} g_j, & g_i < 10 \end{cases} \tag{2}$$

在外生惩罚下，使得整组福利最大化的情况仍为每位成员向公共账户中贡献所有禀赋，此时惩罚规则不生效，每人的最终收益为 15。但在该博弈中，个人也存在搭便车的动机，因为投入 0 仍是个人利益最大化的占优策略。

实验 3：带内生惩罚的公共品供给实验。实验 3 在外生惩罚的基础上增加了“投票规则”，即被试不仅需要决定自己贡献公共账户的数额，还要同时做出是否实施“减法规则”的投票选择。只有当 3 人小组中有 2 位及以上成员同意“减法规则”的实施时，该规则才会生效。由于是一次性实验，被试不会获得投票结果的反馈，即在选择投入禀赋时，被试并不清楚减法规则是否会实施。

考虑到儿童对实验规则的理解能力，外生惩罚在所有年级进行，而内生惩罚只在高年级（五年级与八年级）学生中进行。为了避免顺序效应，我们随机化了外生惩罚与内生惩罚的次序，即在这两个年级中分别随机抽取一半的班先进行外生惩罚再进行内生惩罚实验，另一半的班则顺序相反。

问卷调查包括学生问卷和家长问卷两部分。其中学生问卷由被试在实验结束后填写，涉及儿童的人口学特征、亲子互动和性格等方面信息。填写问卷时，主讲人对问卷进行逐题讲解，助理进行质量检查与问卷答疑。回收问卷时，助理进行逐一核查。家长问卷内容包括家庭基本信息、经济状况、学生父母个人信息及外出务工情况、学生主要看护人个人信息及价值观等。

4 结果

4.1 农村儿童合作偏好发展

在无惩罚公共品自愿供给实验中，经济人假设预测参与者的最优策略均衡为选择搭便车，但实验结果显示，全部 1632 个实验样本的平均合作水平为 5.66。这一结果表明，与成年人被试类似，儿童被试也在实验中表现出偏离自利假设的合作行为。图 1 说明在无惩罚的情况下，儿童的无条件平均贡献额随年龄增长而增加。一年级儿童的平均贡献为 4.51，而三年级、五年级和八年级与相邻低年级的平均贡献差异分别为 1.13（$p=0.000$）、0.22（$p=0.305$）和 0.66（$p=0.002$）。此外，我们绘制了男孩和女孩的合作水平随年龄变化的趋势。如图 1 所示，男孩和女孩的合作水平都随着年龄的增长而逐渐上升。男孩的合作水平似乎高于女孩的水平，但这种差异不具统计显著性①。

此外，图 2 描述了无惩罚时儿童合作水平的分布情况。随着年龄的增长，搭便车者和低水平合作者的比例逐渐下降②，从一年级的 45%（=6.2%+38.8%）降至八年级

---

① 男生在一年级、三年级、五年级和八年级的合作水平分别为 4.59、5.88、6.09 和 6.63，而女生的合作水平分别为 4.40、5.40、5.62 和 6.44。然而，均值差异均未通过显著性检验（p 值分别为 0.5420、0.1487、0.1206 和 0.5483）。

② 考虑到搭便车人数可能会随着年龄的增长而增加，这可能与第一个假设相矛盾，本文对相邻年级间搭便车人数比例的均值差异进行了显著性检验。结果显示，一年级（6.2%）与三年级（6.2%）（$p=0.9944$）、三年级与五年级（$p=0.5986$）之间无显著性差异。虽然图 2 中搭便车比例从五年级的 5.3%上升到八年级的 7.9%，但在 10%置信水平上的差异也不显著（$p=0.1282$）。因此，我们认为，搭便车行为不存在随年龄增长而增加的趋势。

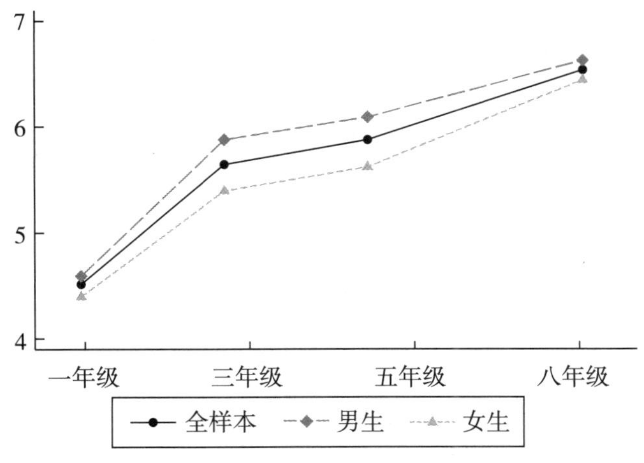

图 1　儿童合作水平的发展趋势

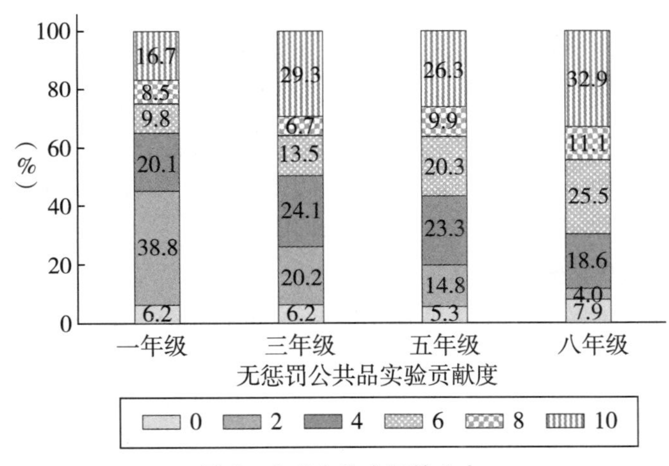

图 2　儿童合作水平的分布

的 11.9%①，而中高等水平合作者的比例逐渐上升②。这一结果与大部分文献一致（Angerer et al.，2016；Fan，2000；Harbaugh and Krause，2000）。

以上所讨论的无条件合作水平差异可能归因于不同子样本之间人口统计背景的差

① 我们根据贡献程度将受试者分为搭便车者（贡献为 0）、低水平合作者（贡献为 2）、中等水平合作者（贡献为 4 或 6）和高水平合作者（贡献为 8 或 10）。

② 我们还检验了相邻年级之间中高水平合作者比例的均值差异。结果显示，从一年级到五年级，中等水平合作者的比例逐渐增加，而五年级（43.6%）和八年级（44.1%）之间没有差异（$p=0.5986$）。高水平合作者的比例从一年级的 25.2%增加到三年级的 36%（$p=0.0010$），从五年级的 37.2%增加到八年级的 44%（$p=0.0213$），但三年级和五年级之间没有显著差异（$p=0.9285$）。

异，而不仅仅是年龄的差异。为了确定年龄对儿童合作水平的影响，我们在控制一组可观察到的儿童和家庭特征的基础上使用普通最小二乘法（OLS）回归。OLS 回归模型如下：

$$y_i = \alpha + \beta_1 Grade3_i + \beta_2 Grade5_i + \beta_3 Grade8_i + \gamma X_i + \varepsilon_i \tag{3}$$

其中，被解释变量 y_i 是公共品实验中被试 i 的贡献水平。$Grade3_i$、$Grade5_i$ 和 $Grade8_i$ 表示被试 i 所属年级的二元变量。X_i 包括父母缺位状态、性别、是否独生子女、每周零用钱和家庭社会经济地位等控制变量向量。ε_i 是随机扰动项。其中，每周零花钱进行上下 1%的缩尾处理。此外，考虑到被试在进行公共品博弈时可能会将其视为一项风险投资，我们对其风险偏好进行了控制①。家庭经济地位为一个综合变量，参考吴愈晓等（2018）一文，由自陈的家庭相对状况、父母职业及受教育水平、看护人职业及教育水平等变量进行因子分析获得②。

表 1 展示了以无惩罚的公共品贡献水平为被解释变量的估计结果。列（1）是未控制风险偏好和学校固定效应的基准回归，列（2）控制了风险偏好，列（3）进一步控制了学校固定效应。如列（1）所示，与一年级学生相比，三年级（1.081）、五年级（1.346）和八年级（2.115）学生的系数依次增加。列（2）和列（3）显示了类似的结果。因此，儿童合作水平随年龄递增的结果是稳健的③。我们还在列（4）和列（5）报告了男孩和女孩在合作偏好发展方面的子样本回归结果，结果显示合作偏好在男孩和女孩中都呈现出随年龄增长逐渐增加的趋势。此外，年级变量的系数对于男孩来说比女孩更大，这表明男孩的合作水平增长速度略快于女孩。因此，我们得到了支持假设 1 的结果。

结果 1：随着年龄增长，儿童在无惩罚情况下的合作水平呈上升趋势。

① 风险偏好由学生被试在另一项实验中交出的筹码数量决定，交出的筹码有 50%的概率翻三倍然后返回，另有 50%的概率全部消失。

② 对于非留守儿童，采用父母职业、受教育水平更高一方的信息；对于仅父亲缺位的儿童，采用母亲的职业、受教育水平信息；对于仅母亲缺位的儿童，采用父亲的职业、受教育水平信息；对于父母均缺位的儿童，采用看护人的职业、受教育水平信息。职业信息主要分为三类（0=无工作/退休，1=务农或打零工，2=全职的非农业工作），自陈的家庭相对状况为学生家庭过去一年的收入与本镇家庭的平均收入相比的结果（1=低很多，2=比较低，3=平均水平，4=比较高，5=高很多）。

③ 我们还使用连续变量儿童年龄作为解释变量，并且回归结果依然稳健。

表 1　　年龄对儿童合作的影响：OLS 回归

被解释变量：无惩罚公共品贡献水平	总样本			女	男
	(1)	(2)	(3)	(4)	(5)
三年级	1.081***	1.096***	1.066***	1.247***	0.863**
	(0.237)	(0.238)	(0.238)	(0.338)	(0.337)
五年级	1.346***	1.366***	1.202***	1.448***	0.877***
	(0.229)	(0.227)	(0.232)	(0.327)	(0.333)
八年级	2.115***	2.117***	2.019***	2.297***	1.742***
	(0.231)	(0.274)	(0.276)	(0.400)	(0.378)
仅父亲缺位留守儿童	-0.450**	-0.544**	-0.542**	-0.311	-0.660**
	(0.228)	(0.228)	(0.227)	(0.323)	(0.324)
仅母亲缺位留守儿童	0.372	0.283	0.267	0.808**	-0.441
	(0.303)	(0.300)	(0.296)	(0.408)	(0.426)
父母缺位留守儿童	0.191	-0.012	-0.059	-0.211	0.167
	(0.259)	(0.263)	(0.261)	(0.374)	(0.371)
女性	-0.266*	-0.232	-0.191		
	(0.161)	(0.161)	(0.160)		
独生子女	-0.472***	-0.211	-0.234	-0.231	-0.198
	(0.181)	(0.195)	(0.194)	(0.279)	(0.270)
每周零用钱	0.003	0.004	0.004	0.004	0.003
	(0.004)	(0.004)	(0.004)	(0.005)	(0.006)
家庭社会经济地位	-0.281	-0.159	-0.177	-0.236	-0.110
	(0.186)	(0.189)	(0.187)	(0.264)	(0.269)
风险偏好		0.423***	0.387**	0.536***	0.423***
		(0.115)	(0.152)	(0.177)	(0.115)
学校固定效应	否	否	是	是	是
常数项	4.748***	4.312***	3.652***	3.372***	3.634***
	(0.263)	(0.335)	(0.370)	(0.499)	(0.511)
调整的 R^2	0.063	0.077	0.086	0.091	0.097
样本量	1547	1547	1547	810	737

注：括号中为稳健标准误，*、** 和 *** 分别表示在 10%、5%和 1%水平显著性。

4.2 父母外出务工对儿童合作的影响

4.2.1 留守儿童的定义、样本和描述性统计

以往研究对留守儿童的定义并不一致。部分文献将父母均为外出务工的农村儿童视为留守儿童（Tang et al.，2019），另一部分文献将父母一方或双方外出的儿童视为留守儿童（Cadsby et al.，2020）。本文将16周岁以下、近十年双亲有一方或双方外出务工一年及以上的农村儿童定义为留守儿童，从而识别父母外出务工的净效应以及父亲与母亲外出务工的非对称效应。因此，本文将被试分为四类：非留守儿童、仅父亲外出务工儿童、仅母亲外出务工儿童与父母均外出务工儿童。为了减轻父母外出务工和由家庭不幸（离婚或去世）所带来的混淆，我们剔除了遭受家庭不幸的样本，剩余1299个观测值。

如表2所示，38.65%的孩子属于非留守儿童，而26.94%、2.93%和31.49%分别是父亲外出务工儿童（paternal-migrant LBC）、母亲外出务工儿童（maternal-migrant LBC）和父母均外出务工儿童（both-parent-migrant LBC）。留守情况在不同年级之间均匀分布，而高年级中父亲外出务工和父母均外出务工的留守儿童比例略低于低年级。

表2　　　　各年级儿童留守状况分类情况表

留守状况分类	一年级	三年级	五年级	八年级	合计	比例
非留守儿童	121	118	123	140	502	38.65%
母亲在身边，父亲外出务工	94	84	95	77	350	26.94%
父亲在身边，母亲外出务工	9	15	7	7	38	2.93%
父母均外出务工	97	114	113	85	409	31.49%
合计	321	331	337	309	1299	100%

参考吴愈晓等（2018），本文利用自述的家庭相对经济地位、父母职业和教育水平以及主要看护者的职业和教育水平进行因子分析，构建了家庭社会经济地位变量①。

为了分析父母外出务工对儿童合作偏好的影响渠道，本文从父母外出务工距离、外出务工时间和父母回家间隔三种不同形式考察分离效应。外出务工距离被分为近、中、远三个等级；父母外出务工时长测量的是从2008年5月~2018年5月这10年间外出的总时长；父母回家间隔以父母最长一次外出的回家间隔来表示。

① 主要看护者是指在父母外出务工期间，对学生的教育和生活进行监督和照料的监护人。

4.2.2 留守儿童和非留守儿童之间合作偏好的发展差异

图3直观地描述了非留守儿童与留守儿童偏好发展趋势的区别。非留守儿童的贡献度随年龄逐渐增加，留守儿童的贡献度则因留守状况的不同而呈现差异化的发展趋势。仅父亲外出务工的儿童在一年级的初始合作水平低于非留守儿童（$p = 0.0872$），随着年龄增长，合作程度也逐渐提高，在五年级时到达一个较高水平随后保持稳定，在八年级时低于非留守儿童，但差异不显著（$p = 0.1847$）。仅母亲外出的儿童样本较少，分散在4个年级上就更少（分别仅有9、15、7、7个），故不具有统计意义，我们没有绘图。父母均外出务工儿童的合作水平呈现出波动发展的趋势，在一年级、五年级、八年级时与非留守儿童十分接近，而在三年级时要明显高于非留守儿童（$p = 0.0976$）。

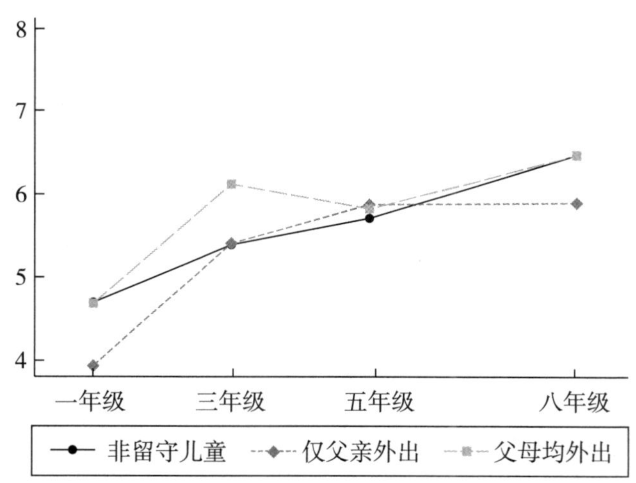

图3 留守儿童与非留守儿童合作偏好的发展差异

4.2.3 回归结果

本文进一步采用OLS作为估计策略识别父母外出对儿童合作水平的影响。OLS回归模型如下所示：

$$y_i = \alpha + \theta_1 FatherLBC_i + \theta_2 MotherLBC_i + \theta_3 BothLBC_i + X_i + \varepsilon_i \tag{4}$$

其中，被解释变量 y_i 是为被试 i 在无惩罚公共品博弈中的贡献水平。关键解释变量 $fatherabsent_i$、$motherabsent_i$、$bothabsent_i$ 为被试 i 父母外出务工状况的虚拟变量，取值为1时，分别表示仅父亲外出务工、仅母亲外出务工与父母均外出务工，取值为0时代表其他情况。X_i 是包括风险偏好、性别、孩子是不是独生子女、年级、每周零花钱和家庭社会经济地位的控制变量向量。ε_i 为随机扰动项。

表 3 给出了以父母外出状况虚拟变量组为关键解释变量的方程 4 的估计结果。列（1）为基准回归，列（2）控制了风险偏好，列（3）进一步控制了学校固定效应。回归结果显示，父亲或母亲外出务工对儿童的合作水平的影响是不对称的。与非留守儿童（基准组）相比，父亲外出务工显著降低了儿童的合作水平。表 3 列（3）显示，在控制了风险偏好和学校固定效应后，父亲外出务工使儿童的合作水平下降了 0. 477，占标准差变化的 14. 58%，在统计上和经济上均显著。父亲外出务工儿童中这一不可忽视的比例（26. 94%）进一步凸显了父亲在儿童合作偏好形成过程中的关键作用。母亲外出务工对儿童合作有正向但不显著的影响，但样本量太小（38 个观测值，占总样本的 2. 93%）。我们还观测到，父母均缺位儿童的合作水平并没有表现出与非留守儿童明显的差异。

其他控制变量的结果显示：年级的虚拟变量十分显著，且相比于一年级，三年级、五年级、八年级儿童的系数依次增大，这也进一步支持了假设 1，即儿童的无惩罚合作水平随着年龄逐渐增长。在未控制学校固定效应时，独生子女相比于非独生子女合作水平更低，且在 5%的水平上显著，但这一效应在控制学校固定效应后消失。风险偏好对儿童对公共账户的贡献有显著的正向影响。然而，性别、每周零用钱和家庭社会经济地位对儿童合作表现无显著影响。

为了解父母外出务工对男孩和女孩的不同影响，进一步对男性和女性子样本进行 OLS 回归。表 3 的列（4）和列（5）结果显示，父亲外出务工对女孩有显著的负面影响，但对男孩没有显著影响。

因此，我们得出以下支持假设 2 和假设 3 的结果：

结果 2：不同留守状态下儿童的合作发展水平存在差异。

结果 3a：父亲和母亲外出务工对儿童合作偏好的影响是不对称的。具体而言，父亲外出务工有负面影响，而母亲外出务工和父母均外出务工对儿童合作没有显著影响。

表 3　　年龄和父母外出务工对儿童合作的影响：OLS 回归

被解释变量：儿童无惩罚合作水平	总样本			男性样本	女性样本
	（1）	（2）	（3）	（4）	（5）
仅父亲外出务工	−0. 408*	−0. 420*	−0. 477**	−0. 291	−0. 609*
	（0. 243）	（0. 241）	（0. 242）	（0. 341）	（0. 351）
仅母亲外出务工	0. 349	0. 231	0. 144	0. 296	−0. 093
	（0. 503）	（0. 483）	（0. 496）	（0. 716）	（0. 679）
父母均外出务工	0. 033	−0. 035	−0. 215	−0. 468	0. 059
	（0. 284）	（0. 281）	（0. 288）	（0. 414）	（0. 408）

续　表

被解释变量：儿童无惩罚合作水平	总样本			男性样本	女性样本
	(1)	(2)	(3)	(4)	(5)
三年级	1.059*** (0.260)	1.032*** (0.260)	1.061*** (0.261)	1.224*** (0.366)	0.838** (0.381)
五年级	1.310*** (0.254)	1.150*** (0.258)	1.186*** (0.258)	1.366*** (0.364)	0.903** (0.368)
八年级	1.972*** (0.256)	1.841*** (0.259)	1.760*** (0.309)	2.104*** (0.443)	1.489*** (0.422)
女性	−0.150 (0.180)	−0.114 (0.179)	−0.078 (0.179)		
独生子女	−0.512** (0.205)	−0.516** (0.204)	−0.208 (0.224)	−0.140 (0.324)	−0.249 (0.314)
每周零花钱	0.002 (0.004)	0.002 (0.004)	0.004 (0.004)	0.006 (0.006)	−0.001 (0.006)
家庭社会经济地位	−0.261 (0.212)	−0.286 (0.209)	−0.170 (0.215)	−0.218 (0.311)	−0.113 (0.307)
风险偏好		0.449*** (0.129)	0.408*** (0.131)	0.377** (0.174)	0.532*** (0.201)
学校固定效应	否	否	是	是	是
常数项	4.764*** (0.281)	4.000*** (0.343)	3.785*** (0.409)	3.410*** (0.551)	4.052*** (0.589)
调整的 R^2	0.050	0.060	0.069	0.079	0.075
样本量	1250	1250	1250	653	597

注：括号中为稳健标准误，*、** 和 *** 分别表示 10%、5%和 1%的显著性水平。

4.3　父母外出务工的分离效应：中介分析

来自心理学、教育学和社会学的研究为我们提供了父子分离对儿童社会行为发展的负面影响的证据。Bowlby（1969，1973）认为，亲子分离导致留守儿童的依恋需求得不到满足，使他们更容易对自己产生负面评价。随后研究表明，父亲缺位与孩子在青春期时的认知功能受损和犯罪行为之间存在关联（Amato et al.，1999），而与父亲联系更紧密的孩子在社会交往中能够更好地进行自我管理（Vogel et al.，2006）。

为了进一步分析父母外出务工是否通过“分离效应”影响儿童的合作水平，我们以父母外出务工距离、外出务工时长和回家间隔作为亲子分离的代理变量。我们首先检验自变量是否会影响中介变量，并将结果报告在表4中。表4的列（1）、（3）和（5）显示，父亲外出务工对儿童合作水平的负面影响与外出务工距离、外出务工时长和回家间隔之间成正比；列（2）、（4）和（6）显示母亲外出务工和中介变量之间存在正相关关系；每列中的父母均外出务工变量系数也均为正且显著。上述结果表明，自变量显著影响中介变量，且符号与预期一致。

接下来，将中介变量纳入方程4，检验结果如表5所示。与列（1）的基准回归相比，加入亲子分离变量后，父亲外出务工变量的显著水平大幅降低。列（2）和列（3）显示父亲外出务工距离和时长对儿童合作水平产生负面影响，但影响作用有限。列（4）表明，当父亲回家间隔时间较长时，儿童的合作水平下降幅度越大。这说明了外出务工父亲“常回家看看”的重要性，无论外出地点是近是远，外出时间是长是短，父亲经常回家、与孩子多沟通交往可以避免孩子合作偏好等非认知能力的下降。

结果3b：父母外出务工对儿童的合作偏好影响会通过分离效应起作用。父亲外出务工回家间隔越长对于孩子合作偏好的负面影响越大，但外出务工距离、外出务工时间的影响不显著。

表4　父母外出务工对儿童合作水平分离效应检验：自变量是否影响中介变量

	(1)	(2)	(3)	(4)	(5)	(6)
变量	父亲外出距离	母亲外出距离	父亲外出时长	母亲外出时长	父亲外出间隔	母亲回家间隔
仅父亲外出务工	1.389*** (0.036)		3.269*** (0.154)		1.984*** (0.140)	
仅母亲外出务工		1.133*** (0.103)		2.493*** (0.378)		2.058*** (0.327)
父母均外出务工	1.412*** (0.040)	1.535*** (0.031)	3.464*** (0.174)	3.600*** (0.151)	2.225*** (0.159)	2.844*** (0.137)
控制变量	控制	控制	控制	控制	控制	控制
调整的 R^2	0.701	0.794	0.536	0.540	0.481	0.502
样本量	1240	1231	1196	1216	1164	1187

注：（1）括号中为稳健标准误，*** 表示在1%的水平显著性；（2）基准组为非留守儿童；（3）上述回归中均控制了风险偏好、女性、独生子女、年级虚拟变量、每周零花钱、家庭社会经济地位等变量以及学校的固定效应。

表 5　父母外出务工对儿童合作水平分离效应检验：OLS 回归

被解释变量：儿童无惩罚合作水平	(1)	(2)	(3)	(4)
仅父亲外出务工	−0.477**	−0.344	−0.488	−0.306
	(0.242)	(0.366)	(0.315)	(0.282)
仅母亲外出务工	0.144	0.457	0.004	0.007
	(0.496)	(0.568)	(0.528)	(0.543)
父母均外出务工	−0.215	0.153	−0.359	−0.198
	(0.288)	(0.504)	(0.379)	(0.356)
父亲外出距离		−0.061		
		(0.201)		
母亲外出距离		−0.179		
		(0.278)		
父亲外出时长			−0.024	
			(0.058)	
母亲外出时长			0.044	
			(0.058)	
父亲回家间隔				−0.154**
				(0.066)
母亲回家间隔				0.097
				(0.061)
控制变量	控制	控制	控制	控制
调整的 R^2	0.069	0.068	0.070	0.072
样本量	1250	1224	1179	1127

注：(1) 括号中为稳健标准误，*、** 和 *** 分别表示 10%、5%和 1%的显著性水平；(2) 基准组为非留守儿童；(3) 上述回归中均控制了风险偏好、女性、独生子女、年级虚拟变量、每周零花钱、家庭社会经济地位等变量以及学校的固定效应。

4.4　内生性和倾向得分匹配

由于父母外出务工是一个自我选择的过程，OLS 回归结果并不必然代表因果关系。例如，低收入家庭可能需要外出务工以提高其收入水平，因此留守儿童群体和非留守儿童群体的特征可能并不相同。遵循 Bai et al.（2018）和 Liu et al.（2021），我们采用倾向得分匹配（Propensity Score Matching，PSM）减轻选择偏差导致的内生性问题。具体而言，我们将其他特征相似但在父母是否外出务工上存在差别的儿童进行匹配，以识别父母外出务工对儿童合作水平的影响。使用 PSM 需满足条件独立假定与共同支撑假定，因此我们在选取进行倾向得分匹配的协变量时，尽可能多地包含可能会影响儿童合作水平以及父母外出务工的变量，如儿童的个体特征变量（性别、独生子女、年级、认知能力①）和家庭社会经济地位。此外，我们还控制了学校固定效应。

由于 PSM 根据倾向得分划分控制组与处理组，而本文中儿童的留守状况包括仅父亲外出、仅母亲外出及父母均外出务工三种情况，因此我们以非留守儿童为控制组，不同的留守状况为相应的处理组。PSM 要求进行倾向得分匹配后的控制组与处理组在协变量上的均值接近，即满足平衡性检验。各组协变量的平衡检验结果均是可接受的，为节省篇幅，我们仅报告控制组为非留守儿童、处理组为仅父亲外出务工儿童的检验结果。

为检验共同支撑假定，我们在图 4~图 6 中报告了处理组和对照组在一对四最邻近匹配下的倾向性得分分布，根据倾向性得分选择 0. 05 的卡尺。图 4~图 6 的结果显示在匹配中有大量的共同支撑样本。在第一次匹配中，有 397 名被试被划分到处理组（父亲外出务工），490 名被试被分类到对照组（非留守儿童），其中只有 8 名被试属于非支撑样本。在以 125 名仅母亲外出务工留守儿童的匹配中，615 人中仅有 9 人被排除在样本外。在最终以父母均外出务工为处理组的匹配中，非支撑样本人数增加，但仍有 82. 8%的样本被保留。

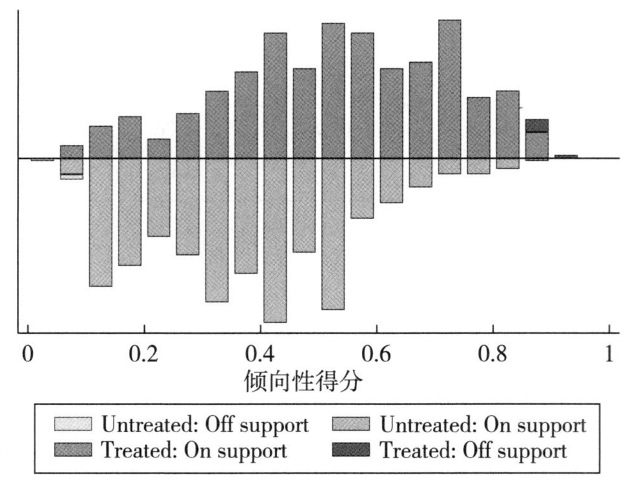

图 4　以仅父亲外出儿童为处理组的共同支撑检验

---

① 儿童的认知能力通过瑞文标准推理测验的 C 部分和 D 部分进行测量。每个部分包含 12 个问题。每个参与者回答正确的问题数量被用作代表其认知能力的得分。

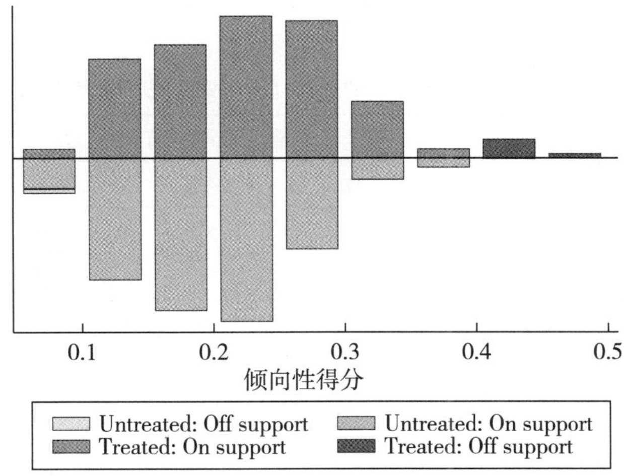

图5　以仅母亲外出儿童为处理组的共同支撑检验

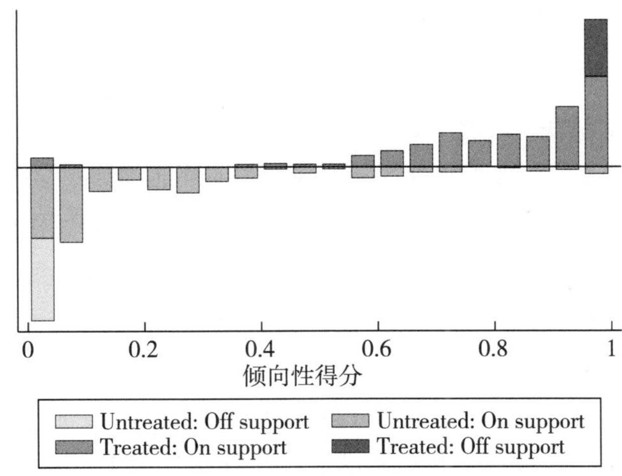

图6　以父母均外出儿童为处理组的共同支撑测验

表6报告了基于0.05卡尺内一对四匹配的平均处理效应的估计结果。结果显示，匹配前，父亲外出务工留守儿童组的合作水平与非留守儿童组相比没有显著差异（第1行）。匹配后，两者之间的差异变得显著（第2行）。父亲外出务工留守儿童的系数比非留守儿童低0.68，这表明OLS回归系数（0.477）被低估。与OLS结果类似，母亲外出务工和父母均外出务工对儿童合作水平均没有显著影响（第4行和第6行）。为了确保结果的稳健性，我们还使用了其他方法，如一对一匹配，一对四匹配以及核匹配。估计处理效应在不同的匹配方法间略有差异，除一对一匹配外①，其他匹配方法中父亲外出务工的平均处理效应都显著为负，而母亲外出务工和父母均外出务工都未对儿童

① 虽然仅父亲外出在一对一匹配中的作用不显著，但其p值接近0.1。

合作水平产生显著影响。总体而言，PSM 的结果基本与先前的 OLS 结论基本一致。

表 6　　父母外出对儿童合作水平的影响（一对四匹配，卡尺 0.05）

样本			合作水平均值			S. E.	共同支撑样本	
			处理组	控制组	ATT		处理组	控制组
控制组：非留守儿童	处理组：仅父亲外出	未匹配	5.23	5.57	−0.34	0.23	345	490
		匹配	5.23	5.91	−0.68**	0.31	339	478
	处理组：仅母亲外出	未匹配	5.89	5.57	0.33	0.55	38	431
		匹配	5.89	5.55	0.34	0.51	35	419
	处理组：父母皆外出	未匹配	5.78	5.57	0.21	0.22	377	490
		匹配	5.72	6.49	−0.77	0.61	311	334

4.5　引入惩罚机制是否能抵消父母缺位的副作用?

经济学实验中，惩罚通常被视为约束和规范行为的制度设计，例如，现实中的法律条例、学校的规章制度、班级的纪律守则等都是包含惩罚的正式制度。接下来，我们将结合实验 2 和实验 3，即外生惩罚和内生惩罚公共品实验，探讨引入惩罚机制之后，留守儿童和非留守儿童的合作偏好是否还会呈现差异，即惩罚机制的引入是否在一定程度上能够抵消父亲缺位对合作偏好的冲击。考虑到内外生惩罚对不同的留守儿童影响可能具有异质性，我们按照以下思路进行检验：（1）考察外生惩罚与内生惩罚对儿童合作水平绝对值提升的作用。（2）考察惩罚对缩小留守儿童与非留守儿童合作水平差距的作用，即考察其是否抵消父母缺位的影响。

表 7 汇报了在未控制被试可观察到的人口统计学特征下，不同儿童群体无惩罚、外生惩罚和内生惩罚情形下无条件均值差异检验的结果。结果显示，外生惩罚和内生惩罚均显著提高了非留守儿童、仅父亲外出务工留守儿童和父母均外出务工留守儿童的合作水平。在外生惩罚下，非留守儿童、仅父亲外出务工留守儿童和父母均外出务工留守儿童的合作水平分别提高了 2.47、2.77 和 2.09（$p=0.000$，$p=0.000$，$p=0.000$）。此外，内生惩罚使非留守儿童、仅父亲外出务工留守儿童和父母均外出务工留守儿童的合作水平分别增加了 1.03、1.14 和 1.27（$p=0.000$，$p=0.005$，$p=0.000$）。相比之下，外生惩罚对合作水平的影响更强（$p=0.000$，$p=0.005$，$p=0.000$）。因此，在中国农村儿童不存在“内生溢价”，这表明学校和社会自上而下的规范体系对儿童合作偏好的发展更为重要。因此，我们得到了以下支持假设 4 和假设 5 的结果：

结果 4：引入惩罚可以显著提高儿童的合作水平。

结果 5：外生惩罚比内生惩罚对儿童合作水平提升的效果更强。

表 7　　不同情境间的儿童合作差异均值检验

留守状况	外生惩罚 vs. 无惩罚		内生惩罚 vs. 无惩罚		外生惩罚 vs. 内生惩罚	
	均值差异	p 值	均值差异	p 值	均值差异	p 值
非留守	2.47***	0.000	1.03***	0.000	0.96***	0.000
仅父亲外出	2.77***	0.000	1.14***	0.000	0.82***	0.005
仅母亲外出	1.10	0.115	−0.72	0.625	0.36	1.000
父母均外出	2.09***	0.000	1.27***	0.000	0.89***	0.000

注：每类儿童在不同情境间公共品贡献均值差异采用 Wilcoxon 符号秩和检验，*** 表示在 1%水平显著性。

进一步，为了衡量惩罚可以在多大程度上抵消留守儿童与非留守儿童之间的合作差异，我们在表 8 中报告了留守儿童与非留守儿童在不同惩罚机制下的无条件合作均值。组 A、C 和 E 展示了在无惩罚（$N=1299$）、外生惩罚（$N=1159$）和内生惩罚（$N=574$）下儿童的平均合作水平。为方便比较，我们在组 B 和组 D 中使用了与组 C 和组 E 中相同的样本儿童，并汇报了其在无惩罚下的无条件合作水平。

具体而言，通过比较无惩罚和外生惩罚（表 8 中的 B 和 C）下儿童的合作水平，我们可以研究外生惩罚对抵消父亲外出务工负面影响的效果。结果发现，仅父亲外出务工留守儿童的平均合作水平比非留守儿童低了 0.46，但与非留守儿童相比差异不显著（$p=0.064$）。然而，外生惩罚将父亲外出务工留守儿童的合作水平从 5.22 提高到 7.99，这与非留守儿童在外生惩罚下的合作水平（8.15）没有显著差异（$p=0.502$）。这些结果表明，外生惩罚可以在很大程度上抵消父亲外出务工的负面影响。然而，这一结果不适用于仅母亲外出务工留守儿童或父母均外出务工留守儿童。这一发现在一定程度上可能归因于这两类儿童在无惩罚情况下的平均合作水平与非留守儿童没有显著差异，并且仅母亲外出务工留守儿童的样本规模过小，没有统计学意义。通过将儿童在无惩罚和内生惩罚下的合作水平进行平行比较（表 8 中的 D 和 E），我们发现内生惩罚的影响较小。尽管父亲外出务工留守儿童的合作水平在无惩罚的情况下低于非留守儿童，但差异并不具有统计学意义（$p=0.533$）。内生惩罚使合作水平的差异从 0.21 降低至 0.09，但仍不具有统计学意义（$p=0.799$）。其他两类留守儿童的平均合作水平与非留守儿童之间也没有显著差异。

在控制了学生个人特征和家庭特征的情况下，我们进一步采用 OLS 回归考察了惩罚条件下留守状况对贡献水平的影响。外生惩罚和内生惩罚下的结果分别如表 9 和表 10 所示。

表 8　　不同惩罚机制下留守儿童与非留守儿童合作水平的均值差异

实验与样本	留守儿童类型	留守儿童合作均值	样本量	非留守儿童合作均值	样本量	均差	p 值
A：无惩罚（没有遭遇家庭不幸的样本）	仅父亲外出	5. 24	350	5. 60	502	−0. 36	0. 117
	仅母亲外出	5. 89	38			0. 38	0. 593
	父母均外出	5. 77	409			0. 12	0. 603
B：无惩罚（与 C 同样本）	仅父亲外出	5. 22	314	5. 68	424	−0. 46*	0. 064
	仅母亲外出	6. 19	31			0. 51	0. 408
	父母均外出	5. 79	390			0. 11	0. 636
C：外生惩罚	仅父亲外出	7. 99	314	8. 15	424	−0. 16	0. 502
	仅母亲外出	7. 29	31			−0. 86	0. 149
	父母均外出	7. 88	390			−0. 27	0. 228
D：无惩罚（与 E 同样本）	仅父亲外出	6	152	6. 21	223	−0. 21	0. 533
	仅母亲外出	7. 45	11			1. 24	0. 204
	父母均外出	6. 18	188			−0. 03	0. 936
E：内生惩罚	仅父亲外出	7. 14	152	7. 24	223	−0. 09	0. 799
	仅母亲外出	6. 73	11			−0. 51	0. 628
	父母均外出	7. 45	188			0. 21	0. 537

注：在同一情境实验中，留守儿童与非留守儿童公共品贡献均值差异采用 t 检验，* 表示在 10%水平显著性。

表 9　　外生惩罚下父母外出务工对儿童合作的影响：OLS 回归

被解释变量：儿童合作水平	无惩罚	外生惩罚
	（1）	（2）
仅父亲外出务工	−0. 689***	−0. 192
	（0. 262）	（0. 257）
仅母亲外出务工	0. 337	−0. 689
	（0. 578）	（0. 706）
父母均外出务工	−0. 453	−0. 303
	（0. 302）	（0. 285）
控制变量	控制	控制
样本量	1119	1119

注：（1）括号中为稳健标准误，*** 表示在 1%水平显著性；（2）基准组为非留守儿童；（3）上述回归中均控制了风险偏好、女性、独生子女、年级虚拟变量、每周零花钱、家庭自陈收入状况等变量以及学校的固定效应。

表 10　　内生惩罚下父母外出务工对儿童合作的影响：OLS 回归

被解释变量：儿童合作水平	总样本		五年级		八年级	
	无惩罚	内生惩罚	无惩罚	内生惩罚	无惩罚	内生惩罚
	(1)	(2)	(3)	(4)	(5)	(6)
仅父亲外出务工	-0.514	-0.652	-0.145	-0.532	-0.930*	-0.728
	(0.357)	(0.416)	(0.478)	(0.538)	(0.512)	(0.644)
仅母亲外出务工	1.005	-0.498	0.644	-1.940	1.694	1.533*
	(1.014)	(1.179)	(1.599)	(1.814)	(1.134)	(0.846)
父母均外出务工	-0.460	-0.649	-0.469	-1.246**	-0.420	0.112
	(0.406)	(0.446)	(0.537)	(0.586)	(0.625)	(0.680)
控制变量	控制	控制	控制	控制	控制	控制
样本量	552	552	292	292	260	260

注：(1) 括号内为稳健标准误，*、** 分别表示在 10%、5%水平上显著。(2) 基准组为非留守儿童。(3) 各列控制变量与表 9 相同。

表 9 列（1）显示，在无惩罚下，仅父亲外出务工对儿童合作水平有显著负面的影响。此类儿童的合作水平比非留守儿童低 0.689。然而，在列（2）的外生惩罚下，仅父亲外出的影响变得不显著，这表明外生惩罚通过抵消父亲外出务工的负面影响来促进合作。

表 10 列（1）和（2）显示，在内生惩罚下，父亲外出对合作水平没有统计学上显著的负面影响，内生惩罚无法弥补留守儿童与非留守儿童之间的差异。考虑到初中（八年级）和小学（五年级）学生之间的差异，我们进一步报告了按年级划分的子样本回归结果。列（3）和列（5）显示，在无惩罚的情况下，父亲外出务工变量在五年级样本中不显著，但在八年级样本中显著。然而，在对八年级学生应用内生惩罚后，它变得不显著，这意味着内生惩罚可以抵消父亲外出的负面影响（表 10 列（4）和列（6））。可能的原因是八年级学生正处于叛逆期，父亲外出务工对他们的合作水平有更深的负面影响，而他们的威权规范与小学生相比并不强。

根据上述分析，我们得出以下支持假设 6b 的结果：

结果 6：外生惩罚可以抵消父亲缺位对儿童的负面影响，而内生惩罚在初中生中能够抵消父亲外出的负面影响。

我们通过以下四种方法检验上述结果的稳健性：使用新的留守儿童定义、使用全样本、剔除家庭社会经济地位异常值，以及使用 Tobit 模型对方程（4）进行估计。综上所述，本文实验结果支持了假设 1~5 和 6b。

5 结论和讨论

基于越来越多关注儿童和青少年合作偏好发展的文献，我们利用大规模实地实验和调查数据，探讨了父母外出对儿童合作偏好的影响。研究结果表明：中国农村儿童合作水平随年龄增长而提高。相比于非留守儿童，留守儿童合作水平随年龄上升的趋势更不明显，父母外出务工对儿童合作水平的平稳发展趋势确实产生了冲击。进一步将被试分为四组：非留守儿童、仅父亲外出留守儿童、仅母亲外出留守儿童、父母均外出留守儿童，研究发现，父亲与母亲缺位的影响具有非对称性，父亲单方外出务工会导致留守儿童的合作水平显著下降，但母亲单方外出务工与双亲均外出务工的影响均不显著。

为什么仅父亲外出和仅母亲外出具有不对称的影响？一种可能的解释是，父亲和母亲在抚养孩子方面负有不同的责任。母亲更加重视儿童的健康和安全保护，可能会对儿童的活动施加更多限制。相比之下，父亲负责获取家庭外部社会资本（吴愈晓等，2018），鼓励孩子探索和与团队合作，这对孩子的社会互动起到了关键的引导作用。这一结果与董志强和赵俊（2019）研究结果相似，他们发现，在儿童社会化过程中另一种重要的非认知能力——竞争偏好的形成过程中，父亲的陪伴比母亲的陪伴更为关键。

我们发现父母均外出不会降低儿童的合作水平，这一结果出乎意料但仍可以解释。与仅父亲外出的留守儿童只有一个照顾者（母亲）相比，父母均外出的孩子可能仍然有两个照顾者（祖母/祖父，或阿姨/叔叔）。这些儿童缺乏母亲的保护和限制，可能会降低他们的合作水平，因此父系外出的负面影响被抵消了。另一个可能的原因是，这种留守儿童有更多的自由时间转向学校、社区和其他地方进行社会互动。义务教育、邻里关怀、与同伴和老师的良好关系等外部保护因素可以在一定程度上弥补父母缺位对留守儿童的负面影响（Cadsby et al.，2020）。此外，生活在不利环境中培养了儿童的抗逆力，成为儿童发展的保护性因素（Wu et al.，2017）。

除了这些新发现，我们的研究结果还表明了惩罚的潜在有效性。通过内生性和外生性惩罚的两个公共品博弈实验，我们发现惩罚在统计上和经济上都能显著提高留守儿童和非留守儿童的合作水平。外生惩罚几乎可以抵消父亲外出的负面影响，而内生性惩罚仅在初中生中起作用。然而，随着儿童留守程度的加深，这种抵消作用减弱。

本文丰富了新人力资本理论框架中非认知能力的测量手段和投入产出机制分析。从测量手段上看，区别于心理学家采用大五人格问卷，近年来经济学家尝试运用经济偏好对非认知能力进行测量（Becker et al.，2012），但目前研究多关注时间偏好与风险偏好（Humphries and Kosse，2017）。本文采取经济学实验方法对合作进行测量，丰富了非认知能力的测量手段。从投入产出机制分析上来看，父亲陪伴可以作为新人力资本的一种家庭投入项，能够在促进儿童合作偏好等非认知能力发展中起到重要作用。此外，父亲外出务工带来的家庭收入增长并不能抵消分离效应对儿童合作产生的负面影响。这意味着，对家庭的新人力资本投资策略而言，外出务工的父亲定期回家探望、与孩子进行更频繁的沟通交流才能促进留守孩子合作偏好等非认知能力的健康发展。这一做法对家庭人力资本投资战略具有启示意义，对政策决策具有重要意义。

本文研究结果也为制定引导留守儿童非认知能力发展的相关政策提供了较为严格的实验证据。在目前父亲提供经济来源、母亲照料孩子成长（生活）这种中国农村较为常见的家庭模式下，父亲所承担的社会性照料部分的缺失对儿童合作等非认知能力发展产生了消极影响，进一步可能对未来的收入差距以及社会发展造成深远的影响。本文一个政策含义是，通过避免家庭结构的失衡和破坏来发挥父亲在指导孩子社会交往中的重要作用。例如，推进“新市民”的城市融合，保证农民工随迁子女在城市的受教育权利，或考虑引导农民工返乡就业创业。此外，重视留守儿童非认知能力的发展，也需要来自社会、学校等外部的强制性、规范化制度的引导，以弥补父亲缺位的负面影响。

当然，本文还可以进一步拓展和深化。本文将家庭社会经济地位作为控制变量加入回归中，而未将其作为主要的机制分析渠道，原因在于目前仅有为数不多的文献探讨了父母社会经济地位在儿童利他行为中的作用（Benenson et al.，2007；Chen et al.，2013），并且本文检验结果否认了“汇款效应”这一渠道。我们期望未来可以对此议题进行更为专门化的探讨。未来还可以进一步比较农村儿童和城市儿童，以及留守儿童和流动儿童之间是否存在偏好非认知能力差异及可能的原因。

参考资料

[1] 董志强、赵俊：《“留守”与儿童竞争偏好：一项实地实验研究》，《经济学动态》，2019 年第 4 期。

[2] 李晓曼、曾湘泉：《新人力资本理论——基于能力的人力资本理论研究动态》，《经济学动态》，2012 年第 11 期。

[3] 吴愈晓、王鹏、杜思佳：《变迁中的中国家庭结构与青少年发展》，《中国社会科学》，2018 年第 2 期。

[4] 叶航、汪丁丁、罗卫东：《作为内生偏好的利他行为及其经济学意义》，《经济研究》，2005 年第 8 期。

[5] 周金燕：《人力资本内涵的扩展：非认知能力的经济价值和投资》，《北京大学教育评论》，2015 年第 1 期。

[6] Alencar, A., Siqueira, J. Q., & Yamamoto, M. E., 2008, "Does group size matter? Cheating and cooperation in Brazilian school children", *Evolution and Human Behavior*, 29 (1), pp. 42–48.

[7] Amato, P. R., & Gilbreth, J. G., 1999, "Nonresident fathers and children's well-being: A meta-analysis", *Journal of Marriage and the Family*, 61 (3), pp. 557–573.

[8] Angerer, S., Glätzle-Rützler, D., Lergetporer, P., & Sutter, M., 2016, "Cooperation and discrimination within and across language borders: Evidence from children in a bilingual city", *European Economic Review*, vol. 90, pp. 254–264.

[9] Bai, Y., Zhang, L., Liu, C., Shi, Y., Mo, D., & Rozelle, S., 2017, "Effect of parental migration on the academic performance of left-behind children in northwestern China", *The Journal of Development Studies*, 54 (7), pp. 1154–1170.

[10] Becker, A., Deckers, T., Dohmen, T., Falk, A., & Kosse, F., 2012, "The relationship between economic preferences and psychological personality measures", *Annual Review of Economics*, 4 (1), pp. 453–478.

[11] Benenson, J. F., Pascoe, J., & Radmore, N., 2007, "Children's altruistic behavior in the dictator game", *Evolution and Human Behavior*, 28 (3), pp. 168–175.

[12] Ben-Ner, A., List, J. A., Putterman, L., & Samek, A., 2017, "Learned generosity? An artefactual field experiment with parents and their children", *Journal of Economic Behavior and Organization*, vol. 143, pp. 28–44.

[13] Bowlby, J. (1969). Attachment and Loss: VolumeI: Attachment. New York: Basic Books.

[14] Bowlby, J. (1973). Attachment and Loss: VolumeII: Separation, anxiety and anger. New York: Basic Books.

[15] Brocas, I., D. Carrillo, J. D., & Kodaverdian, N., 2017, "Altruism and strategic giving in children and adolescents", CEPR Discussion Paper No. DP12288.

[16] Cadsby, C. B., Song, F., & Yang, X., 2019, "Dishonesty among Children: Rural/urban status and parental migration", Dishonesty in Behavioral Economics, Academic Press.

[17] Cadsby, C. B., Song, F., & Yang, X., 2020, "Are 'left-behind' children really left behind? A lab-in-field experiment concerning the impact of rural/urban status and parental migration on children's other-regarding preferences", *Journal of Economic Behavior & Organization*, vol. 179, pp. 715–728.

[18] Cárdenas J. C., Dreber, A., von Essen, E., & Ranehill, E., 2014, "Gender and co-

operation in children: experiments in Colombia and Sweden", *PLoS One*, 9 (3), e90923.

[19] Carneiro, P., Crawford, C., & Goodman, A. 2007. "The impact of early cognitive and non-cognitive skills on later outcomes".

[20] Chaudhuri, A., 2011, "Sustaining cooperation in laboratory public goods experiments: a selective survey of the literature", *Experimental Economics*, 14 (1), pp. 47-83.

[21] Chen, Y., Zhu, L., & Chen, Z., 2013, "Family income affects children's altruistic behavior in the dictator game", *PLoS One*, 8 (11), e80419.

[22] Cipriani, M., Giuliano, P., & Jeanne, O., 2013, "Like mother like son? Experimental evidence on the transmission of values from parents to children", *Journal of Economic Behavior and Organization*, vol. 90, pp. 100-111.

[23] Dal Bó, P. D., Foster, A., & Putterman, L., 2010, "Institutions and behavior: Experimental evidence on the effects of democracy", *American Economic Review*, 100 (5), pp. 2205-2229.

[24] Dufwenberg, M., Gächter, S., & Hennig-Schmidt, H., 2011, "The framing of games and the psychology of play", *Games and Economic Behavior*, 73 (2), pp. 459-478.

[25] Dutra, N. B., Boccardi, N. C., Silva, P. R., Siqueira, J. D., Hattori, W. T., Yamamoto, M. E., & De Alencar, A. I., 2018, "Adult criticism and vigilance diminish free riding by children in a social dilemma", *Journal of Experimental Child Psychology*, vol. 167, pp. 1-9.

[26] Eisenberg, N., & Fabes, R. A., 1998, "Prosocial development", Handbook of Child Psychology: Vol. 3. Social, emotional, and personality development (5th ed., pp. 701-778), Wiley.

[27] Fan, C.-P., 2000, "Teaching children cooperation: An application of experimental game theory", *Journal of Economic Behavior and Organization*, 41 (3), pp. 191-209.

[28] Fehr, E., & Gachter, S., 2000, "Cooperation and punishment in public goods experiments", *American Economic Review*, 90 (4), pp. 980-994.

[29] Fehr, E., & Schmidt, K. M., 1999, "A theory of fairness, competition, and cooperation", *Quarterly Journal of Economics*, 114 (3), pp. 817-868.

[30] Fehr, E., Bernhard, H., & Rockenbach, B., 2008, "Egalitarianism in young children", *Nature*, 454 (7208), pp. 1079-1083.

[31] Fehr, E., Glätzle-Rützler, D., & Sutter, M., 2013, "The development of egalitarian-

ism, altruism, spite and parochialism in childhood and adolescence", *European Economic Review*, 64, 369-383.

[32] Fei, X. (1992). From the soil. University of California Press.

[33] Harbaugh, W. T., & Krause, K., 2000, "Children's altruism in public good and dictator experiments", *Economic Inquiry*, 38 (1), pp. 95-109.

[34] He, B., Fan, J., Liu, N., Li, H., Wang, Y., Williams, J., & Wong, K., 2012, "Depression risk of 'left-behind children' in rural China", *Psychiatry Research*, 200 (2-3), pp. 306-312.

[35] Heckman, J. J., 2000, "Policies to foster human capital", *Research in Economics*, 54 (1), pp. 3-56.

[36] Heckman, J. J., & Rubinstein, Y., 2001, "The importance of noncognitive skills: Lessons from the GED testing program", *American Economic Review*, vol. 91, pp. 145-149.

[37] Heckman, J. J., Stixrud, J., & Urzua, S., 2006, "The effects of cognitive and non-cognitive abilities on labor market outcomes and social behavior", *Journal of Labor Economics*, 24 (3), pp. 411-482.

[38] Hermes, H., Hett, F., Mechtel, M., Schmidt, F., Schunk, D., & Wagner, V., 2020, "Do children cooperate conditionally? Adapting the strategy method for first-graders." *Journal of Economic Behavior & Organization*, vol. 179, pp. 638-652.

[39] House, B., Henrich, J., Sarnecka, B., & Silk, J. B., 2013, "The development of contingent reciprocity in children", *Evolution and Human Behavior*, 34 (2), pp. 86-93.

[40] Humphries, J. E., Kosse, F., 2017. "On the interpretation of non-cognitive skills: What is being measured and why it matters", *Journal of Economic Behavior & Organization*, vol. 136, pp. 174-185.

[41] Kautz, T., Heckman, J. J., Diris, R., Ter Weel, B., & Borghans, L., 2014, "Fostering and measuring skills: Improving cognitive and non-cognitive skills to promote lifetime success", Technical Report, National Bureau of Economic Research.

[42] Kohlberg, L., 1969, "Stage and sequence: the cognitive-developmental approach to socialization", Handbook of Socialization Theory and Research, Rand-McNally.

[43] Lei, L., Liu, F., & Hill, E., 2017, "Labour migration and health of left-behind children in China", *The Journal of Development Studies*, 54 (1), pp. 93-110.

[44] Lergetporer, P., Angerer, S., Glatzle-Rutzler, D., and Sutter, M., 2014, "Third-

party punishment increases cooperation in children through (misaligned) expectations and conditional cooperation", *Proc Natl Acad Sci USA*, 111 (19), pp. 6916-6921.

[45] Li, Q., Liu, G., & Zang, W. 2015. The health of left-behind children in rural China. *China Economic Review*, 36, 367-376.

[46] List, J. A., Petrie, R., & Samek, A. 2021. How experiments with children inform economics. *National Bureau of Economic Research*. No. w28825.

[47] Liu, H., Chang, F., Corn, H., Zhang, Y., & Shi, Y. 2021. The impact of parental migration on non-cognitive abilities of left behind children in northwestern China. Journal of Asian Economics, 72, Article 101261.

[48] Lu, Y. 2014. Parental migration and education of left-behind children: A comparison of two settings. *Journal of Marriage and Family*, 76 (5), 1082-1098.

[49] OECD, 2015, "Skills for social progress: The power of social and emotional skills", OECD Publishing.

[50] Piaget, J., 1962. "The stages of the intellectual development of the child", *Bulletin of the Menninger Clinic*, 26 (3), pp. 120-128.

[51] Rabin, M., 1993, "Incorporating fairness into game theory and economics", *American Economic Review*, 83 (5), pp. 1281-1302.

[52] Selman, R. L., 1980, Growth of interpersonal understanding, Academic Press.

[53] Smith, V. L. (1976). Experimental economics: Induced value theory. *The American Economic Review*, 66 (2), 274-279.

[54] Sun, X., Tian, Y., Zhang, Y., Xie, X., Heath, M. A., & Zhou, Z. 2015. Psychological development and educational problems of left-behind children in rural China. *School Psychology International*, 36 (3), 227-252.

[55] Sutter, M., & Kocher, M. G., 2007, "Trust and trustworthiness across different age groups", Games *and Economic Behavior*, 59 (2), pp. 364-382.

[56] Sutter, M., Zoller, C., & Glätzle-Rützler, D., 2019, "Economic behavior of children and adolescents: A first survey of experimental economics results", *European Economic Review*, vol. 111, pp. 98-121.

[57] Tang, D., Choi, W. I., Deng, L., Bian, Y., & Hu, H. 2019. Health status of children left behind in rural areas of Sichuan Province of China: A cross-sectional study. *BMC International Health and Human Rights*, 19 (1), 1-11.

[58] Tyran, J. R., & Feld, L. P., 2006, "Achieving compliance when legal sanctions are non-deterrent", *Scandinavian Journal of Economics*, 108 (1), pp. 135-156.

[59] Vogel, C. A., Bradley, R. H., Raikes, H. H., Boller, K., & Shears, J. K., 2006, "Relation between father connectedness and child outcomes", *Parenting*, 6 (2-3), pp. 189-209.

[60] Vollan, B., Landmann, A., Zhou, Y., Hu, B., & Herrmann-Pillath, C., 2017, "Cooperation and authoritarian values: An experimental study in China", *European Economic Review*, vol. 93, pp. 90-105.

[61] Wang, S. X. 2014. The effect of parental migration on the educational attainment of their left-behind children in rural China. *The B. E. Journal of Economic Analysis & Policy*, 14 (3), 1037-1080.

[62] Wellman, H. M., Cross, D., Watson, J., 2001, "Meta-analysis of theory-of-mind development: the truth about false belief", *Child Development*, 72 (3), pp. 655-684.

[63] Wu, Y. L., Zhao, X., Ding, X. X., Yang, H. Y., Qian, Z. Z., Feng, F., … Sun, Y. H. 2017. A prospective study of psychological resilience and depression among left-behind children in China. *Journal of Health Psychology*, 22 (5), 627-636.

[64] Xu, D. 2018. From poverty to prosperity: College education, noncognitive abilities, and first-job earnings. *Chinese Sociological Review*, 50 (1), 53-82.

[65] Yang, F., Choi, Y. J., Misch, A., Yang, X., & Dunham, Y., 2018, "In defense of the commons: Young children negatively evaluate and sanction free riders", *Psychological Science*, 29 (10), pp. 1598-1611.

[66] Zarbatany, L., Hartmann, D. P., & Gelfand, D. M., 1985, "Why does children's generosity increase with age: Susceptibility to experimenter influence or altruism?", *Child Development*, 56 (3), pp. 746-756.

[67] Zhang, D., Cameron, L. & Meng, X., 2019, "Parental absence in childhood and migrants' crime: Evidence from an individual prisoner data in China", working paper of National School of Development, Peking University.

[68] Zhao, Q., Yu, X., Wang, X., & Glauben, T., 2014, "The impact of parental migration on children's school performance in rural China", *China Economic Review*, vol. 31, pp. 43-54.

[69] Zhao, C., Wang, F., Li, L., Zhou, X., & Hesketh, T., 2016, "Persistent effects of parental migration on psychosocial wellbeing of left-behind children in two Chinese provinces: a cross-sectional survey", *The Lancet*, 388, S6.

本文略有删减，最初英文版为：Zhou，Y.，Chen，S.，Chen，Y. and Vollan，B.，2022，“Does Parental Migration Impede the Development of the Cooperative Preferences in their Left-Behind Children? Evidence From a Large-Scale Field Experiment in China”，*China Economic Review*，74，101826. 感谢 *China Economic Review* 期刊授予中文版权。

本文于2022年8月发表于《中国经济评论》（*China Economic Review*，74，101826）

留守青少年公平观、利他偏好的发展：来自初中生田野实验的证据

复旦大学经济学院　左雪静①

摘　要：过去40年，中国的工业化迅速发展，由此催生了大量进城务工人员。与此同时，由于各种原因，进城务工人员的子女有很多被留在了农村老家。留守儿童和青少年的健康成长成了一个重要的研究话题。本文作者通过田野实验，研究同伴效应如何影响留守青少年的个体偏好发展。该研究在西南山区的一个初中进行。利用学校抽签式招生制度的准自然实验，本文发现（1）非留守青少年与留守青少年接触越多，留守青少年中那些缺乏父亲陪伴的群体会倾向于更加慷慨大方，但是平等主义理念减弱；（2）低年级同伴效应高于高年级。

关键词：留守青少年　利他主义　公平观

1　引言

过去40年，伴随着我国经济的高速增长和结构转型，大量的农村人口离开农村进城务工。根据最新的数据统计，我国目前的流动人口已经超过3亿，占了全世界国内迁移人口总数的一半（UNICEF et al.，2023）。这一过程中，也催生了大量的留守儿童和青少年，由于种种原因，进城务工的父母无法带着子女同行，而选择将孩子留在农村老家。根据2015年的人口普查，农村17岁以下的留守儿童和青少年总数已达4051万人，占所有青少年的近30%（UNICEF，2017）。

一方面，由于父母外出打工能赚取更高的收入，留守儿童和青少年在食品、医疗等方面能得到更多的经济支持，他们的健康水平也许比非留守的同伴要高；另一方面，由于缺乏父母的陪伴，对成长发育期的青少年来说，留守儿童也许在非认知能力方面

① 复旦大学经济学院副教授；上海国际金融与经济研究院研究员。邮箱：sharonxzuo@fudan.edu.cn；JEL代码：C90，D31，015，Z13。

的发展会落后于非留守儿童。目前的研究中，关于留守儿童在健康、学业成绩、行为以及非认知能力方面的研究确实没有得出较统一的结论。而关于留守儿童和青少年在社会偏好发展方面的研究更少。研究表明，家庭背景通过影响儿童和青少年的偏好形成和发展而影响他们成年以后在劳动力市场表现以及社会地位（Heckman，2000；Heckman et al.，2006；Heckman，2006，Sutter et al.，Brocas et al.，2017）。

青春期是儿童成长发育一个非常重要的时期，这一阶段，相较于家庭环境，青少年开始更多地受到同伴和环境的影响。目前研究有一个很重要的发现是，弱势家庭的青少年，受到环境的影响更大（Heckman and Masterov，2007；Carneiro et al.，2019）。本文以中国农村一个县的1000余名12~17岁中学生为研究对象，通过进行实验室-现场实验，研究了留守学生公平观以及亲社会行为的发展。本文利用当地抽签式招生制度的准自然实验，即利用抽签式招生制度将学生随机分到两所学校之一，并且在同一年级内将学生随机分到不同班级，探讨了与非留守学生的融合如何影响留守学生的公平观以及利他偏好。

留守学生是指父母在最近一年中超过六个月不在家的学生。大多数留守学生的母亲外出、父亲外出或父母都外出的原因是相同的：到城市打工。各种原因，很多农民工子女被留在老家，由祖父母或者亲戚来照顾和陪伴。尽管直觉上，我们认为与父母分离会对孩子的健康、学业成绩和非认知技能的发展产生显著的负面影响，但现有的文献的结果却与此不一致。例如，一些研究表明，父母迁移对儿童的健康和教育有相当大的负面影响（Meng and Yamauchi，2017；Yeung and Gu，2016）。然而，也有研究发现，留守儿童与非留守儿童在心理健康方面没有差异，或者留守学生在认知技能方面其实表现得更好（Zhang et al.，2015；Bai et al.，2018）。近年来，越来越多的研究开始讨论留守学生与非留守学生相比是否表现出不同的社会和个人偏好，并且一些文献发现相对非留守学生来说，留守学生更不愿意参与竞争（Dong and Zhao，2019）。

毫无疑问，改善大量农村留守儿童的社会经济环境是政策制定者的核心关注点。学校环境就是其中很重要的一部分，而深入了解同伴效应如何影响留守学生的行为和偏好能为政策的制定提供相应的依据。在这项研究中，本文使用两个版本的“独裁者”游戏来测度学生的公平观和利他主义偏好。更进一步，本文能够观测到偏好随年龄变化的趋势，以及利用分班的准自然实验来识别同伴效应。具体来说，本文通过班级非留守学生的数量不同来识别留守学生的偏好如何受到同伴的影响。

公平观和利他偏好是两个重要的社会偏好，能够决定许多的经济结果，例如，税收遵从度、政治参与度和团队合作。这两个社会偏好一方面可以由家庭因素决定，同时在社会环境中具有可塑性（Ben-Ner et al.，2017；Bartling et al.，2009）。因此，作为弱势群体，留守学生在“独裁者”游戏中的行为选择可能会与非留守学生有所不同。

本文有几个发现：第一，父亲外出的留守学生在“独裁者”游戏中的表现与非留守学生不同，而母亲外出的留守学生的表现与非留守学生的表现在统计学上没有差异；第二，年龄小的留守学生比年龄大的留守学生受到同伴影响更大。具体来说，如果年龄小的留守学生与非留守学生接触更多，那么留守学生的利他偏好会受到正向且显著的影响，但是公平观会受到负向影响。举例来说，在父亲外出的留守学生中，超过15%的学生在独裁者游戏中选择了不太平等的分配方案，而在非留守学生中，不到10%的学生会做出这样的选择。在同伴效应方面，当非留守学生在班级中的比例提高一个标准差时，会导致年龄大的留守学生比年龄小的留守学生多6.3%的可能性来选择不太平等的分配方案。在利他主义方面，当留守学生与更多的非留守学生接触时，两个年龄组别的学生都会分享更少给家庭经济地位更高的学生，而且，这种效应在年龄小的留守学生中更大。

本文的主要贡献包括以下几个方面：第一，本文的研究拓宽了关于个体社会偏好发展和变化的研究范围。现有研究发现，年龄、性别、受教育程度以及文化等因素都会影响个体偏好（Falk et al.，2018）。同时也有越来越多的研究开始将视角从成年人转向儿童和青少年，试图探索偏好的起源和发展变化。而在这一研究领域中，大家最关心的问题之一就是学校环境，或者说同伴效应对个体偏好发展变化的影响（Eckel et al.，2012；Liu and Zuo，2019）。例如，在Liu and Zuo（2019）的研究中，她们发现母系环境下的儿童在年龄小的时候呈现出的性别风险偏好与父系儿童完全不同，而随着母系文化的儿童与父系文化儿童越来越多的接触，两个族群的性别风险偏好呈现出趋同的趋势。

第二，本文聚焦留守儿童，研究结果能够为相关政策的制定提供一定的参考。过去关于留守儿童的研究大多集中于健康和学业成绩，结论也并不一致，很多研究发现，留守儿童在学业成绩方面并没有比非留守儿童表现更差。主要的机制就是由于父母外出打工，能供给留守儿童提供更多的教育支出，这在一定程度上能抵消缺失陪伴带来的负面影响（陶然和周敏慧，2012；孙文凯和王乙杰，2016；田旭等，2018）。本文首次发现，同伴效应对青春期的留守儿童有显著影响。特别的，在青春期的青少年，父亲的陪伴可能会对他们产生更为重要的作用。

2 背景

本文在我国西南部的一个县城进行田野实验。2018年，该少数民族聚居县总人口约10万人，年人均国内生产总值3万元人民币（约4000美元）。与中国其他大多数县城拥有至少有3~5所中学不同的是，该县只有2所中学，并且它们位于两个相距不到3公里的乡镇地区。根据当地政府的统计公报，2018年符合条件的儿童入学率为100%，完成率超过90%。虽然该县经济发展由于自然条件限制经济发展较为落后，但是实施九年义务教育法以来，学生并不需要支付学费。此外，学生还可以通过午餐或现金的形式获得一定数额的补助，实际数额主要取决于家庭贫困程度。义务教育的普及保证了学生较高的入学率。

本研究最终选择在该县的一所中学做实验有以下几个原因。首先，在该县，上哪一所初中不是学生或者学生家长的选择，而是根据抽签结果和学生的户口做严格分流。同时，在每一所学校里，对于任何一个年级，学生也不允许选择某个班级或者老师。具体来说，非本文做实验的那所中学的学位为城镇户口的学生预留。其他所有农村户口的学生，在9月开学之前，由县教育局的电脑抽签来决定他们会被分流到其中的哪一所学校。因此，这一机制潜在的为本文提供了一个独特的机会来识别同伴效应。

其次，本文做实验的学校是一所寄宿学校，学生被要求住在学校里，并且他们的室友也是随机分配的①。这为本文提供了另一个研究同伴效应的机会，即有一些宿舍可能留守学生较多，有一些宿舍可能留守学生较少。通过比较不同宿舍的留守学生的比例，有可能非留守学生受到的影响。

最后，该县特殊的学位分配机制客观上造成了一所学校的学生的家庭经济背景要优于本文进行实验的学校。由于该特殊的环境，本文可以研究社会经济地位低的学生对社会经济地位高的同龄人的社会态度，并且还可以研究社会经济地位叠加留守状态的效应。本文选择在农村户口学生居多的学校进行实验的另一个原因是为了保证能够有足够的留守学生的样本。根据我国的现实情况，外出务工的家长一般来自农村。另外，本文包括了7年级至9年级的所有学生，这样一方面能保证有足够的样本，另一方面研究能够研究学生的社会偏好是否会随着年龄的变化而变化。

本研究总共包括1579个学生，平均来看，由于每个年级有10~11个班，因此每个班大约有50名学生。

3 实验设计与实施

在本文的实验中，每个实验对象被要求玩两个版本的“独裁者”游戏，每个版本又有6个变形，因此每个学生要完成6个游戏。在第一个游戏中，每个受试者都配对一个匿名的、来自另一所中学的、社会经济地位更高的学生，并且需要决定是否将一些给他的钱分配给他的搭档，如果是的话，金额是多少。换句话说，受试者扮演“独

① 根据政府官方记录，超过90%的学生是学校住宿并且一周回一次家，其他那些住在离学校较近的学生能够每天回家。

裁者”的角色。受试者得到的钱是 15 元人民币（约 2.14 美元），他可以选择 0 到 15 的任何金额给匿名搭档。在这个游戏中，每个学生将分别与三种不同类型的学生搭档。在第一个版本中，他的搭档是匿名的，而在第二和第三个游戏中，他的搭档分别是一个留守学生和非留守学生①。

在第二个版本的游戏中，每个受试者被要求玩另外三个改编过的“独裁者”游戏来测度他们的公平观。在游戏 4 中，受试者扮演“独裁者”，并且需要在两个分配方案中做出选择：（1）在他和同伴之间平均分配 8 元；（2）自己保留 6 元，给匿名同伴 1 元。游戏 5 和游戏 6 是测度另外一种公平观的游戏，在游戏中，受试者必须选择一个分配方案，但他的个人利益无关紧要。在游戏 5 中，他需要选择以下组合之中的一个：（1）平均分配 4 元给学生 A 和 4 元给学生 B；（2）分配 8 元给学生 A，3 元给学生 B。游戏 6 是这样的：（1）A 和 B 分别得到 4 元；（2）A 得到 12 元，B 得到 0 元。可以看到，对于每一个游戏，选择（1）是一个比选择（2）更平等的选择。然而，在第 5 个和第 6 个游戏中，来自不平等选择的总收入高于平等选择。

本文的实验设计受到 Rao（2019）文章的启发，在该文中，作者利用类似的游戏来测度小学生的利他主义和公平观，并且研究富裕家庭的学生和贫困家庭的学生的偏好的差别。本文在实验实施的过程中，版本一的游戏总是首先进行，但为了消除实验顺序对结果的影响，每个版本里的 3 组游戏实施起来是随机的。本文在两名研究助理和各班班主任的帮助下，于傍晚 7 点至晚间 10 点在学生自习时间的课堂上进行了实验。这样做的好处在于，实验开始前，如果学生不想参加，他们是可以离开教室，并在实验开始前要求在知情同意书上签字。实验结束两周后报酬以现金支付。

实验结束后，学生被邀请填写一份时间大概为 20 分钟的调查问卷。问卷内容包括个人家庭人口结构状况、家庭经济状况、父母受教育程度、职业和外出迁移状况等问题。更重要的是，本文用不同的问题来捕捉学生和父母之间的亲密程度，父母的教育方式，以及学生对父母的认知。作者也询问了学生的社交网络关系。最后，为了全面描述关于非留守的学生的状况，学生还被邀请回答一系列关于他们的身体健康和心理健康的问题。

4 实证分析

4.1 描述性统计结果

表 1 列出了普通学生和父亲外出的留守学生的描述性统计数据，并比较了这两组

① 每一个游戏的具体描述如下：“在过去的六个月，他/她的父母在/不在家。”

学生各个变量的平均值的差异。本文用最保守的方式来定义“父亲缺位”：学生的父亲在过去六个月里移居到其他地方工作，并且学生也没有把他列为与自己相处时间很长的人。“母亲缺位”的定义与“父亲缺位”的定义是相同的，并且结果展示也是分开的。其中 A 部分展示基本的个人特征。学生年龄平均 14 岁，这是青春期的关键年龄。如前文所述，汉族是少数。许多学生的家庭有三个以上的家庭成员。引人关注的是，与非留守儿童相比，留守学生得到的零花钱更少，住在离学校更远的地方，在家的学习用具也更少。这些结果表明，平均来说留守青少年的家庭可能比非留守学生的家庭更加贫困或者留守学生家长对他们学习的关注程度较低。B 部分显示了家长的特征以及学生与家长之间的关系。对大多数学生来说，他们的父母受教育程度较低，大约只有初中毕业的水平。由于留守学生的父亲是为了外出工作而迁移的，因此他们被视为农民的可能性比非留守学生的父亲小。与非留守学生相比，在留守学生的自我认知中，更少的学生认为自己与父亲或母亲的关系很亲密。例如，近 78%的非留守学生认为他们和父亲关系密切，然而，只有 48%的留守学生这样认为。此外，本文还用一系列的问题来衡量父母如何管教孩子，比如监督孩子的家庭作业、社会关系等。为了全面衡量父母如何管教子女，本文构建了一个指数，指数的数值越大，表明父母投在孩子身上的时间和精力就越多。调研结果表明，留守学生认为父母投入在自己身上的时间和精力比非留守学生的父母更少。此外，留守学生感到更大的压力，并且一部分学生认为与非留守学生相比，父母对他们的信心更少。

表 1 的 C 部分进一步展示了学生的身体和心理健康状况以及他们的社交网络信息。很明显，留守学生比非留守学生更不健康，更容易感到抑郁。同样值得注意的是，留守学生更容易有不良行为的朋友和室友。很有可能学生会选择和一些行为不良的学生在一起，比如吸烟。对于母亲外出的学生，描述结果与本文在这里报告的结果相似，将其中的一部分在表 2 中展示。

表 1　　学生身体和心理健康状况及社交网络信息

	非留守	父亲缺位	p 值
A 部分：个人特征			
年龄	14.45 (0.95)	14.36 (0.93)	0.06
汉族百分比	0.22 (0.42)	0.21 (0.41)	0.60
家庭成员数量	5.32 (10.03)	4.95 (5.05)	0.39

续　表

	非留守	父亲缺位	p 值
A 部分：个人特征			
每月收到的零花钱	547. 73 (5447. 52)	238. 21 (329. 95)	0. 14
家校超过 30 分钟步行距离百分比	0. 79 (0. 41)	0. 83 (0. 37)	0. 05
家中没有课桌百分比	0. 42 (0. 49)	0. 47 (0. 50)	0. 07
家中没有电脑或网络百分比	0. 66 (0. 48)	0. 70 (0. 46)	0. 11
B 部分：父母特征			
母亲受教育程度（初中以下）	0. 95 (0. 23)	0. 93 (0. 25)	0. 31
父亲受教育程度（初中以下）	0. 88 (0. 32)	0. 91 (0. 29)	0. 15
母亲主要职业（农民）	0. 77 (0. 42)	0. 71 (0. 45)	0. 03
父亲主要职业（农民）	0. 74 (0. 44)	0. 59 (0. 49)	0. 00
自我定义为贫困家庭百分比	0. 25 (0. 43)	0. 35 (0. 48)	0. 00
与母亲关系密切	0. 63 (0. 48)	0. 54 (0. 50)	0. 00
与父亲关系密切	0. 68 (0. 47)	0. 48 (0. 50)	0. 00
父母管教系数（更大更严）	16. 97 (2. 73)	16. 39 (2. 93)	0. 00
期望从大学毕业	0. 52 (0. 50)	0. 51 (0. 50)	0. 76
感到压力	0. 42 (0. 49)	0. 48 (0. 50)	0. 05

续 表

	非留守	父亲缺位	p 值
B 部分：父母特征			
父母对我有信心	0.76 (0.43)	0.69 (0.46)	0.00
C 部分：健康和社交网络			
体重指数	20.09 (5.44)	19.80 (5.30)	0.33
过去一年去过医院	0.21 (0.40)	0.27 (0.44)	0.01
感觉健康	0.68 (0.47)	0.61 (0.49)	0.01
拥有积极的学习态度	18.36 (2.40)	18.05 (2.48)	0.02
感到抑郁	11.60 (4.09)	12.32 (4.37)	0.00
舍友行为良好指数	6.67 (1.55)	6.56 (1.55)	0.20
舍友行为不良指数	9.39 (2.65)	9.85 (2.98)	0.00
朋友行为良好指数	7.09 (1.58)	6.94 (1.60)	0.07
朋友行为不良指数	8.92 (2.67)	9.29 (3.02)	0.02
观测值	981	408	

注：最后一列报告了所示两组之间均值相等的双向检验的 p 值。

表 2　　　　汇总统计：普通学生 vs. 母亲缺位学生

	非留守	母亲缺位	p 值
与母亲关系密切	0.61 (0.49)	0.48 (0.50)	0.00
与父亲关系密切	0.59 (0.49)	0.52 (0.50)	0.05
与父母关系密切指数	0.98	0.86	0.04

续 表

	非留守	母亲缺位	p 值
	(0.91)	(0.88)	
父母管教指数（更大更严）	16.75 (2.80)	16.41 (2.90)	0.08
期望从大学毕业	0.51 (0.50)	0.55 (0.50)	0.31
感到压力	0.44 (0.50)	0.48 (0.50)	0.21
父母对我有信心	0.74 (0.44)	0.68 (0.47)	0.08
观测值	1122	270	

注：最后一列报告了所示两组之间均值相等的双向检验的 p 值。

4.2 游戏结果

本文首先在图 1、图 2 和图 3 中展示了版本 1 的“独裁者”游戏的游戏结果。在图 1 中，本文比较了这三个群体中，即非留守学生、父亲缺位的学生和母亲缺位的学生，学生愿意分享给来自其他中学的匿名学生的金额大小。由于所有的学生都知道只有城市户口的学生才能上另一所学校，这样的环境为他们外地生创造了一个有更高的社会经济地位的伙伴。本文发现，第一，学生们想要分享的金额略低于他们被给的禀赋的一半。平均分享的金额约为 6.5 元人民币。第二，父亲缺位的留守学生的分享额度显著低于其他两组。

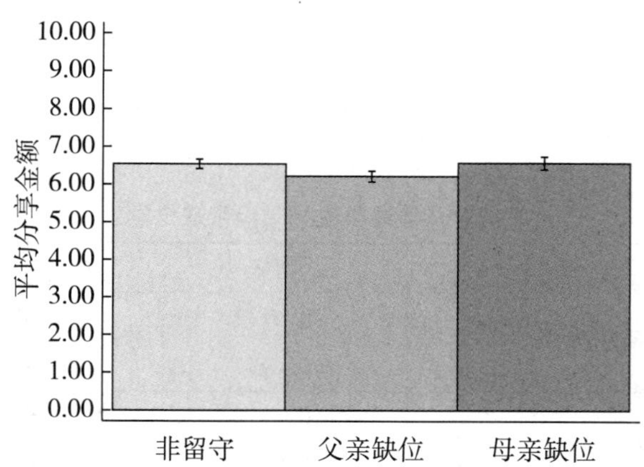

图 1　游戏结果 1：对社会经济地位更高的利他主义

注：样本包括在 2019 年春注册的所有七、八、九年级学生。

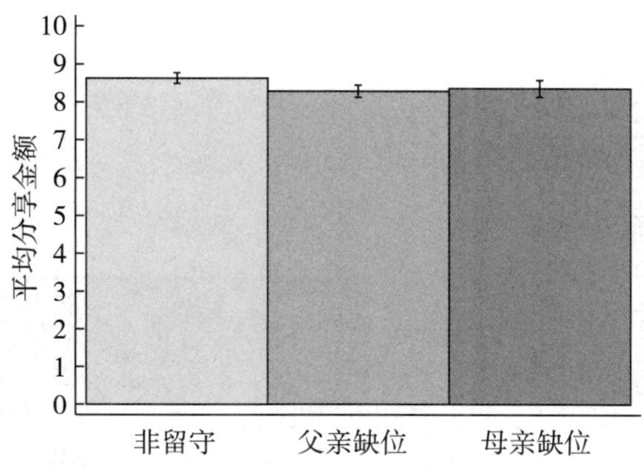

图 2　游戏结果 2：对留守学生的利他主义

注：样本包括在 2019 年春注册的所有七、八、九年级学生。

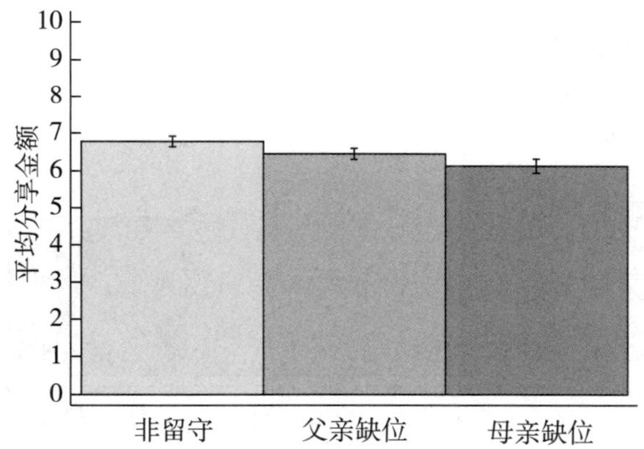

图 3　游戏结果 3：对非留守学生得利他主义

注：样本包括在 2019 年春注册的所有七、八、九年级学生。

更进一步，本文还发现当受试者知道自己的匿名搭档是留守学生时，三组学生的分享额度均增加到 8 元以上，虽然父亲不在的留守学生的分摊额还是更少的。这可以在图 2 中看到。最后，在图 3 中，本文特别提醒学生他们的伙伴是非留守学生时，本文发现非留守学生比其他两组分享的更多，该发现也与群体认知的文献一致。

公平观的结果如图 4、图 5 和图 6 所示。在这三个游戏中，留守学生比非留守学生更容易选择不平等的选择。例如，在游戏 5 中，大约 15%的留守学生选择了不太平等的分配计划，但只有不到 10%的非留守学生选择了这个计划。另一个有趣的现象是，随着不平等的增加带来总支付的增加，更多的学生选择了不平等的选择。（4，4）和（12，0）相比，近 25%的学生更喜欢后者。

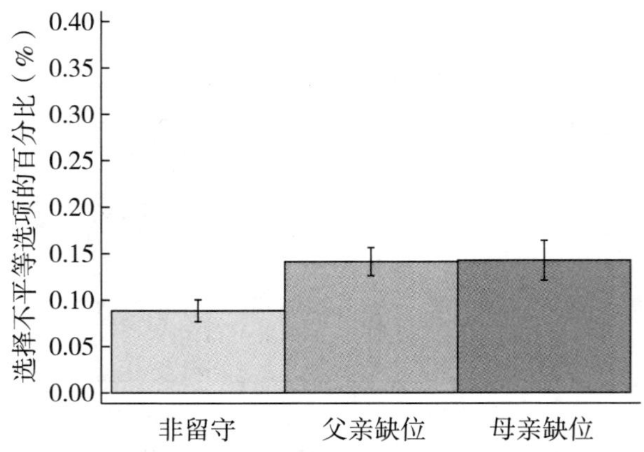

图 4　游戏结果 4：公平游戏（5，5）vs.（6，1）

注：样本包括在 2019 年春注册的所有七、八、九年级学生。

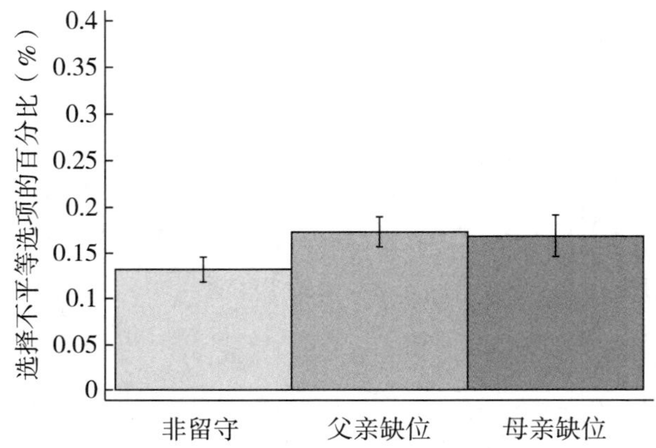

图 5　游戏结果 5：公平游戏（4，4）vs.（8，3）

注：样本包括在 2019 年春注册的所有七、八、九年级学生。

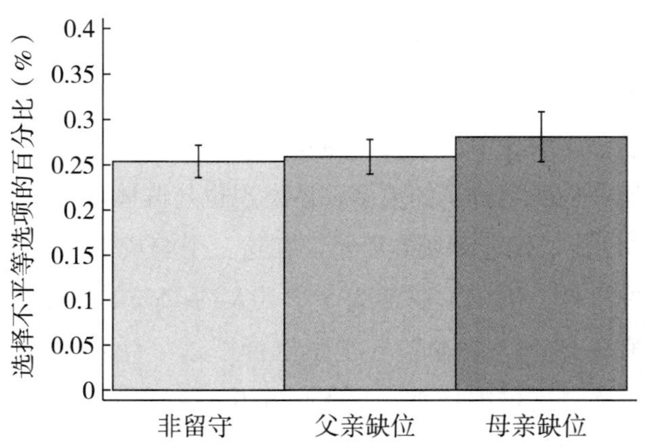

图 6　游戏结果 6：公平游戏（4，4）vs.（12，0）

注：样本包括在 2019 年春注册的所有七、八、九年级学生。

4.3 社会偏好的演变

本文首先分析了在年龄不同的学生中，个人利他主义和公平偏好是否会发生变化。对于在班级 c 的年龄为 g 的学生 i，

$$Y_{igc} = \alpha_1 + \sum_{g=12}^{16} \beta_g Fatherabsent_i \times g + \alpha_2 Fatherabsent_i + \tau_g + \gamma_c + \varepsilon_{igc} \quad (1)$$

其中 Y_{igc} 表示：（1）在版本 1 的游戏中分享给配对的伙伴的金额；（2）在版本 2 的游戏中的选择：1 表示更平等的选择，而 2 表示更不平等的选择。省略的组别是 12 岁的学生，因此每个 β 可以解释为特定年龄组与 12 岁学生之间的偏好差异。

本文首先研究父亲缺位的留守学生利他主义偏好的变化，结果如图 7、图 8 和图 9 所示。在图 7 中，本文观察到不同年龄的父亲缺位的留守学生在分享给另一所学校的匿名伙伴的行为上没有显著差异，然而，分享的额度减少了。当学生年龄越大时，倾向于分享的额度就越少。图 7 的结果表明，随着年龄的增长，学生倾向于对留守学生分享的更多，这与图 8 所示的结果形成了对比。如果配对的伙伴显示为非留守学生时，年龄大的学生分享的金额将明显少于年轻小的学生。13 岁和 14 岁的学生在分享行为与 12 岁的学生没有显著差异，但是当他们 15 岁和 16 岁时，行为发生了改变。根据 OLS 估计，年龄大的学生比年龄小的学生少分享 1.5 元人民币①。

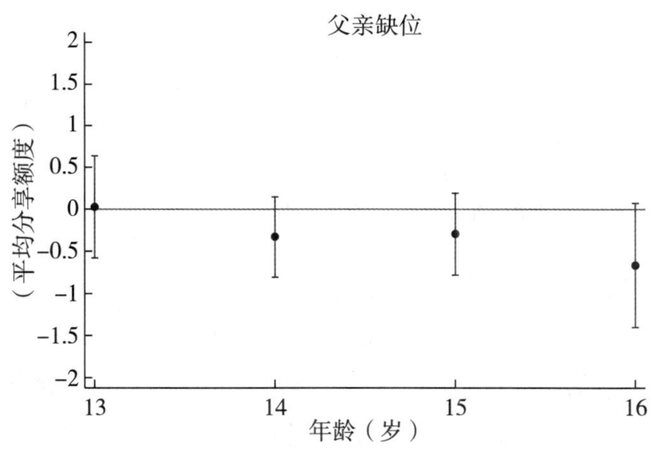

图 7　和社会经济地位更高的学生分享

注：样本包括在 2019 年春注册的所有七、八、九年级学生。

① 本文仅仅展现了关于父亲不在的留守学生的结果，因为本文没有找到任何关于母亲不在的留守学生和非留守学生的显著的结果。如有关于其他组别更具体地结果请联系作者索取 online appendix。

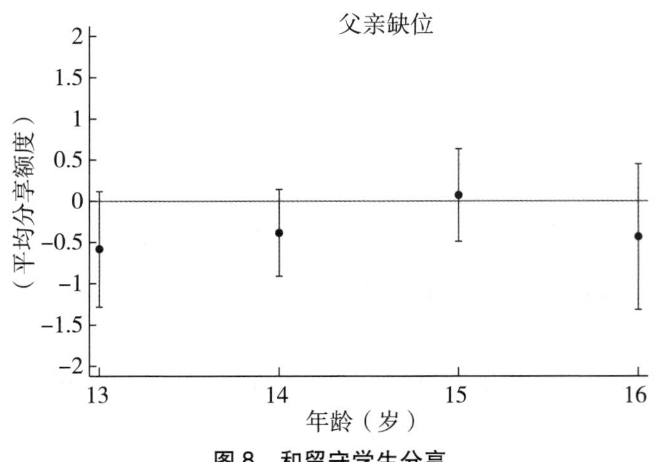

图 8　和留守学生分享

注：样本包括在 2019 年春注册的所有七、八、九年级学生。

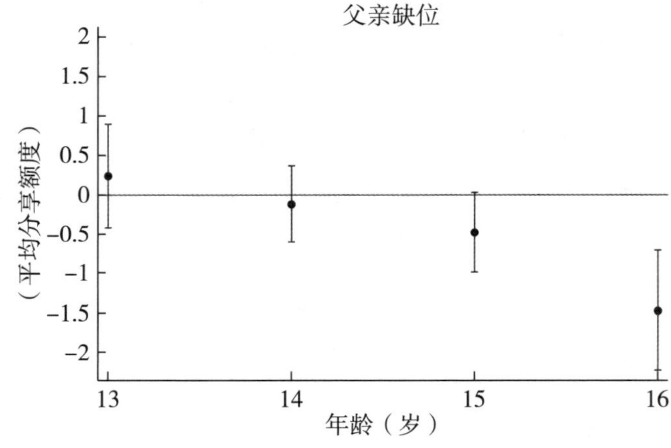

图 9　和非留守学生分享

注：样本包括在 2019 年春注册的所有七、八、九年级学生。

公平观的演变如图 10、图 11 和图 12 所示。同样地，本文用三个不同的游戏来测度父亲缺位的学生的公平观念。总的来说，本文发现年轻的学生明显比年长的学生更喜欢平等的选择。例如，在选择（5，5）和（6，1）之间，年龄较大的学生选择后者的可能性要高出 15 个百分点。此外，在公平无私游戏中在（4，4）和（8，3）之间进行选择时，随着年龄的增长，学生更有可能选择不平等但报酬更高的分配方式。对于最不平等的分配计划，尽管 12 岁、13 岁、14 岁和 15 岁的学生之间没有显著差异，但最大的孩子选择不平等分配计划的可能性要大得多，估值大约为 15 个百分点。

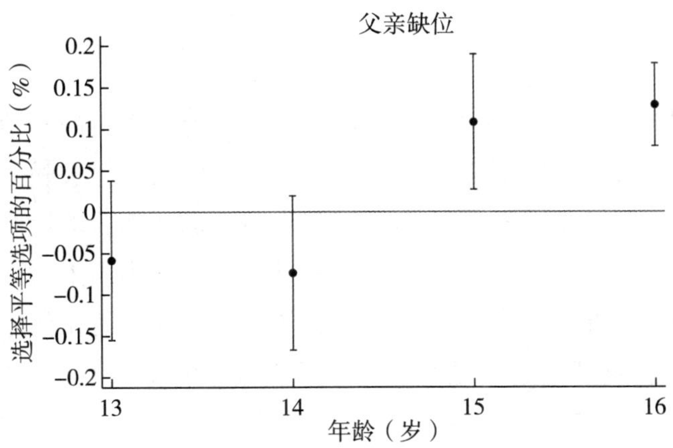

图 10　公平游戏：0=（5，5）；1=（6，1）

注：样本包括所有 2019 年春注册的七、八、九年级学生。

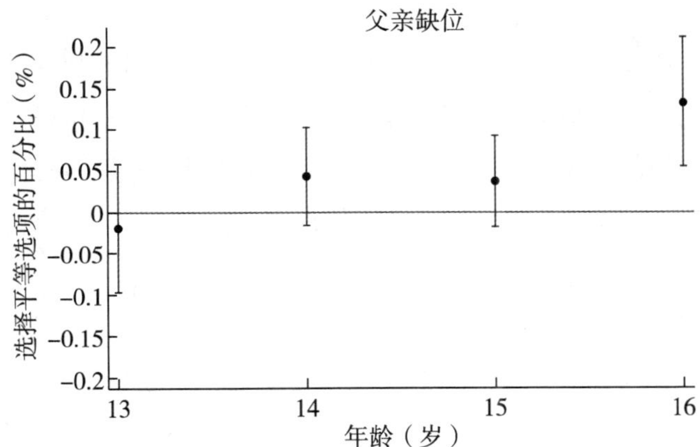

图 11　公平游戏：0=（4，4）；1=（8，3）

注：样本包括所有 2019 年春注册的七、八、九年级学生。

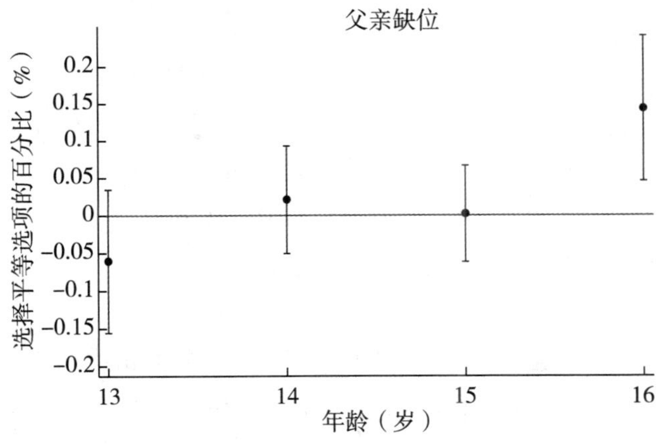

图 12　公平游戏：0=（4，4）；1=（12，0）

注：样本包括所有 2019 年春注册的七、八、九年级学生。

4.4 同伴效应

接下来，本文将探讨与非留守学生接触是否会对留守学生的利他主义和公平偏好产生一些影响。本文利用学生被随机分配到两所中学以及学生被随机选入不同的班级这一事实，并且计算了非留守学生在每个班级中所占的比例。然后利用每个班级学生的年龄变化和非留守学生比例的变化来研究同伴影响。从本质上讲，本文使用年龄作为与其他组别学生接触时间长短的代理变量，使用非留守生的比例作为接触强度的代理变量。由于本文特别感兴趣的是与非留守学生接触的父亲不在的留守学生的变化，本文采用以下的模型设定：

对于学生 i，

$$Y_i = \alpha + \beta_1 Age_i \times Fatherabsent_i \times \Delta_i + \beta_2 Age_i \times Fatherabsent_i + \beta_3 Age_i \times \Delta_i + \beta_4 Age_i \times Fatherabsent_i + \beta_5 Age_i + \beta_1 Fatherabsent_i + \beta_7 \Delta_i + \varepsilon_i \quad (2)$$

其中 Δ 是每个班级中非留守学生的比例。图 13 显示了所有班级中非留守学生的分布情况。平均来说，每个班级有 62.7%非留守学生，标准差为 0.087。为了便于解释，本文在回归分析中使用了标准化方法。所有回归中都包括性别、母亲/父亲的受教育程度、从家到学校的距离以及家庭收入水平作为控制变量。

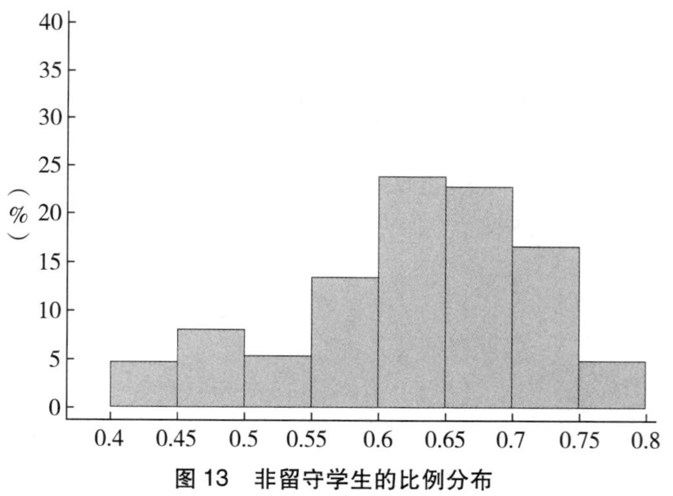

图 13　非留守学生的比例分布

注：样本包括在 2019 年春注册的所有七、八、九年级学生。

在这个方程中，β_1 衡量了与非留守的年龄较小的学生相比，年龄大的留守学生在与非留守学生接触之后的影响变化的增量。除了差异效应外，本文还可以推断出接触更多非留守学生对于年龄不同的学生的影响。例如，β_4 衡量了年龄相对较小群体的处理效应。具体来说，与非留守学生的接触程度上升一个单位的标准差，会使得留守学生选择不平等分配方案的可能性增加或减少 $100\times\beta_4\%$。类似地，$\beta_1+\beta_4$ 衡量了年龄大的学生群体与非留守学生接触更多时的处理效应，具体统计结果如表 3、表 4 所示。

表 3　　汇总统计：游戏结果 I

	非留守	父亲缺位	p 值
和社会经济地位更高的学生分享的金额	6.58 (2.94)	6.26 (3.14)	0.05
和留守学生分享的金额	8.61 (3.40)	8.29 (3.63)	0.09
和非留守学生分享的金额	6.71 (3.25)	6.29 (3.15)	0.02
倾向于选择不平等选项 1 的百分比	0.10 (0.30)	0.14 (0.35)	0.01
倾向于选择不平等选项 2 的百分比	0.13 (0.34)	0.18 (0.39)	0.01
倾向于选择不平等选项 3 的百分比	0.25 (0.43)	0.27 (0.44)	0.42
观测值	981	408	

注：最后一列报告了所示两组之间均值相等的双向检验的 p 值。

表 4　　汇总统计：游戏结果 II

	非留守	母亲缺位	p 值
和社会经济地位更高的学生分享的金额	6.38 (3.11)	6.57 (2.84)	0.35
和留守学生分享的金额	8.45 (3.52)	8.36 (3.60)	0.71
和非留守学生分享的金额	6.59 (3.25)	6.14 (3.08)	0.04
倾向于选择不平等选项 1 的百分比	0.11 (0.32)	0.14 (0.35)	0.19
倾向于选择不平等选项 2 的百分比	0.15 (0.36)	0.17 (0.38)	0.49
倾向于选择不平等选项 3 的百分比	0.26 (0.44)	0.28 (0.45)	0.42
观测值	1122	270	

注：最后一列报告了所示两组之间均值相等的双向检验的 p 值。

表 5 显示了公平偏好的结果，其中列（1）显示了公平游戏（equality game）的结果，而列（2）和列（3）显示了无自我利益（disinterested game）的结果。首先，β_1 在所有三个列中都是显著的，这表明存在差异同伴效应。女孩比男孩更倾向于选择平等的分配计划，无论分配是利己的还是无私的。其次，列（1）中的点估计表明，如果留守学生与非留守学生接触的更多，年长的学生比年轻的非留守学生更有可能选择不平等的分配计划。效应大小为 6.3 个百分点。除此以外，本文发现当与非留守学生接触程度越大，无论年龄大的群体还是年龄小的群体都会更加倾向于选择平等的分配方案，虽然这种效应在年龄小的群体中更大。最后，列（2）和列（3）表明，如果与非留守学生的接触程度增加了一个标准差，那么年龄大的留守学生比年龄小的非留守学生更倾向于平等分配。本文发现这种效应对于年龄小的群体的影响也比年龄大的群体大。如果这两个群体更多地与非留守学生交往，他们将更可能选择不平等的选择，虽然这种影响对于相对年长的学生来说更小。

表 6 显示了同伴效应对利他主义的影响。本文研究了留守学生的利他偏好是否会随着年龄的增长以及与非留守学生互动的增加而改变。

表 5　　同辈效应 I

	平等游戏 （5，5）v （6，1）	公平游戏 1 （4，4）v （8，3）	公平游戏 2 （4，4）v （12，0）
年龄 × 非留守学生比例 × 父亲缺位，β_1	0.063*** （0.023）	−0.053** （0.023）	−0.057** （0.023）
年龄 × 父亲缺位，β_2	0.018 （0.020）	0.035* （0.020）	0.045* （0.020）
年龄 × 非留守学生比例，β_3	−0.015 （0.016）	0.029** （0.014）	−0.033* （0.018）
非留守学生比例 × 父亲缺位，β_4	−0.915*** （0.331）	0.765** （0.332）	0.824** （0.404）
年龄，β_5	−0.009 （0.012）	−0.020 （0.013）	−0.046*** （0.013）
父亲缺位，β_6	−0.222 （0.294）	−0.461 （0.292）	−0.634* （0.368）
非留守学生比例，β_7	0.219 （0.228）	−0.422** （0.210）	−0.472* （0.263）
女性	−0.062***	−0.091***	−0.079***

续表

	平等游戏 （5，5）v （6，1）	公平游戏 1 （4，4）v （8，3）	公平游戏 2 （4，4）v （12，0）
	（0.018）	（0.020）	（0.024）
观测值	1334	1318	1319

注：*，**，*** 分别表示系数在 10%、5%、1%显著性水平下显著。

表 6　　同辈效应 II

	社会经济地位更高的学生 （1）	留守学生 （2）	非留守学生 （3）
年龄 × 非留守学生比例 × 父亲缺位，β_1	0.116**	0.013	0.068
	（0.045）	（0.038）	（0.047）
年龄 × 父亲缺位，β_2	−0.032	−0.009	−0.107***
	（0.040）	（0.034）	（0.041）
年龄 × 非留守学生比例，β_3	−0.048	−0.008	−0.029
	（0.029）	（0.027）	（0.034）
非留守学生比例 × 父亲缺位，β_4	−1.617**	−0.165	−0.965
	（0.648）	（0.545）	（0.674）
年龄，β_5	−0.027	0.027	−0.003
	（0.026）	（0.021）	（0.029）
父亲缺位，β_6	0.391	0.073	1.475**
	（0.567）	（0.485）	（0.583）
非留守学生比例，β_7	0.666	0.116	0.404
	（0.422）	（0.385）	（0.495）
女性	0.054	0.022	−0.068*
	（0.038）	（0.032）	（0.039）
观测值	1315	1317	1317

注：*，**，*** 分别表示系数在 10%、5%、1%显著性水平下显著。

总的来说，本文发现同伴效应对高社会经济地位的伙伴的利他行为有显著的影响。特别是，与年龄更小的非留守学生相比，如果父亲缺位的留守学生与非留守学生接触的更多，他们会分享更多给高社会经济地位的伙伴。这种效应对于年龄大的群体和年龄小的群体都有影响，尽管对年龄小的群体的影响更大。有趣的是，当两个年龄段的群体与非留守学生交互的越多，他们会分享的更少给高经济社会地位的学生，虽然这种效应在年龄小的群体中更大。

5 结论

本文采用实验室-现场实验研究了中国农村留守青少年学生的利他主义和公平态度的发展。与父母长期分离可能会使这些弱势学生丧失向父母学习分享和关爱的机会。另外，他们可能更容易受到环境的影响，更容易受到同龄人的影响。

利用学校抽签招生制度产生的学校内每个班级非留守学生比例的外生变化，本文发现，对于青少年来说，父亲缺位比母亲缺位对青春期的少年来说影响更大。父亲缺位的学生在慷慨大方和平等态度上显著地受到同龄人的影响。具体来说，他们与非留守同学的交往越多，他们就越愿意与他人分享，并且这种效应对于年龄小的群体的影响比年龄大的群体更大。就平等主义态度而言，如果留守学生更多地接触他们的同伴，他们就越不可能关心公平，并且这种影响在低年级学生中也更大。

本文的研究结果对政策制定的启示如下。首先，如何提高大量农村留守儿童的非认知技能已成为一个重要问题。本文的研究结果表明，对于青少年来说，父亲缺位的留守儿童由于更加弱势，因此对环境的变化更为敏感。因此，对于这些学生群体，校园心理辅导将更为有效。其次，要创造出一个能让社会经济背景较差的学生有机会与行为良好的学生交往的社会环境，否则，不良行为很容易在青少年群体中被模仿和学习。可能的政策干预包括创建学习小组、一对一辅导小组等。

参考资料

[1] Ben-Ner, A., List, J. A., Putterman, L., & Samek, A. (2017). Learned generosity? An artefactual field experiment with parents and their children. Journal of Economic Behavior & Organization, 143, 28-44.

[2] Bartling, B., Fehr, E., Maréchal, M. A., & Schunk, D. (2009). Egalitarianism and competitiveness. American Economic Review, 99 (2), 93-98.

[3] Eckel, C. C., Grossman, P. J., Johnson, C. A., de Oliveira, A. C. M., Rojas, C., & Wilson, R. (2011). Social norms of sharing in high school: Teen giving in the dictator game. Journal of Economic Behavior & Organization, 80 (3), 603-612.

[4] Eckel, C. C., Grossman, P. J., Johnson, C. A., De Oliveira, A. C. M., Rojas, C., & Wilson, R. K. (2012). School environment and risk preferences: Experimental evidence. Journal of Risk and Uncertainty, 45, 265-292.

[5] Falk, A., Becker, A., Dohmen, T., Enke, B., Huffman, D., & Sunde, U. (2018). Global evidence on economic preferences. The Quarterly Journal of Economics, 133 (4), 1645-1692.

[6] Rao, G. (2019). Familiarity does not breed contempt: Generosity, discrimination, and diversity in Delhi schools. American Economic Review, 109 (3), 774-809.

[7] Brocas, I., Carrillo, J. D., & Kodaverdian, N. (2017). Altruism and strategic giving in children and adolescents.

[8] Heckman, J. J. (2000). Policies to foster human capital. Research in Economics, 54 (1), 3-56.

[9] Heckman, J. J., Stixrud, J., & Urzua, S. (2006). The effects of cognitive and non-cognitive abilities on labor market outcomes and social behavior. Journal of Labor Economics, 24 (3), 411-482.

[10] Heckman, J. J. (2006). Skill formation and the economics of investing in disadvantaged children. Science, 312 (5782), 1900-1902.

[11] Heckman, J. J., & Masterov, D. V. (2007). The productivity argument for investing in young children. Applied Economic Perspectives and Policy, 29 (3), 446-493.

[12] Kosse, F., Deckers, T., Pinger, P., Schildberg-Hörisch, H., & Falk, A. (2020). The formation of prosociality: Causal evidence on the role of social environment. Journal of Political Economy, 128 (2), 434-467.

[13] Kremer, M., Rao, G., & Schilbach, F. (2019). Behavioral development economics. In Handbook of Behavioral Economics: Applications and Foundations 1 (Vol. 2, pp. 345-458). North-Holland.

[14] Liu, E. M., & Zuo, S. X. (2019). Measuring the impact of interaction between children of a matrilineal and a patriarchal culture on gender differences in risk aversion. Proceedings of the National Academy of Sciences, 116 (14), 6713-6719.

[15] Sutter, M., Feri, F., Kocher, M. G., Martinsson, P., Nordblom, K., & Rützler, D. (n. d.). Social preferences in childhood and adolescence: A large-scale experiment.

[16] Zhang, N., Bécares, L., & Chandola, T. (2015). Does the timing of parental migration matter for child growth? A life course study on left-behind children in rural China. BMC Public Health, 15 (1), 966.

[17] Carneiro, P. M., Galasso, E., Garcia, I. X. L., Bedregal, P., & Cordero, M. (2019). Parental beliefs, investments, and child development: Evidence from a large-

scale experiment (World Bank Policy Research Working Paper No. 8743). World Bank.

[18] UNFPA, UNICEF, & National Bureau of Statistics of China. (2017). Population status of children in China in 2015.

[19] Yeung, W. J., & Gu, X. (2016). Left behind by parents in China: Internal migration and adolescents' well-being. Marriage & Family Review, 52 (1-2), 127-161.

[20] Meng, X., & Yamauchi, C. (2017). Children of migrants: The cumulative impact of parental migration on children's education and health outcomes in China. Demography, 54 (5), 1677-1714.

[21] Bai, Y., Zhang, L., Liu, C., Shi, Y., Mo, D., & Rozelle, S. (2018). Effect of parental migration on the academic performance of left-behind children in northwestern China. The Journal of Development Studies, 54 (7), 1154-1170.

[22] Dong, Z., & Zhao, J. (2019). "Left-behind" experience and competition preference of children: A field experimental study from central rural China. Economic Perspectives, (4): 4.

[23] 陶然，周敏慧.（2012）. 父母外出务工与农村留守儿童学习成绩——基于安徽、江西两省调查实证分析的新发现与政策含义. 管理世界，8，68-77.

[24] 田旭，黄莹莹，钟力，等.（2018）. 中国农村留守儿童营养状况分析. 经济学（季刊），1，247-276.

[25] 孙文凯，王乙杰.（2016）. 父母外出务工对留守儿童健康的影响——基于微观面板数据的再考察. 经济学（季刊），15（2），963-988.

隔代照料与儿童发展

浙江大学经济学院　张川川
中央财经大学经济学院　曹家瑞

1　引言

改革开放以来女性劳动参与率不断提高，劳动力市场竞争加剧，家庭照料与从事有酬劳动之间的冲突愈发明显。同时，由于人口预期寿命不断延长，老龄人口增加，再加上传统文化中血脉传承和家庭绵延的“隔代亲”情结，祖父母越来越多地承担起了照料家中幼儿和学龄儿童的责任，形成了十分普遍的隔代照料现象（杨善华和贺常梅，2004）。[①] 在文献中，隔代照料通常指祖父母承担照料和教育孙辈的部分或全部责任（段飞艳和李静，2012；袁凯歌等，2013）。中国健康与养老追踪调查（CHARLS）2011 年调查显示，在有 16 岁以下孙子女的受访对象中，48%的受访者在过去一年中曾经对其提供过照料。

祖父母作为血缘关系上的家庭成员，与父母、同伴一样，在儿童认知和社会性发展过程中发挥着重要作用（Denham and Smith，1989；裴丽颖，2005）。国外对祖父母照料孙子女的研究较多，但主要着眼于祖父母主导的家庭结构对孩子的影响。Solomon and Marx（1995）研究发现，在祖父母照料下长大的孩子与由父母照料的孩子在身体健康方面不存在显著的差异，但是优于在单亲家庭中长大的孩子；在学业表现方面，显著劣于在父母陪伴下长大的孩子。Kelley et al.（2011）发现祖父母不能为孩子成长提供足够的社会经济资源和良好的家庭环境，祖父母提供照料的孩子在日常生活中有更大的压力。Edwards and Daire（2006）发现老师对祖父母养大的孩子评价普遍较低。由于社会经济背景存在显著的差异，上述针对国外隔代照料与儿童发展之间关系的研究虽然有一定的借鉴意义，却不能直接应用于中国情境。从隔代照料的成因看，国外隔代照料的形成是因为孩子的父母离异、服刑、吸毒等导致无法完成对孩子的照料，祖

① 本文所指“祖父母”同时也包括了外祖父母，下文如无特殊说明都是此意。

父母履行了“代理父母”的责任。国内隔代照料现象的出现大多数是因为父母工作压力太大，无暇提供照料，或者源于隔代亲，较少源于原生家庭破碎。从家庭结构上看，国外研究的隔代照料，一般只研究孙子女被寄养在祖父母家中不与父母同住的情况；但在中国，隔代照料往往伴随着三代人共同居住。

国内专门针对隔代照料与儿童发展之间关系的研究较少，主要通过开展小规模调查进行研究。李洪曾（2006）在上海针对幼儿园及中小学生的家长进行了问卷调查，基于该调查数据研究隔代教养的特征和其对孩子的影响。他发现隔代照料家庭的孩子具有学习勤奋、不怕困难、竞争意识强三大特点。类似地，裴丽颖（2005）对济南市幼儿园孩子所在家庭进行了走访调查，发现祖父母照料与父母照料对孩子亲社会行为和问题行为的影响不大。这些研究仅局限于特定地区，研究对象的代表性有限。

留守儿童往往伴随着隔代照料。作为隔代照料产生的一种特殊情形，留守儿童问题受到了学术界的广泛关注。留守儿童现象主要发生于农村地区，由于父母外出务工将孩子留守农村，导致孩子日常生活不得不由祖父母或其他家庭成员照料。留守儿童与一般的隔代照料现象不同之处在于，父母外出务工分离了父母与孩子造成不利影响的同时，还带来了家庭人均收入的提高。目前关于父母外出务工对留守儿童的影响，不同的研究往往结论各异（周福林和段成荣，2006）。Xiang（2007）认为，如果仅描述留守儿童的表现，他们可能经历更多心理问题，但是，当把家庭成员完整的家庭中的孩子，作为留守儿童的反事实状态做比较时，发现留守儿童的表现并没有更差。Ren and Treiman（2016）的研究显示，在心理健康、情感等方面（如抑郁、自尊心），是否留守儿童对孩子的影响微乎其微。

本研究考察隔代照料对儿童发展的影响。我们使用中国家庭追踪调查（Chinese Family Panel Studies，CFPS）数据，分别考察了城市和农村地区的隔代照料对儿童发展的影响。我们根据 CFPS 问卷中“孩子主要由谁来照料”定义照料方式，同时在回归分析中控制是否为留守儿童，考察一般意义上的隔代照料对儿童发展的影响，以区别于现有文献中针对留守儿童现象的研究。研究结果显示，相比父母照料的孩子，隔代照料对孩子健康有显著的负面影响，主要表现为更高的患病率；隔代照料对孩子的学业发展也产生了显著的负面影响，主要表现在入学年龄推迟，学习成绩偏差；隔代照料对孩子的性格形成也产生了一定影响，隔代照料下的孩子更加冷静不容易冲动，也更加乐观和更受人欢迎，但是更少向他人提供帮助。在儿童心理健康和人际关系方面，我们没有发现隔代照料有统计上显著的影响。我们也分城乡、孩子年龄阶段和祖父母教育程度等做了更细致的分析，结果显示，隔代照料对儿童健康的负面影响主要存在于城市家庭；对儿童学业的负面影响在农村家庭中更为明显；祖父母教育程度是决定隔代照料对儿童发展影响的重要因素，隔代照料对儿童发展的负面影响主要存在于祖父母教育程度较低的家庭。

我们的研究主要有以下几个方面的贡献：首先，在照料方式上，我们进行了更准确的界定，以往研究往往根据是否同祖父母同住定义隔代照料，得益于更好的数据条件，我们基于照料人信息定义照料方式；其次，我们对儿童发展进行了比较全面的考察，所关注的结果变量包括儿童健康、学业发展和性格等多个方面；最后，我们特别区分了祖父母的教育程度，发现相对于谁提供照料而言，照料提供者的教育程度对儿童发展发挥着更为重要的作用。

2 研究背景

针对隔代照料与儿童发展之间关系的研究涉及经济学、社会学、教育学和心理学等多个学科领域，相关文献，主要从三个角度论述了隔代照料影响儿童发展的理论机制。

第一个角度强调隔代照料中的“溺爱”及其后果。由于“隔代亲”观念、老人补偿心理等原因，祖父母对孙子女更加溺爱（李华彪和李丹，2006；黄姗和陈小萍，2007；刘海华，2006）。“溺爱”式的照料具体表现为管教宽松，过分满足孩子要求，迁就甚至纵容孩子，并且在父母管教孩子的时候出面袒护，与孩子的父母产生冲突并影响家庭和睦，导致孩子同父母的关系疏远（裴丽颖，2005）。在“溺爱”式的教养下，孩子可能形成“小皇帝”的性格，具体表现为信任感低、更厌恶风险、规避竞争、更悲观、缺乏良知等（Cameron et al.，2013），还可能缺乏良好的卫生习惯、不善社交、不合群、以自我为中心等（王因为，1996）。在中国的社会背景下，由于在隔代照料的家庭，祖父母往往是与父母同住的，祖父母“溺爱”式的教养和父母严格的教养往往同时存在，有研究据此认为，即使存在隔代照料，影响孩子性格的也主要是其父母（裴丽颖，2005）。① 因此，隔代照料的孩子是否会表现出“溺爱”式教养的特征，还有待实证检验。

第二个角度主要关注隔代照料中的亲子关系和祖孙关系。研究发现，隔代照料会导致父母与子女关系疏远，一般认为这种亲子关系的疏远会对孩子产生不良的影响，如社会信任感低、安全感差、性格孤僻等（李亚妮，2010；黄姗和陈小萍，2007）。尤其是在0~3岁时期，婴幼儿往往对照料人（一般为母亲）产生依恋的情感（Belsky，1999）。隔代照料导致婴幼儿与父母相处时间较少，依恋情感没有发育完全，容易造成孩子人格缺陷（李亚妮，2010）。但隔代照料导致孩子与父母疏远的同时，也导致隔代关系更加紧密，甚至较小的孩子还能产生祖孙依恋（叶晓璐，2011；Poehlmann，

① CFPS数据显示既不与亲生父亲也不与亲生母亲同住的孩子，只占全样本的4%左右。

2003）。良好的祖孙关系可以在一定程度上弥补亲子关系的缺失。

第三个角度关注祖父母的性格特征和行为习惯对孩子的影响。从对孩子发展有利的角度看，祖父母育儿经验多，人生阅历丰富，并且有更多的时间陪伴孙子女，因此可能对孩子健康和心理情况有益（黄姗和陈小萍，2007）；祖父母的教育观念更传统，具体表现出更看重学习成绩、更要求孩子勤奋学习（李洪曾，2006）；祖父母更有耐心更加宽容，孩子的性格也更温顺（裴丽颖，2005）。从对孩子发展不利的角度看，与父母相比，祖父母教育水平较低，不能给孩子学业上的指导；祖父母往往固守旧事物，或出于安全的考虑对孩子的行为进行过多的限制，导致孩子缺乏好奇心与探索创新能力（李炎，2003；李洪曾，2006）；少数祖父母为了光宗耀祖，给予孩子更高的期望，造成孙子女的心理压力（裴丽颖，2005）。

尽管近些年针对隔代照料对儿童发展影响的研究越来越多，但在研究思路和研究方法方面仍然存在一定的局限性。在研究思路上，很多关于隔代照料对孩子发展的研究，主要谈不同教养方式（如“权威型教育”“民主型教育”）对孩子的影响。但是在祖父母和父母选择教养方式的系统性差异的问题上，往往避而不谈，或缺乏可靠的证据，导致无法形成一个完整的因果链条。在研究方法上，大多数研究都缺乏系统的分析，在量化分析中也较少考虑孩子特征和家庭特征等诸多因素对儿童发展的影响，得出了许多不一致的结论。我们在前人研究的基础上，使用具有全国代表性的家庭调查数据，从经验上检验隔代照料对孩子发展的影响。我们更为准确地界定了照料方式；在儿童发展方面，我们同时考察了健康、学业发展和性格形成等多个方面的指标；我们也在城乡状态，儿童年龄阶段和祖父母教育程度等多个维度考察了照料方式影响儿童发展的异质性，为理解隔代照料对儿童发展的影响提供了系统的全面的经验证据。

3 数据和变量选取

3.1 数据介绍

我们使用的数据来自 CFPS 2010—2014 年调查。CFPS 是北京大学中国社会科学调查中心（Institute of Social Science Survey ISSS）实施的一项追踪调查项目，是一个大规模的、综合性的、以学术为目的的社会跟踪调查项目，是研究中国家庭以及中国社会的最具权威型的调查项目之一。该项目主要追踪收集个体、家庭、社区三个层次的数据，样本覆盖 25 个省、区、市，代表了中国 95%的人口，能够有效地反映中国家庭和社会的变迁。

CFPS 于 2010 年进行了全国范围内的基线调查，共采访了 14960 户家庭、42590 位个人，其中有 16 岁以下青少年 8990 人。CFPS 2011 年的调查是对 2010 年调查的补充，主要是对基线调查中完成访问的家庭进行了家庭层面的追访，并对 2010 年调查中完访的青少年成员进行了个人层面的追访。CFPS 2012 年和 2014 年，分别对基线用户进行了两次追访，2012 年数据共采访了 13315 户家庭，包含 16 岁以下青少年 8620 人；2014 年项目共采访了 13946 户家庭，包含 16 岁以下青少年 8617 人。

由于在核心变量“隔代照料”处问卷结构相似，本文主要使用 CFPS 2010 年、2012 年、2014 年少儿库数据生成混合截面数据进行分析。由于 2010 年的数据在少数问题上不够详细，我们使用 2011 年的数据信息进行了补充。① 最终用于分析的数据包含了来自 7819 个家庭的 24228 个儿童。

3.2 变量选取和定义

3.2.1 核心解释变量

我们根据 2011 年、2012 年和 2014 年的 CPFS 少儿数据库中针对白天和晚上照料情况，定义照料方式。总结而言，我们根据照料情况，定义了四种照料方式：“隔代照料组”，“父母照料”，“共同照料”，“非直系亲属照料”。图 1 分城乡地区描述了四类照料方式在样本中所占比例。图 1 显示，隔代照料非常普遍，接近 1/5 左右的孩子主要为隔代照料。如果计算有祖父母参与照料的情况（隔代照料和共同照料相加），农村城市都为 31%左右。这说明，无论在城市还是农村，祖父母在照料孩子成长的过程中，发挥了重要的作用。从城乡的差异来看，农村地区父母照料比例较低，隔代照料的比例比城镇地区高出大约 5 个百分点，这可能与农村父母外出务工有关。

图 2 按照分城乡地区和孩子年龄描述了照料情况。图 2 显示，无论是在农村地区还是在城市地区，0~12 岁各年龄孩子均有一定比例为祖父母照料。不同年龄隔代照料的比重有一定差异，新生儿（0 岁）以父母照料为主，虽然在这个时期新生儿照料任务重，但由于其过于脆弱，难以脱离母亲，因此隔代照料比重非常低；在婴儿期（0~3 岁），随着年龄增大照料和任务的相对减轻，父母陆续返回劳动力市场，隔代照料的比重不断升高，在 3 岁达到最高（30%左右）；在幼儿（3~6 岁），幼儿开始具备有限的自主性，可以有限的脱离父母，隔代照料的比重保持在较高水平；在儿童 6 岁陆续开始上小学之后，孩子大部分时间都在学校中度过，儿童自主性增强，照料任务下降，

---

① 主要是指与核心变量的有关的问卷问题，2011 年、2012 年和 2014 年相同，但与 2010 年不同，因此我们在相关变量上用 2011 年数据代替 2010 年数据。

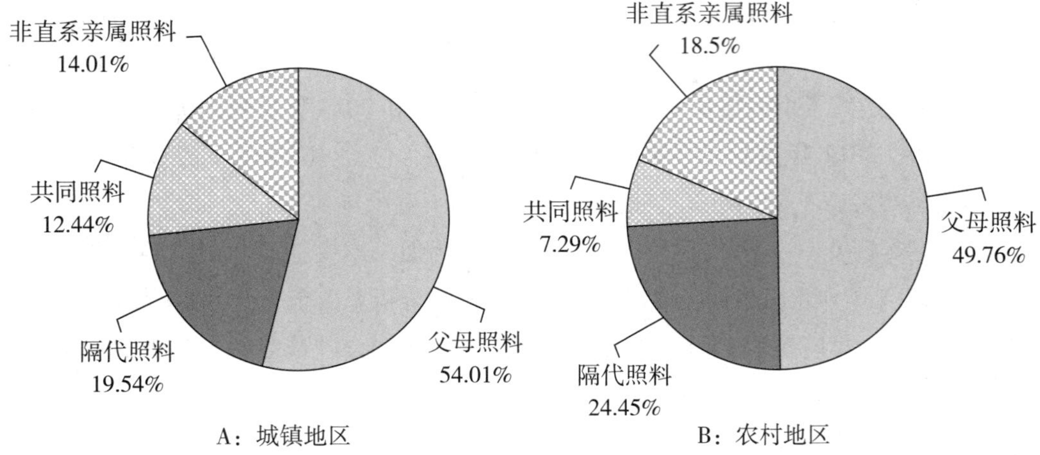

图 1　四种照料类型所占比重

数据来源：CFPS 2010—2014。

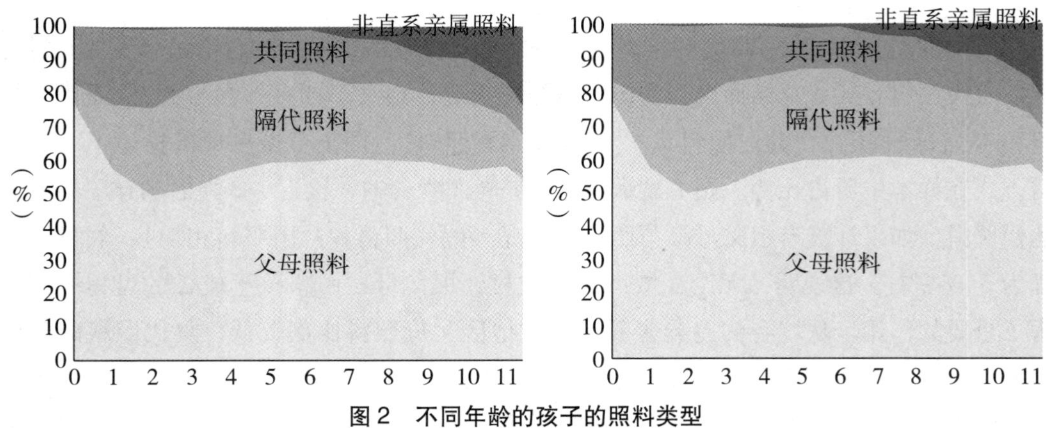

图 2　不同年龄的孩子的照料类型

注：左图描述的是居住在城市的孩子的照料类型，右图描述的是居住在农村的孩子的照料类型。两图横坐标为孩子的年龄，纵坐标为各种照料类型所占的比例。

数据来源：CFPS 2010—2014。

同时孩子知识水平快速增加，祖父母越来越难以胜任日益复杂的照料任务，隔代照料的比重开始下降。对比城市和农村样本，我们发现，农村中父母照料比重较低，共同照料的比重较低，隔代照料的比重较高，农村非直系亲属照料的比重更高，这与农村父母外出务工以及农村孩子较早的辍学务农相关。一个合理的推断是，城市中隔代照料主要原因是父母参加工作挤占照料孩子的时间，农村隔代照料的部分原因是父母外出务工形成留守儿童。这两类都是隔代照料的重要形成机制，但其背后的逻辑是有差异的。因此，在本文中，我们将按社区分城乡研究隔代照料对孩子的影响。

3.2.2 被解释变量

针对儿童发展，我们主要选取了四个方面的指标：身体健康状况、心理健康状况、学业状况、性格。CFPS 调查在询问上述四个方面的信息时，区分了不同年龄段儿童：身体健康变量覆盖了 0~15 岁儿童；心理健康变量覆盖了 10~15 岁儿童；学业情况覆盖了 5~15 岁儿童；自我评价的心理健康和性格变量覆盖了 10~15 岁儿童；代答人评价的性格变量覆盖了 3~15 岁儿童。附录中的表 A1 描述了主要变量的构建方法。

3.2.3 控制变量

我们在回归中加入了孩子自身、父母和家庭三个层面的控制变量。孩子特征变量包括：性别、年龄、年龄的平方、是否在学校寄宿、孩子居住社区的性质、孩子的兄弟姐妹的数量。父母特征变量包括：两人的年龄、两人的婚姻状态、两人的教育年限、两人是否有一方去世；父母都外出务工①。家庭特征变量包括家庭人均收入的对数。

附录中表 A2 分照料类型对样本基本情况做了描述。与父母照料的孩子相比，隔代照料的孩子有着比较明显的特征：孩子年龄较小，兄弟姐妹数量较多，父母的年龄偏小，父母再婚的比例较小，父母任意一方去世的概率较大，父母教育水平略高，父母外出务工的概率增加。

4 实证分析

我们使用 OLS 方法估计如下方程：

$$y_{ijt} = \alpha + \sum_{k=1}^{3} caringtype_k \cdot \beta_k + \gamma \cdot X_{ijt} + \varepsilon_i \quad (1)$$

其中，$caringtype_k$ 表示第 k 类照料类型，$k=1$，2，3 分别表示隔代照料、共同照料、非直系亲属照料，父母照料为参照组。X_{ijt} 是一组控制变量，包括孩子自身特征、父母特征和家庭特征，具体见上一节说明。由于不同地区在社会经济发展程度、文化观念等方面存在显著不同，可能影响隔代照料和儿童发展，我们也在回归中控制了区县固定效应。ε_i 为扰动项。

① 控制父母都外出务工，是为了防止与留守儿童问题的研究混淆。

表 1 隔代照料与儿童健康

	全样本估计			考虑父母教育水平			
因变量	回归系数	观测值	R^2	高教育组	低教育组	观测值	R^2
城市样本							
WAZ	-0.019	7223	0.057	-0.035	-0.039	6536	0.197
	(0.032)			(0.048)	(0.056)		
HAZ	0.001	7190	0.109	-0.020	-0.026	6513	0.230
	(0.030)			(0.044)	(0.058)		
BMI	0.039	7079	0.045	0.055	0.304	6413	0.121
	(0.220)			(0.314)	(0.485)		
Pareport	0.055***	5252	0.054	0.010	0.082**	4765	0.140
	(0.021)			(0.033)	(0.041)		
Selfreport	-0.001	2736	0.028	-0.014	-0.120**	2596	0.136
	(0.032)			(0.054)	(0.053)		
农村样本							
WAZ	-0.041	11920	0.031	0.022	0.023	10721	0.132
	(0.025)			(0.036)	(0.038)		
HAZ	-0.038	11645	0.081	-0.002	-0.058	10513	0.187
	(0.028)			(0.044)	(0.040)		
BMI	-0.004	11356	0.065	0.247	0.701**	10249	0.140
	(0.210)			(0.326)	(0.332)		
Pareport	0.010	8604	0.044	-0.001	-0.016	7804	0.096
	(0.016)			(0.025)	(0.022)		
Selfreport	0.024	4615	0.044	0.061	-0.018	4357	0.091
	(0.016)			(0.045)	(0.033)		

注：表中报告的为“隔代照料”的系数，即“隔代照料”与“父母照料”两种照料类型下儿童在健康方面表现出来的差异。括号中为在家庭层面聚类的异方差稳健标准误，***、** 分别表示在 1%、5%的水平上显著。

表 1 汇报了隔代照料对孩子身体健康状况的影响。健康指标包括标准化后的儿童体重（WAZ）、身高（HAZ）、BMI，过去一个月是否生病以及 10~15 岁孩子的自报健康状况。总体来看，相对于父母照料，隔代照料的孩子身体健康状况更差。在城市地区，相对于父母照料的孩子，祖父母照料的孩子在过去一个月患病的概率显著高出 5.5 个百分点。在农村地区，我们没有发现隔代照料和父母照料的孩子在身体健康状况方面存在显著差异。

以往的文献显示，在隔代照料家庭，祖父母特征和行为习惯对孩子发展有显著影响。影响祖父母行为习惯的一个重要因素是祖父母的教育程度。不同教育程度的照料者由于养育观念和行为习惯方面的差异，可能会对孩子发展产生不同的影响。由于我国教育发展迅速，不同代际人口的教育程度差异很大，在本文所分析的样本数据中，隔代照料家庭照料提供者的平均受教育年限为 3.91 年，而父母照料家庭照料提供者的平均受教育年限为 7.53 年。不同照料类型下照料提供者在教育程度上的差异可能是导致不同照料类型下孩子发展存在差异的一个重要因素。有鉴于此，我们按照照料提供者是否为文盲将隔代照料提供者区分为高教育程度与低教育程度两组，在方程（1）的基础上加入隔代照料与教育程度分组变量的交互项，考察隔代照料家庭中，照料提供者教育程度是否影响孩子发展。表 1 右侧报告了估计结果。结果显示，只有在祖父母教育程度较低的情况下，隔代照料孩子与父母照料才会在健康方面存在显著差异。在城市家庭，相比父母照料，隔代照料下的孩子在过去一个月生病的概率显著增加 8.2 个百分点，自评健康为非常健康或很健康的概率也显著下降。在农村家庭，当祖父母教育程度较低时，隔代照料下的孩子比父母照料的孩子有显著更高的 BMI，可能反映出祖父母对孙子女的“溺爱”。

表 2 报告了隔代照料对孩子学业情况的影响。学业情况上我们选取的因变量包括孩子是否在上学（不包括在上幼儿园）、数学成绩和语文成绩，覆盖了年龄在 5~15 岁的儿童。基准结果显示，隔代照料对孩子的学业情况有显著的负面影响。在城市地区，相比父母照料，隔代照料的孩子在读的概率显著降低了 4.3 个百分点；在农村地区，相比父母照料，隔代照料的孩子在读的概率显著降低了 5.5 个百分点。孩子不上学有孩子上学晚或孩子辍学两种可能，后者对孩子发展的负面影响比前者更严重，之后我们会对原因进行检验。我们还发现，隔代照料对农村的孩子的学业成绩有显著的负面影响，具体表现为孩子数学和语文成绩的良好率下降了 7~8 个百分点。相对于孩子的父母，祖父母的教育水平较低可能导致了孩子学业水平较差，但与农村不同的是，城市的孩子除了家庭教育和课堂教育，有更多的途径来获得教育资源，如参加补习班甚至仅仅是同伴效应也可以起到一定的弥补作用。在考虑祖父母教育水平的情况下，我们发现祖父母教育水平越低，隔代照料和父母照料两种照料类型下孩子的学业表现差距越大。在农村地区，祖父母教育水平较高的情况下，隔代照料与父母照料两种照料类型下孩子在语文和数学成绩方面不再有统计上显著的差异。

表 2　　隔代照料与儿童学业表现

	全样本估计			考虑祖父母教育水平			
因变量	回归系数	观测值	R^2	高教育组	低教育组	观测值	R^2
城市样本							

续　表

	全样本估计			考虑祖父母教育水平			
Atschool	−0.043*** (0.012)	5520	0.693	−0.059*** (0.020)	−0.046** (0.023)	5055	0.711
Liberal	0.007 (0.026)	4102	0.105	0.040 (0.040)	0.029 (0.048)	3830	0.199
Math	−0.020 (0.028)	4102	0.094	0.035 (0.038)	−0.028 (0.049)	3829	0.201
农村样本							
Atschool	−0.055*** (0.009)	8897	0.652	−0.067*** (0.017)	−0.040*** (0.014)	8106	0.662
Liberal	−0.081*** (0.021)	6725	0.054	−0.062 (0.039)	−0.094*** (0.029)	6255	0.107
Math	−0.073*** (0.021)	6731	0.056	−0.041 (0.039)	−0.082*** (0.030)	6261	0.113

说明：同表1。

表3报告了隔代照料对孩子性格的影响，该部分性格特点由监护人代答。我们选取的性格特征变量包括自立、乐于助人、乐观、好奇、善于等待、更冷静、能容忍、受同伴欢迎等。我们发现，隔代照料形成了孩子更冷静不冲动的性格，这验证了隔代照料的孩子与其年老的祖父母的性格特征相似；隔代照料的孩子在同伴中较为受欢迎、更为乐观。但是，在农村孩子中发现隔代照料的孩子更不愿意帮助同伴，这可能与孩子受到“溺爱”教养方式相关。在照料方式对孩子性格发展的影响方面，祖父母教育水平的作用不明显，略有差异的是在耐心方面，教育程度较低的祖父母照料的孩子更加有耐心。

表4汇报了隔代照料对孩子心理健康和性格特征的影响，这部分由10~15岁的孩子自己回答。我们选取了抑郁情绪指数来衡量孩子的心理健康①，选取了“能把事情做好”和“对自己满意”来衡量孩子的自信程度，同时选取了孩子的人际关系、风险偏好和社会信任感。我们发现隔代照料对10~15岁的青少年的心理健康和性格特征影响不大。结果显示，农村的隔代照料的孩子更多地评价自己“能把事情做好”，表明隔代照料在一定程度上提高了农村孩子的自信力。我们没有发现隔代照料与孩子的抑郁水

① 抑郁情绪指数基于CFPS问卷中的CES-D量表进行计算。这个量表只在2010年和2014年的调查中出现，2012年的问题有所不同。在这个问题上，我们采用的是2010年和2014年的样本。

平、人际关系、风险偏好、社会信任存在显著关系。这有可能是因为孩子上学之后隔代照料的影响力趋弱，并且孩子受经历的更多的人际关系造成性格的改变，导致隔代照料对性格的影响减弱。我们认为，这部分地说明隔代照料对性格的影响并不像理论预测那样明显。目前的结果显示，隔代照料对 10～15 岁孩子的心理健康和性格特征没有显著的影响。在照料方式对孩子自报的心理健康和性格特征的影响方面，祖父母教育水平的作用同样不明显。

表 3　隔代照料对孩子性格的影响（监护人代答）

	全样本估计			考虑祖父母教育水平			
因变量	回归系数	观测值	R^2	高教育组	低教育组	观测值	R^2
indep	0.037	2174	0.014	0.100**	-0.001	1951	0.128
	(0.028)			(0.045)	(0.062)		
helpful	0.016	2157	0.031	0.024	-0.020	1936	0.154
	(0.021)			(0.036)	(0.042)		
positive	-0.003	2176	0.022	0.015	0.012	1952	0.136
	(0.014)			(0.020)	(0.029)		
curious	-0.003	2162	0.025	0.017	0.043	1941	0.115
	(0.021)			(0.033)	(0.043)		
wait	0.023	2142	0.023	-0.017	0.091*	1920	0.139
	(0.026)			(0.044)	(0.053)		
calm	0.111***	2162	0.066	0.083	0.053	1939	0.174
	(0.030)			(0.051)	(0.062)		
tolerant	-0.013	2145	0.043	-0.043	-0.014	1925	0.152
	(0.029)			(0.051)	(0.065)		
welcome	0.024*	2168	0.011	0.027	-0.014	1947	0.137
	(0.015)			(0.022)	(0.038)		
indep	-0.015	3652	0.027	-0.002	-0.029	3266	0.105
	(0.021)			(0.036)	(0.033)		
helpful	-0.052***	3618	0.035	-0.038	-0.075**	3241	0.107
	(0.018)			(0.032)	(0.031)		
positive	0.018*	3644	0.013	0.010	0.042***	3260	0.071
	(0.011)			(0.020)	(0.015)		
curious	0.006	3608	0.016	-0.015	0.019	3231	0.084
	(0.017)			(0.030)	(0.027)		

续 表

	全样本估计			考虑祖父母教育水平			
因变量	回归系数	观测值	R^2	高教育组	低教育组	观测值	R^2
wait	0. 001	3609	0. 016	−0. 043	−0. 009	3228	0. 069
	(0. 021)			(0. 038)	(0. 033)		
calm	0. 018	3627	0. 033	−0. 020	0. 011	3247	0. 110
	(0. 022)			(0. 039)	(0. 034)		
tolerant	0. 010	3601	0. 016	−0. 019	0. 043	3221	0. 090
	(0. 022)			(0. 037)	(0. 035)		
welcome	−0. 013	3650	0. 017	−0. 003	−0. 011	3267	0. 088
	(0. 013)			(0. 024)	(0. 023)		

说明：同表 1。

表 4　　隔代照料对孩子心理健康和性格的影响（自我评价）

	全样本估计			考虑祖父母教育水平			
因变量	回归系数	观测值	R^2	高教育组	低教育组	观测值	R^2
depression	0. 338	1702	0. 019	−0. 090	0. 643	1623	0. 164
	(0. 330)			(0. 682)	(0. 763)		
welldone	0. 013	2736	0. 046	−0. 016	0. 012	2596	0. 117
	(0. 018)			(0. 033)	(0. 036)		
selfsatis	−0. 004	2736	0. 036	−0. 036	0. 035	2596	0. 115
	(0. 016)			(0. 030)	(0. 035)		
relation	0. 008	2571	0. 085	0. 033	−0. 115	2444	0. 146
	(0. 034)			(0. 065)	(0. 074)		
getalong	−0. 039	2568	0. 137	−0. 039	−0. 132*	2441	0. 200
	(0. 036)			(0. 060)	(0. 079)		
prerisk	0. 099	815	0. 017	0. 025	0. 288**	791	0. 233
	(0. 069)			(0. 128)	(0. 143)		
socialtrust	−0. 066	1027	0. 032	−0. 136	−0. 074	983	0. 187
	(0. 057)			(0. 100)	(0. 125)		
depression	−0. 350	2898	0. 024	0. 008	0. 265	2734	0. 150
	(0. 289)			(0. 520)	(0. 383)		
welldone	0. 022*	4615	0. 027	0. 037	0. 022	4357	0. 060
	(0. 012)			(0. 029)	(0. 019)		

续 表

因变量	全样本估计			考虑组父母教育水平			
	回归系数	观测值	R^2	高教育组	低教育组	观测值	R^2
selfsatis	0.006	4615	0.023	-0.003	-0.004	4357	0.057
	(0.010)			(0.020)	(0.013)		
relation	0.008	4205	0.159	-0.088	-0.037	3982	0.202
	(0.026)			(0.054)	(0.040)		
getalong	0.022	4196	0.207	-0.022	-0.018	3971	0.253
	(0.025)			(0.049)	(0.040)		
prerisk	0.031	1334	0.009	0.183*	0.079	1286	0.139
	(0.046)			(0.099)	(0.067)		
socialtrust	0.025	1645	0.036	-0.015	0.089	1570	0.109
	(0.042)			(0.087)	(0.067)		

说明：同表1。

5 进一步的讨论

本研究前述结果显示，隔代照料对孩子健康和学业都有不同程度的负面影响。然而在上述OLS估计中，我们识别的是隔代照料对0~15岁孩子健康状况和对6~15岁孩子学业状况的平均效应，但实际上，隔代照料对不同年龄段孩子身心健康和学业状况的影响可能存在差异，为了更为细致地考察不同年龄段孩子所受到的影响是否存在差异，我们在基准方程的基础上进一步加入了隔代照料同年龄组虚拟变量的交互项，考察不同年龄段的孩子在隔代照料和父母照料两种照料方式下存在的差异。

我们在图3~图5中报告了隔代照料与父母照料两种照料类型下各年龄儿童在健康和学业方面的差异。由于篇幅限制，我们只汇报了存在明显年龄趋势的结果，所涉及的因变量包括BMI、过去一个月患病概率和是否在读①。

图3汇报了隔代照料对不同年龄孩子BMI的影响。虽然前文OLS估计结果显示隔代照料对儿童BMI并没有统计上显著的影响，但是在考虑年龄异质性后，我们发现，隔代照料对孩子BMI指数的影响在不同的年龄上是有区别的。相对于父母照料的孩子，隔代照料导致孩子在婴幼儿时期（1~3岁）BMI值偏高，在儿童时期（6~12岁）BMI值偏低。因为BMI反映孩子的肥胖情况，我们得出结论，隔代照料使孩子在婴幼儿时

① 由于0岁的孩子隔代照料的观测值数量过少，不足以完成回归分析，故在汇报结果的时候舍弃。

期偏胖，在儿童时期偏瘦。这种影响对农村的孩子更明显。BMI 主要受到营养摄入和活动消耗的影响，而照料类型主要影响的是营养摄入。刘海华（2006）发现在 0~3 岁儿童隔代养育中，祖辈家长缺少辅食添加、断奶、饮食合理搭配等方面知识，在饮食上娇惯孙子女现象较为普遍。我们猜测，祖父母照料过程中，可能受到传统观念影响，认为孩子应该多吃，而婴幼儿又没有自我选择能力，故在婴幼儿时期表现出偏胖的情况；在儿童时期，由于祖父母"惯孩子"的影响，儿童更挑食并可以选择吃什么，所以，隔代照料的孩子在儿童时期偏瘦。

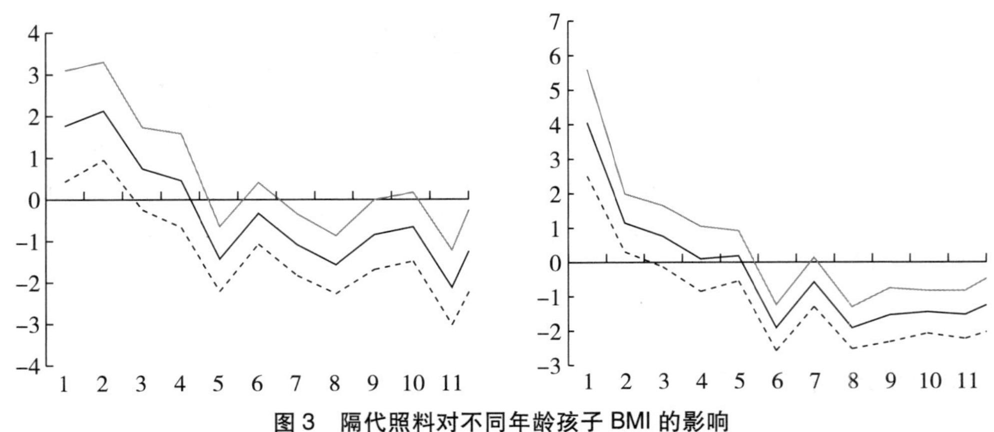

图 3　隔代照料对不同年龄孩子 BMI 的影响

注：黑色实线为系数估计值，虚线为 90%置信区间。左侧为城市地区样本，右侧为农村地区样本。

数据来源：CFPS 2010—2014。

图 4 汇报了隔代照料对不同年龄的孩子患病率的影响。在前文的 OLS 估计中，我们发现在城市地区家庭中，隔代照料导致孩子上个月生病的概率显著增加，在农村地区家庭中，隔代照料对孩子患病率没有统计上显著的影响。在考虑年龄异质性之后。我们发现，在孩子在早年时期（城市为 1~5 岁；农村为 1~3 岁），隔代照料导致孩子更容易生病，身体情况更差。这种影响随着孩子长大、上幼儿园或上学而衰减。这与隔代照料对 BMI 的影响的年龄异质性一致。可以看出，隔代照料对孩子身体健康有负面影响，主要在孩子婴幼儿时期比较明显。

图 5 汇报了隔代照料对不同年龄的孩子是否在上学的影响。在 OLS 估计中，隔代照料的孩子上学的概率较低，从图 5 中可以看出，这种较低的概率主要原因是隔代照料都导致孩子上学时间的推迟。相比于父母照料的孩子，隔代照料导致城市孩子上学时间推迟约 1 年，农村孩子推迟 1 年以上。根据我国《义务教育法》规定，"凡年满六周岁的儿童，其父母或者其他法定监护人应当送其入学接受并完成义务教育；条件不具备的地区的儿童，可以推迟到七周岁"。我国孩子上学年龄是法律规定的，没有理由相信法律规定与照料方式系统相关，因此上学推迟的原因来自不同的照料方式。父母

照料下孩子成为父母的重要负担，父母更倾向于更早地让孩子上学从而减少照料任务；并且，与祖父母相比，父母对孩子更加重视，父母更注重孩子与同龄人的竞争优势，不让孩子“输在起跑线”上。以上两点都使父母照料的孩子对入学时间比隔代照料的孩子更加敏感，这样，相比于父母照料，隔代照料的孩子的上学时间较晚。

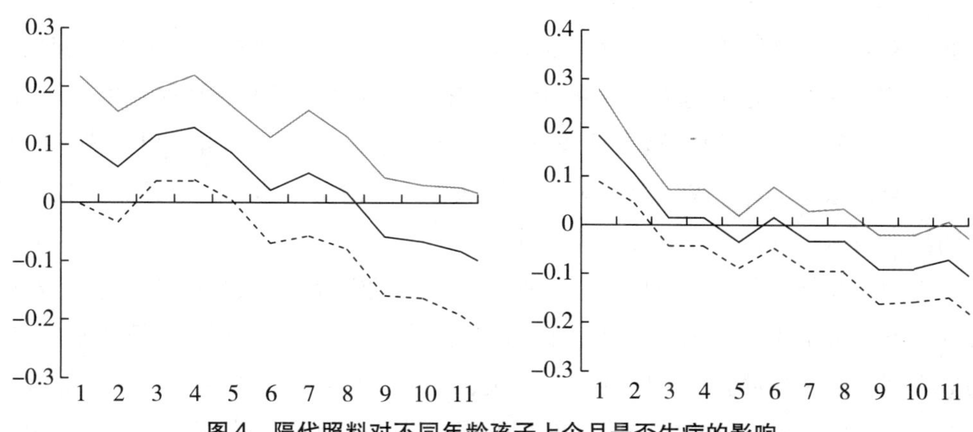

图 4　隔代照料对不同年龄孩子上个月是否生病的影响

注：黑色实线为系数估计值，虚线为 90%置信区间。左侧为城市地区样本，右侧为农村地区样本。

数据来源：CFPS 2010—2014。

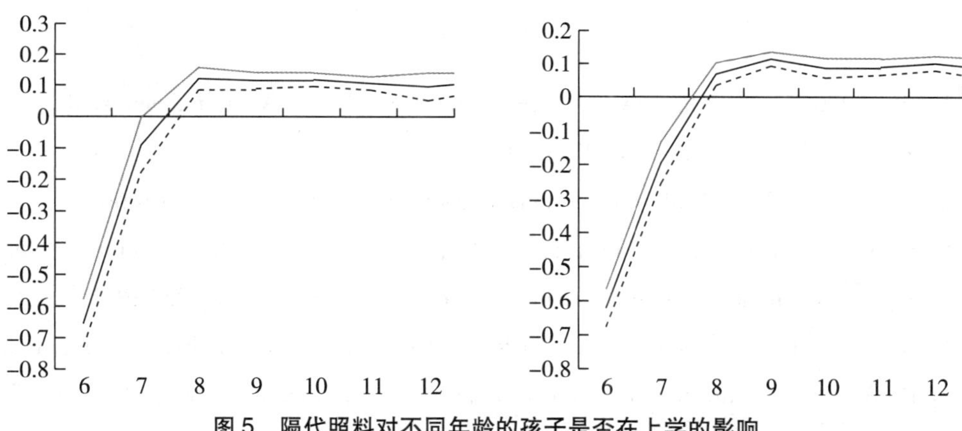

图 5　隔代照料对不同年龄的孩子是否在上学的影响

注：黑色实线为系数估计值，虚线为 90%置信区间。左侧为城市地区样本，右侧为农村地区样本。

数据来源：CFPS 2010—2014。

6　结论

本研究使用 CFPS 数据，系统和全面考察了隔代照料对孩子身心健康、学业表现和性格特征的影响。研究结果显示，相对于父母照料，隔代照料对孩子的身体健康有显著的负面影响，具体表现为在过去一个月生病概率显著增加3~5个百分点。隔代照料对孩子健康的影响在不同年龄段孩子中的表现不同，隔代照料对婴幼儿（1~3岁）健康的负面影响最明显，具体表现为孩子偏胖且更容易生病；同时隔代照料也导致农村6~12岁儿童偏瘦。相对父母照料，隔代照料的孩子上学时间显著推迟了1~2年。在城市地区，隔代照料对孩子的学习成绩影响不大；在农村地区，隔代照料会导致孩子的数学和语文成绩显著较差，这种效果可能是由于祖父母的受教育水平较低引起的。隔代照料对孩子的性格形成也有一定的影响：隔代照料的孩子更容易保持冷静不冲动；在农村地区，隔代照料的孩子表现出不乐于助人，但更乐观、对自己更加满意。我们的研究表明，总体来看，隔代照料对孩子发展有一定的负面影响，且该影响在农村地区更明显，当祖父母教育水平较低时更明显。

我们的研究仍然有较为明显的局限性。首先，我们仅考察了当前照料方式对儿童发展的影响，对于年龄较大的孩子，我们不能知道他曾经的照料人，但孩子的健康、性格等表现，往往与过去长时间的经历相关；其次，尽管我们控制了许多个体和家庭层面的变量，但是照料方式的选择仍然可能跟一些不可观测因素相关，从而导致我们的估计存在偏误，我们的估计结果仍然主要是描述性的，在进行因果推断时应当尽可能谨慎。

参考资料

[1] X, B. (2007). How far are the left-behind left behind? A preliminary study in rural China. Population, Space and Place, 13 (3), 179-191.

[2] Belsky, J. (1999). Modern evolutionary theory and patterns of attachment.

[3] Cameron, L., Erkal, N., Gangadharan, L., et al. (2013). Little emperors: Behavioral impacts of China's One-Child Policy. Science, 339 (6122), 953-957.

[4] Denham, T. E., & Smith, C. W. (1989). The influence of grandparents on grandchildren: A review of the literature and resources. Family Relations, 38 (3), 345-350.

[5] Edwards, O. W., & Daire, A. P. (2006). School-age children raised by their grandparents: Problems and solutions. Journal of Instructional Psychology, 33 (2), 113-120.

[6] Edwards, O. W., & Taub, G. E. (2009). A conceptual pathways model to promote positive youth development in children raised by their grandparents. School Psychology Quarterly, 24 (3), 160-172.

[7] Kelley, S. J., Whitley, D. M., & Campos, P. E. (2011). Behavior problems in children raised by grandmothers: The role of caregiver distress, family resources, and the

home environment. Children and Youth Services Review, 33 (11), 2138–2145.

[8] Poehlmann, J. (2003). An attachment perspective on grandparents raising theirvery young grandchildren: Implications for intervention and research. Infant Mental Health Journal, 24 (2), 149–173.

[9] Ren, Q., & Treiman, D. J. (2016). The consequences of parental labor migration in China for children' s emotional wellbeing. Social Science Research, 58, 46–67.

[10] Solomon, J. C., & Marx, J. (1995). "To grandmother' s house we go": Health and school adjustment of children raised solely by grandparents. The Gerontologist, 35 (3), 386–394.

[11] 陈丽欣、翁福元，许维素，等.（2000）. 我国隔代教养家庭现况之分析（下）. 成人教育通讯.

[12] 段飞艳、李静.（2012）. 近十年国内外隔代教养研究综述. 上海教育科研，(4)：13–16.

[13] 黄姗，陈小萍.（2007）. 隔代教育研究综述. 现代教育科学，(4)，63–65.

[14] 李洪曾.（2006）. 祖辈主要教养人的特点与隔代教育. 上海教育科研，2006 (11).

[15] 李华彪，李丹.（2006）. 对隔代抚养下的幼儿心理初探. 当代经理人，(6)，136.

[16] 李亚妮.（2010）. 隔代抚养下的亲子关系分析. 学理论，(9)，53–54.

[17] 李炎.（2003）. 农村"隔代教育"调研. 四川教育，(Z1)，20–21.

[18] 裴丽颖.（2005）. 祖父母教养特点及其对幼儿发展的影响［硕士学位论文］. 山东师范大学.

[19] 王亚章.（2016）. 人口老龄化对宏观经济的影响——基于隔代抚养机制的考察. 人口与发展，(3)，13–23.

[20] 王因为.（1996）. 祖辈照料下一代的误区. 载于 家庭与下一代国际学术研讨会文集（pp. 237–245）. 社会科学出版社.

[21] 杨善华，贺常梅.（2004）. 责任伦理与城市居民的家庭养老——以"北京市老年人需求调查"为例. 北京大学学报（哲学社会科学版），(1)，71–84.

[22] 叶晓璐.（2011）. 隔代抚养幼儿的心理理论、祖孙依恋、同伴接纳的特点及其关系研究［硕士学位论文］. 浙江师范大学.

[23] 袁凯歌，牛更枫，范翠英.（2013）. 隔代抚养对个体发展的影响. 社会心理科学，(7)，3–6.

[24] 周福林，段成荣.（2006）. 留守儿童研究综述. 人口学刊，(3)，60–65.

附录

附表 A1　　因变量列表

变量名	变量定义	对应问卷中的问题	变量取值处理方法	年龄
健康变量				
WAZ	标准化体重	【WA103】孩子现在的体重是多少斤？	分年龄和性别，减去均值，再除以标准差	0~15
HAZ	标准化身高	【WA104】孩子现在的身高是多少厘米？	分年龄和性别，减去均值，再除以标准差	0~15
BMI	身体质量指数		体重（kg）/身高（m）的平方	0~15
Pareport	上个月是否生病	【WC0】过去一个月，孩子是否生过病？	上个月没生病值为 0，生病记为 1	
Selfreport	自报健康	【WL1】你认为自己身体的健康状况如何？	0-1 变量，回答“非常健康”“很健康”为 1，其余为 0	10~15
学业变量				
Atschool	是否在读	【WF3M】孩子目前是否正在上学/幼儿园/托儿所？	0-1 变量	5~15
Liberal	语文成绩	【WF501】就您所知，孩子上学期平时的语文成绩如何？	0-1 变量，回答“优”“良”为 1，“中”“差”为 0	5~15
Math	数学成绩	【WF502】就您所知，孩子上学期平时的数学成绩如何？	0-1 变量，回答“优”“良”为 1，“中”“差”为 0	5~15
性格特点（监护人代答）				
Positive	乐观	【WE301】孩子生性乐观	0-1 变量，回答 1/2 为 1；3/4 为 0	3~15
Wait	等待	【WE302】会在游戏或其他活动中等着轮到自己	0-1 变量，回答 1/2 为 1；3/4 为 0	3~15
Curious	好奇	【WE304】孩子好奇且有探索精神，喜欢新的经历	0-1 变量，回答 1/2 为 1；3/4 为 0	3~15
Calm	不冲动	【WE305】孩子会想好了再做，不冲动	0-1 变量，回答 1/2 为 1；3/4 为 0	3~15
Helpful	乐于助人	【WE308】在游戏或其他活动中喜欢帮助他人	0-1 变量，回答 1/2 为 1；3/4 为 0	3~15

续 表

变量名	变量定义	对应问卷中的问题	变量取值处理方法	年龄
Indep	独立做事	【WE312】这个孩子尽量自己独立做事	0-1 变量，回答 1/2 为 1；3/4 为 0	3~15
Welcome	受人喜欢	【WE311】很受其他同龄孩子喜欢	0-1 变量，回答 1 为 1，其余为 0	3~15
心理健康				
Depression	抑郁	抑郁量表综合值	连续变量，取值 6~30	10~15
性格特点（自评）				
Welldone	自信	【WM104】我能像大多数人一样把事情做好	0-1 变量，回答“十分同意”为 1，其余为 0	10~15
Selfsatis	自我满意度	【WM107】总的来说，我对自己是满意的	0-1 变量，回答“十分同意”为 1，其余为 0	10~15
Socialtrust	社会信任感	【WV2】一般来说，你认为大多数人是可以信任的，还是和人相处要越小心越好？	0-1 变量，回答“大多数人是可以信任的”为 1；回答“要越小心越好”为 0	10~15
Relation	人际关系	【WM301】你认为自己的人缘关系有多好？	0-1 变量，回答大于等于 6 为 1，小于等于 5 为 0	10~15
Getalong	与人相处能力	【WM304】你认为自己在与人相处方面能打几分？	0-1 变量，回答大于等于 6 为 1，小于等于 5 为 0	10~15
Prerisk	风险偏好	【WN101】-【WN105】问卷中风险实验系列问题	0-1 变量，对风险实验的确定性等价大于等于 120 元为 1（偏好风险），小于 120 元为 0	10~15

附表 A2　样本描述

	组 1		组 2			组 3			组 4		
	父母照料		隔代照料			共同照料			非直系亲属照料		
变量名	观测值	均值	观测值	均值	组 2-组 1	观测值	均值	组 3-组 1	观测值	均值	组 4-组 1
gender	12437	0.53	5484	0.54	0.00	2228	0.52	-0.01	4079	0.50	-0.04^{***}
age	12437	6.77	5484	6.16	-0.61^{***}	2228	5.37	-1.40^{***}	4079	12.51	5.74^{***}
sibling	11982	1.16	4276	1.20	0.04^{**}	2107	1.01	-0.15^{***}	3742	1.42	0.26^{***}
urban	12431	0.21	5484	0.18	-0.02^{***}	2227	0.32	0.12^{***}	4078	0.14	-0.07^{***}
board	12437	0.03	5484	0.02	0.00	2228	0.01	-0.02^{***}	4079	0.30	0.27^{***}

续 表

	组 1		组 2			组 3			组 4		
	父母照料		隔代照料			共同照料			非直系亲属照料		
age_f	12082	35.98	5106	32.82	-3.15***	2139	33.50	-2.47***	3948	40.95	4.98***
age_m	12224	33.90	4974	30.83	-3.07***	2167	31.38	-2.52***	3922	39.13	5.24***
married_p	12437	0.95	5484	0.87	-0.08***	2228	0.92	-0.03***	4079	0.94	-0.02***
death_p	12437	0.01	5484	0.02	0.01***	2228	0.01	0.00	4079	0.03	0.02***
feduc	12180	8.08	5294	8.51	0.42***	2167	9.12	1.04***	4012	7.13	-0.96***
meduc	12153	7.01	5106	7.67	0.67***	2146	8.58	1.58***	3975	5.53	-1.48***
lginc	11758	6.41	5208	6.46	0.05	2117	6.35	-0.06	3864	6.74	0.33***
bothdagong	12437	0.02	5484	0.15	0.12***	2228	0.01	-0.01***	4079	0.03	0.01***

注：1. 本表中变量名称及其取值规则：性别（gender，男为 1 女为 0），年龄（age），年龄^2（agesq），是否在学校寄宿（board，寄宿为 1 不寄宿为 0），孩子的居住社区的性质（urban，城市为 1 农村为 0），孩子的兄弟姐妹的数量（sibling）；父母的年龄（age_f；age_m）；父母的婚姻状态（married_p，在婚为 1，不在婚为 0）；父母的教育年限（feduc；meduc）；父母是否有一方去世（death_p，有任意一方去世为 1，否则为 0）；父母都外出务工（bothdagong，父母都外出务工为 1）

2. 本表将这控制变量按照不同的照料组进行组间比较。对于连续变量，组内均值即为该组在这个变量上的平均数；对于 01 变量，组内均值反映的是该组中取 1 的比例。组 2、组 3、组 4 的第三列表示该组均值与组 1 均值之差，***、**、* 分别表示该组间差异在 1%、5%和 10%的水平上统计显著。

数据来源：CFPS 2010—2014。

金钱能买来时间吗？照料投入对儿童发展的影响

内蒙古大学经济管理学院　赵云霞
内蒙古大学经济管理学院　杜凤莲①

摘　要：在早期人力资本投资的文献中，家庭对儿童发展的影响得到了普遍关注，但多数研究只是从单一的物质投入或时间投入角度来分析对儿童发展的影响。本文基于 2017 年中国时间利用调查（CTUS）和中国家庭金融调查（CHFS）数据，研究中国城镇家庭父母在物质和时间上的照料投入对儿童发展的影响。我们发现，在中国城镇家庭中，受教育程度高和家庭收入高的父母对儿童投入的照料时间和辅导费用都相对较多。通过使用工具变量法后回归结果显示，父母陪护对儿童发展起着不同作用。母亲照料时间增加会提高儿童学习成绩、身体健康水平，提高儿童主观幸福感；父亲看护对儿童学习成绩和健康水平影响不显著，但会大幅度提高儿童主观幸福感。根据以上结果，应该对父母受教育水平较低的家庭提供有效、科学的引导，从而在家庭层面实现教育公平。

关键词：父母照料时间　辅导费用　儿童发展　IV-Oprobit

Abstract: The impact of the family on child development has received widespread attention in the literature on early human capital investment, but most studies have only analyzed the impact on child development in terms of a single material or time investment. Employing the Chinese Time Use Survey (CTUS) and the China Household Finance Survey (CHFS) data in 2017, this paper examines the impact of both material investments and parents' care time in-

---

① 赵云霞，内蒙古大学经济管理学院、内蒙古自治区高等学校人文社会科学重点研究基地时间利用调查与研究中心，邮政编码：010021，电子邮箱：zhaiyunxiaeco@126.com；杜凤莲，内蒙古大学经济管理学院，内蒙古自治区高等学校人文社会科学重点研究基地时间利用调查与研究中心，邮政编码：010021，电子邮箱：dufenglian@126.com。本研究得到北京师范大学人的发展经济学研究中心项目“儿童照料方式对儿童发展的影响”的资助，文责自负。

vestments on children's development in urban Chinese households. We found that urban families in China, parents with higher education levels and higher household incomes invest relatively more in childcare time and also pay more for tutoring. The regression results with instrumental variables show that maternal care and paternal care plays a different role in child development. Increased maternal caregiving time increases children's academic performance, physical health and subjective well-being; paternal caregiving has a non-significant effect on children's academic performance and health, but substantially increases children's subjective well-being. Based on the above results, effective and scientific guidance is provided to parents with lower levels of education, thus achieving educational equity in the family level.

Keywords: Parental care time; Private Tutoring Expenditure; Children's development; IV-Oprobit

1 引言

儿童早期投资在个体生命周期中回报率处于最高水平，整个社会因此获得收益（Heckman，2006），许多发达国家把儿童早期的人力资本投资上升到了战略层次，并纳入到国家的战略发展规划中。21 世纪以来，中国公共财政对于支持教育发展的力度明显增大，财政性教育经费从 2000 年 2562 亿元增长到 2020 年的 42908 亿元，增长了近 17 倍①。中国历来有“望子成龙、望女成凤”的文化背景，德普克和齐利博蒂（2019）指出父母对孩子的未来寄予何种期望和抱负，他们就会如何行动。如果一个教育系统高度分层，且在孩子很小的年纪就能预先确定他们的经济未来，那么这个教育系统会引发家庭之间的“育儿战争”。随着教育回报率的提高、社会竞争的加剧以及我国教育系统的分层问题，家庭对儿童发展的关注也越来越多。一方面，家长将更多的时间投入在工作中，获得更高的收入，以此来为儿童发展提供更好的物质条件；另一方面，参加辅导班在学龄儿童中成为普遍现象。已有研究发现参加辅导班对学生成绩有正向作用（薛海平和丁小浩，2009），也有研究发现父母在儿童教育上投入的时间可以促进儿童社交能力、情感发展和学习成绩（Green et al.，2007；Guryan et al.，2008；Scott，2016）。家庭生产中，物质和时间都是重要投入（Becker，1965），但因为数据问题，同时考虑家庭教育时间投入和物质投入对儿童发展影响的研究不多，本文拟回答以下问题：第一，不同经济社会地位家庭在对儿童照料时间投入和辅导费用投入上是否存在教育梯度和收入梯度？第二，照料时间和辅导费用投入对儿童发展的影

① 数据来自国家统计局（https：//data. stats. gov. cn/index. htm）。

响是什么？

本文内容安排如下：第二部分是文献综述；第三部分介绍数据来源和描述统计；第四部分阐述了本文的理论模型和方程设定；第五部分主要是研究方法和实证结果；第六部分总结全文，提出可能的政策启示。

2 文献综述

早期关于学生成绩和教育资源的研究主要集中在义务教育的影响，在过去的十多年中，学生参加辅导班现象越来越普遍。在中国香港、土耳其、越南和韩国都发现家庭收入高和父母受教育水平高的家庭在辅导费用上的投入也高（Bray and Kwok，2003；Dang，2007；Kim and Lee，2010）。父母还会根据儿童在学校的表现来对儿童教育投入进行决策（Dizon-Ross，2018）。学生学习成绩越好，学校质量越高，辅导费用支出越少（宋海生和薛海平，2018）。Dang（2007）发现课外辅导费用对于学生成绩有正向影响，课外辅导费用每增加 1000 元小学生数学成绩提高 1.07%（Zhao，2015）。课外辅导费用还受到公共教育支出的影响，有研究显示随着公共教育投入增加，家庭课外辅导费用支出呈“U 型”分布，即先替代后互补关系（贾男和刘国顺，2017）。

首先，父母投入时间关注和孩子学习有关的活动，如亲子交流、亲子陪伴、家校沟通以及陪伴和辅导孩子学习等。Niklas and Schneider（2017）发现家庭学习活动与幼儿的发展有关，随着儿童年龄的增加，家庭学习环境的作用凸显（Spellman et al.，2002）。有研究显示，父母参与儿童教育活动将对儿童的长期学习成绩有所改善（Hill and Craft，2003），父母参与是儿童学业成绩提高的关键因素（刘保中等，2015）。张皓辰和秦雪征（2019）根据中国家庭追踪调查数据研究发现，父母对孩子的要求和反应程度都对孩子的学习成绩有正向的影响。此外，乔娜等（2013）发现，家庭社会经济地位部分通过父母参与来影响初中生的学习成绩。父母参与有助于缩小因家庭资本等因素造成的学生间发展不平等，且子女年龄越小，父母参与的作用越大（李波，2018）。社区环境通过家长参与和教育期望对孩子的学习成绩产生影响（刘天元，2019）。李佳丽和薛海平（2019）发现，父母参与频率高的家庭，学生参加课外辅导的概率越大，父母参与对学生成绩的解释率大于课外辅导。

其次，父母对儿童的照料时间投入也是其健康成长的关键因素（Bryant，1992；Zick et al.，2001）。父母与儿童在一起的特定活动，例如：给儿童读书、辅导作业、一起吃饭等对儿童健康发展非常重要（Kalil et al.，2016）。对儿童照料时间和照料质量上差异会导致儿童在健康和行为方面存在差异（Monna and Gauthier 2008），父母的看护时间甚至会影响儿童身体超重的概率（You and Davis，2011）。父母积极参与儿童成长能够预防和降低儿童心理问题（Carlson 2006；Aldous and Mulligan，2002）。父母的参与直接或间接地通过行为和情感参与预测青少年的学业成就和心理健康（Wang and Sheikh-Khalil，2014）。高质量的儿童照料同儿童发展正相关（Love et al.，1996）。父母对儿童的照料时间，特别是父母照料活动的质量，在促进儿童幸福感方面起着重要的作用（Gryczkowski et al.，2010；Hsin and Felfe，2014）。也有研究表明，母亲与孩子在一起的时间与孩子的幸福感呈正相关（Fomby and Musick，2017）。

父母时间投入角度则通过父母参与来考察对儿童成绩、健康和幸福感的影响。同时考虑家庭教育的时间投入和费用投入对儿童成绩、健康和幸福感的影响，可以更好地解释家庭教育投入对儿童发展的影响。

3 数据来源与描述统计

3.1 数据来源

本文所使用的数据来自 2017 年中国时间利用调查（China Time Use Survey，CTUS）和中国家庭金融调查（China household Finance Survey，CHFS）。2017 年中国时间利用调查与中国家庭金融调查同时进行，调查范围是中国大陆地区 29 个省份（除新疆、西藏）的城镇和农村，在中国家庭金融调查的四万户样本中随机抽取样本进行时间利用调查，通过入户访谈填写日志的方法，我们收集了来自 12484 个家庭、年龄在三岁及以上 30715 个家庭成员的活动；记录时间从前一日凌晨 4：00 至当日凌晨 4：00，时间间隔为 10 分钟。记录信息包括当事人从事了什么活动，在哪里从事这些活动，与谁在一起从事这些活动，从事主要活动还是从事次要活动的翔实信息，活动分类为 300 余种。中国时间利用调查（CTUS）与中国家庭金融调查（CHFS）同时进行，因此，2017 年中国时间利用调查除了获得时间日志信息之外，还包括极为丰富的个人、家庭、社区信息。2017 年中国时间利用调查时间日志包含（1）谁（Who）、（2）何事（What）、（3）何地（Where）、（4）与何人（with Whom）、（5）时长（Time）以及（6）时间点（Timing）六个要素。根据本文研究目的，选出家中至少有一个 3~18 岁儿童，父母信息完整且都有时间利用信息的城镇家庭，共得到小学生 690 个，初中生 299 个，高中生 181 个。

3.2 教育梯度与收入梯度

儿童照料总时间由四部分组成，生活照料、教育照料、娱乐照料和照料相关的交通，其中，生活照料包括：穿衣、喂饭、洗澡、喂药、医疗护理、整理文具等。给孩子准备食物的时间并没有统计在生活照料中，而是以做饭的形式统计于家务劳动时间。

教育照料包括：辅导孩子作业、陪孩子学习、陪孩子阅读和其他教育相关活动。娱乐照料包括：陪孩子看电视、陪孩子玩；看孩子，例如监督小孩游戏，保证孩子处于安全状态等。照料相关的交通包括照料产生的往返交通活动和等待活动。

儿童年龄越小，父母照料时间投入越多（Zick and Bryant，1996）。母亲照料时间投入大于父亲（Bianchi，2000），在日常儿童照料上投入的时间比例高，父亲在教育和娱乐照料上投入的时间比例高（Pleck and Masciadrelli，1997）。从图 1 可以看出，不论儿童在哪个阶段，母亲的照料时间始终大于父亲，小学阶段母亲的总照料为父亲的 3 倍，初中阶段母亲的总照料为父亲的 3.7 倍，高中阶段母亲的总照料为父亲的 1.5 倍。小学阶段到高中阶段，父母的总照料时间在减少，各类照料在总照料中的占比发生变化。在小学阶段，母亲生活照料时间占比最高，父亲教育照料时间占比最高；初中阶段，母亲教育照料时间占比最高，父亲生活照料时间占比最高；高中阶段，母亲生活照料时间占比最高，父亲教育照料时间占比最高。当儿童处于不同的受教育阶段，父母在儿童照料中的职责发生了变化。随着教育阶段的变化，家庭在儿童辅导费用和学杂费上的投入增加。

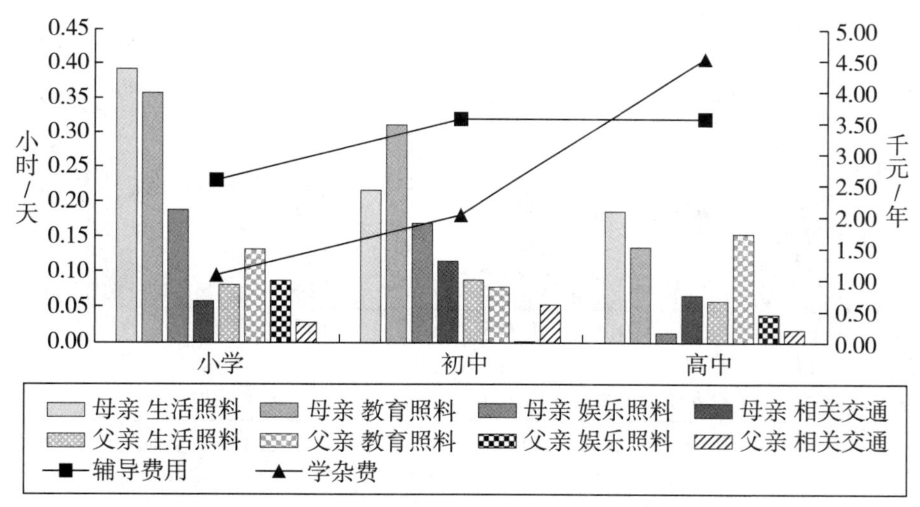

图 1　不同儿童教育阶段父母教育投入

数据来源：2017 年中国时间利用调查，下同。

Hill and Stafford（1974）发现，社会地位高的母亲在学前儿童照料上投入的时间是社会地位低的母亲的两到三倍。Guryan et al.（2008）研究发现，随着父母受教育程度的提高，父母在儿童照料上投入的时间增加，在人均 GDP 高的国家中，父母在儿童照料时间上也相对较高。

我们选择父母的受教育程度和家庭人均收入水平来区分家庭经济社会地位，父母受教育程度往往对家庭的经济社会地位起到决定作用，当受教育程度较高时，常常从事工资水平相对较高的工作。图 2 展示的是不同受教育程度父母平均儿童照料时间投入和平均费用投入。可以看出，随着母亲受教育程度的提高，对孩子生活照料时间逐渐减少，教育照料时间逐渐增加，尽管受教育程度为初中的母亲生活照料时间略有增加，受教育程度为高中的母亲教育照料时间略有减少，但整体趋不变；母亲总照料时间先上升后有小幅下降；辅导费用和学杂费投入呈上升趋势。随着父亲受教育程度的提高，生活照料和教育照料时间逐渐增加，受教育程度为大专及以上的父亲生活照料时间略有减少，但整体趋不变；父亲总照料时间上升；辅导费用投入上升，学杂费投入先下降后上升。值得注意的是，父母受教育程度在小学及以下时，父母教育照料时间、总照料时间和辅导费用投入都相对较低。高学历父母对儿童教育投入不仅体现在时间和金钱上的相对量大，同时也暗含了其教育投入质量相对较高。在中国婚姻市场中“门当户对”的传统，可能使儿童教育投入出现进一步的两极化。

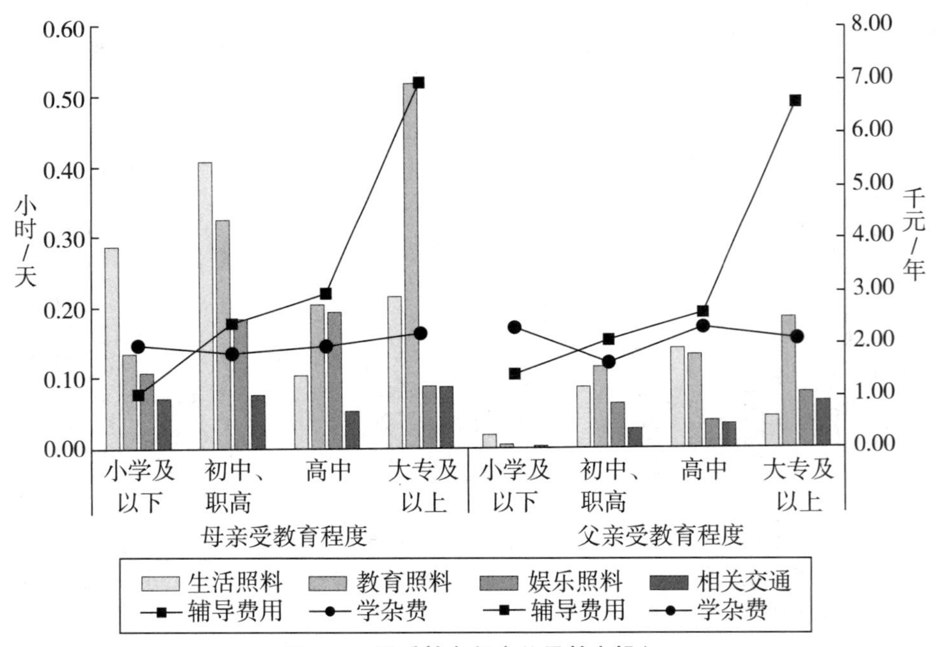

图 2　不同受教育程度父母教育投入

注：统计中儿童阶段包括小学、初中和高中，下同。

Kimmel and Connelly（2007）通过对女性时间分配的研究，发现女性的预期工资和儿童照料时间呈正相关。家庭收入也会影响父母儿童照料时间的提供。图 3 展示了不同家庭收入水平父母平均儿童照料时间投入和平均费用投入。按各省家庭人均收入最高 20%和最低 20%将家庭分为三组，家庭人均收入大于本省家庭人均收入最高 20%的为最高 20%，家庭人均收入小于本省家庭人均收入最低 20%的为最低 20%，家庭人均收入介于本省家庭人均收入最高 20%和最低 20%的为中间 60%。可以看出，家庭人均收入在中间60%的母亲生活照料时间最多，家庭人均收入在最低20%的父亲生活照料时间最多；家庭人均收入在中间60%的母亲教育照料时间最多，家庭人均收入在最高20%的父亲教育照料时间最多；家庭人均收入在中间60%的母亲生活照料时间最多，家庭人均收入在最高20%的父亲生活照料时间最多。随着家庭人均收入的增加，辅导费用投入增加，家庭人均收入在中间60%的家庭是最低20%家庭的2.5倍，家庭人均收入在最高20%的家庭是最低20%家庭的4.1倍。学杂费投入也增加，家庭人均收入在中间60%的家庭是最低20%家庭的2.0倍，家庭人均收入在最高20%的家庭是最低20%家庭的2.9倍。

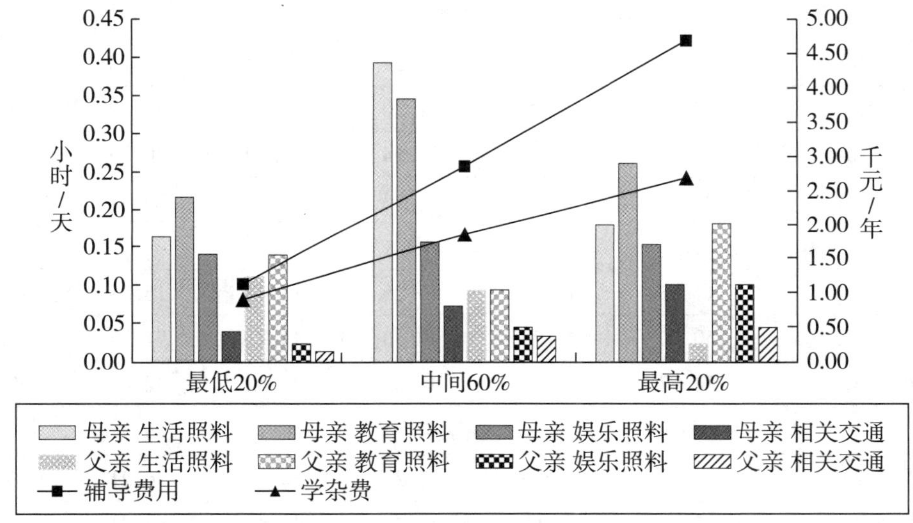

图3 不同家庭收入水平父母平均儿童照料时间投入和费用投入

注：统计中儿童阶段包括小学、初中和高中。

3.3 主要变量的描述性统计分析

表1展示的是主要变量样本描述统计，这里的照料时间是教育照料和娱乐照料的总时间，参与照料表示教育照料和娱乐照料总时间大于零，不参与照料表示教育照料和娱乐照料总时间等于零。可以看出，相比于不参与照料的母亲，参与儿童照料的母亲其子女成绩在中间20%和中高20%的比例相对较高；健康情况在中间20%和最高20%的比例要高；幸福感在中高20%的比例要高；父亲照料时间要长，辅导费用投入要高；母亲受教育程度为大专及以上的比例要高，同时父亲受教育程度也相对较高；家庭人均年收入略低。相比于不参与照料的父亲，参与儿童照料的父亲其子女成绩在中间20%的比例要高；健康情况在最低60%和最高20%的比例要高；幸福感在最低60%的比例要高；母亲照料时间要长，辅导费用投入要高；独生子女比例要高；父母受

教育程度为高中及以上的比例要高。相比于不参加辅导班的学生，参加辅导班的学生成绩在中间 20%和中高 20%的比例要高；健康情况在最高 20%的比例要高；幸福感在中高 20%和最高 20%的比例要高；父母照料时间要长；独生子女比例要高；少数民族比例要低；父母受教育程度为高中及以上的比例要高；家庭人均年收入略高；就读于重点学校比例略高，学校质量在中高 20%和最高 20%比例略高。

表 1　　主要变量的样本描述统计

	母亲照料		父亲照料		辅导班	
	不参与	参与	不参与	参与	不参加	参加
学习成绩						
最低 40%	11.16	17.50	12.39	10.28	14.80	9.24
中间 20%	32.24	28.88	31.70	31.57	30.20	33.38
中高 20%	32.17	37.04	33.14	31.29	30.59	35.70
最高 20%	24.43	16.59	22.78	26.87	24.41	21.67
健康情况						
最低 60%	14.93	18.00	15.25	17.47	15.78	15.06
中高 20%	50.70	41.52	49.66	44.21	51.74	46.26
最高 20%	34.37	40.47	35.09	38.32	32.48	38.68
幸福感						
最低 60%	33.59	33.33	33.22	36.99	36.21	30.50
中高 20%	45.92	41.88	45.49	42.83	44.71	45.88
最高 20%	20.48	24.79	21.29	20.18	19.07	23.62
母亲照料时间（小时/天）	0.000	2.792	0.412	0.970	0.302	0.642
	(0.000)	(2.159)	(1.316)	(1.650)	(1.047)	(1.623)
父亲照料时间（小时/天）	0.116	0.491	0.000	2.038	0.169	0.188
	(0.569)	(1.201)	(0.000)	(1.503)	(0.682)	(0.772)
辅导费用（千元）	2.616	5.167	2.996	3.462	0.000	6.508
	(6.230)	(10.87)	(7.222)	(7.681)	(0.000)	(9.511)
儿童特征						
性别（1=男孩）	0.535	0.523	0.533	0.531	0.537	0.529
	(0.499)	(0.501)	(0.499)	(0.502)	(0.499)	(0.500)
独生子女（1=是）	0.450	0.439	0.443	0.505	0.311	0.605
	(0.498)	(0.498)	(0.497)	(0.502)	(0.463)	(0.489)

续 表

	母亲照料		父亲照料		辅导班	
	不参与	参与	不参与	参与	不参加	参加
民族（1=少数民族）	0. 078	0. 059	0. 073	0. 100	0. 104	0. 041
	（0. 268）	（0. 236）	（0. 260）	（0. 301）	（0. 306）	（0. 200）
受教育阶段						
小学	52. 49	71. 3	54. 17	70. 40	56. 32	54. 75
初中	28. 32	22. 4	28. 30	17. 36	24. 90	30. 14
高中	19. 20	6. 3	17. 53	12. 24	18. 78	15. 11
家庭特征						
母亲受教育程度						
小学及以下	23. 10	12. 95	22. 42	10. 94	28. 55	13. 27
初中、职高	47. 31	44. 46	46. 91	46. 09	50. 80	42. 31
高中	13. 36	13. 25	13. 27	14. 05	11. 43	15. 53
大专及以上	16. 24	29. 34	17. 39	28. 91	9. 22	28. 89
父亲受教育程度						
小学及以下	12. 94	4. 43	12. 59	0. 48	14. 2	8. 49
初中、职高	50. 21	51. 38	50. 83	45. 97	57. 86	41. 89
高中	17. 25	14. 47	16. 37	21. 20	15. 39	18. 39
大专及以上	19. 60	29. 73	20. 21	32. 34	12. 55	31. 23
家庭人均年收入	3. 019	2. 681	2. 951	3. 089	2. 077	3. 976
（千元）	（5. 797）	（4. 277）	（5. 610）	（5. 219）	（2. 707）	（7. 507）
家到学校距离	2. 139	1. 938	2. 122	1. 940	2. 013	2. 212
（公里）	（2. 114）	（2. 052）	（2. 126）	（1. 862）	（2. 012）	（2. 202）
学校特征						
重点学校	0. 049	0. 040	0. 042	0. 111	0. 041	0. 055
（1=是）	（0. 216）	（0. 198）	（0. 200）	（0. 316）	（0. 199）	（0. 228）
学校质量						
最低 20%	1. 12	2. 48	1. 17	3. 19	2. 22	0. 35
次低 20%	2. 18	2. 79	2. 22	2. 87	1. 82	2. 80
中间 20%	32. 52	20. 51	32. 27	12. 43	33. 43	27. 24
中高 20%	33. 30	28. 94	33. 70	20. 90	29. 69	35. 88
最高 20%	30. 88	45. 28	30. 64	60. 62	32. 84	33. 73

续 表

	母亲照料		父亲照料		辅导班	
	不参与	参与	不参与	参与	不参加	参加
地区特征						
东部	43.50	46.15	44.96	33.20	43.65	44.27
中部	24.00	32.94	25.04	30.05	18.62	33.31
西部	32.50	20.91	30.00	36.75	37.73	22.42
样本量	971	199	1070	100	601	569

4 理论模型与方程设定

4.1 家庭生产理论

传统消费者行为理论中，家庭效用最大化方程表示为 $U = U(x_1, x_2, \cdots, x_n)$，$s.t. \sum p_i x_i = I = W + V$，其中，$x_i$ 表示家庭从市场中购买的商品数量，p_i 表示商品价格，I 为家庭收入，W 为劳动收入，V 为非劳动收入。Becker（1965）认为，消费者效用是对基本物品（Basic Commodity）的需求，任何一种基本物品的获得既需要消耗一定量的产品和服务，也需要占用一定的时间，所以基本物品是家庭通过物品和时间生产出来的。例如，观看演出既取决于演员、剧本和剧场，也取决于观看时间的投入；睡眠既取决于床和房子，也取决于时间投入。

将基本物品称为 Z_i，其生产函数表示为：

$$Z_i = f_i(x_i, T_i)$$

其中，x_i 表示产品投入，T_i 表示时间投入。则家庭效用最大化方程表示为 $U = U(Z_i, \cdots, Z_m) \equiv U(f_1, \cdots, f_m) \equiv U(x_1, \cdots, x_m; T_1, \cdots, T_m)$，该方程受到收入预算和可支配时间的双重约束。收入预算约束：

$$\sum_1^m p_i x_i = I = V + T_w \overline{w}$$

其中，T_w 表示工作时间，$\overline{w}$ 表示单位时间工资。可支配时间约束：

$$\sum_1^m T_i = T_c = T - T_w$$

Becker 的家庭生产函数中基本物品的生产不仅考虑收入约束也考虑了时间约束，基于此我们将儿童发展当作一种基本物品，它的生产不仅包括家庭的物质投入也包括家庭的时间投入。

参照 Hanushek（1986）提出的教育生产函数，教育产出表示为一般生产函数方程：

$$Y_{it} = f(F_i(t)\ ,\ P_i(t)\ ,\ S_i(t)\ ,\ A_i) + v_{it}$$

Y_{it} 表示学生的发展水平，分别用学业成绩、健康状况和幸福感表示，$F_i(t)$ 表示家庭投入，包括时间和金钱投入，$P_i(t)$ 表示同伴效应的影响，$S_i(t)$ 表示学校投入，包括教育资源，师资情况，A_i 表示学生能力，v_{it} 为误差项。

4.2 实证模型

结合本文研究问题得出如下方程：

$$ACH = \alpha_0 + \alpha_1 CARETIME_m + \alpha_2 CARETIME_f + \alpha_3 MONEY + \beta' X' + \varepsilon$$

其中，ACH 是被解释变量，分别表示儿童学习成绩、健康状况和幸福感，$CARETIME_m$ 是连续变量，表示母亲照料儿童时间，主要是母亲教育照料和娱乐照料的总时间，$CARETIME_f$ 是连续变量，表示父亲照料儿童时间，主要是父亲教育照料和娱乐照料的总时间，$MONEY$ 表示一年的辅导费用，X' 是向量，表示控制变量，其中包括儿童特征变量：儿童的性别、是否为独生子女，民族，就读教育阶段；家庭特征：父亲、母亲受教育程度，家庭人均年收入，家到学校的距离；学校特征：是否为重点学校，学校质量；地区特征：东中西部地区，ε 为误差项。α_0，α_1，α_2，α_3，β' 分别为待估系数。辅导费和家庭人均年收入用以自然对数形式表示。

《2017 年中国时间利用调查》问卷中对学生的学习成绩进行了询问，“您总的学习成绩在本班处于?”（简称自评成绩）。自评成绩的取值为 1～4，其中 1 表示最低 40%，2 表示中间 20%，3 表示中上 20%，4 表示最高 20%。自评健康在本文中分为三组，最差，中等和最高，主观幸福感分类亦相同。被解释变量自评成绩为排序数据，不适用于 OLS 估计，采用已有文献中广泛使用 Oprobit 模型进行估计。

5 实证结果

5.1 基准回归

物质投入和时间投入对儿童学习成绩、身体健康和主观幸福感影响的实证结果分别见表 2、表 3 和表 4。

表 2 展示的是父亲、母亲照料时间及其辅导费投入对儿童成绩的影响。第（1）列至（3）列分别是母亲照料时间、父亲照料时间和辅导费用对儿童成绩的影响，可以看出，三者对儿童成绩都是负向影响，且母亲照料时间和辅导费用是显著为负。第（4）列是同时控制父母照料时间，可以看出，母亲是显著负向影响，父亲是负向影响且不显著。第（5）列是同时控制父母照料时间和辅导费用，母亲仍然是显著负向影响，父

亲和辅导费用是负向影响且不显著。从其他控制变量可以看出，随着父母受教育程度增加，儿童学习成绩显著增加，高中学历母亲、大专及以上学历父亲的子女学习成绩显著提高最多；家庭收入对儿童学习成绩有显著正向影响；学校质量对儿童成绩有正向显著影响。

表 2　家庭投入对儿童成绩的影响

	(1)	(2)	(3)	(4)	(5)
母亲照料时间	−0.071***			−0.069***	−0.064***
	(0.024)			(0.024)	(0.025)
父亲照料时间		−0.037		−0.017	−0.018
		(0.044)		(0.045)	(0.045)
取对数（辅导费用）			−0.017*		−0.014
			(0.009)		(0.009)
儿童特征					
性别（1=男孩）	−0.061	−0.058	−0.066	−0.060	−0.065
	(0.064)	(0.064)	(0.064)	(0.064)	(0.064)
独生子女（1=是）	−0.022	−0.007	0.019	−0.022	0.001
	(0.071)	(0.071)	(0.072)	(0.071)	(0.072)
民族（1=少数民族）	0.003	−0.003	−0.011	0.002	−0.006
	(0.127)	(0.127)	(0.127)	(0.127)	(0.127)
就读阶段（小学为基准组）					
初中	−0.133*	−0.135*	−0.124	−0.136*	−0.131*
	(0.076)	(0.076)	(0.076)	(0.076)	(0.077)
高中	−0.173*	−0.151*	−0.159*	−0.173*	−0.178**
	(0.091)	(0.090)	(0.090)	(0.091)	(0.091)
家庭特征					
母亲受教育程度（小学及以下为基准组）					
初中、职高	0.184**	0.176*	0.188**	0.183**	0.193**
	(0.091)	(0.091)	(0.091)	(0.091)	(0.091)
高中	0.351***	0.345***	0.372***	0.351***	0.376***
	(0.120)	(0.120)	(0.121)	(0.120)	(0.121)
大专及以上	0.309**	0.289**	0.333**	0.308**	0.342**
	(0.131)	(0.131)	(0.133)	(0.131)	(0.133)

续 表

	(1)	(2)	(3)	(4)	(5)
父亲受教育程度（小学及以下为基准组）					
初中、职高	0.028	0.016	-0.002	0.031	0.021
	(0.112)	(0.112)	(0.112)	(0.113)	(0.113)
高中	0.120	0.119	0.109	0.122	0.119
	(0.131)	(0.131)	(0.131)	(0.131)	(0.131)
大专及以上	0.380***	0.369**	0.356**	0.384***	0.382***
	(0.147)	(0.147)	(0.146)	(0.147)	(0.147)
取对数（家庭人均年收入）	0.041**	0.041**	0.046**	0.041**	0.045**
	(0.020)	(0.020)	(0.020)	(0.020)	(0.020)
家到学校的距离（公里）	-0.055***	-0.053***	-0.051***	-0.055***	-0.054***
	(0.015)	(0.015)	(0.015)	(0.015)	(0.015)
学校特征					
重点学校（1=是）	0.226	0.245	0.245	0.228	0.232
	(0.154)	(0.154)	(0.154)	(0.154)	(0.155)
学校质量（最低20%为基准组）					
次低20%	0.458	0.482	0.556	0.452	0.502
	(0.359)	(0.358)	(0.359)	(0.360)	(0.361)
中间20%	0.679**	0.724**	0.787***	0.670**	0.710**
	(0.294)	(0.293)	(0.293)	(0.295)	(0.296)
次高20%	0.953***	0.990***	1.057***	0.944***	0.986***
	(0.294)	(0.293)	(0.293)	(0.295)	(0.296)
最高20%	1.001***	1.035***	1.093***	0.994***	1.034***
	(0.294)	(0.292)	(0.293)	(0.294)	(0.295)
地区特征					
东部地区为基准组					
中部	0.218***	0.209***	0.217***	0.220***	0.230***
	(0.081)	(0.081)	(0.081)	(0.081)	(0.081)
西部	-0.090	-0.067	-0.083	-0.088	-0.095
	(0.078)	(0.078)	(0.078)	(0.078)	(0.079)
样本量	1170	1170	1170	1170	1170

注：括号中给出的是标准差。***、** 和 * 分别表示在1%、5%和10%的显著性水平上显著，下同。

表3展示的是父亲、母亲照料时间及其辅导费投入对儿童健康的影响。第（1）至（3）列分别是母亲照料时间、父亲照料时间和辅导费用对儿童健康的影响，可以看出，母亲照料时间对儿童健康有正向影响，但不显著，父亲照料时间和辅导费用投入对儿童健康都是负向影响，且不显著。第（4）列是同时控制父母照料时间，可以看出，母亲是正向影响，父亲是负向影响且都不显著。第（5）列是同时控制父母照料时间和辅导费用，母亲仍然是正向影响，父亲和辅导费用是负向影响，且不显著。

表3　家庭投入对儿童健康的影响

	（1）	（2）	（3）	（4）	（5）
母亲照料时间	0.011			0.015	0.019
	（0.025）			（0.026）	（0.026）
父亲照料时间		-0.049		-0.054	-0.054
		（0.047）		（0.048）	（0.048）
取对数（辅导费用）			-0.009		-0.010
			（0.009）		（0.009）
控制变量	是	是	是	是	是
样本量	1170	1170	1170	1170	1170

注：回归控制了儿童特征、家庭特征、学校特征和地区特征，下同。

表4展示的是父亲、母亲照料时间及其辅导费投入对儿童幸福感的影响。第（1）至（3）列分别是母亲照料时间、父亲照料时间和辅导费用对儿童幸福感的影响，可以看出，父母照料时间和辅导费用投入对儿童幸福感有正向影响，但都不显著。第（4）列是同时控制父母照料时间，可以看出，父亲、母亲照料时间是正向影响且都不显著。第（5）列是同时控制父母照料时间和辅导费用，三者都是正向影响，但都不显著。

表4　家庭投入对儿童幸福感的影响

	（1）	（2）	（3）	（4）	（5）
母亲照料时间	0.019			0.018	0.014
	（0.025）			（0.025）	（0.026）
父亲照料时间		0.020		0.015	0.016
		（0.047）		（0.047）	（0.047）
取对数（辅导费用）			0.009		0.009
			（0.009）		（0.009）
控制变量	是	是	是	是	是
样本量	1170	1170	1170	1170	1170

5.2 内生性问题与工具变量

父母照料时间及辅导费用投入对儿童成绩、健康和幸福感影响的识别存在内生性问题。内生性主要来自两个方面：一是遗漏变量问题，父亲、母亲照料时间投入与儿童成绩都会受到一些不可观测因素影响，如儿童的天赋，父母的期望，课业难度，教师质量等。二是儿童成绩和父亲、母亲照料时间投入及其辅导费用投入可能互为因果。例如，父亲、母亲辅导儿童学习可能会使儿童的成绩有所提高，这是我们关心的因果关系。另外，当儿童成绩不好时，父母会在孩子学习上花更多的时间和金钱。也有一种情况，当儿童成绩很好时，父母还是会花更多的时间和金钱在辅导孩子上。这意味着父母照料时间投入和金钱投入是一种自我选择行为，导致我们无法正确推断出父母照料时间投入对儿童成绩的影响。

为解决内生性问题，本文使用 Oprobit 模型引入工具变量。有研究使用儿童的出生顺序作为工具变量（Kang，2007）分析辅导费用对儿童学习成绩的影响，但儿童的出生顺序并不适合本文作为工具变量，这是由于父母对第一个孩子或是最小的孩子的偏爱，可能会使其增加对这个孩子的教育时间和金钱投入，内生性问题并不能够很好解决。

本文使用县级层面“双基”任务完成后父亲、母亲接受义务教育的年限，省级层面中小学生“减负”政策开始后儿童接受教育的年限和县级地区课外培训机构数量作为内生变量 $CARETIME_m$，$CARETIME_f$ 和 $MONEY$ 工具变量①。“双基”（基本普及九年义务教育和基本扫除青壮年文盲）是中国教育事业的一个特殊时期，起源于 1986 年颁布的《中华人民共和国义务教育法》，先后在不同区县分期分批推进完成；2001 年 1 月 1 日“双基”基本完成；2011 年 11 月，“双基”任务全面完成。由于教育公共政策的影响，父母受教育年限会发生变化，获得更高的教育水平，或是对教育重要性有了更清楚的认识，会更加重视子女教育。“减负令”是另外一项影响家庭教育投入的公共政策，为了让学生德智体美劳全面发展，减轻学生课业负担，教育部 1955 年 7 月就发出了第一个减负令，即《关于减轻中小学生过重负担的指示》。总体上，2000 年以前国家层面的“减负令”主要瞄准课堂内学业负担。2000 年 1 月发布的《关于在小学减轻学生过重负担的紧急通知》首次提出小学生学业评价取消百分制，同时要求在已经普及九年义务教育地区落实小学免试升初中的规定；2004 年 6 月教育部出台的“五坚持五不准”再次明确义务教育阶段公办学校一律实行免试就近入学，不准按照考试成绩排队。可见，2000 年以后的“减负令”开始探索从制度设计上解决减负问题。减负政策的实施一方面减少了学生来自学校的课业压力，但应试教育模式使学生压力由校内

① 数据来自作者对教育部网站信息进行整理。

转移到了家庭和校外培训上。两项政策的执行并不直接影响学生的成绩，但会影响父母的照料时间和辅导费用投入，进而对学生的成绩产生影响。随着课外补习现象的普遍，各类辅导机构层出不穷，辅导机构乱象频生，2018 年教育部上线全国中小学生校外培训机构服务平台，加强对中小学生校外培训机构日常管理。通过该平台可以获得县级地区中小学生校外培训机构数量，当一个地区的培训机构数量越多，学生课外辅导的可及性就越大，参加课外辅导越容易，辅导费用投入越多，进而对学生的成绩产生影响。

本文通过 IV-OProbit 模型的两步估计法进行估计。采用 Heckman（1978）两步参数估计，第一阶段，内生变量 $CARETIME_m$，$CARETIME_f$ 和 $MONEY$ 对工具变量和外生解释变量做 OLS 回归，得到潜变量 $CARETIME_m^*$、$CARETIME_f^*$ 和 $MONEY^*$ 的拟合值。第二阶段，将 y_i^* 对潜变量的拟合值、外生解释变量和残差作 Oprobit 回归。

表 5 展示的是父亲、母亲照料时间及其辅导费用投入的影响因素，即一阶段回归结果。可以发现，“普九”政策完成后母亲接受义务教育年限增加，减少母亲照料时间，而父亲接受义务教育年限增加，增加母亲照料时间，同样，“普九”政策完成后父亲接受义务教育年限增加，减少父亲照料时间，而母亲接受义务教育年限增加，增加父亲照料时间。“减负”政策开始后儿童教育年限增加对父母照料时间和辅导费用投入都有显著正向影响。中小学生校外培训机构数量增加，显著增加辅导费用投入。

表 5　　家庭投入的影响因素（一阶段）

变量	母亲照料时间	父亲照料时间	辅导费用
“普九”后母亲义务教育年限	-0.023*	0.022***	-0.043
	(0.013)	(0.007)	(0.036)
“普九”后父亲义务教育年限	0.026**	-0.019***	-0.028
	(0.012)	(0.007)	(0.034)
“减负”后儿童教育年限	0.024***	0.009**	0.050**
	(0.008)	(0.004)	(0.020)
取对数（机构数量）	0.037	-0.005	0.424***
	(0.029)	(0.016)	(0.080)
控制变量	是	是	是
R^2	0.069	0.063	0.242
样本量	1170	1170	1170

5.3　工具变量估计结果

表 6 展示了父母教育投入对儿童成绩影响的二阶段结果及边际效应，从 IV-Oprobit

回归结果可以看出，通过使用工具变量法，母亲照料时间对儿童成绩有显著正向影响，父亲照料时间对儿童成绩有负向影响，但不显著，辅导费用投入对儿童成绩有显著负向影响。由于 Oprobit 模型的参数含义并不是影响结果，仅能用过显著性和参数符号得到有限信息，我们进一步计算出各个解释变量对学习成绩的边际效应。表 6 解释变量的边际效应所示，当其他条件不变时，母亲照料时间每天增加 1 小时，儿童成绩在最低 40%的概率减少 8.6%，在中间 20%的概率减少 8.2%，在次高 20%的概率增加 3.8%，在最高 20%的概率增加 13%。辅导费用每增加 1%，儿童成绩在最低 40%的概率增加 2.8%，在中间 20%的概率增加 2.6%，在次高 20%的概率减少 1.2%，在最高 20%的概率减少 4.2%。可以看出，母亲照料时间对儿童成绩的影响要大于辅导费用投入的影响，且母亲照料时间对儿童成绩的影响是正向。

表 6　　家庭投入对儿童成绩的影响（二阶段）及边际效应

变量	*IV*	边际效应			
		最低 40%	中间 20%	次高 20%	最高 20%
母亲照料时间	0.459**	−0.086*	−0.082**	0.038**	0.130**
	(0.224)	(0.044)	(0.037)	(0.019)	(0.064)
父亲照料时间	−0.143	0.027	0.026	−0.012	−0.041
	(0.393)	(0.073)	(0.071)	(0.033)	(0.111)
取对数（辅导费用）	−0.147***	0.028***	0.026***	−0.012***	−0.042***
	(0.048)	(0.010)	(0.008)	(0.004)	(0.014)
控制变量	是	是	是	是	是
样本量	1170	1170	1170	1170	1170

表 7 展示的是父母教育投入对儿童健康影响的二阶段结果及边际效应，母亲照料时间对儿童健康有显著正向影响，父亲照料时间对儿童健康有负向影响，但不显著，辅导费用投入对儿童健康有正向影响，且不显著。如表 8 解释变量的边际效应所示，当其他条件不变时，母亲照料时间每天增加 1 小时，儿童健康在最低 60%的概率减少 13.3%，在次高 20%的概率减少 7.6%，在最高 20%的概率增加 20.9%。

表 7　　家庭投入对儿童健康的影响（二阶段）及边际效应

变量	*IV*	边际效应		
		最低 60%	次高 20%	最高 20%
母亲照料时间	0.614**	−0.133**	−0.076**	0.209***
	(0.239)	(0.052)	(0.030)	(0.081)

续　表

变量	IV	边际效应		
		最低 60%	次高 20%	最高 20%
父亲照料时间	-0.003	0.001	0.000	-0.001
	(0.418)	(0.091)	(0.052)	(0.143)
取对数（辅导费用）	0.079	-0.017	-0.010	0.027
	(0.051)	(0.011)	(0.006)	(0.017)
控制变量	是	是	是	是
样本量	1170	1170	1170	1170

表 8 展示的是父母教育投入对儿童健康影响的二阶段结果及边际效应，母亲照料时间、父亲照料时间对儿童幸福感有显著正向影响，辅导费用投入对儿童健康有负向影响，且不显著。如表 11 解释变量的边际效应所示，当其他条件不变时，母亲照料时间每天增加 1 小时，儿童幸福感在最低 60%的概率减少 27.5%，在次高 20%的概率增加 5.6%，在最高 20%的概率增加 21.9%；父亲照料时间每天增加 1 小时，儿童幸福感在最低 60%的概率减少 44.0%，在次高 20%的概率增加 8.9%，在最高 20%的概率增加 35%。可以看出，父亲、母亲的照料时间对儿童幸福感都有显著正向影响，并且父亲的影响明显大于母亲。

表 8　　父亲母教育投入对儿童幸福感的影响（二阶段）及边际效应

变量	IV	边际效应		
		最低 60%	次高 20%	最高 20%
母亲照料时间	0.790***	-0.275***	0.056***	0.219***
	(0.234)	(0.082)	(0.019)	(0.064)
父亲照料时间	1.264***	-0.440***	0.089***	0.350***
	(0.417)	(0.145)	(0.033)	(0.115)
取对数（辅导费用）	-0.076	0.026	-0.005	-0.021
	(0.050)	(0.017)	(0.004)	(0.014)
控制变量	是	是	是	是
样本量	1170	1170	1170	1170

6　结论与政策建议

本文利用中国时间利用调查数据（CTUS）和中国家庭金融调查（CHFS），研究家庭物质投入和时间投入对儿童发展的影响（儿童发展分别用学习成绩、身体健康状况和主观幸福感来表示）。因为家庭决策变量，例如父母儿童看护时间投入、辅导班费用等具有内生性，本文采用县级层面“双基”（基本普及九年义务教育和基本扫除青壮年文盲）政策执行时间和省级层面中小学生“减负”政策，以及县级地区课外培训机构数量作为工具变量开展研究，研究得出以下结论。

第一，我国儿童教育存在着教育梯度和收入梯度。时间投入和物质投入在实际中没有出现替代，在不同受教育水平和收入人群中出现教育梯度和收入梯度。当父母受教育水平高时，子女不仅能够得到较高的金钱投入，还能够得到较高的时间投入，同时教育和娱乐照料质量也更高，从而对儿童学习成绩有更大的促进作用。对于那些受教育水平较低的父母，一方面，为儿童提供的金钱投入相对较少，时间投入也相对较低，受限于自身教育水平没有能力为儿童进行学习辅导，当儿童成绩较低时，仅能通过陪孩子学习来对孩子的学习起到监督作用。另一方面，对于低收入家庭而言，其家庭教育时间投入低于中等收入家庭，家庭教育辅导费用投入低于高等收入家庭，低收入家庭对于学校教育的依赖性更强。

第二，金钱投入不能代替时间，无论对于学习成绩、身体健康，还是幸福感，父母陪伴尤其重要。母亲照料时间对儿童成绩有显著正向影响，父亲照料时间对儿童成绩有负向影响，但不显著，辅导费用投入对儿童成绩有显著负向影响。母亲照料时间对儿童健康有显著正向影响，母亲照料时间每天增加 1 小时，儿童健康在最低 60%的概率减少 13. 3%，在次高 20%的概率减少 7. 6%，在最高 20%的概率增加 20. 9%。考察家庭教育投入对儿童幸福感的影响，母亲照料时间和父亲照料时间对儿童幸福感有显著正向影响。

第三，父母陪护对儿童发展起着不同作用。母亲照料时间增加会提高儿童学习成绩、身体健康水平，提高儿童主观幸福感；父亲看护对儿童学习成绩和健康水平影响不显著，但会大幅度提高儿童主观幸福感。

第四，“减负”政策催生了课外辅导班。伴随着学校“减负”政策的实施，学龄儿童的一部分教育任务从学校转移到了家庭，对于低学历、低收入家庭的儿童，转移到家庭部分的教育任务很难得到保证，从而使教育投入差距进一步拉大。

综合分析以上结论，政策含义如下：

第一，父母陪伴很重要，物质投入代替不了父母看护。除了从学校层面实现教育公平，应当从家庭层面更深入的实现教育公平，以父母受教育程度较低、家庭收入相对较低的家庭为目标，通过学校对家长进行科学和合理的引导，从而提高这类家庭教育时间投入质量，改善家庭教育环境。这一结论对我国流动人口政策导向也很重要，鼓励以家庭为单位的劳动力流动。

第二，父母教育角色定位。在儿童的成长过程中，父亲和母亲的责任同等重要，父母在儿童不同的阶段扮演着不同角色，各自发挥着不同作用。在儿童的成长过程中，父亲不应只是一个称谓角色，为儿童发展提供物质保障，而是要更加注重时间投入，保障儿童全面发展。

第三，教育扶贫阻断贫困的代际传递。对于低收入和低教育水平家庭通过教育扶贫，减轻教育的教育梯度和收入梯度。

第四，贯彻教育部减负，谨防一刀切。防止出现学生负担从学校转移到家庭和社会，从而导致儿童教育新的不公平。

参考资料

[1] 德普克·M，齐利博蒂·F，爱、金钱和孩子：育儿经济学［M］，2019，格致出版社，上海人民出版社。

[2] 贾男、刘国顺，2017：《义务教育均衡化能否有效降低家庭校外教育支出》，《北京大学教育评论》第1期。

[3] 李波，2018：《父母参与对子女发展的影响——基于学业成绩和非认知能力的视角》，《教育与经济》第3期。

[4] 李佳丽、薛海平，2019：《父母参与、课外补习和中学生学业成绩》，《教育发展研究》第2期。

[5] 刘保中、张月云、李建新，2015：《家庭社会经济地位与青少年教育期望：父母参与的中介作用》，《北京大学教育评论》第3期。

[6] 刘天元，2019：《‘孟母三迁’真的有必要吗？——社区环境对孩子学业成就的影响分析》，《北京社会科学》第1期。

[7] 乔娜、张景焕、刘桂荣、林崇德，2013：《家庭社会经济地位、父母参与对初中生学业成绩的影响：教师支持的调节作用》，《心理发展与教育》第5期。

[8] 薛海平、丁小浩，2009：《中国城镇学生教育补习研究》，《北大教育经济研究》第6（1）期。

[9] 张皓辰、秦雪征，2019：《父母的教养方式对青少年人力资本形成的影响》，《财经研究》第45（2）期。

[10] Aldous, J., & Mulligan, G. M., 2002, "Fathers' Child Care and Children's Behavior Problems: A Longitudinal Study", *Journal of Family Issues*, 23, 624-647.

[11] Becker, G. S., 1965, "A Theory of The Allocation of Time", *The Economic Journal*, 75 (299), 493-517.

[12] Bryant, W. K., 1992, "Human Capital, Time Use, and Other Family Behavior",

Journal of Family and Economic Issues, 13, 395-405.

[13] Bianchi, S. M., 2000, "Maternal Employment and Time with Children: Dramatic Change or Surprising Continuity?", *Demography*, 37 (4), 401-414.

[14] Bray, M., & Kwok, P., 2003, "Demand for Private Supplementary Tutoring: Conceptual Considerations, and Socio-economic Patterns in Hong Kong", *Economics of Education Review*, 22 (6), 611-620.

[15] Carlson, M. J., 2006, "Family Structure, Father Involvement, and Adolescent Behavior Outcomes", *Journal of Marriage and the Family*, 68 (1), 137-154.

[16] Dang, H. A., 2007, "The Determinants and Impact of Private Tutoring Classes in Vietnam", *Economics of Education Review*, 26 (6), 683-698.

[17] Dizon-Ross, R., 2018, "Parents' Beliefs about Their Children's Academic Abilities: Implications for Educational Investments", *NBER Working Papers*.

[18] Fomby, P., & Musick, K., 2017, "Mothers' Time, the Parenting Package, and Links to Healthy Child Development", *Journal of Marriage and Family*, 80, (1), 166-181.

[19] Green, C. L., Walker, J. M. T., Hoover-Dempsey, K. V., & Sandler, H. M., 2007, "Parents' Motivations for Involvement in Children's Education: An Empirical Test of a Theoretical Model of Parental Involvement", *Journal of Educational Psychology*, 99 (3), 532-544.

[20] Guryan, J., & Kearney, H. M., 2008, "Parental Education and Parental Time with Children", *Journal of Economic Perspectives*, 22 (3), 23-46.

[21] Gryczkowski, M. R., Jordan, S. S., & Mercer, S. H., 2010, "Differential Relations between Mothers' and Fathers' Parenting Practices and Child Externalizing Behavior", *Journal of Child and Family Studies*, 19 (5), 539-546.

[22] Heckman, J. J., 1978, "Dummy Endogenous Variables in a Simultaneous Equation System", *Econometrica*, 46 (4), 931-959.

[23] Heckman J. J., 2006, "Skill Formation and the Economics of Investing in Disadvantaged Children", *Science*, 312 (5782), 1900-1902.

[24] Hill, C. R., & Stafford F. P., 1974, "Allocation of Time to Preschool Children and Educational Opportunity", *Journal of Human Resources*, 9 (3), 323-341.

[25] Hill, N. E., & Craft, S. A., 2003, "Parent-school Involvement and School Performance: Mediated Pathways Among Socioeconomically Comparable African American and Euro-American families", *Journal of Educational Psychology*, 95 (1), 74-83.

[26] Hsin, A. & Felfe, C., 2014, "When does time matter? Maternal employment, children's

time with parents, and child development", *Demography*, 51 (5), 1867-1894.

[27] Kang, C., 2007, "Does Money Matter? The Effect of Private Educational Expenditures on Academic Performance", Departmental working papers.

[28] Kim, S., & Lee, J.-H., 2010, "Private Tutoring and Demand for Education in South Korea", *Economic Development and Cultural Change*, 58, 259-296.

[29] Kimmel, J., & Connelly, R., 2007, "Mothers' Time Choices: Caregiving, Leisure, Home Production, and Paid Work", *Journal of Human Resources*, 42 (3), 643-61.

[30] Kalil, A., Ziol-Guest, K. M., Ryan, R. M., & Markowitz, A. J., 2016, "Changes in Income-based Gaps in Parent Activities with Young Children from 1988 to 2012", *AERA Open*, 2, 1-17.

[31] Love, J. M., Schochet, P. Z. & Meckstroth, A. L., 1996, "Are They in Any Real Danger? What Research Does and Doesn't Tell Us about Child Care Quality and Children's Well-Being", *Mathematica Policy Research*, Inc.

[32] Monna, B., & Gauthier, A. H., 2008, "A Review of the Literature on the Social and Economic Determinants of Parental Time", *Journal of Family and Economic Issues*, 29, 634-653.

[33] Niklas, F., & Schneider, W., 2017, "Home Learning Environment and Development of Child Competencies from Kindergarten Until the End of Elementary School", *Contemporary Educational Psychology*, 49, 263-274.

[34] Pleck, J. H., & Masciadrelli, B. P., 1997, "Paternal Involvement: Levels, Sources, and Consequences", In The Role of the Father in Child Development, 3rd edition, ed. Michael E. Lamb, 66-103.

[35] Scott R. 2016, "From Quantity to Quality: An Empirical Analysis of Delivering a Home-based Nutrition and Parenting Intervention", Inner Mongolia University.

[36] Spellman, G., Field, K., & Sinclair, J., 2002, "Examining Home Learning Environments", *Planet*, 5 (1), 23-25.

[37] Wang, M. T., & Sheikh-Khalil, S., 2014, "Dose Parental Involvement matter for student achievement and Mental Health in High School", *Child Development*, 85 (2): 610-625.

[38] You, W., & Davis, G. C., 2011, "Childhood Overweight: Does Quality of Parental Childcare Time Matter?", *Journal of Family and Economic Issues*, 32 (2), 219-232.

[39] Zick, C. D., & Bryant, W. K., 1996, "A New Look at Parents' Time Spent in Child Care: Primary and Secondary Time Use", *Social Science Research*, 25 (3), 260-280.

[40] Zick, C. D. , Bryant, W. K. , & Österbacka, E. , 2001, "Mothers' Employment, Parental Involvement, and the Implications for Intermediate Child Outcomes", *Social Science Research*, 30, 25-49.

[41] Zhao, G. C. , 2015, "Can money 'buy' schooling achievement? Evidence from 19 Chinese cities", *China Economic Review*, 35, 83-104.

第四篇　公共政策与儿童发展

幼儿园和儿童认知与非认知发展：来自中国学前教育普及项目的证据

中国人民大学劳动人事学院　赵丽秋

摘　要：本文旨在研究幼儿园入学对中国儿童认知能力和非认知能力发展的影响。我们利用中国学前教育普及项目所导致的幼儿园数量的急剧增加，使用双重差分策略识别幼儿园入学对儿童认知能力和非认知能力的影响。特别地，我们将不同地区幼儿园扩张速度的差异与由项目实施时间引起的组群间受项目影响时间的差异结合在一起。利用中国家庭追踪调查（CFPS）数据，我们发现幼儿园数量的增加可以显著提高儿童幼儿园入学率。同时，幼儿园数量的增加可以提高儿童的认知能力。具体而言，幼儿园数量增加显著提高儿童的数列测试成绩，但是对字词记忆成绩没有显著影响。另外，幼儿园数量的增加对儿童的非认知能力没有显著影响。我们进一步发现，学前教育普及项目对处于弱势的儿童，即来自农村的儿童及来自社会经济状况较低家庭的儿童，影响更大。

关键词：学前教育　认知能力　非认知能力　学前教育普及项目

Abstract: We examine the effect of preschool education on children's cognitive and non-cognitive development. We exploit a rapid expansion in the supply of kindergartens and combine differences across regions in the number of kindergartens constructed with differences across cohorts induced by the timing of the program. The difference-in-differences estimates suggests that an expansion in the supply of kindergartens significantly increases enrollment rates of kindergarten. Importantly, an increase in kindergartens raises children's cognitive scores. More specifically, an increase in kindergartens raises children's math test scores, but has insignificant impacts on Chinese test scores. Additionally, an increase in kindergartens has no significant effects on children's non-cognitive skills. We further show that the preschool impact on cognitive skills is stronger for disadvantaged children, i. e. , rural children and children with less educated parents, suggesting that promoting cognitive development among disadvantaged children from early on is expected to provide a better base for learning in later stages of life and, as such, to help break the intergenerational transmission of poverty.

Keywords: preschool education; cognitive skill; non-cognitive skill; Preschool education universalization project

1 引言

大量研究表明，儿童 3~6 岁学前时期是语言、肢体、形象和逻辑思维发育的高峰期，也是情感、性格形成的关键时期。在幼年时期对儿童进行培养，可以使其形成良好的自控力、性格、健康习惯以及认知能力，从而使他们在成年后获益良多。各种干预研究进一步表明，如果在儿童早期进行干预，可以缩小来自不同社会经济群体的儿童的能力差距（Duncan and Magnuson, 2013）。然而，我国目前学前教育的公共资源投入严重不足，根据《2017 中国教育经费统计年鉴》数据，2016 年学前教育经费支出占总教育经费支出的 7.2%，公办幼儿园数量仅占幼儿园总数的 40%左右。学前教育是我国目前整个教育体系中最薄弱的环节，学前教育的不平等程度远远高于义务教育的不平等程度。根据《2015 中国农村贫困监测报告》，2014 年，贫困地区农村 7~15 岁儿童中，在校就读的比重约为 97.5%，而 3~6 岁儿童在幼儿园的比重仅为 72.5%。约有 30%的贫困农村儿童未享有学前教育。同时，来自低收入家庭的儿童的幼儿园入学率相对更低。如图 1 所示，来自收入高于上四分位数家庭的儿童的幼儿园入学率高达 94%左右，而来自收入低于下四分位数家庭的儿童的幼儿园入学率仅为 48%左右。

如果 3~6 岁的学前教育对儿童人力资本发展至关重要，那么政府应该建立学前教育基本免费制度，普及学前教育。然而，国内没有研究用现代计量经济学方法分析学前教育对儿童人力资本发展的因果影响。本研究利用中国第一个学前教育普及项目这一准实验来估计学前教育对儿童认知和非认知能力的短期影响。本研究的结果可以为政府是否将三年学前教育纳入义务教育范畴提供实证依据。

此外，大部分关于学前教育影响的研究都是基于发达国家的证据。本论文是少数几个在发展中国家的背景下关注学前教育影响的研究。本研究结果可以为其他发展中国家普及学前教育提供更相关的证据。

本研究利用不同地区幼儿园扩张速度的差异与由项目实施时间引起的群组（cohort）间受项目影响时间的差异，基于双重差分策略来识别幼儿园入学对儿童认知与非认知能力的影响。利用 2016 年家庭追踪调查数据，我们首先发现幼儿园数量的增加可以显著提高儿童幼儿园入学率。同时，幼儿园数量的增加可以提高儿童的认知能力。

具体而言，幼儿园数量增加显著提高儿童的数列逻辑成绩，但是对字词记忆成绩没有显著影响。另外，幼儿园数量的增加不会显著影响儿童的非认知能力。我们进一步发现，学前教育普及项目对处于弱势的儿童，即来自农村的儿童及来自社会经济状况较低家庭的儿童，影响更大。本研究的结果意味着，学前教育普及项目可以缩小来自不同家庭背景的儿童的差距。

本文其余部分的结构安排如下：第二节回顾相关文献；第三节介绍中国的学前教育及中国学前教育普及项目；第四节介绍数据和变量；第五节给出实证策略和计量模型；第六节报告实证结果；第七节为结论性评述。

2 相关文献

在技能形成（Skill Formation）模型中，人的技能形成是一个不断动态发展的过程（Cunha et al.，2006；Cunha and Heckman，2007，2010）。人的技能形成过程包含了多个阶段。人于早期发育的特定阶段在学习某些特定技能上更有效率，这些时期被称为获得这些技能的“敏感期”（Sensitive Period）。每一阶段的技能和投入生产下一阶段的技能。技能生产技术具有两个关键特征，一是技能的自我生产（Self-Productivity），即一个阶段形成的技能加强后期阶段获得的技能；二是技能的互补性（Complementarity），即生命周期中一个阶段形成的技能能提高后续阶段投资的生产率。因此，人力资本投资的回报率随儿童年龄的增加不断递减，儿童早期教育的投资回报最高（Cunha et al.，2006；Heckman，2006）。

相比较于传统转移支付方式的“再分配（Redistribution）”，投资儿童早期的人力资本发展是一种“预分配（Pre-distribution）”，更能兼顾效率与公平（Heckman and Masterov，2007）。在儿童早期教育上缩小差距可以使贫困家庭的儿童在以后的能力形成过程中摆脱弱势，这对于缩小成年后的社会差距至关重要。如果社会能尽早地针对贫困家庭的儿童进行能力培养，持续投入并支持家庭教育，将极大程度地提升个人能力，从根本上消除贫富分化问题。Heckman and Carnerio（2003）认为，为了消除贫困和不平等，对儿童早期发展进行干预的效果要比后期干预好得多。世界银行 2006 年发展报告（World Bank，2006）指出，早期儿童教育投资具有很高的回报率，大约每投资 1 美元，回报 2~5 美元。

英美等发达国家高度重视儿童的早期发展。美国自 20 世纪 60 年代以来实施了一系列儿童早期干预项目，并取得巨大的经济效益和社会效益。主要的早期儿童干预项目包括佩里学前教育研究计划（Perry Preschool Program，PPP）和开端计划（Head Start）。更详细的关于美国儿童早期干预项目影响的综述见 Duncan and Magnuson（2013）。

佩里学前教育研究计划是美国最早启动的幼儿教育长期效果研究项目。该项目在1962—1967年间选取了123名来自密歇根的低收入家庭的3~4岁儿童，并随机将其分配为学前教育干预组和控制组。干预组的儿童每天在学前班接受2.5小时的早期教育干预，每周接受一次90分钟的教师家访，持续一到两年。研究者追踪研究了这些儿童直到40岁时的生活状态，发现与控制组相比，干预组中靠社会福利生活的人数显著较少，发病率和犯罪率也低很多，而高中毕业率、就业率和收入水平则显著高很多（Schweinhart et al.，1993；Belfield et al.，2006；Heckman et al.，2010）。Heckman et al.（2013）进一步发现佩里学前教育主要通过改变个体的个性特征对这些长期结果变量产生影响。佩里学前教育研究计划的实验结果有力地证明了幼儿教育对人的发展具有多方面的、长远的影响。

开端计划（Head Start）自1965年起开始实施，是美国联邦政府迄今为止规模最大的早期儿童发展项目。作为“反贫困之战”的一部分，该计划主要是为低收入家庭3~5岁的儿童提供补偿性学前教育。由于开端计划有益于促进儿童认知、语言和社会性等发展，使他们更有可能完成高中学业，获得就业与工作上的成功，进而打破贫困的代际传递和社会阶层的固化。早期用准实验（Quasi-Experiment）方法评估开端计划的研究，发现该项目只能短期提高儿童的认知能力和学习成绩，对认知能力的促进作用几年后就消失了（Cicirelli，1969；McKey et al.，1985）。但是该项目对一些变量有长期影响，如更高的教育成就，更高的收入，更低的犯罪率等（Garces et al.，2002；Deming，2009）。然而，开端计划对“非认知能力”的短期和长期影响的证据是不一致的。所以不确定是什么技能、行为或发展过程在产生这些长期影响中特别重要。

大部分关于学前教育影响的研究都是基于发达国家的证据。少数研究估计发展中国家学前教育对儿童人力资本发展的影响。例如，Berlinski et al.（2008）利用乌拉圭学前教育机构的快速扩张来识别学前教育对儿童的影响，发现学前教育在儿童早期影响较小，效应随儿童年龄增长而增大。学前教育在低收入国家，促进处于不利地位儿童的早期发展。Bietenbeck et al.（2017）也是利用学前教育机构的急剧增加来研究肯尼亚和坦桑尼亚学前教育参与对儿童教育年限和认知能力的影响，发现参加学前教育的儿童倾向于更晚进入小学，在低龄时完成的学年数落后，但是他们在13~16岁时完成的教育年限显著高于没有参加学前教育的儿童，同时他们的认知能力也比没有参加学前教育的儿童高。相反地，Bouguen et al.（2017）发现柬埔寨学前教育新建项目对儿童认知能力的短期影响是负的，主要是因为参与学前教育会降低低龄儿童小学的入学。

在中国，尽管有学者指出中国学前教育资源严重不足（Luo et al.，2012），也有学者提出建立学前教育基本免费制度（庞丽娟等，2016），很少有研究分析中国的学前教育对儿童人力资本发展的因果影响。张鼎权等（2018）是少数关注学前教育对学生非认知能力影响的研究，但他们没有很好地识别因果影响。本研究是第一个试图识别中国学前教育对儿童认知能力和非认知能力因果影响的研究。

3 中国的学前教育和2010年学前教育普及项目

3.1 中国的学前教育

早在1952年，中国政府就发布了《幼儿园暂行规程（草案）》，指出“幼儿园的任务是：根据新民主主义教育方针教育幼儿，使他们的身心在入小学前获得健全的发育；同时减轻母亲对幼儿的负担，以便母亲有时间参加政治生活、生产劳动、文化教育活动等”。《幼儿园暂行规程（草案）》还要求各级政府和公有企业建立托儿所、幼儿园。公立幼儿园承担起了孩子们从几个月到入学前的看护和教育责任。单位，包括国家机关、事业单位以及公有企业，是托幼服务最重要的提供者，托幼服务被视为职工福利的一部分。此外，居委会也提供部分托幼服务，主要针对那些在不提供托幼服务的城镇集体企业的工作者。在农村，人民公社和生产队是托幼服务的主要提供主体。这种托幼服务体系造成了城乡托幼服务水平的巨大差距（杜凤莲和董晓媛，2010）。

改革开放以后，中国政府把提高企业经济效益作为改革的首要目标，国有企业单位逐步剥离托幼机构。1989年，中国政府颁布了《幼儿园管理条例》，该条例规定公立幼儿园不再接收0~2岁儿童。从20世纪90年代中期开始，中国政府颁布了一系列旨在实现国有企业与社会职能分离的政策和规定。规定要求国有企业把所属的全日制普通中小学、医院、公安、检察院、法院等职能单位一次性全部分离。与中小学的移交不同，因为没有中央政府的财政支持，幼儿园的改革形式非常多，效益差或者倒闭的国有企业主办的幼儿园随之解散；效益较好的部分企业在经营幼儿园的同时，探索承包制等其他经营形式，以减轻企业的财政负担。最后，只有少数国有企业提供托幼服务，而私营企业与外资企业提供托幼服务的比例则更低。2001年，中国政府提出公立幼儿园只起到示范作用，社会力量是办园主体的方针。幼儿园的供给严重不足，幼儿园价格高昂。

3.2 学前教育普及项目

2010年5月5日，国务院常务会议通过《国家中长期教育改革和发展规划纲要（2010—2020年）》，学前教育得到高度关注。规划纲要提出到2020年我国基本普及学前教育，具体目标是，到2020年，普及学前一年教育，毛入园率达到95%。基本普及学前两年教育，有条件的地区普及学前三年教育。从2010年开始，中国政府开始建立政府补贴和资助的学前教育项目，大力发展公办幼儿园，积极扶持民办幼儿园。

图 1 显示了按家庭收入四分位数划分的幼儿园入学率，图 2 显示了 1994—2015 年中国幼儿园的总数变化。我们可以看到，幼儿园总数在两个时间点上有幅度较大的变动：一是 2001 年幼儿园数量剧烈下降，可能是由于撤点并校和国有企业改革，导致大量幼儿园关停；二是幼儿园数量在 2010 年之后增长迅速，主要是由于《规划纲要》的通过。在本研究中，我们主要利用 2010 年幼儿园数量急剧增加这一外生冲击来识别学前教育对儿童发展的影响。图 3 显示了 2005—2014 年学前教育教育经费投入。无论是学前教育总教育经费收入还是学前教育国家财政性教育经费，都在 2010 年之后增长迅速。图 2 中 Panel C 刻画了 2001—2015 年中国儿童的幼儿园毛入学率。幼儿园毛入学率自 2000 年以来呈现不断上升趋势，由 2000 年的不到 40%上升到 2016 年的接近 80%，其中 2010 年后上升速度增加。①

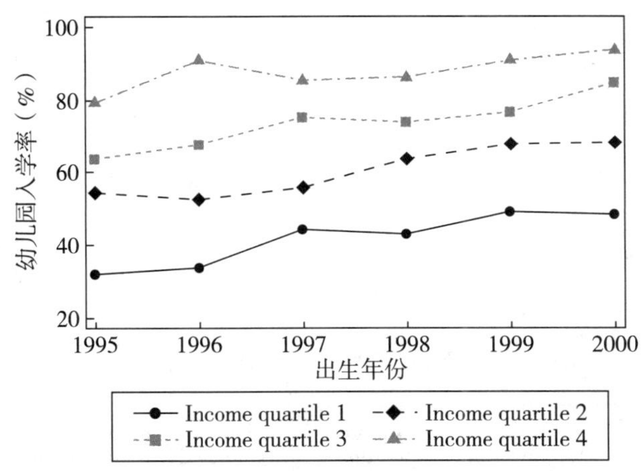

图 1　按家庭收入四分位数划分的幼儿园入学率

数据来源：作者基于 CFPS 2010 计算得到。

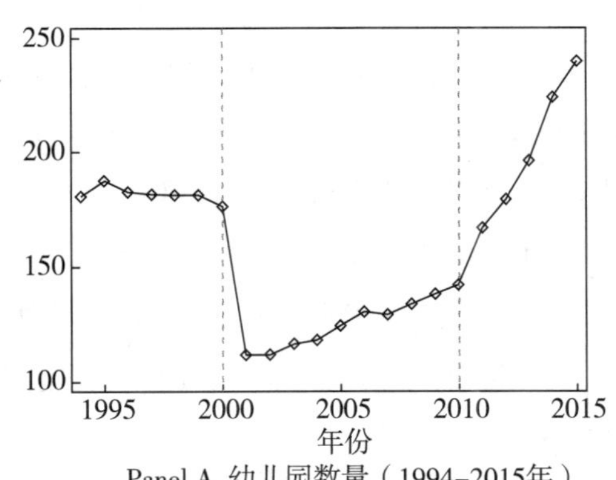

Panel A. 幼儿园数量（1994-2015年）

① 2000 年初幼儿园入学的儿童大部分是有城市户口或来自沿海地区经济状况较好的家庭（Yue et al.，2018）。

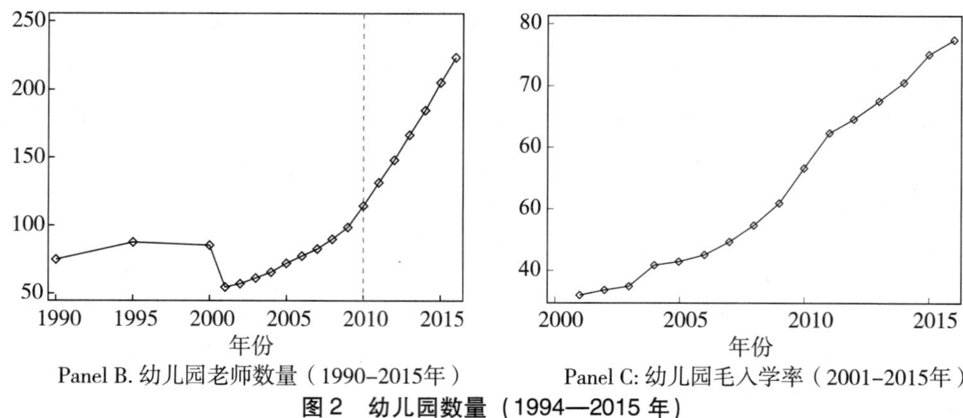

Panel B. 幼儿园老师数量（1990-2015年）

Panel C: 幼儿园毛入学率（2001-2015年）

图 2　幼儿园数量（1994—2015 年）

数据来源：《中国区域经济统计年鉴》1995—2016 年数据。

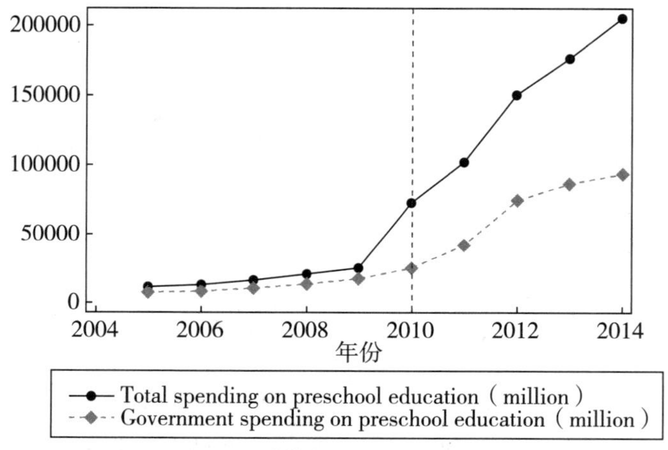

图 3　学前教育的财政支出

数据来源：《中国教育经费统计年鉴》2006—2015 年。

我们将 CFPS 覆盖的 162 个地级市按照 2010—2011 年幼儿园数量的增长速度分为学前教育机构数量扩张迅速的城市（实验组）和扩张缓慢的城市（控制组）。① 图 4 描述了幼儿园数量迅速扩张区和缓慢扩张区幼儿园数量在 2006—2011 年间的变化趋势。平均而言，迅速扩张区的城市在学前教育普及改革（2010 年）之前的幼儿园数量更少。学前教育普及改革之前，高扩张区和低扩张区的幼儿园数量均缓慢上升，且上升趋势相似。2011 年，高扩张区的幼儿园数量增加迅速，高扩张区和低扩张区的幼儿园数量差异在 2010 年之后缩小。

① 2010 年—2011 年间幼儿园数量增长速度高于中位数的城市为扩张迅速的城市，增长速度低于中位数的城市为扩张缓慢的城市。

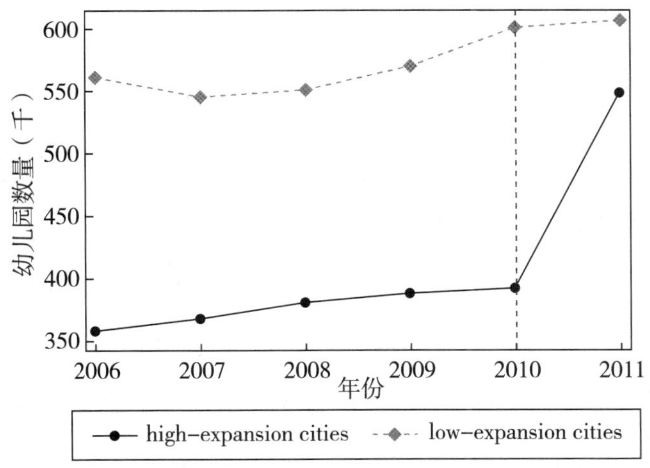

图 4　中国学前教育机构高扩张区和低扩张区的幼儿园数量

注：按照 2010—2011 年幼儿园数量的增长速度将 CFPS 覆盖的 162 个地级市分为学前教育机构数量扩张迅速的城市（实验组）和扩张缓慢的城市（控制组）。增长速度高于中位数的定义为高扩张区，低于中位数的定义为低扩张区。

我们进一步分析了地级市层面幼儿园数量增长速度的影响因素。表 1 的结果显示 2010—2011 年间幼儿园数量的增长速度很大程度依赖于 2010 年初始幼儿园数量，初始幼儿园数量越少，增长速度越快。另外，幼儿园增长速度还受地级市人口数量的影响，人口数量越大，幼儿园增长速度越快。但是，幼儿园增长速度不受 2010 年人均 GDP，政府财政支出的影响。在控制了省固定效应后，超过 50%的幼儿园增长速度可以被上述变量解释。

此外，我们可以根据个体的出生年月将个体分为在 2010 年之前完成学前教育（2006 年及以前出生的儿童）和在 2010 年之后完成学前教育（2006 年之后出生的儿童）两组。在 2010 年之后完成学前教育的个体可以被作为干预后（Post-Intervention）观测值，而对于在 2010 年之前完成学前教育的个体而言，他们是干预前（Pre-Intervention）观测值。

这样，我们可以比较 2010 年之后完成学前教育和 2010 年之前完成学前教育的儿童的认知能力和非认知能力发展的差异是不是在学前教育机构扩张迅速的城市更大。换句话说，我们可以利用双重差分模型估计学前教育的可及性对儿童认知能力和非认知能力的影响。

表 1　　幼儿园数量增长的影响因素

Variables	(1) Growth rate of kindergartens
Log # of kindergartens in 2010	−0.18***

续表

Variables	(1) Growth rate of kindergartens
	(0.056)
Log GDP per capita in 2010	0.012 (0.060)
Log population	0.29*** (0.094)
Log government expenditure	-0.11 (0.076)
Constant	-0.18 (0.61)
样本量	106
R^2	0.521
Province FE	是

注：The dependent variable is the growth rate of kindergartens between 2010-2011. Robust standard errors in parentheses. *** $p<0.01$，** $p<0.05$，* $p<0.1$。

4 数据和变量

本研究使用2016年中国家庭追踪调查（CFPS）数据。CFPS由北京大学中国社会科学调查中心（ISSS）实施的一项旨在通过跟踪收集个体、家庭、社区三个层次的数据，反映中国社会、经济、人口、教育和健康的变迁。由于研究目的，我们将样本限定在10~15岁儿童，共有1669名儿童样本。其中，10岁儿童是刚好被2010年中国第一个学前教育普及项目影响的组群。

我们用三个变量来度量儿童的认知能力，分别是测量记忆的字词即时记忆成绩，数列逻辑成绩及它们的平均成绩。其中，字词即时记忆总分为10分，数列逻辑题总分为15分。在样本中，字词即时记忆成绩的均值为6.12，数列逻辑成绩均值为8.96。为了使认知能力在不同年龄的儿童之间更具有可比性，我们将字词记忆得分和数列得分分年龄标准化。标准字词即时记忆成绩上升一个标准差等价于多回忆出1.63个词，标准数列逻辑成绩上升一个标准差等价于多正确回答3.81道题。

在本研究中，我们还构造四个度量非认知能力的变量，分别是（1）教育期望，用来衡量儿童是否想要攻读本科及以上学位。教育期望能反映一个人关于教育成本和收益的观念，和实际教育水平密切相关（Jacob and Wilder，2010）。（2）人际交往能力，度量儿童自评的人缘关系。（3）领导力，度量儿童认为自己在多大程度上适合做学生干部。（4）是否在合适的年龄上学，即儿童的年龄是否超过该年级儿童本应该处的年龄段。

表 2 报告了本文所用变量的描述性统计。其中，78.7%儿童（10~15 岁）曾经上过幼儿园。

表 2　　主要变量的描述性统计

Variables	(1) Mean	(2) SD	(3) N
Outcome variables			
Word test	6.120	1.625	2200
Word test	5.439	2.043	2140
Math test	8.957	3.809	2211
Education aspiration	0.599	0.490	2464
Relationship	0.0220	0.971	1132
Leadership	0.331	0.471	2430
Grade-for-age	0.549	0.498	2441
Preschool education	0.787	0.409	2583
Male	0.539	0.499	2583
Han	0.874	0.332	2550
Urban dummy	0.404	0.491	2560
# of siblings	2.069	0.922	2206
Mother's education	6.554	4.196	2158
Father's education	7.590	3.879	2109
Loghousehold income per capita	9.140	0.988	2549
Household size	5.037	1.818	2560

注：Base on CFPS2016。

5　识别策略

识别幼儿园入学对儿童认知能力和非认知能力发展的因果影响的一个主要挑战是幼儿园入学的非随机选择。正向选择，即参与学前教育儿童的家长具有促进儿童人力资本发展的一些不可观测特征，会导致学前教育和儿童发展之间存在虚假的因果关系。为了解决这一问题，本文沿用 Duflo（2001）的研究策略，利用 2010 年后幼儿园数量急剧增加这一外生冲击来识别学前教育对儿童发展的因果影响。特别地，我们将不同地区幼儿园扩张速度的差异与由项目实施时间引起的组群间受项目影响时间的差异结合起来，双重差分模型设置如下：

$$y_{ict} = \rho Kindergarten_{ict+5} + \beta X_{ict}^{'} + \delta_c + \gamma_t + \delta_{pt} + \varphi_t W_c + \epsilon_{ict} \tag{1}$$

其中，y_{ict} 是出生在 t 年居住在 c 地级市儿童 i 的认知和非认知能力，$Kindergarten_{ict+5}$ 是儿童 i 在 5 岁时所在地级市幼儿园数量的对数，ρ 是待估的关键参数，衡量幼儿园数量的增加对儿童认知能力和非认知能力的影响。因此，ρ 估计的是意向性效应（intention-to-treat，ITT）。$X_{ict}^{'}$ 指的是个体和家庭特征，包括性别、民族、户口状态、兄弟姐妹个数、家庭规模、父亲和母亲的受教育水平和家庭人均收入对数。城市固定效应 δ_c 控制了与幼儿园数量变化和儿童人力资本发展相关的不随时间变化的城市特征。个体出生年份固定效应 γ_t 则控制了全国层面平均的组群效应（Cohort Effect）。为了允许出生组效应在不同省份不同，我们还控制了省份-出生年份固定效应 δ_{pt} 。

我们进一步通过控制社区特征和出生年份虚拟变量的交互项，允许结果变量的组群趋势可以随社区特征 W_c 而变化。社区特征 W_c 包括县或区的人口对数，面积对数，距离最近城镇的距离对数。ϵ_{ipt} 是误差项，聚类在地级市-出生年份层面。

该模型设定本质上是双重差分模型，我们通过同一个地级市不同出生组儿童的学前教育机构可及性的差异来识别学前教育对儿童发展的影响。

6 结果

6.1 幼儿园数量增加对幼儿园入学的影响

我们首先估计幼儿园的数量对儿童幼儿园入学率的影响。表 3 第（1）列控制了个体和家庭特征，出生年份固定效应，和省份-出生年份固定效应。第（2）列加入了城市固定效应，第（3）列进一步加入了社区特征和儿童出生年份的交互项。所有列的结果都显示幼儿园数量的增加可以显著提高儿童幼儿园入学率，加入社区特征和儿童出生年份的交互项不显著影响幼儿园数量的系数。具体而言，第（3）列的结果表明幼儿园数量每增加 10%，儿童幼儿园入学率提高 3.2 个百分点。

表 3　　幼儿园数量对幼儿园入学的影响

Variables	(1) Preschool	(2) Preschool	(3) Preschool
Log (#kindergartens)	0.14***	0.31***	0.32***
	(0.018)	(0.054)	(0.054)
Male	-0.025	-0.027	-0.032*

续表

Variables	(1) Preschool	(2) Preschool	(3) Preschool
	(0.017)	(0.017)	(0.018)
Han ethnicity	0.14***	0.066	0.045
	(0.040)	(0.050)	(0.051)
Urban	0.036*	0.056**	0.041
	(0.020)	(0.025)	(0.031)
# of siblings	-0.043***	-0.032**	-0.028*
	(0.012)	(0.014)	(0.015)
Mother's education	0.010***	0.0078**	0.0065*
	(0.0028)	(0.0031)	(0.0033)
Father's education	0.0087***	0.0057*	0.0056*
	(0.0030)	(0.0030)	(0.0033)
Log household income per capita	-0.0023	-0.0089	-0.019
	(0.011)	(0.013)	(0.014)
Household size	0.00028	0.0031	0.0030
	(0.0054)	(0.0060)	(0.0065)
Constant	0.32**	-0.95***	-1.44**
	(0.13)	(0.35)	(0.58)
样本量	1669	1669	1524
R^2	0.373	0.483	0.510
Controls	是	是	是
Birth year fixed effects	是	是	是
Province-birth year fixed effects	是	是	是
County fixed effects	否	是	是
County char * Cohort FE	否	否	是

注：The dependent variable is preschool enrollment. Robust standard errors clustered at county-birth year level are in parentheses. *** $p<0.01$, ** $p<0.05$, * $p<0.1$。

6.2 幼儿园扩张项目对儿童认知和非认知能力的影响

学前教育不仅能够促进儿童的智力、语言、认知和学习能力的发展，而且，是否接受学前教育还影响个体童年时期的行为习惯、情感、态度和性格等的基本形成，并进一步影响个体日后社会性和人格发展的方向。

表4报告了幼儿园数量对儿童认知能力的影响。结果显示，幼儿园数量的增加可以显著提高儿童平均认知测试成绩。第（2）列和第（3）列的结果进一步表明，幼儿园数量不会显著影响儿童字词即时记忆成绩，但可以显著提高数列逻辑成绩。具体而言，幼儿园数量增加一倍，数列逻辑成绩提高0.33个标准差，相当于多答对1.26道题。

表4　幼儿园数量对儿童认知能力的影响

Variables	(1) Average cognitive test score	(2) Word	(3) Math
Log (# kindergartens)	0.32* (0.18)	0.077 (0.17)	0.33* (0.18)
Male	0.099* (0.057)	−0.12* (0.060)	0.17*** (0.060)
Han ethnicity	−0.0046 (0.13)	−0.071 (0.16)	0.0055 (0.13)
Urban	−0.12 (0.088)	−0.026 (0.092)	−0.12 (0.092)
# of siblings	−0.026 (0.047)	−0.032 (0.044)	−0.0044 (0.046)
Mother's education	0.020* (0.010)	0.0089 (0.010)	0.019* (0.010)
Father's education	0.031*** (0.011)	0.016 (0.012)	0.027** (0.011)
Log household income per capita	0.028 (0.036)	0.0062 (0.039)	0.023 (0.036)
Household size	0.017 (0.019)	−0.0077 (0.021)	0.021 (0.019)
Constant	−5.60*** (1.72)	−1.30 (1.56)	−3.62** (1.53)
样本量	1356	1356	1361
R^2	0.360	0.340	0.324
Controls	是	是	是
Birth year fixed effects	是	是	是
Province-birth year FE	是	是	是

续　表

Variables	(1) Average cognitive test score	(2) Word	(3) Math
County FE	是	是	是
County char * Cohort FE	是	是	是

注：Robust standard errors clustered at county-birth year level are in parentheses. *** $p<0.01$, ** $p<0.05$, * $p<0.1$。

表5汇报了幼儿园数量对儿童非认知能力的影响。结果表明幼儿园数量的增加不会显著影响儿童的教育预期、领导能力、人际交往能力，及是否在合适的年级就读。由于在本研究中，我们没有发现幼儿园对儿童非认知能力的显著影响，在接下来的分析中，我们仅聚焦于学前教育对儿童认知能力的影响。

表5　　幼儿园数量对儿童非认知能力的影响

Variables	(1) Education aspiration	(2) Relationship	(3) Leadership	(4) Grade-for-age
Log (# kindergartens)	-0.042 (0.098)	0.44 (0.40)	-0.052 (0.10)	0.0016 (0.097)
Male	-0.14*** (0.029)	-0.18 (0.12)	-0.067** (0.029)	-0.043 (0.029)
Han ethnicity	0.16** (0.073)	0.048 (0.29)	-0.0044 (0.066)	-0.12* (0.064)
Urban	0.012 (0.047)	-0.089 (0.18)	-0.013 (0.042)	0.032 (0.041)
# of siblings	-0.028 (0.022)	-0.15 (0.093)	-0.0070 (0.021)	-0.064*** (0.021)
Mother's education	0.013*** (0.0046)	0.00037 (0.019)	-0.0050 (0.0046)	0.0072 (0.0049)
Father's education	0.0079 (0.0051)	0.019 (0.022)	0.0016 (0.0043)	0.0092* (0.0048)
Log household income per capita	0.021 (0.020)	-0.024 (0.091)	-0.011 (0.019)	0.0049 (0.019)
Household size	-0.0031 (0.010)	-0.0035 (0.039)	-0.0060 (0.0092)	0.0096 (0.0096)
Constant	-0.59	-17.3	0.033	0.14

续表

Variables	(1) Education aspiration	(2) Relationship	(3) Leadership	(4) Grade-for-age
	(1.16)	(13.3)	(0.79)	(0.83)
样本量	1477	616	1454	1459
R^2	0.316	0.408	0.237	0.359
Controls	是	是	是	是
Birth year fixed effects	是	是	是	是
Province-birth year FE	是	是	是	是
County FE	是	是	是	是
County char * Cohort FE	是	是	是	是

注：Robust standard errors clustered at county-birth year level are in parentheses. *** $p<0.01$, ** $p<0.05$, * $p<0.1$。

6.3 学前教育的异质性影响

农村儿童的幼儿园入学率显著低于城镇儿童。来自社会经济状况较差的家庭的儿童幼儿园入学率显著低于来自社会经济状况较好家庭的儿童。这里，我们进一步检验中国学前教育普及项目是否对弱势儿童，即来自农村的儿童或者来自社会经济状况较差家庭的儿童，有更大的影响。为此，我们将样本按户籍分为城镇儿童和农村儿童，按母亲教育程度分为母亲有初中及以上教育程度的儿童和母亲有初中以下教育程度的儿童。

表 6 报告了分样本的估计结果。中国学前教育普及项目显著提高农村儿童的平均认知测试成绩及数列逻辑成绩，但是对字词即时记忆成绩没有显著影响。相反地，该项目可以提高城镇儿童的字词即时记忆成绩，而对平均认知成绩和数列逻辑成绩没有显著影响。同时，学前教育普及项目显著提高来自低社会经济状况家庭的儿童的数列逻辑得分，但是对来自较高社会经济地位家庭的儿童没有影响。中国学前教育普及项目对弱势儿童影响更大，意味着学前教育普及项目可以缩小来自不同家庭背景的儿童的差距。

6.4 安慰剂检验

为了检验我们实证策略的有效性，我们做了一个安慰剂检验。具体而言，我们使用 16~21 岁个体的样本，并将学前教育普及项目的开展时间往前推移了 7 年。即我们使用儿童 12 岁时所在地级市的幼儿园数量作为核心解释变量。如果儿童 12 岁时所在地级市的幼儿园数量对儿童幼儿园入学及认知能力没有显著影响，可以为本文的实证策略提供证据支持。

表 7 报告了安慰剂检验的结果，儿童 12 岁时所在地级市的幼儿园数量对儿童幼儿园入学的影响为负。同时，儿童 12 岁所在地级市的幼儿园数量对其认知能力也没有显著影响。表 7 的结果进一步支持了本文所使用的实证策略。

表 6　　　　学前教育的样本估计结果

Variables	(1) Average cognitive test score	(2) Word	(3) Math
PanelA：Urban/Rural			
Urban			
Log（# kindergartens）	0. 29 （0. 46）	0. 76 * （0. 41）	−0. 00047 （0. 48）
样本量	518	518	519
R^2	0. 601	0. 574	0. 560
Rural			
Log（# kindergartens）	0. 58 ** （0. 23）	0. 037 （0. 24）	0. 63 *** （0. 24）
样本量	838	838	842
R^2	0. 409	0. 392	0. 392
PanelB：Education of mothers			
Educated mothers			
Log（# kindergartens）	0. 059 （0. 36）	0. 31 （0. 38）	−0. 055 （0. 37）
样本量	560	560	563
R^2	0. 591	0. 555	0. 571
Less-educated mothers			
Log（# kindergartens）	0. 32 （0. 27）	−0. 15 （0. 22）	0. 41 （0. 28）
样本量	796	796	798
R^2	0. 431	0. 450	0. 395
样本量	748	748	752
R^2	0. 473	0. 482	0. 447
Controls	是	是	是
Birth year fixed effects	是	是	是

续表

Variables	(1) Average cognitive test score	(2) Word	(3) Math
Province-birth year FE	是	是	是
County FE	是	是	是
County char * Cohort FE	是	是	是

注：Robust standard errors clustered at county-birth year level are in parentheses. *** $p<0.01$, ** $p<0.05$, * $p<0.1$。

表 7　　安慰剂检验结果

Variables	(1) Preschool	(2) Average cognitive test score	(3) Word	(4) Math
Log (# kindergartens at age 12)	−0.12 * (0.066)	0.0029 (0.22)	−0.30 (0.22)	0.14 (0.21)
Constant	0.54	−0.13	1.55	−1.14
	(0.48)	(1.53)	(1.46)	(1.53)
样本量	1981	1300	1300	1309
R^2	0.591	0.338	0.359	0.312
Controls	是	是	是	是
Birth year fixed effects	是	是	是	是
Province-birth year FE	是	是	是	是
County FE	是	是	是	是
County char * Cohort FE	是	是	是	是

注：Robust standard errors clustered at county-birth year level are in parentheses. *** $p<0.01$, ** $p<0.05$, * $p<0.1$。

6.5　稳健性检验

6.5.1　不同的政策变量

为了检验我们的结果对不同的政策变量稳健，我们构造了如下双重差分模型：

$$y_{ict} = \theta Post * lnKindergarten_{ic2011-2009} + \beta X'_{ict} + \delta_c + \gamma_t + \delta_{pt} + \phi_t W_c + \epsilon_{ict} \quad (2)$$

其中，$Post=1$ 如果儿童在 2010 年后完成学前教育，即儿童在 2016 年 10 岁；$Post=0$ 如果儿童在 2010 年之前完成学前教育，即儿童在 2016 年 11 岁及以上。$lnKindergarten_{ic2011-2009}$ 为儿童所在地级市 2009—2011 年间幼儿园数量的增长率。待估参数 θ 度量了学前教育普及项目实施前后儿童认知能力的差异是否在学前教育机构扩张迅速的地区更高。

表 8 报告了利用不同政策变量得到的实证结果。结果和表 3 和表 4 类似，在学前教育普及项目实施之后完成学前教育的，并来自学前教育机构扩张迅速地区的儿童，幼儿园入园率更高，同时他们有更高的数列逻辑成绩。表 8 的结果表明本研究结论对不同政策变量稳健。

表 8　　不同政策变量得到的实证结果

Variables	(1) Preschool	(2) Average cognitive test score	(3) Word	(4) Math
Post * growth rate of kindergartens	0.085*	0.18	−0.045	0.20*
2011−2009	(0.047)	(0.11)	(0.12)	(0.12)
Male	−0.030*	0.091	−0.12**	0.16***
	(0.018)	(0.057)	(0.060)	(0.060)
Han ethnicity	0.047	−0.0082	−0.11	0.015
	(0.048)	(0.13)	(0.16)	(0.13)
Urban	0.041	−0.12	−0.039	−0.13
	(0.031)	(0.087)	(0.091)	(0.090)
# of siblings	−0.030**	−0.028	−0.033	−0.0063
	(0.015)	(0.047)	(0.044)	(0.047)
Mother's education	0.0065**	0.023**	0.011	0.021**
	(0.0033)	(0.010)	(0.010)	(0.010)
Father's education	0.0038	0.030***	0.017	0.026**
	(0.0034)	(0.011)	(0.012)	(0.011)
Log household income per capita	−0.016	0.021	−0.0024	0.019
	(0.014)	(0.036)	(0.039)	(0.036)
Household size	0.0045	0.016	−0.011	0.021
	(0.0065)	(0.019)	(0.021)	(0.019)
Constant	1.73***	−1.04	−0.028	−1.23
	(0.66)	(1.04)	(0.89)	(1.06)
样本量	1521	1348	1348	1353
R^2	0.505	0.353	0.339	0.317
Controls	是	是	是	是
Birth year fixed effects	是	是	是	是
Province−birth year FE	是	是	是	是
County FE	是	是	是	是

续　表

Variables	(1) Preschool	(2) Average cognitive test score	(3) Word	(4) Math
County char * Cohort FE	是	是	是	是

注：Robust standard errors clustered at county-birth year level are in parentheses. *** p<0.01, ** p<0.05, * p<0.1。

6.5.2　撤点并校的影响

双重差分策略假设在学前教育普及项目实施期间，没有发生其他的政策改变。随着计划生育政策的深入和城镇化速度的加快，农村义务教育适龄人口减少。为了优化农村教育资源配置，全面提高中小学教育投资效益和教育质量，2001 年正式开始席卷全国的农村中小学“撤点并校”运动，即大量撤销农村原有的中小学，使学生集中到小部分城镇学校。由于该运动，农村小学数量下降了超过 50%，从 2000 年 384004 所下降到 2010 年 169045 所（中国教育统计年鉴，2002-2011）。“撤点并校”提高了教育成本，造成了农村儿童辍学率的上升（Li and Liu，2014）。2012 年 9 月，国务院办公厅下发《关于规范农村义务教育学校布局调整的意见》，提出“坚决制止盲目撤并农村义务教育学校”，叫停“撤点并校”。2010 年之前完成学前教育的儿童（控制组）可能会受到农村“撤点并校”政策的影响，进而认知能力较低。

为了考虑“撤点并校”的影响，我们在回归式（1）中控制了儿童 7 岁时所在地级市小学数量的对数。表 9 的结果表明，控制了撤点并校的影响后，幼儿园数量仍然对儿童平均认知测试成绩和数列逻辑得分有显著正向影响。此外，小学数量对儿童平均认知成绩和数列逻辑成绩有正向影响，但是影响边际上显著。

表 9　　撤点并校的影响

Variables	(1) Average cognitive test score	(2) Word	(3) Math
Log (# kindergartens)	0.35** (0.17)	0.084 (0.17)	0.36** (0.18)
Log (# primary schools at age 7)	0.38* (0.22)	0.072 (0.24)	0.36 (0.23)
Constant	-5.98*** (2.14)	-1.62 (2.19)	-6.01*** (2.25)
样本量	1332	1332	1337
R^2	0.359	0.340	0.322
Controls	是	是	是

续　表

Variables	(1) Average cognitive test score	(2) Word	(3) Math
Birth year fixed effects	是	是	是
Province-birth year FE	是	是	是
County FE	是	是	是
County char * Cohort FE	是	是	是

注：Robust standard errors clustered at county-birth year level are in parentheses. *** $p<0.01$, ** $p<0.05$, * $p<0.1$。

7　结论

大量研究发现学前教育对儿童人力资本发展至关重要。但是，来自发展中国家的证据较少，且结论是不一致的。本文旨在分析在中国的背景下学前教育对儿童认知能力和非认知能力发展的影响。我们利用中国学前教育普及项目所导致的幼儿园数量的急剧增加，使用双重差分策略识别幼儿园入学对儿童认知能力和非认知能力的因果影响。特别地，我们将不同地区幼儿园扩张速度的差异与由项目实施时间引起的组群间受项目影响时间的差异结合在一起。利用 2016 年家庭追踪调查数据，我们首先发现幼儿园数量的增加可以显著提高儿童幼儿园入学率。同时，幼儿园数量的增加可以提高儿童的认知能力。具体而言，幼儿园数量增加显著提高儿童的数学测试成绩，但是对字词记忆成绩没有显著影响。另外，幼儿园数量的增加不会显著影响儿童的非认知能力。我们进一步发现，学前教育普及项目对处于弱势的儿童，即来自农村的儿童及来自社会经济状况较低家庭的儿童，影响更大。本研究的结果意味着，学前教育普及项目可以缩小来自不同家庭背景的儿童的差距。

然而，实际上，中国的公立幼儿园并没有向低收入阶层倾斜，与私立幼儿园相比，公立幼儿园更倾向于招收来自良好教育和高收入家庭的儿童（杜凤莲和董晓媛，2010）。长期来看，低收入家庭儿童早期教育受到影响会导致其未来劳动力市场人力资本水平下降，进而引起贫困的代际传递。普及学前教育，特别是针对弱势儿童（家庭教育质量较差的儿童），可以改变我国学前教育区域不均衡发展的现状，是政府履行好再分配调节职能，加快推进基本公共服务均等化，缩小收入分配差距的有力措施。

参考资料

[1] Belfield C R, Nores M, Barnett S, et al. The High/Scope Perry Preschool Program: Cost-Benefit Analysis Using Data from the Age-40 Followup [J]. *Journal of Human*

Resources, 2006, 41 (1): 162-190.

[2] Berlinski S, Galiani S, Manacorda M. Giving children a better start: Preschool attendance and school-age profiles [J]. *Journal of Public Economics*, 2008, 92 (5-6): 1416-1440.

[3] Bietenbeck J, Ericsson S, Wamalwa F M. Preschool Attendance, SchoolProgression, and Cognitive Skills in East Africa [R]. IZA Discussion Paper No. 11212, 2017.

[4] Bouguen A, Filmer D, Macours K, et al. Preschool and Parental Response in a Second Best World: Evidence from a School Construction Experiment [J]. *Journal of Human Resources*, 2017.

[5] Cunha F, Heckman J J, Lochner L J, et al. Interpreting the evidence on life cycle skill formation [M] //Hanushek E A, Welch F. Handbook of the Economics of Education. Amsterdam: North-Holland, 2006: 697-812.

[6] Cunha F, Heckman J J. The Technology of Skill Formation [J]. *American Economic Review*, 2007, 97 (2): 31-47.

[7] Cunha F, Heckman J J. Investing in our young people [R]. NBER Working Paper No. 16201, 2010.

[8] Currie J, Thomas D. Does head start make a difference? [J]. *American Economic Review*, 1995, 85 (3): 341-364.

[9] Currie J. Early Childhood Education Programs [J]. *Journal of Economic Perspectives*, 2001, 15 (2): 213-238.

[10] Deming D. Early Childhood Intervention and Life-Cycle Skill Development: Evidence from Head Start [J]. *American Economic Journal: Applied Economics*, 2009, 1 (3): 111-134.

[11] Duflo E. Schooling and Labor Market Consequences of School Construction in Indonesia: Evidence from an Unusual Policy Experiment [J]. *American Economic Review*, 2001, 91 (4): 795-813.

[12] Duncan G J, Magnuson K. Investing in Preschool Programs [J]. *Journal of Economic Perspectives*, 2013, 27 (2): 109-132.

[13] Garces E, Thomas D, Currie J. Longer-term effects of head start [J]. *American Economic Review*, 2002, 92 (4): 999-1012.

[14] Heckman J J, Carneiro P. Human Capital Policy [R]. NBER Working Paper No. 9495, 2003.

[15] Heckman J J. Skill Formation and the Economics of Investing in Disadvantaged Children

[J]. Science, 2006, 312 (5782): 1900-1902.

[16] Heckman J J, Moon S H, Pinto R, et al. The rate of return to the HighScopePerry Preschool Program [J]. *Journal of Public Economics*, 2010, 94 (1-2): 114-128.

[17] Heckman J J, Pinto R, Savelyev P A. Understanding the Mechanisms through Which an Influential Early Childhood Program Boosted Adult Outcomes [J]. *American Economic Review*, 2013, 103 (6): 2052-2086.

[18] Jacob B A, Wilder T. Educational Expectations and Attainment [M] //Duncan G J, Murnane R J. Whither Opportunity? Rising Inequality and the Uncertain Life Chances of Low-Income Children. New York: Russell Sage Press, 2011.

[19] Li L, Liu H. Primary school availability and middle school education in rural China [J]. *Labour Economics*, 2014, 28: 24-40.

[20] Luo R, Shi Y, Zhang L, et al. Nutrition and Educational Performance in Rural China's Elementary Schools: Results of a Randomized Control Trial in Shaanxi Province [J]. *Economic Development and Cultural Change*, 2012, 60 (4): 735-772.

[21] Schweinhart L J, Barnes H, Weikart D. Significant Benefits: The High/Scope Perry Preschool Study Through Age 27 [M]. Ypsilanti: High/Scope Educational Research Foundation, 1993.

[22] Yue A, Tang B, Shi Y, et al. Rural education across China's 40 years of reform: past successes and future challenges [J]. China Agricultural Economic Review, 2018, 10 (1): 93-118.

[23] 杜凤莲，董晓媛．转轨期女性劳动参与和学前教育选择的经验研究：以中国城镇为例 [J]．世界经济，2010 (2)：51-66.

[24] 庞丽娟，孙美红，王红蕾．建立我国面向贫困地区和弱势儿童的学前教育基本免费制度的思考与建议 [J]．教育研究，2016 (10)：32-39.

[25] 张鼎权，郑磊，祁翔．学前教育对学生非认知能力影响的研究 [J]．教育科学研究，2018 (5)：37-43.

学前教育对城乡儿童学业成就的影响、机理及提升路径①

首都经济贸易大学财政税务学院　茹　玉

摘　要：儿童发展关系国家前途和命运，投资学前教育是促进人力资本积累、提升国家整体竞争力的重要途径。本研究基于 CFPS 数据，重点考察学前教育对城乡义务教育阶段儿童学业发展的影响及其作用机制。研究发现，学前教育有助于提升城乡儿童学业表现，其中对乡村地区儿童的边际效益影响更高，这种提升是通过培养儿童良好行为习惯、提高家庭对教育重视度、改善儿童非认知能力、提升家庭教育期望实现的，对此笔者提出应加大学前教育的公共财政经费投入并拓展多元化社会资本、推行弱势地区和弱势家庭学前教育补偿机制、提升学前教育质量并鼓励学校和家庭教育深度融合等建议。

关键词：学前教育　城乡儿童　学业成就　中介模型　提升路径

Abstract: Children's development is vital to the future and fate of a nation. Investing preschool education is an important way to promote the accumulation of human capital and enhance the country's competitiveness. Based on CFPS data, this study focused on evaluating the impact of preschool education on urban and rural children's academic achievement during the compulsory education stage and exploring its mechanism. This study found that preschool education helps to improve children's academic performance, especially for rural children. The improvement is achieved by developing children's good behavior habits, increasing family's attention on children's education, enhancing children's non-cognitive abilities and raising family's education expectations. It is suggested to increase the fiscal investment and expand diversified social capital on preschool education, to implement compensation policies on vulnerable areas

---

① 基金项目：本研究系北京市社会科学基金规划青年项目“供给侧改革下北京市学前教育财政投入的质量效益评价及优化方案设计”（20GLC047）的阶段性研究成果。本研究同时获得人的发展经济学研究中心资助。

and families, to improve the quality of preschool education, and to advocate further integration between school and family education.

Keywords: Preschool Education; Urban-Rural Children; Academic Achievement; Mediation Model; Improvement Path

1 导言

儿童早期教育投资是促进人力资本积累、提升未来人口整体竞争力、迈向高收入社会的重要途径，也是阻断贫困代际传递、缓解区域发展差距的关键手段。[1][2][3][4]脑科学专家研究显示，对儿童的早期干预是提升人类一生发展的最佳时机。[5][6][7][8]党和国家对此高度重视，自2010年以来，中国政府先后制定了《中国儿童发展纲要（2011—2020年）》《国家贫困地区儿童发展规划（2014—2020年）》《教育脱贫攻坚“十三五”规划》《国家教育事业发展“十三五”规划》等，针对儿童早期教育问题指明了具体的实施方案，《国务院关于当前发展学前教育的若干意见》中明确指出，要多种渠道加大学前教育投入，特别强调各级政府要将学前教育经费列入财政预算，新增教育经费要向学前教育倾斜。2013年中央和地方联合推动学前教育三年行动计划顺利实施。2018年，《中共中央 国务院关于学前教育深化改革规范发展的若干意见》从优化学前教育布局、扩大资源供给、健全经费投入长效机制、加强幼儿园师资建设、完善监管体系、规范民办园、提高保教质量等方面提出了全方位的指导意见。然而，由于长期发展滞后，学前教育仍是我国教育体系中最薄弱的环节，财政经费的投入也存在较大提升空间。据《中国教育统计年鉴2017》数据显示，2016年，中国财政教育经费支出中，20%用于高等教育，超过50%用于义务教育，而学前教育的投入尚不足5%。

我国地域广阔，人口众多，教育领域分配不平衡不充分的矛盾仍然非常突出。各地区之间、城乡之间学前教育发展体系仍存在着较大差距，中西部农村地区，特别是集中连片特困地区、少数民族地区、留守儿童集中地区和人口分散地区，部分贫困儿童仍面临无学可上的困窘局面，这些儿童能力发展普遍不足，身体素质、心理健康、学业表现和社会适应能力方面均有明显劣势。[9][10][11][12][13]据统计，2017年我国学前三年毛入园率已达到79.6%，但在乡村地区适龄儿童毛入园率尚不足50%①，在集中连片特困地区贫困县学前三年毛入园率更是远不及50%[14]，这对于消除绝对贫困、实现社会起点公平和人类可持续发展极为不利。

① 笔者根据《中国教育统计年鉴》、《2017年全国教育事业发展统计公报》、《中国人口与就业统计年鉴》相关数据测算而得。

让每一位儿童享有高质量的学前教育，应成为下一步推进教育体系改革的一项重点任务，也是打赢脱贫攻坚战、实现共同富裕、推进国家经济社会进步必须要啃的“硬骨头”。如何科学普及学前教育、全面提升儿童早期教育质量进而更好地促进儿童发展，是值得深入思考和讨论的。这就需要我们解决两个关键问题：第一，学前教育对城乡儿童发展产生什么影响，对不同地区和不同家庭背景的儿童影响是否存在差异，清楚了影响效果就能合理地解决问题；第二，学前教育是通过何种途径对儿童发展产生影响，剖析作用机理就能有针对性地优化干预策略。而这些问题也就构成了本研究的两大重点内容。

纵观以往研究，很多学者关注学前教育和儿童发展，但是大多数研究集中于学前教育的必要性、学前教育体系存在的问题、针对某一地区评价学前教育的影响作用等[15][16][17][18]，缺少对于城乡学前教育和儿童发展差距的系统性比较，对于学前教育影响儿童发展的效果及其作用机制的探索乃至异质性的讨论更是远远不够。基于此，本研究将依托 CFPS 数据库，重点考察学前教育对城乡儿童学业成就的影响，剖析影响机理，据此提出有价值的政策建议，为进一步高质量普及学前教育、促进城乡儿童协同进步提供一定的参考依据。

2 城乡儿童学业成就差距比较

学业表现是评估儿童发展的重要指标之一，一般采用成绩、排名、是否担任班干部等指标衡量。本研究依托 2010—2018 年 CFPS 数据库，选取字词测试得分和数学测试得分两个指标考察儿童学业表现。

为了比较历年来我国城乡儿童的学业表现情况，我们对 2010 年、2014 年、2018 年全国城乡义务教育阶段儿童的字词测试得分进行分析（图 1）①。整体来看，在学儿童学业表现逐年趋好，乡村儿童成绩提升明显，城乡差距有所缩减，但仍落后于城镇儿童。数学测试得分的历年变化趋势与字词测试得分较为相似，限于篇幅，不予列出。

图 2 和图 3 分别反映了 2010 年、2018 年我国东中西部地区城乡义务教育阶段儿童字词得分和数学得分的情况。从字词得分看，2010 年东部地区和中部地区儿童的学业表现整体上好于西部地区，特别是在乡村地区，东中部的优势更为明显，从城乡差距看，东中西部城镇儿童的字词得分表现均好于乡村儿童，其中西部城乡差距最大；2018 年，

---

① CFPS 数据调查中，2012 年、2016 年为记忆测试得分，与 2010 年、2014 年和 2018 年字词测试得分的分值统计方法不同，为便于比较，此处仅对 2010 年、2014 年和 2018 年的儿童字词表现得分进行分析。

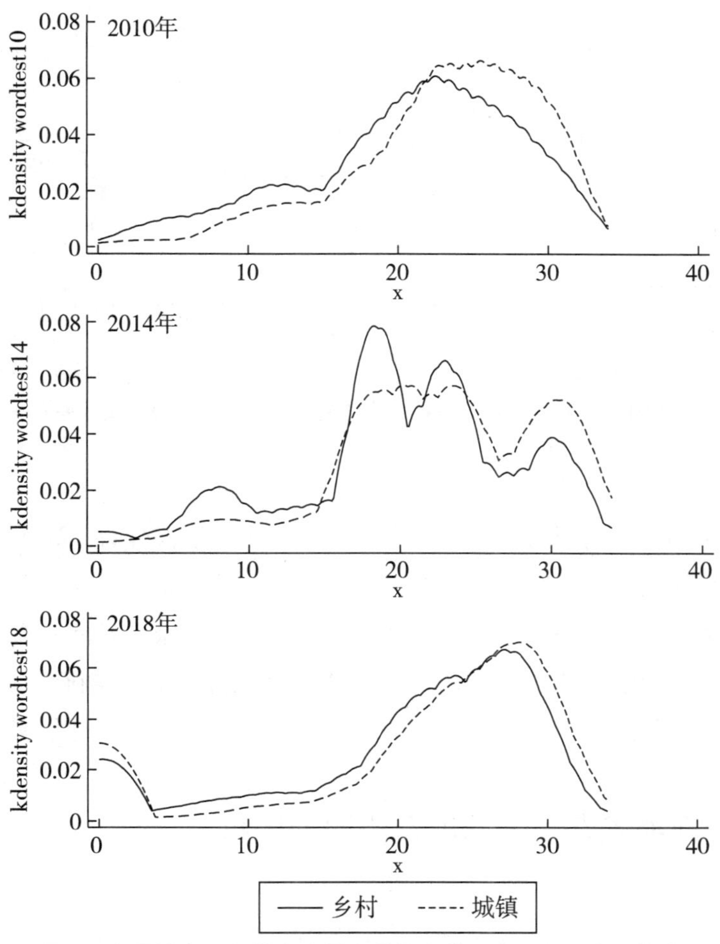

图 1　全国城乡义务教育阶段在学儿童学业表现——字词得分

数据来源：CFPS 数据库。

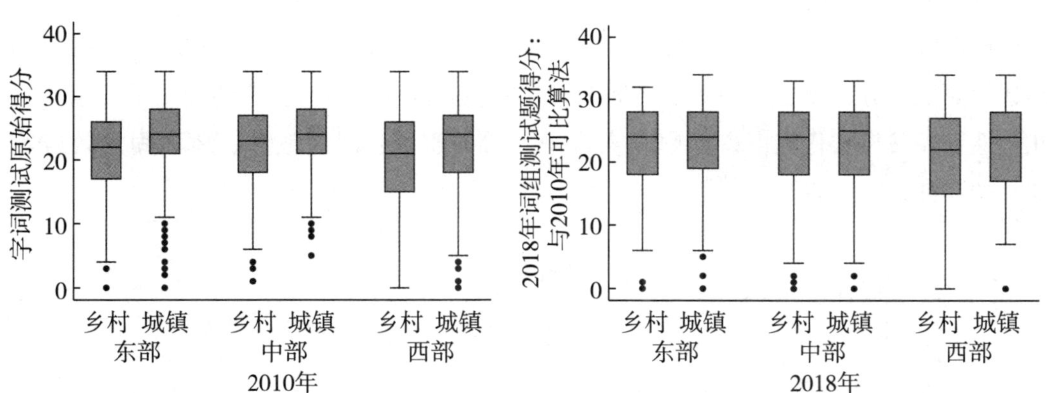

图 2　2010 年、2018 年东中西部义务教育阶段在学儿童学业表现的城乡差距——字词得分

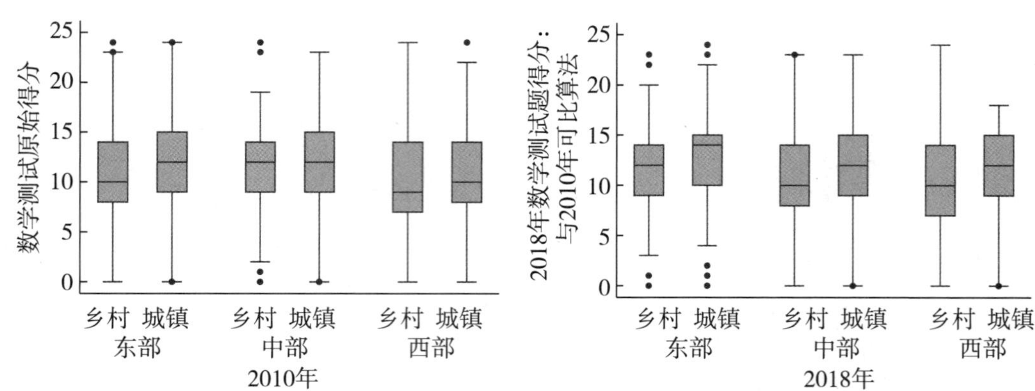

图 3　2010 年、2018 年东中西部义务教育阶段在学儿童学业表现的城乡差距——数学得分

数据来源：CFPS 数据库。

东中西部儿童字词得分表现的城乡差距有所缩小。从数学得分看，2010 年东中部地区城镇、乡村儿童的成绩表现好于西部地区城镇、乡村儿童，从城乡差距看，东部和西部儿童的数学表现城乡差距超过中部地区，其中东部地区城乡差距更大；2018 年，西部地区城乡儿童的数学表现相比 2010 年有较大幅度提升，中部乡村地区儿童数学表现相比 2010 年有所下降，中部和西部地区儿童的数学表现城乡差距有所加大。

3　学前教育对城乡儿童学业成就的影响比较

3.1　变量选择

关于学前教育对城乡儿童学业成绩的影响，本研究采用多元线性回归模型，选取的样本是义务教育阶段城乡儿童的微观样本，数据来源于 CFPS 数据库，鉴于变量的数据可得性限制，笔者在实证分析部分仅选用 2010 年数据。被解释变量是字词测试得分和数学测试得分，核心解释变量是是否获得过学前教育，同时笔者还控制了儿童年龄、儿童性别、父母文化程度、家庭收入水平、学校质量、课外教育、地区固定效应等，变量的详细说明见表 1。

表 1　　主要变量定义和说明

		变量名称	符号	说明
被解释变量	学业表现	字词得分	word	
		数学得分	math	
核心变量	是否获得学前教育	是否上过幼儿园	preschool	是 = 1，否 = 0

续 表

		变量名称	符号	说明
控制变量	儿童特征	儿童年龄	age	岁
		儿童性别	gender	男=1，女=0
	家庭资本	父亲文化水平	fedu	年，父亲受教育年限
		母亲文化水平	medu	年，母亲受教育年限
		家庭收入	income	元，家庭人均纯收入，取对数
	学校质量	对学校和老师满意度*	school	非常不满意=1，不满意=2，一般=3，比较满意=4，非常满意=5
	课外教育	课外教育支出占比	outclass	%，这个儿童的课外辅导费支出/这个儿童的所有教育支出

注：数据来源于 CFPS 数据库。* 学校质量是依据 6~15 岁在学儿童对学校、班主任、语文和数学老师满意度评价的综合结果，即 4 项评价结果取均值而得。

表 2 报告了义务教育阶段儿童的学业表现和各影响因素的描述性统计情况。学业表现方面，无论是字词测试还是数学测试，城镇儿童分数均高于乡村儿童，而且城镇地区内部的差距也明显小于乡村地区。学前教育经历方面，城镇地区将近 90%的在学儿童曾经上过幼儿园，而乡村地区仅 50%的儿童享受过学前教育。从儿童年龄和性别看，城乡儿童基本一致，由此说明样本是基本平衡的。父母文化方面，城镇地区父母受教育年限在 9 年左右，说明城镇儿童的父母基本是完成了初中阶段学业，而乡村地区父母受教育年限分别是 6.25 年和 4.46 年，说明乡村儿童的父亲只达到了小学毕业的文化程度，而多数乡村儿童的母亲小学未毕业。家庭收入方面，城镇家庭的收入水平显著高于乡村家庭。学校质量方面，根据在学儿童的满意度评价，城镇学校的质量明显好于乡村学校。课外教育方面，城镇地区有儿童的家庭 22%的教育支出用于课外学习，而乡村地区的课外教育支出仅占 5%左右。

表 2　　主要变量的描述性统计

变量	整体		城镇		乡村	
	均值	标准差	均值	标准差	均值	标准差
word	21.64	7.13	23.14	6.42	20.74	7.38
math	11.11	4.39	11.84	4.14	10.67	4.49
preschool	0.64	0.48	0.89	0.32	0.50	0.50
age	11.12	2.56	11.15	2.49	11.11	2.60
gender	0.52	0.50	0.52	0.50	0.51	0.50

续 表

变量	整体		城镇		乡村	
	均值	标准差	均值	标准差	均值	标准差
fedu	7.36	4.24	9.26	4.12	6.25	3.91
medu	5.88	4.61	8.27	4.56	4.46	4.03
*income**	8.34	0.98	8.79	0.95	8.07	0.90
school	4.06	0.75	4.11	0.76	4.03	0.75
outclass	0.12	0.26	0.22	0.33	0.05	0.17

注：income 为取对数后的均值和标准差。限于篇幅，仅保留两位小数，下同。

3.2 实证结果

3.2.1 基准回归

表 3 报告了学前教育对城乡义务教育阶段儿童字词得分的影响效果，模型（1）-（3）是义务教育阶段儿童的整体样本，其中模型（2）、模型（3）分别针对小学和初中的子样本展开回归；模型（4）-（6）和模型（7）-（9）分别是针对城镇儿童和乡村儿童字词测试表现的回归结果。

回归结果显示，上过幼儿园的儿童字词测试的成绩表现更好，其中对小学阶段儿童的影响更大，对初中阶段儿童的影响作用较小；城乡儿童比较看，学前教育对乡村儿童的影响更大，特别是对乡村小学阶段儿童的作用更显著、影响程度更大，而对城镇儿童的学业表现没有显著影响，这也一定程度上印证了学前教育能缓解城乡差距的判断，从人力资本提升的视角为缩小城乡儿童发展差距找到了一个可行路径。

从控制变量看，儿童年龄和性别、父母文化程度、家庭收入水平、学校质量、课外教育对提升儿童字词得分均有显著影响，具体而言，儿童年龄越大，成绩表现越好；相对男孩来说，女孩成绩表现更好，在初中阶段男女生学业表现差距更大，乡村地区男女生成绩差距超过城镇地区；父母文化水平越高，儿童成绩越好，特别是小学阶段，父母文化水平对儿童成绩有更积极的影响，说明父母文化水平有较强的代际外溢效应，其中乡村儿童成绩表现受父亲文化程度影响更大，城镇儿童成绩表现受母亲文化程度影响更大；家庭收入上，家庭经济能力越强，儿童成绩越好，特别是对乡村小学阶段儿童影响更显著，对城镇儿童和初中阶段儿童没有显著作用；学校质量对提升儿童学业表现至关重要，儿童对学校及老师的满意度越高，成绩越好，特别是乡村地区小学儿童学业表现受学校质量的影响更大；课外教育对提升儿童学业表现也有积极影响，其中对乡村儿童的影响更大，但是在实践中，相比城镇儿童，乡村地区儿童的课外学习仍较为匮乏。

表 3　学前教育对城乡儿童学业表现影响的回归结果

word	整体			城镇			乡村		
	(1)	(2)	(3)	(4)	(5)	(6)	(7)	(8)	(9)
	义务教育	小学	初中	义务教育	小学	初中	义务教育	小学	初中
preschool	1.08***	1.24***	0.61*	0.68	0.89	0.56	1.26***	1.38***	0.84*
	(0.27)	(0.37)	(0.36)	(0.51)	(0.75)	(0.64)	(0.33)	(0.44)	(0.46)
age	1.96***	1.62***	0.73***	1.87***	1.79***	0.74***	2.00***	1.55***	0.73***
	(0.07)	(0.13)	(0.16)	(0.10)	(0.24)	(0.20)	(0.09)	(0.15)	(0.24)
gender	−1.28***	−0.83***	−1.80***	−0.97***	−0.36	−1.65***	−1.48***	−1.12***	−1.87***
	(0.22)	(0.30)	(0.29)	(0.32)	(0.46)	(0.41)	(0.30)	(0.39)	(0.41)
fedu	0.23***	0.27***	0.11**	0.19***	0.24***	0.08	0.25***	0.28***	0.12**
	(0.03)	(0.05)	(0.04)	(0.06)	(0.08)	(0.07)	(0.04)	(0.06)	(0.06)
medu	0.17***	0.16***	0.11***	0.21***	0.20***	0.17***	0.14***	0.14**	0.06
	(0.03)	(0.04)	(0.04)	(0.05)	(0.07)	(0.06)	(0.04)	(0.06)	(0.06)
income	0.42***	0.52***	0.07	0.30	0.43	0.03	0.56***	0.63***	0.12
	(0.13)	(0.17)	(0.17)	(0.20)	(0.29)	(0.25)	(0.17)	(0.22)	(0.24)
school	0.92***	1.07***	0.72***	0.80***	0.72**	0.97***	0.95***	1.23***	0.46
	(0.15)	(0.20)	(0.21)	(0.21)	(0.30)	(0.28)	(0.20)	(0.26)	(0.31)
outclass	1.57***	1.53***	1.70***	1.21**	1.36*	0.92	1.89***	1.49*	2.99***
	(0.39)	(0.53)	(0.53)	(0.49)	(0.70)	(0.63)	(0.69)	(0.87)	(0.98)
地区	控制	控制	控制	控制	控制	控制	控制	控制	控制
R^2	0.32	0.20	0.11	0.33	0.21	0.15	0.30	0.18	0.08
obs	2857	1813	1044	1105	650	455	1752	1163	589

注：***、**、*分别表示1%、5%和10%水平显著；括号内为稳健标准误，下同。

3.2.2　稳健检验

为了检验结果的可靠性，我们通过两种途径进行稳健检验，一是替换变量，采用数学测试得分替换字词测试得分进行回归；二是替换方法，采用分位数回归模型重新回归，结果如表4所示。结果表明，学前教育对儿童成绩提升有明显促进作用，其中对乡村小学阶段影响显著性更强，对城镇地区和初中阶段儿童基本没有明显作用；分位数回归结果显示，学前教育经历能提高儿童字词测试分数，对乡村儿童作用更显著，对低分数儿童群体的提升作用更大，与基准回归结果基本一致，结果稳健。

表 4　学前教育对城乡儿童学业表现影响的稳健检验结果

		(1)	(2)		
		math	wordq25	wordq50	wordq75
整体	义务教育	0.39*** (0.14)	1.01* (0.53)	1.04*** (0.36)	1.21*** (0.20)
	小学	0.50*** (0.18)	1.30* (0.78)	1.27*** (0.44)	0.82** (0.38)
	初中	-0.15 (0.16)	0.47 (0.43)	1.06*** (0.27)	0.86** (0.37)
城镇	义务教育	0.25 (0.28)	-0.31 (0.65)	1.09 (0.69)	0.74 (0.63)
	小学	0.27 (0.39)	-0.63 (1.39)	0.34 (1.07)	0.94 (0.79)
	初中	0.15 (0.31)	-0.26 (0.77)	1.35*** (0.49)	0.96 (0.97)
乡村	义务教育	0.36** (0.17)	1.40*** (0.51)	1.20** (0.50)	1.43*** (0.35)
	小学	0.50** (0.21)	1.96** (0.77)	1.36*** (0.39)	1.22** (0.55)
	初中	-0.23 (0.21)	1.72** (0.82)	1.14** (0.52)	1.25*** (0.46)

注：控制变量的回归结果与基准回归结果相似，限于篇幅，未予列出。

3.2.3　异质性讨论

我国各地区学前教育的发展水平参差不齐，对儿童发展的影响或许存在差异。另外，家庭是儿童成长的重要载体，不同家庭的教育观念和教养方式存在较大差别，进而对儿童发展的影响也可能不同。为了进一步探索学前教育对不同地区和不同家庭儿童学业发展影响的差异性，我们以字词得分为例，分别针对东中西部地区，不同经济能力家庭、少数民族儿童和留守儿童开展异质性分析，结果如表 5 所示。

不同地区比较发现，学前教育经历有效提升儿童学业成绩，其中对中部和西部地区儿童学习成绩的影响更大，特别是对乡村地区影响更显著，而对东部地区儿童和城镇儿童的学习成绩基本没有显著影响；家庭经济能力方面，学前教育经历对低收入家庭儿童学业成绩提升程度更大，其中对乡村地区影响更显著；民族方面，学前教育经历对提升汉族儿童学业成绩影响显著，而对少数民族儿童成绩提升没有明显作用，可能的原因是大多数少数民族儿童聚集在偏远山区，学前教育质量较差，因而对成绩提升没有显著促进作用；留守和非留守儿童比较发现，学前教育对留守儿童成绩影响程度更大，特别是乡村地区影响更显著。综合来看，学前教育对弱势地区和弱势家庭的儿童学业成绩提升更明显，因此普及学前教育、优化学前教育质量对缓解地区差距、城乡差距、不同家庭差距、民族差距等都有着非常积极的作用。

表 5　　学前教育对义务教育阶段儿童学业成就的异质性影响

	不同地区			不同经济能力家庭		不同民族		留守儿童	
	东部	中部	西部	低收入	高收入	汉族	少数民族	留守儿童	非留守儿童
整体	0.35 (0.49)	1.63*** (0.50)	1.96*** (0.41)	1.07*** (0.38)	1.02*** (0.38)	0.67** (0.28)	1.73* (0.96)	2.12** (0.91)	0.94*** (0.28)
城镇	0.90 (0.82)	-0.07 (0.87)	1.39 (0.89)	0.37 (0.61)	1.08 (0.96)	0.30 (0.53)	1.75 (2.10)	1.63 (1.62)	0.65 (0.53)
乡村	-0.10 (0.62)	1.94*** (0.61)	2.14*** (0.47)	1.53*** (0.48)	1.03** (0.46)	0.88*** (0.34)	1.41 (1.10)	2.43** (1.06)	1.10*** (0.35)

注：控制变量的回归结果与基准回归相似，限于篇幅，未予列出。

4　学前教育对儿童学业成就影响的路径探索

4.1　影响机制和研究假说

结合以往研究，笔者认为，学前教育主要是通过培养儿童行为习惯、提高家庭对教育重视度、改善儿童非认知能力、提升家庭教育期望四个途径影响儿童在学期间学业表现的，其影响机理如下：

从儿童行为习惯看，儿童行为习惯主要体现在学习努力程度、学习认真态度、注意力集中情况和学习计划性等，学习更努力、注意力更集中、缜密的学习计划等良好的学习习惯有助于儿童学业成绩提升。获得过学前教育经历的儿童，在课堂表现上更加专注、对学校的适应性更高、师生关系更亲密[19]，更能有效激发他们的学习兴趣和主动性，使他们在语言发展、读写能力上收获更大。[20][21]

从家庭对儿童教育重视度看，现代社会中，无论是城镇还是乡村幼儿园，越来越多的学习任务和课余活动需要家长的参与和配合，因而获得学前教育的儿童往往也能带动家庭教育参与，比如亲子互动、家长帮儿童检查作业或者一起完成作业等，从而吸引更多的家长关注孩子教育问题，提高家庭对儿童教育的关心程度，大量研究表明，家庭的教育重视程度对儿童发展至关重要[22][23]，亲子互动学习能有效提升儿童的记忆力和注意力[24]，提高儿童学习和参与活动的积极性和主动性，家庭对孩子教育的关注度越高，儿童学业成绩和技能提升越明显。[20][23][25]

从儿童非认知能力看，在儿童年幼时期，获得学前教育的儿童能够在幼儿园里有更多机会与同龄小伙伴一起学习、互动、游戏等，随着年龄的增长，这些儿童的性格更加开朗乐观，心态更加积极阳光，也更善于交际和表达[26]，在学习中遇到困难更容易寻求帮助积极解决、遇到挫折也能坦然应对，因而学业表现往往更好。[27]

从教育期望看，在校经历与教育期望相关性很强，获得学前教育的儿童其家庭的教育期望普遍较高[28]，家庭教育期望较高的学生学习动力更强、学习更努力，在遇到困难更有可能坚持下去[29][30][31][32]，因而他们学业表现更好，未来教育成就会更高。[33][34]

根据以上分析，本研究提出 4 个研究假说：

假说 1：学前教育会通过改善儿童行为习惯进而提升儿童学业成绩。

假说 2：学前教育会通过提高家庭对教育重视度进而提升儿童学业成绩。

假说 3：学前教育会通过改善儿童非认知能力进而提升儿童学业成绩。

假说 4：学前教育会通过增强家庭教育期望进而提升儿童学业成绩。

4.2 模型和变量

基于以上四个研究假说，本研究参照温忠麟、叶宝娟（2014）的方法[35]，采用中介模型检验学前教育影响儿童学业成就的作用机制，具体的表达形式如下：

$$Y=cX+\gamma T+e_1 \tag{1a}$$

$$M=aX+\gamma T+e_2 \tag{1b}$$

$$Y=c'X+bM+\gamma T+e_3 \tag{1c}$$

其中，方程（1a）的系数 c 为自变量 X 对因变量 Y 的总效应；方程（1b）的系数 a 为自变量 X 对中介变量 M 的效应；方程（1c）的系数 b 是控制了自变量 X 的影响后，中介变量 M 对因变量 Y 的效应，系数 c' 是在控制了中介变量 M 的影响后，自变量 X 对因变量 Y 的直接效应；T 是控制变量；$e_1 \sim e_3$ 是回归残差。

中介模型的检验过程分为四个步骤：第一步，检验回归系数 c 是否显著，若 c 显著，可能存在中介效应，可进行下一步检验；若 c 不显著，则终止中介效应检验。第二步，依次对系数 a、b 进行检验，若这两个系数均通过了显著性检验，则中介效应必然存在，可进行下一步检验；若系数 a、b 至少有一个不显著，则对这两个系数进行 Sobel 检验。第三步，根据上一步检验结果，若系数 c' 显著，说明存在部分中介效应，即自变量 X 影响 Y，有一部分是通过中介变量 M 起作用；若 c' 不显著，说明中介效应是完全的，即自变量 X 影响 Y 完全是通过中介变量 M 起的作用。第四步，进行 Sobel 检验，该检验的统计量为 $Z=\hat{a}\hat{b}/S_{ab}$，其中，$\hat{a}$ 和 $\hat{b}$ 是 a 和 b 的估计，$S_{ab}=\sqrt{\hat{a}^2S_b^2+\hat{b}^2S_a^2}$，$S_a$ 和 S_b 分别是 $\hat{a}$ 和 $\hat{b}$ 的标准误。若该统计量通过了显著性检验，则可返回到第三步计算中介效应大小；若该统计量未通过显著性检验，则说明中介效应不显著。根据潘彬和金雯雯（2017）的研究[36]，Sobel 检验统计量的临界值为 0.97，因此，本研究在 Sobel 检验时也以该临界值为准。

中介因素包括儿童行为习惯、家庭对教育重视度、儿童非认知能力、教育期望，具体各变量含义和说明详见表 6。

表 6　　　　中介因素变量定义和说明

	变量名称	符号	说明	均值	标准差
儿童行为习惯	孩子完成作业后才玩	m1	十分同意 = 1，同意 = 2，不同意 = 3，十分不同意 = 4	2.21	0.54
家庭对教育重视度	父母对孩子教育关心程度	m2	十分关心 = 1，关心 = 2，一般 = 3，不关心 = 4，十分不关心 = 5	2.62	0.75
儿童非认知能力	孩子与人相处的得分情况	m3	很难相处 = 1，较难相处 = 2，一般 = 3，较好相处 = 4，很好相处 = 5	4.02	0.85
教育期望	家长希望孩子未来教育程度	m4	不读书 = 1，小学 = 2，初中 = 3，高中 = 4，大专 = 5，本科 = 6，硕士 = 7，博士 = 8	5.96	1.34

4.3　路径检验

表 7 是字词得分的中介效应检验结果，模型（1）是基准模型，用于检验是否存在中介效应；模型（2）和模型（3）用于检验是否存在儿童行为习惯效应，采用“孩子完成作业后才玩”这一指标度量，变量值越小，表明儿童这一行为习惯越好；模型（4）和模型（5）用于检验是否存在家庭教育重视度效应，采用“父母对孩子教育关心程度”这一指标度量，变量值越小，表明家庭对教育重视度越高；模型（6）和模型（7）用于检验是否存在儿童非认知能力效应，采用“孩子与人相处的得分情况”度量，变量值越大，表明儿童非认知能力越强；模型（8）和模型（9）用于检验是否存在教育期望效应，采用“家长希望孩子未来教育程度”这一指标度量，变量值越大，表明家长教育期望越高。

由模型（1）可知，获得过学前教育经历的儿童学业成绩更好，可能存在中介效应，可做进一步分析。模型（2）的结果表明，获得过学前教育经历的儿童更倾向于养成做完作业后才玩的良好行为习惯，模型（3）的结果则表明，习惯于做完作业才玩的儿童学业成绩表现更好，这两个系数均显著，说明存在中介效应，即学前教育通过改善儿童行为习惯进而提高儿童学业表现，验证了假说1。

模型（4）的结果可知，获得过学前教育经历的儿童，其父母更关心孩子教育，模型（5）的结果则表明，父母更关心孩子教育能显著提升儿童学业成绩，说明学前教育会通过提高家庭对儿童教育重视度进而提升儿童成绩表现，验证了假说2。

模型（6）的结果表明，获得过学前教育经历的儿童，交际能力会更强，模型（7）的结果说明，善于交际的儿童学业表现更好，验证了假说3。

模型（8）的结果可以发现，获得过学前教育经历的儿童，家长对其教育期望会极大提升，模型（9）的结果表明，家长对子女教育期望越高，儿童学业成绩越好，说明学前教育通过提升家长对儿童教育期望进而提高儿童成绩表现，验证了假说4。

表7　　学前教育对儿童学业表现的中介效应检验结果

	(1) word	(2) m1	(3) word	(4) m2	(5) word	(6) m3	(7) word	(8) m4	(9) word
m1			-0.64*** (0.21)						
m2					-0.92*** (0.16)				
m3							0.74*** (0.13)		
m4									0.59*** (0.12)
preschool	1.10*** (0.26)	-0.08*** (0.02)	1.05*** (0.26)	-0.12*** (0.03)	0.97*** (0.26)	0.10*** (0.04)	1.05*** (0.26)	0.16** (0.08)	1.01*** (0.37)
age	1.97*** (0.06)	-0.01 (0.01)	1.96*** (0.06)	-0.02** (0.01)	1.94*** (0.06)	0.03*** (0.01)	1.94*** (0.06)	0.02 (0.02)	2.20*** (0.09)
gender	-1.13*** (0.22)	0.12*** (0.02)	-1.05*** (0.22)	0.03 (0.03)	-1.25*** (0.22)	-0.06** (0.03)	-1.20*** (0.22)	0.10 (0.07)	-0.98*** (0.31)
fedu	0.23*** (0.03)	0.01 (0.01)	0.23*** (0.03)	-0.02*** (0.01)	0.21*** (0.03)	-0.01 (0.01)	0.22*** (0.03)	0.04*** (0.01)	0.14*** (0.04)
medu	0.16*** (0.03)	-0.01 (0.01)	0.16*** (0.03)	-0.01* (0.01)	0.16*** (0.03)	0.01*** (0.01)	0.16*** (0.03)	0.03*** (0.01)	0.16*** (0.04)

续 表

	(1) word	(2) m1	(3) word	(4) m2	(5) word	(6) m3	(7) word	(8) m4	(9) word
income	0.36*** (0.13)	0.02 (0.01)	0.38*** (0.13)	−0.09*** (0.01)	0.34*** (0.13)	0.02 (0.02)	0.40*** (0.12)	0.10** (0.04)	0.50*** (0.18)
school	0.83*** (0.15)	−0.09*** (0.01)	0.78*** (0.15)	−0.04** (0.02)	0.89*** (0.15)	0.21*** (0.02)	0.79*** (0.15)	0.16*** (0.05)	0.61*** (0.21)
outclass	1.65*** (0.46)	−0.04 (0.04)	1.62*** (0.46)	−0.28*** (0.05)	1.31*** (0.46)	0.06 (0.07)	1.49*** (0.45)	0.37*** (0.14)	1.30** (0.63)
地区	控制	控制	控制	控制	控制	控制	控制	控制	控制
Sobel 检验	—	—		—		—		—	
是否存在中介效应	—	是		是		是		是	
中介效应/总效应	—	4.71%		10.09%		6.55%		8.77%	
AdjR2	0.32	0.04	0.32	0.10	0.33	0.06	0.33	0.10	0.35
obs	2760	2760	2760	2857	2857	2848	2848	1399	1399

注：笔者还针对乡村儿童样本检验中介效应，结果与整体样本表现一致，即学前教育通过培养儿童行为习惯、提高家庭对教育重视度、改善儿童非认知能力、提高家庭教育期望进而提升儿童在学表现，其中乡村儿童受行为习惯中介效应的影响更大。

中介模型的检验结果显示，学前教育经历会通过影响儿童的行为习惯、家庭对教育重视度、儿童非认知能力和家长教育期望进而提升儿童在学表现。那么，是否还存在这样一种可能，即由于学前教育阶段专任教师讲授过在学阶段的相关知识，因而获得学前教育的儿童成绩表现更好，即社会上很多学前教育机构存在的“小学化”倾向效应？为了检验这种可能性是否存在，我们剔除小学阶段低年级儿童样本重新回归，由于学前教育讲授的知识较为简单，一般仅停留在小学 1~2 年级的水平，如果确实是因为相关知识学过所以儿童成绩好，那么高年级儿童样本的回归结果应该不显著，反之，结果显著。根据回归结果，高年级儿童样本的回归结果显著，边际影响与小学阶段儿童整体样本的回归结果基本一致，故排除了学前教育是通过重复教学影响儿童成绩这一可能，限于篇幅，回归结果未予列出。

为了考察结果的稳健性，我们用数学测试得分替代字词得分进行检验，结果见表 8。模型（2）-（3）表明，学前教育经历有助于儿童养成良好行为习惯进而提升数学成绩表现；模型（4）-（5）表明，学前教育经历提高家庭对教育重视度进而提升儿童数学成绩；模型（6）-（7）表明，学前教育经历改善儿童非认知能力进而提高数学分数；

模型（8）-（9）表明，学前教育经历提升家长对儿童期望进而提高儿童数学分数。稳健检验结果与基准回归结果一致，即学前教育通过改善儿童行为习惯、提高家庭对教育重视度、提升儿童非认知能力、提高家长对儿童教育期望进而提高儿童学业表现，结果具有稳健性。

表 8　　学前教育对儿童学业表现的中介效应稳健检验结果

	(1) math	(2) m1	(3) math	(4) m2	(5) math	(6) m3	(7) math	(8) m4	(9) math
m1			-0.23** (0.11)						
m2					-0.44*** (0.08)				
m3							0.22*** (0.07)		
m4									0.23*** (0.07)
preschool	0.41*** (0.14)	-0.08*** (0.02)	0.39*** (0.14)	-0.12*** (0.03)	0.34** (0.14)	0.10*** (0.04)	0.38*** (0.14)	0.16** (0.08)	0.37* (0.20)
控制变量	略								
Sobel 检验	—	—		—		—		—	
是否存在中介效应	—	是		是		是		是	
中介效应/总效应	—	4.53%		13.29%		5.31%		9.20%	
Adj R2	0.49	0.04	0.49	0.10	0.50	0.06	0.50	0.10	0.49
obs	2760	2760	2760	2857	2857	2848	2848	1399	1399

注：限于篇幅，控制变量不予列出。笔者还采用替换中介因素的方法进行稳健检验，儿童行为习惯采用“孩子遵守校规校纪”替代“孩子完成作业后才玩”，家庭对教育重视度采用“孩子学习时家长会放弃看电视”替代“父母对孩子教育关心程度”，儿童非认知能力采用“儿童交友情况”、“儿童幸福感”替代“孩子与人相处的得分情况”，教育期望采用“孩子对自身未来的教育期望”替代“家长希望孩子未来教育程度”进行检验，结果与表 7、表 8 结果基本一致，限于篇幅，不予列出。

5　结论和建议

本研究的主要结论是：（1）在学儿童学业表现逐年向好，乡村儿童学业表现仍落后于城镇儿童。(2) 学前教育有助于提升城乡儿童学业成绩，其中对乡村小学阶段儿童影响更显著、影响程度更大。学前教育对弱势地区和弱势家庭的儿童学业成绩提升更明显。(3) 学前教育通过培养儿童良好行为习惯、提高家庭对教育重视度、改善儿童非认知能力、增强家庭对儿童教育期望进而提升儿童学业成绩。

根据研究结论，笔者建议：

(1) 加大公共财政对学前教育经费投入、拓展多元化社会资本，重点确保城乡幼儿园在办学条件、师资保障等方面均等化发展。一是各地区要加快落实将学前教育经费单独列入财政预算；二是要明确中央和地方在学前教育投入方面的支出责任，中央财政要加大对贫困地区的转移支付力度；三是要引入多元化社会资本投入学前教育，加强公办园和民办园合作交流，充分利用民办园的社会资本和公办园的师资力量，同时建立健全对公办园和民办园的考核评估、监管办法和奖惩机制等配套政策，强化专项督导和终身问责制度。

(2) 推行弱势地区和弱势家庭学前教育补偿机制，促进教育起点公平。一是要优化学前教育资源分配体系，优惠政策要向弱势地区和弱势家庭的儿童倾斜，保障教育机会公平性，参照美国公立幼儿园"弱势补偿"方案[37]，公立幼儿园要制定面向处境不利儿童的特殊通道和专项名额；二是要制定弱势家庭补偿方案，英国布莱尔政府大力推行"家庭支持政策"，通过为家长提供科学育儿课程，专业老师家访指导家长科学育儿，为处境不利儿童及其家庭提供亲子互动、健康问诊、心理咨询等整合性服务，减税优惠支持家庭支付保教费用等，对学前教育体系和儿童发展起到了积极效果[38]。我国低收入家庭儿童、少数民族儿童和留守儿童在学前教育资源获取方面仍处于不利地位，可以考虑以试点形式推行弱势家庭补偿政策，通过学校专业课程和专业老师带动文化程度较低的家长以科学的方式参与儿童学前教育，同时以定向补贴或减税的形式鼓励家长重视学前教育，缓解弱势儿童的不利处境。

(3) 提升学前教育质量，鼓励学校教育和家庭教育深度融合，合力促进儿童早期发展能力全面提升。一是学前教育机构要注重培养儿童行为习惯，良好的行为习惯能够更持久更高效地促进儿童早期发展；二是学前教育机构要开展更多亲子互动活动，让家长更多参与儿童教育，从而提高家长对孩子教育的重视程度，进而更高质量地提升儿童未来学业表现；三是学前教育机构要注重培养儿童的非认知能力，鼓励儿童多参与集体活动，培养儿童乐观开朗、积极向上的性格，从而有助于未来学业成绩的提升；四是鼓励家长提高对儿童的教育期望，给儿童更多的努力方向和奋斗动力，从而提升儿童未来学业成就。

参考资料

[1] Bird K. How is poverty transmitted intergenerationally and what might be done to stop it in

its tracks? CPRC International Conference Paper, 2010.

[2] Heckman J, Pinto R, Savelyev P. Understanding and mechanisms through which an influential early childhood program boosted adult outcomes [J]. American Economics Review, 2013, 103 (6): 2052-2086.

[3] 林迪珊，张兴祥，陈毓虹．公共教育投资是否有助于缓解人口贫困——基于跨国面板数据的实证检验［J］．财贸经济，2016，（8）：34-49.

[4] Duncan G J, Magnuson K. Investing in preschool programs [J]. Journal of Economic Perspectives, 2013, 27 (2): 109-132.

[5] 李伟．反贫困与中国儿童发展［M］．北京：中国发展出版社，2018.

[6] Ellis B J, JacksonJ J, Boyce W. The stress response systems: Universality and adaptive individual differences [J]. Development Review, 2006, 26 (2): 175-212.

[7] 世界银行．中国的儿童早期发展与教育：打破贫穷的代际传递与改善未来竞争力，2011.

[8] Melhuish E. The impact of early childhood education and care on improved wellbeing [J]. Pest Management Science, 2014, 68 (2): 209-216.

[9] 罗仁福，张林秀，刘承芳，等．贫困农村儿童的能力发展状况及其影响因素［J］．学前教育研究，2010，（4）：17-22.

[10] 胡枫，李善同．父母外出务工对农村留守儿童教育的影响——基于5城市农民工调查的实证分析［J］．管理世界，2009，（2）：67-74.

[11] 陶然，周敏慧．父母外出务工与农村留守儿童学习成绩——基于安徽、江西两省调查实证分析的新发现与政策含义［J］．管理世界，2012，（8）：68-77.

[12] 徐晓新，张秀兰．将家庭视角纳入公共政策——基于流动儿童义务教育政策演进的分析［J］．中国社会科学，2016，（6）：151-169.

[13] 段成荣，吕利丹，王宗萍．城市化背景下农村留守儿童的家庭教育与学校教育［J］．北京大学教育评论，2014，12（3）：13-29.

[14] 庞丽娟，孙美红，王红蕾．建立我国面向贫困地区和弱势儿童的学前教育基本免费制度的思考与建议［J］．教育研究，2016，（10）：32-39.

[15] 杨秋宝．2020：中国消除农村贫困［M］．北京：北京出版集团公司北京人民出报社，2018.

[16] 魏东霞，谌新民．落户门槛、技能偏向与儿童留守——基于2014年全国流动人口监测数据的实证研究［J］．经济学（季刊），2018，17（2）：549-578.

[17] 洪秀敏，罗丽．公平视域下我国城乡学前教育发展差异分析［J］．教育学报，2012，8（5）：73-81.

[18] 宋映泉．我国学前教育事业发展主要矛盾与公共财政投入改革方向［J］．教育经济评论，2019，4（3）：19-48.

[19] Peisner-Feinberg E S，Burchinal M R. Relations between preschool children's child-care experiences and concurrent development：The cost，quality，and outcomes study［J］．Merrill-Palmer Quarterly，1997，43（3）：451-477.

[20] Furrer C，Skinner E. Sense of relatedness as a factor in children's academic engagement and performance［J］．Journal of Educational Psychology，2003，95（1）：148-162.

[21] Howes C，Burchinal M R，Pianta R，et al. Ready to learn? Children's pre-academic achievement in pre-kindergarten programs［J］．Early Childhood Research Quarterly，2008，23（1）：27-50.

[22] NICHD ECCRN. Does amount of time spent in child care predict socioemotional adjustment during the transition to kindergarten［J］．Child Development，2003，74（4）：976-1005.

[23] Belsky J，Vandell D L，Burchinal M R，et al. Are there long-term effects of early child care?［J］．Child Development，2007，78（2）：681-701.

[24] NICHD ECCRN. Predicting individual differences in attention，memory，and planning in first graders from experiences at home，child care，and school［J］．Development Psychology，2005，41（1）：99-114.

[25] Pinto A I，Pessanha M，Aguiar C. Effects of home environment and certer-based child care quality on children's language，communication，and literacy outcomes［J］．Early Childhood Research Quarterly，2013，28（1）：94-101.

[26] 贾晋，李雪峰，王慧．赢在起跑线？——学前教育经历与青少年多维能力发展的实证研究［J］．教育与经济，2018（5）：56-64.

[27] 张锋、窦刚、邓永菁．智力与性格因素影响小学生学业成就的测验研究［J］．云南师范大学学报，2000（1）：19-24.

[28] Glanville J，Wildhagen T M. School engagement and educational outcomes：Toward a better understanding of the dynamic and multidimensional nature of this relationship. Paper presented at the annual meeting of the American Sociological Association，Montreal Convention Center，Montreal，Quebec，2006.

[29] Kao G，Tienda M. Educational aspirations of minority youth［J］．American Journal of Education，1998，106（3）：349-384.

[30] Fan W，Wolters C A. School motivation and high school dropout：The mediating role of educational expectation［J］．British Journal of Educational Psychology，2014，84

（1）：22.

[31] 李汪洋．教育期望、学习投入与学业成就［J］．中国青年研究，2017（01）：23-31.

[32] Wigfield A, Eccles J S. Expectancy-value theory of achievement motivation［J］. Contemporary Educational Psychology, 2000, 25: 68-81.

[33] Strand S, Winston J. Educational aspirations in inner city schools［J］. Educational Studies, 2008, 34（4）：249-267.

[34] Rothon C, Arephin M, Klineberg E, et al. Structural and sociopsychological influences on adolescents' educational aspirations and subsequent academic achievement［J］. Social Psychology of Education, 2011, 14（2）：209-231.

[35] 温忠麟，叶宝娟．中介效应分析：方法和模型发展［J］．心理科学进展，2014，22（5）：731-745.

[36] 潘彬，金雯雯．货币政策对民间借贷利率的作用机制与实施效果［J］．经济研究，2017（8）：78-93.

[37] 宋占美，阮婷．美国处境不利儿童补偿教育政策及对我国的启示［J］．学前教育研究，2012（4）：25-29.

[38] 马慕青，姚琳．布莱尔政府执政以来英国学前教育发展中的家庭支持政策研究［J］．外国教育研究，2019（4）：32-48.

教育精准扶贫:“一村一园”计划对农村儿童学业成绩的长效影响研究

中国发展研究基金会　赵　晨
香港中文大学教育心理系　陈　思
中国发展研究基金会　曹　艳
哈佛大学教育学院　［美］凯瑟琳·斯诺
中国发展研究基金会　卢　迈

摘要： 教育是阻断贫困代际传递、拔除穷根的治本之策。中国发展研究基金会于2009年启动了“一村一园”项目（OVOP）在教育精准扶贫方面做出了自己的一些成绩。“一村一园”项目目的是向中国贫困地区农村和少数民族地区儿童提供免费的普惠性学前教育。这是一项与中国地方政府合作的早期儿童发展干预项目，惠及中国中西部贫困地区农村处境不利的儿童。2018年，“一村一园”项目已在中国10个省（自治区）建立了约2300个山村幼儿园，免费为3至6岁的农村儿童提供接受学前教育的机会。本研究是对“一村一园”计划受益儿童和非“一村一园”受益儿童的大样本纵向追踪研究，使用减少选择偏差的数据处理方法，评估“一村一园”项目对儿童在小学阶段学业成绩的长期影响。我们的研究发现，参加“一村一园”项目的儿童学业成绩显著好于未接受过任何学前教育的儿童，并且显著好于除县城公立幼儿园以外的其他幼儿园的儿童。虽然“一村一园”受益儿童的分数没有超过资源相对更好的县城公立幼儿园的儿童，但“一村一园”受益儿童的学业成绩提高速度更快。本研究证明了为中国贫困农村儿童提供低成本、保质量的学前教育，具有长效的人力资本价值。

关键词： 教育精准扶贫　贫困地区农村　“一村一园”　学业成绩

Abstract: In 2009, the China Development Research Foundation launched the government-supported public intervention, One Village One Preschool (OVOP) project, which provided access to early childhood education (ECE) to disadvantaged rural and minority children in central and western rural China. From 2009 to 2018, OVOP established about 2300 centers in ten provinces, enrolling over 170000 rural young children, free of charge for all. We analyzed longitudinal data collected from a sample of 1962 children in one county (comparing

OVOP attendees to children with no ECE, private ECE, and public ECE), using an inverse probability weighting approach to reducing selection bias in evaluating the effects of OVOP on children's academic achievement during the first 5 years of elementary school. We found that children who attended OVOP centers attained higher scores in elementary grades than children who received no ECE or attended private township ECE. However, OVOP children scored lower than children who went to well-resourced public township ECE. In addition, the OVOP children had similar growth rates to public-ECE children; both groups improved more quickly than children in the non-ECE or private-ECE group. We conclude with a discussion of the value of providing low-cost ECE to rural children in China.

Keywords: targeted poverty alleviation through education; poverty rural areas; "One Village One Preschool" project; academic achievement

教育是阻断贫困代际传递、拔除穷根的治本之策，“不让一个学生因为家庭经济困难而失学”，这是党和政府作出的庄严承诺。近年来，中国的学前教育在各级政府的努力下得到了飞速发展，在全国范围内每个县、每个乡镇基本都建立了至少一所公立幼儿园，教育部门也在新的学前教育行动计划中提出，“大村独立建园，小村联合建园”，但是，村一级学前教育资源匮乏的问题仍然突出。建立村一级学前教育服务体系，尤其是在中国贫困地区农村 1 建立学前教育服务体系，存在一些现实的困难。为了探索有效的解决方案，中国发展研究基金会（以下简称“基金会”）于 2009 年启动的“一村一园”项目（OVOP）在教育精准扶贫方面做出了自己的一些成绩。基金会在贫困地区农村设立山村幼儿园，至 2018 年已在 10 个省（自治区）的 23 个县设立了约 2300 所山村幼儿园。本研究的目的是评估这些山村幼儿园在“低成本、广覆盖、保基本、有质量”的原则下，是否会对其受益儿童产生长效积极的影响。

1　研究背景

1. 我国农村学前教育的挑战

改革开放以来，中国学前教育毛入园率快速提升。根据中国教育部的估计，到 2020 年，中国学前教育三年毛入园率将达到 85%（新华网，2017）。然而，我国儿童接受学前教育的比例存在着较大的城乡差距。教育部统计数字显示，在城市，有超过 99%的儿童入园（中华人民共和国教育部，2017），而在中西部贫困地区农村，这一数字只有不到 50%（庞丽娟和韩小雨，2010）。

农村教育资源原本就比较缺乏，而贫困地区农村的教育资源更为匮乏。根据 2017

年全国农村普查数据显示，在中国59万个行政村中，仅有19万个有村一级幼儿园；国家级贫困县约占全国县城的三分之一。据这一比例推算，贫困地区农村还缺少10万个村一级学前教育服务机构。

导致村一级学前教育服务匮乏的原因有三：第一，贫困地区的政府没有能力去投资早期教育；第二，由于农村地区的幼儿居住较为分散，政府倾向于在县城或乡镇设立一个公立幼儿园（中心幼儿园）（彭俊英和鄢超云，2011），而不是设立众多小型的村级幼儿园，理想化地希望儿童能够集中就学；第三，建立村级幼儿园所需要的大量教师以及由此产生的管理和成本问题（Zhang，2017）。缺少村一级学前教育机构，使得留守儿童、家庭经济能力有限的儿童、处境不利的儿童，就基本失去了接受学前教育的机会。

教育不公平直接导致了贫困地区儿童发展的迟滞。多项研究表明，贫困农村幼儿的语言和认知发展水平显著落后于城市儿童（Gan et al.，2016；Luo et al.，2012），这一现象与他们缺乏学前教育有关。弥补城乡学前儿童受教育机会的不均等，实现学前教育公平，应该成为政策决策者亟待考虑并解决的首要任务。

2 文献综述

2.1 学前教育和处境不利儿童的学业成就

近10年间的研究表明，学前教育能弥补来自低收入家庭儿童在家庭环境中缺乏的教育机会（Britto，Yoshikawa and Boller，2011），这也促使各国政策制定者大力推进儿童早期教育，以缩小儿童因经济社会地位不平等而造成的发展上的差距。

贫困儿童能从早期教育项目中最大程度地获益。研究证据表明，发展中国家的儿童接受学前教育的机会以及学前教育的质量显著地影响了儿童的认知发展（Malmberg，Mwaura and Sylva，2011；Mwaura et al，2008）、语言发展（Opel，Ameer and Aboud，2009）、行为表现（Baker-Henningham et al.，2009）和社会性发展（Noboa-Hidalgo and Urzua，2012）。学前教育的质量在决定儿童的受益程度中扮演着重要的角色（Yoshikawa et al.，2013）。英国的研究者发现，拥有合适的师生比、丰富的教学材料及训练有素的教师的高质量的学前教育能够极大地促进社会经济地位较低的儿童的发展（Sylva et al.，2010）。学前教育给贫困儿童的发展带来的积极影响是深远和持久的。Aboud et al.（2008；2011）的研究发现，接受过学前教育的孟加拉国儿童在一、二年级的期末考试中取得了更好的语文和数学成绩。Berlin-ski et al.（2008）的研究显示，接受过学前教育的乌拉圭儿童在8岁和11岁的时候辍学率更低。在哥伦比亚，研究者发现儿童的学前教育与五年级学业测试成绩呈正相关（Bernal and Fernandez，2013）。

Raine et al.（2003）的研究显示，在毛里求斯，学前教育对青少年行为和社会发展有积极影响。国际学生评价项目（PISA）结果显示，接受过学前教育的学生比没有接受过学前教育的学生有更好的学业表现，前者领先后者大约一年的发展（OECD，2011）。然而，目前仍不明确为什么有些学前教育项目带来的优势能贯穿儿童的长期学业生涯，有些却不能（Raine et al.，2003）。

2.2 贫困地区学前教育的国家大型干预研究及效果

国家计划和大型干预实验表明，学前教育和儿童发展具有因果联系。经济社会地位越低的家庭的儿童，如果接受的学前教育质量越高，所获得的学前教育的益处就越大。Rao et al.（2012）评估了不同学 前教育类型对柬埔寨儿童发展的影响。大样本数据结果显示，正规的、以社区为基础和以家庭为基础的早期教育对于儿童发展有显著效果。在柬埔寨96个城镇进行的一项大型干预研究表明，支持贫困家庭儿童学前教育的现金转移支付项目促进了儿童认知和语言水平的发展，然而这个影响两年之后就消失了（Andrew et al.，2018）。Yoshikawa et al.（2013）和 Leyva et al.（2015）的研究运用群组随机抽样的实验，设计评估了智利的“良好开端”（Un Buen Comienzo）计划。该项目为教师提供两年的岗前职业发展培训，目标是帮助教师成为合格的公立学校中的学前班和公立幼儿园教师。这一项目改善了教师与学生间的互动质量及教师的教学方法（Bowne et al.，2016），也适当减少了儿童在课堂上的问题行为。然而，家庭与儿童的持续参与非常重要，由于一些儿童没有完成相应的课程，智利的“良好开端”计划只显著影响了一部分出勤率高的学生的读写能力（Arbour et al.，2016）。

2.3 中国农村学前教育与贫困儿童发展的研究

目前，针对中国农村学前教育及其质量和对儿童发展影响的研究相对较少，包括学前教育对儿童发展产生的具有因果推论效应的效果、机制，不同质量的学前教育的不同影响等关键问题，仍需研究者通过实证的方法深入挖掘。

有一些研究关注了儿童接受学前教育和其发展之间的关系，比如 Wong et al（2013）在中国农村实 行了一项现金转移的随机干预实验，该实验结果显示，给家长发放教育券虽然提升了学前教育的入学率，但是对于儿童入学准备水平没有显著影响。Zhang（2017）在2017年运用倾向性分数匹配方法进行的研究却显示，学前教育对于初中一年的学生的认知发展有着显著影响，但对初中三年级的学生影响不显著。无论是生活在城市还是农村地区的儿童，其家庭经济水平越低，学前教育的影响越显著。地域不同、行政级别不同、幼儿园性质不同、教师水平差异、课程体系差异等因素都直接关系儿童所接受的学前教育的质量与效果。本研究认为，要理解学前教育对于中国贫困农村儿童发展的影响，必须考虑不同地域、不同类型农村幼儿园之间的差异。

一些观察性的评估研究（Rao et al.，2012；Zhang，2013；Zhang，2017）指出，不同模式的幼儿园，包括正规幼儿园或小学辐射学前班，与中国农村儿童的入学准备水平和一年级学业成绩有密切关系。无论是哪种学前教育模式，凡是接受过学前教育的儿童在考试中会比其他没有接受过学前教育的同龄人取得更高的分数。接受过正规幼儿园教育的儿童比学前班就学的儿童有更好的学业表现。但是，这些评估性研究仅表明了变量的相关性，并且只考虑了学前教育的短期效益。学前教育的质量与儿童长期发展之间是否存在因果关系尚不明确。

3 研究问题

"一村一园"项目是针对中国中西部贫困农村地区规模较大的学前教育干预项目，旨在促进贫困地区儿童早期发展，提高农村儿童的学习能力，通过教育的途径阻断贫困代际传递。

本研究在文献综述的基础上，希望通过分析"一村一园"这一创新的中国农村学前教育实验在国家级贫困县青海省乐都区的试点追踪数据，包括来自 70 所小学的 1962 名学生的一年级、三年级和五年级的全县统考成绩，来探究"一村一园"项目对儿童学业发展产生的影响。为减少幼教类型的选择性偏差，本研究采用了逆概率加权方法（Inversed Probability Weighting，IPW）以平衡不同幼教类型下的儿童教育背景协变量。通过调整以学校为单位的标准差，并比较"一村一园"儿童与县城公立幼儿园、其他类型幼儿园、没有学前教育经历的儿童在小学一、三、五年级取得的标准分数之间的差异，本研究提出并回答以下问题：

第一，在小学一、三、五年级结束时，曾就读于"一村一园"项目儿童的学业表现是否优于：没有学前教育经历的儿童；曾就读于县城公立幼儿园的儿童；曾就读于其他类型幼儿园的儿童。

第二，就长期发展而言，曾就"一村一园"项目的儿童学业进步速度是否高于：没有学前教育经历的儿童；曾就读于县城公立幼儿园的儿童；曾就读于其他类型幼儿园的儿童。

4 研究设计

4.1 研究地点

参与本研究的儿童均来自青海省乐都区。乐都区地处青海省东部，经国务院认定为国家级贫困县。2009 年，中国发展研究基金会（以下简称基金会）在乐都区设立了 81 个幼教点，2010 年底，幼教点更名为“山村幼儿园”，并扩大了覆盖范围。

4.2 研究对象

本研究从乐都区的 70 所小学中选取了 1962 名学生，所有学生均于 2006 年出生，并于 2012 年 9 月在 70 所地方乡镇小学就读一年级。这些小学包括 3 所县城小学，28 所乡镇中心小学和 39 所农村小学。研究者将所有学生的学前教育经历分为四类：没有学前教育经历、曾就读于县城公办幼儿园（在教育资源投放、管理层级、管理机制上有明显优势）、曾就读其他类型幼儿园（包括乡镇公立幼儿园、县城私立幼儿园、乡镇私立幼儿园）、曾就读“一村一园”项目的山村幼儿园，比较这四种不同类型学前教育经历学生在小学的学业成绩差别。

4.3 乐都区“一村一园”项目

2009 年，乐都区 2 仅有不到 50%的适龄儿童在接受学前教育。基金会与当地政府合作，选择乐都区作为“一村一园”项目的首批试验地点。项目分为三个发展阶段：

第一阶段（2009 年至 2010 年 7 月）：基金会在乐都区 81 个村设立了 81 所非全日制日托中心（覆盖 9 个乡镇），并招募了 46 名志愿者担任教师。每个日托中心在有教师负责时可开放半日。

第二阶段（2010 年 9 月至 2015 年）：日托中心正式命名为“山村幼儿园”，乐都区建立了 178 所山村幼儿园，基本实现了全县覆盖，乐都区学前三年毛入园率达到 98%以上。每周 5 天都开展教学活动，每天的教学活动不少于 6 小时。

第三阶段（2016 年至现在）：山村幼儿园被纳入乐都区学前教育管理体系，乐都区的公共财政成为山村幼儿园的主要资金来源。基金会与企业、机构等合作，帮助山村幼儿园提高质量。每年约有 3000 名儿童就读于乐都区山村幼儿园，约占全区 3~6 岁儿童的 26%。

4.4 研究方法

本研究对学生一年级、三年级、五年级结束时的学业成绩进行测量。学生在一年级结束时进行了语文、数学科目的全县统考，在三年级、五年级结束时进行了语文、数学和英语三个科目的全县统考。我们根据整体样本计算得到标准分数。

4.4.1 自变量

本研究样本中，主要自变量为学生学前教育经历的类型：“一村一园”儿童约占乐都区 3~6 岁儿童的 30%；"县城公立幼儿园"儿童约占 20%；"其他类型幼儿园"儿童约占 50%，以及"没有学前教育经历"的儿童。"一村一园"项目：647 名学生在进入小学前就读于山村幼儿园。县城公立幼儿园：本研究样本中有 451 名学生曾就读于县城公立幼儿园。县城公立幼儿园由当地政府出资管理，有规范的课程体系和教学制度，在县城公立幼儿园工作的教师相比其他类型的幼儿园的教师具备更高的受教育水平，工资待遇更好，有更好的社会福利和更多的职业发展机会。其他类型幼儿园：样本中有 667 名学生曾就读于其他类型幼儿园。其他幼儿园主要包括乡镇公立幼儿园和其他私立幼儿园，这些幼儿园教师的工资待遇相对低，资源相对有限。没有学前教育经历：样本中有 197 名学生没有接受过早期教育。

4.4.2 控制变量

基于儿童发展理论，研究者选择了对幼儿学业成绩和可能影响家长选择不同类型的学前教育机构的关键控制变量，包括儿童的人口统计特征、家庭经济社会水平和父母特征。控制变量包括性别（女孩=1），独生子女（独生子女=1），留守儿童（留守儿童=1）和特殊需要（有特殊需要的儿童=1）。特殊需要儿童有三种类型：（1）身体残疾；（2）智力障碍；（3）孤儿。这四个控制变量都是虚拟变量。另外，我们控制了一系列的家庭变量：贫困。贫困是用来表明家庭收入的虚拟变量。贫困=1 意味着家庭收入低于中国贫困标准（CPL）。父母监护人。如果孩子与他或她的父母中的至少一位生活在一起，则该虚拟变量为 1。农业户口：母亲，这个虚拟变量的得分为 1 表示该孩子的母亲是农业户口，并且正在从事农业方面的工作。农业户口：父亲，这个虚拟变量得分为 1 表示该孩子的父亲有农业户口，并且正在从事农业方面的工作。母亲的年龄，孩子进入小学时母亲的年龄（以年为单位）。母亲教育程度，这个虚拟变量得分为 1 表示该孩子的母亲只有初中以下文化程度。

4.4.3 分析方法

这项研究的一个关键挑战是减小自选择的偏差。父母选择不同的学前教育机构，可能是因为父母的一些特点，如受教育程度、家庭收入等，这些因素也可能直接影响儿童的学业发展。因此，我们使用逆概率加权（IPW）技术来平衡样本并使偏差最小化。IPW 估计方法重建观察数据以模拟实验数据和多个对照组，考虑在已有协变量的情况下，各组进入实验组（"一村一园"项目）的概率。通过平衡处理前的变量，IPW 方法可以降低非随机对照实验研究中的选择性偏差。

由于小学信息是一个"后处理"变量（意味着儿童在接受学前教育后才进入小学），这又给样本增加了新的偏差因素，因此，研究者使用基于学校聚类的稳健标准误差来对效应大小进行更保守的估计，以此提高参数估计的准确性。

5 结果

5.1 描述性统计

表 1 列出了三种学前教育环境中，以及在小学之前没有参加任何学前教育的儿童，共计四组儿童人口统计特征和家庭背景信息。

表 1 样本中不同学前教育情境儿童的人口学特征［单位：平均数（标准差）或百分比］

	全体样体 人数 = 1962	“一村一园” 人数 = 647	县城公立幼儿园 人数 = 451	其他类型幼儿园 人数 = 667	无学前教育经历 人数 = 197
女孩比例	47%	49.1%	48.8%	43.2%	49.2%
独生子女	55.1%	55.6%	56.1%	54.6%	53.3%
留守儿童	31.7%	41.5%	22.2%	32.2%	39.4%
特殊需要儿童	6.1%	8.9%	3.1%	5.2%	7.1%
特困家庭	10.2%	16.2%	3.7%	7.2%	15.7%
父母为监护人	52.4%	43.6%	63.7%	52.5%	45.2%
母亲农业户口	75.6%	99.3%	29.1%	84.1%	95.9%
父亲农业户口	80.2%	98.4%	30.4%	82.3%	98.3%
母亲年龄	27.41（4.39）	27.11（4.45）	27.55（4.40）	27.61（4.29）	27.38（4.48）
平均分：一年级	70.79（9.26）	70.59（8.98）	73.72（9.16）	70.14（9.04）	66.92（9.56）
平均分：三年级	78.14（6.06）	78.15（5.76）	80.16（5.58）	77.70（6.14）	74.97（6.21）
平均分：五年级	77.55（6.49）	78.85（6.20）	80.28（5.72）	75.91（6.24）	72.58（5.51）

注：协变量均系在儿童小学入学时测量，结果变量分别系在儿童一年级、三年级、五年级期末考试后收集。

“一村一园”项目儿童的人口特征和家庭背景与没有接受学前教育儿童的情况相似，与其他两组则有明显不同。“一村一园”项目儿童的贫困率高，特殊需求儿童的比例更高。这些差异表明 IPW 技术有利于减少选择性偏差。

“一村一园”儿童的一年级和三年级的平均学业成绩几乎与其他类型幼儿园儿童的平均成绩相同，但低于县城公立幼儿园儿童，高于没有接受过学前教育的儿童。值得注意的是，在五年级时，“一村一园”儿童的表现明显优于其他类型学前教育儿童和没有接受学前教育的儿童，但县城公立幼儿园的儿童的成绩仍显著好于“一村一园”项目儿童。

5.2 “一村一园”项目效果

OLS 回归模型的结果显示，与小学前从未接受过学前教育的儿童相比，所有三类学前教育经历与儿童在一年级，三年级和五年级的学业成绩呈正相关。在一年级，来自任何一种学前教育经历—"一村一园"项目（β=0. 41，p<0. 001），其他类型学前教育（β=0. 36，p<0. 001）和县城公立幼儿园（β=0. 74，p<0. 001）的儿童标准化成绩测试得分明显高于那些没有学前教育经历的儿童。事后检验（post hoc test）显示，县城公立幼儿园组得分显着高于"一村一园"项目和其他类型学前教育组，后两者没有显著差异。

在三年级，"一村一园"项目组（β=0. 52，p<0. 001），其他类型幼儿园（β=0. 44，p<0. 001）和县城公立 幼儿园项目组（β=0. 85，p<0. 001）的得分显着高于没有学前教育经历的儿童。事后检验的结果显示县 城公立幼儿园组的表现明显优于其他组，而"一村一园"项目组略高于其他类型学前教育组，但没有显著差异。

对于五年级的学业成绩，"一村一园"项目组（β=0. 96，p<0. 001），其他类型学前教育项目组（β=0. 51，p<0. 001）和县城公立幼儿园组（β=1. 18，p<0. 001）的儿童得分显着高于无学前教育经历的儿 童。该年级的"一村一园"项目组得分显著高于其他类型学前教育组（F=74. 83，p<0. 001）。具体情况见表 2。

表 2　"一村一园"项目对儿童一年级、三年级、五年级学业成绩产生的影响：与不同类型的学前教育儿童相比

	一年级		三年级		五年级	
	系数	标准误差	系数	标准误差	系数	标准误差
OLS 模型结果						
"一村一园"	0. 41***	0. 08	0. 52***	0. 08	0. 96***	0. 08
其他幼儿园	0. 36***	0. 08	0. 44***	0. 08	0. 51***	0. 08
县城公立幼儿园	0. 74***	0. 08	0. 85***	0. 08	1. 18***	0. 08
R^2	0. 05	0. 06	0. 14			
IPW 模型结果						
"一村一园"	0. 41***	0. 08	0. 53***	0. 09	0. 98***	0. 07
其他幼儿园	0. 36***	0. 08	0. 45***	0. 09	0. 54***	0. 07
县城公立幼儿园	0. 75***	0. 09	0. 86***	0. 09	1. 20***	0. 07

注：参照组为无学前教育经验儿童组。结果变量为标准分数（z 分数）。OLS 模型包含表 1 中所列的全部协变量。IPW 使用表 1 中全部协变量生成倾向性分数。*** p<0. 001，** p<0. 01，* p<0. 05。

上述表格结果表明，学业成绩与儿童早期的学前教育经验呈正相关。在三次数据分析中，县城公立幼 儿园组在我们的样本中一直排名最高，而无学前教育经历的儿童始终最低。在一年级和三年级，"一 村一园"项目儿童和其他类型幼儿园儿童没有差异，但在五年级"一村一园"项目儿童的成绩水平显着 高于其他类型幼儿园儿童。

IPW 模型的结果与 OLS 结果非常相似，与 OLS 模型相比，显示出与学前教育经历相关的更大的效 果。“一村一园”对三年级和五年级儿童学业成绩的影响更为显著且具有统计学意义。“一村一园”儿童与一年级和三年级的其他类型幼儿园儿童没有差异，但在五年级时显示出显著的增长并且得分更高。

图 1 显示了一年级、三年级和五年级的四个组儿童的预测拟合排名。在一年级，县城公立幼儿园 儿童得分最高，而“一村一园”项目儿童和其他类型幼儿园儿童排名高于没有学前教育经历的儿童。在三年级，我们发现“一村一园”儿童的排名略高于其他类型幼儿园儿童，尽管有效果，但无统计学显著性。到五年级时，“一村一园”儿童的排名明显高于其他类型幼儿园儿童，具有统计显著性。

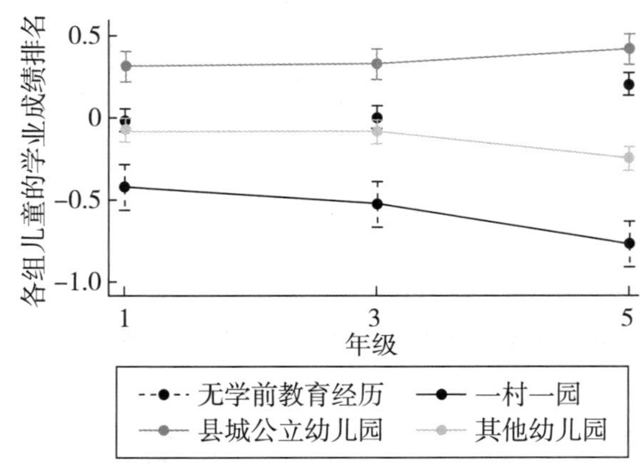

图 1　四组儿童在一年级、三年级、五年级的学业成绩排名情况

5.3　对学业成长的影响

对一年级、三年级和五年级结束时学业成绩的估计表明，四组儿童的学业成绩随时间的变化可能不同。因此，我们拟合长期追踪的成长模型来探索“一村一园”儿童是否与其他群体有不同的学业成绩的变化轨迹。

表 3 参数估计显示“一村一园”儿童的学业成绩增长率（Z 分数）明显更快。与无学前教育经历组儿童相比，县城公立幼儿园儿童乘以在学时间（以年为单位）（$\gamma_{13}=0.10$，$p<0.001$）和“一村一园”儿童乘以在学时间（以年为单位）（$\gamma_{11}=0.13$，$p<0.001$）的交互作用是显著的，这意味着这两组儿童的学业成绩 增长比无学前教育经历组更快。其他类型幼儿园组的增长率与无学前教育经历组的增长速度没有差异。GLM 事后检验结果显示，“一村一园”儿童的得分显著高于其他类型幼儿园组（$\chi_2=29.41$，$p<0.001$），与县城公立幼儿园儿童无差异（$\chi_2=2.01$，$p=0.16$）。县城公立幼儿园儿童的学业发展进步速度明显快于其他类型幼儿园儿童（$\chi_2=12.12$，$p<0.01$）。

图 2 显示了各组间 z 分数的预测值的纵向增长。

表 3　　通过逆概率加权拟合的不同学前教育类型儿童的长期学业发展比较

		学业成绩	
		系数	标准误差
固定效应			
截距	γ_{00}	-0.35^{***}	0.05
年	γ_{10}	-0.08^{***}	0.02
“一村一园”	γ_{01}	0.25^{***}	0.07
其他幼儿园	γ_{02}	0.34^{***}	0.08
县城公立幼儿园	γ_{03}	0.63^{***}	0.10
一村一园　年	γ_{11}	0.13^{***}	0.02
其他幼儿园　年	γ_{12}	0.04^{*}	0.02
县城公立幼儿园　年	γ_{13}	0.10^{***}	0.02
随机效应			
第二层初始值	σ_{02}	0.06	0.24
第二层变化速率	σ_{10}	3.33	1.83
拟合优度			
-2LL	16312.53		
AIC	16348.53		
BIC	16468.78		

注：AIC = Akaike information criterion；BIC = Bayesian information criterion；参照组为无学前教育经历组，结果变量为标准化分数（Z 分数），分层线性模型和倾向性分数的生成使用了表 1 中所有的协变量；*** $p<0.001$，** $p<0.01$，* $p<0.05$ ~ $p<0.1$。

尽管横断面的比较发现“一村一园”儿童学业成绩排名始终低于县城公立幼儿园，并且仅显著高于五年级的其他类型幼儿园儿童，但纵向数据显示“一村一园”儿童在四组中学习成绩增长速度最快。OLS 和分层成长模型的结果说明了两个方面的情况。进入一年级时，“一村一园”儿童的学业水平远低于县城公立幼儿园儿童，并且在五年级结束时尚未赶上。然而，“一村一园”儿童与县城公立幼儿园的增长速度相同，这一速度显著快于其他类型幼儿园儿童的学业增长。由于他们的快速增长，到五年级结束时，“一村一园”儿童的排名显著高于其他类型幼儿园组和没有学前教育经历组。

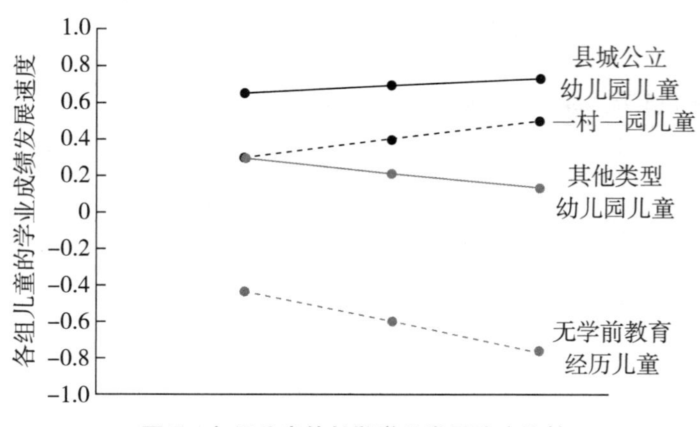

图2　各组儿童的长期学业发展速度比较

5.4　稳健性检验

本研究的主要技术难点是降低选择性偏差。由于学生不能被随机分配到任意一种幼儿园，因此很难确定三种不同类型幼儿园对儿童学业成绩的因果性影响。在本研究中，研究者使用 IPW 方法来减少选择性偏差。为了检查 IPW 的稳健性，研究者对比了使用多种匹配和加权技术处理样本的模型与研究结果的区别。研究者首先使用倾向得分匹配来对样本进行匹配，获得了平衡但小得多的样本，并再次拟合了 OLS 和成长模型进行对比分析。研究者再次使用多项式倾向加权来替代 IPW 重复拟合模型。结果显示参数拟合的结果一致。在分析中，我们发现与 IPW 模型的结果一致的“一村一园”的影响效果水平。

这个研究中需要考虑的第二个问题是学生和学校存在集群效应。在 IPW 建模中，我们没有使用有关儿童在小学集群的信息，原因是儿童就读小学的数据是一个后处理变量，为了不增加新的误差，应该避免在模型拟合中使用后处理变量。然而，为了查看学校聚类是否改变了点估计的结果，我们还使用关于学校集群的信息（N＝70）比较了 IPW 和多级模型的结果。结果与原始模型是相同的。这也从另一个方面，说明了原 IPW 模型的稳健性。

6　讨论

作为一项在中国贫困农村地区广泛实施的学前教育干预措施，“一村一园”项目为研究者们理解学前教育经历会对处境不利儿童的长期学业成绩产生怎样的影响提供了独特的机会。本研究结果表明，在小学阶段，那些“一村一园”项目儿童学习成绩比没有接受过学前教育的儿童要好，并且他们也比其他类型幼儿园儿童的成绩要好。“一村一园"项目对儿童学业成绩的提高有直接作用。

"一村一园"项目是惠及贫困农村处境不利儿童的一项免费的大规模的教育干预行动。"一村一幼"项目被研究证明是有效的，这是用实证研究结果说明了向中国贫困农村地区儿童提供低成本、保质量的学前教育的价值。虽然"一村一园"项目仍有很大的提升空间，但是，相对于学前教育普遍缺失的贫困地区农村而言，"一村一园"项目具有与县城公立幼儿园一样的影响。"一村一园"项目的效果表明乐都区政府投入支持村级学前教育发展将给该地区的儿童，乃至未来的人力资本带来长期效益。

和之前的许多研究（Wong，2013；Wang，2018；Zhang，2017）不同的是，本研究发现像"一村一园"这样的学前教育项目可以为儿童短期和长期的学业发展带来积极影响。本研究探讨与以往研究结果不同的原因可能有以下几点：第一，对地域、区域进行区分。中国农村区域、地域环境复杂，东、中、西部，一般农村与贫困农村的经济发展水平差异和公共服务体系建设的差异可能直接导致研究结果的偏离。第二，对教育质量和教育类型进行区分。不同地区同一类型教育机构的教育质量会存在天壤之别，不同类型的教育机构尽管在同一地区也会存在巨大差别，如果对教育类型、教育质量没有进行归类区分，高质量的学前教育所产生的影响很可能被那些低质量的学前教育效果抵消。第三，对受益群体特点的区分。教育质量，教育类型的差别是一方面因素，针对处境不利儿童特别设立学前教育机构且提供保质量的服务，是需要特别关注并加以区分分析的因素。第四，样本和测量方法。本研究的样本都来自青海省乐都区，作为研究样本同质性更强，较少样本流失。本研究使用多种方法减少选择性偏差，并对儿童学业成绩进行标准分数数据追踪，可以让研究者更详细、更准确地了解学前教育经历对儿童学业成绩的影响。

本研究使用了一个县的样本和数据来估计"一村一园"项目对贫困地区儿童学业成绩的短期和长期影响。这存在着一定的研究局限性。尽管研究者使用了 IPW 方法来减少选择性偏差，但是这并不等于每个儿童所接受的学前教育类型是随机分配的。研究者使用了严格的数据处理方法，以保证数据的真实、有效与相对科学，但是，一些教师和儿童在幼儿园的课堂活动表现指标，可能对儿童发展与学业成绩的关系有更好的描述性阐释，但是，这方面的数据收集仍存在欠缺。

理想的情况是，研究者获得更多的有关样本的学前教育标准和课程内容，师生活动模式和家园共育情况，以便更好地解释教育质量与学业成绩的关系。本研究具有一定的代表性，但要将这些发现推广到全国贫困地区农村，还需要考虑更多的因素，因为不同地区的情况存在明显差异。

参考资料

[1] 新华网．（2017）．教育部：到 2020 年全国学前教育三年毛入学率达到 85%. 取自新华网（2017 年 9 月 28 日）：http：//www. xinhuanet. com/politics/2017－09/28/c_1121741001. htm.

[2] 庞丽娟，韩小雨．（2010）．中国学前教育立法：思考与进程．北京师范大学学报（社会科学版），（5），14-20.

[3] 彭俊英，鄢超云．（2011）．关于发展乡镇中心幼儿园的一些思考——基于对四川省 30 所乡镇中心幼儿园的调查．幼儿教育，（7），10-12.

[4] 中华人民共和国教育部．（2017）．中国教育概况——2016 年全国教育事业发展情况．取自中华人民共和国教育部网站（2017 年 11 月 10 日）：http：//www. moe. edu. cn/jyb_sjzl/s5990/201711/t20171110_318862. html.

[5] Aboud，F. E.，& Hossain，K.（2011）. The impact of preprimary school on primary school achievement in Bangladesh. *Early Childhood Research Quarterly*，26（2），237-246.

[6] Aboud，F. E.，Hossain，K.，& O'Gara，C.（2008）. The Succeed Project：Challenging early school failure in Bangladesh. *Research in Comparative and International Education*，3（3），295-307.

[7] Andrew，A.，Attanasio，O.，Fitzsimons，E.，Grantham-McGregor，S.，Meghir，C.，& Rubio-Codina，M（2018）. Impacts 2 years after a scalable early childhood development intervention to increase psychosocial stimulation in the home：A follow-up of a cluster randomised controlled trial in Colombia. *PLOS medicine*，15（4），1-19.

[8] Arbour，M.，Yoshikawa，H.，Willett，J.，Weiland，C.，Snow，C.，Mendive，S.，... & Treviño，E.（2016）. Experimental impacts of a preschool intervention in Chile on children's language outcomes：Moderation by student absenteeism. *Journal of Research on Educational Effectiveness*，9（sup1），117-149.

[9] Baker-Henningham，H.，Walker，S.，Powell，C.，& Gardner，J. M.（2009）. A pilot study of the Incredible Years Teacher Training programme and a curriculum unit on social and emotional skills in community preschools in Jamaica. *Child：Care，Health and Development*，35（5），624-631.

[10] Berlinski，S.，Galiani，S.，& Manacorda，M.（2008）. Giving children a better start：Preschool attendance and school－age profiles. *Journal of public Economics*，92（5-6），1416-1440.

[11] Bernal, R., & Fernandez, C. (2013). Subsidized childcare and child development in Colombia: effects of Hogares Comunitarios de Bienestar as a function of timing and length of exposure. *Social Science & Medicine*, 97, 241-249.

[12] Bowne, J. B., Yoshikawa, H., & Snow, C. E. (2016). Experimental impacts of a teacher professional development program in early childhood on explicit vocabulary instruction across the curriculum. *Early Childhood Research Quarterly*, 34, 27-39.

[13] Britto, P. R., Yoshikawa, H., & Boller, K. (2011). Quality of Early Childhood Development Programs in Global Contexts: Rationale for Invest-ment, Conceptual Framework and Implications for Equity. *Social Policy Report*, 25 (2), 1-31.

[14] Gan, Y., Meng, L., & Xie, J. (2016). Comparison of school readiness between rural and urban Chinese preschool children. *Social Behavior and Personality: An International Journal*, 44 (9), 1429-1442.

[15] Leyva, D., Weiland, C., Barata, M., Yoshikawa, H., Snow, C., Treviño, E., & Rolla, A. (2015). Teacher-child interactions in Chile and their asso-ciations with prekindergarten outcomes. *Child Development*, 86 (3), 781-799. Retrieved from: http://www.qnzk.org/DocView.aspx? chnid=2 & docid=1690.

[16] Luo, R., Zhang, L., Liu, C., Zhao, Q., Shi, Y., Rozelle, S., & Sharbono, B. (2012). Behind before they begin: The challenge of early childhood edu-cation in rural China. *Australasian Journal of Early Childhood*, 37 (1), 55-64.

[17] Malmberg, L. E., Mwaura, P., & Sylva, K. (2011). Effects of a preschool intervention on cognitive development among East-African preschool children: A flexibly time-coded growth model. *Early Childhood Research Quarterly*, 26 (1), 124-133.

[18] Mwaura, P. A., Sylva, K., & Malmberg, L. E. (2008). Evaluating the Madrasa preschool programme in East Africa: A quasi-experimental study. *International Journal of Early Years Education*, 16 (3), 237-255.

[19] Noboa-Hidalgo, G. E., & Urzua, S. S. (2012). The effects of participation in public child care centers: Evidence from Chile. *Journal of Human Capital*, 6 (1), 1-34.

[20] Opel, A., Ameer, S. S., & Aboud, F. E. (2009). The effect of preschool dialogic reading on vocabulary among rural Bangladeshi children. *Interna-tional Journal of Educational Research*, 48 (1), 12-20.

[21] Raine, A., Mellingen, K., Liu, J., Venables, P., & Mednick, S. A. (2003). Effects of environmental enrichment at ages 3-5 years on schizotypal personality and antisocial behavior at ages 17 and 23 years. *American Journal of Psychiatry*, 160 (9),

1627-1635.

[22] Rao, N., Sun, J., Pearson, V., Pearson, E., Liu, H., Constas, M. A., & Engle, P. L. (2012). Is something better than nothing? An evaluation of early childhood programs in Cambodia. *Child Development*, 83 (3), 864-876.

[23] Sylva, K., Melhuish, E., Sammons, P., Siraj-Blatchford, I., & Taggart, B. (Eds.). (2010). Early childhood matters: Evidence from the effective pre-school and primary education project. New York: Routledge.

[24] Vernon-Feagans, L., Garrett-Peters, P., Willoughby, M., Mills-Koonce, R., & Family Life Project Key Investigators (2012). Chaos, poverty, and parenting: Predictors of early language development. *Early Childhood Research Quarterly*, 27 (3), 339-351.

[25] Wang Pengcheng, Gong Xin. (2018). Family Income and Preschool Attendance: An Empirical Research based on CFPS Survey Data. *Exploring Education Development*, 15, 18-26.

[26] Wong, H. L., Luo, R., Zhang, L., & Rozelle, S. (2013). The impact of vouchers on preschool attendance and elementary school readiness: A randomized controlled trial in rural China. *Economics of Education Review*, 33, 53-65.

[27] Yoshikawa, H., Weiland, C., Brooks-Gunn, J., Burchinal, M., Espinosa, L., Gormley, W., Ludwig, J., Magnuson, K., Phillips, D. & Zaslow, M. (2013). Investing in our future: The evidence base on preschool education. Retrieved from: https://www.fcd-us.org/assets/2016/04/Evidence-Base-on-Preschool-Education-FINAL.pdf.

[28] Zhang, L. (2013). Preschool experience, school readiness, self-regulation, and academic achievement: A longitudinal study in rural China. Hong Kong: HKU Theses Online (HKUTO).

[29] Zhang, S. (2017). Effects of attending preschool on adolescents' outcomes: Evidence from China. *Applied Economics*, 49 (27), 2618-2629.

注 释：

1. 中国贫困地区，指中国部分地区人均消费未达到全国人均消费的地方，主要集中在中国的中部地区、西部山区及西南、东北地区。包括甘肃地区，云南，贵州的局部山区。其特征有：自然环境恶劣；资源缺乏，基础设施薄弱；人口增长过快，教育、卫生等基本社会服务水平太低；财政收入水平低，公共投入和基础投入严重不足。

2. 2009 年“一村一园”项目启动时，试点县名称为“乐都县”，2013 年，乐都县更名为"乐都区"。因为项目延续，本文为行文方便，统一行文为"乐都区"。

3. 无序负担干扰是指时常出现的、让儿童感到压力甚至是不良情绪的干扰，如过重的家务、不安全感、疲劳等。儿童因过长时间行走，会产生疲劳感，如果每天都需要长时间行走，对儿童及监护人都是一种负担，可能会引起儿童及监护人放弃接受学前教育的机会。

4. 建档立卡指年人均纯收入低于2800元的家庭。

本文于2020年2月发表于《华东师范大学学报（教育科学版）》，2020，38（02）：114-125.

生命早期无条件现金转移支付和儿童认知发展

中国人民大学劳动人事学院　赵丽秋

华东师范大学经济与管理学院　李　莉

摘　要：本文研究了生命早期接受无条件现金转移对儿童认知能力的影响。利用农村低保项目实施时间在地理上的差异，本研究采用双重差分法（Difference-in-Differences）来识别生命早期低保政策覆盖年数对农村儿童人力资本发展的因果效应。利用中国家庭追踪调查数据，研究发现，生命早期每多受一年农村低保政策的影响，将使儿童在10~15岁青少年时期的平均认知能力提高0.038个标准差。同时，农村低保项目的影响对来自低社会经济地位家庭的孩子更大。农村低保还改善了低社会经济地位家庭的母亲的精神状况，增加家庭在食物上的支出，这两个影响可被解释为农村低保项目对儿童认知发展的潜在影响渠道。

关键词：早期生活　无条件现金转账　农村最低生活保障　减贫项目　认知发展

1　引言

儿童时期的认知发展是成年后成功的重要预测因素（Currie and Thomas，2001；Case and Paxson，2008）。大量研究表明，来自经济困难家庭的儿童的认知功能、学业成就和社交发展水平低于来自较为富裕家庭的儿童（Liaw and Brooks-Gunn，1994；Smith et al.，1997；Fernald et al.，2013）。由于缺乏基础设施和社会服务，这种情况在发展中国家尤为严重（Walker et al.，2007）。贫困环境下的成长对发展中国家儿童发展和未来成功的影响已成为重要的研究主题，其中，收入支持计划是否能够改善儿童的发展引起了广泛关注。本文探讨了中国最大的社会保障计划，即中国农村最低生活保障（低保）项目的实施情况，分析了生命早期接受无条件现金转移对儿童认知技能的影响。

中国农村最低生活保障制度自2007年在中国全国范围内开始实施，本质上是一个无条件现金转移项目。该制度目前是中国农村最大的社会保障制度，其2012年的支出达到718亿元人民币（113.8亿美元）。大部分研究评估了该政策在中国城乡地区的减贫效果（Gao et al.，2009；Golan et al.，2017；Kakwani et al.，2019）。其他研究则探讨了其对家庭消费的影响。例如，Gao et al.（2014）和 Zhao et al.（2018）发现福利领取家庭相对于非领取家庭更注重在健康和教育方面的支出。然而，鲜有研究分析农村最低生活保障制度对儿童人力资本发展的影响。

中国农村最低生活保障制度在 1990 年至 2007 年期间推行，为收入低于特定门槛的家庭提供现金转移。低保项目的实施可被用于进行生命早期经济资源可用性增加的识别。本研究利用社区间和出生时间段内对农村最低生活保障项目覆盖的差异，采用双重差分法进行实证分析。处理变量由儿童出生社区和其出生年份决定，为从受孕到 6 岁期间，低保项目在儿童出生的社区中已实施的年数。

本文的主要结果基于中国农村地区 1995~2000 年出生的 10~15 岁青少年样本。基于 2010 年中国家庭追踪调查数据，研究发现孕育期和幼儿期参与农村低保项目每多一年，年龄在 10~15 岁时的认知测试成绩提高 0.038 个标准差。此外，这些影响对于来自教育水平较低的家庭的儿童更为明显。研究结果对不同模型设定、增加各种社区特征（潜在的混杂效应）都是稳健的。事件分析进一步支持了研究设计的有效性。此外，农村低保项目还改善了低社会经济地位家庭的母亲的精神状况，增加了家庭在食物上的支出，我们将这两个影响解释为农村低保项目对儿童认知发展的潜在影响渠道。

大量文献发现家庭经济资源与儿童发展结果之间的联系，如测试成绩、儿童身体健康、长期教育水平和社会成果。最近的研究包括 Taylor、Dearing and McCartney（2004）、Akee et al.（2010）、Duncan et al.（2011）、Milligan and Stabile（2011）、Dahl and Lochner（2012）、Aizer et al.（2016）and Akee et al.（2018）。大部分研究表明，这些关联在幼儿期最为显著（Duncan and Brooks-Gunn，1997；Duncan et al.，2011），而对于低收入或教育水平低的家庭的儿童，这些关联更为明显，而对于来自较为富裕家庭的儿童来说则相对较小（Shea，2000；Maurin，2002；Akee et al.，2010；Dahl and Lochner，2012）。少数研究发现收入对儿童发展有显著但较小的影响（Blau，1999；Aughinbaugh and Gittleman，2003；Paxson and Schady，2010）。

由于父母的健康、能力或偏好等其他可观测或不可观测的变量可能与收入和儿童发展有关，识别家庭收入对儿童发展的因果效应较为困难。许多研究尝试通过使用政策或经济冲击的外生变化来解决这个问题。其中的一类研究领域关注于由于税收福利或福利增加而导致的家庭收入的外生变化。例如，Duflo（2003）发现祖母获得的老年养老金对年轻女孩的体重和身高年龄有很大影响，但对男孩的影响很小。Dahl and Lochner（2012）证明收入支持计划，如所得税抵免（EITC），可以提高儿童的数学和阅读测试成绩。Hoynes et al.（2015）还表明 EITC 对婴儿健康结果有积极影响。Bastian and Michelmore（2018）揭示了 EITC 的长期效应，并发现儿童时期接受 EITC 扩大对教育和就业成果在成年后产生影响。然而，由于会受到例如劳动力供给等其他影响儿童的家庭变量的影响，这些结果并不能被解释为收入对儿童结果的因果效应，即我们很难从可能的替代效应中分离出纯收入效应（Heckman and Mosso，2014）。

另一类研究强调有条件和无条件的现金转移对儿童发展的影响。有条件的现金转移被定义为“针对贫困人口，并以接受家庭的某些行为为条件”（世界银行，2009），已经成为在发展中国家促进人力资本积累和减少贫困的热门工具。大量文献证明有条件现金转移计划在发展中国家改善健康、教育或其他社会经济结果方面的能力（Schultz，2004；de Janvry et al.，2006；Filmer and Schady，2011）。

无条件现金转移的影响的讨论度则相对较低（Akee 等，2018）。无条件现金转移（UCTs）旨在通过提供无条件的福利计划来减少贫困，而无须对接受者的行为设置任何门槛。研究发现，无条件现金转移计划可以减少儿童劳动力，增加入学率，改善儿童健康和营养状况（Duflo，2003；Case，Hosegood and Lund，2005；Edmonds，2006；Edmonds and Schady，2009）。目前已有研究调查了无条件现金转移对儿童发展的影响。例如，Fernald and Hidrobo（2011）发现无条件现金转移计划对厄瓜多尔农村年幼儿童的语言发展有显著效益。Macours et al.（2012）展示了尼加拉瓜农村现金转移计划对幼儿认知发展有显著影响，并且这个计划的效果在计划结束两年后依旧没有消失。Kilburn 等（2017）表明马拉维无条件现金转移计划既提高了入学率，又减少了辍学率。Akee et al.（2010、2013）证明收入增加对最初最贫困的家庭减少犯罪和提高教育水平有很显著的影响。此外，无条件现金转移还在青少年期改善儿童个性特点、情绪幸福感和行为健康方面产生积极影响（Akee et al.，2018）。

本文在以下四方面对相关研究做出了贡献。首先，研究建立了贫困救助计划与儿童发展结果之间的因果联系。目前大多数有关贫困救助计划的研究都侧重于这些计划的短期减贫效果，而本研究结果揭示了贫困救助计划在儿童发展中的作用。如果贫困救助计划能改善儿童的发展结果，那么它们可能不仅具有短期影响，还能对社会福祉产生长期影响。研究结果表明，农村低保项目在考虑到对下一代未来生活结果的“乘数效应”时，能产生更大的个人和社会福利效益。其次，本文探讨了儿童早期环境对青少年期结果的长期影响，并表明儿童早期家庭收入的增加对青少年期的儿童发展产生持久影响。目前文献较多地关注于童年时期所经历的收入变化对短期影响的研究（Dahl and Lochner，2012；Kilburn et al.，2017），对早期收入变化的长期影响进行研究的文献较少。再次，本文研究了在儿童成长过程中，农村低保（以及家庭收入）对青少年认知发展最为关键的时期。事件研究的结果证实，农村低保对儿童认知发展的有益影响主要集中在儿童早期。最后，本文调查数据的详细性使我们能够研究农村中国无条件现金转移计划对儿童认知发展的潜在机制。研究发现无条件现金转移既直接增加了家庭资源，同时间接改善了家庭环境。

2　中国农村的最低生活保障项目

农村最低生活保障（低保）项目本质上是一种无条件现金转移，即受益人不需要满足任何条件即可收到转移支付。这些转移支付旨在将受益人的收入提升到当地确定的最低生活保障标准，该标准反映了满足一个人基本消费需求所需的收入水平。低保项目与其他发展中国家常见的社会援助模式不同，低保项目在很大程度上遵循了发达国家常用的保障最低收入（GMI）的理念（Golan et al.，2017），而后者往往倾向于有条件的转移支付以促进人力资本投资，例如墨西哥的 PROGRESA 计划以及食品和非食品项目的有针对性分发与印度的公共供应系统。

农村低保项目于 20 世纪 90 年代初以试点的方式在几个经济较发达的地区开始实施。在 1999 年全国范围推行城市低保项目后，为了减轻农村地区的贫困并改善农村贫困人口的生活状况，政府于 2000 年将低保项目扩展到农村地区。到 20 年代初，农村低保项目于各地普及，但由于其实施主要依赖于地方资金，地方财政能力的差异会导致项目支持水平和资格标准上存在差异。2004 年，中央政府呼吁扩大农村低保项目，并开始为贫困地区的该计划提供资金支持，农村低保项目得到了快速扩展。2007 年，国务院发布《关于在全国建立农村最低生活保障制度的通知》，农村低保项目得以在各县实施。自 2004 年以来农村低保项目受众快速扩大。2010 年，农村低保项目的覆盖面达到 5000 万人，规模与印度的国家农村就业保障计划和巴西的家庭福利计划（Bolsa Familia）等大规模现金转移计划相当（Golan et al.，2017）。与此同时，每位受益人的平均年转移金额也大幅增加，从 2006 年的人均 414 元增加到 2010 年的人均 888 元。该项目现已成为世界上最大的最低收入现金转移项目之一，也是最大的社会保障制度项目。

农村地区的最低生活保障和补贴金额由各地按照财政能力和生活水平在县级别上进行设定，不同城市和县份之间存在很大差异。一般来说，北京、上海和广东等大城市的标准相对较高，2010 年北京的标准最高，为每人每月 273.1 元（41.4 美元）。最低标准的地区包括西藏自治区、云南省和宁夏回族自治区。2010 年西藏自治区的最低标准为每人每月 64.2 元（9.7 美元）。2010 年，参与低保计划的家庭平均每月收到 74 元（11.2 美元）的现金转移支付，约占最低生活保障标准的 60%。

农村低保项目在很大程度上模仿了城市低保项目。原则上，家庭的人均收入低于最低生活保障标准的，都有资格获得低保补贴。而在具体实践中，地方官员利用家庭收入、资产、住房条件，以及家庭成员是否无法工作、患病或残疾等一系列信息评估低保资格（Golan et al.，2015）。由于难以测量农村家庭的收入和资产，实际应用中村支书在确定和筛选潜在受益人方面起着核心作用。最终，由乡镇和县级官员选择受益家庭。为确保选择过程的透明度，受益人的姓名在村庄公开以供社区审查和反馈。然而，农村低保项目实施中仍存在一些问题。

值得注意的是，低保项目还与医疗、教育、住房等其他一系列社会援助项目相补充。同时，大多数补充援助项目的资格条件与低保相关联，低保项目实际上决定着一系列社会福利和服务的门槛（Gao，2017）。由于无法将农村低保项目独立于其他与之相关的一系列社会援助政策的影响分离开来，因此农村最低生活保障计划的影响可能涵盖了一系列扶贫政策。尽管如此，这些扶贫政策大部分是最近实施的，并且往往针对贫穷人群中的某些特定子群体。而本研究中处理变量的变异主要来自低保项目的初期推行，因此最终的研究结果不太可能受到其他社会援助项目的影响。

3 数据

本文使用的数据集来自中国家庭追踪调查（CFPS），该调查由中国北京大学社会科学调查研究中心（ISSS）于 2010 年启动。CFPS 是对中国社区、家庭和个人进行的具有全国代表性的纵向追踪调查。CFPS 样本覆盖了 25 个省、自治区、直辖市（不包括香港、澳门、台湾、新疆、西藏、青海、内蒙古、宁夏和海南），涵盖了中国 95%的人口。CFPS 随后在 2012 年、2014 年、2016 年和 2018 年进行了四轮跟踪调查。本研究主要使用了 2010 年的基线调查数据进行分析。2010 年的基线调查共访问了 14960 个家庭和 42590 名个人。主要样本包括在 1995 年至 2000 年期间出生且居住在中国农村的 10~15 岁的青少年。为了排除由迁移造成的任何潜在偏差，研究限制样本为出生地、三岁时的居住地、2010 年的居住地以及 2010 年的户籍（户口）所在地均相同的儿童，以确保样本包括从出生起一直居住在同一社区的儿童。分析的主要样本包括 382 个 2010 年农村社区中的 2168 名年龄在 10~15 岁之间的儿童。表 1 报告了样本的描述性统计。

表 1　描述性统计

	(1) 平均数	(2) 标准差	(3) 样本
Panel A. 个体特征			
-结果变量			
平均认知测试分数	18. 18	6. 134	2379
词汇测试分数	21. 01	7. 260	2379
数学测试分数	10. 83	4. 462	2379

续 表

	(1) 平均数	(2) 标准差	(3) 样本
-处理变量			
生命早期低保项目接触	1.279	2.270	2341
-控制变量			
性别	0.496	0.500	2468
少数民族	0.134	0.341	2463
兄弟姐妹数	2.274	1.013	2175
母亲生育时年龄	25.72	4.555	2443
父亲教育年限	6.506	3.513	2441
母亲教育年限	4.806	3.578	2439
家庭规模	5.039	1.624	2463
与父亲同住	0.938	0.241	2466
Panel B. 村特征			
地理位置	0.0585	0.235	410
人口	2467	2462	410
土地面积（km^2）	50.18	400.1	376
距离最近城市距离（m）	0.446	1.618	410
少数民族地区	0.120	0.325	410
未铺设道路百分比	57.00	37.84	409
人均耕地	1.847	9.916	410

注：来源于2010年CFPS数据，样本包括2468名1995年至2000年出生的农村儿童。

认知功能衡量

CFPS 2010年的调查对所有10岁及以上的受访儿童进行了数学和词汇识别两组测试，以衡量他们的认知功能。为了使测试分数更易于解释，本研究按年龄组创建了经过标准化的测试分数，平均值为零，标准差为一。标准化的数学测试分数每增加一个标准差，相当于在测试中正确回答了4.48个问题，而标准化的词汇测试分数每增加一个标准差，相当于在测试中正确回答了7.3个问题。

研究的主要结果变量是平均认知测试分数。它是通过计算词汇识别和数学测试分数的加权平均值获得的，其中权重是各个测试中问题数量的倒数按年龄组对加权平均值进行标准化所得。

生命早期低保覆盖

本研究中的处理变量是儿童从产前到幼儿期被农村低保项目覆盖的年数。幼儿期通被常定义为生命的前五至六年，被认为是人力资本积累的关键时期（Cunha el al.，2006；Attanasio，2015；Currie and Almond，2011；Hoynes el al.，2016）。如果低保项目在产前和幼儿期均实施，则其应该对儿童发展起到最大程度的影响。

生命早期被低保项目覆盖的年数由社区层面的低保项目的实施年份和儿童出生年份共同决定。低保项目的首年信息来源于 CFPS 2010 年的社区调查数据。社区调查的对象是每个社区中熟悉社区并能够获得社区统计材料的个人，如社区委员会主任或会计或党支部书记。图 1 显示了 1990 年至 2010 年间每年新引入低保项目的社区数量以及在 CFPS 2010 年的 388 个农村社区中推出社区级别低保项目的累积分布情况。处理变量的变化来自 1995 年至 2005 年间首次引入低保项目的农村社区的儿童。

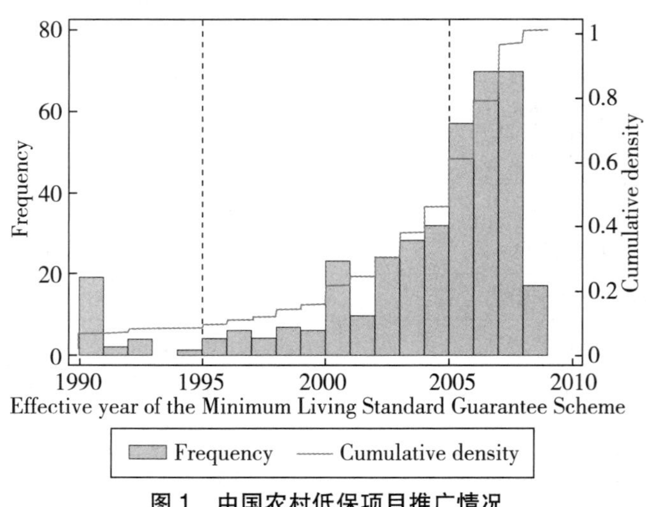

图 1　中国农村低保项目推广情况

来源：2010 年 CFPS 调查。

4　实证

本文的实证模型是一个双重差分模型，在该模型中，我们将社区中出生较晚（生命早期受低保项目影响）的青少年的认知技能与出生较早的青少年（因此没有在生命早期受低保项目影响）的认知技能进行比较。

设如下方程：

$$Y_{ivt} = \gamma Exposure_{vt} + X_{ivt}\beta + \theta_c + \theta_c t + \eta_t + \delta_{pt} + \varphi_t W_v + \varepsilon_{ivt} \quad (1)$$

i 为样本序号，v 为出生村庄，t 为出生年份，c 为出生县，p 为出生省份。$Yivt$ 为来自

村庄 v 在 t 年出生的儿童 i 的认知能力。$Exposure_{vt}$ 为衡量生命早期低保项目覆盖的变量，即从受孕到 6 岁间被低保项目覆盖的年限。参数为 γ 用于衡量生命早期低保项目覆盖的影响，从不同社区和出生队列的差异中进行确定。X_{ivt} 为个人和家庭特征的载体，包括性别、种族、兄弟姐妹数量、母亲生育时的年龄、家庭规模、父母的教育年限，以及父母是否一起生活。θ_c 为县固定效应，用于控制与低保项目的时间相关的县级特征，这些特征可能与儿童认知发展的时间相关。

方程中加入了县虚拟变量和线性队列趋势的交互项，以允许结果变量的县特定线性队列趋势。为了考虑心理学文献中提到的儿童发展的年龄趋势，方程还控制了队列固定效应 η_t 。同时，方程中加入了省虚拟变量与出生年份虚拟变量的交互项，以捕捉省特定的队列固定效应，以控制在省级实施的所有改革和政策的影响。ε_{ivt} 为标准误，聚类在县层面。

设定的有效性取决农村低保项目在社区之间的引入是否具有外生性。本文通过两种方式解决这个问题。首先，通过加入出生社区特征和出生年份虚拟变量之间的交互作用（ $\phi_t W_v$ ），进一步允许结果变量中的队列或时间效应与社区层面的农村低保采纳的可观测决定因素相互作用。社区特征包括人口对数、土地面积对数、距离最近城镇或城市的距离对数、少数民族地区的指标、人均耕地和未铺设道路的百分比。此外，农村低保项目的引入期间正值扩大基础设施和贫困治理计划的时期，例如“村村通”项目。为了探索这些可能的混杂因素，因此研究还控制了儿童早期受电力、有线/卫星电视、公共道路、自来水、医疗设施和新农村合作医疗制度的影响。

5 实证结果

5.1 基准结果

表 2 报告了生命早期低保项目覆盖对平均认知测试分数以及对词汇识别和数学测试分数分别的影响估计结果。结果显示，在生命早期接触低保项目对青少年的认知能力具有积极而显著的影响。第（1）列报告了在控制个体和家庭特征、出生队列固定效应和省份队列固定效应的结果，生命早期接触低保项目多一年，儿童平均认知测试分数增加 0. 032 个标准差。

第（2）列加入了县固定效应，结果显示加入县固定效应对系数影响不大。第（3）列进一步控制了 2010 年社区特征与出生队列虚拟变量的交互项。第（4）列加入了县级特定的线性队列趋势。生命早期接触低保项目的系数变化不大。结果显示，在控制社区特征与出生队列虚拟变量的交互项的情况下，生命早期接触低保项目多一年，儿童平均认知测试分数增加 0. 038 个标准差。

表 2　　生命早期低保覆盖对认知能力的影响

	（1）	（2）	（3）	（4）	（5）	（6）
	平均认知测试分数				词汇测试分数	数学测试分数
生命早期低保覆盖	0.032**	0.038***	0.042***	0.038***	0.030**	0.036**
	(0.014)	(0.013)	(0.014)	(0.013)	(0.014)	(0.015)
	[0.014]	[0.016]	[0.017]	[0.017]	[0.014]	[0.020]
样本量	1947	1947	1947	1807	1807	1807
R^2	0.244	0.330	0.369	0.397	0.384	0.344
控制变量	是	是	是	是	是	是
出生队列 FE	是	是	是	是	是	是
省份队列 FE	是	是	是	是	是	是
县 FE	否	是	是	是	是	是
村特征×出生队列	否	否	是	是	是	是
县级线性趋势	否	否	否	是	是	是

注：村特征包括人口对数、土地面积对数、到最近城镇的距离的对数、少数民族村、城郊村的指标、人均耕地和未铺设道路的百分比。圆括号中的标准误在村层面聚类。方括号中的标准差在县层面聚类。**、*** 分别表示在 5%和 1%水平上显著。

基于第（3）列相同的实证设定，第（5）列和第（6）列中分别展示了低保项目对字词测试和数学测试的影响。结果显示，生命早期接触低保项目对两个测试分数都有显著正向影响。生命早期接触低保项目多一年，儿童的字词测试成绩将增加 0.027 个标准差，数学测试成绩将增加 0.041 个标准差。鉴于一个标准差的增加相当于在字词识别测试中正确回答了 7.3 个问题，或在数学测试中正确回答了 4.5 个问题，生命早期接触低保项目多一年将使儿童在词汇识别测试中正确回答更多的 0.20 个问题，在数学测试中正确回答更多的 0.18 个问题。

值得注意的是，表 2 中的估计值是意向性分析估计值，平均考虑了受农村低保项目影响可能性较高和较低的儿童。由于低保项目实施初期的参与率约为 5%（Golan et al.，2017），要将估计值转化为实际接受项目的影响，应该将处理效应除以 0.05。因此，尽管低保项目接触的系数很小，但对受益者来说，影响在经济上是显著的。

5.2 DID 策略的有效性

本文的关键识别假设为，在没有低保项目的情况下，早期实施低保项目的农村儿童与后期引入该项目的社区中的儿童在认知能力方面应该有类似的趋势。本文首先通过事件研究来检验这一假设。此外，本文还使用未在生命早期接受农村低保项目的个体进行时间偏移的安慰剂测试。

事件研究分析

为了评估识别假设的有效性并探索实验的时机，我使用了事件研究设计。事件时间被定义为低保项目在社区层面首次实施的年份与出生年份之间的差值。例如，在2002 年首次实施低保项目的社区中出生的孩子，出生于 2000 年，其事件时间便为 2。如果该项目在他/她的出生社区首次引入是在 1998 年，那么该孩子的事件时间为-2。事件时间小于等于-1、介于 0 和 5 之间以及大于 5，分别表示完全接触、部分接触和无接触。研究根据事件时间的两年间隔生成一系列虚拟变量。本文在事件研究分析中重新估计方程（1），将生命早期对低保项目的接触替换为年龄组虚拟变量，以该项目启动时年龄在 11~12 岁队列作为控制组。每个系数为相对于控制组组，该项目对给定队列的影响估计值。

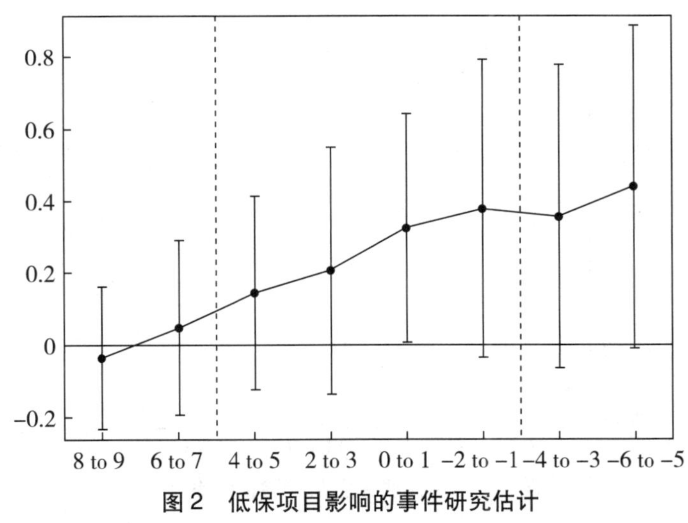

图 2　低保项目影响的事件研究估计

注：该图绘制了来自事件研究分析的系数（点）和 95%的置信区间（垂直线）。

农村低保项目对完全接触的儿童（即事件时间小于-1）的认知能力影响最大。估计结果显示，在生命早期阶段（事件时间介于-1 和 5 之间），整体呈现下降趋势，这意味着儿童接触农村低保项目的时间越晚，其认知能力得到的改善越小。超过事件时间 5 后，估计结果接近于零，表明生命早期之后的低保项目接触对认知发展几乎没有影响。事件研究的证据有助于排除研究估计结果受社区内队列趋势影响的可能性。总体而言，事件研究揭示了生命早期阶段是认知发展的关键时期，并进一步确认了识别假设的有效性。

时间偏移的安慰剂测试

为了进一步验证低保项目接触的有效时机，本文进行了一项安慰剂测试，使用2010年年龄在17~22岁、19~24岁、21~26岁、23~28岁和25~30岁五个人群，将他们的出生年份向后均匀偏移了7、9、11、13和15年，使得他们与主要分析中的儿童（即2010年10~15岁的儿童）同龄。随后使用偏移后的出生年份和出生社区实际实施低保项目的年份计算了产前和6岁时的虚拟低保项目接触。然后针对每个群体分别重新估计方程（1），其中生命早期低保项目接触被虚拟生命早期低保项目接触所替代。如果从子宫到早期童年阶段的时期对于认知发展并不重要，则结果应该在年龄较大的群体中发现虚拟接触与结果变量之间的相关性。

时间偏移的安慰剂测试的估计结果绘制在图3中。图3的结果表明，仅基准模型中的低保接触系数显著为正，然而，安慰剂生命早期低保接触系数较小、不精确，甚至符号错误。时间偏移的安慰剂测试的结果表明，主要影响很可能由关键时期的项目接触所驱动。

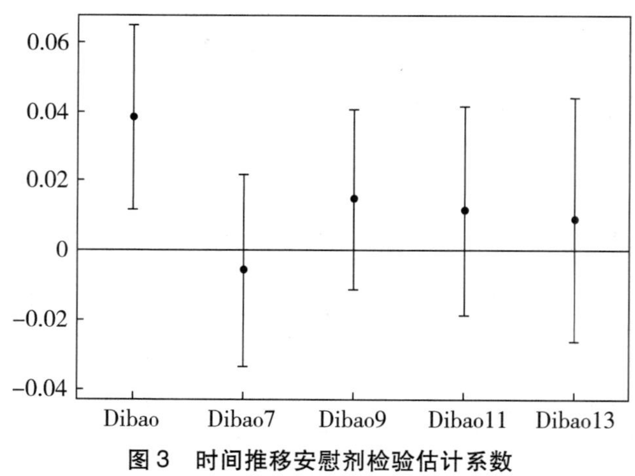

图3　时间推移安慰剂检验估计系数

5.3　异质性检验

生命早期低保项目接触对儿童认知发展的影响也可能取决于个人、家庭或社区的特征，本节重点研究生命早期低保项目接触效应根据性别、家庭社会经济地位和社区低保参与率变化的结果。

由于重男轻女的偏好，女孩更容易受到家庭信贷限制的影响。无条件现金转移可以缓解家庭的财务约束，可能对女孩的认知发展产生更强的影响。许多先前的研究显示，现金转移，尤其是针对妇女的转移，对女孩比男孩有更大的影响（Thomas，1994；Duflo，2003；Paxson and Schady，2010）。为了研究性别在项目效果中的差异，研究将性别虚拟变量与生命早期低保项目接触年限的交互项添加到回归中。表3的Panel A的第（1）列显示，在生命早期每增加一年低保项目接触，男女孩的认知得分都会增加 0.033 个标准差，但性别交互项的系数很小且不显著。因此，我们没有检测到生命早期低保项目接触对性别的异质影响。

表 3　　低保项目对认知发展的异质性影响

	(1) 平均认知 测试分数	(2) 词汇测试 分数	(3) 数学测试 分数
Panel A. 性别			
生命早期低保覆盖	0.033** (0.016)	0.028* (0.016)	0.028 (0.018)
生命早期低保覆盖×女性	0.009 (0.020)	−0.002 (0.020)	0.022 (0.023)
样本量	1807	1807	1807
R^2	0.362	0.348	0.296
Panel B. 家庭社会经济地位			
生命早期低保覆盖	0.019 (0.016)	0.008 (0.016)	0.027 (0.018)
生命早期低保覆盖× 低教育程度父亲	0.031* (0.019)	0.033* (0.018)	0.019 (0.024)
样本量	1807	1807	1807
R^2	0.363	0.349	0.296
Panel C. 高参与度村庄			
生命早期低保覆盖	0.016 (0.017)	0.004 (0.017)	0.028 (0.020)
生命早期低保覆盖×高参与度村庄	0.045* (0.024)	0.048** (0.023)	0.026 (0.027)
样本量	1769	1769	1769
R^2	0.362	0.350	0.294
出生队列 FE	是	是	是
省份队列 FE	是	是	是
县 FE	是	是	是

续 表

	(1) 平均认知 测试分数	(2) 词汇测试 分数	(3) 数学测试 分数
县级线性趋势	是	是	是
村特征×出生队列	是	是	是

注：如果父亲的受教育程度低于九年，则被视为受教育程度较低。高参与度村根据 2010 年村里受益于低保项目的家庭的百分比来定义的。如果百分比大于 10%，则赋值高参与度村庄为 1。*、** 分别表示在 10%、5%水平上显著。

原则上，家庭人均收入低于最低生活标准的家庭有资格享受低保福利。来自弱势家庭（高参与样本）的儿童很可能受到农村低保项目的最大影响。为了捕捉家庭之间的影响差异，研究控制生命早期低保项目接触与家庭社会经济地位之间的交互项。家庭社会经济地位以父亲的教育水平为指标来衡量。如果父亲只接受了小学及以下的教育，则被认为较低教育水平。表 3 的 Panel B 报告了结果。如预期所示，低保项目对受教育程度较低的家庭的孩子有更大的影响。早在生命早期每增加一年低保项目接触，弱势家庭儿童的认知测试分数会增加 0.052 个标准差。然而，对于受过教育的父亲的孩子，无论是平均测试分数还是个体测试分数，都没有发现显著的处理效果。

理解意向性分析估计了在个体的早期生活中，无论是否真正接受了任何处理，只要出生的社区实施了农村低保项目就能获得的治疗的平均效果。2010 年，来自高参与度社区的儿童（定义为一个村庄中受益于迪宝津贴的家庭百分比）平均从低保项目中获益更多。如果一个村庄中 2010 年受益于低保津贴的家庭占比超过 10%（中位数水平），则高参与社区指标被设定为 1，否则为 0。表 3 的 Panel C 结果显示，来自高低保参与率社区的儿童从低保项目中获益更多。

5.4 稳健性检验

报告误差

我们分析中的处理变量——生命早期被低保项目覆盖的年数，取决于儿童的出生年份和社区实施低保计划的年份。关于低保项目实施的年份信息来自 CFPS 2010 年的社区调查数据，可能存在报告误差。该社区调查一般向了解社区情况并能够获取社区统计材料的个体进行采访。例如，村委会的工作人员，例如负责日常管理的主任、村里的会计或其他委员会成员/社区干部，由于他们对社区非常熟悉，都可能成为受访者。此外，村里党支部的书记如果对村庄有全面的了解，也可能成为受访者。在调查中，大约 90%的社区问卷由上述受访对象回答。然而，有 10%的社区问卷由其他类型的受访对象回答。

为了检验研究结果是否对处理变量的测量误差稳健，本节将样本限制在由相对可靠的受访对象回答社区问卷的社区。表 4 的 Panel A 报告的结果仍然是显著的且为正值，当限制样本在受访者更可靠的社区时，处理变量的系数变得更大。

表 4　　　　稳健性检验——受访者可信度

	(1) 平均认知 测试分数	(2) 词汇测试 分数	(3) 数学测试 分数
Panel A. 受访者地位			
生命早期低保覆盖	0.051*** (0.013)	0.038*** (0.014)	0.050*** (0.014)
样本量	1600	1600	1600
R^2	0.418	0.405	0.369
Panel B. 采访者评估			
生命早期低保覆盖	0.041** (0.016)	0.031* (0.017)	0.040** (0.019)
样本量	1624	1624	1624
R^2	0.399	0.381	0.358
出生队列 FE	是	是	是
省份队列 FE	是	是	是
县 FE	是	是	是
村特征×出生队列	是	是	是

注：A 组样本包括社区问卷由更可靠受访者回答的社区，即社区委员会主任或会计、党支部书记或委员/社区干部。小组 B 中的样本包括基于采访者评估的可靠社区。括号中为社区层面的标准差。*、**、*** 分别表示在 10%、5%和 1%水平上显著。

此外，还可以用对访谈员的评估衡量社区调查受访者回答的可靠性。在 CFPS 2010 的社区调查之后，要求访谈员根据 1 至 7 的评分尺度评估受访者的回答可靠性，其中 1 代表非常不可靠，7 代表非常可靠。如果某个受访者的评估分数至少为 5，就定义其为可靠受访者。表 4 的 Panel B 只使用受访者可靠社区中的儿童子样本进行估计，结果基本保持不变。

样本缺失

本文的基准分析讲跨社区迁移的儿童排除在外，但如果迁移决策与农村低保项目的实施时间或儿童的认知结果有系统相关性，那么估计结果会由于样本缺失产生偏差。

本文证实生命早期低保接触与迁移决策没有显著相关性，基准回归的样本选择不太可能使得估计产生偏差。

混淆因子

最后，本文还考虑了“村村通”工程、免费义务教育改革、撤点并校等混淆因素的影响，主结果仍稳健。

6 影响机制

生命早期低保接触可以直接影响认知技能的发展，也可以通过多种渠道间接影响认知发展。本节将关注文献中讨论的两个重要渠道：家庭资源渠道和家庭环境渠道。现金转移可能会增加儿童的金钱投入和时间投入，这两者都会影响儿童的发展结果。此外，现金转移可能改善家长的心理健康状况，提高儿童获得的育儿质量。

研究重点关注 2010 年处于认知发展的关键时期（0~6 岁之间）的儿童，以探究生命早期低保接触对家庭资源和环境的影响。同时，研究还通过包括生命早期低保接触和家庭社会经济地位的交互项考虑儿童受农村低保项目影响的不同概率。

6.1 家庭资源

农村低保项目使受益者能够克服信贷约束，给予儿童发展更高的金钱投入和时间投入。表 5 报告了生命早期被农村低保计划覆盖对家庭货币投入的影响。结果显示，生命早期受农村低保覆盖显著增加了家庭的食品支出，但对家庭的教育支出或医疗保健支出没有显著影响。

表 5　机制—低保覆盖对家庭支出的影响

变量	(1) 总花费	(2) 食物	(3) 教育	(4) 医疗
生命早期低保覆盖	989. 643 (1264. 832)	1080. 453 *** (344. 002)	-54. 786 (250. 427)	-172. 838 (251. 813)
生命早期低保覆盖×低教育程度父亲	0. 182 (610. 668)	-188. 040 (156. 011)	-34. 061 (77. 195)	-91. 442 (162. 519)
样本量	1446	1515	1617	1612
R^2	0. 521	0. 478	0. 434	0. 296
出生队列 FE	是	是	是	是
省份队列 FE	是	是	是	是

续 表

变量	(1) 总花费	(2) 食物	(3) 教育	(4) 医疗
县 FE	是	是	是	是
县级线性趋势	是	是	是	是
村特征×出生队列	是	是	是	是

注：样本限制为 2010 年 6 岁以下的儿童。因变量为家庭在食品、教育和医疗方面的支出。括号中的标准误聚类在村层面。*** 表示在 1%水平上显著。

由于无条件现金转移，母亲可能有更多的时间陪伴孩子。本节同时研究了生命早期低保接触是否会影响母亲在工作、家务、照料家庭和休闲方面所花费的时间。表 6 表明，尽管没有显著性，在教育程度较低的家庭中，家庭工作、家庭照顾和休闲所花费的母亲时间与生命早期低保接触呈正相关。

表 6　　　　机制—低保覆盖对母亲时间使用的影响

	(1) 工作	(2) 家务	(3) 照料家庭	(4) 休闲
生命早期低保覆盖	0. 183 (0. 178)	−0. 134 (0. 085)	0. 105 (0. 127)	−0. 073 (0. 105)
生命早期低保覆盖× 低教育程度父亲	0. 006 (0. 102)	0. 001 (0. 038)	0. 033 (0. 068)	0. 029 (0. 052)
样本量	1527	1520	1522	1527
R^2	0. 471	0. 409	0. 465	0. 407
出生队列 FE	是	是	是	是
省份队列 FE	是	是	是	是
县 FE	是	是	是	是
村特征×出生队列	是	是	是	是

注：样本限制在 2010 年 6 岁以下的儿童。因变量分别是母亲花在工作、家务、家庭照料和休闲上的时间。括号中的标准误聚类在村层面。

6. 2　家庭环境

现金转移可能有助于营造一个对儿童认知发展更有利的家庭环境，减少经济压力并改善父母的心理健康。有很多证据表明，特别是在较贫困的家庭中，母亲的抑郁症状与儿童的认知和情绪发展呈负相关（Sohr-Preston and Scaramella，2006）。

表 7 考察了低保项目对父母心理健康状况的影响。父母的心理健康程度通过抑郁

症状的指标来衡量。在调查中，为了评估抑郁症状，受访者被问及在过去一个月内是否感到沮丧且无法开心。调查构建了一个抑郁症状的二值指标，如果受访者在过去一个月内感到沮丧，则该指标为1。结果表明，生命早期低保接触显著降低了教育程度较低家庭母亲抑郁症状的风险。然而，其对父亲心理健康的影响并不显著。

表7　机制—低保覆盖对父母心理健康的影响

	(1) 母亲抑郁症状	(2) 父亲抑郁症状
生命早期低保覆盖	-0.000 (0.025)	-0.023 (0.025)
生命早期低保覆盖× 低教育程度父亲	-0.032** (0.014)	-0.010 (0.016)
样本量	1519	1233
R^2	0.353	0.394
出生队列 FE	是	是
省份队列 FE	是	是
县 FE	是	是
村特征×出生队列	是	是

注：我们将样本限制为2010年6岁以下的儿童。抑郁症状取1如果母亲或父亲在过去一个月感到抑郁。括号中的标准误聚类在村层面。** 表示在5%水平上显著。

7　结论

本文旨在研究生命早期接触无条件现金转移对青少年认知能力的影响。具体而言，本文使用中国农村最大的社会保障项目——农村低保项目的实施，利用农村低保项目在不同社区推出的差异，并采用DID识别策略进行实证分析。基于2010年中国家庭追踪调查数据，研究发现，生命早期中多受农村低保项目一年影响，可以使10~15岁儿童的认知测试成绩提高0.038个标准差。此外，这一影响对来自弱势家庭的儿童更为明显。本研究同时开展一系列检验来证明结果的稳健性。

此外，本研究还探讨了早期接触农村低保计划如何影响青少年认知发展的途径。结果显示，农村低保改善了低社会经济地位家庭的母亲的精神状况，增加家庭在食物上的支出，这可能是研究结果背后的潜在机制。

为了促进人力资本积累，发展中国家广泛实施了有条件的现金转移项目。但是，鉴于无条件现金转移项目不需要监控家庭的行为，因此，与有条件的现金转移项目相比，无条件现金转移项目在操作上不那么复杂，政府更易于实施。本研究表明，无条件现金转移项目通过改善下一代的认知发展，从长远提高他们的收入能力，会提高接受者的长期福祉。因此，本研究结果表明，无条件现金转移具有降低行政成本的优势，也可以打破贫困的代际传承。

计划生育政策与性别教育平等化趋势

北京师范大学经济与工商管理学院　朱梦冰

摘　要：基于2013年中国住户调查数据，本文研究了计划生育政策通过影响家庭中子女数量而对家庭人力资本投资行为的影响，并讨论其对缩小性别教育差距的作用。结果表明，同胞数量对个体的教育机会有明显的挤出效应，即兄弟姐妹的数量增加一人，个人的受教育年限下降约0.367年，且兄弟姐妹的数量对女性受教育水平的负面影响更大。农村家庭、贫穷家庭中的子女的教育年限受同胞数量的负向影响更大。同胞数量对个体不同阶段的教育获得都有显著的负向影响，且随着教育程度的提高，兄弟姐妹的数量对女性教育获得的挤占效应更加明显。在独生子女家庭中，独生女的受教育水平和高等教育入学率都显著高于独生子。处理了内生性问题后，本研究结果依然稳健。因此，本研究结果证明，计划生育政策实施通过增加独女户的数量和减少家中孩子数量而有助于性别教育平等。

关键词：计划生育　兄弟姐妹数量　性别差异

1　引言

始于20世纪70年代末的计划生育政策，通过约束女性的生育行为，在控制人口数量，调节人口增长速度，提高劳动者的人力资本积累，提高家庭收入和促进经济增长等方面都发挥了重要的作用（汪伟，2010；Rosenzweig and Zhang，2009；瞿凌云，2013）。在计划生育政策实施的30余年以来，中国的人口自然增长率从1978年的12‰显著下降到2015年的4.96‰（国家统计局，2019）①。

计划生育政策的初衷是缩小家庭规模，降低人口出生率。人口数量的下降有助于缓解由于资源约束导致的家庭对人力资本投资的减少。在新古典经济学的框架下，生育数量被视为在一定约束条件下的最优化问题（Becker and Lewis，1973）。Becker and

① 详见http：//data.stats.gov.cn/easyquery.htm？cn=C01。

Lewis（1973）最早提出了生育选择的数量—质量的替代理论。他们认为，随着子女数量的减少，家庭将不断增加对单个子女的投资。在数量—质量替代理论的基础上，越来越多的学者讨论了家庭结构与子女质量之间的关系，但研究结果存在一定的争议。理论上来讲，子女作为一种耐用消费品，子女数量的增加会稀释家庭对单个子女的教育投资。一些经验研究通过考察家庭中兄弟姐妹的数量对教育获得的影响进一步论证子女数量与教育获得之间的替代关系（Berhman et al.，1989；Goux and Maurin，2003）。另外，数量—质量替代理论的前提是假设对子女教育质量的投入会随着数量的减少而增长。然而，实际上，子女数量的增多还有可能带来教育投资的规模经济效应。即兄弟姐妹共享书本等教育资源，兄弟姐妹的数量对每个孩子的教育成就有正向的影响（Qian，2009）。另外，部分现有研究还发现，孩子的数量与教育获得之间没有显著的相关关系（Angrist et al.，2010）。目前，已有一些学者关注到中国计划生育政策对家庭人力资本投资行为的影响。由于计划生育政策直接引起了家庭规模的变化，现有研究大都选用家庭中子女数量作为控制变量，研究其对个体人力资本存量的影响，但以往研究并未给出一致的估计结果（Qian，2009；Rosenzweig and Zhang，2009；Liu，2014；郑筱婷和陆小慧，2018）。

计划生育政策的实施通过缩小家庭规模而改变了家庭对子女人力资本投资行为，进而影响了性别间教育不平等的变化。计划生育政策通过多种途径影响性别间教育差异。一方面，生育政策影响了我国家庭结构的变化。在计划生育政策的影响下，中国的家庭规模逐渐缩小。家庭作为共享收入和资源的主体，家庭结构的小型化有利于缓解由于资源约束导致的家庭对子女人力资本投资的减少。另一方面，中国传统文化中存在严重的性别偏好，即家庭资源大都向男孩倾斜（Tsui and Rich，2002）。计划生育政策通过严格限制子女数量，有利于“独女户”家庭增多，对改善女孩相对弱势的地位和提高其文化程度有积极的影响。随着对生育政策影响下的数量—质量替代关系的研究，部分学者讨论了兄弟姐妹数量对男性和女性教育投资的不同影响（叶华、吴晓刚，2011；陆万军、张彬斌，2016；郑筱婷、陆小慧，2018）。

然而，现有研究探讨计划生育政策这一外生冲击的影响时，大都侧重估计兄弟姐妹的数量与个体教育发展之间的关系。需要指出的是，子女数量和质量存在一个内生性的问题（Becker and Tomes，1976；Liu，2014），即家庭对子女教育发展的期望同时影响孩子的数量的和质量，因此子女数量—质量之间的替代关系可能同时受到父母偏好的影响，而基于家庭规模对子女教育发展影响的回归估计存在偏误。为了解决这个问题，现有研究大都选用工作变量作为兄弟姐妹数量的代理变量进行分析。例如，一些学者选用兄弟姐妹的性别构成、出生顺序、出生间隔等作为工具变量。还有一些研究选用不受外生政策影响的双胞胎作为工具变量考察子女数量的增加对子代教育发展的影响（Rosenzweig and Wolpin，1980）。但关于这些工具变量的有效性仍存在一定的质疑（Rosenzweig and Zhang，2009）。

本文使用2013年中国居民收入调查数据，考察了计划生育政策这一外生冲击通过影响生育数量而对家庭人力资本投资行为的影响，并讨论其对性别教育差距的作用。本文的结构安排如下：第二节介绍本文使用的数据，并细致描述了性别教育差异的变化；第三节介绍了本文使用的研究方法；第四节利用回归考察了计划生育政策对性别教育不平等的影响，讨论了相关的内生性问题，并对结果进行了稳健性检验；第五节总结全文。

2　数据及描述

本文所使用的数据是中国居民收入调查项目（Chinese Household Income Project，CHIP）2013年的城市住户数据。2013年的调查覆盖了全国范围内的15个省份的6674个城市家庭住户和约10000个农村住户。

从1971年起，计划生育就被列入国务院发展报告。1973年，国家明确提出了“晚、少、稀”的政策。1980年开始，国家倡导一对夫妇只生育一个子女。1982年计划生育政策确定为我国基本国策。图1描述了不同年份出生的个体的家庭中的平均子女数量。可以看出，这与我国计划生育政策实施的时期相吻合。从家庭子女总数来看，从20世纪70年代特别是1973年起，家庭养育的子女的数量持续下降。计划生育政策实施以来，我国的出生率不断下降。既有研究表明，中国妇女的总和生育率从1970年每个妇女平均生育5.8个孩子下降到1979年的约2.7个孩子，到1998年每个妇女平均生育约1.5个孩子（叶华和吴晓刚，2011）。

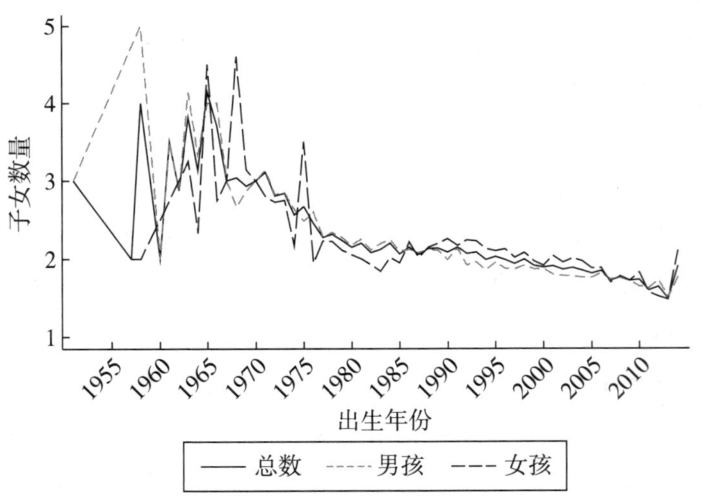

图1　不同年份出生的个体家庭规模比较

本文主要考察计划生育政策影响下生育行为的变化对家庭人力资本投资行为和性别教育差距的影响，以此为标准，研究中把样本限定为出生于计划生育政策实施后，即 1979 年及以后出生的子女样本。由于家中子女数量是本文分析的核心变量，为了去除异常样本的影响，我们只保留了家中少于 5 个孩子的样本。后文的实证分析中使用个体所在地区出生时计划生育政策的强度识别对家庭中子女数量的影响，即借鉴 Ebenstein（2010）给出的中国各省计划生育额度、罚款金额和补贴金额的变量集合来构造本文的工具变量。由于 Ebenstein（2010）构造的罚款数据库只更新到 2000 年，因此本文在分析中删除了 2000 年后出生的子女样本。处理后，最终剩余样本 6478 个，其中男性样本 4432 个，女性样本 2046 个。考察个体教育获得时，我们考虑了个体是否上过高中、是否上过大专及以上两种情况，鉴于此，分别删除数据中正处于初中及以下教育阶段和正处于高中及以下教育阶段的样本。最终有效样本量分别为 8848 和 7422。

根据 Becker and Lewis（1973）提出数量—质量替代关系，家中子女数量越多，每个子女所能获得的教育资源越少。从数据中可以看出，随着家庭中兄弟姐妹数量的增加，个体的平均受教育年限不断下降（图 2）。换言之，兄弟姐妹的数量具有一定的教育挤出效应。例如，独生子女的平均受教育年限最高，而有 3 个兄弟姐妹的个体的平均受教育年限最低。考虑兄弟姐妹的数量对性别教育差异的影响后同样发现，无论是男性还是女性，家庭规模的扩大都不利于个体的教育获得。从图中还可以看出，随着家中孩子数量的增加，女孩平均受教育年限下降的速度更快一些。

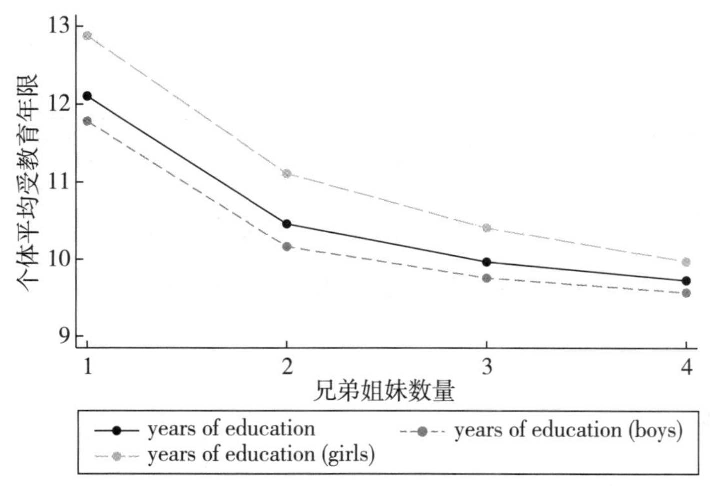

图 2　个体平均受教育年限与兄弟姐妹数量之间的关系

图 3~图 4 分别描述了家中同胞数量对不同年份出生的男性和女性的受教育年限的不同影响。结果同样表明，无论男性还是女性，随着家庭规模的增加，个体受教育年限是不断下降的。而女性在不同家庭养育规模间的教育差异更大一些。

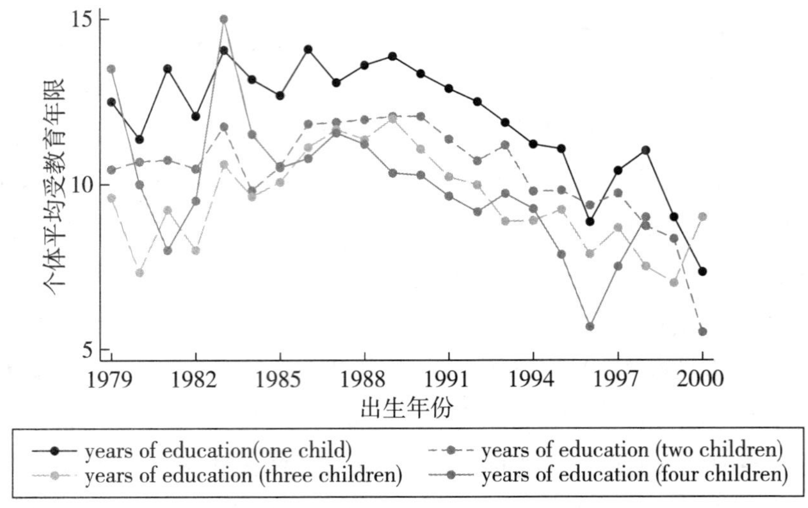

图 3　兄弟姐妹数量与女性平均受教育年限

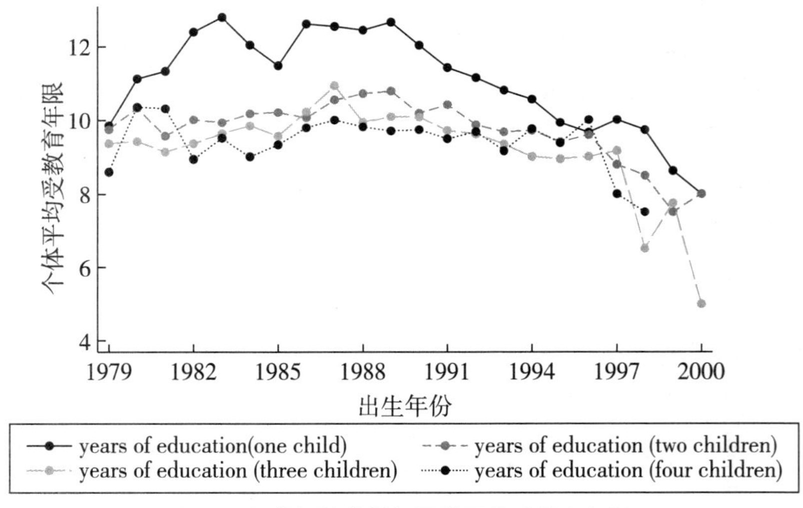

图 4　兄弟姐妹数量与男性平均受教育年限

3　研究方法

本文主要讨论计划生育政策通过影响生育行为而对家庭人力资本投资决策的影响。在识别策略上，我们选用个体兄弟姐妹的数量来测量计划生育政策的影响。计量模型如下所示：

$$Edu = \alpha + \beta_1 \times siblings + \beta_2(gender, \ hukou, \ hanzu) + \beta_3(edu_{fa}, \ edu_{mo}) + \beta_4 Income + \varepsilon \tag{1}$$

其中，*edu* 表示个体的受教育水平，以受教育年限、是否上过高中和是否上过大专及以上来衡量。*siblings* 表示家中兄弟姐妹数量，是本文主要关注的自变量。回归中还控制了个体的特征，如性别（*gender*）、户口类型（*hukou*）、民族（*hanzu*）。已有研究都证明，除了个体的个人特征外，父亲和母亲的受教育程度（edu_{fa}，edu_{mo}）同样会影响子代的教育水平。除此之外，Hannum（2005）的研究发现子女的教育获得与家庭经济状况存在显著的相关性，特别是农村地区的女孩的教育水平更容易受到家庭收入的影响。因此，我们进一步控制家庭经济状况。由于本文研究的个体大多是已经完成学业的子女样本，而数据中并没有调查其就学时家庭的经济条件，因此，我们选用个体所在家庭过去三年的平均收入（*income*）为经济状况的代理变量。此外，回归中还控制了出生年份和省份的虚拟变量。

如前所述，父母的偏好和期望会同时影响孩子的数量和质量，因此上述 OLS 估计结果存在一定的内生性问题。为了解决这个问题，既有研究通常采用工具变量方法来探讨兄弟姐妹数量与个体教育水平之间的关系。选用的工具变量包括家中孩子的性别构成、年长孩子的性别、双胞胎的兄弟姐妹、二胎生育资格、计划生育政策的实施强度等（Rosenzweig and Zhang，2009；Angrist et al.，2010；Lee，2008；Liu，2014）。本文通过计划生育的罚款和在不同地区的政策差异性构造不同地区计划生育政策强度的变量，作为识别家庭中孩子数量和质量间因果关系的工具变量。

1979 年计划生育政策正式实施以后，不同地区的计划生育政策存在一定的差异性。具体来讲，一方面，严格的一胎政策主要在城镇地区执行，而农村地区则普遍实行“一胎半”政策。在一些边缘地区或少数民族地区，有些家庭可以生育二胎或三胎。①另一方面，为了惩罚对不符合条例规定生育子女的家庭，各地方根据当地收入水平征收相应的社会抚养费，即超生罚款。Ebenstein（2010）构造的超生家庭的罚款数据被现有研究广泛用于衡量计划生育政策执行力度（Huang et al.，2016；Wang et al.，2017）。考虑到不同地区计划生育政策的实施强度会影响到家庭生育子女的数量，借鉴 Liu

① 关于我国计划生育政策实施，不同地区的政策略有差异。具体来讲，城镇地区非农业户口实行严格的一胎政策，而关于农村户籍可以分为以下三种情况：第一，少量的“一胎政策”，包括北京、上海、天津、江苏、四川、重庆等 6 省市；第二，“一胎半政策”，实施地区包括河北、内蒙古、山西、辽宁、吉林、黑龙江、浙江、安徽、福建、江西、山东、河南、湖北、湖南、广东、广西、贵州、陕西、甘肃等 19 个省市；第三，部分农村家庭实行“两孩政策”，包括海南、云南、青海、宁夏、新疆、西藏等 6 个省份。

（2014），本文使用当地当年罚金数额①和是否有生育二胎资格的交互项作为工具变量。主要依据是，当地生育政策实施得越严格，家庭的生育意愿就越低，孩子的数量相对就越少。而在控制父母特征后，这个工具变量与父母对孩子质量的偏好并不相关（Liu，2014）。

需要指出的是，生育政策通过影响家庭生育行为而对男女教育的平等化趋势的影响有两个途径：一是独女户的增加带来的男女间性别教育差异的下降，二是多子女家庭中孩子数量的减少而增加的对女性的教育投资。因此，在后文的回归分析中，我们分别考察独生子女家庭和多子女家庭。对于多子女家庭，我们侧重考察兄弟姐妹数量对男性和女性的教育水平的不同影响。对独生子女户而言，本文直接比较男孩和女孩性别教育获得的差异。回归模型如下：

$$Edu = \alpha + \beta_1 \times gender + \beta_2(hukou,\ hanzu) + \beta_3(edu_{fa},\ edu_{mo}) + \beta_4 income + \varepsilon \quad (2)$$

表 1 给出了回归中的变量描述。总的来看，样本中独生子家庭的占比约为 32.05%，略高于独生女家庭的占比（30.05%）。相对而言，女性家庭中平均子女数量为 1.05，高于男性家庭中平均的兄弟姐妹数量。就受教育年限而言，女性的平均受教育年限为 11.6 年，较高于男性的平均教育水平。

表 1　　描述性统计

	女性	男性	全部样本
独生子女家庭占比（%）	30.05	32.05	31.40
受教育年限	11.60	10.77	11.04
年龄	24.82	26.07	25.67
兄弟姐妹数量	1.05	0.98	1.00
年长孩子（%）	67.37	62.05	63.78
城镇（%）	39.01	31.46	33.92
父亲教育年限	8.22	7.84	7.97
母亲教育年限	7.32	6.68	6.89
家庭 2011—2013 年人均收入	59539	57908	58439
样本数量	2046	4432	6478

① 由于父母提前一年要做出生育孩子的决定，因此，借鉴 Huang et al.（2016），本文所使用的罚款金额是每个孩子在该省份出生的前 12 个月的罚款金额的加权平均值。

4 结果与讨论

4.1 基础回归

基于上述式（1）的基础回归结果如表 2 所示。首先，在不控制其他因素的情况下，兄弟姐妹的数量与个体的受教育年限之间显著负相关。也就是说，兄弟姐妹的数量对个人教育水平存在挤出效应。考虑到地区因素会同时影响家庭规模和个人受教育年限，控制省份因素后［表 2 第（2）列］，兄弟姐妹的数量对教育水平的影响有所下降，但统计上依然非常显著。控制个体个人特征和出生年份后，同样，家中子女个数对个体受教育年限有显著的负向影响。父母受教育程度会显著影响子女的教育水平，表 2 第（4）列进一步控制父母的教育水平，估计结果表明，同胞数量对个体受教育水平的影响系数为-0.375，且统计上非常显著。换言之，家中同胞数量每增加一个，个体受教育年限约减少 0.375 年。如前所述，家庭的经济状况会影响家庭对子女的人力资本投资行为（Hannum，2005）。以家庭过去三年的平均收入为家庭经济条件的代理变量，我们的结果表明，在控制其他因素后，同胞数量的系数变化不大。即兄弟姐妹的数量增加一人，个人的受教育年限下降约 0.367 年。

表 2　　兄弟姐妹数量与受教育年限

	（1）	（2）	（3）	（4）	（5）
兄弟姐妹数量	-0.902***	-0.799***	-0.556***	-0.375***	-0.367***
	(0.042)	(0.045)	(0.043)	(0.041)	(0.042)
男性			-0.726***	-0.647***	-0.630***
			(0.071)	(0.067)	(0.068)
城市			2.104***	1.407***	1.198***
			(0.081)	(0.082)	(0.086)
汉族			0.489***	0.333**	0.258*
			(0.142)	(0.135)	(0.137)
父亲受教育水平				0.193***	0.182***
				(0.014)	(0.014)
母亲受教育水平				0.148***	0.132***
				(0.013)	(0.013)
2011—2013 年家庭收入					0.511***
					(0.056)

续 表

	（1）	（2）	（3）	（4）	（5）
出生年份虚拟变量	NO	NO	是	是	是
省份虚拟变量	NO	是	是	是	是
常数项	11.717*** （0.058）	13.936*** （0.178）	11.873*** （0.309）	9.419*** （0.309）	4.084*** （0.657）
样本量	6472	6472	6472	6471	6345
R^2	0.066	0.124	0.264	0.333	0.342

注：括号中为标准差；*、**、*** 分别代表在10%、5%和1%的水平上显著。

数据来源：CHIP2013 年住户数据。

前已述及，生育政策通过增加独生女家庭数量和减少家庭中兄弟姐妹的数量两种途径影响性别教育差异。为了区分这两种途径的影响，我们进一步对比分析独生子女家庭和多子女家庭中男性与女性教育水平的影响因素。回归结果如表 3 所示。就全部样本而言，独生女家庭 501 个，占全部家庭的 9.8%。而独生子家庭数量相对较多，占全部样本家庭的 21.6%。独生子女家庭的分析结果表明如表 3 中第 1 列所示，在控制其他因素的影响后，性别系数显著为负。这意味着独生女的受教育水平显著高于独生子。而对多子女家庭而言，不难看出，如果个体是男性，增加一个兄弟姐妹会使得其自身的受教育年限平均减少约 0.187 年。而对女性而言，增加一个同胞数量对其负面影响更大，使她的受教育年限平均下降约 0.478 年，即一个学期左右。这样的结果表明，一方面，对多子女家庭而言，家中子女数量越多，越稀释家庭资源，对女性教育水平的不利影响越大。计划生育政策通过缩小家庭规模减少对家庭资源的稀释，导致同胞数量减少，对女性教育的提升更大，有利于进一步缩小性别教育不平等。另一方面，受到计划生育政策的影响，独生子女家庭显著增加。而独生女性比独生男性的受教育水平显著更高，有利于促进性别间教育的平等化。

表 3　　家中孩子数量与性别教育差异

	独生子女家庭	多子女家庭中男性	多子女家庭中女性
兄弟姐妹数量		−0.187*** （0.071）	−0.478*** （0.105）
男性	−0.416*** （0.130）		
常数项	3.273*** （1.231）	3.425*** （0.953）	4.730*** （1.516）

续 表

	独生子女家庭	多子女家庭中男性	多子女家庭中女性
样本量	1685	3144	1516
R^2	0. 428	0. 205	0. 288

注：1）方程中还控制了户口类型、民族、父母的教育程度、家庭经济水平以及出生年份和省份的虚拟变量，但由于篇幅的限制，估计结果并未列出。2）括号中为标准差；*** 代表在 1%的水平上显著。

数据来源：CHIP2013 年住户数据。

考虑到估计结果受到内生性问题的影响，我们进一步选用政策强度作为兄弟姐妹数量的工具变量，表 4 给出了分析结果。第一阶段的回归结果表明，与预期一致，计划生育政策实施强度与家庭子女数量显著负相关。也就是说，在计划生育政策实施力度较强的地区，家庭生育行为受到较为严格的约束，使得家庭中子女数量相对较少。进一步研究表明，在控制内生性的影响后，对全部个体样本而言，增加一个兄弟姐妹使得其自身的受教育年限平均减少约 0. 823 年（约为一个学年）。分性别来看，同样，同胞数量的增加与个体受教育水平显著负相关，且这种不利的影响对女性更大。换言之，兄弟姐妹每增加一人，女性的平均受教育年限下降约 0. 883 年，比兄弟姐妹对男性教育年限的挤占效应更强（-0. 756）。

表 4　　家中孩子数量与性别教育差异

	全部样本 OLS	IV 第一阶段	全部样本 IV	男性 IV	女性 IV
	(1)	(2)	(3)	(4)	(5)
兄弟姐妹数量	-0. 367*** (0. 042)		-0. 823*** (0. 253)	-0. 756 (0. 553)	-0. 883*** (0. 279)
政策强度（罚款*是否有二胎资格）		-0. 175*** (0. 014)			
常数项	4. 084*** (0. 657)	2. 025*** (0. 187)	2. 822*** (0. 804)	2. 312** (0. 902)	2. 450 (1. 552)
F 值			154. 50	124. 63	32. 15
样本量	6345	6344	6340	4335	2005
R^2	0. 342	0. 131	0. 314	0. 277	0. 365

注：1）方程中还控制了户口类型、民族、父母的教育程度、家庭经济水平以及出生年份和省份的虚拟变量，但由于篇幅的限制，估计结果并未列出。2）括号中为标准差；*、**、*** 分别代表在 10%、5%和 1%的水平上显著。

数据来源：CHIP2013 年住户数据。

4.2 异质性分析

考虑到城市和农村对女性人力资本投资决策的差异性，表5给出了分地区的女性教育水平与同胞数量的关系。很明显，对生活在城镇地区的女性，每增加一个兄弟姐妹，其受教育年限下降约0.352年。而在农村样本中兄弟姐妹的数量对女性受教育年限的负面影响更大，即每增加一个兄弟姐妹，农村女性受教育年限约下降0.525年。不难理解，由于农村家庭性别偏好更为严重，导致其更重视儿子的人力资本投资，因此农村地区的女性受到家庭中兄弟姐妹的教育挤占相对更严重一些。

如表2所示，家庭人均收入作为衡量家庭经济条件的变量，与子女的教育水平显著正相关。一般而言，家庭越富有，对子女人力资本投资的约束越少，越不容易受到家庭资源稀释的影响。接下来我们按照样本中的家庭收入进行分组，考察不同经济条件的家庭中女性教育水平与兄弟姐妹数量之间的关系。实证回归结果如表5第（3）、第（4）列所示。可以看出，贫穷家庭中的子女受到较强的预算约束的影响，兄弟姐妹的数量越多，分配到家庭中每个孩子的资源越少，使得其受教育水平显著下降。而在较富裕的家庭中，同胞数量对个体受教育水平依然有负面影响，但统计上并不显著。意味着在富裕家庭中，兄弟姐妹对女性教育的挤占效应并不明显。

表5　兄弟姐妹数量与女性-异质性分析

	（1） 城市	（2） 农村	（3） 家庭较贫穷	（4） 家庭较富裕
兄弟姐妹数量	-0.352***	-0.525***	-0.338**	-0.176
	（0.091）	（0.146）	-0.162	-0.142
常数项	4.999***	2.581	3.386	4.98
	（1.482）	（2.644）	-3.616	-3.187
样本量	1473	534	520	711
R^2	0.248	0.433	0.226	0.349

注：1）方程中还控制了性别、民族、父母的教育程度、家庭经济水平以及出生年份和省份的虚拟变量，但由于篇幅的限制，估计结果并未列出。2）括号中为标准差；**、***分别代表在5%和1%的水平上显著。

数据来源：CHIP2013年住户数据。

4.3 教育获得的性别差异

除了考察同胞数量对个体受教育年限的影响外，本文还进一步用子女的教育获得作为衡量教育程度的变量，即是否上过高中或是否上过大学，以检验结果的稳健性。表6报告了probit模型回归的结果。同样，我们分别考察了独生子女家庭不同阶段教育获得的性别差异和多子女家庭中兄弟姐妹数量对个体教育获得的影响。

表 6　兄弟姐妹数量对不同阶段教育获得的影响（边际效应）

	(1) 独生子女家庭	(2) 全部样本	(3) 男性	(4) 女性
高中				
男性	0.022 (0.018)			
兄弟姐妹数量		−0.023*** (0.006)	−0.023*** (0.008)	−0.026** (0.011)
样本量	2659	8848	5594	3254
大专及以上				
男性	−0.073*** (0.019)			
兄弟姐妹数量		−0.040*** (0.007)	−0.037*** (0.008)	−0.048*** (0.012)
样本量	2134	7422	4853	2569

注：1）方程中还控制了户口类型、民族、父母的教育程度、家庭经济水平以及出生年份和省份的虚拟变量，但由于篇幅的限制，估计结果并未列出。2）括号中为标准差；**、*** 分别代表在 5%和 1%的水平上显著。

数据来源：CHIP2013 年住户数据

首先，独生子女样本可以看出，虽然独生子上高中的概率要略高于独生女，但统计上不显著。而独生女获得大专及以上教育的概率要显著高于独生子。其次，同胞数量对个体不同阶段的教育获得都有显著的负向影响，即家中同胞数量会对不同阶段的个体教育获得产生挤占效应。表中第（3）、第（4）列结果进一步证明，相对而言，女性的教育程度更容易受到家庭兄弟姐妹的个数的挤占。最后，表中的结果还表明，随着教育程度的提高，兄弟姐妹的数量对女性教育获得的挤占效应更加明显。

如上所述，本文的结果表明，一方面，由于计划生育政策的实施增加了独生子女家庭的数量，减少了家庭教育投资行为中“性别歧视”的机会，提高了女性的教育水平，且独生女家庭中女性的教育水平和高等教育入学率要显著高于男性，有助于性别教育差异的缩小。另一方面，在多子女家庭中，兄弟姐妹的数量对个体的受教育年限和教育获得都有显著的负面影响，且对女性教育机会的损害作用更大。与郑筱婷、陆小慧（2018）所述一致，我们的结果也表明，“重男轻女”的偏好仍普遍存在。但计划生育政策导致的家庭规模缩小有利于减少家庭资源稀释，避免女性与更多的同胞竞争，有利于提高女性的教育机会，缩小性别教育差距。

5 结论

20 世纪 70 年代开始实施的计划生育政策，通过约束女性的生育数量，显著促进了生育率的下降，缩小了家庭规模，缓解了家庭的预算约束，改变了家庭的人力资本投资决策，进而对性别间教育差异产生影响。基于 2013 年中国住户调查数据，本文讨论了计划生育政策通过影响家庭中子女数量而对男性和女性教育水平产生的不同影响。本文的结果表明，一方面，计划生育政策通过限制子女数量，有利于“独女户”的增多，减少了家庭在人力资本投资上“性别歧视”的机会，对提高女性文化程度和缩小性别教育差异有积极的影响。另一方面，本研究证实了兄弟姐妹对家庭资源的竞争和稀释作用，且同胞数量对女性教育的挤占更大。但同时，生育政策的实施减少了家中子女数量，避免女性与更多的同胞进行教育资源的竞争，有利于性别间受教育的平等化。本文还使用计划生育政策的实施强度这个工具变量解决同胞数量和质量间的内生性问题，回归结果同样表明兄弟姐妹数量的增加会对个体的受教育水平造成显著的负面影响，且对女性的损害作用更严重。而计划生育政策的实施通过增加独女户的数量和缩小家庭规模而有助于促进性别教育平等。

我们发现，农村地区由于实施较为宽松的计划生育政策和较强的性别偏好，兄弟姐妹数量对女性教育的挤占更严重。而随着家庭收入的提高，同胞数量对女性教育的负面影响会逐渐减弱。因此，大力发展农村经济，提高居民收入，将有助于减少家庭教育资源的稀释，减少性别歧视对女性教育的不利影响，促进女性受教育程度和社会地位的提高。更为重要的是，在“重男轻女”的性别歧视仍然存在的情况下，在全社会进一步倡导男女平等，增加对女性教育的资助，将更有利于促进性别教育平等化。

参考资料

［1］ Angrist, J. D. , Lavy, V. , & Schlosser, A. （2010）. Multiple Experiments for the Causal Link between the Quantity and Quality of Children. Journal of Labor Economics, 28（4）：773-824.

［2］ Becker, G. S. and H. G. Lewis,（1973）. On the Interaction between the Quantity and Quality of Children, Journal of Political Economy, 8：279-288.

［3］ Becker, Gary S. and Tomes, Nigel Child endowments and the quantity and quality of children. The Journal of Political Economy, 84（4）Part2, Aug. 1976, pp. S143-S162.

［4］ Behrman, J. R. , Pollak, R. A. , & Taubman, P.. （1989）. Family resources, family size, and access to financing for college education. Journal of Political Economy, 97

（2）：398-419.

[5] Berhman, Jeremy; Pollak, Robert A. and Paul Taubman "Family resources, family size and access to nancing for education." The Journal of Political Economy, 97（2）, Apr. 1989, pp. 389-419.

[6] Ebenstein, A.,（2010）. The "Missing Girls" of China and the Unintended Consequences of the One Child Policy, Journal of Human Resources, 45（1）：87-115.

[7] Goux, D., & Maurin, E..（2003）. The effects of overcrowded housing on children's performance at school. CEPR Discussion Papers, 89（5）：797-819.

[8] Hannum, E..（2005）. Market transition, educational disparities, and family strategies in rural china：new evidence on gender stratification and development. Demography, 42（2）：275-299.

[9] Huang, W., Lei, X., & Zhao, Y..（2016）. One-child policy and the rise of man-made twins. Social Science Electronic Publishing, 143（1）, 97-100.

[10] Lee J（2008）Sibling size and investment in children's education：an Asian instrument. J Popul Econ 21（4）：855-875.

[11] Liu, H..（2014）. The quality-quantity trade-off：evidence from the relaxation of china's one-child policy. Journal of Population Economics, 27（2）：565-602.

[12] Rosenzweig, Mark R. and Wolpin, Kenneth I. Testing the quantity-quality fertility model：The use of twins as a natural experiment. Econometrica, January 1980, 48（1）, pp. 227-240.

[13] Rosenzweig, M. R., & Zhang, J..（2009）. Do population control policies induce more human capital investment? twins, birth weight and china\" s "one-child" policy. Review of Economic Studies, 76（3）：1149-1174.

[14] Qian, N.（2009）. Quantity-Quality and the One Child Policy：The Only-Child Disadvantage in School Enrollment in Rural China. National Bureau of Economic Research.

[15] Tsui, M., & Rich, L..（2002）. The only child and educational opportunity for girls in urban china. Gender & Society, 16（1）：74-92.

[16] Wang, F., Zhao, L., & Zhao, Z.（2017）. China's family planning policies and their labor market consequences. Journal of Population Economics, 30（1）：31-68.

[17] 陆万军，张彬斌. 中国生育政策对女性地位的影响［J］. 人口研究，2016，40（4）：21-34.

[18] 汪伟. 计划生育政策的储蓄与增长效应：理论与中国的经验分析［J］. 经济研究，2010，45（10）：63-77.

[19] 叶华，吴晓刚．生育率下降与中国男女教育的平等化趋势［J］．社会学研究，2011，26（5）：153-177，245.
[20] 瞿凌云．人口政策的经济效应分析——基于人口数量与质量替代效应的视角［J］．人口与经济，2013（5）：24-32
[21] 郑筱婷，陆小慧．有兄弟对女性是好消息吗？家庭人力资本投资中的性别歧视研究［J］．经济学（季刊），2018，17（01）：277-298.

第五篇　成人发展与老年人福祉

女性教育与生育：来自义务教育法的证据

首都经济贸易大学财政税务学院　张哲元

中国人民大学劳动人事学院　赵　忠

摘　要：本文采用中国家庭追踪调查（CFPS）的数据，利用1986年义务教育法的实施作为工具变量，构建双重差分模型方法估计了中国农村地区女性受教育对生育行为的影响。结果发现，女性受教育年限每增加一年，平均生育数量减少0.09个，首次生育年龄推迟0.7年，第一胎是女孩的母亲生育二胎的概率下降0.18。以往关于女性教育与生育的研究大多关注机会成本因素在生育率下降过程中的作用。本文发现，除了机会成本效应之外，女性对子女质量的偏好增加，对子女数量的偏好减少，并且更加注重闲暇，不再把孩子和家庭生活作为个人生活的唯一重心，这种偏好和价值观念的改变也是教育导致生育率下降的重要原因。

关键词：女性教育　生育率　人口转型　义务教育法　数量-质量权衡

1　引言

自从20世纪70年代初，中国经历了急剧并且持续的生育率的下降，这个过程在学界通常定义为中国的第二次人口转型（Cai，2010）。随着“晚、稀、少”的计划生育政策实施，上述生育率的下降进一步加速。根据世界银行的统计数据，中国的总和生育率在20世纪60年代为6左右，但在70年代后期下降到2.5左右。在70年代之后，中国的总和生育率进一步下降，在90年代初期已经降至替代比率（2.1）以下，并从21世纪开始一直维持在1.6左右的低位上。

在以往研究当中，有两种关于我国生育率下降的解释。一部分文献将我国生育率的下降归因于计划生育政策的干预（Wang et al.，2017）。另一部分文献则强调社会经济因素在生育率转型当中的作用，例如教育水平的提升、城镇化的加速等（Lavely and Freedman，1990；Zhao and Zhang，2018）。

与我国的生育率下降同时期发生的另一个明显的社会变化是教育水平的提升，特别是 1986 年《中华人民共和国义务教育法》（后简称义务教育法）实施之后。图 1 展示的是 20 世纪 80 年代至今我国生育率和平均受教育水平的曲线，图中可以看出，80 年代以来，我国生育率的下降和教育水平的提升是同时发生的。

本文与上述的后一种解释相关，旨在利用义务教育法作为工具变量，检验女性教育对生育行为的因果影响，包括生育数量、生育年龄、婚姻等。

本文发现，受教育年限每增加一年，女性平均而言生育孩子数量会减少约 0.09 个，首次生育时间会推迟约 0.7 年，当第一胎是女孩时，生育二胎的概率会减少约 0.18。以往的研究主要将生育率的下降归因于女性教育提升后机会成本的增加。与已有文献相比，本文的贡献在于发现除了上述收入机制外，教育所引致的价值观念的变化也在生育率的下降中起到了重要作用，例如受教育更高的女性更加偏好孩子的质量而非数量，她们更加注重闲暇的价值，并且不再将孩子和家庭生活作为个人生活的唯一关注点。

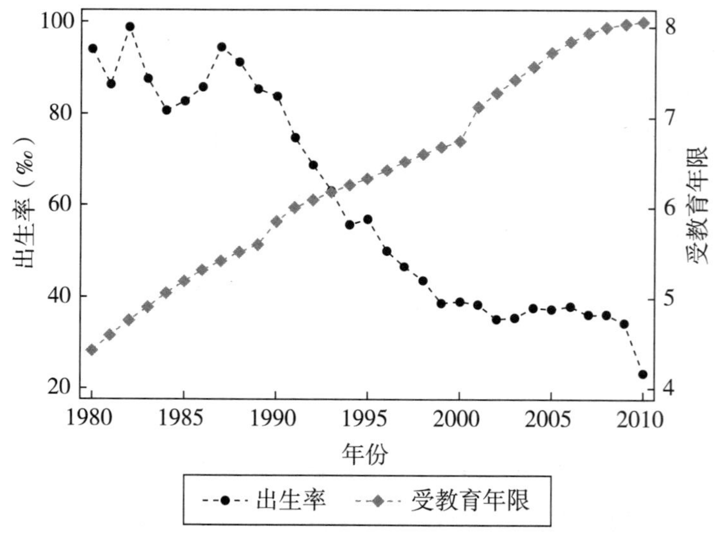

图 1　中国农村孕龄女性的生育率和受教育年限，1980—2010 年

注：生育率计算的是农村地区孕龄女性的新生儿比率，即第 t 年的出生率等于第 t 年农村地区登记出生人数总和除以第 t 年农村地区 15 岁到 49 岁的女性人口总数。受教育年限是当年农村地区 15 到 49 岁女性的平均受教育年限。

数据来源：作者自行计算。1980—1989 年的女性生育率和受教育年限数据根据 1990 人口普查计算得出，1990—1999 年的数据根据 2000 人口普查得出，2000—2010 年的数据根据 2010 人口普查得出。

首先，本文研究了女性收入和劳动力市场参与作为生育率下降的机制。在一篇最新的研究综述中（Doepke et al.，2022），作者认为传统研究中所关注的收入以及劳动供给与生育之间的负向关系已经有所改变。同时，理论模型（Galor，2012；Greenwood et al.，2017）和实证证据（Hazan and Zoabi，2015）均表明，收入与生育率之间并非必然是负向的关系。本文发现女性收入与生育率之间呈现“U”型的关系，这表明收入机制的影响既可能是正向的，也可能是负向的，取决于收入所处的分位点。

其次，Doepke 等人（2022）指出了社会规范在生育行为当中的重要作用，与之一致，本文探究了社会规范在生育率下降中的作用，例如子女偏好（如 David and Sanderson，1987；Zheng et al.，2009）。本文研究了受教育增加是否导致对孩子质量和数量的偏好改变，以及这种偏好的转变对生育行为的影响。本文的结果表明，女性受教育程度提高时，会更加重视孩子的质量而非数量。这种偏好的改变在一定程度上可以解释为什么我国实施鼓励二胎和三胎政策之后，并没有明显的生育率回升。

和已有文献对比，本文有如下几点贡献：以往利用义务教育法作为工具变量的文献主要关注的是发达国家的情况，本文是少数关注发展中国家的文献之一。在 20 世纪 80 年代，我国超过 70%的人口未受到初中教育，利用义务教育法所带来的教育增长，所得出的结论可以应用到更广泛的人群。

同时，本文还丰富了关于义务教育法的评估文献。以往文献研究了义务教育法对于健康和认知的影响（Huang，2015），对于下一代儿童发展的影响（Cui 等人，2019），以及对于父母的影响（Ma，2019）。但是在本研究之前，义务教育法对生育行为的影响尚未得到探索。

本文第二节将讨论教育对生育影响的理论和机制，并介绍制度背景；第三节介绍所使用的数据，描述变量，以及解释实证策略的选择；第四节展示主要的回归结果；第五节探究影响机制；第六节总结全文。

2 文献、理论和制度背景

2.1 相关文献回顾

女性受教育程度与生育率之间的关系是经济学家和社会学家所关注的重要问题之一。以往的研究采取多种方式来估计女性受教育程度与生育行为之间的因果关系，并且得到了不同的结论。

对于女性受教育程度对生育的因果影响，绝大部分的实证研究关注的是发达国家的情况。应用最为广泛的方法是工具变量（IV）方法。利用义务教育法作为工具变量的文献发现在德国（Cygan-Rehm and Maeder，2013）和英国（Fort et al.，2016），女性教育年限的增加会减少生育；但是在其他国家却没有发现显著影响，例如英国（Geruso and Royer，2018；Braakmann，2011），挪威（Monstad et al.，2008）和美国（Leon，2004）。其他工具变量的来源还包括德国（Kamhöfer and Westphal，2019）和韩国（Sohn and Lee，2019）的学校扩建项目，二者都发现教育对生育有负向影响；利用美国的入学政策变化发现教育对生育没有影响（McCrary and Royer，2011）；利用移民政策发现在以色列阿拉伯地区教育对生育有负向影响（Lavy and Zablotsky，2015）。第二类方法是利用同卵双胞胎的数据，与之相关的文献发现在美国教育对生育有正向影响（Amin and Behrman，2014），但该影响在瑞典并不显著（Kramarz et al.，2021）。

相比之下，女性受教育程度和生育之间的关系在发展中国家的研究较为缺乏。Breierova 和 Duflo（2004）利用印度尼西亚的学校建设项目来解决内生性问题，发现女性受教育程度对生育的影响甚微。Osili 和 Long（2008）利用相似的识别策略，发现在尼日利亚，女性受教育程度与生育有负向关系。Ali and Gurmu（2018）利用在印度的小学年限缩减发现教育对生育有负向影响。

在中国的背景下，生育率的下降是社会经济变革和计划生育政策之间更为复杂的共同作用所导致。在一篇最近的研究中（Chen，2022），作者利用我国 20 世纪 90 年代的大学扩招政策，发现高等教育增加了女性的生育，并且降低了无儿无女的概率。本文与这篇研究的主要区别在于教育外生增加的来源不同，遵从者（Complier）的范围不同，以及结果不同。朱州和赵国昌（2022）的研究也关注了我国的高等教育与女性生育率，考察的是高校扩招对于接受大学教育的女性的生育行为的影响。庞尧等（2022）利用省级的宏观数据，同样研究了高效扩招对生育率的影响。

2.2 理论分析

2.2.1 机会成本

机会成本理论是教育对生育影响的文献当中强调最多的理论机制之一。在新古典主义经济学和家庭经济学的研究中，子女被看作一种正常商品，子女的数量和质量给女性和家庭带来直接的效用（Becker，1960，1965，1983；Willis，1973）。由于生育子女需要花费时间，女性受教育增加后收入增加的同时，生育子女的机会成本也提高了。Becker 的理论认为机会成本上升带来的替代效应会大于收入效应，因此女性选择减少生育。

然而，上述 Becker 的理论在后来的研究中受到了挑战。机会成本理论究竟会呈现负向还是正向的影响很大程度上取决于生育和教育子女的成本函数以及预算约束。Galor（2012）的理论模型表明替代效应并非一定占优。Greenwood 等人（2017）的理论预测表明女性工资对于生育的影响是可正可负的。Hanzan 和 Zoabi（2015）的理论分析和实证结果表明，女性收入对于生育的影响是“U”型的。

机会成本理论认为，女性受教育程度提高时，在劳动力市场当中的收入能力提升，因此，如果生育率随受教育提高而下降，那么应该同时观测到女性在劳动力市场中的参与程度更高。理论模型（Hanzan and Zoabi，2015）和实证研究（Kan and Lee，2018）均支持这一论断。

在 Doepke 等人（2022）的最新研究中，作者总结道，在新的时代背景下，传统的生育模型中所强调的收入和生育之间、劳动供给和生育之间的负向关系已经发生变化，机会成本的机制和数量-质量权衡在解释教育与生育的关系当中也在发生变化。

2.2.2 对子女质量和数量的偏好

偏好的改变对于生育的选择有重要的影响，但是由于偏好难以观测，这一因素在实证文献中较少提及。Galor（2012）的研究表明，对孩子质量的偏好增加，会对生育产生清晰的负向影响；而对孩子数量的偏好增加，则对生育产生清晰的正向影响。

尽管通常情况下经济偏好被假定是稳定不变的，但是偏好对于社会经济因素的变化，例如教育，是非常敏感的。在最近的两篇备受关注的中国问题研究当中（Chen et al.，2020a；Chen et al.，2020b），两文分别发现城镇青年的教育对农村人口教育的溢出作用，以及历史上的人力资本对于现代教育的溢出作用。两文中都将教育水平看作一种价值观，受教育水平更高的个体会更加看重教育。同样地，受教育更高的父母也会更加强调教育，并更多地投资在子女教育上，以及选择生育更少的孩子。

子女数量偏好的转变对于生育率有重要的含义。Becker（1960）将子女偏好描述成一种“个人品味”，并由人口特征所决定。社会学者和人口学者将价值观和偏好的改变看作是生育率下降的主要因素，例如第二次人口转型理论（Lesthaeghe，1995）。① 随着社会经济的发展，人们逐渐重视个人生活。这一理论认为，随着女性受教育的提升，对孩子数量的偏好越来越弱化（Gottard et al.，2015）。受教育更高的女性的偏好改变表明了一种社会规范的变化，这种社会规范的变化在新的时代中是生育决策的重要驱动因素之一（Doepke et al.，2022）。

2.3 制度背景：中国的义务教育法

本研究将我国20世纪80年代实施的义务教育法作为自然实验，检验了女性教育的提升对于她们生育行为的影响。在20世纪80年代，为了保障学龄儿童接受教育的权利，以及提高全国人口的总体受教育水平，中央政府启动了系统性的教育改革（Ma，2019）。义务教育法是教育改革的重要部分，法案在1986年通过，并于同年7月1日开始实施。根据该法律，所有儿童年满6周岁时要接受9年的学校教育直到读完初中，

① 研究者认为 Becker 的新家庭经济学理论和第二次人口转型理论是社会经济和人口学文献中解释生育率下降的两个主要理论视角（Gottard et al.，2015）。

因此义务教育法又被称为九年义务教育法。在我国，儿童通常情况下 6 岁入学，在 15 岁时完成义务教育，随后可以自行决定是否接受更高的教育或进入劳动力市场（Cui et al.，2019）。

义务教育法的实施过程一个重要的特点是各个省份可以自行确定义务教育法生效的具体时间。因此，义务教育法在各个省份生效的时间是不同的。义务教育法最早于 1986 年在北京、河北、山西、辽宁、黑龙江、浙江、江西、重庆和四川等省份实施；开展最晚的省份是湖南、广西和甘肃，在 1991 年实施。附表 1 中列出了各个省份开展义务教育法的具体时间。

利用义务教育法实施年份的差异来进行因果识别，一个可能的问题是各个省份实施义务教育法的具体时间可能不是随机的，而是受到各省在经济水平和教育发展水平方面的影响。Huang（2015）的研究证明各省在义务教育法实施之前的教育水平与义务教育法的实施时间之间并不相关。

3 数据，变量和实证策略

3.1 主要数据

本部分研究使用的主要数据来自于中国家庭追踪调查（CFPS）2018 年的成人调查数据。同时也使用 CFPS 2010 年到 2016 年的成人调查数据和 CFPS 2010 年到 2018 年的儿童调查数据来补充主要数据当中的信息。

CFPS 是由北京大学社会科学调查中心开展的全国代表性的调查数据，每两年进行一次追踪调查，调查对象包括中国的村居、家庭和个人。CFPS 的基期调查于 2010 年进行，基期调查走访了全国 25 个省份的 635 个村居的 14798 个家庭，涵盖了 33600 个成人和 8990 个儿童，应答率达到 81%，未应答主要是由于无法接触调查对象（Xu and Xie，2015）。调查采用分层多级抽样的方法，保证了 CFPS 样本可以代表全国 95%的总人口（Xie，2012）。

由于完整的受教育年限和完整的生育情况只有一次观测值，我们的主要样本基于 CFPS 2018 年的成人调查，并且进一步把样本限制在调查时 35~50 岁的农村女性个体，也就是在 1986 年义务教育法实施时 3~18 岁的个体，这个年龄段内的个体在 2018 调查年份时基本上已经完成生育，并且还在劳动力市场当中。上述的样本选择使我们可以获得样本的完整生育、受教育、劳动力市场信息。

教育、生育行为、人口特征的信息来自 CFPS 2018 年的成人调查。收入和其他劳动力市场变量，我们利用多次调查的重复收入信息来减少测量误差并平滑可能的暂时性冲击（Black and Devereux，2011），并且利用 CFPS 过去五次的成人调查（分别是

CFPS 2010 年、2012 年、2014 年、2016 年和 2018 年）来获得样本的个人收入、劳动力市场工作时间、家庭劳动时间。母亲对待子女的观念和行为信息来自 CFPS 2010 年到 2018 年的儿童调查。我们将儿童样本匹配到成人女性的样本，最终共获得 2880 个农村女性的观测值作为主样本。

3.2 变量

3.2.1 因变量

本研究使用三个变量来衡量女性的生育行为。一是子女数量，衡量的是女性的完整生育数量。二是第一胎是女孩的条件下是否生育二胎。① 三是首次生育的年龄。

3.2.2 关键自变量

本研究最关注的自变量是女性的受教育水平，用受教育年限来衡量。

3.2.3 工具变量

由于教育的内生性，本研究利用义务教育法的实施作为自然实验来修正估计偏误（Huang，2015；Ma，2019；Cui et al.，2019），用个体受到义务教育法的影响年限及影响年限与义务教育法开展前所在省份受教育低于 9 年的人口比例的交互项作为受教育的工具变量。

基于 Duflo（2001）的论述，对内生的教育水平的一个工具变量是受义务教育法的影响程度。根据 Huang（2015）和 Ma（2019），我们基于样本女性的出生年份和所在省份义务教育法的实际开展时间，构造一个连续变量来衡量义务教育法的影响程度。在第二节中介绍过，义务教育法影响的是小学和初中阶段的儿童，也就是 6~15 岁的儿童。所以，样本女性所在省份义务教育开展时如果已经年满 16 岁，那么将不受义务教育的影响，受影响程度取值为 0；所在省份义务教育开展时如果不满 6 岁，那么将受到义务教育的完整影响，受影响程度取值为 10；所在省份义务教育开展时 6~15 岁的儿童，受影响程度相应取值为 1 到 9。②

另一个构造工具变量的来源是政策强度。我们借鉴 Huang（2015）的研究，利用

① 由于独生子女政策，当第一胎是男孩时，女性不允许生育二胎（Ebenstein，2010）。如果样本中包括第一胎是男孩的女性，那么对生育的影响会被低估，并且估计值也会受到不同省份违反独生子女政策罚款不同的影响。

② 例如，一个女性出生于 1976 年，其所在省份在 1986 年开展义务教育，那么她的受影响程度为 6 年。

所在省份义务教育开展前受教育不满9年的人口比例来衡量义务教育法实施的政策强度。这种衡量方法背后的逻辑是教育发展水平不同的地区，其实施教育政策所产生的影响也有区别（Duflo，2001）。我们用受义务教育法的影响年限及其与政策强调的交互项作为受教育的另一个工具变量。

3.2.4 其他控制变量

为了控制其他混淆因素的影响，我们在实证估计当中加入了女性的人口和经济特征，例如婚姻状态、婚姻次数、民族、自评健康水平、出生年龄的固定效应以及出生地区的固定效应等，把这些特征作为控制变量。同时，我们也控制了家庭和配偶的信息，包括家庭人均收入、家庭总人口数、配偶年龄、配偶受教育等。控制变量还包括省份的重要变量，包括人均GDP、独生子女罚款、性别比①等。表1中展示了这些变量的描述性统计。

表1　描述性统计

变量	观测值	平均值	标准差	最小值	最大值
子女数量	2880	1.952	0.794	1.000	7.000
生育两个（及以上）孩子	1411	0.815	0.388	0.000	1.000
首次生育年龄[a]	2872	23.390	3.357	14.000	45.000
受教育年限	2880	6.015	4.042	0.000	19.000
受义务教育法影响程度	2880	3.491	3.715	0.000	10.000
年龄	2880	43.588	4.686	35.000	50.000
婚姻状态（1=已婚）	2880	0.996	0.062	0.000	1.000
婚姻次数	2880	0.998	0.0493	0.000	2.000
民族（1=汉族）	2880	0.887	0.316	0.000	1.000
健康状况	2880	2.889	1.252	1.000	5.000
家庭人均收入（单位：千元）	2880	20.745	71.766	0.000	3300.00
配偶年龄	2880	45.430	5.430	29.000	69.000
配偶受教育年限	2880	7.036	3.983	0.000	16.000
独生子女政策罚款（省份，单位：年工资的倍数）	2880	2.548	1.219	0.300	5.000
义务教育法之前人均GDP（省份，单位：元）	2880	772.200	393.800	420.000	3811.00
义务教育法之前性别比（省份，单位：%）	2880	52.156	2.545	45.738	60.920

注：[a] 在样本中大约有1.8%的女性首次生育年龄小于18岁，大约有8.1%的样本女性首次生育年龄小于20岁，属于不合法的生育年龄。在排除这部分样本之后，本研究的实证结果仍然保持稳健。

① 省份GDP的数据来自中国统计年鉴。各省独生子女政策罚款数据来自Ebenstein（2010）。性别比为女性首次生育时其所在省份1~5岁儿童的性别比，根据2010年人口普查数据计算。

3.3 实证策略

本研究用如下的基准模型来估计女性教育对生育行为的影响：

$$y_{ipt} = \alpha_0 + \beta_1 Eduy_{ipt} + X^1_{ipt}\beta_2 + X^2_p\beta_3 + Cohort_t + Region_p + u_{ipt} \tag{1}$$

其中 y_{ipt} 表示女性个体 i 出生在省份 p，出生年份 t 的生育行为因变量。$Eduy_{ipt}$ 是我们关注的关键自变量，即受教育程度，用受教育年限来衡量。X^1_{ipt} 是表示女性的人口特征、社会经济特征、家庭特征的一系列控制变量。X^2_p 是女性出生省份 p 相关的一系列经济和社会特征。$Cohort_t$ 是女性出生年份的固定效应，$Region_p$ 是女性出生地所属区域的固定效应。①

我们的实证策略第一阶段是用个体受到义务教育法影响程度的外生差异来解决受教育程度的内生部分，具体而言，参考 Duflo（2001）的做法，构建如下的双重差分模型来进行估计：

$$Eduy_{ipt} = \beta_0 + \alpha_1 Exposure_{pt} + \alpha_2 Exposure_{pt} \times PreProp_p + X^1_{ipt}\alpha_3 + X^2_p\alpha_4 + Cohort_t + Region_p + u_{ipt} \tag{2}$$

其中 $Exposure_{pt}$ 表示出生在省份 p 和出生年份 t 的个体受到义务教育法影响的程度，根据前文中的描述，取值在 0 到 10 之间。义务教育法开展时 6~15 岁的个体取值为 1 到 10；16 岁及以上的个体没有受到义务教育法影响，取值为 0。$PreProp_p$ 是省份 p 在义务教育法开展前受教育程度低于 9 年的人口所占比例，估计方程中加入了 $Exposure_{pt}$ 和 $PreProp_p$ 二者的交互项。

义务教育法在各省之间开展年份的差异使我们可以在方程中加入出生年份的固定效应 $Cohort_t$，从而解决不可观测的出生队列特征所带来的影响。为了解决省份差异问题，我们在主回归方程当中控制了地区固定效应 $Region_p$，以及各个省份在 1985 年义务教育法实施前一年的人均 GDP 等特征。

另外一个潜在的问题是，独生子女政策的实施可能会同时影响女性的教育和生育行为。为了解决这一问题，我们在回归方程中控制了各个省份对违反独生子女政策的家庭的罚款，各省罚款数据来源于 Ebenstein（2010）。男孩偏好也会同时影响女性的教育和生育行为，为了控制各个地区不同的男孩偏好所带来的影响，回归方程中还控制了女性首次生育时其省份 1~5 岁的孩子的性别比例，来刻画各个地区的男孩偏好。

在第二阶段，我们用下列方程来估计女性教育对生育行为的影响：

$$y_{ipt} = \alpha_0 + \beta_1 \widehat{Eduy}_{ipt} + X^1_{ipt}\beta_2 + X^2_p\beta_3 + Cohort_t + Region_p + u_{ipt} \tag{3}$$

---

① 全国总共分为四个区域，分别是东部地区、中部地区、西部地区、东北地区。四个区域是根据地理区划和经济发展水平划分的。

其中 $\widehat{Eduy}_{ipt}$ 是通过第一阶段的估计方程所计算的受教育程度的拟合值。我们主要关注的是系数 β_1 的正负和大小，表示的是受教育年限每增加一年对于生育行为产生的影响。更具体地说，该系数表示遵从者的局部平均处理效应（LATE），也就是那些由于义务教育法的实施得以提高受教育年限的女性的生育行为所受到的影响（Imbens and Angrist，1994）。

4 主要结果

4.1 教育对生育行为的影响

表 2 中展示了第一阶段的估计结果。在第（1）列中的是简单的受义务教育影响的 01 变量（如果受义务教育法影响程度大于 0 则取 1，受影响等于 0 则取 0）对受教育年限的效应。结果表明，平均而言受到义务教育法影响可以使受教育年限提高 0.93 年。在第（3）列中可以看到，受到义务教育法的影响年限可以显著提升受教育年限，受到义务教育法影响每增加一年，女性受教育提高 0.36 年。F 统计值高于 60，表明该工具变量不存在弱工具变量问题（Stock and Yogo，2005）。另外，交互项作为工具变量的结果看出，义务教育法对于提升女性受教育程度的作用在教育程度更好的地区影响更大。

表 2　受义务教育法影响程度对受教育年限的影响：工具变量估计第一阶段

自变量	因变量：受教育年限		
	(1)	(2)	(3)
受义务教育法影响程度		0.226***	0.363***
		(0.059)	(0.069)
受义务教育法影响程度*			-0.471***
政策强度			(0.132)
受义务教育法影响程度	0.927***		
（二元变量）	(0.255)		
婚姻状态（1=已婚）	-0.813	-0.717	-0.703
	(1.448)	(1.418)	(1.428)
婚姻次数	-2.729**	-2.699**	-2.686**
	(1.209)	(1.191)	(1.217)
民族（1=汉族）	1.175***	1.270***	1.290***
	(0.223)	(0.228)	(0.229)

续 表

自变量	因变量：受教育年限		
	（1）	（2）	（3）
健康状况	0.124**	0.120**	0.113**
	（0.053）	（0.053）	（0.052）
家庭人均收入	0.002**	0.002**	0.002**
（单位：千元）	（0.001）	（0.001）	（0.001）
配偶年龄	−0.065***	−0.063***	−0.061***
	（0.021）	（0.021）	（0.021）
配偶受教育年限	0.340***	0.338***	0.333***
	（0.018）	（0.018）	（0.018）
独生子女政策罚款	0.068	0.073	0.081
	（0.059）	（0.060）	（0.059）
人均 GDP	0.596***	0.560***	0.340**
（单位：千元）	（0.152）	（0.153）	（0.162）
省份性别比	13.638***	15.057***	15.866***
	（3.352）	（3.308）	（3.311）
出生年份固定效应	控制	控制	控制
出生地区固定效应	控制	控制	控制
观测值	2880	2880	2880
R^2	0.341	0.341	0.344

注：括号中是异方差稳健标准误。* 表示 $p<0.1$；** 表示 $p<0.05$；*** 表示 $p<0.01$。
数据来源：CFPS 2018。

表 3 展示了第二阶段估计的结果。表中可以看出，在纠正了内生性的偏差后，女性受教育程度每增加一年，会减少生育 0.09 个子女；在第一胎是女孩的样本中，降低生育二胎的概率约为 0.18；同时，推迟首次生育的年龄约 0.7 年。

表 3　女性受教育对生育行为的影响：工具变量第二阶段

	（1）	（2）	（3）	（4）	（5）	（6）
	因变量：子女数量		因变量：生育两个（及以上）孩子		因变量：首次生育年龄	
自变量	OLS	IV	OLS	IV	OLS	IV

续 表

	(1)	(2)	(3)	(4)	(5)	(6)
	因变量：子女数量		因变量：生育两个（及以上）孩子		因变量：首次生育年龄	
受教育年限	−0.032***	−0.092**	−0.016***	−0.177***	0.068***	0.712***
	(0.004)	(0.043)	(0.003)	(0.056)	(0.015)	(0.200)
婚姻状态（1=已婚）	0.178	0.127	−0.110	−0.125	0.851	1.294
	(0.114)	(0.178)	(0.133)	(0.493)	(0.538)	(1.341)
婚姻次数	0.293*	0.127	0.385	0.023	−2.035	−0.640
	(0.167)	(0.226)	(0.377)	(0.720)	(1.846)	(2.172)
民族（1=汉族）	−0.170***	−0.104	0.016	0.163*	−0.317*	−1.017***
	(0.056)	(0.082)	(0.033)	(0.086)	(0.193)	(0.336)
健康状况	0.021*	0.029**	0.017**	0.039**	0.008	−0.074
	(0.012)	(0.013)	(0.008)	(0.015)	(0.046)	(0.061)
家庭人均收入	−0.001**	−0.000*	−0.000***	−0.000	−0.002**	−0.003**
（单位：千元）	(0.000)	(0.000)	(0.000)	(0.000)	(0.001)	(0.001)
配偶年龄	−0.011**	−0.015**	−0.007**	−0.016**	−0.273***	−0.229***
	(0.005)	(0.006)	(0.003)	(0.007)	(0.020)	(0.028)
配偶受教育年限	−0.016***	0.005	−0.002	0.054***	0.025	−0.197***
	(0.004)	(0.016)	(0.003)	(0.019)	(0.016)	(0.071)
独生子女政策罚款	0.102***	0.106***	0.038***	0.042**	−0.237***	−0.273***
	(0.013)	(0.014)	(0.011)	(0.018)	(0.055)	(0.066)
人均 GDP	−0.166***	−0.132***	−0.187***	−0.119*	−0.342	−0.707**
（单位：千元）	(0.039)	(0.046)	(0.041)	(0.061)	(0.284)	(0.320)
省份性别比	−4.470***	−3.547***	−2.178***	0.814	80.029***	69.929***
	(0.754)	(1.012)	(0.572)	(1.360)	(3.639)	(5.173)
出生年份固定效应	控制	控制	控制	控制	控制	控制
出生地区固定效应	控制	控制	控制	控制	控制	控制
观测值	2880	2880	1411	1411	2872	2872
R^2	0.152	—	0.164	—	0.351	—

注：括号中是异方差稳健标准误。* 表示 $p<0.1$；** 表示 $p<0.05$；*** 表示 $p<0.01$。
数据来源：CFPS 2018。

值得注意的是，我们在主检验的回归结果当中也报告了用 OLS 估计的结果，表中发现用 OLS 进行估计时，受教育程度对生育的影响被低估了，这与利用义务教育法来估计教育与生育行为之间的关系的文献结论是一致的（Leon，2004；Cygan-Rehm and Maeder，2013；Dinçer et al.，2014）。Leon（2004）的研究认为，OLS 发现的教育对生育影响的低估是由于不同个体之间的异质性，以及教育回报率与生育率之间的非线性关系。Cygan-Rehm and Maeder（2013）则认为，工具变量方法估计的是局部平均处理效应（LATE），因此估计结果无法反映其他受教育程度的个体的效应。

在本研究的背景下，第一个可能的解释是，不可观测的个体差异，如能力、信贷约束等，会对受教育程度有正向影响，同时对生育率也有正向的影响。例如，能力更强或信贷机会更多的个体，更有可能受到更好的教育，获得更高的收入，并且生育更多孩子。

第二个可能的解释是，中国农村地区人们偏好男孩，因此在义务教育法实施前，女孩接受教育的机会更少，受教育程度更高的女孩很可能是来自相对更富裕的家庭，这些家庭的价值观念更加偏好大的家庭和更多后代，因此教育对女性产生的影响会被这种正向的偏误所抵消。

第三个可能的解释是，工具变量的估计结果是遵从者的平均处理效应，即针对由于义务教育法的实施而接受了更多教育的个体（Imbens and Angrist，1994）。教育对女性生育的影响可能由于价值取向和偏好的转变而实现，因此，这些由于教育政策的实施而更愿意接受教育的女性，在受到更高的教育后，也可能更愿意过上不同的生活。

4.2 估计方法的有效性

我们设计了两个安慰剂检验，来保证我们在主检验当中发现的是义务教育法实施的真实影响，而不是数据当中虚假的相关关系，或者仅是随机的统计结果。

第一个检验基于 Duflo（2001）文章当中的控制实验，在该研究当中，作者用与主检验相比年龄更大的样本来检测处理的有效性。在本文当中，义务教育法实际影响的是政策实施时 15 岁及以下的个体，因此在安慰剂检验中，我们将样本限制在 1986 年义务教育法实施时 21 岁到 36 岁的个体，他们实际上并未受到该政策的影响。我们计算出了安慰剂检验样本中的这些年龄更大的个体受到该“人造的”义务教育法的影响程度。表 4 是利用“人造的”影响程度作为工具变量的第一阶段和第二阶段估计结果，结果显示，无论第一阶段还是第二阶段的估计结果都是不显著的①。

① 第二阶段的估计系数的绝对值很大［第（2）列到第（4）列］，原因是“人造的”安慰剂政策第一阶段的结果是不显著的［第（1）列］，因此这时工具变量是弱工具变量。

表 4　　女性受教育对生育行为的影响：安慰剂检验

	因变量：受教育年限	因变量：子女数量	因变量：生育两个（及以上）孩子	因变量：首次生育年龄
	（1）	（2）	（3）	（4）
自变量	第一阶段	IV	IV	IV
受义务教育法影响程度	0.049 （0.069）			
受教育年限		-0.657 （0.967）	0.635 （1.175）	2.561 （3.355）
其他控制变量	控制	控制	控制	控制
出生年份固定效应	控制	控制	控制	控制
出生地区固定效应	控制	控制	控制	控制
观测值	2480	2480	1068	2472
R^2	0.217	—	—	—

注：括号中是异方差稳健标准误。
数据来源：CFPS 2018。

第二个检验是随机化检验。在随机化检验当中，我们用与主检验当中相同的样本，但是为每个省份随机分配一个义务教育法开展的年份，这一检验的目的是考察随机模拟的政策对于受教育程度是否有影响（Rosenbaum，2007）。具体而言，对于每个省份，我们随机选取 1976 年到 1996 年之间的年份，作为该省义务教育法的随机化实施年份，计算受义务教育法的“随机化”影响程度。同时，我们也生成了随机模拟的政策强度，方法是将各省实际的政策强度数值随机分配给各个省份。在随机化检验中，我们用模拟的“随机化”义务教育法影响程度及其与“随机化”政策强度的交互项作为工具变量，估计这一随机模拟的政策对于女性受教育年限的影响。我们将上述过程重复 2000 次，预期这一模拟的“随机化”影响程度对于女性真实的受教育程度没有显著影响。

图 2 展示了这 2000 次“随机化”影响程度对女性受教育估计系数的分布，我们将这 2000 个模拟估计系数与表 3 中女性受义务教育法的真实影响进行对比，随机化检验的 p 值代表“随机化”估计系数的绝对值大于真实系数的绝对值的比例。图中可以看到，随机化检验中所有的 p 值都小于 0.01，表明主检验当中义务教育法对女性受教育程度的影响并不是随机的。

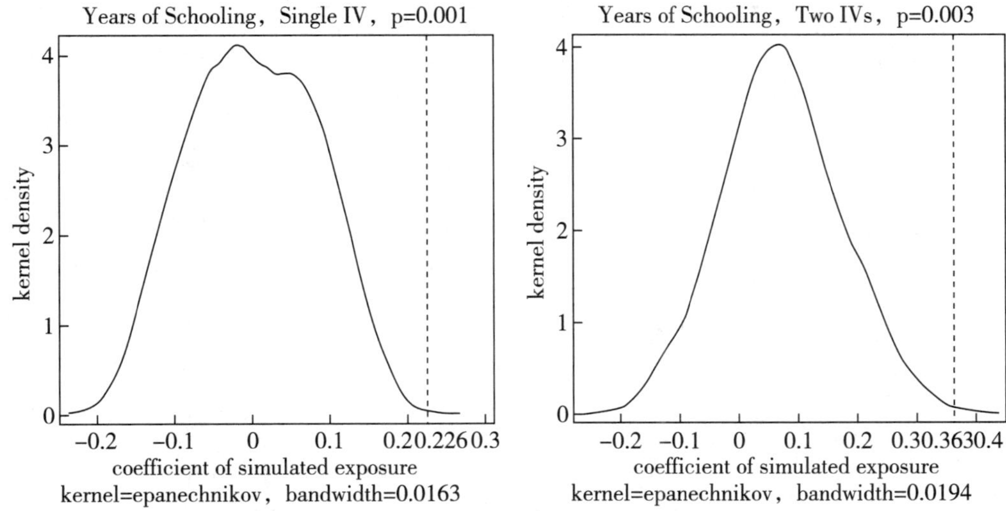

图 2　女性受义务教育影响与教育年限：随机性检验

数据来源：CFPS 2018。

5　机制检验

在这一节当中，我们进一步讨论女性受教育程度对生育行为所产生的负向影响的作用机制。

5.1　收入、劳动供给和闲暇

Becker 的生育决策模型是家庭经济学和生育决策分析的经典模型。在他们的模型当中，女性受教育程度提高可以增加女性收入，因此生养孩子的机会成本上升，导致了生育率的下降。我们首先用与主检验相同的工具变量框架来检验女性教育对她们个人收入的因果影响。

表 5 的第（1）列和第（2）列报告了女性受教育程度对收入影响的估计结果。结果表明，受教育程度每增加一年，平均而言女性收入显著增加 2200 元。我们也用对数收入估计了样本中的教育回报率，结果列示在第（3）列和第（4）列。结果显示，对于农村地区 35 岁到 50 岁的女性，义务教育法的实施带来的教育回报率为 0. 45。

表 5　　女性受教育与生育率：收入机制的考察

自变量	因变量：个人收入		因变量：个人收入（取对数）		因变量：子女数量	
	OLS	IV	OLS	IV	OLS	IV
	(1)	(2)	(3)	(4)	(5)	(6)
受教育年限	0.526***	2.225***	0.140***	0.447**	-0.027***	-0.066
	(0.075)	(0.619)	(0.019)	(0.193)	(0.005)	(0.046)
个人收入					-0.013***	-0.011***
					(0.002)	(0.004)
个人收入平方项					0.062***	0.055***
					(0.011)	(0.014)
其他控制变量	控制	控制	控制	控制	控制	控制
出生年份固定效应	控制	控制	控制	控制	控制	控制
出生地区固定效应	控制	控制	控制	控制	控制	控制
观测值	2849	2849	2849	2849	2849	2849
R^2	0.147	—	0.085	—	0.170	—

注：括号中是异方差稳健标准误。** 表示 $p<0.05$；*** 表示 $p<0.01$。

数据来源：CFPS 2018，CFPS 2010、2012、2014、2016 的数据用来计算个人收入的多次观测均值。

第（5）列和第（6）列展示的是控制了教育的内生性后收入对生育数量的影响。在机制分析当中，我们重点关注生育数量作为因变量的估计结果，因为生育数量是对于完整生育率最直接的衡量方式。结果显示，收入增加会减少生育子女的数量，但是收入的平方项显著为正，表明收入对生育的影响是“U”型的，这与 Hazan 和 Zoabi（2015）的文章的发现是一致的。值得注意的是，在控制了收入之后，受教育年限对生育数量的影响不再显著，表明教育对生育的影响可以通过收入来产生作用。

另外，我们检验了女性的受教育程度对她们个人劳动供给的影响。表 6 展示了女性受教育程度对劳动供给的影响，劳动供给的衡量使用了三个指标，分别是农业和非农劳动总时间、是否参与非农劳动、（参与非农劳动样本的）非农劳动时间。结果表明，女性受教育年限增加时，会减少劳动供给；同时，受教育程度更高的女性参与非农劳动的概率增加，但是对于参与非农劳动的个体而言，非农劳动时间随着受教育的增加而减少。

表 6　　女性受教育对劳动力市场参与的影响

自变量	因变量：每周在劳动力市场的工作时长		因变量：是否参与非农劳动		因变量：非农劳动供给时长	
	OLS	IV	OLS	IV	OLS	IV
	(1)	(2)	(3)	(4)	(5)	(6)
受教育年限	0.456*** (0.104)	−0.252 (1.047)	0.025*** (0.003)	0.085*** (0.024)	−0.638*** (0.230)	−1.407 (1.829)
其他控制变量	控制	控制	控制	控制	控制	控制
出生年份固定效应	控制	控制	控制	控制	控制	控制
出生地区固定效应	控制	控制	控制	控制	控制	控制
观测值	2859	2859	2558	2558	1004	1004
R^2	0.052	—	0.178	—	0.040	—

注：括号中是异方差稳健标准误。*** $p<0.01$。

数据来源：CFPS 2018，CFPS 2010、2012、2014、2016 的数据用来计算劳动供给的多次观测均值。

下一步，我们将劳动总时间、非农劳动参与、非农劳动时间都作为控制变量加入主检验当中。在加入了三个劳动供给变量后，主检验的结果仍保持稳健。表 7 中的结果显示，只有劳动总时间对生育数量存在显著的负向影响，也就是说在劳动力市场工作时间更长的女性，选择生育更少的子女，这与机会成本理论是一致的。然而，女性受教育程度更高时，其劳动供给仅仅略低于受教育程度更低的女性，这表明劳动力市场的参与并不是生育率下降的主要因素。非农劳动参与对生育数量没有显著影响，这与 Doepke et al.（2022）的观点是一致的。

表 7　　女性受教育与生育率：劳动供给机制的考察

自变量	因变量：子女数量							
	OLS	IV	OLS	IV	OLS	IV	OLS	IV
	(1)	(2)	(3)	(4)	(5)	(6)	(7)	(8)
受教育年限	−0.031*** (0.005)	−0.081** (0.041)	−0.031*** (0.005)	−0.093** (0.044)	−0.033*** (0.005)	−0.089** (0.039)	−0.031*** (0.005)	−0.090** (0.042)
每周工作时长	−0.003*** (0.001)	−0.002** (0.001)					−0.002** (0.001)	−0.002** (0.001)
是否参与非农劳动			−0.113*** (0.031)	−0.032 (0.068)			−0.180*** (0.069)	−0.059 (0.114)
非农劳动供给时长					−0.001***	−0.000	0.002	0.001

续 表

自变量	因变量：子女数量							
	OLS	IV	OLS	IV	OLS	IV	OLS	IV
	(1)	(2)	(3)	(4)	(5)	(6)	(7)	(8)
					(0.000)	(0.001)	(0.001)	(0.001)
其他控制变量	控制	控制	控制	控制	控制	控制	控制	控制
出生年份固定效应	控制	控制	控制	控制	控制	控制	控制	控制
出生地区固定效应	控制	控制	控制	控制	控制	控制	控制	控制
观测值	2859	2859	2558	2558	2477	2477	2476	2476
R^2	0.159	—	0.160	—	0.160	—	0.164	—

注：括号中是异方差稳健标准误。** 表示 $p<0.05$；*** 表示 $p<0.01$。

数据来源：CFPS 2018，CFPS 2010、2012、2014、2016 的数据用来计算劳动供给的多次观测均值。

本文进一步检验了女性受教育程度和家庭生产时间以及闲暇的关系，家庭生产和闲暇反映了个人生活。我们用每周家庭劳动时间的多次观测平均值来衡量女性每周花费在家庭生产当中的时间，用每周花费在看电视上的时间来衡量闲暇时间。表 8 中的估计结果表明，女性受教育程度更高时，倾向于花费更少的时间在家庭生产上，同时享受闲暇的时间增加。作为稳健性检验，我们也将样本限制在有 16 岁以下孩子的女性个体之中，这些样本的家庭生产时间大多数花费在养育子女上，结果仍然保持不变。

表 8　　女性受教育程度与时间分配

自变量	因变量：家庭劳动时间		因变量：家庭劳动时间（有 16 岁以下儿童）		因变量：闲暇时间	
	OLS	IV	OLS	IV	OLS	IV
受教育年限	-0.024***	-0.271***	-0.025**	-0.280**	0.204***	1.157***
	(0.007)	(0.087)	(0.010)	(0.128)	(0.047)	(0.448)
其他控制变量	控制	控制	控制	控制	控制	控制
出生年份固定效应	控制	控制	控制	控制	控制	控制
出生地区固定效应	控制	控制	控制	控制	控制	控制
观测值	2880	2880	1566	1566	2873	2873
R^2	0.054	—	0.079	—	0.022	—

注：括号中是异方差稳健标准误。** 表示 $p<0.05$；*** 表示 $p<0.01$。

数据来源：CFPS 2018，CFPS 2010、2012、2014、2016 的数据用来计算家庭劳动时间的多次观测均值。

总的来说，我们发现女性由于受教育提升而带来的收入上升，对生育数量有重要的作用。但是对于劳动供给而言，并没有发现一致的结果。女性受教育更高时，会减少劳动供给。同时，受教育更高的女性，花费在家庭生产上的时间减少，但闲暇的时间增加，这表明由家庭和子女为中心的生活方式到享受个人生活的偏好的转变。这一系列结果启发我们进一步探究女性对于子女质量和数量的态度问题。

5.2 对子女质量的偏好

在理论分析中，女性对子女质量偏好的增加和对子女数量偏好的减少，都会使她们选择生育子女的数量减少（Galor，2012）。受教育是一种学习和传递价值观念的方式，相比于从更多的子女和以孩子为中心的家庭生活方式，即“多子多福”当中获得效用，受教育可能使得女性更加看着子女的教育以及重视她们的个人生活。

我们用两个变量来衡量女性对于子女质量的偏好。一个变量是教育支出，条件于个人收入和家庭收入。在控制女性个人收入和家庭收入后，花费在子女教育上的支出更高，表明女性或父母更加看着孩子的教育。

另一个变量是父母对子女教育的关心程度。该变量基于调查问卷当中由调查员回答的问题，“家庭的环境（比如孩子的画报、图书或其他学习材料）表明，父母关心孩子的教育”。答案分别是：“十分不同意”“不同意”“中立”“同意”“十分同意”。我们据此生成了一个01变量，取0表示“中立”“不同意”“十分不同意”，取1表示“同意”和“十分同意”。教育支出和对子女教育的关心的数据来源是CFPS 2010~2018的儿童调查数据。我们将子女的数据匹配到主样本当中的女性数据。回归估计的结果列示在表9当中。表中可以看到，女性受教育程度更高时，会更加重视子女的教育，因此减少了生育。

我们将上述衡量母亲对孩子教育的偏好变量，即子女教育支出和对孩子教育的关心，加入主检验的回归方程当中。表10的第（1）列和第（2）列展示的是女性对孩子质量的偏好对其生育数量的影响。估计结果表明，女性对孩子质量的偏好增加会显著降低女性的生育数量，而且在加入了这些衡量对子女质量的偏好变量后，女性受教育对生育数量的系数绝对值减小并不再显著，这一系列结果表明，女性对子女质量的偏好，是女性受教育对生育下降产生影响的重要渠道。

表9　　女性受教育程度对子女质量偏好的影响

变量	因变量：孩子的教育支出		因变量：对孩子教育的关心程度		因变量：对孩子教育的关心程度（二元变量）	
	OLS	IV	OLS	IV	OLS	IV
	(1)	(2)	(3)	(4)	(5)	(6)
受教育年限	0.079***	0.823***	0.021***	0.076***	0.012***	0.041**
	(0.009)	(0.150)	(0.002)	(0.029)	(0.001)	(0.018)

续 表

变量	因变量：孩子的教育支出		因变量：对孩子教育的关心程度		因变量：对孩子教育的关心程度（二元变量）	
	OLS	IV	OLS	IV	OLS	IV
	(1)	(2)	(3)	(4)	(5)	(6)
个人收入（取对数）	0. 181 ***	−0. 208 ***	0. 007	−0. 022	0. 004	−0. 012
	(0. 033)	(0. 081)	(0. 007)	(0. 017)	(0. 004)	(0. 011)
其他控制变量	控制	控制	控制	控制	控制	控制
出生年份固定效应	控制	控制	控制	控制	控制	控制
出生地区固定效应	控制	控制	控制	控制	控制	控制
观测值	11223	11223	10978	10978	10978	10978
R^2	0. 140	—	0. 054	—	0. 042	—

注：括号中是异方差稳健标准误。** $p<0.05$；*** $p<0.01$。

数据来源：CFPS 2018 用来获取女性及其配偶和家庭的数据，CFPS 2010、2012、2014、2016 的数据用来计算个人收入的多次观测均值，CFPS 2010—2018 儿童问卷用来获取孩子教育的数据。

表 10　女性受教育与生育率：对子女的偏好机制的考察

自变量	因变量：子女数量			
	OLS	IV	OLS	IV
	(1)	(2)	(3)	(4)
受教育年限	−0. 031 ***	−0. 054	−0. 021 ***	−0. 023
	(0. 005)	(0. 057)	(0. 004)	(0. 042)
衡量对子女质量的偏好变量				
孩子的教育支出	−0. 030 ***	−0. 026 **		
	(0. 005)	(0. 013)		
对孩子教育的关心程度	−0. 030	−0. 005		
	(0. 065)	(0. 090)		
对孩子教育的关心程度（二元变量）	−0. 060	−0. 074		
	(0. 097)	(0. 102)		
衡量对子女数量的偏好变量				
理想子女数量			0. 659 ***	0. 657 ***
			(0. 031)	(0. 047)
其他控制变量	控制	控制	控制	控制
出生年份固定效应	控制	控制	控制	控制
出生地区固定效应	控制	控制	控制	控制
观测值	2263	2263	2871	2871
R^2	0. 181	—	0. 332	—

注：括号中是异方差稳健标准误。** 表示 $p<0.05$；*** 表示 $p<0.01$。

数据来源：CFPS 2018。

5.3 对子女数量的偏好

我们用理想子女数量作为因变量，来衡量女性对于子女数量的偏好。① 理想子女数量越多，表明女性越重视子女的数量。表 11 中列示了回归分析的结果，表中可以看到，女性受教育年限每增加一年，理想子女数量会减少 0.1 左右，表明受教育程度更高的女性，倾向于生育更少的子女。

与上一节当中的做法类似，我们将子女数量的偏好变量加入主检验的回归方程当中。表 10 的第（3）和第（4）列表明，女性对子女数量的偏好与生育数量之间有显著的正向关系，并且加入子女数量偏好后，受教育年限的系数绝对值减小，同时变得不再显著，这一系列结果表明，对子女数量的偏好是教育对生育下降的负向影响中另一个重要的渠道。

表 11　　女性受教育程度对子女数量偏好的影响

自变量	因变量：理想子女数量	
	OLS	IV
受教育年限	−0.017*** (0.003)	−0.103*** (0.032)
其他控制变量	控制	控制
出生年份固定效应	控制	控制
出生地区固定效应	控制	控制
观测值	2871	2871
R^2	0.124	—

注：括号中是异方差稳健标准误。*** 表示 $p<0.01$。

数据来源：CFPS 2018。

5.4 以子女和家庭为中心的生活

第二次人口转型理论表明，随着经济和社会的发展，例如教育水平的提升，女性会发展出一种更加重视个人生活的生活方式，她们不再将孩子看作是生活当中的唯一重心（Lesthaeghe，1995）。

我们采用三个变量来检验女性教育水平提高对于这种价值观的转变的影响。三个变量分别基于 CFPS 2018 儿童问卷中的衡量主观重要程度的三个问题，在问卷中父母

① 该变量基于 CFPS 2018 成人问卷中的问题“认为自己有几个孩子比较理想？”，受访者需要回答 0 到 10 之间的一个数字。

作为儿童问卷的代答人，需要基于下述问题“对您的重要程度进行打分”，我们采用的三个问题分别是“家庭美满、和睦”“传宗接代”和“子女有出息”。每个问题的答案都是从 1 到 5 的打分，对应的重要程度是由“不重要”到“非常重要”程度递增。

表 12 中展示的是将这三个变量作为因变量的回归分析结果。表中可以看到，在控制了受教育的内生性后，受教育更多的女性对于拥有美满和睦的家庭、生育子女来传宗接代、希望子女有出息的主观重视程度会更低。这种偏好与价值观的转变表明女性接受更多的教育后，对于以孩子和家庭为中心的生活的重视程度降低，这与第二次人口转型理论当中的观点是一致的。上述结果也证明了社会规范在生育率决定过程中的重要作用（Doepke et al.，2022）。

表 12　女性受教育与以孩子和家庭为中心的生活

自变量	因变量：“家庭美满、和睦”的重要性		因变量：“传宗接代”的重要性		因变量：“子女有出息”的重要性	
	OLS	IV	OLS	IV	OLS	IV
受教育年限	-0.005 (0.004)	-0.096** (0.045)	-0.050*** (0.006)	-0.306*** (0.076)	-0.016*** (0.004)	-0.100** (0.042)
其他控制变量	控制	控制	控制	控制	控制	控制
出生年份固定效应	控制	控制	控制	控制	控制	控制
出生地区固定效应	控制	控制	控制	控制	控制	控制
观测值	2880	2880	2879	2879	2879	2879
R^2	0.021	—	0.060	—	0.020	—

注：括号中是异方差稳健标准误。** 表示 $p<0.05$；*** 表示 $p<0.01$。
数据来源：CFPS 2018。

6　结论

本部分的研究利用中国家庭追踪调查的数据，将我国 20 世纪 80 年代开始实施的义务教育法作为自然实验，通过实证方法检验了女性受教育对于她们生育行为的影响。结果显示，女性受教育年限每增加一年，生育孩子的数量会减少 0.09 个，首次生育时间会推迟 0.7 年，第一胎是女孩的母亲，其生育二胎的概率会降低 0.18。

进一步的研究发现，女性收入对生育的影响是“U”型的，也就是说，收入的增加在开始阶段会降低生育，但随着收入的增长，之后收入会增加生育。同时，我们对于女性劳动供给的研究没有发现一致的结果，我们发现受教育年限的提升会增加女性参与非农劳动的概率，但会减少女性的劳动时长。

第二次人口转型理论认为生育率的下降是一种价值观的转变。与此相一致，我们发现女性受到更多的教育后会减少家庭生产的时间，同时增加女性享受闲暇的时间。

在理论上，质量-数量权衡模型表明，对孩子质量的偏好增加，以及对孩子数量的偏好减少，都会降低生育率。但是，在经济学的实证研究中，很少有文献关注偏好的转变。从第二次人口转型理论的视角出发，我们检验了女性教育增加带来的对子女质量和数量的偏好。本研究的实证结果表明，女性受教育程度更高时，会更加偏好孩子的质量，同时更少地偏好孩子的数量。具体而言，当女性受到更多教育时，花费在孩子教育上的支出增加，更加关心孩子的教育，以及倾向于报告更少的理想子女数量，并且更加不会将孩子作为个人生活的唯一中心。

Doepke et al.（2022）的研究表明，社会规范已经成为生育决策的重要影响因素。本文通过研究受教育更高的女性的偏好转变，为生育率下降的解释提供了新的证据和视角。在中国人口老龄化迅速的背景下，生育率的下降成为经济增长和社会发展的潜在威胁。从 2010 年起，中国出台了一系列的政策来鼓励生育，但是并未观察到生育率的回升。本研究的一个重要政策含义是，对于促进生育率，重塑生育更多子女的价值观，以及提倡孩子和家庭生活的重要性，与其他政策的实施是同等重要的。

参考资料

[1] 庞尧，徐维祥，范彦成，李续双．我国劳动力质量对数量的抑制效应——基于高校招生和人口出生率的省级空间面板分析，《经济地理》，2022，42（1）：53-60.

[2] 朱州，赵国昌．高等教育与中国女性生育数量，《人口学刊》，2022，44（1）：16-31.

[3] Ali, F. R. M. , & Gurmu, S. (2018). The impact of female education on fertility: A natural experiment from Egypt. Review of Economics of the Household, 16 (3): 681-712.

[4] Amin, V. , & Behrman, J. R. (2014). Do more-schooled women have fewer children and delay childbearing? Evidence from a sample of US twins. Journal of Population Economics, 27 (1): 1-31.

[5] Becker, G. S. (1960). An economic analysis of fertility. In Demographic and economic change in developed countries (pp. 209-240). Columbia University Press.

[6] Becker, G. S. (1965). A Theory of the Allocation of Time. The economic journal, 75 (299): 493-517.

[7] Becker, G. (1983). A Treatise on the Family. MA: Harvard University Press.

[8] Black, S. E. , & Devereux, P. J. (2011). Recent Developments in Intergenerational

Mobility. Handbook of Labor Economics, 4: 1487-1541.

[9] Braakmann, N. (2011). Female education and fertility - Evidence from changes in British compulsory schooling laws.

[10] Breierova, L., & Duflo, E. (2004). The impact of education on fertility and child mortality: Do fathers really matter less than mothers? NBER Working Paper No. 10513.

[11] Cai, F. (2010). Demographic transition, demographic dividend, and Lewis turning point in China. China Economic Journal, 3 (2): 107-119.

[12] Chen, S. (2022). The positive effect of women's education on fertility in low-fertility China. European Journal of Population, 38 (1): 125-161.

[13] Chen, Y., Fan, Z., Gu, X., & Zhou, L. A. (2020a). Arrival of Young Talent: The Send-Down Movement and Rural Education in China. American Economic Review, 110 (11): 3393-3430.

[14] Chen, T., Kung, J. K. S., & Ma, C. (2020b). Long live Keju! The persistent effects of China's civil examination system. The economic journal, 130 (631): 2030-2064.

[15] Cui, Y., Liu, H., & Zhao, L. (2019). Mother's education and child development: Evidence from the compulsory school reform in China. Journal of Comparative Economics, 47 (3): 669-692.

[16] Cygan-Rehm, K., & Maeder, M. (2013). The effect of education on fertility: Evidence from a compulsory schooling reform. Labour Economics, 25: 35-48.

[17] David, P. A., & Sanderson, W. C. (1987). The emergence of a two-child norm among American birth-controllers. Population and Development Review, 1-41.

[18] Dinçer, M. A., Kaushal, N., & Grossman, M. (2014). Women's education: Harbinger of another spring? Evidence from a natural experiment in Turkey. World Development, 64: 243-258.

[19] Doepke, M., Hannusch, A., Kindermann, F., & Tertilt, M. (2022). The economics of fertility: A new era (No. w29948). National Bureau of Economic Research.

[20] Duflo, E. (2001). Schooling and labor market consequences of school construction in Indonesia: Evidence from an unusual policy experiment. American Economic Ereview, 91 (4): 795-813.

[21] Ebenstein, A. (2010). The "missing girls" of China and the unintended consequences of the one child policy. Journal of Human resources, 45 (1): 87-115.

[22] Fort, M., Schneeweis, N., & Winter-Ebmer, R. (2016). Is education always reducing fertility? Evidence from compulsory schooling reforms. The Economic Journal,

126 (595): 1823-1855.

[23] Galor, O. (2012). The demographic transition: causes and consequences. Cliometrica, 6 (1): 1-28.

[24] Geruso, M., & Royer, H. (2018). The impact of education on family formation: Quasi-experimental evidence from the UK (No. w24332). National Bureau of Economic Research.

[25] Gottard, A., Mattei, A., & Vignoli, D. (2015). The relationship between education and fertility in the presence of a time varying frailty component. Journal of the Royal Statistical Society. Series A (Statistics in Society), 863-881.

[26] Greenwood, J., Guner, N., & Vandenbroucke, G. (2017). Family economics writ large. Journal of Economic Literature, 55 (4): 1346-1434.

[27] Grossman, M. (1972). On the Concept of Health Capital and the Demand for Health. Journal of Political Economy, 80 (2): 223-255.

[28] Guo, Z., Wu, Z., Schimmele, C. M., & Li, S. (2012). The effect of urbanization on China's fertility. Population Research and Policy Review, 31 (3): 417-434.

[29] Hazan, M., & Zoabi, H. (2015). Do highly educated women choose smaller families?. The Economic Journal, 125 (587): 1191-1226.

[30] Huang, W. (2015). Understanding the effects of education on health: evidence from China. Working paper.

[31] Imbens, G. W., & Angrist, J. D. (1994). Identification and Estimation of Local Average Treatment Effects. Econometrica, 62 (2): 467-475.

[32] Kamhöfer, D. A., & Westphal, M. (2019). Fertility effects of college education: Evidence from the German educational expansion (No. 316). DICE Discussion Paper.

[33] Kan, K., & Lee, M. J. (2018). The effects of education on fertility: evidence from Taiwan. Economic Inquiry, 56 (1): 343-357.

[34] Kohler, H. P. (2000). Fertility decline as a coordination problem. Journal of Development Economics, 63 (2): 231-263.

[35] Kramarz, F., Rosenqvist, O., & Skans, O. N. (2021). How family background shapes the relationship between human capital and fertility. Journal of Population Economics, 1-28.

[36] Lavely, W., & Freedman, R. (1990). The origins of the Chinese fertility decline. Demography, 27 (3): 357-367.

[37] Lavy, V., & Zablotsky, A. (2015). Women's schooling and fertility under low fe-

male labor force participation: Evidence from mobility restrictions in Israel. Journal of Public Economics, 124: 105-121.

[38] Leon, A. (2004). The effect of education on fertility: evidence from compulsory schooling laws. unpublished paper, University of Pittsburgh.

[39] Lesthaeghe, R. (1995). The second demographic transition in Western countries: An interpretation. Gender and family change in industrialized countries, 17-62.

[40] Ma, M. (2019). Does Children's Education Matter for Parents' Health and Cognition? Evidence from China. Journal of Health Economics, 66: 222-240.

[41] McCrary, J., & Royer, H. (2011). The effect of female education on fertility and infant health: evidence from school entry policies using exact date of birth. American economic review, 101 (1): 158-195.

[42] Monstad, K., Propper, C., & Salvanes, K. G. (2008). Education and fertility: Evidence from a natural experiment. Scandinavian Journal of Economics, 110 (4): 827-852.

[43] Munshi, K., & Myaux, J. (2006). Social norms and the fertility transition. Journal of development Economics, 80 (1): 1-38.

[44] Osili, U. O., & Long, B. T. (2008). Does female schooling reduce fertility? Evidence from Nigeria. Journal of development Economics, 87 (1): 57-75.

[45] Rosenbaum, P. R. (2007). Interference between units in randomized experiments. Journal of the American Statistical Association, 102 (477): 191-200.

[46] Sato, Y., & Yamamoto, K. (2005). Population concentration, urbanization, and demographic transition. Journal of Urban Economics, 58 (1): 45-61.

[47] Sohn, H., & Lee, S. W. (2019). Causal impact of having a college degree on women's fertility: Evidence from regression kink designs. Demography, 56 (3): 969-990.

[48] Stecklov, G., Winters, P., Todd, J., & Regalia, F. (2007). Unintended effects of poverty programmes on childbearing in less developed countries: experimental evidence from Latin America. Population Studies, 61 (2): 125-140.

[49] Stock J, Yogo M. (2005). Testing for Weak Instruments in Linear IV Regression. In: Andrews DWK Identification and Inference for Econometric Models. New York: Cambridge University Press.

[50] Willis, R. J. (1973). A new approach to the economic theory of fertility behavior. Journal of political Economy, 81 (2, Part 2): S14-S64.

[51] Wang, F. , Zhao, L. , & Zhao, Z. (2017). China's family planning policies and their labor market consequences. Journal of Population Economics, 30 (1): 31-68.

[52] Xie, Y. (2012). The User's Guide of the China Family Panel Studies (2010). Beijing: Institute of Social Science Survey, Peking University.

[53] Xu, H. , & Xie, Y. (2015). The causal effects of rural-to-urban migration on children's well-being in China. European sociological review, 31 (4): 502-519.

[54] Zhao, Z. , & Zhang, G. (2018). Socioeconomic factors have been the major driving force of China's fertility changes since the mid - 1990s. Demography, 55 (2), 733-742.

[55] Zheng, Z. , Yong, C. , Wang, F. , & Gu, B. (2009). Below-replacement fertility and childbearing intention in Jiangsu Province, China. Asian Population Studies, 5 (3): 329-347.

附表 1　各省开展义务教育法的具体年份

省份	义务教育法实施年份
北京	1986
河北	1986
山西	1986
辽宁	1986
黑龙江	1986
浙江	1986
江西	1986
重庆	1986
四川	1986
天津	1987
吉林	1987
上海	1987
江苏	1987
安徽	1987
山东	1987
河南	1987
湖北	1987
广东	1987
云南	1987
贵州	1988
陕西	1988
新疆	1988
福建	1989
湖南	1991
广西	1991
甘肃	1991

数据来源：Huang（2015）

本文于 2023 年 4 月发表于《中国经济评论》（*China Economic Review*，78，101936）

教育如何影响流动人口的社会融入

——基于义务教育法实施的自然实验

内蒙古大学经济管理学院　张晓敏

北京师范大学经济与工商管理学院　李亚男

北京师范大学经济与工商管理学院　徐　慧

摘　要：如何推动流动人口的社会融入是我国推进新型城镇化建设急需回答的重要研究问题。本文使用2017年流动人口动态监测调查数据，利用九年义务教育改革这一外生政策冲击作为自然实验，发现教育的提升能积极促进流动人口的社会融入。具体来讲，流动人口受教育年限每提高1年，社会融入得分提高0.1个标准差。该结果得到多个稳健性检验的支持。进一步的渠道分析识别了教育对社会融入的影响路径，包括：（1）提高流动人口收入水平，改善其经济条件；（2）促使流动人口从事社会声望更高的职业，进一步得到本地人的认可；（3）提高家属随迁概率，进而提升其在流入地的效用水平；（4）提升流动人口的迁移稳定性，延长其居留本地的概率。这些研究结果表明教育对促进流动人口市民化进程具有重要意义，政府应继续加大教育投入以更好地推进以人为核心的新型城镇化。

关键词：教育　流动人口　社会融入　义务教育法案　工具变量

1　引言

自改革开放以来，我国大量农村人口迁往城市从事非农工作。根据国家统计局第七次全国人口普查公报，2020年我国流动人口数量高达3.76亿，占总人口的比例为27.62%。庞大规模的人口流动为经济快速转型提供了必要条件，流动人群在城市的福利水平也备受政府和学者们关注。另外，大规模人口持续迁移促使我国城镇化水平迅速攀升，2020年我国常住人口城镇化率达到了63.9%，但与之对应的户籍人口城镇化率仅为45.4%，比前者落后了18.5个百分点。这说明暂时性、“候鸟型”流动仍然是目前我国人口迁移的主要形式，这不仅不利于提高流动人口的福利水平，也会阻碍新型城镇化进程。党的十九届五中全会提出，要“推进以人为核心的新型城镇化”，2021

年3月，《中华人民共和国国民经济和社会发展第十四个五年规划和2035年远景目标纲要》进一步强调，要“坚持走中国特色新型城镇化道路，深入推进以人为核心的新型城镇化战略”。探究如何提高流动人口融入水平，使其在城市中安居乐业，进而成为新市民，是提高流动人口福利、深入推进城镇化的重要研究课题。

本文着重研究人力资本对流动人口在城市社会融入的影响。教育不仅是人力资本本身，也是获取其他人力资本的重要手段（杨菊华、张娇娇，2016）。国内外研究显示，教育对提高认知和非认知能力、促进身心健康、改善家庭关系等方面都具有显著作用（Chen et al.，2018；Huang，2015；Erten and Keskin，2019）。目前，我国农村地区人力资本水平依然较低，大量农村青少年只完成义务教育阶段学业（甚至未完成初中学业就中途辍学）便选择进城务工（Cai et al.，2021）。尽管大部分流动人口都能在城市就业，但如何有效融入城市社会才是重中之重。在此背景下，教育对流动人口融入城市社会过程的影响及其作用渠道等一系列问题值得我们进行深入探讨。

迄今为止，学术界对以上问题研究较少，研究结论也不一致。一部分学者发现教育对融入没有显著影响，甚至还可能出现负影响。例如，张文宏和雷开春（2008）发现教育程度与流动人口在流入地的人际交往情况不存在显著相关性；由于心理落差等因素的影响，教育程度越高，流动人口对流入地的认同感越低（刘涛等，2020；李荣彬、张丽艳，2012）。而另一些学者则认为教育对融入有积极的影响。例如，受教育程度高的流动人口在城市的适应程度更高（Goldlust and Richmond，1974）；教育会提高流动人口居留意愿、使其在主观上更加认同自己为本地人，进而提升认同感（杨菊华和张娇娇，2016；申秋红，2012）。

已有研究结论不一致主要可以归为以下两点原因。首先，没有解决遗漏变量所导致的内生性问题。由于存在可能同时影响教育水平和社会融入的一些不可观测特征（如能力、家庭背景），利用普通最小二乘法进行多元回归的估计结果可能产生不同程度的偏误（张文宏、雷开春，2008；申秋红，2012）。其次，研究结论基于个别城市，不具有全国代表性。比如，申秋红（2012）、杨菊华和张娇娇（2016）研究了中国6个城市的社会融入情况，而刘涛等（2020）、张文宏和雷开春（2008）的样本则分别选择流入地为北京和上海的人群。不同城市自身存在差异，同时迁入者特征也有区别，使得研究者们得出了不同的结论。

本文从社会活动参与和居留意愿两个角度测度了流动人口的融入水平，并且使用熵值法得到总体融入指标。在控制流动人口个人、家庭和流入地特征这些变量后，普通最小二乘估计（OLS）结果显示：流动人口受教育年限每提高1年，融入水平提高0.06个标准差。然而由于不可观测的遗漏变量和受教育年限测量误差问题，OLS估计结果可能有偏差。为了解决潜在的内生性问题，本文使用义务教育法案作为外生冲击，利用义务教育法在不同省份实施时间以及对不同出生队列影响的差异，构建了义务教育法的暴露程度和影响效率指标，作为个人受教育年限的工具变量（Ma，2019；Huang，2015）。一阶段回归结果显示，义务教育法案对受教育年限具有显著正影响，而且初始教育水平越低的地区受影响程度越高。工具变量两阶段最小二乘估计（2SLS）结果显示：流动人口受教育年限每提高 1 年，会使个人融入水平提高 0.1 个标准差，其中，社会活动参与程度提高 0.1 个标准差，在本地居留意愿提高 2.4 个百分点。本文的估计结果意味着，如果能让流动人口多接受 3 年教育，即将其从初中提升至高中毕业，会使流动人口社会融入水平提高 0.3 个标准差（或者融入综合指标均值水平的 9%）。这对于受教育水平和社会融入水平相对较低的流动人口来说，无疑是有深远影响的。

此外，本文还进行了影响渠道检验，发现教育会通过如下四个渠道提高流动人口的社会融入水平：第一，教育提高了流动人口的月收入水平，说明教育程度的提高有助于改善流动人口在当地的生活条件，使其具备融入的经济基础。第二，教育拓宽了流动人口的就业选择，使其从事于社会声望更高的职业，提高当地人对他们的认可程度，从而使其具备良好融入的外部环境。第三，教育提高了家属随迁概率，拥有家属的陪伴使个人获得更高的效用水平，进一步提升他们的居留意愿。第四，教育延长了流动人口在流入地的居住时间，使流动人口迁移更具稳定性。以上几个方面导致高教育水平流动人口有着更好的社会融入。

最后，本文还进行了多个稳健性检验。首先，我们选取不受义务教育政策影响的样本做安慰剂检验，来验证实验设计的有效性。其次，我们采用了多种不同方式来构造社会融入综合指标，比如将数据缩尾 5%后重新用熵值法构造社会融入指标、改用变异系数法和等权重法构造各项融入指标，我们发现主要结果仍然稳健。我们还尝试了将流入省份固定效应替换为流入城市固定效应，回归结果进一步验证了教育是影响流动人口社会融入的重要因素。

本研究的创新性和贡献主要体现在以下三个方面。首先，本文利用义务教育法的实施作为外生冲击，来估计教育程度对流动人口社会融入影响的因果效应，从而有效解决了教育程度的内生性问题。其次，本文使用 2017 年中国流动人口动态监测调查数据，数据涉及中国大陆 31 个省、351 个城市的流动人口，具有全国代表性，所得结果能较全面反映中国整体融入情况。最后，本文从社会活动参与和居留意愿两个维度构造了融入指标，并从多个角度探讨教育对流动人口社会融入影响的具体作用渠道，以此探究较高教育水平者在流入地产生更好融入的原因，为政府制定相关福利政策提供依据。

本文结构安排如下：第二节是实证方法，第三节是数据来源和样本描述，第四节是实证回归结果，第五节探索潜在的影响渠道，第六节进行一系列稳健性检验，第七节是结论和讨论。

2 实证方法

为了估计受教育年限对流动人口社会融入的影响，本文首先进行如下 OLS 回归估计：

$$Y_{ijpk}=\beta_0+\beta_1 edu_{ijpk}+\beta_2 X_{ijpk}+\gamma_p+Cohort_j+Destination_k+\varepsilon_{ijpk} \quad (1)$$

其中，i 表示个人，j 表示出生年份，p 表示流动人口来源省份，k 表示流入地省份。Y_{ijpk} 表示一个来自省份 p 现居住于省份 k 出生于 j 年的个体 i 的结果变量，包括两个维度的融入指标及社会融入综合得分。关键自变量是受教育年限 edu_{ijpk}，由受教育程度折算而得到（未上过学=0；小学=6；初中=9；高中/中专=12；大学专科=15；大学本科=16；研究生=19）。X_{ijpk} 是控制变量，包含流动人口的个人特征（性别、民族、婚姻状况、户口、党员身份）、家庭特征（家庭规模、老家所处地理位置）和流入地特征（在居住地接受健康教育情况、从居住地到最近医疗服务机构所需时间）。另外，这里也控制了流动人口来源省份固定效应（γ_p）、流入省份固定效应（$Destination_k$）和出生年份固定效应（$Cohort_j$），ε_{ijpk} 表示误差项。回归使用 OLS 估计。

然而，即使以上回归已经尽可能控制了诸多影响教育和社会融入的因素，误差项中仍然包含不可观测的个人及外部环境因素，比如个人能力、家庭背景、来源地和流入地资源禀赋等。这些因素不仅与个人受教育水平相关，也与社会融入得分相关，由此造成的遗漏变量偏误问题会导致 OLS 估计结果有偏差，而且偏误的方向（高估还是低估）不能确定①。另外，经学历折算而来的受教育年限不可避免地存在测量误差问题，这使得 OLS 会低估教育对融入的影响。

为了解决内生性问题，本文选取中国 1986 年实施的九年义务教育法案这一外生冲击，作为受教育年限的工具变量。九年制义务教育从 1986 年 7 月开始在北京、河北等几个省市率先实施，之后逐步推进到中国所有的大陆地区，实施时间最晚（1994 年）的省份是西藏自治区（具体进度详见期刊论文版本的附录表 1）。该政策的实施具有一定的强制性，规定所有适龄儿童（满 6 周岁）必须接受为期 9 年的义务教育，期间免除学杂费，使得那些原本会辍学的儿童继续留校读书，从而提高其受教育年限。九年

① 以上遗漏变量与受教育水平均为正相关，与社会融入的相关性则存在差异：一方面，个人能力、流入地资源禀赋与社会融入呈现正相关关系，这两种遗漏变量这会使 OLS 估计结果上偏。另一方面，家庭背景、流入地资源禀赋越好，个人主观社会融入意愿越低，这会使得 OLS 估计结果出现向下的偏误。

义务教育政策的实施不受个人出生时间、个人能力和家庭背景影响，因此该政策也满足外生性假定。同一省内，不同出生队列受到义务教育法的影响程度不同，因此受教育程度有所不同；类似地，对同一个出生队列而言，由于义务教育法在各省实施进度不同，同一年出生于不同省份的个体受到义务教育法的影响不同，因此受教育程度有所不同。

本文选取受义务教育影响的暴露程度以及义务教育实施效率（暴露程度×来源省份初始受教育年限）作为受教育年限的工具变量（Huang，2015；Ma，2019；任祖宇等，2020）。首先利用不同省份实施法案时间上的差异和个体出生年份的差异，构造第一个工具变量，义务教育暴露程度指标（ $exposure_{jp}$ ）：

$$exposure_{jp}=\begin{cases}0\text{，如果在义务教育开始实施年份个人}\geqslant 15\text{ 岁；}\\ \dfrac{\text{出生年}_{jp}-\text{法案实施年}_{p}+15}{10}\text{，法律实施时年龄在}(6,\ 15)\text{ 区间；}\\ 1\text{，在义务教育法开始实施时个人年龄}\leqslant 6\text{ 岁。}\end{cases}$$

该指标取值范围为 0 到 1。如果在义务教育开始实施年份个人已年满 15 岁，则取值为 0，表示个人未受到义务教育法案的影响；如果在义务教育法开始实施年份个人年龄不超过 6 岁，则取值为 1，表示个人完全受到义务教育法案影响；在义务教育法实施时个人年龄在 6~15 岁之间的人，义务教育暴露程度指标取值介于 0~1 之间，表示部分受到法案的影响。该工具变量假设了受教育水平与受义务教育法影响的时间长度呈线性关系。

为了验证这一工具变量的有效性，本文将个人义务教育暴露程度虚拟变量作为自变量，用是否拥有初中及以上学历虚拟变量（初中及以上学历=1，初中以下学历=0）对其进行回归，控制义务教育政策实施效率、出生组和流入省份固定效应等变量。回归结果如图 1 所示，义务教育法案对当时处于 15 岁及以上的人群没有显著的影响；对 15 岁以下人群，随着受政策影响的暴露时间增加，政策影响也越来越大，尤其是对当时处于 9 岁及以下的人口有显著正向影响。这在一定程度上说明用暴露程度作为个人教育水平的工具变量是有效的。

进一步，义务教育法案对此前教育发展水平不同的地区影响有差异。义务教育法实施前平均受教育年限越低的地区，越可能从义务教育法的实施中获益（Ma，2019；Huang，2015）。图 2 展示了义务教育法在初始教育高低地区影响的异质性①。我们发现，无论初始教育水平高低，义务教育政策均会增加受影响人群完成初中教育的概率，

① 我们先计算各地区初始平均受教育年限，即完全不受义务教育法影响的人群的平均受教育年限，然后按照其在中位数以上还是以下分为高/低教育水平地区。

但义务教育法实施前教育水平较低的地区受到的正向影响更大。因此，我们根据初始平均教育年限，构建了义务教育实施效率指标（暴露程度＊初始受教育年限），作为个人受教育程度的第二个工具变量，$PreEdu_{ijp}$：

$$PreEdu_{ijp} = exposure_{jp} \times PreLaw_p$$

其中，$PreLaw_p$ 表示省份 p 完全不受义务教育法影响人群的平均受教育年限。

具体来说，两阶段最小二乘估计方法（2SLS）的第一阶段回归方程如下：

$$edu_{ijpk} = \alpha_0 + \alpha_1 exposure_{jp} + \alpha_2 PreEdu_{ijp} + \alpha_3 X_{ijpk} + \tau_p + Cohort_j + Destination_k + u_{ijpk} \quad (2)$$

其中 i 表示个人，j 表示出生年份，p 表示流动人口来源省份，k 表示流入地省份。$exposure$ 是义务教育暴露程度，$exposure \times PreLaw$（即 $PreEdu_{ijp}$）是义务教育实施效率，此交叉项允许了义务教育法对教育的影响在不同地区具有异质性（Duflo，2001）。其余控制变量与公式（1）中相同，回归均采用稳健标准误，聚类在个人来源省份-年龄组层面。

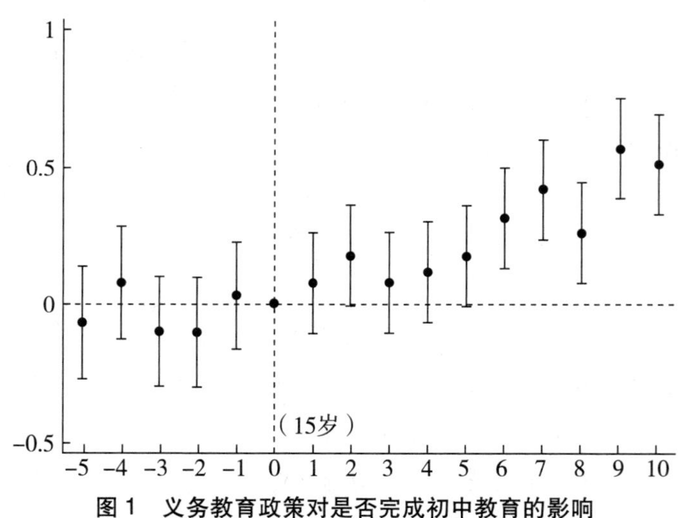

图 1　义务教育政策对是否完成初中教育的影响

注：图中展示受义务教育政策影响的暴露时间（年）对流动人口受教育水平的影响。图中的实心点值是回归方程中关键自变量：义务教育政策暴露程度虚拟变量的估计系数，竖直线代表了相应 95%的置信区间。回归因变量是：是否拥有初中及以上学历（初中及以上=1，初中以下=0）。回归方程中还控制了义务教育实施效率、出生组和流入省份固定效应。义务教育法案实施时年龄是 15 岁的出生队列是回归基准组（横轴为 0），由此向左年龄递增，向右表示年龄递减。例如，横坐标轴中-1 和 1 分别表示法案实施时个人年龄为 16 岁和 14 岁，其他刻度值按此规律依次类推。

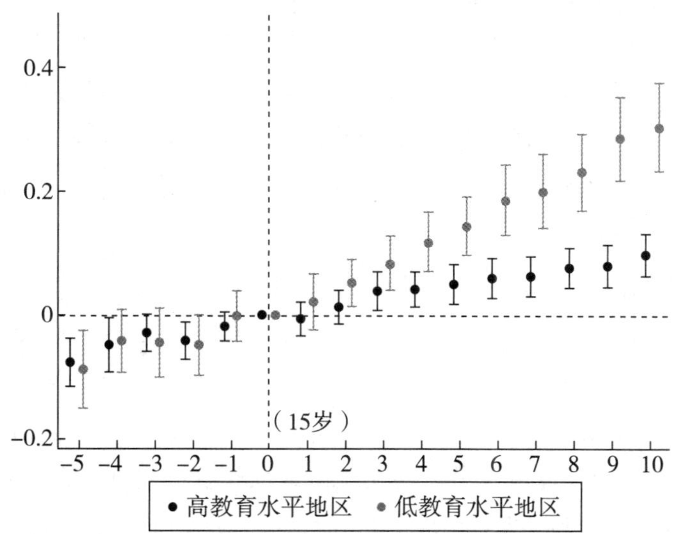

图 2　义务教育对不同初始教育水平地区的异质性影响

注：图中展示在初始高、低教育水平的地区中，受义务教育政策影响的暴露时间对流动人口教育水平的影响。图中的实心点值是回归方程中关键自变量：受义务教育政策影响年数虚拟变量的估计系数，竖直线代表了相应 95%的置信区间。回归因变量是：是否拥有初中及以上学历（初中及以上=1，初中以下=0）。回归方程中还控制了出生组和流入省份固定效应。义务教育法案实施时年龄处于 15 岁的出生队列是回归基准组（横轴为 0），由此向左年龄递增，向右表示年龄递减。例如，横坐标轴中-1 和 1 分别表示法案实施时个人年龄为 16 岁和 14 岁，其他刻度值按此规律依次类推。

3　数据来源及样本描述

本文使用流动人口动态监测调查（CMDS）2017 年数据。该调查按照随机原则在全国 31 个省（区、市）和新疆生产建设兵团流动人口较为集中的流入地抽取样本点，开展抽样调查，调查结果对全国和各省具有代表性。流动人口定义为在调查地居住一个月以上，非本区（县、市）户口的 15 周岁及以上流入人口，调查样本为 169989 个。

本文从社会活动参与和居留意愿两个方面来综合衡量流动人口的社会融入程度，每个指标的构成情况说明如下：

· 社会活动参与由业余和政治活动参与两个变量构成。业余来往和政治活动参与分别代表流动人口人际关系网络和参与政治活动的积极性，是流动人口是否融入当地的客观行为表现。其中，流动人口业余活动参与变量指的是其是否在本地参与工会、志愿者协会、同学会、老乡会、家乡商会、其他活动这 6 个维度活动（参与=1，不参与=0）的加总值，总分为 6 分。数据显示该变量均值为 0.74，超过 50%的流动人口没有参与任何活动。政治活动参与变量包含以下五项活动：给所在单位/社区/村提建议或监督其管理；通过各种方式向政府有关部门反映情况/提出政策建议；在网上就国家事务、社会事件发表评论，参与讨论；主动参与捐款、无偿献血、志愿者活动等；参与党/团组织活动，参加党支部会议。这5道题目选项从1到4分别是没有、偶尔、有时、经常。本文将其加总，得到总分为20分的政治活动参与得分变量，得分越高，表示政治活动方面融入的越好。流动人口得分均值为5.87分。同样地，有57%的人没有参与任何一项政治活动。

· 居留意愿指未来一段时间，流动人口是否打算继续留在本地。如回答是，则表示其有居留意愿，变量取值为1；否则，变量取值为0。居留意愿代表了流动人口对流入地的主观认同感，进一步决定其是否市民化，进而真正融入到城市中。从数据上看，约82% 的流动者有本地居留意愿，说明总体来讲，流动者对流入地的认可度较高。

社会活动参与指标客观衡量了流动人口的融入情况，而居留意愿则是代表了流动人口的主观感知，两个维度相辅相成，共同代表流动人口的社会融入水平。具体地，本文使用熵值法，将各个细分变量进行加总，分别构造了社会活动参与以及社会融入综合指标。熵值法是一种客观赋权方法，它通过计算指标的信息熵，根据指标相对变化程度对系统体的影响来决定指标的权重，相对变化程度大的指标具有较大的权重。这种方法具有一定的科学性和客观性（Huang et al.，2018）。和主观赋权方法相比，该方法具有较高的可信度和准确度，被广泛地应用于各类综合指标构建中（张吉鹏和卢冲，2019；张卫民等，2003）①。熵值法构造总社会融入得分简要步骤如下：

（1）将以上业余活动参与、政治活动参与、本地居留意愿三个细分变量进行归一化处理②，以消除量纲的影响。

（2）计算每个细分变量的信息熵值，利用信息熵值计算得到该变量信息的价值系数*，价值系数越高，对评价的重要性就越大。

（3）最后，针对每个融入指标，按照单个变量的价值系数占构成该指标的所有变量价值系数之和的比重，计算得到每个变量在该指标中的权重（详见期刊论文版本的附表2）。然后，各变量值加权平均后即为相应融入指标的得分。比如，社会活动参与指标是它的两个构成变量（业余活动参与、政治活动参与）按照附表2第二行的（1）和第（2）列的权重，加权平均所得。总社会融入指标的计算方式亦然。

---

① 熵值法详细计算公式参见张卫民等（2003）。

② 归一化公式为：$\frac{\text{变量值}-\text{变量最小值}}{\text{变量最大值}-\text{变量最小值}}$。

③ 信息熵值的计算公式为：$e_j=-\frac{1}{lnm}\sum_{i=1}^{m}p_{ij}lnp_{ij}$，其中 i 表示样本，j 表示变量，p_{ij} 是 j 变量下 i 样本值占样本值总和的比重。价值系数 $=1-e_j$。

最终计算得到的总融入指数均值为3.26分，最小值为2.46分，最大值为12.48分。社会活动参与得分均值为3.49分，最小值为2.69分，最大值为13.55分。为了使各维度融入指标估计系数之间的比较更为直观，在后面的回归中，本文对这三个变量进行了标准化处理，计算得到Z-score（即减去平均值，再除以标准差）。

其他变量的描述性统计信息见表1。样本中，流动人口平均受教育年限为10.2年，初中学历人口占比最大（44%）。他们平均年龄为36周岁，60岁以上外出务工的流动人口仅占1.8%，在婚比例为81.9%。超过五分之四的流动人口是农业户籍（来自农村或乡镇地区）。职业上，有60%的人在外从事商业服务业工作，另外两个就业比重较高的职业依次为生产运输业（21.6%）、专业技术人员（9.2%）。

另外，我们按照Treiman（1977）中给出的国际职业声望量表（SIOPS）将流动人口的职业进行赋值，得到其职业声望得分，分值越高表示个人所从事的职业更加能受到人们的认可与尊重。八大类及其细分职业中，社会声望最低的职业为保洁人员（20分），最高为国家机关、党群组织、企事业单位负责人（64分），流动人口职业声望均值为37.62分，中位数为37分（餐饮和家政类职业）。此外，样本中65%的劳动者跟雇主签订了劳动合同，拥有城镇职工或公费医疗保险的流动人口仅占22%，社保参与率为50%。本文将是否签订合同、职工或公费医疗参与、社保参与这三个0~1虚拟变量进行加总，得到取值介于0~3分衡量其工作正规程度的变量，其中，有23%的流动人口没有获得以上三项福利当中的任何一项，三项福利均参与的人口比例为31%。在迁移模式方面，84%的流动人口与一个或多个家庭成员一起迁至流入地①，他们在流入地的平均居住时间是6年。

表1　　流动人口基本特征

变量	均值	标准差	样本量
结果变量			
总融入指数	3.26	0.96	169989
（1）社会活动参与指标	3.49	1.05	169989
业余活动参与数量	0.72	1.01	169989
政治活动参与	5.85	1.44	169989
（2）有本地居留意愿	0.82	0.38	169989
个人及家庭特征			

① 这里是否有家属迁移指的是流动者是否与一个或多个家庭成员包括配偶和（或）子女（不包括分家的子女）一起迁移到本地。

续 表

变量	均值	标准差	样本量
受教育年限	10. 11	3. 42	169989
年龄	36. 07	11. 08	169989
男性	0. 52	0. 50	169989
在婚	0. 82	0. 38	169989
党员	0. 11	0. 31	169989
汉族	0. 91	0. 29	169989
农业户口	0. 83	0. 38	169989
家庭规模（人）	3. 14	1. 20	169989
来源地、流入地特征			
流入地村居健康培训项目（个）	3. 41	3. 40	169989
住处到最近医疗机构在 15 分钟内车程	0. 84	0. 37	169989
来源于农村/乡镇	0. 88	0. 33	169989
工具变量			
暴露程度（*Exposure*）	0. 66	0. 43	169989
影响效率（*Exposure*×*PreLaw*）	5. 31	3. 52	169989
渠道变量			
月收入对数	8. 19	0. 62	138045
签署劳动合同	0. 65	0. 48	81712
城镇职工或公费医疗保险	0. 22	0. 41	169989
社会保障卡	0. 50	0. 50	169989
职业声望分值	37. 62	11. 67	132579
有家属随迁	0. 84	0. 36	138725
在流入地居住时间（月）	75. 75	72. 78	169989

数据来源：2017 年流动人口动态监测调查数据。

表 2 为按照流动人口学历统计的社会融入得分情况。将流动人口学历分为小学及以下、初中、高中、大专及以上四组后，可以发现，无论是在哪个维度上，流动人口融入得分均随学历的提高呈现递增趋势。大专及以上学历人群的各融入得分高于均值，而初中和小学及以下学历的人群相应的融入得分均低于均值。表 2 显示受教育水平与社会融入呈现正相关关系，本文将在后面的回归分析中进一步控制流动人口个人、家庭和流入地特征，并采用工具变量方法，探讨教育对社会融入影响的因果效应。

表 2 受教育水平与社会融入

	社会活动参与	居留意愿	总融入指数
小学及以下	3.13	0.77	2.93
初中	3.34	0.81	3.12
高中	3.60	0.84	3.37
大专及以上	4.06	0.89	3.79

数据来源：2017 年流动人口动态监测调查数据。

4 实证结果

4.1 一阶段回归结果

表 3 展示了义务教育法对受影响人群教育程度的影响（由方程 2 估计而来）。该回归的因变量为受教育年限，关键自变量是受义务教育法影响的暴露程度和法案实施效率。无论是否加入更多控制变量，九年义务教育政策对个体受教育程度的影响都是显著的。暴露程度（*Exposure*）的系数均为正，表明受义务教育政策影响时间越长，个人受教育年限越高。同时，义务教育法实施效率这一变量（*Exposure*×*PreLaw*）的系数均为负，表明与义务教育实施前受教育水平高的地区相比，政策实施前受教育水平越低的地区，其教育水平受到政策的正向影响越大。这一发现与 Ma（2019）的研究结论基本一致。另外，工具变量第一阶段 Kleibergen-Paap Wald F 值均大于 10，拒绝了该组工具变量为弱工具变量的假设；本文也进行了工具变量过度识别检验，Hansen 检验 P 值均大于 0.1，不能拒绝所有工具变量均外生的原假设，过度识别检验也得以通过（见表 4）。

表 3 一阶段回归结果

	(1)	(2)	(3)	(4)
因变量：个人的受教育年限				
暴露程度（*Exposure*）	5.578***	5.151***	2.706***	2.737***
	(0.370)	(0.339)	(0.273)	(0.270)
影响效率（*Exposure*×*PreLaw*）	−0.298***	−0.275***	−0.310***	−0.312***
	(0.044)	(0.041)	(0.030)	(0.029)
控制变量	No	是	是	是
来源省固定效应	是	是	是	是

续 表

	(1)	(2)	(3)	(4)
出生组固定效应	No	No	是	是
流入省固定效应	No	No	No	是
一阶段 Wald-F 值	3586.473	3430.575	54.904	57.596
观测值	169989	169989	169989	169989
R^2	0.199	0.380	0.399	0.412

注：数据来源：2017 年流动人口动态监测调查数据。所有模型的因变量均为个人的受教育年限。控制变量包括：（1）个人特征：性别、民族、婚姻状况、户口、党员身份；（2）家庭特征：家庭规模、老家地理位置；（3）流入地特征：在居住地接受健康教育情况、居住地到最近医疗服务机构所需时间。括号中为稳健标准误，聚类在来源省-出生年龄层面。*** 代表在 1%的水平上显著。

4.2 两阶段最小二乘估计结果

表 4 是控制所有变量后的 OLS 和 2SLS 回归估计结果。其中，A 部分是 OLS 估计结果，受教育年限与各项融入细分指标及总的社会融入得分均呈现正相关关系。受教育年限每增加 1 年，分别对应着个人社会活动参与提高 0.06 个标准差、本地居留意愿提高 0.8 个百分点，这导致总融入得分提高 0.06 个标准差。B 部分展示工具变量 2SLS 估计结果，其中受教育程度的工具变量是义务教育法在个体层面的暴露程度和影响效率。2SLS 各项估计系数均高于 OLS 的系数，这说明 OLS 低估了教育对社会融入的影响。因此在后文的所有回归中，我们均报告 2SLS 估计结果。

2SLS 结果如表 4 Panel B 所示，受教育年限增加 1 年，流动人口的社会活动参与水平提高约 0.1 个标准差。同时，教育对本地居留意愿也有促进作用，教育水平提高 1 年，愿意在本地继续居留的概率提高 2.4 个百分点，最终总社会融入水平提高 0.1 个标准差。以上结果表明，教育作为一项重要的人力资本，能够提升流动人口参与各项活动的积极性，还提升了他们的主观居留意愿，使其更好地融入流入地社会。

从 2SLS 回归估计系数来看，教育对社会融入的影响程度也较大。如果将流动人口的个人学历从初中提高至高中毕业（受教育水平提高 3 年），其社会融入得分将提高 0.29 个标准差，即提高 0.28 分。和平均值 3.26 分相比，这意味着多接受 3 年教育会使流动人口社会融入水平提高 9%。同样地，多接受 3 年教育也使其社会活动参与得分提高 9%、居留意愿提高 7 个百分点。根据 CMDS 2017 年数据，有 60%的流动人口是初中及以下学历，对于本就处于较低受教育水平、较低社会融入的流动人口来说，提高教育水平的意义无疑是巨大的。

表 4　　教育对流动人口社会融入的影响

	(1) 社会活动参与	(2) 居留意愿	(3) 总融入指数
Panel A.（OLS）			
受教育年限	0.055*** (0.001)	0.008*** (0.000)	0.056*** (0.001)
控制变量	是	是	是
来源、流入省	是	是	是
出生组	是	是	是
观测值	169989	169989	169989
Panel B.（2SLS）			
受教育年限	0.096*** (0.023)	0.024*** (0.009)	0.098*** (0.023)
控制变量	是	是	是
来源、流入省	是	是	是
出生组	是	是	是
一阶段 Wald-F 值	57.60	57.60	57.60
Hansen J 检验 P 值	0.143	0.969	0.144
观测值	169989	169989	169989

注：数据来源：2017 年流动人口动态监测调查数据。总融入指数由业余活动参与、政治活动参与和居留意愿按照熵值法构建得到；社会活动参与变量由业余活动参与和政治活动参与两个变量按照熵值法构建得到。Panel B 中，受教育程度的工具变量是义务教育法在个体层面的暴露程度和影响效率。所有模型均包括以下控制变量：（1）个人特征：性别、民族、婚姻状况、户口、党员身份；（2）家庭特征：家庭规模、老家地理位置；（3）流入地特征：在居住地接受健康教育情况、居住地到最近医疗服务机构所需时间。括号中为稳健标准误，聚类在来源省-出生年龄层面。*** 代表在 1%的水平上显著。

5　影响渠道检验

教育可能会通过哪些途径来影响流动者在流入地的社会融入？本部分我们从收入、职业、迁移模式以及迁移的稳定性等多个角度来探索教育对社会融入的影响渠道。

第一，较高的教育程度可能提高个人的收入水平及工作正规程度，从而改善流动人口所面临的物质约束，使其具备融入的经济基础。2SLS 回归结果［表 5 第（1）列］表明，受教育年限每提高 1 年，流动人口月收入水平提高 6.6%。这与已有关于教育回报的研究结论一致：中国流动人口的教育回报率在 4.4%~7.6%（罗忠勇，2010；邢春冰等，2013；杨宜勇和王伶鑫，2021）。此外，我们还根据工作单位是否为员工缴纳社会保险，构造流动人口所从事工作的工作正规性得分。具体来说，根据个人与雇主是否签订劳动合同、是否有城镇职工或公费医疗保险、是否有社会保障卡这三个变量的加总值，构造得到取值范围为0~3（以上三项均没有=0，参与一项=1，参与两项=2，均参与=3）的工作正规性变量。结果显示，教育并没有显著提高他们的工作正规程度。

第二，我们考察教育能否通过改善流动人口的职业选择来提高其在城市的融入水平。Treiman（1976）以及 Chen et al.（2021）认为，从事社会声望更高的职业，可以使流动人口拥有更多的社会资源，使他们更可能获得当地人们的尊重与认可，从而有助于增强他们的主观融入意愿。为此，我们按照 Treiman（1977）国际职业社会声望量表（SIOPS），将八大类及其细分职业进行赋值，得到流动人口所从事职业的职业声望得分。然后，我们按照个人所从事的职业是否高于职业声望得分中位数，构造“高声望职业”二元变量。表 5 第（3）列回归结果显示，受教育年限每提高 1 年，流动人口从事高社会声望职业的概率提高 5.3 个百分点。这表明，拥有较高教育程度的流动人口可能在流入地从事声望更高的职业，从而增加了社会融入程度。

第三，教育还可能通过改变家庭迁移模式来影响融入程度。已有研究显示，家属随迁能够提高流动人口在当地的效用水平，因而提升他们的居留意愿（Wang et al.，2019）。因此，我们考察教育是否提高了家属随迁的概率。表 5 第（4）列回归结果显示，教育水平每提高 1 年，将提高家属随迁的概率 8.7 个百分点。这表明高教育水平的人可能更有能力也更倾向于携带家属随迁，而家属的陪伴将提高他们在当地的效用水平，因而提升了其在流入地的融入意愿。

第四，教育还可能提高迁移的稳定性，从而提升流动人口在本地继续居留的概率。我们的研究结果［表 5 第（5）列］显示，受教育水平提高 1 年，流动人口在流入地居住时间将延长 11.2 个月。这说明随着教育水平提高，流动人口自身迁移稳定性得以提升。这也与已有研究结论一致：较低教育水平的流动人口更容易受到劳动力需求冲击的影响，从而空间流动性更强，稳定性更差（Luo and Xing，2016）。因此，教育程度的增加提高了流动人口应对劳动力市场需求冲击的能力，提高了其工作和居住的稳定性，进而改善其融入程度。

综合回归以上结果，本文发现教育对流动人口融入的影响主要有以下四个渠道：第一，教育提高流动人口收入水平，改善其在流入地所面临的物质约束，使其具备了融入的经济基础。第二，教育拓宽了流动人口的职业选择，有助于其从事社会声望更高的职业，从而获得本地人的认同，提升个人居留意愿。第三，教育改变了迁移模式，提高流动人口家属随迁的概率，为其在当地的融入提供了重要的家庭支持。第四，教育提升了流动人口的迁移稳定性，提高了他们继续居留的概率。

表 5　　教育对融入的影响渠道

	(1) 月收入对数	(2) 工作正规性	(3) 高声望职业	(4) 家属随迁	(5) 流入地居住时间
受教育年限	0.066*** (0.018)	0.023 (0.027)	0.053*** (0.015)	0.087*** (0.021)	11.167*** (2.215)
控制变量	是	是	是	是	是
来源、流入省	是	是	是	是	是
出生组	是	是	是	是	是
一阶段 Wald-F 值	50.91	42.7	50.62	23.12	58
Hansen J 检验 P 值	0.270	0.118	0.759	0.811	0.724
观测值	138045	81712	132579	138725	169989

注：数据来源：2017 年流动人口动态监测调查数据。回归模型和表 4 相同。工作正规性指个人与雇主是否签订劳动合同、是否有城镇职工或公费医疗保险、是否有社会保障卡这三个变量的加总值，取值范围为 0-3（以上三项均没有=0，参与一项=1，参与两项=2，均参与=3）。职业声望是按照 Treiman（1977）国际职业社会声望量表，将 8 大类及其细分职业进行赋值得来，高声望职业指的是个人所从事的职业不低于职业声望得分中位数；家属随迁指的是配偶和（或）子女当中至少一个人随迁（至少 1 人随迁=1，户主独自迁移=0）。所有模型均包括以下控制变量：(1) 个人特征：性别、民族、婚姻状况、户口、党员身份；(2) 家庭特征：家庭规模、老家地理位置；第 4 列回归方程额外增加了家庭类型（1=仅有配偶；2=仅有孩子；3=有配偶和孩子）离散虚拟变量。括号中为稳健标准误，聚类在来源省-出生年龄层面。*，**，*** 分别代表在 10%，5%和 1%的水平上显著。

6　稳健性检验

6.1　安慰剂检验

以上分析中，我们将 15 岁作为受义务教育法影响的临界年龄。为了检验实验设计的有效性，我们设计一个安慰剂检验，用同样的模型来估计义务教育法的实施对那些理论上来讲不受义务教育法影响人群的影响。如果估计出来的影响和预期一致（都为零），则在一定程度上表明我们的基础模型结果是有效的。

具体来说，我们在初始高低教育水平地区，分别选取义务教育法实施时处于 16~17 岁及 18~19 岁这两组不受政策影响的流动人口，并假设 16~17 岁这一组受到了义务教育法的影响。然后我们采用之前的双重差分模型，考察这两组人群的受教育年限（及社会融入程度）之差是否在初始高低教育水平地区呈现差异（Huang et al.，2021 做法相似）。

结果显示，对不受义务教育影响的人群而言，初始教育水平不同地区输出的流动人口在教育水平和社会融入方面随时间的变化趋势不存在显著差异（具体结果请参考期刊论文表6）。因此支持基础回归结果并非受内生因素干扰所得。

6.2 其他稳健性检验

在主回归结果中，我们采用了熵值法来构造主要的结果变量社会融入程度。在稳健性分析中我们尝试其他处理方法，来考察估计结果的稳健性，比如对数据进行5%的缩尾处理、采用变异系数法和等权重法构造融入指标。另外，基础回归模型主要控制了省层面的固定效应。为了控制更多不可观测因素，在稳健性检验中，我们将省份固定效应改为流入城市固定效应。具体结果详见期刊论文表7、表8。结果均和基础回归结果差异不大。

7 结论与讨论

流动人口在当地的融入状态不仅是其自身福利水平的体现，也决定了他们向市民化转变的速度。本文研究了教育对流动人口社会融入的影响。通过使用2017年流动人口动态监测调查数据，本文从社会活动参与、居留意愿两个维度测度了流动人口的社会融入水平，进一步地，使用熵值法得到总融入指标。为了解决潜在的内生性问题，本文使用义务教育法案作为外生冲击，利用法案在不同年龄、不同省份实施时间的差异，构建了义务教育暴露程度和影响效率指标，作为个人受教育年限的工具变量。一阶段回归结果显示，义务教育法显著提高了流动人口的受教育年限，同时在初始教育水平较低地区其影响更大。工具变量两阶段估计（2SLS）结果显示：流动人口受教育年限每提高1年，会使个人社会融入得分提高0.1个标准差，其中，社会活动参与提高0.1个标准差，在本地居留意愿提高2.4个百分点。

进一步地，本文探索了教育对社会融入的影响渠道。首先，我们发现教育提高了流动人口月收入水平，说明教育有助于改善流动人口在当地的生活条件，使其具备融入的经济基础。其次，教育有助于流动人口从事社会声望较高的职业，当地人的认可为其融入提供了良好的外部环境。其次，教育提高了家属随迁概率，拥有家属的陪伴使个人获得更高的效用水平，进一步提升他们的居留意愿。再次，教育延长了他们在流入地的居留时间，提升了流动人口迁移的稳定性，进而提高了个人在流入地居留的概率。以上客观条件及主观意愿方面的改善均加速了流动人口的社会融入。进一步地，本文结果意味着，如果能让流动人口多接受3年教育，即将其从初中提升至高中毕业，会使流动人口社会融入水平提高9%，对于本就处于较低受教育水平、较低社会融入水平的流动人口来说，教育的意义无疑是重大的。最后，本文也进行了多个稳健性检验，发现结果均是稳健的。

本文的结果具有较强的政策意义。首先，本文验证了义务教育法案的有效性，九年义务教育法的实施显著提高了流动人口的受教育水平，尤其是对那些初始受教育水平较低地区的人群而言，该法案的影响更大。这说明义务教育法案有助于缩小地区间的受教育水平差异，进而缩小流动人口地区间的收入差距。其次，本文结果表明教育对流动者社会融入影响重大，作为人力资本中最重要的因素，教育不仅能够提高个人的经济状况，还能够提升流动人口社会活动参与水平和本地居留意愿。这说明提高受教育水平有助于使流动人口实现由流动性迁移向融入型迁移转变，进而实现以人为主的新型城镇化。最后，教育对社会融入的影响渠道也说明，流入地政府应当以改善流动者在当地的生活和工作保障作为出发点，在教育、住房、医疗以及社会保险等领域制定相应的社会福利政策。这些政策保障至关重要，这将使得流动者获得与本地居民同等的权利和社会资源，有效解决流动者在本地生活的不确定性。流入地福利的有效保障将提供给那些希望携家属迁移的流动者足够有利的政策支持，解决其定居和真正融入城市的后顾之忧，另外，也能促进流动者更为充分地调动起其在城市生产生活中的积极性和主观能动性，最终高质量地融入城市社会，真正体现以人为核心的新型城镇化方向。基于以上几个方面，本文为政府提升人力资本投资，尤其是未来高中教育的普及政策提供了经验证据。

最后，值得一提的是教育对流动者社会融入的积极影响应该会产生更强大的良性连锁反应。一方面，社会活动参与和居留意愿两者之间并非各自独立，而是存在着互相促进关系。社会活动参与程度代表着社会网络关系，对个体居留意愿有积极的促进作用。有居留意愿者，主观上也更有可能愿意积极参与社会活动。另一方面，从宏观制度上来看，目前大部分城市的政策，无论是落户还是异地子女入学政策，都更加偏重于高教育水平人群，这也加速了高教育水平流动人口的社会融入。对以上问题的剖析超过了本文的研究范围，值得后续进一步探索。

参考资料

［1］李荣彬，张丽艳．流动人口身份认同的现状及影响因素研究——基于我国 106 个城市的调查数据［J］．人口与经济，2012（4）．

［2］刘涛，韦长传，仝德．人力资本、社会支持与流动人口社会融入——以北京市为例［J］．人口与发展，2020，（2）．

［3］罗忠勇．农民工教育投资的个人收益率研究——基于珠三角农民工的实证调查［J］．教育与经济，2010，（1）．

［4］任昶宇，肖潇，周羿．教育会改变家户的股票市场行为吗？来自义务教育法的证

据［J］．经济学报，2020，（4）．

［5］申秋红．流动人口居留意愿影响因素分析——基于全国六城市的调查［J］．经济研究导刊，2012，（2）．

［6］邢春冰，贾淑艳，李实．教育回报率的地区差异及其对劳动力流动的影响［J］．经济研究，2013，（11）．

［7］杨菊华，张娇娇．人力资本与流动人口的社会融入［J］．人口研究，2016，（4）．

［8］杨宜勇，王伶鑫．流动人口教育回报率变动趋势研究［J］．中国人口科学，2021，（2）．

［9］张吉鹏，卢冲．户籍制度改革与城市落户门槛的量化分析［J］．经济学（季刊），2019，（4）．

［10］张卫民，安景文，韩朝．熵值法在城市可持续发展评价问题中的应用［J］．数量经济技术经济研究，2003，（6）．

［11］张文宏，雷开春．城市新移民社会融合的结构、现状与影响因素分析［J］．社会学研究，2008，（5）．

［12］Cai，Shu，Xinzheng Shi，Zhufeng，Xu. Migration Networks，Export Shocks，and Human Capital Acquisition：Evidence from China［J］．working paper，2021.

［13］Chen Cheng，Wangyang Zhao，Shin-Yi Chou，Hsien-Ming Lien. The effect of family size on parents' labor supply and occupational prestige：Evidence from Taiwan and Mainland China［J］．China Economic Review，2021，（66）．

［14］Chen，Yvonne，Yi Lu，Huihua Xie. Education and Non-Cognitive Skills［J］．SSRN Scholarly Paper ID 3149222. Rochester，NY：Social Science Research Network，2018.

［15］Duflo，Esther. Schooling and Labor Market Consequences of School Construction in Indonesia：Evidence from an Unusual Policy Experiment［J］．American Economic Review，2001，（4）．

［16］Erten，Bilge，Pinar Keskin. Breaking the Cycle? Education and the Intergenerational Transmission of Violence［J］．The Review of Economics and Statistics，2019.

［17］Goldlust J.，Richmond A H. A multivariate model of immigrant adaptation［J］．International Migration Review，1974，（2）．

［18］Huang，J.，Butsic，V.，He，W.，et al. Historical Accountability for Equitable，Efficient，and Sustainable Allocation of the Right to Emit Wastewater in China［J］．Entropy，2018，（12）．

［19］Huang，Wei. Understanding the Effects of Education on Health：Evidence from China［J］．SSRN Scholarly Paper ID 2655246. Rochester，NY：Social Science Research Network, 2015.

[20] Huang, W., X. Lei, G. Shen, and A. Sun. Neither Nature nor Nurture: The Impact of Maternal Education on Child Health. Working paper, 2021.

[21] Luo, Dongdong, Chunbing Xing. Population adjustments in response to local demand shifts in China [J]. Journal of Housing Economics, 2016, (22).

[22] Ma, Mingming. Does Children's Education Matter for Parents' Health and Cognition? Evidence from China [J]. Journal of Health Economics, 2019, (66).

[23] Treiman, Donald J. A standard occupational prestige scale for use with historical data [J]. Journal of Interdisciplinary History, 1976, (7).

[24] Treiman, Donald J. Occupational Prestige in Comparative Perspective [M]. New York: Academic Press, 1977.

[25] Wang, Chunchao, Chenglei Zhang, Jinlan Ni, Haifeng Zhang and Junsen Zhang. Family migration in China: Do migrant children affect parental settlement intention? [J]. Journal of Comparative Economics, 2019, (47).

本文于2022年3月发表于《教育经济评论》, 2022, 7 (2): 20-43

退休适应问卷中文版的初步试用

北京师范大学发展心理研究院　中国科协创新战略研究院　张明妍
北京师范大学发展心理研究院　人的发展经济学研究中心　王大华①

摘　要：考察退休适应问卷在中国的文化适用性，并探讨退休员工个体特征和社会关系对退休适应的影响。对407名某国有企业离退休人员施测退休适应、生活满意度、抑郁、社会网络量表、婚姻满意度及背景信息问卷。退休适应中文版问卷包含12个项目，分属于退休享受感、退休失落感和工作怀念感三个维度。三个维度内部一致性信度为0.712~0.849，重测信度为0.659~0.786。收入水平高、主观健康良好和婚姻满意度高的退休员工有更多的退休享受感；受教育水平高、婚姻满意度低的退休员工有更多的退休失落感；个体特征和社会关系对工作怀念感影响不显著。退休适应问卷中文版可用于测量国有企业退休员工的退休适应情况，退休员工的收入、受教育水平、主观健康和婚姻满意度是影响退休享受感和失落感的重要因素。

关键词：退休适应　信效度　社会关系　退休员工

Abstract: This study was to validate the Retirement Adjustment Questionnaire using a Chinese retiree sample and to explore the impacts of demographic factors and social relationson retirement adjustment. 407 retirees from a State-owned Enterprise were investigated by questionnaires about retirement adjustment, life satisfaction, depression, social network, marital satisfaction and background information. The Chinese Version of Retirement Adjustment Questionnaire includes 12 items, which belong to three dimensions—enjoyment of retirement, loss of retirement, and sense of missing work. The three dimensions had good internal consistency (ranging from 0.712 to 0.849), and modest retest reliability (ranging from 0.659 to 0.786). Retirees who have higher income level, better subjective health, and more marital satisfaction

① 基金项目：该研究由人的发展经济学研究中心资助完成。通讯作者：王大华，北京师范大学发展心理研究院教授，人的发展经济学研究中心特聘研究员，电子邮箱：wangdahua@ bnu. edu. cn report more enjoyment of retirement; and retirees who have higher education and less marital satisfaction report more loss of retirement. The individual characteristics and social relations had no significant effect on the sense of missing work. Conclusion: The Chinese version of the Retirement Adjustment Questionnaire can be used to measure the retirement adaptation of retirees in Chinese state-owned enterprises. Retirees' income, education level, subjective health and marital satisfaction are important factors that influence the experiences of retirement.

Keywords: Retirement adjustment Reliability and validity Social relations Retiree

1 引言

退休通常被定义为退出有固定收入的工作岗位，是多数人在成年后期经历的重要转折[1-3]。研究退休适应具有很重要的作用，因为它可以直接提供如何提高退休后生活质量的信息，而且可以让我们了解到人们在晚年生活中如何同时适应来自内部（如身体和心理衰老）和外部（如生活方式和社会规范）的挑战[4]。国外有学者将一个人对于退休的积极经历和态度定义为退休适应[5]。退休适应既被看作一种适应退休生活的状态，也被看作一个纵向发展的过程，在这个过程中，退休人员的适应水平（即对退休生活的心理舒适度）可能随着个人资源及资源的变化而变化[2,4]。

1.1 退休适应的测量

对退休适应的界定和测量有许多种方式。通常的指标包括生活满意度[6,7]、退休满意度[8-10]、积极退休态度[11,12]、（主观）幸福感[7,13]、生活质量及心理健康[14-18]等。从指标的准确性分析可以归为三类：第一类是间接指标，例如主观幸福感、生活满意度、生活质量以及心理健康等。这些工具本身虽然有成熟的测量学参数，但是并未直接反映退休带来的变化内容；第二类是直接单题项指标，往往是自编一两个题项询问退休后的总体感受。例如“退休适应对你来说困难、比较困难还是一点都不困难?”这种测量方式可能有很高的聚合效度，但依赖单一项目的测量容易受语句或个人理解的影响造成测量偏差，出现天花板效应，缺乏针对性，并且退休适应很多方面的变化可能没有考虑到[7,15,19,20]。第三类是直接多题项指标，这类工具不多并且普遍缺少充分的心理测量学信息[21]。相对而言，Wells 等人编制的退休适应问卷比较新颖，他们将退休适应界定为个体积极的退休体验[22]。该问卷包含 13 道题目，采用利克特五点计分方式，测量方式相对标准化。该问卷得到 Wong 和 Earl，Donaldson 等人的应用，具有良好的信度（Cronbach's α 在 0.81-0.88）[23-25]，但存在的问题是缺乏对问卷结构效度的检验。

我国对退休人员退休适应的研究刚起步，迫切需要编制修订适合我国实际的测量工具。因此，本研究拟引进 Wells 等人编制的退休适应问卷，检验该问卷在我国的文化适用性，为我国退休适应的研究提供可靠有效的测量工具，这是研究目的之一。

1.2 退休适应的影响因素

Wang and Shultz 基于实证研究结果总结出四类影响退休适应的因素，包括个体属性（如人口统计学特征、人格特质、健康和经济状况），退休前职业和组织因素（如职业特征、职业态度等），家庭相关因素（如婚姻质量，家庭支持情况）以及社会经济因素（如经济形势、社会保障）[26]。Wang et al. 对退休适应影响因素进行综述，将影响退休适应的因素归为五类，即个体属性、职业和组织相关因素、家庭因素、退休转变相关因素（如退休计划、退休原因）和退休后活动（如退休后返聘、志愿活动、休闲活动）[4]，该综述在因素类别划分上与 Wang 和 Shultz 有相同之处，但在包含的具体因素上有所差异。Barbosa Monteiro 和 Murta 在 115 篇实证研究的基础上，总结了影响退休适应的 807 个因素，并将其分为 26 类[27]。之后，他们依据这 26 类在 115 篇实证研究中出现的次数，以及对退休适应表现出积极影响的次数，将它们分为四组，如表 1 所示。

表 1　　Barbosa 等人的分类标准及影响因素

分组	标准	影响因素
1	出现次数大于 30，积极影响概率大于 60%	身体健康、经济、心理健康及人格相关特征、休闲活动、退休自愿度、社会融合度
2	出现次数大于 10，积极影响概率在 40%~60%	退休准备、婚姻关系、退休后工作、退休前工作情况、信仰、退休时长、子女教养情况、受教育程度
3	出现次数小于 10，积极影响概率大于 50%	目标、志愿活动、社区资源、家庭、职业认同、身体活动
4	无影响或消极影响为主	年龄、性别、居住方式、退休年龄、种族、其他

由于国内外实行的退休制度不同，很难将国外对于退休适应的研究结论直接复制到国内，鉴于此，本研究目的之二是希望在以往实证研究和综述的基础上，采用已修订好的退休适应中文版问卷，初步检验影响我国退休员工退休适应的主要因素。本研究拟从退休人员个体特征和社会关系两方面来考察其对退休适应的影响。此外，我们也希望增加探讨一些本土化的影响因素，如在社会关系中我们探讨了子女孝顺程度对退休员工适应的影响等。

2 研究方法

2.1 被试

本研究在某大型国有企业招募离退休人员407人，平均年龄为64.01岁（*SD*=6.73，50~89岁），其中男性192人（占47.2%），平均年龄为67.15岁（*SD*=5.70，52~89岁）；女性179人（占44.0%），平均年龄为60.39岁（*SD*=5.75，50~79岁），缺失36人（占8.8%）。退休员工的退休时间平均8.17年（*SD*=6.29，0~29年）；退休前为普通员工的有204名（占总体50.1%）、一般管理者86名（占21.1%）、中高级管理者91人（占22.4%）、缺失26人（占6.4%）；退休员工受教育水平初中及以下103人（占25.3%）、高中或技校141人（占34.6%）、大专及以上153人（占37.6%）、缺失10人（占2.5%）；退休员工平均月收入在4000元以下67人（占16.5%）、4000~6000元181人（占44.5%）、6000~8000元82人（占20.1%）、8000元以上76人（占18.7%）、缺失1人（占0.2%）。

2.2 研究工具

2.2.1 基本信息问卷

主要包括被试年龄、性别、退休时间、退休前职务、受教育水平、平均月收入及主观健康水平等反映个体特征的信息以及婚姻情况、子女孝顺程度等反映社会关系的信息。

2.2.2 退休适应问卷

采用Wells等人编制的退休适应问卷[22]。原问卷包含13道题目，采用五点计分方式（1非常不同意—5非常同意）。考虑到原第10题“我享受更多时光与伴侣在一起”更适合西方情境，中国文化更强调家庭，因此在问卷设计施测时新增第14题“我很开心有更多时间陪伴家人”。

2.2.3 生活满意度量表

采用5个项目的生活满意度量表（SWLS）对被试的整体生活满意程度进行测量[28]。要求被试在所呈现的5个描述上依据自身感受进行7点评分。总分越高，表示对生活满意度越高。本研究中内部一致性信度Cronbach's α为0.881。

2.2.4 老年抑郁量表

以 Silverstein 和 Cong 等人修订的 9 项目流行病学调查抑郁量表（CES-D 9）测量老年人抑郁状况[29]。该量表包括 9 个项目，以 1~3 分评分（1 没有、2 有时、3 经常），其中第 1、4、9 题为反向计分题，得分越高表示抑郁症状越明显。本研究中该问卷的内部一致性信度为 0.822。

2.2.5 社会网络量表

使用社会网络量表测量老年人所知觉到的家庭和朋友的支持情况，以反映老年人的社会隔离状态[30]。调查分别询问了老年人可见面的、可说心里话的、可帮忙的亲人和朋友的人数等级，分为 0 人、1 人、2 人、3~4 人、5~8 人、9 人及以上各 6 等，分别计为 0 分、1 分、2 分、3 分、4 分和 5 分。以亲人交往作为家庭支持指标，以朋友交往作为朋友支持指标，各维度总分为 0~15，得分越高表示社会支持水平越高。本研究中家庭支持和朋友支持内部一致性信度分别为 0.814 和 0.846。

2.2.6 婚姻满意度问卷

选用婚姻质量问卷（ENRICH）的婚姻满意度分量表测量老年被试的婚姻满意度[31]，该量表包括 10 个题目，要求被试进行从 1（完全不赞同）至 5（完全赞同）的评定，其中，第 1、3、5、8、9 为反向计分题。通过测定婚姻 10 个方面满意度，得出总的满意度。评分高表明婚姻关系大多数方面是和谐与满意的；评分低则反映婚姻不满意。本研究中该问卷的内部一致性信度为 0.854。

2.3 研究程序

首先由两位研究者将原问卷翻译成中文，然后请两位英语专业教师将中文版问卷的条目进行回译，接着请一位母语为英语的心理学博士将回译的问卷和原问卷进行比对，再根据比对结果对不规范的译文进行修改。之后再次对译文进行回译、比对和修正，最终确定正式施测版。

2.4 统计方法

本研究采用 SPSS17.0 和 Amos24 软件对数据进行统计分析。首先采用随机分半的方法将被试分为两组，第一组共 203 人，用于进行探索性因素分析，此部分被试的平均年龄 63.61 岁（$SD=6.16$）；第二组共 204 人，用于进行验证性因素分析，此部分被试的平均年龄 64.40 岁（$SD=7.25$）。两组被试在年龄的平均值上不存在显著差异

（$t=-1.18$，$p>0.05$），在性别分布（$Z=-1.61$，$p>0.05$）和退休时间（$t=-1.71$，$p>0.05$）上两组被试之间也不存在显著差异。根据因素分析的结果对退休适应问卷进行修订后，考察修订后问卷的信度、效度等测量学指标。

3 结果

3.1 退休适应问卷的信效度分析

3.1.1 共同方法偏差检验

采用主成分探索性因素分析的方法，对退休适应（14 道题）、生活满意度（5 道题）和抑郁（9 道题）共 28 个项目进行探索性因素分析。结果显示第一个因子解释率 26.68%，低于 40%，说明本研究中共同方法偏差问题不明显。

3.1.2 退休适应问卷的因素分析

首先利用抽取出的 203 名被试的数据进行探索性因素分析，14 个项目可提取出三个特征根大于 1 的因素，累计可解释 58.05%的总体变异。14 个项目均表现出题项单极化，载荷分布在 0.481~0.873。考虑到第 14 题和第 10 题属于同一因素，第 14 题更符合中国情境且因子载荷较高，因此从问卷简洁角度采用第 14 题替换原问卷的第 10 题。

为了验证退休适应问卷三因素结构是否稳定，利用第二部分的 204 名被试的数据进行验证性因素分析。经过验证性因素分析，删除因子载荷（0.18）过低的第 8 题，并根据修正指数对模型进行修正，模型拟合指标达到可接受的范围（$\chi^2=99.239$，$df=49$，$\chi^2/df=2.03$，NFI = 0.874，CFI = 0.930，TLI = 0906，RMSEA = 0.071）。最终确定退休适应包含三个维度，分别是退休享受感、退休失落感及工作怀念感。模型拟合结果显示，工作怀念感与退休享受感（$r=0.251$，$p=0.006$）和失落感（$r=0.205$，$p=0.038$）均呈显著正相关，退休享受感与失落感呈负相关，但不显著（$r=-0.161$，$p=0.098$）。

3.1.3 退休适应问卷的信效度检验

使用全部 407 名被试作为样本，对退休适应问卷的三个维度进行信度检验，结果显示退休享受感、工作怀念感和退休失落感三个维度的内部一致性信度分别为 0.767、0.849 和 0.712。对 23 名被试施测修订后退休适应问卷，并在三周后再次进行施测，这三个维度的重测信度分别为 0.668、0.659 和 0.786。

选取生活满意度和抑郁作为效标，采用全部数据对退休适应问卷进行效标关联效度检验。结果发现退休享受感和工作怀念感均与生活满意度呈正相关，与抑郁呈负相关；退休失落感与生活满意度呈负相关，与抑郁呈正相关。详见表 2。

表 2　　退休适应三个维度与生活满意度和抑郁的相关分析

	退休享受感	工作怀念感	退休失落感
生活满意度	0.492**	0.170**	-0.115*
抑郁	-0.552**	-0.195**	0.304**

* 表示 $p<0.1$；** 表示 $p<0.05$；*** 表示 $p<0.01$。

3.2　退休适应的影响因素分析

3.2.1　个体人口学特征对退休适应的影响

（1）退休适应的性别、年龄与退休时间差异

以性别、年龄和退休时间为自变量，退休适应三个维度为因变量进行多元方差分析，结果显示，性别（$F=0.20$，$p>0.05$）、年龄（$F=0.43$，$p>0.05$）和退休时间（$F=0.50$，$p>0.05$）的主效应均不显著，三者间的交互效应也不显著（$ps>0.05$）。详见表 3。

表 3　　退休适应三维度在年龄、性别、退休时间上的差异［M（SD）］

	年龄			性别		退休时间		
	50~59 岁	60~69 岁	70 岁以上	男	女	0~5 年	6~10 年	11 年及以上
退休享受感	3.98（0.63）	3.82（0.73）	3.83（0.72）	3.79（0.74）	3.94（0.67）	3.89（0.70）	3.91（0.72）	3.86（0.70）
工作怀念感	3.66（0.82）	3.52（0.97）	3.61（0.88）	3.50（0.92）	3.65（0.85）	3.56（0.90）	3.52（0.91）	3.61（0.89）
退休失落感	2.84（0.73）	2.97（0.79）	2.71（0.72）	2.90（0.77）	2.89（0.76）	2.92（0.73）	3.03（0.82）	2.87（0.78）

（2）退休适应在退休前职位和受教育水平上的差异

以退休前职位为自变量，退休适应三个维度为因变量进行单因素方差分析，结果显示退休享受感在退休前职务上差异显著（$F=4.09$，$p<0.05$），经过事后检验分析（LSD）管理层员工相比普通员工更加享受退休生活。退休失落感在不同受教育水平上差异显著，事后检验结果显示高中或技校毕业的退休员工失落感较高。

表 4　退休适应三维度在退休前职务和受教育水平上的差异［M（SD）］

	退休前职务			受教育水平		
	普通员工	一般管理	中高级管理	初中及以下	高中或技校	大专及以上
退休享受感	3.79（0.67）	3.97（0.83）	4.02（0.68）	3.75（0.82）	3.86（0.69）	3.96（0.67）
工作怀念感	3.52（0.77）	3.66（1.00）	3.64（1.08）	3.40（0.95）	3.56（0.73）	3.65（1.03）
退休失落感	2.93（0.74）	2.94（0.85）	2.89（0.78）	2.78（0.83）	3.10（0.69）	2.89（0.78）

（3）退休适应的主观健康状况差异

不同主观健康状况退休人员在退休享受感（$F=19.07$，$p<0.01$）上存在显著差异，在失落感（$F=2.95$，$p=0.053$）上边缘显著。经事后检验，主观健康状况好的退休员工更加享受退休生活，有更少的退休失落感。

表 5　退休适应三维度在退休员工主观健康水平上的差异［M（SD）］

	主观健康		
	差	一般	好
退休享受感	3.33（0.92）	3.70（0.73）	4.04（0.62）
工作怀念感	3.54（0.97）	3.49（0.84）	3.59（0.94）
退休失落感	3.20（0.99）	3.00（0.72）	2.86（0.77）

（4）退休适应的经济状况差异

不同家庭月收入的退休人员在退休享受感上存在显著差异（$F=8.78$，$p<0.01$），在想念工作感受和退休失落感上差异不显著（$F=2.02$，$p>0.05$；$F=1.80$，$p>0.05$）。事后检验表明，收入水平较高的退休人员有更高的退休享受感。

表 6　退休适应三维度在家庭平均月收入上的差异［M（SD）］

	家庭平均月收入			
	4000 元以下	4000～6000 元	6000～8000 元	8000 元以上
退休享受感	3.57（0.93）	3.84（0.63）	3.89（0.66）	4.18（0.64）
工作怀念感	3.42（1.09）	3.54（0.81）	3.47（0.85）	3.77（1.00）
退休失落感	2.96（0.91）	3.00（0.69）	2.94（0.72）	2.75（0.87）

3.2.2　社会关系与退休适应的关联

（1）退休适应与家庭支持和朋友支持的关系

退休享受感与家庭支持（$r=0.171$，$p<0.01$）和朋友支持（$r=0.199$，$p<0.01$）均

呈显著正相关，退休失落感与家庭支持（$r=-0.125$，$p<0.01$）和朋友支持（$r=-0.135$，$p<0.01$）均呈显著负相关，工作怀念感与社会支持的关系不显著。

（2）退休适应与婚姻关系

以有无配偶为分组变量进行独立样本 t 检验，退休适应三个维度在有无配偶上差异不显著（$p>0.05$）。但对于有配偶的退休员工来说，婚姻满意度与退休享受感呈显著正相关（$r=0.473$，$p<0.01$），与失落感呈显著负相关（$r=-0.432$，$p<0.01$）。

（3）退休适应与子女关系

退休人员认为子女孝顺程度不同在退休享受感（$F=6.29$，$p<0.01$）上存在显著差异，在失落感（$F=2.90$，$p=0.057$）上边缘显著，在工作怀念感上差异不显著（$F=0.61$，$p>0.05$）。事后检验结果表明，认为子女非常孝顺的退休人员有更多退休享受感、更少的失落感。

表 7　退休适应在不同子女孝顺程度上的差异［M（SD）］

	子女孝顺情况		
	一般和不孝顺	比较孝顺	非常孝顺
退休享受感	3.62（0.79）	3.79（0.66）	3.99（0.71）
工作怀念感	3.57（0.86）	3.61（0.84）	3.50（0.94）
退休失落感	3.12（0.75）	3.00（0.69）	2.84（0.83）

3.2.3　退休适应影响因素的回归分析

为了进一步考察退休员工个体特征和社会关系对其退休适应的影响，分别以个体人口学特征和社会关系为自变量，以退休适应三个维度为因变量进行回归分析，结果显示收入（$B=0.118$，$Beta=0.162$，$t=2.881^{**}$）、主观健康水平（$B=0.253$，$Beta=0.222$，$t=4.069^{**}$）和婚姻满意度（$B=0.04$，$Beta=0.394$，$t=6.936^{**}$）对退休享受感有显著影响；受教育水平（$B=0.133$，$Beta=0.140$，$t=1.996^{*}$）和婚姻满意度（$B=-0.045$，$Beta=-0.426$，$t=-6.811^{**}$）对退休失落感有显著影响；而个体特征和社会关系对工作怀念感的影响均不显著。

4　讨论

4.1　退休适应的测量与维度

经检验退休适应问卷在我国国有企业退休员工的适用性发现，退休适应包含退休享受感、退休失落感和工作怀念感三个维度。然而，与原问卷研究者 Wells 等人的设想不同的是，退休适应不仅是个体对退休的积极体验（享受感），还包括对退休的消极体验（失落感），这是两个独立不同的维度。另外工作怀念感与退休享受感和失落感均呈正相关，反映了复合体验感；但效标关联效度又显示出工作怀念感与积极心理相关联，这一维度与原问卷设计的初衷（作为负向维度，对工作的想念反映出的是对退休生活的不适应）不同，它对我国国有企业退休员工来讲可能是一个积极正面的因素，这可能与文化差异有关。我国国有企业退休员工养老与国外不同，他们是有组织负责管理的，国有企业员工对工作的怀念可能对他们退休后的生活起保护性作用，但工作怀念感与退休享受感相关却又不同。因此，需要更广泛的中国样本来进一步验证退休适应的结构。

在应用该问卷进行退休适应研究时，有两点需要注意：一是问卷的适用性，本研究招募的被试来自国有企业的退休员工。以往研究表明，事业单位与企业退休员工在养老待遇上有很大差距[32]，问卷能否适用于事业单位的退休员工仍需要进一步验证。另外，1978 年中国实行改革开放之前主要实行计划经济，经过推算目前中国大多数的退休人群主要来自国有企事业单位。但随着社会主义市场经济制度的建立，将来会有大量的私营企业员工达到退休年龄，退休适应问卷对私营企业退休员工的适用性仍需检验。二是根据验证性因素分析的修正指数结果，问卷不同维度下的题目之间的残差存在相关，这或许意味着问卷的结构不够稳定，在以后问卷使用过程中应谨慎对待。

4.2 退休适应影响因素的初步分析

本研究从个体特征和社会关系两方面考察了对国有企业员工退休适应的影响，结果发现收入水平越高、主观健康水平越好、婚姻满意度越高的个体有更多的退休享受感；受教育水平较高、婚姻满意度较低的个体有更多的退休失落感。以往研究表明，退休适应受到个体资源，如身体健康[10,23,33]、经济（收入）状况[34-37]和社会资源，如婚姻状况[38]的影响。健康、收入和教育是多数研究都会发现影响退休体验质量的因素[39]。从延续理论上看，退休适应是指员工退休后仍维持和延续他们原有的社会关系和生活方式，如果员工在延续维持原有生活方式上面临巨大困难，那么会出现不成功的适应退休问题[26]。在这个理论下，健康和经济状况是退休转型的重要指标[14,39]，拥有良好的健康和经济状况，有助于退休员工成功适应退休后生活。从资源理论角度看，退休适应是退休人员在发展过程中随个人资源及资源变化所表现出的适应水平，健康、收入以及婚姻关系作为退休员工的个体和社会资源来说，资源掌握得越多，个体越容易实现退休转型[4]。从角色理论视角看，退休的核心在于角色脱离，个体社会身份的丧失和功能角色的剥夺使得退休人员产生焦虑或抑郁等消极情绪[40]，从这个角度看，退休对受教育水平高的个体可能会产生更多的负面影响，原有工作角色和社会身份被剥离会让他们有更多的消极情绪[41]。性别、年龄、退休时间以及退休前工作情况如退休前职位并没有如理论研究中所声称的那样对退休适应有明显的影响[4,27]。

5 结论

退休适应中文版问卷可用于测量国有企业退休员工的退休适应情况，退休适应的三维度结构，即退休享受感、退休失落感和工作怀念感在未来需要更广泛的中国样本来进一步验证。退休员工的个体特征如主观健康水平、收入状况和受教育水平以及社会关系中的婚姻满意度是影响国有企业退休员工退休享受感和退休失落感的重要因素。

参考资料

[1] Atchley RC. Retirement：leaving the world of work. Annals of the American Academy of Political and Social Science，1982，464：120–131.

[2] Coelho. Exploring what we know about retirement：a systematic review of constructs and measures of adjustment and adaptation to retirement and a meta–analysis of the relationship between retirement and depression in later life. The University of Edinburgh，2014.

[3] 苗淼，朱菡，甘怡群．临退休个体生命意义感对于心理健康的影响：有中介的调节模型．中国临床心理学杂志，2018，26（2）：341–346.

[4] Wang M，Henkens K.，van Solinge H. A review of theoretical and empirical advancements. The American Psychologist，2011，66：204–213.

[5] 纪竞垚．我国老年人退休适应及影响因素研究．老龄科学研究，2016，4（3）：71–80.

[6] Mattila VJ，Joukamaa MI，Salokangas RK. Retirement，aging，psychosocial adaptation and mental health：findings of the TURVA project. Acta Psychiatrica Scandinavica，1989，80：356–367.

[7] Hervé C，Bailly N，Joulain M，et al. Comparative study of the quality of adaptation and satisfaction with life of retirees according to retiring age. Psychology，2012，3（4）：322–327.

[8] Fonseca AM. Determinants of successful retirement in a Portuguese population. Reviews in Clinical Gerontology，2007，17（3）：219–224.

[9] van Solinge H，Henkens K. Couples' adjustment to retirement：a multi–actor panel study. Journals of Gerontology Series B：Psychological Sciences and Social Sciences，2005，

60B (1): S11-S20.

[10] van Solinge H, Henkens K. Adjustment to and satisfaction with retirement: Two of a kind? Psychology and Aging, 2008, 23: 422-434.

[11] Reitzes DC, Mutran EJ. The transition to retirement: Stages and factors that influence retirement adjustment. International Journal of Aging & Human Development, 2004, 59 (1): 63-84.

[12] Reitzes DC, Mutran EJ. Lingering identities in retirement. The Sociological Quarterly, 2006, 47: 333-359.

[13] 姚宗良．高校退休人员主观幸福感及其相关因素．中国老年学杂志，2016，36：1473-1475.

[14] Wang M. Profiling retirees in the retirement transition and adjustment process: Examining the longitudinal change patterns of retirees' psychological well-being. Journal of Applied Psychology, 2007, 92: 455-474.

[15] Isaksson K, Johansson G. Adaptation to continued work and early retirement following downsizing: long-term effects and gender differences. Journal of Occupational and Organizational Psychology, 2000, 73: 241-256.

[16] Nuttman-Shwartz O. Like a high wave: adjustment to retirement. The Gerontologist, 2004, 44 (2): 229-236.

[17] Potocnik K, Tordera N, Peiró JM. The influence of the early retirement process on satisfaction with early retirement and psychological well-being. International Journal of Aging and Human Development, 2010, 70 (3): 251-273.

[18] Sim J, Bartlam B, Bernard M. The CASP-19 as a measure of quality of life in old age: Evaluation of its use in a retirement community. Quality of Life Research, 2011, 20 (7): 997-1004.

[19] Palmore E, Cleveland WP, Nowlin JB, et al. Stress and adaptation in later life. Journal of Gerontology, 1979, 34 (6): 841-851.

[20] Beck SH. Adjustment to and satisfaction with retirement. Journal of Gerontology, 1982, 37 (5): 616-624.

[21] Taylor MA, Shore LMF. Predictors of planned retirement age: an application of Beehr's model. Psychology and Aging, 1995, 10 (1): 76-83.

[22] Wells Y, de Vaus D, Kendig H, et al. Healthy retirement project: Technical report. Latrobe University, 2006.

[23] Wong JY, Earl JK. Towards an integrated model of individual, psychosocial, and organ-

izational predictors of retirement adjustment. Journal of Vocational Behavior, 2009, 75 (1): 1-13.

[24] Donaldson T, Earl JK, Muratore AM. Extending the integrated model of retirement adjustment: incorporating mastery and retirement planning. Journal of Vocational Behavior, 2010, 77: 279-289.

[25] Earl JK, Bednall TC, Muratore AM. A matter of time: why some people plan for retirement and others do not. Work, Aging and Retirement, 2015, 1 (2): 181-189.

[26] Wang M, Shultz KS. Employee retirement: A review and recommendations for future investigation. Journal of Management, 2010, 36: 172-206.

[27] Barbosa LM, Monteiro B, Murta SG. Retirement adjustment predictors—A systematic review. Work, Aging and Retirement, 2016, 2 (2): 262-280.

[28] Diener ED, Emmons RA, Larsen RJ, et al. The satisfaction with life scale. Journal of Personality Assessment, 1985, 49: 71-75.

[29] Sliverstein M, Cong Z, Li S. Intergenerational transfer and living arrangements of older people in rural China: Consequences for Psychological Well-being. The Journal of Gerontology, 2006, 61B: 256-266.

[30] Lubben J, Blozik E, Gillmann G, et al. Performance of an abbreviated version of the Lubben Social Network Scare among three European community-dwelling older adult populations. The Gerontologist, 2006, 46 (4): 403-513.

[31] Olson DH, Fournier DG, Druckman JM. PREPARE/ENRICH Counselor's manual. Minneapolis, 1983, MN: Prepare-Enrich Inc.

[32] 王琼．事业单位与企业退休员工养老待遇差异之研究．人力资源开发，2015，22：123.

[33] Kim S, Feldman DC. Working in retirement: The antecedents of bridge employment and its consequences for quality of life inretirement. Academy of Management Journal, 2000, 43: 1195-1210.

[34] Kim JE, Moen P. Retirement transitions, gender, and psychological well-being: A life-course, ecological model. Journal of Gerontology: Psychological Sciences, 2002, 57B: 212-222.

[35] Hobfoll SE. Social and psychological resources and adaptation. Review of General Psychology, 2002, 6: 307-324.

[36] Gall TL, Evans DR, Howard J. The retirement adjustment process: Changes in the well-being of male retirees across time. Journal of Gerontology: Psychological Sciences,

1997, 52B: 110-117.

[37] Pinquart M, Schindler I. Changes of life satisfaction in the transition to retirement: A latent-class approach. Psychology and Aging, 2007, 22: 442-455.

[38] Kim JE, Moen P. Is retirement good or bad for subjective well-being? Current Directions in Psychological Science, 2001, 10 (3): 83-86.

[39] Gallo WT, Bradley EH, Siegel M, et al. Health effects of involuntary job loss among older workers: Findings from the Health and Retirement Survey. Journals of Gerontology: Social Sciences, 2000, 55B: S131-S140.

[40] Burke PJ. Identity processes and social stress. American Sociological Review, 1991, 56 (6): 836-849.

[41] 赵岳 . 退休人员角色转化的研究 . 哈尔滨工业大学硕士学位论文, 2013.

量表/问卷附录：

调　查　说　明

您好！这是一项有关离退休人员身心健康状况的调查问卷，目的是更好地了解各位同志目前的健康状况和心理需求，以便于今后为您提供更加完善的服务。本次调查涉及的内容比较广泛，在填写时请注意以下几个问题：

（1）本项调查结果不公开，实行严格的保密制度。调查数据的分析不针对个人，而是针对群体。

（2）请您务必独立完成，答案没有对错之分，不需要相互讨论。

（3）请您回答所有的问题，不要漏题。如果有的题目与您的实际情况不太相符，请尽量选择一个最接近的答案。

谢谢您的合作！

衷心祝愿您身体健康、合家欢乐！

离退办

2017 年 7 月

基本信息

（1）您的性别：①男　②女

（2）您的出生年月________年________月

（3）您的退休时间________年________月

（4）A. 您的退休前职位：

①普通员工　②一般管理　③中级管理　④高级管理

B. 您在此职位上的时间是________年

（5）您的受教育程度为：

①小学　②初中　③高中或技校　④大专或本科　⑤硕士或博士

（6）您目前的婚姻状况为：

①有配偶　②无配偶　③其他，请说明________

（7）您目前的子女数量：

①无　②一个　③两个　④三个及以上

（8）根据您自己的感觉，孩子们对您孝顺吗？

①很不孝顺　②不太孝顺　③一般　④比较孝顺　⑤非常孝顺

（9）您目前的家庭平均月收入（不包括子女的收入）：

①4000 元以下　②4000~6000 元　③6000~8000 元

④8000~10000 元　⑤10000 元以上

（10）跟同龄人相比，您认为您的健康状况如何：

①非常差　②比较差　③一般　④较好　⑤非常好

老年抑郁量表

指导语：以下问题是想了解一下您最近一周的情绪状况。请就每个问题出现的频率进行判断，把最符合您情况的数字圈起来。

1 代表没有，2 代表有时候，3 代表经常。

	没有	有时	经常
1. 过去一周您觉得自己心情很好吗？	1	2	3
2. 过去一周您觉得孤单吗？	1	2	3
3. 过去一周您觉得心里很难过吗？	1	2	3
4. 过去一周您觉得自己的日子过得很不错吗？	1	2	3
5. 过去一周您觉得不想吃东西吗？	1	2	3
6. 过去一周您睡眠不好吗？	1	2	3
7. 过去一周您觉得自己不中用了吗？	1	2	3
8. 过去一周您觉得自己没事可做吗？	1	2	3
9. 过去一周您觉得生活中有很多乐趣（有意思的事情）吗？	1	2	3

退休适应问卷

指导语：以下的题目是想了解您退休后的感受，在每一题中圈选最能代表您真实感受的数字（从 1 表示“非常不同意”，到 5 表示“非常同意”）。如果觉得某一题很难回答，请选择一个与您的感受最接近的选项。

	非常不同意	不太同意	说不准	比较同意	非常同意
1. 我享受退休后的状态。	1	2	3	4	5
2. 我很好地适应了退休带来的变化。	1	2	3	4	5
3. 退休没有我期望中那么好。	1	2	3	4	5
4. 我想念工作带给我的活力。	1	2	3	4	5
5. 我想念参与工作的感觉。	1	2	3	4	5
6. 退休比我想象的要好。	1	2	3	4	5
7. 我想念工作带给我的纪律性。	1	2	3	4	5
8. 我很忙。	1	2	3	4	5
9. 现在人们没那么尊重我了。	1	2	3	4	5
10. 我享受更多时光与伴侣在一起。	1	2	3	4	5
11. 我不得不适应收入的锐减。	1	2	3	4	5
12. 我真的很担心我的经济状况。	1	2	3	4	5
13. 我要是能更早开始退休规划就好了。	1	2	3	4	5
14. 我很开心有更多时间陪伴家人。	1	2	3	4	5

婚姻满意度问卷

注意：目前没有配偶的同志可以跳过这个问卷，继续填写下一个问卷。

指导语：以下的问题是了解您的婚姻状态的，请根据您生活的真实情况对每句话的赞同程度进行选择，把最符合您情况的数字圈起来。“1”表示“完全不赞同”，“5”表示“完全赞同”。请注意，题目中的“我们”均是指您和您的配偶，现在开始吧！

	完全不赞同	不太赞同	中立	比较赞同	完全赞同
1. 我不喜欢老伴的性格和个人习惯。	1	2	3	4	5
2. 我非常满意我们在婚姻中承担的责任。	1	2	3	4	5
3. 我对我们之间的交流不满意，我的老伴并不理解我。	1	2	3	4	5
4. 我非常满意我们作决定和解决冲突的方式。	1	2	3	4	5
5. 我不满意我们的经济地位和决定经济事务的方法。	1	2	3	4	5
6. 我非常满意我们的业余活动，享受我们一起度过的时光。	1	2	3	4	5
7. 我很满意我们夫妻之间的情感表达。	1	2	3	4	5
8. 我不满意我们在对待孩子成长问题上的责任分工。	1	2	3	4	5
9. 我不满意我们与双方亲戚、朋友的关系。	1	2	3	4	5
10. 我们对待问题的看法常常保持一致，我觉得很好。	1	2	3	4	5

生活满意度量表

指导语：请您根据自己的真实情况，对下列五个句子的赞成与反对程度进行判断，并把合适的数字圈起来。

	强烈反对	比较反对	中立	比较赞成	极力赞成
1. 我的生活在大多数方面都接近于我的理想。	1	2	3	4	5
2. 我的生活条件很好。	1	2	3	4	5
3. 我对我的生活很满意。	1	2	3	4	5
4. 到现在为止，我已经得到了在生活中我想要得到的重要东西。	1	2	3	4	5
5. 如果我能再活一次，我基本上不会作任何改变。	1	2	3	4	5

社会网络量表

指导语：下面是关于家人/亲戚、朋友与您的交往情况，请勾选符合您实际情况的数字。

	没有	1个	2个	3~4个	5~8个	9个及以上
1. 您一个月至少能与几个家人/亲戚见面或联系？	0	1	2	3	4	5
2. 您能和几个家人/亲戚放心地谈您的私事？	0	1	2	3	4	5
3. 当您需要时，有几个家人/亲戚可以给您提供帮助？	0	1	2	3	4	5
4. 您一个月至少能与几个朋友见面或联系？	0	1	2	3	4	5
5. 您能和几个朋友放心地谈您的私事？	0	1	2	3	4	5
6. 当您有需要时，有几个朋友可以给您提供帮助？	0	1	2	3	4	5

本文于2018年10月发表于《中国临床心理学杂志》，2018，26（05）：876-881.

社会养老金的力量：中国新型农村社会养老保险计划的证据[†]

北京大学国家发展研究院中国经济研究中心　黄　炜
浙江大学经济学院　张川川①

本文利用中国新型农村社会养老保险（以下简称新农保）的逐县推广，发现在适龄人群中，新农保提高了家庭收入和食品支出，降低了劳动供给，改善了健康状况，降低了死亡率。此外，新农保使非适龄人群从农业工作转向非农工作，但对他们的收入、消费和健康没有显著影响。没有发现新农保会影响私人转移或健康行为的显著证据。这些发现为发展中国家目前的和发达国家过去的社会养老保险对个体行为和福利的影响提供了相关证据。

"照顾那些曾经照顾过我们的人是最高的荣誉之一"。

蒂亚·沃克（*Tia Walker*），《灵感护理者：在照顾所爱之人的同时寻找快乐》

由于生育率降低和人口快速老龄化，中国农村养老问题面临着前所未有的挑战。中国政府在 2009 年启动了一项大型社会养老计划——新型农村社会养老保险。新农保是人类历史上覆盖人口最多、规模最大的社会福利计划。截至 2011 年底，全国约有 8525 万农村 60 岁以上老人领取基础养老金，3.26 亿农村居民参加新农保（人社部，

① 感谢审稿人、Amitabh Chandra、David Cutler、Richard Freeman、Edward Glaeser、Lawrence Katz、Adriana Lleras-Muney 和 David Wise 提出的有益建议。我们还要感谢在哈佛劳动午餐会、NBER-SAIF 会议、北京大学研讨会和中国经济学会研讨会上收到的宝贵意见。本研究得到斯隆基金会 NBER2013-10-22 号老龄劳动力经济学博士后奖学金项目、新加坡国立大学 WBS：R-297-000-138-133 启动资金项目、国家自然科学基金（71503282、72373003）、中国高等学校霍英东青年教师教育基金、人的发展经济学研究中心项目，以及国家社科基金重大项目（24ZDA091）的资助。文责自负。

2012）。2009—2012 年间，中国政府拨款累计约 2620 亿元人民币用于新农保。[①] 与此同时，中国的农村贫困率显著下降，按中国国家贫困标准计算的农村贫困率从 2008 年的 14.7%降至 2013 年 8.5%。

根据新农保实施过程中的时间和空间的差异，我们希望回答以下问题：第一，养老金的提供如何影响劳动供给、收入转移和支出等家庭行为？第二，养老金的提供是否会影响领取者的健康状况，如果会，可能的机制是什么？第三，养老金的提供对不同年龄的人，如符合养老金年龄的老年人和不符合年龄的成年人，会有什么影响？

对上述问题的解答有以下几个方面的重要意义。首先，尽管大多数发达国家在 100 年前就制定了公共养老金计划，且大多数退休人员已被正式退休计划所覆盖，但非缴费型公共转移支付仍是社会保障体系的重要组成部分。其次，在过去二十年中，许多发展中国家实施了与新农保类似的大型社会养老金计划，以覆盖未被正式退休计划覆盖的弱势老年群体（Willmore，2007；Levy and Schady，2013），例如南非的社会养老金制度改革（Case and Deaton，1998；Duflo，2000；Jensen，2004；Brazil de Carvalho Filho，2008，2012；India Kaushal，2014）。因此，新农保的影响不仅为发达国家历史上养老金计划的影响提供了提示性证据，也为当今评估和改革发展中国家非缴费型公共转移支付计划提供了启示。此外，由于这类项目的受益人数众多，资金投入巨大，其对个人行为和社会福利的影响本身就具有重要意义。

新农保于 2009 年启动，以县为单位在全国逐步推广，到 2012 年底已覆盖全国所有县级行政区。在被新农保覆盖的县中，16 岁及以上农村人口均可自愿参保，[②] 60 岁及以上的参保人每月可领取固定的养老金 55 元，养老金发放与收入无关。在有 60 岁及以上成员的农村家庭的样本中，人均月收入中位数仅为 200 元，约有 8%的家庭月收入低于 55 元。因此，55 元对农村老年人来说并不是小数目。本研究沿用 Jensen（2004）的方法来探究新农保对 60 岁以下农村人口的影响，因为他们有资格参加新农保，但没有

---

① 可与之相媲美的计划是印度的国家农村就业保障计划 NREGA（后被命名为 MGNREGA），该计划旨在加强农村地区的生计保障，在一个财政年度内为每户自愿从事非技术性体力劳动的成年成员提供至少 100 天的有薪就业。印度政府宣布，自 2008 年 4 月 1 日起覆盖印度所有地区的 NREGA 计划是世界上“规模最大、最雄心勃勃的社会保障和公共工程计划”，Shah，Mann，andPande2012，ix。据印度农村发展部部长称，从 2008 年到 2012 年，每年约有 5000 万户家庭在 MGNREGA 计划下获得就业，从 2006 年到 2012 年，用于支付工资的支出约为 250 亿美元 Shah2012。中国的新农保在参加人数和资金投入方面都超过了 MGNREGA 计划。

② 新农保只针对农村老年人。大部分城市老年人口由城镇基本养老保险计划覆盖，该计划独立于新农保，是现收现付制和资助制的结合。

资格领取养老金，因此可作为自然的对照群体。另外，研究还探讨了政策对同县城市户口人口的影响。我们预计这一群体受到的影响不大，因为城镇老年人的现行养老金政策与新农保的实施无关，且他们没有资格参加新农保。

本研究结合中国家庭追踪调查和中国健康与养老追踪调查两个数据库，共得到具有全国代表性的来自300多个县的7万多个观测值。基于政策的逐县推广情况，我们采用双重差分法（Difference-in-Differences，DID）来检验新农保政策的效果。由于每一轮新农保的试点县并不是随机选择的，因此不能确定DID估计的有效性。我们按照新农保的起始年份对各县进行划分，发现人均国内生产总值、农村人口比例、政府收支、储蓄和医院床位数这些指标在各县之间没有明显的事前趋势。

本研究首先评估了新农保对收入和支出的影响。新农保实施使60岁以上农村居民领取养老金的可能性提高了25%，对60岁以下农村居民和城镇居民领取养老金不存在显著影响。同样，新农保增加了60岁以上农村人口的家庭收入、总支出和食品支出。没有显著证据表明新农保挤占了私人转移支付。相比之下，对于60岁以下的农村居民和60岁以上的城镇居民，我们没有发现任何证据表明，新农保对家庭收入、支出或私人转移有显著影响。

我们采用同样的方法来研究新农保对劳动力供给的影响。在60岁以上的农村人口中，我们发现新农保显著减少了3.0%的劳动力供给，且使农业工作的比例减少了3.6%。劳动力供应减少的幅度与Kaushal（2014）估计的印度养老金扩张的影响相当。研究结果说明劳动力供给相对非劳动收入的弹性为-0.32，收入效应范围为-0.1至-0.5，这与以往研究中的可比估算结果一致（Blundell，Duncan and Meghir，1998；Ashenfelter，Doran and Schaller，2010；Cesarini et al.，2017）。同样，我们并未发现新农保对于60岁以下的农村人口和60岁以上的城市人口的劳动力供给有显著影响。有趣的是，在60岁以下的农村人口中，新农保使农业工作的比例降低了5.8%，非农工作比例提高了3.3%。结果表明，新农保带来的预期收入增加使人们不愿从事繁重的农活，而60岁以下的人需要支付当前的养老金保费，因此参与了非农劳动等工作。

最后，本研究分析了对老年人健康结果的影响。在60岁以上的农村人口中，新农保改善了他们在残疾和体重不足方面的健康状况，改善幅度为均值的10%~15%。使用中国老年健康影响因素跟踪调查数据发现，新农保使得死亡率降低了12%，收入-死亡率弹性为-0.38，与Jensen and Richter（2004）提出的-0.21结果相当。新农保对吸烟、医疗服务使用、住院和门诊就医等健康方面的行为没有显著影响。我们没有发现新农保对不符合领取养老金资格的群体有显著影响。

研究结果表明，养老金的提供会影响不同年龄人群的行为、健康和福利状况。一方面，60岁以上的农村人口从新农保中获益：他们更有可能从事非农工作，有更多的食品消费，这意味着降低了他们仅依靠农业自给自足的可能性。这种影响可能有助于降低营养不良或身体机能障碍的健康风险，这对 60 岁以上的老年人尤为重要。另一方面，新农保对不符合年龄要求的人群的影响不太明显。

这些研究结果为相关文献的多个分支做出了贡献。通过全面分析中国新农保对各种结果的影响，我们为社会养老金是否以及如何改善老年人福祉的问题提供了新的答案。本文有助于其他发展中国家的社会养老金相关研究（Ardington，Case，and Hosegood，2009；Case，2004；Case and Deaton，1998；Case and Wilson，2000；Duflo，2000，2003；Jensen，2004；Juarez，2009；Kaushal，2014），同时也为发达国家养老金改革研究做出了补充（Attanasio and Rohwedder，2003；Attanasio and Brugiavini，2003；Bitler，Gelbach and Hoynes，2005；Madrian and Shea，2001；Snyder and Evans，2006）。

此外，通过评估新农保对收入、劳动供给和死亡率的影响，我们可以估算中国农村老年人劳动供给对非劳动收入的弹性。一方面，这补充了有关劳动供给收入效应的文献（Krueger and Pischke，1992；Diamond and Gruber，1999；Gruber and Wise，2002；Mastrobuoni，2009；Gustman and Steinmeier，2015；Cesarini，2017）。另一方面，我们发现了养老金会显著改善健康结果，这为相关文献中不一致的结论提供了新的证据（Case and Wilson，2000；Case，2004；Jensen and Richter，2004；Snyder and Evans，2006）。

最后，现有关于中国养老金制度的研究（Feldstein，1999；Leisering，Gong and Hussain，2002；Wang，2006；Feng，He and Sato，2011；Fang and Feng，2018）大多是描述性和介绍性的。本文通过对中国近期社会养老金的发放对一系列结果的影响进行严谨分析，为相关研究做出了贡献。

1 新农保计划的背景

20 世纪 90 年代初，中国政府针对养老保险体系进行了一系列改革，逐步建立起了覆盖面广、保障力度高的城镇社会养老保险体系，但农村老年人口仍主要依靠家庭养老。由于老年社会保障项目的缺失，农村老年人的贫困问题更为严重。根据 2005 年全国人口抽样调查，在农村 60 岁及以上老年人口中，约 67.5%没有正式劳动收入，91%的主要生活来源依靠子女资助。这种情况促使了政府在农村地区启动社会养老项目。

新农保于 2009 年启动，经过四轮扩张后于 2012 年底实现了全覆盖。图 1 展示了新农保在 2009 年至 2012 年的逐年覆盖情况。2009 年第一批试点覆盖了全国 12%的县级行政区（约 320 个县），2010 年第二批试点覆盖了 16%（约 450 个县），2011 年第三批试点覆盖了 38%（约 1075 个县），2012 年覆盖了全国所有县级行政区。本研究利用新农保逐县推广的情况，通过双重差分法来估计新农保的效果。

在被新农保覆盖的县中，所有 16 岁及以上农村人口（除学生外）均可自愿参保，所有年满 60 周岁的参保人都可以每月领取养老金。但对有成年子女的养参保者而言，领取养老金的前提条件为子女参保，且必须选择 100～500 元中的某一档作为每年的缴费额。① 根据计算公式，养老金的发放标准如下：60 岁时，养老金领取者开始每月领取个人账户积累总额的 1/139，基本养老金为每月 55 元。②

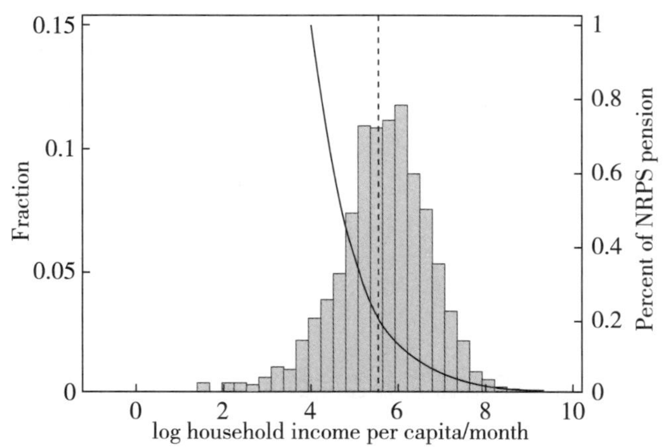

图 1　中国农村 60 岁及以上老年人口家庭人均收入分布情况

注：数据来自 CHARLS 和 CFPS。实线表示 55 元占不同收入水平家庭收入的百分比。

新农保开始实施时，60 岁及以上的农村参保人没有个人账户存款，因此他们只从政府领取基本养老金。由于在收集数据时，各地区的养老金发放金额几乎没有差异，因此我们可以利用新农保实施时间的差异来确定其影响③。值得注意的是，每月 55 元对于中国农村老人来说并不是一个小数目。由图 2 所示，在有 60 岁及以上成员的农村家庭的样本中，人均月收入中位数仅为 200 元，约有 8%的家庭月收入低于 55 元。同

① 根据实地经验，这项要求很难落实。由于一些适龄老人的成年子女在县外打工，无法参保，这一规定降低了参保率，推迟了项目的扩展。人社部一位负责人告诉我们，为了促进农村老年人参保率，这一政策最终被放弃了。

② 例如，参保人 45 岁时选择每年缴纳 100 元保费，假设个人账户资金收益率等于 1 年期存款利率，则个人账户累计储存额为 1838 元，每月可领取 68.22 元。养老金项目启动时已年满 60 周岁的人员，无需缴纳任何保险费，即可自动领取基本养老金，即每月 55 元。2014 年，政府将基本养老金提高到每月 75 元。

③ 中央政府规定，基本养老金标准为每月 55 元，允许地方政府提高标准且自行承担额外费用。实际上，只有少数几个县提高了标准，如每月 60 元或 65 元。遗憾的是，我们没有哪些县提高了标准的详细信息。

时，由于中国农村物价较低，55 元可能足以保证老年人的基本生存。

新农保的“新”是为了区别于 1992 年启动的旧农村养老金计划（旧农保）。旧农保与有组织的储蓄账户相似，保费在个人账户中积累，以低利率计息（Leisering et al.，2002）。最多时，中国有 7540 万人投资于旧农保，但退休人员可以领取的养老金数额却很少。1998 年之后，由于资金管理不善和作用不显著，旧农保计划停滞不前（Shi，2006；Wang，2006）。根据《中国农业统计年鉴》，旧农保参保率在 2005 年已降至不足 3%。

新农保的资金受到严格监管。为确保符合条件的养老金领取者能够获得养老金，中央政府要求地方政府提供每位参保者的个人信息。如果养老金领取者生病、卧床不起或居住在欠发达地区，其子女可以领取父母的养老金，但代领者必须提供领取者健在的证据。

2 数据

2.1 中国家庭追踪调查和中国健康与养老追踪调查

本研究使用的主要样本来自中国家庭追踪调查（China Family Panel Studies，CFPS）和中国健康与养老追踪调查（China Health and Retirement Longitudinal Study，CHARLS）（Zhao，Strauss，and Yang 2015 a，2015 b；Institute of Social Science Survey，Peking University 2015）。① CFPS 是从 2010 年开始的两年一次的全国性调查，涵盖全国 162 个县。CHARLS 是从 2011 年开始的两年一次的全国性调查，涵盖全国 150 个县。本研究使用的是 2010 年和 2012 年的 CFPS 以及 2011 年和 2013 年的 CHARLS。

为了利用 2009 年至 2012 年新农保扩张过程中的地区和时间差异，我们将 CFPS 和 CHARLS 数据进行合并，得到了 7 万多个观测值，其中 3.4 万个来自 CFPS，3.6 万个来自 CHARLS，其中 49%为男性、平均年龄为 59 岁、72%拥有农村户口。在样本中，2010 年只有 19%的县被新农保覆盖，2011 年增加到 31%，2012 年增加到 69%，2013 年所有县都被覆盖。样本中参加新农保的农村人口比例从 2010 年的 13%增加到 2011

① CFPS 数据：北京大学社会科学调查研究所，2015，《中国家庭追踪调查 CFPS》，https：//doi.org/10.18170/DVN/45LCSO，北京大学开放研究数据平台，V20；CHARLS 数据：赵耀辉；John Strauss；杨功焕，2015，《中国健康与养老追踪调查 2011 年基线》，https：//doi.org/10.18170/DVN/IZU8OF，北京大学开放研究数据平台，V1 和赵耀辉；John Strauss；杨功焕，2015，《中国健康与退休纵向研究 2013 年 wave2》，https：//doi.org/10.18170/DVN/AQIU6C，北京大学开放研究数据平台，V1。

年的26%，2012年的57%，并在2013年达到70%。

由于CFPS和CHARLS分别对不同的县进行了抽样调查，因此我们加入了数据来源的虚拟变量，并在分析中将其与区县进行交互。此外，我们根据该地区的代表性人口对样本进行了重新加权，发现结果十分稳健。最后，我们也尝试分别使用单个数据集进行分析，发现结果整体上是一致的。①

2.2 中国老年健康调查

中国老年健康调查（Chinese Longitudinal Healthy Longevity Survey，CLHLS）是一项旨在增进对中国公民健康长寿状况了解的追踪调查（杜克大学老龄化与人类发展研究中心，1998—2014）②。CLHLS的基线调查于1998年开始，每3年在中国大陆22个省随机抽取的县市中进行后续调查。但是，前几轮调查只针对80岁以上的老人，样本量较小。因此，我们选择了2005年开始的样本，其中包括了65~79岁的公民。自2005年调查以来，CLHLS又在2008年、2011年和2014年进行了跟踪调查。CLHLS调查对象的平均年龄为84岁，45%的受访者为男性。CLHLS数据针对的是最年长的老年人，与CHARLS和CFPS数据没有直接可比性。

我们使用CLHLS数据来研究新农保对死亡率的影响，因为这些数据包含了受访者的生存状况与已故受访者的死亡日期。我们构建了一个2006—2014年的死亡率面板数据。2005—2011年间，1年死亡率为13%，平均多存活4.4年。

3 方法和实证结果

3.1 新农保受益人

首先，我们需要了解领取新农保养老金的获益人群，这对于理解新农保的潜在影响非常重要。参照Hoynes，Miller and Schaller（2012）的方法，我们估计了以下方程：

$$Receipt_{ict}^{s}=\alpha_0^{s}+\alpha_1^{s}\ NRPS_{ct}^{s}+\delta_c^{s}+\delta_t^{s}+X_{ict}^{s}+\varepsilon_{ict}^{s} \tag{1}$$

上标s表示特定的子样本，即具有某些特征的人群。因变量$Receipt_{ict}^{s}$表示个体i所在家庭是否领取养老金。关键的自变量$NRPS_{ct}^{s}$表示c县在第t年是否已实施了新农保。协变量包括县级虚拟变量（δ_c）、年份虚拟变量（δ_t），以及其他人口控制变量X_{ict}，如

① 符号检验的结果是一致的，但两个数据集的量级和显著性有所不同。结果见在线附录B。

② 杜克大学老龄化与人类发展研究中心1998—2014，《中国健康长寿纵向调查CLHLS-纵向数据1998—2014》，https：//doi.org/10.18170/DVN/XRV2WN，北京大学开放研究数据平台，V1。

个体 i 的性别、年龄及其平方和、教育水平的虚拟变量。$NRPS^{s}_{ct}$ 的系数反映了子样本 s 中新农保对养老金领取的短期影响。标准误均聚类在县级层面。

我们根据年龄和户口将整个样本划分为：60 岁及以上的农村人口、60 岁以下的农村人口、60 岁及以上的城市人口和 60 岁以下的城市人口。第一类是有资格参加养老金计划并每月领取 55 元的人群。第二类有资格参加新农保，但不能领取养老金。第三类和第四类没有资格参加新农保。我们根据公式（1）对每个子样本进行回归，并将结果汇报在图 3 的面板 *A* 中。首先，对于城市人口，所有影响在统计上都不显著。其次，在 60 岁以下的农村人口中，影响同样不显著。最后，在 60 岁以上的农村人口中，所有影响都是正向显著的。整体结果与政策设计相当一致，验证了只有 60 岁以上的农村人口才有资格领取养老金。

在图 2（*B*）中，我们将样本限制在 60 岁及以上的农村人口。其中面板 *A* 按性别划分样本，结果显示男性和女性的影响都很显著，但两者之间的差异并不明显。面板 *B* 按教育水平划分样本，三个组别的影响相似，所有系数都在 0. 2 到 0. 3 之间。面板 *C* 按 2005 年的县级收入水平划分样本，结果显示，新农保对贫困地区的影响远大于富裕地区。这一结果与人们的预期是一致的，即贫困地区的人们会有更大的积极性参加新农保。

3. 2　新农保的影响

计量经济学模型——我们使用相同的框架来研究家户对新农保的行为反应：

$$Y_{ict}=\beta_0+\beta_1 NRPS_{ct}+\delta_c+\delta_t+X_{ict}+\varepsilon_{ict} \tag{2}$$

因变量 Y_{ict} 是潜在的结果变量：家户收入、支出、私人转移支付等。所有其他变量与公式（1）中的设定相同。标准误聚类在县级层面。估计结果是基于处理组与对照组在同一时期的前后结果变化之间的差异进行计算得到。① 我们的识别方法是否有效，取决于各县引入新农保的外生性。由于各县在不同年份实施新农保可能不是随机的，估计得到的 β_1 会有诸多局限。

最重要的是，该识别策略假定在没有引入新农保的情况下，处理组结果变量 Y_{ict} 的趋势将与控制组的趋势平行。我们为此提供了如下几个证据。首先，如图 4 所示，我

① 估算得出的是潜在处理效应（intention-to-treat effects），即参加和未参加新农保的个人的平均治疗效果。我们不估算实际处理效应（treatment-on-treated effects），这种影响可以通过对个人参与新农保的情况进行工具变量分析获得，因为已有文献（如 Angelucci and DeGiorgi，2009）发现，现金转移计划也会间接影响同一村庄中不符合领取新农保条件的家庭的行为。如果存在这种溢出效应，在个人层面估计出的处理效果可能会产生偏误。

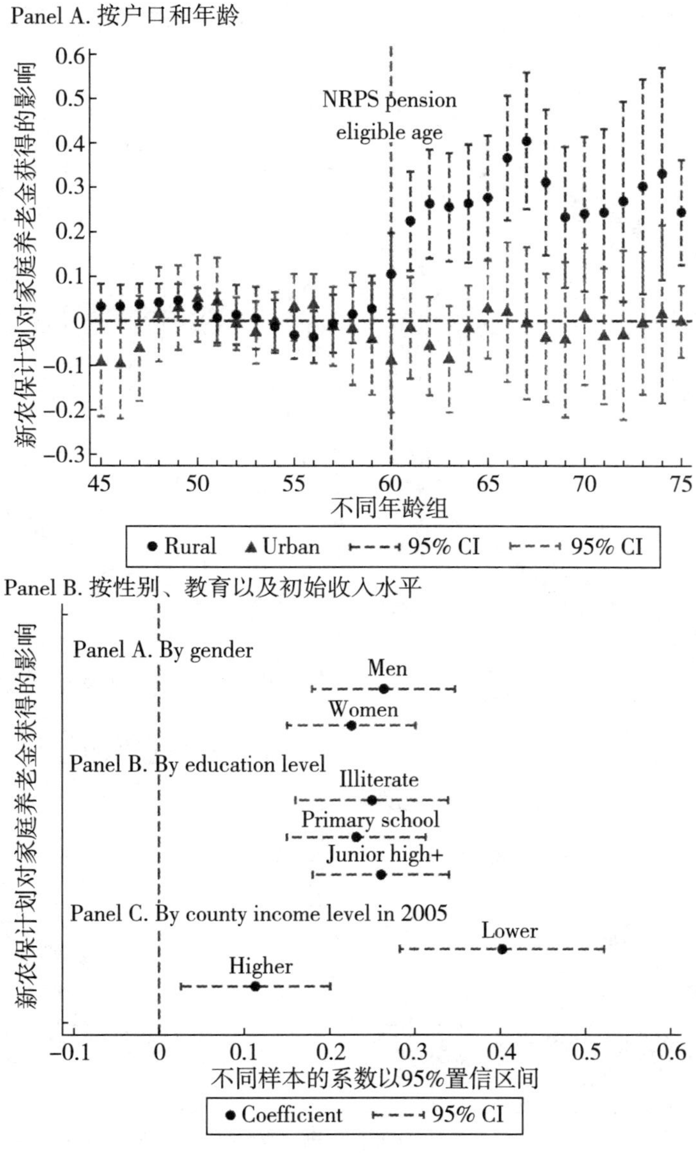

图 2　新农保计划对退休金收入的影响

注：数据来自 CFPS 和 CHARLS。图 A 按户口类型（城市或农村）和年龄划分样本。图 B 仅使用符合领取养老金条件的样本，并按性别（面板 A）、教育水平（面板 B）和县收入水平（面板 C）进一步划分样本。每个点和相应的 90% 置信区间值都是基于公式（1）回归得到。图中各点显示了新农保对相应子样本中个人养老金领取的影响。置信区间根据聚类在县层面的标准误计算得出。

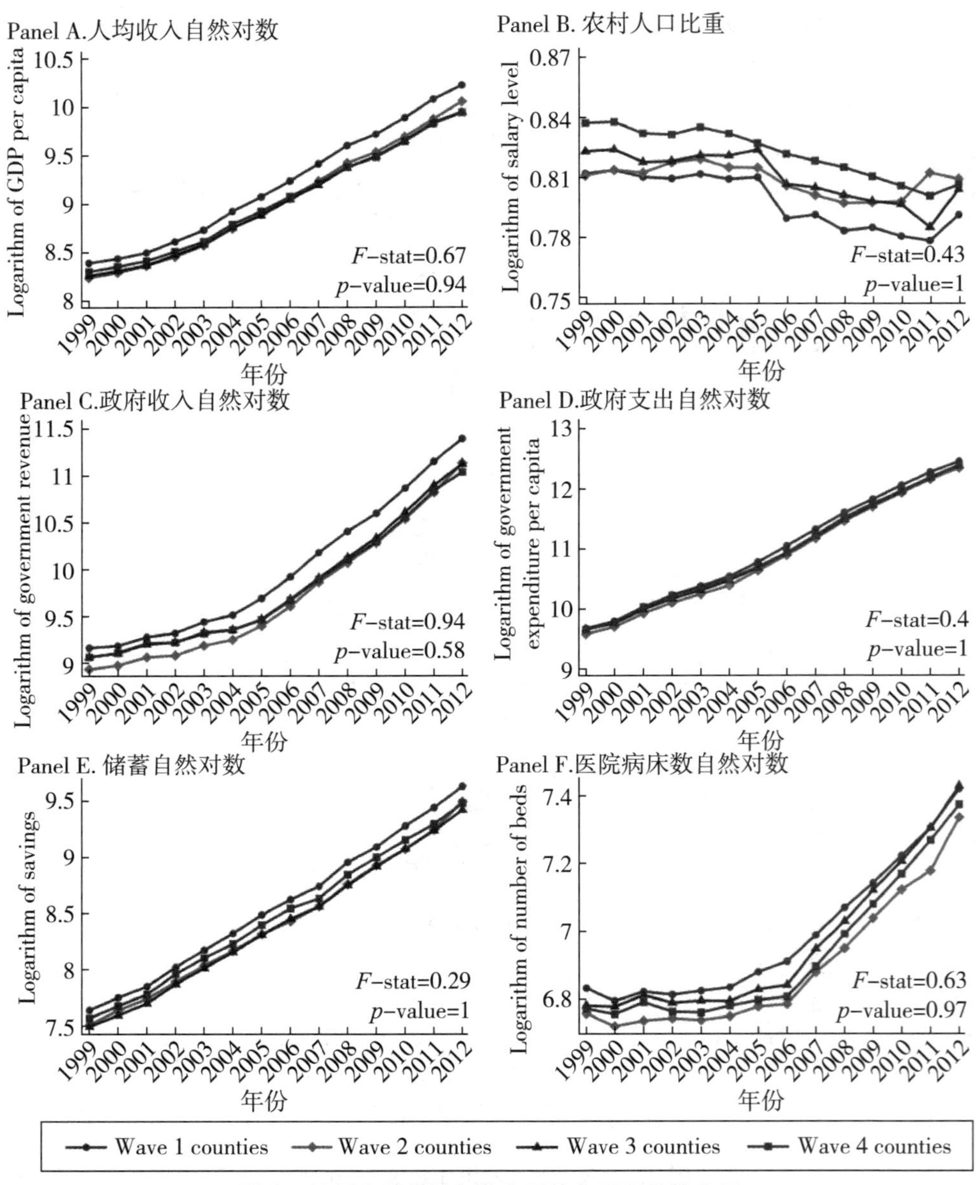

图 3　按新农保起始年份分列的各县预趋势分析

注：各县的经济指标来自《中国县市社会经济统计年鉴》。各县按新农保的不同起始年份分组。各图绘制的是 1999 年至 2012 年经济指标对数的平均值。

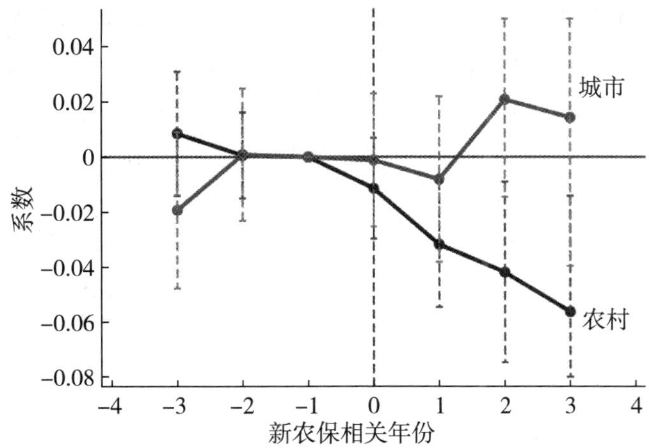

图 4　新农保对中国农村高龄老人死亡率影响的事件研究

注：我们对 CLHLS 中的农村和城市样本分别进行了回归。回归方程为 $Die_{it} = \gamma_0 + D_{ct}^{NRPS} + \delta_c + \delta_t + X_{ict} + \delta_{ia} + \varepsilon_{ict}$，其中 D_{ct}^{NRPS} 是相对于 c 县实施新农保的年数（例如，如果该年是实施新农保之前的一年，变量等于-1；如果该年是实施新农保的一年，变量等于 0）。其他变量与等式（3）中的变量相同。由于篇幅有限，我们在图中将下限截断为-0.08，上限截断为 0.05。

资料来源：死亡率数据来自 2005—2014 年的 CLHLS。

们发现无论新农保在哪一年实施，对数人均 GDP、农村人口比例、政府收支、储蓄和医院床位数等县级经济指标都不存在显著差异。基于新农保实施前 2005 年和 2008 年的两波 CLHLS 数据，我们对政策发生前的健康、劳动供给和收入结果进行安慰剂检验。具体来说，我们分析了在假定新农保于各县实际实施前 2 到 4 年就已实施时，回归结果会如何。结果表明，这些结果的趋势与 NRPS 的实施时间并无显著关系。

在我们的主要分析中，我们根据年龄和户口对整个样本进行了划分，包括 1 个处理组（60 岁或以上的农村人口）和 3 个不同的控制组（60 岁以下的农村人口、60 岁以下的城市人口和 60 岁或以上的城市人口），其中控制组主要用于检验结果的稳健性和有效性。

NRPS 对家庭收入的影响——表 1 汇报了新农保对领取退休金和家庭收入的影响。面板 A 和面板 B 分别展示了 60 岁及以上和 60 岁以下人群的结果。前两列检验了新农保对农村人口的影响。与图 3 一致，估计结果表明在有 60 岁及以上人口的农村家庭中，新农保的覆盖 $NRPS_{ct}$ 会使得家庭领取养老金的概率显著提高 25 个百分点，家庭收入显著增加了 18%。面板 B 显示，在 60 岁以下农村人口中，新农保的影响要小得多，而且统计上不显著。第 3 列和第 4 列显示，新农保对城市家庭的养老金领取和家庭收入没有显著影响。

我们还比较了处理组（60 岁及以上农村人口组）与相应控制组（60 岁及以上城市人口组或 60 岁以下农村人口组）估计值的差别。表 1 中最后两行报告了 F 统计量和 p

表 1　新农保计划对养老金获得以及住户收入的影响：根据户口以及年龄资格

Sample	Rural *hukou*		Urban *hukou*	
Variables	Household receiving pension (yes = 1)	log(household income)	Household receiving pension (yes = 1)	log(household income)
	(1)	(2)	(3)	(4)
Panel A. Age-eligible group (60+)				
Mean	0.43	9.67	0.63	10.64
$NRPS_{ct}$	0.250	0.176	−0.022	0.041
	(0.040)	(0.068)	(0.017)	(0.055)
Observations	20,584	20,584	8,292	8,298
R^2	0.440	0.219	0.641	0.303
F-statistic	–	–	41.9	2.76
p-value	–	–	0.00	0.09
Panel B. Age-ineligible group (45–59)				
Mean of *Y*	0.07	10.12	0.18	10.71
$NRPS_{ct}$	0.009	0.058	0.001	0.005
	(0.011)	(0.060)	(0.014)	(0.044)
Observations	27,573	27,575	9,821	9,822
R^2	0.116	0.195	0.283	0.274
F-statistic	45.6	4.87	–	–
p-value	0.00	0.03	–	–

注：数据包括 CHARLS 和 CFPS 中 45 岁及以上的样本。回归中的协变量包括年龄、年龄平方、性别、教育水平、调查年份和县的虚拟变量。标准误聚类在县级层面。每个面板底部的 F 统计量和 p 值检验了控制组与处理组估计值之间差异的显著性。具体而言，面板 B 第 1 列和第 2 列的 F 统计量和 p 值检验了面板 A 和面板 B 同列估计值之间的差异；面板 A 第 3 列和第 4 列的 F 统计量和 p 值分别检验了第 1 列和第 3 列以及第 2 列和第 4 列估计值之间的差异。

值①。如表所示，处理组的估计值与两个控制组的估计值之间存在显著差异。新农保的巨大影响主要是由非常贫困的老年人造成的。在回归中，我们剔除了约占样本 8%的家庭人均收入低于新农保支付额的最贫困老年人，新农保对家庭收入的系数为 0.1，比表 1 中的估计值低 40%。

新农保对劳动供给影响——新农保政策引起的家庭收入变化不仅可能是领取养老金的结果，也可能是因为领取养老金的人可能会改变他们的劳动供给行为（Gruber 1994；Gruber and Wise 1997，2002）。表 2 汇报了新农保带来的劳动力供给反应的结果。第 1 列显示，在农村人口中，60 岁及以上人口的劳动力供给显著减少了 3.0 个百分点，占平均值的 6.4%；60 岁以下人口的劳动力供给显著减少了 2.6 个百分点，占平均值的 3.6%，但在统计上并不显著。

表 2 的（2）－（3）两列通过工作类型分类（即农业工作和非农工作）展示了这

① 例如，面板 A 第 3 列的 F 统计量和 *p* 值检验了面板 A 第 1 列和第 3 列估计值之间的差异。

些影响。对于符合年龄条件和不符合年龄条件的人来说，新农保分别使从事农业工作的比例大幅降低了 3.6 个百分点和 5.8 个百分点①。然而，对于不符合年龄条件的人来说，新农保使非农工作的比例增加了 3.3 个百分点。一种可能的解释为，新农保引起的预期收入增加会阻止人们从事繁重的农业工作，即阻止效应（deferring effect），而那些年龄小于 60 岁的人需要支付当前的养老金保费，因此参加了非农等创收工作，即流动性效应（liquidity effect）。与预期一致，表 2 第 4 列显示，新农保对城市居民中没有显著影响。

表 2　　新农保计划对劳动供给的影响

Variable	Rural *hukou*			Urban *hukou*
	Working now (yes = 1) (1)	Doing farm-work (yes = 1) (2)	Doing nonfarm-work (yes = 1) (3)	Working now (yes = 1) (4)
Panel A. Age-eligible group (60+)				
Mean of *Y*	0.477	0.424	0.054	0.121
$NRPS_{ct}$	−0.030	−0.036	0.006	0.017
	(0.018)	(0.018)	(0.006)	(0.011)
Observations	21,290	21,264	21,264	8,484
R^2	0.284	0.246	0.092	0.267
F-statistic	–	–	–	6.02
p-value	–	–	–	0.01
Panel B. Age-ineligible group (45–59)				
Mean of *Y*	0.727	0.544	0.184	0.453
$NRPS_{ct}$	−0.026	−0.05	0.033	0.003
	(0.022)	(0.024)	(0.015)	(0.020)
Observations	28,334	28,334	28,334	9,797
R^2	0.225	0.208	0.209	0.315
F-statistic	0.06	1.42	3.80	–
p-value	0.80	0.23	0.05	–

注：数据包括 CHARLS 和 CFPS 中 45 岁及以上的样本。回归中的协变量包括年龄、年龄平方、性别、教育水平、调查年份和县的虚拟变量。标准误聚类在县级层面。每个面板底部的 F 统计量和 p 值检验了控制组与处理组估计值之间差异的显著性。具体而言，面板 B 第 1-3 列的 F 统计量和 p 值检验了面板 A 和面板 B 同列估计值之间的差异；面板 A 第 4 列的 F 统计量和 p 值检验了面板 A 第 1 列和第 4 列估计值之间的差异。

劳动供给的影响与已有文献发现的收入效应是一致的。例如，Gruber and Wise

① 只有农业工作在新农保实施后有所下降，而非农工作没有下降，这表明劳动力供应效应可能不会最终导致收入下降，因为农业工作通常带来的现金流很少，但提供的食物可供自己消费。

（2002）回顾了 11 个工业国家的估计数据，发现推迟 3 年领取养老金资格的改革会使 56~65 岁男性的劳动力比例减少 23%~36%。劳动力供给减少的幅度与印度扩大养老金的影响相当（Kaushal，2014）。该研究同时发现，在印度，每月向低收入男性老年人提供 1.5 美元的社会养老金会在符合领取条件的群体中，劳动力供给减少 2.8 个百分点。此外，我们的估计意味着劳动力供给的收入弹性为-0.32。这与 Cesarini 等人（2017）估计的-0.17；Blundell、Duncan and Meghir（1998）估计的-0.19；以及 Ashenfelter、Doran and Schaller（2010）估计的-0.23 相当。

新农保对私人转移支付和家庭支出的影响——表 3 的前两列分析了新农保对家庭转移支付的影响。估计结果显示没有明显的影响，这表明新农保并没有挤占对老年人的私人转移支付。我们的结果与 Jensen（2004）的研究结果不同，该研究发现，老年人每获得 1 南非兰特的公共养老金收入，私人转移支付就会减少 0.25~0.30 兰特。一个可能的原因是南非的养老金福利更为优厚，几乎是新农保支付金额的两倍。表 3 的最后两列检验了对总支出和食品支出的影响。我们的结果表明，新农保使食品支出显著

表 3　　　新农保计划对私人转移支付及家庭支出的影响

	Rural *hukou*				Urban *hukou*			
Variables	Received private transfer (yes = 1) (1)	log (received private transfer) (2)	log(HH total exp) (3)	log(HH food exp) (4)	Received private transfer (yes = 1) (5)	log (received private transfer) (6)	log(HH total exp) (7)	log(HH food exp) (8)
Panel A. Age-eligible group (60+)								
Mean of *Y*	0.39	6.68	9.55	8.55	0.38	7.43	10.2	9.3
$NRPS_{ct}$	0.005	0.170	0.058	0.096	0.012	0.175	−0.000	0.044
	(0.031)	(0.110)	(0.043)	(0.058)	(0.031)	(0.157)	(0.039)	(0.039)
Observations	15,833	6,098	15,429	15,906	6,812	2,582	6,633	6,923
R^2	0.164	0.226	0.204	0.262	0.221	0.362	0.275	0.310
F-statistic	–	–	–	–	0.03	0.00	1.20	0.65
p-value	–	–	–	–	0.86	0.97	0.27	0.42
Panel B. Age-ineligible group (45–59)								
Mean of *Y*	0.43	7.00	9.91	8.76	0.36	7.54	10.39	9.30
$NRPS_{ct}$	0.001	−0.001	−0.003	0.036	0.031	−0.026	−0.012	0.009
	(0.027)	(0.103)	(0.032)	(0.051)	(0.023)	(0.153)	(0.036)	(0.039)
Observations	22,456	9,697	22,151	22,702	8,302	3,001	8,275	8,477
R^2	0.278	0.254	0.206	0.284	0.273	0.345	0.278	0.294
F-statistic	0.04	2.20	2.25	1.60	–	–	–	–
p-value	0.85	0.14	0.13	0.21	–	–	–	–

注：数据包括 CHARLS 和 CFPS 中 45 岁及以上的样本。回归中的协变量包括年龄及其平方、性别、教育水平、调查年份和县的虚拟变量。标准误聚类在县级层面。

增加了9.6%。对总支出的影响是正的，但很小，且在统计上不显著。新农保对控制组的影响也很小且不显著。

总结而言，上述分析考察了中国家庭在收入、劳动力供给和支出方面对新农保的反应。有领取养老金资格的人的家庭更有可能领取养老金并减少工作，尤其是减少农业工作。这些家庭的收入更高，在食品上的花费也更多。因此，我们的研究结果表明，领取养老金的人倾向于购买更多的食物，减少自己种植。这可能会改善老年人的健康状况，因为高强度的农业工作和营养不良可能会对老年人造成伤害。

新农保对健康的影响——在本节中，我们将研究新农保对自评健康较差、报告残疾和营养不良的影响。① 我们还对这三个维度进行了主成分分析，并得到了全部样本的不健康指数Z值（Z-score）。这种综合测量方法类似于以往文献（Kling，Liebman and Katz，2007；Anderson，2008；Hoynes，Schanzenbach and Almond，2016）中使用的"代谢综合征"（metabolic syndrome）。

表4面板A展示了对适龄农村人口健康状况的影响结果。第1列的估计结果显示，新农保的覆盖使适龄农村人口的不健康指数大幅降低了0.12，表明健康指数提高了0.12个标准差。接下来的3列展示了不同健康指标的结果。具体而言，新农保导致残疾率显著降低了3.2个百分点，并显著降低了农村人口健康状况恶化和体重不足的可能性。对60岁以上的老年人而言，新农保实施后他们往往会减少农业工作，购买更多的食品，可以减轻因工作条件差或营养不良而造成的健康风险。

新农保对死亡率的影响——我们参考Jensen and Richter（2004）的方法，使用个人层面的面板数据来匹配新农保的实施，并进行以下回归：

$$Die_{it}=\gamma_0+\gamma_1 NRPS_{ct}+\delta_c+\delta_t+X_{ict}+\delta_{ia}+\varepsilon_{ict} \tag{3}$$

新的因变量表示个体i在t至t+1期间是否死亡，如果是，则等于1，否则等于0。因此，等式（3）中的系数可解释为对一年死亡率的影响。所有其他变量都与等式（2）中的变量相同，只是我们加入了一个指标δ_{ia}来捕捉个体i是否在接下来的年份中缺失，即样本损失（*attrition*）。所有标准误均聚类在县级层面。②

① 残疾变量是根据一系列活动构建的，包括行走、烹饪、用餐、旅行、购物和做家务。在CHARLS和CFPS中，受访者被问及是否在进行这些活动时遇到困难。如果受访者表示在从事这些活动时遇到困难，我们就将其定义为残疾。

② 拉丁美洲和加勒比人口与健康调查没有提供有关户口类型的信息。因此，我们使用居住类型和退休计划资格来解决这个问题。居住在农村地区且无资格享受任何退休计划被定义为农村身份；居住在城市地区且有资格享受任何退休计划被定义为城市身份。我们使用个人i是否有资格享受退休计划，因为享受退休计划的人一般都有城市户口，没有资格享受新农保。因此，我们选择生活在农村地区没有退休计划的人为处理组，生活在城市地区有退休计划的人为对比组。

表 4　　新农保计划对健康结果的影响

Data	CHARLS and CFPS				CLHLS
Variables	Unhealthiness score (1)	Fair/poor health (yes = 1) (2)	Reported disabled (yes = 1) (3)	Underweight (yes = 1) (4)	One-year mortality (5)
Panel A. Age-eligible group (60+) and rural sample					
Mean of *Y*	0.312	0.740	0.280	0.153	0.150
$NRPS_{ct}$	−0.124	−0.016	−0.032	−0.017	−0.0217
	(0.045)	(0.020)	(0.017)	(0.010)	(0.00952)
Observations	17,861	21,310	21,494	17,861	29,871
R^2	0.163	0.067	0.188	0.120	0.139
Panel B. Age-eligible group (60+) and urban sample					
Mean of *Y*	−0.001	0.741	0.180	0.067	0.102
$NRPS_{ct}$	0.028	0.008	0.001	−0.007	−0.00678
	(0.038)	(0.024)	(0.013)	(0.007)	(0.0136)
Observations	7,171	8,509	8,667	7,171	9,047
R^2	0.161	0.054	0.196	0.110	0.196
F-statistic	7.53	0.80	2.59	0.67	0.86
p-value	0.01	0.37	0.10	0.41	0.35
Panel C. Age-ineligible group (45–59) and rural sample					
Mean	−0.139	0.713	0.108	0.0588	–
$NRPS_{ct}$	−0.039	−0.010	−0.010	0.000	–
	(0.034)	(0.018)	(0.010)	(0.006)	–
Observations	24,611	28,689	28,899	24,611	–
R^2	0.111	0.062	0.091	0.054	–
F-statistic	4.59	0.14	2.79	3.23	–
p-value	0.03	0.70	0.09	0.07	–
Panel D. Age-ineligible group (45–59) and urban sample					
Mean	−0.293	0.705	0.053	0.035	–
$NRPS_{ct}$	−0.022	0.007	−0.006	−0.010	–
	(0.031)	(0.021)	(0.006)	(0.006)	–
Observations	8,330	9,875	10,218	8,330	–
R^2	0.086	0.080	0.089	0.067	–

注：数据包括 CHARLS 和 CFPS 中 45 岁及以上的样本。回归中的协变量包括年龄、年龄平方、性别、教育水平、调查年份和县域的虚拟变量。标准误聚类在县级层面。面板底部的 F 统计量和 p 值检验了控制组与处理组估计值之间差异的显著性。具体而言，面板 B 和面板 C 第 1-4 列的 F 统计量和 p 值检验了与面板 A 同列估计值之间的差异。面板 B 第 5 列的 F 统计量检验了与 A 组估计值的差异。

表 4 最后一列汇报了估计结果。面板 A 显示新农保使得处理组的死亡率降低了 2. 2 个百分点，面板 B 显示对城镇居民的影响不显著。虽然 F 检验不能拒绝系数差异的零假设，但由于控制组的标准误较大，处理组的幅度比对照组大三倍以上，因此估计值为新农保对死亡率的影响提供了显著证据。现有文献在此的结论不一致，本文为该问

题的讨论提供了新的经验证据①。

此外，我们还对死亡率的影响进行了事件研究分析，结果见图 4。在实施新农保之前，系数不显著，且幅度较小。而在实施新农保之后，死亡率开始下降，并且在一年之后下降幅度显著为负。相反，我们对城镇样本进行了平行分析。结果显示，各期系数均不显著，系数间也没有特定的变化趋势。

4 结论

新农保是发展中国家最大规模的社会养老金计划，而本文研究了该公共政策所产生的行为和福利效应。基于中国具有全国代表性的数据，我们利用新农保在各县推广过程中的时间差异，从收入、支出、私人转移支付、劳动供给、健康和死亡率等方面研究了新农保对老年居民生活的影响。

新农保覆盖后，符合年龄条件的农村人口领取养老金的概率提高了 25 个百分点。新农保增加了家庭收入，减少了劳动力供给，并增加了家庭食品支出。这些结果表明，养老金领取者更倾向于购买食物，而不是自己种植。同样，我们发现养老金领取者的健康状况有所改善，残疾率、营养不良率和死亡率都有所降低。这些结果表明，减少劳动密集型工作和减轻流动性约束似乎是新农保改善健康状况的重要原因。我们没有发现新农保对家庭规模、转移、迁移、吸烟或医疗保健的使用有明显影响。同时，我们没有发现新农保对不符合领取年龄的成年人产生影响的证据。

估计结果表明，新农保的实施改善了营养状况，减少了农业工作的可能性，这可能有助于改善老年人的健康状况，并使得儿童获得更多的资源。我们的结果表明，新农保改善了符合年龄条件的人群（即最年长的群体）的福利，但对年龄尚未符合领取养老金条件的成年人的福利没有显著影响。提供给中国农村老年人的新农保类似于 Hanna 和 Olken（2018）中讨论的全民基本收入计划，因此这些证据对当今发展中国家和过去发达国家的养老金改革都具有重要现实意义。一方面，我们的研究结果丰富了许多发展中国家近期养老金改革的文献，如南非（Duflo，2000；Case and Deaton，1998；Jensen，2004）、巴西（de Carvalho Filho，2008，2012）以及印度（Kaushal，2014）。我们的研究结果表明，如果将发展中经济体的一小部分资源适当分配给弱势群体（如本研究中的农村老年人），这些资源可能带来实质性的福利改善。另一方面，我们的结果也有助于理解发达国家过去引入社会养老金的影响。美国在 20 世纪 30 年代引入社会

① 例如，Jensen 2004 发现，1998 年俄罗斯养老金制度崩溃后，收入下降了 24%，2 年死亡率上升了 5%。但 Snyder 和 Evans 2006 年的研究发现，当老年人领取更多养老金时，死亡率会显著上升。

保障制度时，老年人可以免费享受养老金福利，而且当时大部分人口仍生活在农村地区，这与新农保的实施和背景非常相似。

参考资料

[1] Anderson, Michael L. 2008. "Multiple Inference and Gender Differences in the Effects of Early Intervention: A Reevaluation of the Abecedarian, Perry Preschool, and Early Training Projects." Journal of the American Statistical Association, 103 (484): 1481-95.

[2] Angelucci, Manuela, and Giacomo De Giorgi. 2009. "Indirect Effects of an Aid Program: How Do Cash Transfers Affect Ineligibles' Consumption?" American Economic Review, 99 (1): 486-508.

[3] Ardington, Cally, Anne Case, and Victoria Hosegood. 2009. "Labor Supply Responses to Large Social Transfers: Longitudinal Evidence from South Africa." American Economic Journal: Applied Economics 1 (1): 22-48.

[4] Ashenfelter, Orley, Kirk Doran, and Bruce Schaller. 2010. "A Shred of Credible Evidence on the LongRun Elasticity of Labour Supply." Economica 77 (308): 637-650.

[5] Attanasio, Orazio P., and Agar Brugiavini. 2003. "Social Security and Households' Saving." Quarterly Journal of Economics 118 (3): 1075-1119.

[6] Attanasio, Orazio P., and Susann Rohwedder. 2003. "Pension Wealth and Household Saving: Evidence from Pension Reforms in the United Kingdom." American Economic Review 93 (5): 1499-1521.

[7] Bitler, Marianne P., Jonah B. Gelbach, and Hilary W. Hoynes. 2005. "Welfare Reform and Health." Journal of Human Resources 40 (2): 309-34.

[8] Blundell, Richard, Alan Duncan, and Costas Meghir. 1998. "Estimating Labor Supply Responses Using Tax Reforms." Econometrica 66 (4): 827-61.

[9] Bound, John, Charles Brown, and Nancy Mathiowetz. 2001. "Measurement Error in Survey Data." In Handbook of Econometrics, Vol. 5, edited by James J. Heckman and Edward Leamer, 3705-3843. Amsterdam: North-Holland.

[10] Case, Anne. 2004. "Does Money Protect Health Status? Evidence from South African Pensions." In Perspectives on the Economics of Aging, edited by David A. Wise, 287-312. Chicago: University of Chicago Press.

[11] Case, Anne, and Angus Deaton. 1998. "Large Cash Transfers to the Elderly in South Africa." Economic Journal 108 (450): 1330-1361.

[12] Case, Anne, and Francis Wilson. 2000. "Health and Wellbeing in South Africa: Evidence from the Langeberg Survey." http://www.princeton.edu/~accase/downloads/Health_and_Wellbeing_in_ South_Africa_evidence_Langeberg_survey.pdf.

[13] Cesarini, David, Erik Lindqvist, Matthew J. Notowidigdo, and Robert Östling. 2017. "The Effect of Wealth on Individual and Household Labor Supply: Evidence from Swedish Lotteries." American Economic Review 107 (12): 3917-46.

[14] Chaloupka, Frank J., and Kenneth E. Warner. 2000. "The Economics of Smoking." In Handbook of Health Economics, Vol. 1, edited by Anthony J. Culyer and Joseph P. Newhouse, 1539-1627. Amsterdam: North-Holland.

[15] Cheng, Tiejun, and Mark Selden. 1994. "The Origins and Social Consequences of China's Hukou System." China Quarterly 139: 644-668.

[16] de Carvalho Filho, Irineu Evangelista. 2008. "Old-Age Benefits and Retirement Decisions of Rural Elderly in Brazil." Journal of Development Economics 86 (1): 129-146.

[17] de Carvalho Filho, Irineu Evangelista. 2012. "Household Income as a Determinant of Child Labor and School Enrollment in Brazil: Evidence from a Social Security Reform." Economic Development and Cultural Change 60 (2): 399-435.

[18] Diamond, Peter, and Jonathan Gruber. 1999. "Social Security and Retirement in the United States." In Social Security and Retirement around the World, edited by Jonathan Gruber and David A. Wise, 437-473. Chicago: University of Chicago Press.

[19] Duflo, Esther. 2000. "Child Health and Household Resources in South Africa: Evidence from the Old Age Pension Program." American Economic Review 90 (2): 393-398.

[20] Duflo, Esther. 2003. "Grandmothers and Granddaughters: Old-Age Pensions and Intrahousehold Allocation in South Africa." World Bank Economic Review 17 (1): 1-25.

[21] Duke Center for the Study of Aging and Human Development. 1998-2014. "The Chinese Longitudinal Healthy Longevity Survey CLHLS-Longitudinal Data." https://sites.duke.edu/centerforaging/programs/chinese-longitudinal-healthy-longevity-survey-clhls/accessed January 9, 2016.

[22] Fang, Hanming, and Jin Feng. 2018. "The Chinese Pension System." NBER Working Paper 25088.

[23] Feldstein, Martin. 1999. "Social Security Pension Reform in China." China Economic

Review 102：99-107.

[24] Feng, Jin, Lixin He, and Hiroshi Sato. 2011. "Public Pension and Household Saving: Evidence from Urban China." Journal of Comparative Economics 39 (4): 470-485.

[25] Gruber, Jonathan. 1994. "The Incidence of Mandated Maternity Benefits." American Economic Review 84 (3): 622-641.

[26] Gruber, Jonathan, and David Wise. 1997. "Social Security Programs and Retirement around the World." NBER Working Paper 6134.

[27] Gruber, Jonathan, and David A. Wise. 2002. "Social Security Programs and Retirement around the World: Micro Estimation." NBER Working Paper 9407.

[28] Gustman, Alan L., and Thomas L. Steinmeier. 2015. "Effects of Social Security Policies on Benefit Claiming, Retirement and Saving." Journal of Public Economics 129: 51-62.

[29] Hanna, Rema, and Benjamin A. Olken. 2018. "Universal Basic Incomes versus Targeted Transfers: Anti-Poverty Programs in Developing Countries." Journal of Economic Perspectives 32 (4): 201-226.

Hoynes, Hilary, Douglas L. Miller, and Jessamyn Schaller. 2012. "Who Suffers during Recessions?" Journal of Economic Perspectives 263: 27-47.

[30] Hoynes, Hilary, Diane Whitmore Schanzenbach, and Douglas Almond. 2016. "Long-Run Impacts of Childhood Access to the Safety Net." American Economic Review 106 (4): 903-934.

[31] Huang, Wei, and Chuanchuan Zhang. 2021. "Replication data for: The Power of Social Pensions: Evidence from China's New Rural Pension Scheme." American Economic Association [pub-lisher], Interuniversity Consortium for Political and Social Research [distributor]. https://doi.org/10.38886/E111943V1.

[32] Institute of Social Science Survey. 2015. China Family Panel Studies CFPS. Beijing: Peking University Open Research. Data. https://opendata.pku.edu.cn/dataset.xhtml?persistentId=doi: 10.18170/DVN/45LCSO (accessed January 9, 2016)

[33] Jensen, Robert T. 2004. "Do Private Transfers 'Displace' the Benefits of Public Transfers? Evidence from South Africa." Journal of Public Economics 88 (1-2): 89-112.

[34] Jensen, Robert T., and Kaspar Richter. 2004. "The Health Implications of Social Security Failure: Evidence from the Russian Pension Crisis." Journal of Public Economics 88 (1-2): 209-236.

[35] Juarez, Laura. 2009. "Crowding Out of Private Support to the Elderly: Evidence from a Demogrant in Mexico." Journal of Public Economics 93 (3-4): 454-463.

[36] Kaushal, Neeraj. 2014. "How Public Pension Affects Elderly Labor Supply and Well-Being: Evidence from India." World Development 56: 214-225.

[37] Kling, Jeffrey R., Jeffrey B. Liebman, and Lawrence F. Katz. 2007. "Experimental A-nalysis of Neigh-borhood Effects." Econometrica 75 (1): 83-119.

[38] Krueger, Alan B., and Jörn-Steffen Pischke. 1992. "The Effect of Social Security on Labor Supply: A Cohort Analysis of the Notch Generation." Journal of Labor Economics 10 (4): 412-437.

[39] Leisering, Lutz, Sen Gong, and Athar Hussain. 2002. People's Republic of China: Old-Age Pensions for the Rural Areas: From Land Reform to Globalization. Mandaluyong, Philippines: Asian Development Bank.

[40] Levy, Santiago, and Norbert Schady. 2013. "Latin America's Social Policy Challenge: Education, Social Insurance, Redistribution." Journal of Economic Perspectives 27 (2): 193-218.

[41] Madrian, Brigitte C., and Dennis F. Shea. 2001. "The Power of Suggestion: Inertia in 401 k Participation and Savings Behavior." Quarterly Journal of Economics 116 (4): 1149-1187.

[42] Mastrobuoni, Giovanni. 2009. "Labor Supply Effects of the Recent Social Security Ben-efit Cuts: Empirical Estimates Using Cohort Discontinuities." Journal of Public Eco-nomics 93 (11-12): 1224-33.

[43] Meyer, Bruce D., and James X. Sullivan. 2003. "Measuring the Well-Being of the Poor Using Income and Consumption." Journal of Human Resources 38: 1180-1220.

[44] Moore, Jeffrey C., and Edward J. Welniak, Jr. 2000. "Income Measurement Error in Surveys: A Review." Journal of Official Statistics 16 (4): 331-361.

[45] Ruhm, Christopher J. 2000. "Are Recessions Good for Your Health?" Quarterly Jour-nal of Economics 115 (2): 617-650.

[46] Shah, Mihir, Neelakshi Mann, and Varad Pande. 2012. MGNREGA Sameeksha: An Anthology of Research Studies on the Mahatma Gandhi National Rural Employment Guarantee Act, 2005. New Delhi: Ministry of Rural Development, Government of India.

[47] Shi, Shih-Jiunn. 2006. "Left to Market and Family—Again? Ideas and the Develop-ment of the Rural Pension Policy in China." Social Policy and Administration 40 (7): 791-806.

[48] Snyder, Stephen E., and William N. Evans. 2006. "The Effect of Income on Mortality: Evidence from the Social Security Notch." Review of Economics and Statistics 88 (3): 482-495.

[49] Wang, Dewen. 2006. "China's Urban and Rural Old Age Security System: Challenges and Options." China and World Economy 14 (1): 102-116.

[50] Willmore, Larry. 2007. "Universal Pensions for Developing Countries." World Development 35 (1): 24-51.

[51] Zhang, Chuanchuan. 2019. "Family Support or Social Support? The Role of Clan Culture." Journal of Population Economics 32 (2): 529-549.

[52] Zhao, Yaohui, John Strauss, and Gonghuan Yang. 2015a. China Health and Retirement Longitudinal Study 2011 baseline https://opendata.pku.edu.cn/dataset.xhtml?persistentId=doi: 10.18170/DVN/IZU8OF.

[53] Zhao, Yaohui, John Strauss, and Gonghuan Yang. 2015b. China Health and Retirement Longitudinal Study 2013 wave2 https://opendata.pku.edu.cn/dataset.xhtml?persistentId=doi: 10.18170/DVN/AQIU6C.

本文于 2021 年 4 月发表于《美国经济杂志：应用经济学》[*American Economic Journal*: *Applied Economics*, 13 (2), 179-205]